脱贫攻坚先锋

2019年全国脱贫攻坚奖获奖先进个人事迹

TUOPIN GONGJIAN XIANFENG
2019 NIAN QUANGUO TUOPIN GONGJIANJIANG
HUOJIANG XIANJIN GEREN SHIJI

国务院扶贫开发领导小组办公室
脱贫攻坚先锋系列图书编辑委员会 编

中国人力资源和社会保障出版集团

图书在版编目（CIP）数据

脱贫攻坚先锋．2019 年全国脱贫攻坚奖获奖先进个人事迹 / 国务院扶贫开发领导小组办公室，脱贫攻坚先锋系列图书编辑委员会编．-- 北京：中国劳动社会保障出版社：中国人事出版社，2019

ISBN 978-7-5167-4338-6

Ⅰ．①脱…　Ⅱ．①国… ②脱…　Ⅲ．①扶贫 - 先进工作者 - 先进事迹 - 中国
Ⅳ．① K820.76

中国版本图书馆 CIP 数据核字（2019）第 273683 号

中国劳动社会保障出版社
中　国　人　事　出　版　社 **出版发行**

（北京市惠新东街 1 号　邮政编码：100029）

*

北京华联印刷有限公司印刷装订　　新华书店经销

787 毫米 × 1092 毫米　16 开本　40.5 印张　1 插页　772 千字

2019 年 12 月第 1 版　　2019 年 12 月第 1 次印刷

定价：108.00 元

读者服务部电话：（010）64929211/84209101/64921644

营销中心电话：（010）64962347

出版社网址：http://www.class.com.cn

习近平对脱贫攻坚工作作出重要指示强调

咬定目标一鼓作气
确保高质量打赢脱贫攻坚战

李克强作出批示

在第六个国家扶贫日到来之际，中共中央总书记、国家主席、中央军委主席习近平对脱贫攻坚工作作出重要指示强调，新中国成立 70 年来，中国共产党坚持全心全意为人民服务的根本宗旨，坚持以人民为中心的发展思想，带领全国各族人民持续向贫困宣战，取得了显著成就。党的十八大以来，党中央把脱贫攻坚摆到更加突出的位置，打响脱贫攻坚战，全党全国上下同心、顽强奋战，取得了重大进展。困扰中华民族几千年的绝对贫困问题即将历史性地得到解决，这将为全球减贫事业作出重大贡献。

习近平指出，当前，脱贫攻坚已到了决战决胜、全面收官的关键阶段。各地区各部门务必咬定目标、一鼓作气，坚决攻克深度贫困堡垒，着力补齐贫困人口义务教育、基本医疗、住房和饮水安全短板，确保农村贫困人口全部脱贫，同全国人民一道迈入小康社会。要采取有效措施，巩固拓展脱贫攻坚成果，确保高质量打赢脱贫攻坚战。

中共中央政治局常委、国务院总理李克强作出批示指出，当前，脱贫攻坚已进入决胜关键阶段。各地区各部门要坚持以习近平新时代中国特色社会主义思想为指导，贯彻落实党中央、国务院决策部署，再接再厉，持续推进脱贫攻坚各项工作。要全面解决“两不愁三保障”突出问题，集中力量攻克深度贫困堡垒。强化产业扶贫和就业帮扶等措施，加强易地扶贫搬迁后续扶持，巩固脱贫成果防止返贫。持续扎实做好东西部扶贫协作、对口支援、定点扶贫等工作，继续动员全社会力量参与脱贫攻坚，各方面形成合力，确保完成今年再减少 1 000 万以上贫困人口的任务，为明年打赢脱贫攻坚战、全面建成小康社会奠定坚实基础。

（来源：新华社北京 2019 年 10 月 17 日电）

前　言

消除贫困、改善民生、实现共同富裕，是社会主义的本质要求。党的十八大以来，以习近平同志为核心的党中央高度重视扶贫工作，把扶贫开发摆到更加突出的位置，全面打响脱贫攻坚战，大力推进精准扶贫、精准脱贫，脱贫攻坚取得重大决定性成就，显著改善了贫困地区和贫困群众生产生活条件，谱写了人类反贫困历史新篇章。

近年来，各地各部门认真贯彻落实习近平总书记关于扶贫工作的重要论述和党中央脱贫攻坚决策部署，积极投身脱贫攻坚，做了大量扎实细致的工作，涌现出一大批先进典型。为树立脱贫攻坚榜样，引领社会风尚，营造浓厚氛围，凝聚精神动力，弘扬社会主义核心价值观，进一步动员社会各方面力量积极参与打赢脱贫攻坚战，实现全面建成小康社会的目标，经党中央、国务院批准，国务院扶贫开发领导小组在“十三五”期间每年开展全国脱贫攻坚奖评选活动，表彰为脱贫攻坚作出突出贡献的组织和个人，2016 年评选出 38 名获奖者，2017 年评选出 40 名获奖者，2018 年评选出 99 名获奖个人和 40 个获奖单位，2019 年评选出 101 名获奖个人和 39 个获奖单位。人力资源和社会保障部、国务院扶贫开发领导小组办公室授予 8 名在脱贫攻坚中表现突出的杰出人士“全国脱贫攻坚模范”称号；2014 年我国设立扶贫日以来，习近平总书记、李克强总理每年都作出重要指示批示或出席重大活动。

将在脱贫攻坚中涌现出的典型模范、先进个人和单位事迹，以出版物形式记载下来，并通过这种形式讲好中国扶贫故事，宣传中国扶贫成就，展现新时代中国特色社会主义道路、理论、制度、文化自信，展现中国减贫模式和成效，不仅对中国而且对世界减贫事业及全人类发展均具有重要意义。为此，国务院扶贫开发领导小组办公室组织力量，已将 2016 年、2017 年、2018 年全国脱贫攻坚模范、全国脱贫攻坚奖获奖个人和 2018 年获奖单位先进事迹汇编成书并出版发行。今年，又将 2019 年全国脱贫攻坚模范、全国脱贫攻坚奖获奖个人和获奖单位先进事迹汇编成书。希望通过本系列图书的出版发行，更好地宣传脱贫攻坚涌现出的典型模范和先进事迹，以鼓舞和动员全社会进一步形成推进脱贫攻坚工作的强大合力，更加坚定我们打赢脱贫攻坚战、全面建成小康社会的信心和决心。

国务院扶贫开发领导小组办公室

2019 年 12 月

目　录

全国脱贫攻坚模范

全国脱贫攻坚奖奋进奖

全国脱贫攻坚奖贡献奖

全国脱贫攻坚奖奉献奖

全国脱贫攻坚奖创新奖

全国脱贫攻坚模范

QUANGUO TUOPIN GONGJIAN MOFAN

黄文秀，生前为广西壮族自治区百色市乐业县新化镇百坭村第一书记。被追授为时代楷模、全国三八红旗手、全国优秀共产党员等。2016 年从北京师范大学研究生毕业后，回家乡百色工作。2018 年积极响应组织号召，到乐业县百坭村任驻村第一书记，埋头苦干，带领 88 户 417 名贫困群众实现脱贫。2019 年 6 月 17 日凌晨，在从百色返回乐业途中遭遇山洪不幸遇难。她牺牲后，习近平总书记做出重要指示，号召广大党员干部和青年同志要以黄文秀同志为榜样，不忘初心、牢记使命，勇于担当、甘于奉献，在新时代的长征路上做出新的更大贡献。

扶贫征途上的“向日葵”

如果不是黄文秀，可能很多人都不知道，在革命老区广西百色市的大山深处，有一个叫百坭村的地方。

这是个深度贫困村，也是黄文秀用生命耕耘的地方。作为一名驻村第一书记，她把扶贫当作新的长征，一年多来埋头苦干、持续奋斗，带领百坭村 88 户贫困户实现脱贫，贫困发生率从 22.88% 降至 2.71%。她用短暂的一生，书写了不获全胜、决不收兵的使命担当。

不忘初心，扎根百坭挑扶贫重担

2019 年 3 月 26 日，黄文秀汽车仪表盘上的里程数一年来增加了两万五千公里，她简单地发了朋友圈：“我心中的长征，驻村一周年愉快。”驻村一年来，这位扶贫“新手”变得“轻车熟路”。

作为一名女第一书记，一开始村民对黄文秀的到来都表示怀疑。“你个年轻姑娘来我们村估计是来走个过场的，我们跟你聊了也没用。”“跟你说了你能帮我们解决问题吗？这么多年我们村都没富起来，你一个女娃娃就能让我们富起来？别在这耽误工夫了，赶紧回城里享福去吧！”……

听到村民们这么说，黄文秀觉得心里憋屈，搞不懂为什么她辛辛苦苦翻山越岭、走村串户，村民们却这么排斥她。她找到村里的老支书请教，老支书语重心长地说：“黄

/ 2018 年 10 月，黄文秀（左）在百坭村入户走访

书记，你刚来，村民们对你还不熟悉，他们不愿意与你深聊，你也要理解他们。农村其实就是个熟人社会，村民们跟你熟了，自然就接纳你了。”

如何才能跟村民们熟起来？当天晚上，黄文秀回到宿舍一宿没睡着。要想让村民们愿意接近自己，就得让村民们觉得自己和他们是一样的。百坭村人口众多，分散居住在几个不同的山头，黄文秀这个不熟悉地形的“新手”，手绘了全村地形图，挨家挨户开展走访工作。

从那以后，黄文秀到贫困户家不再拿着个本子问东问西，而是脱下外套帮贫困户扫院子；贫困户不让黄文秀进家门，她就去两次、三次；贫困户不在家，黄文秀就去田里，边帮他们干农活边聊天。时间久了，村民们见黄文秀的次数多了，开始慢慢地接受了她。“你这个女娃娃还真是难‘缠’得很哩！”不少贫困户跟她开玩笑说。

经过两个月的摸底，黄文秀基本掌握了全村概况。百坭村共有 472 户 2 068 人，其中建档立卡贫困户 195 户 883 人，2017 年未脱贫的仍有 154 户 691 人，特别是因学致贫和因残、因病致贫占比较高。

“我最近老瞅着家里那口锅出神。她以前常来我家吃饭，就像亲妹妹一样。”百坭村副支书黄态度和黄文秀相识时间最长，“度哥”“妹妹”是俩人彼此间的称呼。两人工作配合得相当默契，2019 年 6 月 14 日，“兄妹俩”还一起查看了村里的水利设施。

在黄态度的记忆中，文秀这个文静的小姑娘勇敢挑起了百坭村的扶贫重任，她始终以昂扬的斗志、饱满的热情、旺盛的干劲，带领村“两委”干部如期完成百坭村 2018 年的各项脱贫攻坚任务。为了实现帮扶措施精准，按照县里的统一要求，黄文秀在村内组织召开了多轮研判会。对于已脱贫户，不降低帮扶力度，继续做好跟踪帮扶工作，同时建立返贫预警机制，巩固脱贫成效；对于未脱贫户则是因户施策，杜绝虚假和“数字”脱贫。同时，同步做好国家扶贫政策的宣传，提高群众的知晓率。

饮水思源，细微之处现赤子之心

房间狭小、简陋而整洁，一桌一椅一床铺。很难想象这就是花样年华的黄文秀在百坭村的居所。炎炎夏日，一把纸扇。每天下地戴的草帽、夜巡用的手电筒、防止蚊虫叮咬的大瓶酒精，以及应对各种泥泞路况的高、中、低帮雨靴、运动鞋。“她还有个双肩包，一般都是随身携带，里面装着工作手册和工作报告等材料。”黄文秀脱贫攻坚战场上的好战友班智华又想起了生活即工作、工作皆生活的文秀书记，几度哽咽。

小小的房间里，有两样东西格外打动人，因为透过它们，黄文秀对群众、对生活浓浓的爱扑面而来：一样是床铺下的塑料整理箱，里面装着准备送给孤寡老人的棉被；另一样是一把吉他，每当夜晚，总有小朋友寻声而来，围着听她弹吉他唱歌。

朴实的生活来自耳濡目染的家庭教育。原来，黄文秀家也曾是贫困户，在百色市田阳县郊区。为了过上安定的生活，父亲黄忠杰带着家人种植甘蔗、芒果、木薯等作物，还养起了猪、牛和马。尽管家境清贫，但一家人多年来勤勤恳恳地劳作。父亲克服各种困难，坚持送兄妹三人上学读书。自立自强的黄文秀从小就努力上进，因为她知道，只有奋斗进取，才能改变命运，才能报效祖国。

黄文秀是好同事、好女儿，更是一名用自己的青春和生命坚守初心、担当使命的共产党员。她生前曾说：“作为驻村第一书记，有信心在党中央的领导下，不获全胜，决不收兵！”她从农村来，又回到农村，把群众的利益看得最重，把自己的责任看得最重，她的事迹感动了千千万万的人。

和村民渐渐熟悉之后，大家开始好奇黄文秀为啥要跑到农村来工作。一次，在黄文秀对全村最远的长沙屯走访结束后，该屯的黄仕京坚持要留她在家一起吃晚饭。黄仕京家有五口人，父亲已经 84 岁，家中因学致贫，大儿子是广西民族大学学生，小儿子则于 2018 年 7 月考取广西医科大学，家庭开支主要依靠种八角和农闲时外出务工维持。黄文秀了解情况后及时为他家申请了“雨露计划”，一次性获得了 5 000 元的补助，解

/ 2019 年 3 月，黄文秀（中）在百坭村查看烟叶产业情况

/ 2019 年 5 月，黄文秀到新化镇皈里村那黑屯考察蜜蜂养殖产业

/ 2019 年 6 月 14 日，黄文秀在前往查看水渠灾情的路上

了他家的燃眉之急。饭间，黄仕京突然问黄文秀："书记，听大家说你也是大学毕业，还是北京回来的研究生，怎么会到这么边远的农村工作呢？我的孩子以后也会找工作，我挺好奇你的想法。"

黄文秀思考了片刻，坚定地说道："百色是一个集革命老区、少数民族地区、边境地区、大石山区、贫困地区、水库移民区于一体的特殊地区，是全国脱贫攻坚的主战场之一。这是我的家乡啊，我没有理由不回来。'一个国家的落后在于精英的落后，而精英的落后在于嘲笑民众的落后。'我们党深刻明白这个道理，从而提出要教育扶持一批人脱贫，并且扶贫还要扶志和扶智。我们有这样一个切实为群众谋发展、谋福利的党，又怎么能不响应党的号召呢？"听了黄文秀的回答，同桌的老人家当场端起碗向黄文秀致敬，并表示也要让家里的孩子在学校申请入党，以后让孩子回家乡工作。

同乐镇龙门村第一书记严彬航和黄文秀是同一批回乐业县的。"她很努力，有韧劲，驻村以后几乎把所有个人物品都搬到了村里。"严彬航说。脱贫攻坚进入冲刺阶段，黄文秀作为第一书记深感责任重大，她很喜欢那句话——让扶过贫的人像战争年代打过仗的人那样自豪！

开拓创新，真抓实干展务实作风

不说普通话说方言，与群众打成一片，黄文秀迅速赢得群众信任。说得多，她做得更多，一点一滴的细致工作，蕴含的是开拓创新、真抓实干的务实作风。

除了走访全村的贫困户，黄文秀还有针对性地走访了村内党员、退休村干部、退休教师及各村屯的小组组长。他们反映最为集中的就是山上 5 个屯的通屯道路硬化问题。这 5 个屯在 2014 年已经修通通屯砂石路，但南方雨季长、雨量多，多处路段砂石已被雨水冲刷流失，一下雨路面就泥泞不堪，坡度较陡的路段摩托车都不能通行，还有一些路段因泥石流、滑坡等出现了垮塌。这不仅影响了群众的交通出行，而且还影响了产业发展——全村的产业可都集中在这 5 个屯内啊。黄文秀一一将其记在驻村日记中，并反复向上级相关部门反映情况。在她的努力下，这 5 条路的硬化工作被列入乐业县 2019 年第一批财政专项扶贫资金安排项目。

原乐业县至凤山县二级公路的征地拆迁工作进展缓慢，在黄文秀的积极走访动员下，项目顺利推进，仅两个月时间就完成了 57 户征地拆迁工作。她协调完成 1.5 公里的道路硬化，新建蓄水池 4 座，完成 2 个屯 47 盏路灯的亮化工作。她还组织村规民约吟诵比赛，开展全村道德模范人物评选和文明家庭评选活动。2018 年，百坭村获得百色市“乡风文明”红旗村称号。

“她是村里第一个女驻村第一书记，也是个特别能干的女娃娃。她不仅带领贫困户脱贫，还计划为村里修建 9 公里防洪堤以保护农田、盖一座村史馆让年轻人记住壮族的历史、办一所幼儿园让全村 100 多个孩子就近入园……”百坭村村支书周昌战这样概括黄文秀。

靠山吃山，靠水吃水。一年多来，黄文秀团结村“两委”干部，通过考察学习、请专家指导、挨家挨户宣传、党员带头示范等方式，带领群众摸索并发展了适合本村的产业——种植砂糖橘、八角、杉木等。这些产业，现在已成为百坭村的支柱产业和群众脱贫致富的主要收入来源。

乐业砂糖橘每年 11 月上市，果农最头疼的是销售问题。怎么打开销路？黄文秀学习电商知识，建立了百坭村电商服务站。2018 年，经百坭村电商服务站销售出去的砂糖橘达 4 万多斤，销售额约 22 万元，为 30 多户贫困户创收，每户增收 2 500 元左右。

2018 年的扶贫之路，对黄文秀而言更像是心中的长征，在这条路上她拿出了极大的勇气和信心，从“扶贫新手”转变为群众最信赖的人。一年多来，她带领全村通过易地扶贫搬迁脱贫 18 户 56 人、教育脱贫 28 户 152 人、发展产业脱贫 42 户 209 人，共计 88 户 417 人。

家国情怀，心系群众显党员本色

“现在这么晚了，天气预报说有暴雨，你一个女孩子开车不安全，明早再回吧。”

“不行，我今晚必须赶回去，我也看天气预报了，百坭村那用屯可能会发生洪涝……”

2019 年 6 月 17 日凌晨，黄文秀割舍下患肝癌的父亲，不顾家人劝阻，一心想早点回村部署抗洪。途中，还着急打电话向村干部了解村里山塘、水利设施受损等情况，却独独顾不上考虑自己，最终不幸牺牲。

暴雨如注、电闪雷鸣，汹涌的洪水漫过道路，眼前是黑压压的模糊世界……这是黄文秀生前传回的最后视频画面。视频中清晰可见——她驾驶的车辆陷入滚滚洪流，倾盆大雨浇在挡风玻璃上发出恐怖声响。

“她发信息说，被困住了。两头都走不了，雨越来越大。”黄文秀的哥哥黄茂益回忆道。

6 月 18 日 11 时 32 分，救援人员在下游河道发现了黄文秀的遗体。

“是党培养了她，她为党的事业做贡献，我为她骄傲！”生死两别，黄文秀 70 岁的父亲黄忠杰哭红了眼睛。家里原来仅有三间小瓦房，几年前新建了一栋两层的红砖房，那是刚工作不久的黄文秀拿出百色市人才引进 5 万元安家费中的一部分，孝敬父母的。上学时，她勤工俭学挣了钱，接父亲去北京圆了老人家“看看天安门”的心愿；还给患先天性心脏病的母亲送了一份礼物，那是一只刻着“女儿爱你”四个字的银手镯。

了解黄文秀的亲友都知道，她事业心太强，总担心工作做不到位，连终身大事都没顾上。她总说，等脱贫攻坚任务完成以后再说。对家，对国，她还有那么多的不舍。她走了，可她留下了一个共产党员的铮铮铁骨，留下了一支带不走的工作队，更留下了“文秀精神”。

生前，黄文秀一直坚持认为：送钱送物，不如建个好支部。她以身作则，特别注重加强党支部自身的战斗力、凝聚力和创造力建设。她以乐业县开展的村干部职业化管理工作为契机，大抓基层党组织建设。上任后走访了百坭村的 38 名党员，充分征求党员的意见建议，并将他们划分为 3 个党小组开展各项活动，经常列席指导。她从抓实抓严村干部坐班值班制度开始，白天落实专人负责接待群众，晚上与村干部一起开展走访贫困户工作，群众满意度大幅提升。

群众满意了，还没来得及表达感激之情，却听到了黄文秀遇难的噩耗。者乐屯 53 岁的壮族汉子韦乃情红了眼眶：“前几天黄书记还来我家取走我孙子的住院报销材料，现在钱到账了，她却再也回不来了。”贫困户班氏会当晚整夜未眠：“满脑子都是她的笑脸，都是她帮我申请低保、到医院看我儿子的情景。”

扶贫路上的战友，新化镇林立村第一书记张胜根同样泪如雨下：“在扶贫路上，我们会不断鼓励自己要有不获全胜决不撤退的决心。我们会用自己的实际行动践行共产党员的初心和使命。文秀，一路走好！”

在百坭村黄文秀居所的书桌上，除了成堆的扶贫工作材料，还有她的绘画习作，一幅是父亲背着女儿的素描稿，另一幅是水彩画——向日葵正灿烂地开放……

（供稿、照片提供：广西壮族自治区扶贫办　修编：周艳）

/ 百坭村风貌

张小娟，中共党员，生前为甘肃省甘南藏族自治州舟曲县扶贫开发办公室副主任。2019 年 10 月 7 日，她在贫困乡镇脱贫攻坚成果验收工作结束返回县城途中，不幸遇难，年仅 34 岁。多年来，她始终以满腔的热血奔走在基层一线、奋战在脱贫战场，把党的事业与自身价值相对接，把群众期盼与个人使命相融合，用青春扎根基层、以深情奉献乡土，是深度贫困地区优秀扶贫干部的先进代表，是新时代基层党员、干部的先进典范，更是“不忘初心、牢记使命”主题教育中广大党员干部学习的榜样和楷模。

芳华无悔铸初心　巾帼忠魂践使命

中央民族大学历史学和旅游管理双学位，毕业后 3 年，被选拔纳入甘肃省优秀 80 后年轻干部后备库；8 年后被评为舟曲县“最美扶贫人”、甘肃省脱贫攻坚先进个人。2019 年 5 月，舟曲县成立脱贫攻坚“三大行动”办公室，她被抽调过去担任副主任。

她就是藏族姑娘张小娟。可谁也没想到，这朵刚刚盛开的格桑花，令人痛心地凋零了，留给世人无尽的惋惜。追溯她的一生，虽短暂，却有厚度，一桩桩感人事迹勾勒出她扎根基层、深情奉献、勠力攻坚的不悔人生。

报效桑梓　心系群众

1985 年，张小娟出生在舟曲县一个普通的农民家庭。2003 年，她以舟曲县文科状元的优异成绩考入中央民族大学历史系。一直牵动张小娟内心的，是不能割舍的乡情。2008 年大学一毕业，她怀着报效桑梓的美好愿望回到了家乡。同年 9 月，被分配到舟曲县立节乡人民政府工作。

那时，张小娟还是一个 20 岁出头的姑娘，她主动担任驻村干部，经常跋山涉水走村入户，与群众促膝交谈，向群众学习，为建设新农村收集“金点子”；她立志为民致富，因地制宜、大胆破题，鼓励引导群众积极发展中藏药材种植、土鸡养殖产业，努力把农民土地上的“黄金苗”变成群众的“钱袋子”，把农家的土鸡养成致富增收的“金凤凰”；她在村里组织成立社火队、罗罗舞队、广场舞队，在春节等节日期间赴县城参

/ 张小娟（左）与群众共同学习农业生产技术

/ 张小娟（左）在苗圃与苗农共同劳作

加表演，促进本土优秀传统文化的传播和发扬，为农村天地注入了新的活力。

2008 年“5 · 12”地震灾后重建时，正值农村青壮年外出务工黄金时段，农村留守在家的大都是老人孩子，许多农户要维修房子，却普遍缺乏劳动力，只能在焦急的等待中眼看着冬天一天天到来。刚参加工作的张小娟见此情况，撸起袖子就帮助群众改造危房，在尘土漫天的土坯房和村道上，每天和钢筋水泥、砖头土块打交道，北京毕业的“洋学生”很快变成了村里的“土干部”。“这闺女一点儿也不像北京城里回来的，跟我们谁都能打成一片。”群众纷纷这样评价。

多少个日日夜夜，在田间地头，在农家院落，在乡镇村组，张小娟留下了奔走忙碌的身影，她是群众心中的“乖女儿”、孩子心中的“小娟姨”，她是群众最知心的朋友。立节乡立节村的老人们都说，张小娟对待他们就像对亲人，而他们也把张小娟视为自己的“女儿”。

在担任曲瓦乡副乡长期间，哪怕乡里的工作再忙、事情再多，张小娟几乎每天都要去村里，开展送政策进农户、谋划产业发展、帮助危房改造、协调解决就医上学等工作，视群众如亲人。在她的眼里，小到柴米油盐等生活琐事，大到各项惠农政策落实，只要事关群众利益，都没有小事，凡是群众的住房、收入以及需求等情况，她都了如指掌。她在全县率先创办了基层党政工作微信公众号，架起了党务、政务公开的桥梁纽带，打通了服务型党组织与群众联系的便捷窗口。

无论在什么岗位，张小娟的心里始终装着群众，时时想着群众，事事为着群众，始终站在服务群众的最前沿，设身处地为群众着想，勤勤恳恳为群众服务。在担任曲瓦乡纪委书记期间，她认真钻研纪检监察业务，热情接待来访群众，耐心倾听群众心声，积极协调争取解决问题。尤其在党风廉政建设、乡镇机关干部管理、村干部管理、惠农政策落实、群众切身利益维护等工作中，她始终深入贯彻落实党风廉政建设责任制，对党委政府领导坚持分管工作和廉政建设两手抓，起到了时时鞭策和促进的作用；对群众来访来信做到热情接待，每件必定亲自过问办理，同时有效地发挥了纪检干部队伍的工作积极性，使每一名纪检干部都能认真对待群众的来信来访，做到及时办理。

基层一线的工作历练，厚植了这位年轻女干部心怀群众、视民如亲、为民如己、血浓于水的感情，树立了新时代基层青年热爱农村、服务农村的榜样和典范。张小娟用短暂而精彩的一生，做出令人敬仰的时代回答。

无私奉献　青春无悔

2010 年 8 月，在舟曲特大山洪泥石流抢险救灾中表现突出的张小娟，光荣地加入了中国共产党。她把党的事业与自身价值相对接，把群众期盼与个人使命相融合，用青春扎根基层、以深情奉献乡土，树立了一名共产党员、新时代基层青年的工作典范。尤其是在脱贫攻坚的伟大事业中，在最真切触摸老百姓脉搏的地方，张小娟牢记党组织的信任和重托，公而忘私、国而忘家，用柔弱的肩膀挑起扶贫路上的重担，把群众的幸福举过自己的头顶，在她平凡而伟大的扶贫长征路上，谱写了一名共产党员时代担当的赞歌。

在工作中张小娟总是想在前面、干在前面。她在入户过程中，发现扶贫政策的宣传形式单一，贫困群众知晓率不高，就自主探索通过漫画图解、语音播报这些通俗易懂的方式让群众掌握扶贫政策。她经常舍弃休息时间，不厌其烦地对一些年轻的扶贫干事进行业务指导，帮助他们一步步成长为扶贫的精英骨干。

在张小娟的心里，家轻国重，私小公大。孩子尚且年幼懵懂，7 岁的女儿上二年级，刚刚满 3 岁的儿子上幼儿园；公公婆婆年逾八十，丈夫在县疾控中心上班，需要经常下乡开展工作。亲戚朋友都劝张小娟多照顾家庭，可她偏偏因为忙于工作，常常疏忽家庭。

为此，张小娟时常教育孩子要学会独立坚强，学会基本的生活自理，她自己则经常昼夜奋战在脱贫攻坚第一线。没有母亲的陪伴呵护，没有一家人团聚的亲昵快乐，7 岁的女儿只好担当起母亲的角色，晨昏霞光中懂事地拉着弟弟踉跄学步。

面对繁重琐碎的扶贫工作，面对还未脱贫的 7 000 余名群众，张小娟丝毫不敢松懈，将大部分的精力和时间放在扶贫工作上。每次出门，她都答应儿女晚上回来陪他们一起玩耍，却很少能实现。除了对孩子们的亏欠，她还有对年迈的父母养育之恩无以为报的愧疚。她的母亲本来血压就高，再加上心脏病，一年要住好几回医院接受治疗。张小娟时常牵挂着母亲的病情安危，却由于工作繁忙未能尽一尽女儿的孝道。有几次，她加班回家比往常早，准备做点可口滋补的饭菜给病床上的母亲送去，但乡镇扶贫干事打来电话咨询政策，她不得不停下洗菜的双手，耐心解答到深夜，等忙完工作，万家灯火早已星星点点；更多的时候，她正在去菜市场的路上，就接到单位的紧急电话，对工作极端负责的她，一边急匆匆赶往单位，一边在心里宽慰着自己等下次再弥补，这一等，却成了永远的遗憾。

也许，对于家庭和亲人，张小娟未能尽到一个好女儿、好妻子、好母亲的责任。但是，她用一名好党员、好干部的无私奉献精神，向组织和舟曲的贫困群众交上了一份完美的人生答卷。她信念坚定、对党忠诚的政治品质，顾全大局、不计较个人得失的高尚品德，力争上游、勇挑重担的工作态度，认真负责、务实工作的敬业精神，心系群众、默默奉献的为民情怀，担当实干、不惧困难的拼搏精神，朴实无华、淡泊名利的人格魅力，永远值得广大党员学习。

勇担重任　初心不改

2016 年 1 月，群众基础扎实、工作实绩突出的张小娟，担任舟曲县扶贫开发办公室副主任。

舟曲是国家扶贫开发工作重点县，贫困发生率高，资源禀赋差，是脱贫攻坚的难中之难、坚中之坚。近年来，随着脱贫攻坚纵深推进，无数的党员干部与群众拧成一股绳向贫中之贫、困中之困发起总攻。自担任县扶贫办副主任以来，张小娟主要负责全县建档立卡管理、国家扶贫子系统和全省大数据系统管理、扶贫资金管理等多项重点工作任务。

舟曲县贫困人口基数大、贫困属性复杂，“精准”是扶贫的第一要求，也是她对自己的基本要求。因此，张小娟不断提升自身政策理论水平以确保每一项因户施策精准无误，还随时做好对乡镇、部门的工作协调和指导建议。她一心扑在脱贫攻坚上，一年中至少有三分之二以上的时间不是在贫困户家里，就是在去往贫困户家里的路上。她几乎没有周末，把大部分的时间都用来孜孜不倦地研读扶贫政策，研究贫困识别、贫困退出、扶贫系统操作、扶贫资金管理、项目建设等各项要求和规定上。

/ 张小娟（中）与留守老人交流，了解他们的生活情况

3 年时间里，张

/ 张小娟（右一）在进行业务指导

小娟做到了各类数据、标准、规定、政策精准掌握、烂熟于心，也因此成为各乡镇、各部门24小时在线的“业务联络员”。舟曲县19个乡镇、87个贫困村、3万余名贫困群众几乎无人不知、无人不晓“张小娟”这个名字。这朴实无华的三个字，胜过一切豪言壮语，她也被舟曲县广大党员干部和贫困群众亲切地称为舟曲扶贫的“移动数据库”和“活词典”。这是至高无上的荣誉，代表了全县党员干部群众对几年如一日勤奋敬业的扶贫干部的高度评价，是一名共产党员直到生命最后一刻仍在坚持战斗的最好见证。

虽是女子，可张小娟展现出的却是惊人的勇气。只要面临脱贫攻坚急难重任，她总是冲锋在前，尤其在全县脱贫攻坚困难最多、挑战最强、压力最大，甚至面临“造不出血”“输不进血”的紧要关头，她作为脱贫攻坚的“排头尖兵”，带领扶贫骨干上山下乡、进村入户，与乡镇干部共同召开群众会议，讨论深度贫困村的发展规划，提出诸多深度贫困村发展的意见建议，为舟曲县攻克深度贫困由“大水漫灌”变“精准滴灌”提供了重要基础数据。2017年以来，舟曲县用于深度贫困乡、村扶持产业培育、能力素质提升、基础设施建设、环境卫生整治、电商扶贫和贫困村“三化”等项目资金超过5 000万元，这些资金全部精准扶持到户，为加快舟曲县脱贫攻坚步伐注入了内生动力。

因工作成绩突出，连续3年张小娟的考核成绩为优秀，被记公务员三等功一次；2019年2月，她荣获“甘肃省脱贫攻坚先进个人”称号。

扶贫工作时不我待，但长年累月的持续奋战和超负荷的精细化工作，使得张小娟的身体免疫力急速下降。然而，即使身患疾病，她仍然坚守岗位、起早贪黑、风雨无阻，公文包里除了厚厚的扶贫资料，剩下的都是各种药品。县领导几次三番劝她注意身体，就连单位的司机都忍不住劝她缓口气、歇一歇，张小娟总是报之一笑，回头又开始忘我地工作。常常下乡回来半夜 12 点了，张小娟让扶贫干事们休息，自己却跑到办公室加班去了。

10 月 7 日晚，国庆假期即将结束，而张小娟也结束了脱贫成果验收工作，坐上回县里的车，打算加班写验收报告。不料，车子途经陇南武都区两水镇时坠河，张小娟不幸遇难，生命定格在了 34 岁，定格在了她为之奋斗的脱贫攻坚事业中。

张小娟的大学老师——中央民族大学历史文化学院教授蒙曼说："她的意外牺牲令人痛心，而无私奉献一直符合她的人生轨迹。她将青春和生命奉献给了扶贫事业，是新时代践行'不忘初心、牢记使命'的直接体现，是广大基层党员的榜样。"

春蚕到死丝方尽，蜡炬成灰泪始干。这朵山间的格桑花啊，经历着风吹日晒，却始终坚韧不拔，守着困苦的山崖。她以舍我其谁、决战贫困的责任担当，以不忘初心、牢记使命的忠魂，谱写了一曲"向贫困宣战"的英雄篇章，用实际行动诠释了"敢教舟曲换新天"的豪迈志向，用一贯表现践行了"为人民服务"的铮铮誓言，以一名共产党员"公而忘私、忘我奉献"的优秀品质和崇高精神，为舟曲这片贫瘠的土地奔小康留下了希望的芳华。

（供稿、照片提供：中共舟曲县委　修编：周艳）

全国脱贫攻坚奖奋进奖

QUANGUO TUOPIN GONGJIANJIANG FENJINJIANG

王贞六，重庆市黔江区黑溪镇胜地村村民。他的儿子患脑膜炎留下后遗症，完全丧失劳动能力，妻子常年体弱多病。2015 年在政府的帮助下，他参加了中蜂养殖培训班，养殖中蜂 69 箱，当年销售蜂蜜收入 6 000 余元。2017 年，他扩大养殖规模，养蜂收入达 20 余万元。脱贫致富后，他成立了中蜂养殖股份合作社，发展社员几十名，培养了 4 名养蜂技术人员，成为当地的致富带头人。在他的带领和技术指导下，12 户贫困户从事中蜂养殖，每户每年平均增收 4 000 元以上。他还栽种了 10 亩特色果树，探索实践"花—果—蜂蜜—中蜂培育"现代农业发展新模式。

七旬老人的"甜蜜"生活

什么是奇迹？在一个普通重庆老汉的"字典"里，奇迹就是怀揣积极乐观的生活态度，凭借自己勤劳的双手和不懈的努力，最终让全家摆脱了生活困境，甚至还能带动其他村民脱贫。他就是家住重庆市黔江区黑溪镇胜地村的老汉王贞六。

七旬老汉养中蜂

年近七旬的王贞六出生在重庆的大山深处，家里世代务农，靠天吃饭。命运之神似乎从来没有偏爱过他。大儿子因患脑膜炎留下后遗症，重度残疾，生活无法自理，需要照顾，片刻不能离身。因久劳成疾，妻子平时只能坐高凳，每到夏季便会关节疼痛，无法下蹲。全家生活的重担就压在文化水平不高又无技术傍身的王贞六身上。

"过日子肯定难啊，但我是一家之主，我不管谁管？"王贞六是一个硬汉，他说的话听似云淡风轻，背后的辛酸外人却难以想象。

王贞六曾经是一名光荣的解放军战士，部队的严格训练造就了他吃苦耐劳的品格。同样重要的是，他懂得听党话、跟党走。1973 年王贞六退伍后，因大儿子残疾，他就留在了村里。他克服重重困难，将一家人的生活打理得井井有条。

但是，随着王贞六年事渐高，没有人再愿意聘用他了，他一家人几乎断了经济来源，全家人挣扎在贫困线下，日子过得捉襟见肘。

为了生计，经同村人介绍，王贞六进入一家规模不大的私人爆破公司，辗转于黔江

/ 王贞六（右一）与帮扶人交流养蜂经验

附近的彭水、酉阳、秀山等县，从事危险系数高、劳动报酬低、安全保障差的爆破工作，一年下来，仅挣得 5 000 元左右。屋漏偏逢连夜雨，2013 年，这家公司的爆破许可证被取消，员工被遣散。王贞六连这个临时的工作都没了，家里失去了最主要的经济来源，全家人笼罩在愁云惨雾之中。

命运的转折开始于 2015 年。在全国各地轰轰烈烈开展脱贫攻坚的大背景下，黔江区也开始行动起来。黑溪镇镇长以及村支书、村主任等人向村民宣传国家的一系列扶贫政策，那是王贞六生平第一次听到“精准扶贫”“精准脱贫”的说法。

为了彻底改变贫困现状，按照脱贫规划，驻村工作队及各级干部针对王贞六妻子体弱多病、大儿子重度残疾的状况，资助母子两人参加基本医疗保险，免费购买小额人身意外伤害保险和大病医疗补充保险。

在了解到王贞六饲养了两箱中蜂以后，驻村工作队和结对帮扶人员集体会诊、充分论证，针对他养蜂缺少技术、规模不大、效益不高的问题，建议其参加市扶贫办组织的中蜂养殖培训，利用到户产业发展补助政策扩大养殖规模，从而实现脱贫。

王贞六有养蜂的热情，却因为缺乏技术和养殖规模小，没给家里增加多少收入。对他而言，参加培训班是一次梦寐以求的学习机会。家人有了医疗保障，王贞六没有了后顾之忧，他积极投入到培训学习中。一周下来，带着结业证书和满满的信心，王贞六回到家乡，准备大干一场。

他托亲友从江津带回 8 箱中蜂，以十足的热情投入到养蜂之中。谁知蜂蜜产量远不如预期，还损失了 2 箱蜂，现实狠狠地给他泼了一盆冷水。痛定思痛，王贞六总结经验教训，意识到自己学到的养蜂知识有限，而且实践经验也不足。2015 年 9 月，王贞六第二次参加培训班，不但在课上认真听专家讲课，课后还积极向同班同学取经。

经过系统、实用的培训，王贞六学成归来。急性子的他坐不住了，立马着手扩大养殖规模，并多方找亲戚朋友筹集资金。当时，恰逢政府产业补助金发放到户，王贞六拿着到手的 2 000 元，在村干部面前表态："我一不拿去抽烟，二不花在喝酒上，全部用来养蜂。"

在添置蜂箱、隔王板、取蜜机等蜂具以后，王贞六马不停蹄，自费包车前往重庆江津买回 35 箱中蜂，并将大多数中蜂放到临近的光明村，利用比较集中成片的油菜、乌桕树、五倍子树作为花源，进行定点分散放养。一身铁骨的王贞六，用苦干点亮了幸福的灯。当年，他共养殖中蜂 69 箱，销售蜂蜜收入 6 000 余元，加上家里种粮、养猪的收入，一家子顺利实现脱贫目标。

追花寻蜜谋脱贫

脱贫后的王贞六干劲越来越足。2016 年 8 月，王贞六申请了 10 万元政府贴息贷款，购买中蜂 64 箱，养殖规模扩大到 107 箱。2016 年底，王贞六再次扩大养殖规模，发展中蜂 132 箱。他辗转周边彭水县朱砂村、秀山县清溪场镇等地，跋山涉水、风餐露宿，在油菜、乌桕、五倍子花开时节追花寻蜜，尽量让蜜蜂多采蜜、多产蜜。2016 年底，王贞六养蜂收入近 9 万元，全家实现了从脱贫向富裕的跨越。

摘掉了穷帽子，过上了好日子，可王贞六没有忘记自家脱贫靠的是国家的好政策。"政府帮助了我，我再去帮扶其他贫困户，以点带面，实现大家共同脱贫致富。"他决定带动更多贫困户发展养蜂业。

王贞六挨家挨户问大家愿不愿意养蜂。可是，有的家庭觉得当贫困户有补助，存在"等靠要"思想，不想养蜂；有的家庭担心技术难学，怕养蜂吃亏，不敢养蜂；有的家庭经济条件太差，钱"来不起"，不能养蜂。看到这种情况，王贞六把带动大家养蜂的想法跟镇领导说了，镇党委政府积极支持，专门安排了一场"我的脱贫故事"宣讲会，让王贞六主讲，还为王贞六争取到了 10 万元补助资金。他用这些钱又买了 64 箱蜂，并成立了中蜂养殖股份合作社。

周边群众看到王贞六养蜂确实"有搞头"，纷纷要求加入合作社。在合作社的 52 名社员中，有 25 名建档立卡贫困群众。王贞六看到有的乡亲很贫困，没有钱买蜂，就无偿送给他们 35 箱蜂。他说："这是对乡亲们的一点心意，养蜂技术我来教。"

/ 王贞六追花转场蜜蜂

同村的郭先涛一家四口原先住在老祖屋内，家中地少粮少，无固定经济收入。妻子常年多病，两个孩子都在上大学，属于典型的因病致贫、因学致贫。王贞六找到他，表达了邀请他入社、共同致富的想法。郭先涛看到王贞六通过养蜂脱贫致富，而且也不耽误农活，于是决定跟着他一起干。事实证明，郭先涛的决定是对的。他所养的六七箱中蜂每年能为他带来 5 000 多元收入，而且挣钱的同时还可以照顾妻子、兼顾家里农活。如今的郭先涛浑身充满干劲，逢人便夸王贞六和合作社给他家送来了福音，感激之情溢于言表。

百花丛中同致富

在王贞六的带动和指导下，胜地村已有 12 户贫困户从事中蜂养殖，每户养殖规模均在 5 箱以上，每年能增收 4 000 多元。2017 年王贞六个人养殖中蜂实现收入 20 余万元。

当有乡亲向他请教养蜂技术时，他会毫无保留地传授给人家。王贞六下功夫培养了 4 名技术员，每名技术员负责 5 名社员的技术指导。王贞六还主动为村里养殖中蜂的 5 家贫困户义务提供技术指导，并帮助他们实现了脱贫。

2018 年，王贞六受邀为镇政府举办的中蜂养殖专业培训班学员授课。为了带领大家向前跑，他根据个人几年来总结的经验，进行现场教学、实地授课，在提高蜂农饲养、加工和产业化经营水平的同时，也掀起了黑溪镇的养蜂热潮，有效促进了当地特色产业的快速发展。

2019 年，69 岁的王贞六不服老，重整行装再出发，紧锣密鼓筹划发展中蜂繁殖场。他已在临近的白合社区、光明村各初选了一个荒地多、人烟少、蜜源丰富的地方，计划引进更优良的中蜂品种，利用两年时间发展品种更加纯正的中蜂 200 ~ 300 箱，既可以销售蜂蜜，又可以销售蜂群，想方设法多渠道增加收入。为提高中蜂养殖的综合利用效率，王贞六在胜地村 12 组栽种 10 亩特色果树，探索“花—果—蜂蜜—中蜂培育”的现代农业发展新模式。

作为合作社社长，王贞六给社员们发技术资料，义务做技术指导。只要社员一来电话，即使王贞六在吃饭，他也要放下碗筷，马上赶去帮忙。特别是分蜂的季节，他忙得两只脚都不着地，有时一天只能吃一顿饭。他给社员黄宽寿送的 1 箱蜂，已经发展到 4 箱蜂，一年有 6 000 多元收入。王贞六成了区内外小有名气的养蜂能手，一些职业学校还请他给学生上课。

/ 王贞六的养蜂场地

/ 王贞六（左）指导社员做好蜜蜂的越夏管理

王贞六孜孜不倦地养蜂卖蜜，日子越过越红火，从贫困户成了致富带头人。他始终不忘党和政府的恩情，多次动情地说："现在不愁吃、不愁穿，家里老伴、儿子看病都能享受医疗保障的好政策，真是一顺百顺，生活就像蜜糖一样甜。正是有了党的好政策，才有今天的好日子，路宽了、气顺了，真真实实有了获得感、幸福感，发自内心地相信党、感恩党，真心实意地感谢习近平总书记。"

这是一位年近七旬的老人质朴而简单的心愿：将中蜂养殖发展为胜地村乃至黑溪镇的一个特色产业，让更多乡亲能养蜂、会养蜂，走上一条持续稳定增收的致富之路。

脱贫路上有付出就会有收获。在这条漫漫长路上，王贞六付出着辛勤，收获着幸福——追得百花鲜，迎来生活甜。

（供稿、照片提供：重庆市黔江区扶贫办　修编：高永伟）

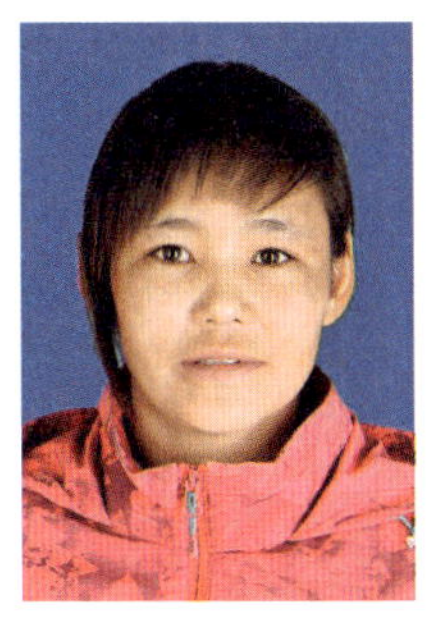

尼吉拉姆，中共党员，西藏自治区阿里地区噶尔县扎西岗乡典角村村民。曾获2018年西藏自治区巾帼脱贫攻坚女能手、西藏自治区三八红旗手标兵等荣誉。她身残志坚，因一场交通事故落下终身残疾，但决不屈服于命运。2012年，她四处筹借资金，开了家商店自食其力。起初生意不太好，但她耐心经营，坚持送货上门，在方便了他人的同时，生意也逐渐好起来。2016年，她主动申请脱贫。逐步致富的她，每年拿出自己的部分利润，为村里的3名孤寡老人和2户贫困户发放生活物品。

雪域高原的“金盏花”

金盏花，又名常春花，被称为“太阳的使者”，是痛苦与悲哀的象征，却有着美丽而明媚的容颜。尼吉拉姆，就是这样一朵生长在雪域高原上的“金盏花”。

尼吉拉姆是不幸的，她下肢残疾，无法像正常人一样行走。尽管人生的道路上荆棘丛生，生活的艰辛多于常人，她还是创造出了属于自己的精彩世界。从建档立卡贫困户到引领贫困群众走上脱贫致富道路的女能手，尼吉拉姆用自己感人至深、催人奋进的故事诠释了生命的真谛，舞出了一朵高原“金盏花”的摇曳人生。

“我要站起来”

阿里地区究竟有多远？即便是在交通运输如此发达的今天，从阿里地区首府噶尔县狮泉河镇乘坐飞机到拉萨也需要两个小时。

这里海拔高、温差大，含氧量不足平原地区的50%，冬季极端气温达到骇人的零下41摄氏度。每年冬天，噶尔县城有70%的居民如同候鸟般离开这里，等到第二年春天再回来。

尼吉拉姆就生活在噶尔县扎西岗乡典角村。1997年的一天，13岁的她兴高采烈地走在放学回家的路上，想尽快将自己数学测试得了95分的好消息分享给母亲。然而不幸却毫无征兆地降临，一辆疾驰而过的汽车意外地撞向了她幼小的身躯。当尼吉拉姆苏醒过来时，医生告诉她，她的左大腿粉碎性骨折，以后要依靠双拐走路了。

/ 尼吉拉姆经营的小超市

医生的话不长，尼吉拉姆却花了好长时间去理解。母亲更是伤心欲绝，她才只有 13 岁呀，花儿一般的年纪，以后怎么办？还有以后吗？为了给尼吉拉姆治病，母亲卖掉了家中仅有的 12 只羊和 2 匹马，又四处借钱，多次带尼吉拉姆赶赴拉萨、成都等地寻医治疗，整个家庭也陷入贫困的深渊。

可所有的努力都已无力回天。

艰苦的生存条件，开阔的一方天地，塑造出了尼吉拉姆坚强、乐观、不轻言放弃的性格。看着操劳的母亲，小小的她倍感自责，并下定决心绝不当一个“废人”。虽然左腿再也无法像正常人一样行走，但她怀揣着对知识的渴望和对美好生活的向往，毅然决然地拄着双拐，坚持求学，并且成绩优异，多次获得“优秀学生”“三好学生”等荣誉。

由于家庭经济实在困难，加之病痛折磨，无奈之下，尼吉拉姆不得不放弃继续求学的机会。高中毕业在家的日子里，看着母亲整日忙碌的身影，自己却一点儿忙都帮不上，她心如刀割，只能一遍遍固执地练习走路。

说起尼吉拉姆的遭遇，亲戚朋友都感到十分痛心，却又对小姑娘的坚强敬佩不已：“医生都告诉尼吉这辈子要依靠拐杖走路了，可她偏偏不相信，把自己关在房间里，一遍一遍地扔掉双拐练习走路，摔倒了爬起来接着练，手臂摔伤出血了也一声不吭，始终坚信自己不用拐杖也能走。”

在母亲的照料和自己的努力下，尼吉拉姆日渐好转。但天有不测风云。2015 年的一天，年迈的母亲因过度劳累和病痛离开了人世。从小和母亲相依为命的尼吉拉姆在精神上受到了巨大打击。“那时候我觉得天都快要塌下来了，妈妈一直是我的精神支柱啊。”直到今天，一提到母亲，她的眼泪总是忍不住流下来。

“不经历风雨，怎么见彩虹”，尼吉拉姆的人生，是对这句歌词的最好诠释。母亲去世的巨大打击更激发出她内心的斗志：“我要站起来，我要做生活的强者，我要主宰自己的命运。”短短的三句话始终支撑着尼吉拉姆不向病痛妥协，不向命运屈服。

不知摔了多少次跟头，不知痛得流了多少眼泪，功夫不负有心人，尼吉拉姆终于扔掉拐杖站了起来。残酷无情的人生，没有让她退缩或沮丧，她瘦弱的身体迸发出了令人难以置信的力量，她决定用勤劳的双手改变自己的命运。

“我要脱贫”

不论风吹雨打，雄伟的冈仁波齐，始终凭借自己的力量守护着一方天地；神圣的玛旁雍措默然伫立，微笑着迎接自然的一切馈赠；雄鹰不屈服于命运的束缚，在湛蓝的天空上展翅翱翔；狮泉河畔的红柳花顽强不息，在雪域高原上绽放着自己的枝叶……

抬头仰望，尼吉拉姆总是会感慨万千，并默默汲取这来自天地自然的力量。而国家和社会的帮助，更是雪中送炭。

当尼吉拉姆为生活犯愁的时候，噶尔县妇联干部来到她家中，向她讲解国家精准扶贫、精准脱贫的优惠政策，鼓励她自力更生、不等不靠，用自己的双手改变生活现状。尼吉拉姆下定决心扔掉拐杖，在家乡创业。

扎西岗乡典角村是噶尔县唯一的边境村。2012 年，在国家政策支持下，尼吉拉姆和 20 多户村民一起搬迁至典角边境小康示范村。她的新家是一座掩映在绿树中的独栋独院、黄墙红檐的两层新居。看着崭新明亮的住房，尼吉拉姆感慨地说：“感谢党和国家的好政策，让我享受到社会主义大家庭带来的温暖。”

在噶尔县妇联的帮助下，尼吉拉姆申请了妇女小额贴息贷款。自家的小商店和茶馆开张了，更惹人注目的是简陋茶馆门口的一句“斯是陋室，惟吾德馨”，这样的诗句让人感动。这里可是没几人能听懂汉语的西藏阿里，可尼吉拉姆还是坚持写上了这两句，因为这是她的内心写照，也是她重拾生活信心的独白。

不仅如此，尼吉拉姆还结识了来典角村务工的青海藏族青年罗启明，两人很快坠入爱河，组成家庭，并养育了两个活泼可爱的女儿。

/ 尼吉拉姆一家搬进扎西岗乡典角边境小康示范村新居

走进商店，农行的支付码被贴在了最醒目的位置。农牧民时不时地过来购买一些生活用品，扫码支付，与众多小城镇无异。别看商店现在这么“潮”，尼吉拉姆经营得这么顺溜，它的发展并非一帆风顺。

起初，由于缺

/ 尼吉拉姆和女儿一起包饺子

少经营经验和技术支持，商店的生意不是很景气。但尼吉拉姆身上有一股不服输的韧劲，她四处取经，虚心求教管理经验，耐心经营，坚持每周两次给驻地的边防连、边防前哨送货上门，在方便了边防战士的同时，生意也逐渐好起来。后来，驻地官兵们了解到了她家的情况，深深地被感动了，便常常有意照顾她的生意，不让她往返送货而是自己取货。一来二去，双方建立了良好的关系。

在深入边陲、海拔 4 500 米的群山深处，尼吉拉姆的高中学历算是很高的了，加上她头脑灵活，结合本地农牧民群众饮食习惯，她逐步扩大经营范围，提高经营能力，商店、茶馆的生意逐渐好转起来，收入也随之增加，第二年就把贷款还清了。

虽然身处祖国西部边陲，但尼吉拉姆的视野却并不闭塞。她不满足于只卖人们司空见惯的商品，便在网上选购平日里不常见到的“良品铺子”“三只松鼠”等新潮小零食，还计划在狮泉河镇租一间店铺，销售网购的服装。

2016 年，尼吉拉姆第二次从县妇联申请到了 5 万元妇女小额贴息贷款。这次，她把小商店改成了小超市，商品种类更丰富了，并对茶馆也进行了扩建翻修。更让她高兴的是，随着物流的不断完善，网上购物送到村的时间越来越短，有较长保质期的食品及衣物、帽子之类的商品，她都能从网上订购了。

“在网上下单，一般一周左右能到阿里地区，我老公开车集中去拉一次，价格比过去采购的便宜，选择的余地也更大。”尼吉拉姆说，“像方便面、手撕面包、可乐等，我这儿基本都有。”

在国家政策的支持下、社会各界的照顾下、尼吉拉姆灵活的经营下，商店和茶馆的生意更红火了，年经营纯收入翻了一番，能有 1 万多元。加之丈夫在外务工的收入，几年下来，家里不仅还清了所有的欠款，而且还有了自己的积蓄。丈夫也勤快能干，从以前帮人干活，发展到现在自己带人承包项目，一家人顺利实现脱贫摘帽，日子过得有滋有味。

“我要活得精彩”

脱贫致富了，尼吉拉姆始终没有忘记自己今天的幸福生活离不开党和国家的好政策，离不开政府的扶持，离不开亲朋好友的援助。

在自身生活好转的同时，尼吉拉姆开始积极帮助贫困户，回馈社会。她召集村里在家的妇女，以自己为例，分享创业经历，一对一、手把手、毫无保留地传授自己经营商店、茶馆的经验。还聘用贫困妇女到自己经营的茶馆工作，帮助群众就业。

现在，尼吉拉姆已有两个孩子，但由于家中无人帮助照料，负担依旧不轻，但她丝毫没有退缩，反而全身充满了力量，坚持向村里的 3 名孤寡老人及 2 户生活条件较差的贫困户送温暖，经常帮助他们打扫卫生，陪老人们聊天、拉家常，和其他贫困户一起讨论致富门路。当初电视台来采访她时，尼吉拉姆说了三个愿望：房子、家庭、帮助更多的人。

如今，她的三个愿望都实现了。她想做的还有更多。

典角边境小康示范村地处边境。尼吉拉姆深知，边境地区的稳定和发展，事关西藏安全稳定、经济发展、民族团结、人民安居，事关国家主权和领土完整，边境线上的群众是守边者，更是护边员。她说：“作为边境村的一员，我们不光要依靠边防部队的力量，自己也要行动起来，承担起作为一名边境公民的责任。”日复一日，年复一年，她主动坚持跟着村民一起放牧、一起巡逻，共同守护着祖国的一草一木。

当尼吉拉姆看到习近平总书记给玉麦乡卓嘎、央宗姐妹的回信后，感慨地说：“现在的幸福生活，得益于社会主义制度的优越性、得益于国家脱贫攻坚的好政策，我会牢记习近平总书记给玉麦乡卓嘎、央宗的回信里的每一句话，有国才有家，没有国境的安宁，就没有万家的平安，祖国疆域上的一草一木，我们都要看好守好，像格桑花一样扎根在雪域边陲，做神圣国土的守护者、幸福家园的建设者，靠党的优惠政策，靠自己的双手，走向致富道路。”

作为残疾人，尼吉拉姆通过自身努力，实现了人生梦想，又用自己微薄的力量反哺社会，她的事迹在当地得到广泛赞誉。2012 年，获扎西岗乡脱贫奔小康先进双联户荣誉；2013 年，获阿里地区先进双联户荣誉；2015 年，获噶尔县最美家庭荣誉；2018 年，获西藏自治区巾帼脱贫攻坚女能手、西藏自治区三八红旗手标兵荣誉称号。

在获得各项荣誉的同时，尼吉拉姆积极参加阿里地区脱贫攻坚演讲比赛，作为政策宣讲团成员，她经常深入到基层群众当中，以亲身经历，向贫困群众讲述自己的脱贫故事，鼓励他们发挥自身能力，依靠自己的勤劳双手脱贫致富。

同普通人相比，尼吉拉姆或许是不幸的，但在党和国家的好政策下她又是幸运的。在家中，尼吉拉姆摆放了一盆自己喜爱的金盏花——像极了她，虽然在贫瘠的土壤里生长，却有着顽强的生命力，用实际行动在雪域高原的阿里书写着脱贫攻坚的动人故事和与时代共同奋进的赞歌。

（供稿、照片提供：白玛　修编：周艳）

华格加，青海省海南藏族自治州共和县倒淌河镇拉乙亥麻村党支部书记。他担任村党支部书记期间，借助在江苏挂职的契机，积极与当地政府和对口企业对接，组建劳务输出队到江苏省如皋市务工，帮助村里50余人成功转移就业，人均月工资达4 000～6 000元。他帮助自主创业经营户担保贷款430万元，全村各类创业经营户52户，年收入超520万余元。他组织贫困户参加“扶志班”教育活动，帮助27名辍学少年全部复学。在他的带领下，2018年全村农牧民人均收入达11 762元，59户贫困户181名贫困人口全部脱贫。

尕海湖边好儿女

赛青山下，尕海湖边，青海省海南藏族自治州共和县倒淌河镇拉乙亥麻村风景如画。这里群山簇拥，黄色的油菜花，绿色的青稞地，一条小路与外界相连，经幡随风飘动，黑色的藏狗趴在地上看护着牛羊。尕海的波光在蓝天白云下，随四时而变化。就是这样一个美丽的地方，谁能相信，8年前，拉乙亥麻村还是一个让干部提起来头疼、让群众想起来发愁的“落后村”“问题村”。

“那时，因为拉乙亥麻村草场少、牲畜多，羊根本吃不饱。”村支书华格加说，“夏季草场离村民住的地方有60公里，村民们赶着羊群至少要走3天才能到草场。祖祖辈辈的拉乙亥麻人因为零散放牧，即便是只养几只羊，也会耗去一个劳动力整整一个夏天的时间，乡亲们连外出打工的时间都没有。因为缺少种植经验，那时，每到春播时节村民们就在地里‘随便撒把种子’，辛苦一年，往往连本钱都收不回来，有人索性把土地撂荒了。”

如今，牧户加入生态畜牧业合作社，富余劳动力打工创业，拉乙亥麻村变身为富裕文明的“榜样村”。华格加8年多来带领全村群众移风易俗，架电修路，调整产业，一举改变了家乡面貌，这个尕海湖边长大的娃，拿出所有的本领，带领乡亲们开辟出了一条脱贫致富路。

/ 华格加回到拉乙亥麻村

移风易俗：让尕海人有个好名声

华格加出生在拉乙亥麻村，1992 年考入西北民族学院文秘系。大学毕业后，被分配回了共和县，在乡镇担任秘书。下海经商的大潮下，华格加扔掉铁饭碗，到外面去闯荡。经过几年的摸爬滚打、风风雨雨，华格加积累了一定的财富，成立了两家房地产公司，成了草原上的“小老板”。

这个“小老板”，一直记得自己是草原上长大的孩子。

2009 年冬天，倒淌河镇领导和拉乙亥麻村干部来到华格加的公司，希望他回村任党支部书记，带领父老乡亲们改变贫穷落后的面貌。华格加一时不知道怎么决定。回村会影响企业的良性发展，不回村吧，他又渴望看到那一方水土脱贫致富。父亲的一番话，坚定了华格加的想法：“华宝啊，要记着你是怎么出去的。人活着，不在于挣多少钱，而在于干多大的事。带领村里脱贫致富，就是大事！”华格加回到了拉乙亥麻村。

拉乙亥麻村是 20 年前拉乙亥麻和措卡两个自然村合并而成的。因草畜矛盾突出，发展基础薄弱，村务管理混乱，赌博、偷盗、敲诈等风气盛行，人心涣散，是远近有名的“问题村”，尕海人也成为不求上进、民风恶化的代名词。

这一切，华格加都看在眼里。在他看来，实现富民强村，必须先要鼓舞士气，凝聚人心。上任伊始，他走访所有牧民，与大家交心，集思广益，并动员大家互帮互助，共同为贫困户捐款 16 万元，让困难群众眼前的生活有着落。华格加深知贫困家庭学生读书难，他主动捐资助学，设立奖学金 10 万元，帮助 27 名辍学少年重新回到了学校。

走访中他发现，有的村民因为经济困难贷款养牲畜，但又不得不低价出售自己的牛羊还贷。为了遏制这样的恶性循环，华格加垫资 500 万元，集中还清了村里全部的贷款，并和村民约定，以后不得盲目贷款，不要攀比消费。村里的路坑坑洼洼，晴时一身土，雨时一身泥，华格加出资 30 万元，对村道进行了硬化处理，又捐助 780 万元，修建了田、水、林等基础设施，对村庄实行了综合整治，美化了村容村貌。这期间，华格加还为汶川、玉树地震灾区先后捐款 12 万元。

村民索科一家五口人，原来的小日子过得红红火火，但索科后来沾染上了赌博的恶习，到处借钱玩，输了 8 万多元。华格加找到万念俱灰的索科，对他说："赌博是无底洞啊，输出去的钱，是赢不回来的，从来没有人靠赌博发家致富。"并劝他在倒淌河镇好好经营牛羊贩运生意。听了华格加的话，索科起早贪黑收购牛羊，吃苦耐劳加上好脑瓜子，一年就赚了 8 万多元。

华格加趁热打铁，制定了《拉乙亥麻村村规民约三十一条》，禁止赌博、酗酒等不良恶习，遏制婚丧嫁娶铺张浪费等现象。

村规民约改变了村里的陈规陋习，但怎样弘扬好风气？在村"两委"策划下，拉乙亥麻村举办了首届农牧民赛马会。首次比赛设 12 万元的赛马奖金，一等奖 2 万元。海南州各县选手踊跃参加，其他地方的赛马高手也慕名而来。会场周围搭建了整洁美观的帐房，华格加组织全村藏餐手艺好的 50 户农牧民，在草滩上开起了饭馆，方圆十里的人们纷纷赶来，观看大草原上骑马射箭，沉浸在欢快的歌声和醇香的美酒里。3 天时间里，仅饭馆的营业额就达到 50 万元，牧民们学会了抓住家门口的商机。

告别坏风俗，营造充满正能量的村风，华格加带领拉乙亥麻村迈出了第一步。

产业调整：让尕海滩有个好光景

华格加深刻意识到，移风易俗开好头，产业脱贫是根本。他自掏腰包安排每户出一名代表组成百余人的考察团赴重庆、四川、北京、上海、山东等省市参观学习，希望大家开阔视野、解放思想、共谋发展。

2010 年，在华格加争取下，拉乙亥麻村被海南州列为生态畜牧业启动村，华格加肩上的担子更重了，从传统畜牧业向现代畜牧业过渡，难啊！改变从理念开始。华格加准备组建拉乙亥麻村生态畜牧业专业合作社。面对"合作社"这个词，村民们以为又要回到人民公社的老路子。华格加多次召开村"两委"班子会议，耐心细致地宣传引导：

/ 拉乙亥麻村组建生态畜牧业专业合作社动员大会

“合作，就是要一起干，少数人办不到的事情，人多了可能就容易办得到。”慢慢地，人们心里的疙瘩解开了，全部加入了合作社。

拉乙亥麻村生态畜牧业专业合作社组建了 5 个生产经营小组，分别为畜牧业经营小组、种植业经营小组、牛羊育肥经营小组、劳务输出小组、产业经营小组。合作社将全村牲畜委托给 40 位放牧员经营，按绵羊每只每月 6 元、牛每头每月 25 元的标准支付放牧员工资。

多杰布家有 280 多只（头）牛羊，代牧了其他牧户的 600 多只羊和 100 多头牛，按照饲养 5 个月计算，收入可达 6 万元左右。

合作社划定专用草场 2.4 万亩，修建小暖棚 40 座、大型暖畜棚 6 座，由放牧能手集中饲养 500 头母牦牛，日产鲜奶 500 公斤，把鲜牦牛奶加工成酸奶，注册了“草原牧歌”商标，销往青海湖景区及西宁的各大超市。“草原牧歌”成了这片辽阔土地上的思乡曲，也是乡亲们走向富裕的奋进之歌。

在倒淌河镇创办的合作社汽修厂，村里的年轻人正在忙碌地修理汽车，才让曾是其中一个。以前跟着父母放牧的才让，在华格加推荐下，到培训学校学习汽车修理技术。现在才让在县城开了一家汽车修理厂，一年有 50 多万元的收入，还让村里的 4 个人在他的厂里就业，每人每月有 5 000 多元的工资。

一心把带领村里脱贫致富当心头大事的华格加并未止步于此。他又以企业投资建设、合作社资源入股的方式，在村里开办了 3 家砂石料厂、碎石厂，引进资金 320 万元，组织本村 7 辆运输车运送砂石料，年生产碎砂石料 30 万立方米，实现收入 2 400 万元，集体分红 150 万元。

完成产业调整后的拉乙亥麻村，产业兴旺，全村脱贫出列，牧民安居乐业，成了尕海湖边一道亮丽的风景。

着眼长远：藏族儿女忙务工

2017 年 9 月，华格加被组织上安排到江苏南通如皋市长江镇，挂职锻炼 3 个月。在这期间，华格加没闲着，他珍惜这难得的学习机会，跑遍了大大小小的工厂。功夫没白费，华格加发现，如皋市长江镇经济十分发达，但很多工厂面临工人紧缺的问题，他想，拉乙亥麻村及周边村还有富余劳动力，何不让村民们到这里来打工呢？从江苏回到家的第二天，华格加就将这个想法告诉了村“两委”班子，与他们一起商量对策，拟定初步方案，召开动员大会。

自古以来，故土难离、穷家难舍，许多村民都不想远离家园，有人说出了顾虑：“我们出去打工了，孩子在哪里上学？老人谁来照顾？”

乡亲们的一个一个问号，鞭策着也激励着华格加。为解决实际困难，他几千里路来回奔走，多方协调，最终得到了江苏援青指挥部的支持，拉乙亥麻村和 70 多家企业达成了用工意向，与谭港村签订了劳务输出协议，并在谭港村设立了办事处。华格加对群众说：“江苏是鱼米之乡，生活条件很好，这些大家不用担心，孩子可以到长江镇的学校就读，留下来的老人由村委会照看，只要你们愿意走出去，村‘两委’就不会让你们有任何后顾之忧。”村民们吃了定心丸，不少人不甘现状，愿意外出闯天下。

2018 年 3 月 27 日，来自拉乙亥麻村和次汗达哇村的 57 名村民，踏上了去江苏的务工之路。在如皋市长江镇海通海洋工程装备有限公司的生产车间，来自拉乙亥麻村的李先才让，手拿电焊机正在专心地焊接钢管，这里一个月的工资，赶得上村里半年的了。工厂附近的幼儿园里，随父母来到江苏的 5

在拉乙亥麻村召开会议

名小孩，在保育员的照看下在院子里玩耍。

藏族儿女，已经喜欢上了这打工的生活。世世代代生活在草原上的牧民们开始走向城市、走向远方，他们边打工边学技术和手艺，逐渐适应了外面打工挣钱的环境，转变了观念，增加了收入。

从满腹疑虑到齐心协力，拉乙亥麻村成了青海省生态畜牧业示范村。着眼未来，华格加准备打造倒淌河藏城旅游景区项目，带动拉乙亥麻村及周边村参与到青海湖旅游产业中来，用青海湖旅游带动乡村旅游，打造倒淌河地区生态休闲和观光旅游项目。

华格加，这个尕海湖边长大的藏族孩子，也终于实现了自己的心愿，带领牧区群众脱贫致富，闯出了一条牧区生态和脱贫攻坚协同发展的路子。

（供稿：青海省作家协会赵久莲　修编：高永伟　照片提供：扎西）

刘斌，中共党员，陕西省咸阳市淳化县马家镇桥上村村民。曾入选中国好人榜。23 岁时，因一场意外失去双臂。面对生活的磨难，他以百折不挠的奋斗精神走上了致富路。2015 年，他学会操作笔记本电脑和用嘴使用智能手机开网店，当年收入超过 2 万元，顺利实现脱贫。饮水思源，富起来的刘斌没有忘记党的恩情，没有忘记乡亲们的帮助，他通过发展养羊合作社，带动更多贫困群众走上富裕之路。合作社 10 栋羊舍建成后，养殖规模可达 2 000 只左右，将带动 100 余户贫困户脱贫。

“无形之手”托起脱贫致富之梦

这是一个在最美年华失去双臂的青年人。23 岁时因一场意外失去双臂的他，通过 10 多年的努力，不仅依靠顽强的意志带领家人脱了贫，更成为远近闻名的致富带头人。

这是一条用志气和勇气奠基的脱贫致富康庄大道。从一个人、一个家庭通过养羊贩羊脱贫，到带领 6 户村民组成合作社一起致富，再到即将运营覆盖 100 户贫困户的养殖基地，这是一个不少健全人都难以走完的历程。

村民说，看到他就觉得生活有奔头。他说，能用自己的力量影响他人、带动他人，就觉得自己没有白活。他就是陕西省咸阳市淳化县脱贫攻坚中涌现的“励志典范”和“脱贫之星”——淳化县马家镇桥上村村民刘斌。

不等不靠　成为“自强脱贫户”

“最开始真不想被列入贫困户。”现年 39 岁的刘斌坦言，刚开始村上要把他家列入贫困户，他打心眼里不情愿，只想依靠自己脱贫。

说起话来爱笑的刘斌，家里负担一点儿也不轻。一家四口人，父亲多病，母亲聋哑，父母不仅没有劳动能力，还常年需要人照顾以及不菲的医疗费用；独子还在上高中，全家只能靠刘斌这么一个无臂的残疾人支撑。在旁人看来，这个家除了依靠政府，就没有其他出路可言。

刘斌不这么看，更不这么做。

/ 刘斌上网查阅养殖知识

由于家贫，刘斌15岁就辍学打工。然而他并没有因为生活的艰辛而退缩，而是勤勉工作、直面困难。2002年经人介绍，刘斌与妻子相识，在西安市阎良区成了家，一年后，儿子的出生给他带来了莫大的欢喜。就在生活迈向正轨的时候，不幸发生了。2003年10月24日，刘斌被棉花打包机轧断了双臂，两只手臂只剩下肘关节以上的部分。

“在医院，病床的两边放着两个桶，我就看着血从断臂上流到桶里。”谈起当年的情形，刘斌有些痛楚，“那时候感觉两只胳膊在动，看见桌子上的一杯水，想伸手去拿，却怎么都够不到，这才意识到自己已经是个没有双手的废人了。”

出院后，刘斌彻底失去了劳动能力，之后他和妻子感情破裂离婚。2005年，刘斌将一岁多的儿子绑在背上，从阎良回到淳化老家。回到家后，身心受挫的刘斌把自己一直关在房间，谁也不愿见。父母看在眼里，疼在心里，整日以泪洗面。连同村村民也议论：“好好的娃儿，这下算是彻底毁了。”

那段日子，刘斌经常寻思着怎么结束自己的生命。可想到重度残疾的母亲，患上了布鲁菌病的父亲，弟弟妹妹的学费还没着落，特别是每每听到院子里儿子的哭声，他就不忍心了：“我得站起来撑起这个家，没有了双臂，我还有双脚，只要想就没有做不成的事儿。”

说起来容易做起来难。父亲年迈多病，母亲聋哑，儿子还不满两岁……面对如此困难的家庭，刘斌没有向生活低头，他开始学着独立穿衣、吃饭，靠手臂根部仅剩的半节臂肘干些力所能及的家务，他甚至学会用残臂使用手机打电话、骑自己改装的三轮车。生活可以自理后，刘斌开始思考如何改善家里的状况。刘斌想，以前家里靠着低保金渡过了一个个难关，以后总不能一直靠着政府的救济生活，他得干出点自己的事业。起初，他试着养猪，可因为没有经验，猪不久就死了。后来，他想到养羊，每天早上，刘斌都会让父母帮助把家里的两只羊拴在腰间，把孩子绑在背上，一边放羊，一边照看孩子。第一次卖羊，刨去成本净赚了几百元，刘斌一下子觉得自己干对了。

在放羊的过程中，刘斌有几次徘徊在生死的边缘。2007年的冬天，一次放羊时，刘斌不小心滑进了10多米深的崖底，整个人卡在一个狭窄的沟渠里全身疼得无法动弹。刘斌用脚使劲蹬土墙，蹬了几个小时，直到墙边露出半块石头，才勾住石头爬了上来。回到家里已是晚上10点多，父亲看见他浑身是血，急忙问他出了什么事，他怕父亲担心，只是说走路摔了。

常人无法想象一个残疾人养羊的艰辛。有一次，刘斌买来了 120 多只羊羔，因为没有重视防疫，羊群得了传染病。短短几天时间，120 多只羊死得只剩 20 多只。看着空荡荡的羊圈，想着自己这几年辛辛苦苦赚的钱一下子全赔了进去，刘斌第一次流下了眼泪。村里有人悄悄给刘斌出主意：“你把死羊卖了，多少换点钱。”“就算赔了钱，也不能干缺德事，再穷也不能没做人底线。”最终，刘斌和父亲把死羊一只只扛到村边的地里埋了。

吃一堑，长一智。之前失败的教训告诉刘斌，没有文化只凭一股子蛮力不行，要想把羊养好，还得有技术、善管理。在别人的建议下，刘斌给家里接上了网线，拿着弟弟的旧电脑学起了上网。刚开始用电脑，键盘用不习惯，胳膊肘按下去就是几个键，时间一久，胳膊肘皮都磨破了，键盘上到处都是血。心疼儿子的父母偷偷藏起了刘斌的键盘，可在他苦苦恳求下，父母又含着泪把键盘放了回去……凭着这股狠劲，刘斌通过不断摸索，两个多月后他已经能熟练浏览网页、观看视频，还能和别人网上聊天。如何科学搭配饲料，如何防疫治病，什么时候出栏合适……网上的知识加上专家的指点，让刘斌从一个只懂放羊的羊倌一下子成长为半个专家。此外，刘斌还学会了用嘴使用智能手机，通过互联网了解外面的市场行情。

2008 年，靠着养羊和政府的补助，刘斌给家里盖起了新房，搬离了土窑洞。

/ 刘斌准备养羊饲料

不断提升　争当“致富带头人”

“从来没有想到，我不仅能养活一家人，还能以自己的事情激励一群人；我更没有想到，我不仅激励了一群人，甚至还能带动一群人致富。”刘斌感慨地说。

脱贫攻坚战役打响后，淳化县妇联派驻桥上村的第一书记王琪听说了刘斌的事情，在详细询问他的家庭状况和产业发展情况后，主动帮助刘斌落实了各项帮扶政策，并向刘斌提出了建立合作社、扩大养殖规模的建议。

2017 年 3 月，在淳化县委县政府的指导下，刘斌成立了淳化博涛养殖专业合作社，吸收了当地 6 户村民加入，其中包括 3 户贫困户。同时，刘斌还被淳化县列为重点帮扶对象，除了拿到残疾人补助、产业补助、养羊补助外，帮扶干部更是为刘斌争取到了县残联和人社局提供的残疾人自主创业金、县扶贫办提供的互助资金贷款 3 万多元。

“帮扶干部是真扶贫呀，县上还特意为我召开了协调会，我真是赶上了好时代，感谢党和政府！”想起 2017 年 12 月 29 日那一天，刘斌激动不已。当日，淳化县委县政府组织相关部门为刘斌召开了一个产业发展专题协调会，针对刘斌发展养殖业面临的困难，商讨出 7 条措施，从交通、水电、资金、技术等方面全力支持刘斌创业。

“我们联合县上相关职能部门，用科学、务实的方法解决刘斌脱贫致富路上的实际困难，解除刘斌创业发展的后顾之忧，让他带动周围的贫困群众共同致富、奔向小康。”淳

/ 刘斌日常喂羊

化县委的同志说，“这次产业发展专题协调会的召开，不仅创新了帮扶方式，而且对其他立志创业的贫困户起到了良好的示范作用。”

之后的日子，刘斌的养殖场每天都在发生着变化：羊舍的电通了，喂羊的自来水管道修到了羊舍外，连通羊舍的路面也变成了水泥路……

刘斌的羊舍现状

“这真是我以前想都不敢想的事。”站在修好的水泥路上，刘斌的喜悦之情溢于言表，“在政府的帮扶下，通过自己的努力过上好日子，咱心里踏实，脸上也有光彩！”

在淳化县委县政府的支持下，刘斌创业中遇到的难题逐一得到了解决，他的养羊规模从 2005 年开始的 2 只发展到现在的 100 余只。随后，淳化县还帮助他引进葡萄种植，扶持他走上了果畜一体化的绿色养殖之路，而且通过刘斌带动，周边火留、西坡、堡子等村群众发展养殖业的积极性也空前高涨。

72 岁的桥上村贫困群众蒙思文是合作社的社员，自从加入刘斌的合作社，蒙思文已经先后收到了 2 000 元分红。“刘斌这娃儿有志气而且很实在，合作社更是推行股份制，按照盈利比例分红，跟刘斌搞合作社我放心。”

目前，淳化县通过协调扶贫项目资金，正筹备建立一个投资近 200 多万元的现代化养殖场，届时将覆盖 100 余户贫困户，并由刘斌带领大家运营。“现在我是越干越有劲，相信凭着自己的努力，日子一定会越过越红火！”谈起对未来合作社的规划，刘斌踌躇满志，“我享受了党的这么多好政策，一定要努力把合作社做大做强，带领大家一起致富！”

知恩感恩　做好“脱贫宣讲人”

人们常说，滴水之恩当以涌泉相报，一日之惠当以终生相还。

走上脱贫路的刘斌深知自己的创业脱贫离不开当地党委政府以及家人朋友的支持，在接受帮扶的同时，他常怀感恩之心，时常告诫自己要牢记党的恩情，牢记亲朋好友的帮助。

2016 年初，经过深思熟虑，刘斌向村党支部提出希望加入中国共产党，用一名党员的标准来严格要求自己，带动更多人致富。听了刘斌的想法，村支部书记和第一书记都很高兴，他们特意为刘斌找来了党章党规方面的书籍，还经常上门给刘斌讲解党史知识，这一切更加坚定了刘斌加入中国共产党的决心。2016 年 9 月，由刘斌口述、第一书记代他手写的入党申请书交到了桥上村党支部。

在入党申请书中，刘斌表示，在他最困难的时候，是党和政府帮助他渡过一个个难关，给了他生活的希望，这份恩情他永远不会忘记，他一定要办好合作社，用自己的实际行动感党恩，带领更多贫困群众一起脱贫致富奔小康。

2018 年 11 月，经过党组织考察，刘斌被批准加入中国共产党，成了一名光荣的中国共产党员。刘斌对自己的要求变得更加严格了，为了将帮扶爱心以实际行动持续传递下去，除了带动大伙一同脱贫致富外，在其他方面刘斌也努力不断提升自己。他深知“治贫先治愚，扶贫先扶志”的道理，明白只有让精神先富起来，脱贫才有底气。为此，刘斌努力学习文化知识和法律法规，不断钻研农业农村政策，通过广播电视了解党员干部默默奉献的感人事迹，后来他更是加入了淳化县“淳化乡党”宣讲团，多次在淳化县本地和省市其他地方参加宣讲活动，用自己的故事去感动、激励更多的人，进一步坚定广大群众的脱贫信心。

“听了刘斌的故事，我内心很受震撼。一个残疾人都能通过自己的奋斗去脱贫，甚至还能带动其他人一起脱贫，我们这些四肢健全的人还有什么理由不去努力呢。”这是听完刘斌宣讲故事后，一位贫困群众发自肺腑的感言，他的话也代表了听众的心声。

据不完全统计，自 2018 年开始，刘斌已先后参加陕西省脱贫攻坚巡回宣讲、咸阳市“我的脱贫故事”宣讲村村行活动、“淳化乡党”宣讲团宣讲活动 200 余场次，其事迹也被新华网、《陕西日报》等多家媒体报道。2018 年 1 月，中央电视台“中国梦——四海情”栏目授予刘斌“身残志坚楷模、创业脱贫先锋”荣誉；同年 12 月，刘斌入选“中国好人榜”；2018 年刘斌荣获全国脱贫攻坚奖奋进奖提名。

幸福是奋斗出来的，这就是无臂强人刘斌脱贫扶贫的真实写照。

（供稿、照片提供：陕西省淳化县委组织部　修编：张梦欣）

刘入源，中共党员，广西壮族自治区玉林市博白县桂源农牧有限公司总经理，博白县养羊致富带头人。十三届全国人大代表。曾获全国自强模范、全国优秀农民工、全国农业劳动模范、科普中国·最美乡村科技致富带头人标兵、广西自强模范、广西创业创新先进个人等荣誉。16岁时因意外失去右手掌，但他没有自暴自弃，而是不畏艰辛、奋然向上，在博白县率先探索黑山羊养殖，并充分利用自己掌握的养羊技术，与当地乡亲们一起创办了集研究开发、品种改良、生产繁育及供销一体化的大型山羊养殖基地，探索产业扶贫新模式，帮助乡亲们脱贫。

一只手撑起一片天

2019年5月16日上午，第六次全国自强模范暨助残先进表彰大会在北京举行，会上，习近平总书记、李克强总理亲切会见了大会代表，其中就有来自广西壮族自治区博白县的全国自强模范刘入源。当天下午，刘入源还受邀前往清华大学，向清华学子讲述了他奋进向上、带动当地群众脱贫致富的先进事迹。

一个失去了右手、来自贫困农村的小伙儿，为何能够在最高荣誉殿堂里迎来鲜花与掌声？为何能在最高学府里和天之骄子畅谈人生？纵观刘入源自强不息的人生历程，不难发现，他一直在用最朴素的行动，践行着党和国家精准扶贫路上最光辉的理念。

路走对了，就不怕遥远

1983年，博白县江宁镇长江村刘家的第三个孩子刘入源出生了。山里的生活虽清贫但乐趣横生，不幸却在这个孩子16岁那年降临。那天，他像往常一样在河边炸鱼，刚把鞭炮的火药塞进玻璃瓶里，还未扔出手，只听轰的一声，脸上感到玻璃划破的刺痛，再低头一看，右手手掌已经血肉模糊……刘入源就这样永远失去了右手。在他痛不欲生时，母亲的一席话让他鼓起了对生活的勇气：“你还有左手。别人能够做的，你要做到。别人不能做的，你要做得更好。”不久，要强的他学会了用左手生活。

初中毕业后，刘入源考入县卫校学习药剂。因为身体残疾，在择业困难的情况下，他决定回家尝试创业。2009年，他在发现市场上羊肉价格是猪肉的3倍，并且基本靠从外地购进，市场需求大后，毅然决定养羊。

刘入源拿出家里全部积蓄 3.5 万元，买来 30 只母羊和 1 只公羊，意气风发地干了起来。由于经验不足，短短一个月里，羊就一只只相继夭折了。他永远忘不了那天，当自己背着一捆新鲜的草筋疲力尽回到羊圈时，却发现最后 3 只羊已经躺在地上断了气。几年的积蓄，一下子赔了个精光。

“这旮旯哪儿养得了羊，成天下雨，山羊一淋雨就生病，给我都不要，养了也是赔本的买卖。”村里老养殖户张正娟说。

“我们这里养山羊没有成功的，一般养个几只就不错了，没有技术人员帮忙，遇到问题只能自己乱来。”邻村养殖户彭国正也劝告刘入源。

周围乡亲和家人的劝告，并未让刘入源知难而退。“健全人一天能做的事，我不信我十天做不了；健全人一次能做成的事，我不信我一百次还做不成！”凭着不服输的性格和韧劲，他四处拜访，学技术、苦钻研，向亲戚朋友举债数万元，又购入 31 只羊，再度向不被人看好的山羊养殖项目发起了挑战。

“白天，羊吃东西，我就蹲在旁边看；晚上，羊睡觉了，我也睡在旁边。到最后，通过羊的每一个动作、发出的每一种声音，我就能知道它是饿了、冷了，还是准备生小羊了。”那段时间，刘入源几乎与羊形影不离。

通过反复琢磨，刘入源发现，做好选种、防疫和羊舍羊群生活环境管理等工作，是山羊养殖的关键。如何在湿气过重的南方保持羊舍干燥、清洁和通风，他想到了用高床结构模式建羊圈，漏斗状的底部既利于通风又方便收集羊粪用作肥料。这样一来，羊很少生病，幼羊的成活率也提高了。

不到两年，羊群便繁殖到近 1 000 只。刘入源再次决定，将近千只羊全部卖掉，换上体型更大、产崽速度更快的澳大利亚努比亚种羊。

/ 刘入源养殖场里的黑山羊

然而，严峻的考验再度降临。2013 年，一场洪水在深夜灌进羊场，小羊当晚被淹死，几十只努比亚种羊随后相继发病死亡。这无疑又是一场噩耗！正当他陷入绝境，几乎要放弃养羊梦想的时候，镇村领导反复鼓励他，并协调银行贷款 20 万元，帮他争取补助 3 万元，邀请技术人员上门指导。

就这样，在镇村领导的鼓励和帮助下，凭着一股永不服输的精神，刘入源创办了博白县第一个种羊场——博白县桂源农牧有限公司。江宁镇党委政府和农业、畜牧、残联等部门先后向刘入源投过“橄榄枝”，在政府和社会各界的支持帮助下，到 2015 年，公司发展有了一定规模，养殖场有职工 25 人，有各种肉羊、种羊 1 700 多只，辐射带动周边乡镇 23 户农户养羊，打造了“努比亚富硒羊肉”和“雪花羊肉”品牌。从最初的血本无归到现在的产值过千万，他的“羊财梦”破而复圆。

回想起自己的养羊路程，刘入源感慨万千，即使自己养羊路上遭遇了多次挫折，但走对了路子，终究会获得成功。“只要路走对了，就不怕遥远。”习近平总书记的话言犹在耳、意蕴深长。

小康路上，一个都不能少

穷困，如同一道难以逾越的鸿沟，世世代代困扰着居住在长江村的人们。直到 2015 年，全村还有近两成的贫困人口。

而这几年，一切都变了——村里盖起了小楼，人们的钱袋子鼓了，脸上的笑容也多了。村民们说，这一切都是因为村里出了一位远近闻名的“羊倌”，不仅自己在短短几年里发家致富，还带动他们也过上了红红火火的日子。

“我们村的人都很相信他，有什么事都找他。”村民口中的“羊倌”，面庞清瘦，身形颀长瘦高，穿上西装的他还有点文质彬彬，他就是刘入源。

2016 年，博白县委县政府拿出 3 000 万元作为扶贫贴息基金，撬动信用社扶贫小额信贷 3.6 亿元，形成“公司 + 基地 + 支部 + 贫困户”的产业扶贫模式。刘入源的公司也迎来发展东风，顺利落户占地 40 多亩、总投资 600 多万元的“广西壮族自治区标准化种羊示范基地”。该基地以“发展农村集体经济、决胜脱贫攻坚、助推乡村振兴”为目标，不断促进养羊规模化、

/ 刘入源（前左一）向贫困户发放黑山羊

/ 刘入源（右）在养殖场工作

/ 刘入源在养殖场喂羊

集约化。

目前，公司拥有 6 个品系的努比亚种羊，存栏肉羊 2 200 多只，有标准化羊舍 12 幢共 8 000 多平方米，生态草场 150 多亩，年产值超 500 万元，发展成广西唯一的集山羊品种改良、生产、繁殖、供销于一体的“公司 + 基地 + 农户”大型养殖基地，是广西最大的种羊繁育基地。

与此同时，刘入源积极响应党中央脱贫攻坚的号召，因地制宜、因户施策，带领乡亲们一起发“羊”财。

那林镇太平村李成德找到刘入源的时候，身上只有 53 元钱。李成德说想养羊，刘入源便以 50 元的总价“卖”给他价值近万元的 2 只母羊和 1 只公羊，教给他养殖技术。李成德也很勤快，经常到公司学习。有积蓄后，李成德又陆续买了 10 多只羊，逐渐发展壮大形成规模。2016 年，他出栏 130 多只，收益约 23 万元，发了“羊”财，盖上了 4 层小楼；2017 年，他娶妻成家，还有了女儿，一家人过上了幸福的生活。

李成德是众多有意愿、有劳动能力的贫困户的代表。刘入源从激发贫困户的致富信心入手，为这类贫困户量身定制了“自主经营”模式，公司统一为贫困户提供种羊，做规划、提供技术服务，并在小羊断奶后以最低 1 000 元每只保价回收。这种模式，可以让贫困户短期内获得最大化收益。实实在在的收益让大伙儿喜上眉梢！

闲不下来的刘入源又有了新的想法——帮助残疾贫困户脱贫。

在自治区级残疾人阳光扶贫项目——旺茂镇石垌村养羊基地，残疾人祁景不时前来照看自己托管代养的那只母羊，期待着母羊早日产仔，因为每只新生的小羊羔能为他带来 1 000 元的收入。

这是刘入源帮扶残疾人脱贫的缩影。残疾人托管代养的每只母羊能得到上级残联补助 1 000 元，刘入源支持 4 000 元，残疾人认养的母羊送到旺茂镇石垌村、大康村和东平镇珠华村三个基地集中托管代养，产下小羊羔的收益归认养残疾人所得。这是刘入源为有致富意愿、但缺技术和劳动力的残疾人想出的“托管代养”模式。

对于不愿自主经营或没有劳动能力的贫困户，刘入源也没有抛弃、没有放弃，采取了适合他们的“入股分红”办法。由贫困户将银行贴息贷款、扶贫产业资金或自筹资金注入公司，由养羊基地统一安排生产经营，按注入资金的 8% 进行分红，所有养殖费用及风险由养羊基地承担，这样可以让贫困户获得稳定的利润分红。

小康路上一个都不能少——刘入源时刻牢记着习近平总书记的嘱托。在他的带领下，博白县已有 370 多户贫困户通过养羊走上了脱贫致富道路，他的养羊产业已经辐射带动全县 29 个贫困村脱贫，村民年均收入达到了 3 万元以上。

汇聚力量，共筑美丽乡村梦

在博白县委县政府的指导下，在刘入源的影响带动下，博白县越来越多的企业主动投身到脱贫攻坚工作行列，扶贫力量逐渐汇聚。

“刘入源为脱贫攻坚工作不断奋斗的精神非常值得我们学习。”广西三桦生态农业开发有限公司负责人廖鹏说。他的公司借鉴刘入源的三大产业扶贫模式，结合自身实际全面推出了“自主经营”“入股分红”“村级集体经营”“吸收务工、验工计价”四种产业扶贫模式，累计辐射带动 2 000 多名贫困人口脱贫摘帽。

“在这上班日子过得充实，每个月能拿到 2 500 元的工资，还有年终奖，去年年终奖我就得了 8 000 多元呢！”在博白县东平镇富山水果种植专业合作社里，覃林曼一边忙着采摘番石榴，一边笑着说道。除了工资收入，合作社还免费向他提供果苗和技术支持，现在他已经在自家地里种了 5 亩橙子和番石榴。像这样的贫困户，合作社已带动 1 200 户。

“现在我既能照顾家庭，又能获得稳定收入，十分开心！”在博白润大制衣厂上班的贫困户朱秀琼满脸喜悦。身有残疾的她做梦也没想到，能在家门口找到月薪 3 000 元的工作。制衣厂采取“吸收务工”的扶贫方式，吸纳 40 多名贫困人员在生产车间就业。

在刘入源“能人效应”的辐射作用下，博白县的企业无论大小，都积极响应国家精准扶贫政策，主动承担社会责任，投身脱贫攻坚。黄凌镇坡塘百香鸡、英桥镇瑞丰白鸽、大垌镇兴鑫砂糖橘等百余家特色“扶贫车间”的开设，带动了更多贫困群众走上脱贫致富奔小康的道路。

富裕了不忘乡亲，是刘入源最朴素的想法；带动广大企业家积极投身脱贫攻坚，是带给他意外的惊喜；乡亲们给予他的极大感激和肯定，又让这只“领头雁”在扶贫路上责任更重、站得更高、看得更远。

2018 年，刘入源光荣当选为十三届全国人大代表。当选后，他骤然觉得肩上多了一份沉甸甸的责任。他代表的不仅是他自己，还代表博白县的广大贫困群众，更代表了全县乃至全国奋战在脱贫攻坚一线的奋斗者。

为听到更多、更真实的基层百姓呼声，刘入源走村串户，与村民深入交流；为了实施产业扶贫，壮大村集体经济，助力打赢脱贫攻坚战，他召集党员、养殖户一起，倾听社情民意，收集一手资料，为知情知政、依法履职做足了功课。

“要把脱贫攻坚和乡村振兴相结合。”2018 年广西两会期间，刘入源提出，希望自治区大力推进农村公路提级改造，特别是加快贫困村通硬化路建设，助力贫困村早日脱贫摘帽，夯实乡村振兴基础。

2019 年全国两会期间，刘入源提出，国家应加大对贫困地区冷链物流的支持力度，帮助贫困地区延伸农业产业链，提高农产品流通效率，减少流通损耗，提高农产品附加值。同时，还建议国家有关部委加大对农产品网络直销的专项资金补贴力度，进一步解决好农产品产销对接问题，助推农业产业的发展。

“我将以习近平总书记关于扶贫工作的重要论述及实施乡村振兴战略的重要讲话精神为指导，把脱贫攻坚与实施乡村振兴战略结合起来，把养羊的产业模式复制推广到各地，带领更多的群众脱贫致富！”靠一只手一路走来的刘入源，为乡亲们撑起了一片天。

（供稿、照片提供：广西壮族自治区博白县扶贫办　修编：周艳）

刘加芹，山东省临沂市平邑县凯凯服饰有限公司经理。作为一名肢体残疾人，她不等不靠、自力更生，依靠自己的双手勤劳致富。面对周围群众的脱贫渴望，她以“扶贫怎能少了我、先富不忘带后富”的责任和担当，主动加入扶贫事业，用弱小的身躯撑起了服装厂60多名工人的生计，带动几十名残疾人和贫困户脱贫。她用自强、坚韧、勤劳、善良、担当，向世人展示了新时代沂蒙女性的靓丽风采，多次获得市县的表扬嘉奖。

身残志坚　脱贫攻坚“领头雁”

提起“沂蒙六姐妹”，很多人就会想起战争年代为了中国革命胜利做出巨大奉献牺牲的沂蒙女性们。如今，在和平年代的沂蒙老区，又涌现出一大批新时代的女性代表，她们面对苦难顽强不屈，面对挑战自强奋进，她们在用坚毅改变自身命运的同时，又主动投身脱贫攻坚战场，带领周边群众共同脱贫致富，被称为新时代沂蒙扶贫“姐妹”，刘加芹便是其中一位。

刘加芹是山东省临沂市平邑县武台镇武台庄村一名普通的农村妇女，也是一名肢体残疾人。2006 年，她面对家徒四壁的窘境，发扬“宁愿苦干、不愿苦熬”的沂蒙精神，不等不靠、自力更生，依靠自己的辛勤劳动实现脱贫致富，之后又以“扶贫怎能少了我、先富不忘带后富”的使命和担当加入扶贫队伍，用自己的亲身经历“扶心、扶志”，带动几十名残疾人和贫困户通过就业实现自主脱贫，书写了一卷脱贫扶贫的美丽篇章。

一份苦难，磨砺自强奋进意志

走进山东省平邑县凯凯服饰有限公司的服装加工厂扶贫车间，一台台电动缝纫机飞速运转，一件件衣服在工人手中成型。在这间普通的厂房里，工作着一些特殊的工人——聋哑人李梅、视力不好的孙兰香、智力有问题的咸海红……加起来一共有 12 户建档立卡贫困户。这就是刘加芹的农家扶贫小院。

刘加芹现年 44 岁，她声音洪亮，性格爽朗。当别人第一眼见到她时，总会让人不

/ 扶贫车间裁剪区

自觉地对她产生好感。然而很难想象，她患有先天性心脏病，需要依靠心脏起搏器生活。病重时，她体重最低下降到 35 公斤，心脏每分钟跳动下降到 30 次，实实在在地在鬼门关外转了一圈，刘加芹现在想起来还有些后怕。

1999 年，刘加芹和丈夫刚结婚，丈夫没有工作，只能靠刘加芹在集市上摆摊做衣服，勉强维持家用，家里连一把像样的椅子都没有。当时她公婆已瘫痪在床 4 年，全家只有大伯哥给的 20 元现金和盖新房欠下的 2 万元欠条。一贫如洗的家加上刘加芹的病使本来就贫困的家庭雪上加霜。为了给刘加芹治病，丈夫借遍了亲戚朋友、左邻右舍，终于凑够了 8 万元的手术费，2004 年，陪她去济南做了心脏手术。但是手术做得并不是很成功，刘加芹得了严重的后遗症，腿的神经受到损伤，导致一条腿残疾并整整瘸了 2 年。

坎坷的经历，让刘加芹深刻体会到了贫穷和残疾的艰辛。看着空荡荡的家和辛苦的丈夫，刘加芹暗暗咬牙，一定要努力赚钱，让乡亲们和跟她一样的残疾人都过上好日子。

一个信念，点燃艰苦创业热情

刘加芹十八九岁时曾在平邑缝纫学校学习制衣，还有过加工衣服的经历，与丈夫商量后，她决定办个服装加工厂。2006 年，刘加芹从镇上的信用社贷款 2 万元，从外地买来 8 台电动缝纫机、1 台熨斗、1 台锁边机，找了 5 个农村妇女帮忙，开办起了服装厂。

俗话说：“万事开头难。”创业之初，最为艰辛。请不起老师，刘加芹就自己钻研摸索各类机器工具的使用，然后亲自教授制衣技巧，让工人掌握缝纫机、电熨斗、锁边机的使用方法和衣服的缝合技术。厂子建起来了，刘加芹面临的首要问题就是签订单，她通过四处打听，听说临沂市劳保市场有活儿，刘加芹揣着煎饼咸菜就去了。在临沂市劳保市场，刘加芹一家一家地进、一家一家地问，可是店家一听是新服装厂，都不愿意和她合作。直到第三天下午，一直留意她的一位老太太看着疲惫的刘加芹，决定将 2 000

件大褂交给她加工。正是这 2 000 件大褂，给刘加芹的事业带来了转机和希望。刘加芹带领工人加班加点，保质保量地完成了第一笔订单，每件大褂赚了两角钱。老太太看到刘加芹做事踏实认真，又陆陆续续帮刘加芹介绍了一些客户，刘加芹的服装厂终于运转起来了。

由于刘加芹干活实在，从不偷工减料，在客户中的口碑逐渐建立起来。老客户都乐意介绍新客户给她。一开始，刘加芹的服装厂仅加工生产工装，利润较低。2011 年，经曲阜的老客户介绍来的一位邹城客户到刘加芹的服装厂进行详细考察后，定做了一批利润相对较高的校服，此后服装厂转为以生产校服为主，业务范围逐渐扩展到济宁和枣庄等地市。现在，刘加芹的服装厂扶贫车间有裁剪区、熨烫整理区、缝纫区等几大分区，人工机器已全部更新升级为电脑智能机器，各种加工设备达 60 余台，产品由原先单一的劳保用品转型到校服、工作服等 10 余个品种，年利润可达到 30 多万元。

一种示范，激发自主脱贫内力

刘加芹常说，在她最困难的时候，是当地党委政府为她落实了低保等惠民政策，是父老乡亲借钱帮助她渡过了难关。现在自己脱贫致富了，永远也不能忘记政府和父老乡亲们的恩情。而曾经的贫困和两年的瘸腿生活，让刘加芹更加了解残疾人和贫困家庭妇

/ 刘加芹（右二）在裁剪区工作

女生活的艰辛，新时期脱贫攻坚战役打响后，她主动对接扶贫部门，积极投身到脱贫攻坚行动中来。

扶贫先扶志，刘加芹知道，作为一名残疾人、一名贫困户，最缺乏的是迈出干事创业第一步的勇气。只有在思想上帮他们“立”起来，才能让他们真正动起来。刘加芹主动找镇扶贫办要了一份名单，对其中具有一定劳动能力的贫困妇女进行了解，与她们拉家常、聊生活，以自身的经历现身说法，让她们鼓起勇气，振奋精神，依靠双手脱贫致富。为了鼓励更多的残疾人和贫困家庭妇女来厂工作，增加家庭收入，她给自己的厂子定了条规矩，只要是残疾人、贫困户，来多少要多少，而且每做一件衣服比正常人的加工费提高 0.5 元。

家住武台镇孟家庄村的马文文，现年 31 岁，患有严重的驼背病，被鉴定为肢体三级残疾。因为身体残疾，马文文有些自卑，担心外出打工受歧视。当得知她有到车间务工的意愿时，刘加芹主动到马文文家中与她沟通，用自己的亲身经历鼓励她走出来，并且手把手地教授马文文如何操作机器。很快马文文就能熟练操作缝纫机了，一年收入一万多元。此外，刘加芹还对马文文采取计件补助优惠，使得马文文每个月能额外多赚 200 多元的工资。马文文的家庭经济状况得到较大改善，她逢人便讲：“要不是刘姐鼓励我，我真没有勇气出来打工，也想不到还能靠着自己这双手赚这么多钱，感谢刘姐！”

一种帮扶，培育脱贫致富本领

/ 扶贫车间缝纫区

授人以鱼不如授人以渔，脱贫致富关键在于掌握一技之长。有些贫困户刚进厂子不会手艺，刘加芹就通过办培训班，手把手耐心教；一些贫困户的学习能力较差，刘加芹就安排一些老技工，一对一帮扶，一个一个指导。每到中午，刘加芹还为在厂子里工作的贫困员工提供免费的伙食。

/ 刘加芹（右）在缝纫区指导工人

刘加芹还发现，有些贫困户身体残疾程度较重，有些贫困户家里有瘫痪在床的老人需要长期在家照料，无法外出务工。于是，她主动与这些贫困户联系，为她们送去缝纫机、加工原料，上门传授加工技巧，定时收取加工成品，让他们足不出户就能打工挣钱。

现年 35 岁的赵治美，是咸家庄村人，患有慢性病，以前每天要服用 70 多元的中药，家里负债累累，查出骨髓炎后又花了 2 万元做截肢手术，丈夫也是常年患病，一直靠药物维持，两个孩子正在上学，家庭条件十分困难。截肢后的赵治美待在家里不想出门，觉得低人一等。刘加芹了解到这一情况后，就主动鼓励她到扶贫车间工作，看到她带着假肢行动不便，就送来了一台缝纫机，让她在家里干活，还专门找人送料、收货，让她每月足不出户就能拿上 1 000 多元工资，还不耽误照看孩子，不用再为生计发愁，生活也有了奔头。

为了带动更多的贫困户走向脱贫致富之路，2018 年刘加芹申请了央行专项扶贫贷款 100 万元，扩建了厂房，新吸纳职工 30 余人，新带动 5 户贫困户年均增收 3 700 元以上。2019 年，她又继续申请扶贫资金，进一步扩大公司的规模。现在，刘加芹的服装加工厂共有职工 60 多名，她累计帮助了 20 多名残疾人和 12 户贫困户。通过在扶贫车间工作，他们实现了就业脱贫增收梦。

谈到未来的发展，刘加芹想法很多。她打算推进公司的现代化建设。一方面加强公司现代化管理，细化公司部门布局和分工，增强设计能力，提高产品品味和附加值；另一方面推进公司的销售现代化，引入互联网销售模式，提高公司利润水平。

70 多年前，“沂蒙六姐妹”在战火纷飞的岁月中，勠力支前。如今，在打赢新时期脱贫攻坚“孟良崮战役”中，有着如刘加芹一样的沂蒙扶贫“姐妹”宁愿苦干、不愿苦熬，脱贫致富不忘乡亲，在脱贫攻坚的伟大事业中尽自己的一份力量、献自己的一片爱心，书写着新时代沂蒙扶贫新的发展篇章，帮助沂蒙老区父老乡亲早日实现脱贫致富梦。

（供稿、照片提供：山东省平邑县扶贫办　修编：张正宇　张奕）

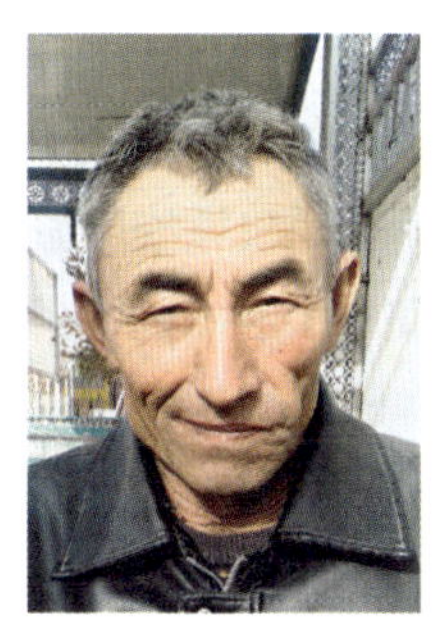

买赛地·吐送，新疆生产建设兵团第十四师225团拉依苏村村民。2017年，被列为建档立卡贫困户。2018年，在驻村工作队和村委会的帮助下，通过发展养殖业和公益性岗位安置，顺利脱贫。2018年底，将村里的15位孤寡老人安置到自己家中，免费为他们提供吃住，主动要求担任村里新建的“日间孤寡老人照料中心”负责人，同时鼓励中心贫困老人们与自己合伙养鸡，帮助他们摆脱贫困，增加收入。在他的带领下，2018年拉依苏村有170户574人实现脱贫。

浓浓关怀显真情　助推脱贫感党恩

4月的南疆，气温回暖，风和景明。连日来，拉依苏村的维吾尔族村民买赛地·吐送和妻子正忙着给新运来的鸡苗打疫苗，他们忙得热火朝天，脸上洋溢着幸福的笑容。

走进拉依苏村，映入眼帘的是一条条笔直的柏油马路，道路的两旁安装了节能环保路灯。一排排红色彩钢顶、白色墙面的安居富民房，院内外都用木材搭起了葡萄架，整齐划一。

“驻村工作队帮我甩掉了穷帽子”

“一年前我是村里的贫困户，一年后我成了致富户。这是我做梦都没有想到的。今天，这个梦实现了，是驻村工作队和村委会帮我甩掉了穷帽子。”买赛地·吐送说，他之所以能够摆脱贫困，离不开兵团的好政策，更离不开驻村工作队和村委会的大力支持和帮助。是他们让他转变了观念，开阔了眼界，学到了技术，挣到了钱，腰包比以前鼓了，也有机会让他报党恩，帮助村里的孤寡老人了。

1964年，买赛地·吐送出生在拉依苏村。该村是一个深度集中连片贫困村，全村有911户2 924人，其中建档立卡贫困户290户1 038人。买赛地·吐送只有小学文化程度，是一个地地道道的农民，他当过木匠、种过地、养过牛，却始终没有摆脱贫穷。他家房前的3亩核桃地，是家里唯一的经济来源。由于缺乏技术，核桃产量低，买赛地·吐送一家三口勤勤恳恳，从年头忙到年尾，收入只能维持基本生活。买赛地·吐送憧憬通过自己的努力让家人过上好日子。可天意弄人，他女儿在十来岁时患上了严重的骨质疏松症，不能正常行走。十余年的求医问药，让这个原本就困难的家庭雪上加霜。2017 年，他家被认定为贫困户。

自从被认定为贫困户后，不甘心在贫困线挣扎的买赛地 · 吐送在师、团政策的鼓励和帮扶下，决心用双手改变命运。但是，由于缺乏技术和资金，他种植的 3 亩核桃地仍然无法解决他家的生活难题。于是，驻村工作队和村委会决定，给买赛地 · 吐送安排一个公益性岗位——生态护林员。每月 1 500 元的工资，基本可以解决他家的贫困问题。

在生态护林员岗位上，买赛地 · 吐送认真负责，兢兢业业。凭借出色的工作业绩，他由护林员小队长成为总负责人，工作得到了驻村工作队和村委会的肯定。

“这不是长久之计，要想彻底解决买赛地 · 吐送一家的贫困问题，必须从致贫根源上想办法。”225 团副团长宋振周说，为了增加村民收入，提升村民居住品质，改变人居环境，他们大力推广三区分离、三新工程改造和庭院改造等项目，鼓励村民利用房前屋后空闲地搭设葡萄长廊，以此增加村民收入。

买赛地 · 吐送主动报名，在扶贫专项资金的帮助下，将自家的房子、院子和羊圈等进行改造，对原有荒废的庭院和散养的家禽，通过种植区、养殖区、居住区的分离，改变了脏乱差的卫生环境，将传统旱厕改为了冲水马桶。又引进液化气，结束了用柴火做饭的历史。

买赛地 · 吐送把房屋外墙刷成了橘色，院子里的娱乐区和生活区打上了水泥地，屋内铺上了地砖，厨房安装了抽油烟机和净水器，卫生间里安装了热水器，院子里搭上葡萄架，种植了葡萄树。

庭院改造后，不仅美化了环境，还增加了收入。“我在院子里种植的葡萄树，可收入 1 万元左右；种植的蔬菜吃不完，可以拿到巴扎上去卖，也可以增加一笔收入；核桃收获后，可收入 5 000 多元……”说起自己的收入，买赛地 · 吐送喜笑颜开。

庭院的变化不仅改变了买赛地 · 吐送的生活方式，还开拓了他致富的思路。2018 年初，买赛地 · 吐送对驻村工作队和村委会领导说：“我想创业，但缺乏资金，希望你们帮助我选择一个项目，让我尽快脱贫。”

经过研究，驻村工作队和村委会决定，支持买赛地 · 吐送创业，给他送来 200 只“扶贫鸡”，并邀请兽医专家定期为他上门指导，解决他养鸡缺乏技术等问题。

养鸡可以挣钱脱贫？买赛地 · 吐送从来没有想过这个问题。在他的意识里，鸡的作用只有一个——吃。但是，驻村工作队和村委会想要改变村民的观念，让他们尝试如何摆脱贫困。

“发展养殖业是农民多元增收的途径之一……”听了驻村工作队和村委会工作人员的宣传后，领了 200 只鸡苗的买赛地 · 吐送不敢怠惰，他决定试一试。

/ 买赛地·吐送（左）喂养“扶贫鸡”

养鸡的过程并不顺利。面临鸡苗患病死亡的困境，没有养殖经验的买赛地·吐送只能向驻村工作队和村委会寻求帮助。在团、村两级领导的帮助下，多名兽医来到买赛地·吐送的家，给他讲解如何预防和治疗家禽疾病。掌握了养殖技术后，买赛地·吐送养鸡的历程开始顺利起来。

“扶贫鸡”的到来，让买赛地·吐送核桃园里的害虫和野草也没有了，真是一举两得。4 个月后，他养的鸡以每只 85 元的价格卖出，获得了 1 万多元的收入。同时，他家的核桃又收入了 9 000 多元。

谈到一年来家里翻天覆地的变化，买赛地·吐送激动地说：“我第一次见到这么多的钱，是驻村工作队和村委会让我们家摆脱了贫困，帮我甩掉了穷帽子。”

“扶贫款让我走上富裕路”

脱贫道路千万条，自力更生最重要。

尝到甜头的买赛地·吐送有了一个大胆的想法，他想扩大养殖规模，但是缺乏资金。驻村工作队的工作人员告诉他，可以向政府申请扶贫贴息贷款。

“什么是扶贫贴息贷款?”买赛地·吐送一脸的不解。工作人员详细地向他讲解了有关政策，他才知道还有这么好的政策。

说实话，“贷款”二字对地处偏远贫困少数民族地区的农民来说，既陌生又害怕。陌生的是老百姓从来不知道个人可以向政府贷款这件事，害怕的是没有值钱的东西作抵押贷

/ 买赛地·吐送（左）用扶贫贷款购买了小羊羔

不了款。但是，扶贫贴息贷款政策打消了农民的顾虑，让身处塔里木沙漠腹地的拉依苏村村民看到了希望。

当买赛地·吐送把贷款的事情告诉妻子时，她吓了一大跳，认为他疯了。“咱们家刚刚过上好日子，你怎么又折腾，你拿什么抵押啊？即使政府给咱们家贷款，这么多的钱咱们什么时候才能还完啊！”

尽管如此，买赛地·吐送还是决定贷款。“说实话，我不知道政府给老百姓提供这么好的政策，而且是贴息。到团里办手续时，我不会写汉字，也不知道怎么填写申请表，是驻村工作队的工作人员帮我填写的。”回想当时贷款的情景，买赛地·吐送眼含热泪。

没过多久，买赛地·吐送就拿到了10万元贷款。“拿着贷款当天，我和妻子激动得一晚上都没有睡好觉，不敢相信这是真的。”买赛地·吐送说。

一辆辆满载鸡苗的货车停在了买赛地·吐送家的门前，2 000多只鸡苗在他家的院子里安了家。此外，在团场免息贷款的扶持下，买赛地·吐送还购买了15只羊和2头牛，预计2019年底家庭收入将达到6万元。

借助师团两级的惠民政策，加上自己辛勤努力，买赛地·吐送仅用一年的时间就摘掉了贫困户帽子，成为村民眼中的致富能手。

在买赛地·吐送的示范带动下，拉依苏村的贫困户纷纷向政府申请扶贫贴息贷款，发展养殖业和种植业。同时，村里的扶贫工作发生了质的变化，由过去的“输血”转变为“造血”，由过去的“扶贫”转变为“扶智、扶志”。扶贫政策不仅转变了村民“等靠要”的思想，还让村民掌握了养殖技术，在家门口就能就业。

现在，买赛地·吐送成为远近闻名的养殖能手，越来越多的贫困户向他请教养鸡的技术。但是，买赛地·吐送的邻居古丽吉米丽汗·吾斯曼仍然没有脱贫，“摘帽”对于这位84岁的老人而言异常艰难。

“如何让村里的贫困老人摆脱贫困，让他们老有所养，有一个可以吃上可口饭菜的地方呢?”刚刚摆脱贫困的买赛地·吐送又有了新想法。“我很感谢党的好政策，让我能通过双手勤劳致富，住进了新房子。现在，我家的生活好了，我想帮助身边的贫困户，特别是孤寡老人，希望他们也能过上好日子。”

“我富了不能忘记村里的孤寡老人”

生活变好后，买赛地·吐送不忘投身公益事业，用实际行动回报社会、回报乡亲们。2018 年底，买赛地·吐送怀着感恩的心，决定自费帮助村里的孤寡老人。他对妻子说：“政府帮助咱们家贷款，摆脱了贫困，让咱们俩掌握了养鸡技术，日子富裕起来了。咱们村还有许多贫困的孤寡老人，他们的生活困难，需要人去帮助，我想照顾他们，你看行不行？另外，咱们的女儿身体不好，但可以做一些力所能及的工作。比如，陪着老人聊聊天，帮助他们洗洗衣服、做做饭，让她成为有用的人，你看行吗?”善良的妻子没有反对他的想法，很支持他。

于是，买赛地·吐送一家三口把空余的房间打扫干净，花了几千元买了桌椅、板凳和餐具等，将村里的 15 位孤寡老人接到家中，照顾他们的吃住。

刚开始，买赛地·吐送为老人们免费提供一日三餐，并且和他们同吃同住。妻子为老人们洗衣服，身体残疾的女儿为老人们做饭。“买赛地·吐送一家都是好人，他们做的抓饭味道好，我喜欢吃。他们还经常帮我买药、洗衣服，住在这里跟自己家一样，我心里热乎乎的。”84 岁的古丽吉米丽汗·吾斯曼老人激动地说。

当 225 团党委和拉依苏村村“两委”知道此事后，考虑到买赛地·吐送刚刚脱贫，家庭经济基础薄弱，劳动力不足，害怕他们家再次返贫，决定在村里建立日间孤寡老人照料中心。买赛地·吐送知道此事后，立刻找到村委会，要求把中心建在他家。

“我女儿身体不好，但她能帮助老人们做做饭、洗洗衣服，让她成为一个有用的人，实现自己的价值。”买赛地·吐送对工作人员说，“如果没有政府的帮助，我们一家人还在贫困之中。所以，我想回报政府、回报乡亲们。”在买赛地·吐送的强烈要求下，村委会同意将日间孤寡老人照料中心设在他家。

/ 买赛地·吐送（右）与孤寡老人在一起

为了保证老人们的生活质

量，鼓励买赛地·吐送更好地工作，225 团领导给日间孤寡老人照料中心的老人们送来了洗衣机、大米、面粉和清油等生活物品。

从此以后，买赛地·吐送一家人把照顾孤寡老人当成自己的一份责任。他们无微不至地照顾着每一位老人，闲暇时间与老人聊天，陪他们解闷，了解老人们的困难诉求。日间孤寡老人照料中心每天有 40 余名老人，在买赛地·吐送一家人的照顾下吃饭、休息。

“我叫帕哈尔古丽，今年 86 岁，家里没人照顾我，以前吃饭都成问题。现在好了，我吃到了可口的饭菜，住上了暖和的房子，穿上了干净的衣服。买赛地·吐送对我像家人一样，我很幸福。”

为了发挥老人们的余热，买赛地·吐送又做了一个大胆的决定：让老人们与自己一起合伙养鸡，他们出土地，年底拿分红。

古丽吉米丽汗·吾斯曼老人第一个支持买赛地·吐送的决定，她将自己的土地转让给买赛地·吐送养鸡。

“你让七老八十的老人养鸡？你可真敢想啊！”村民们知道此事后，议论纷纷。面对大家的质疑，买赛地·吐送回答说：“现在生活好了，老人们的身体都很健康，让他们干一些力所能及的事情，总比他们坐在房子里发呆、打麻将好吧！他们适当活动活动筋骨，可以锻炼身体。另外，这些老人都很贫困，和我一起养鸡可增加一份收入。在脱贫路上，我们大家应该互相帮助，这样才能过上好日子。”

如今，日间孤寡老人照料中心的 40 多位老人把自己的地都拿出来，跟着买赛地·吐送一起养鸡。有时间，他们就喂喂鸡、打扫打扫鸡舍，忙得不亦乐乎。闲暇之余，大家围坐在一起聊家常、话生活，开心地度过每一天。

“在兵团未接管前，拉依苏村是远近闻名的落后村，村民脱贫意识差，‘等靠要’思想严重，以争抢低保为荣。自 2018 年我团接管拉依苏村后，团党委以‘扶贫先治懒，扶贫先扶志’为第一要务。通过扶贫政策，让村里部分贫困户先富起来，实现‘先富带后富’目标。在买赛地·吐送等一批致富带头人的影响下，脱贫摘帽成了一种新风尚。”225 团副团长宋振周说。

榜样的力量是巨大的。在脱贫路上，需要榜样的引领，更需要像买赛地·吐送这样的不等不靠、转变观念的贫困户，激发他们的内生动力，由“要我脱贫”变为“我要脱贫”。现在，劳动光荣、勤劳致富的理念，已经成为拉依苏村村民的共识。在买赛地·吐送的带领下，2018 年，拉依苏村有 170 户 574 人脱贫。2019 年，拉依苏村计划脱贫 117 户 434 人，争取实现全村整体脱贫。

（供稿、照片提供：新疆生产建设兵团第十四师 225 团　修编：李庆华）

纪道明，安徽省六安市舒城县五显镇梅山村村民。曾获安徽省道德模范、安徽好人等荣誉。16年如一日不离不弃悉心照顾瘫痪妻子，诠释人间真爱。2017年，梅山村注册成立了农民专业合作社，他被选为执行监事。申请扶贫贷款5万元租地3亩新建黄牛白鹅散养基地，散养黄牛30头、白鹅200只、麻鸭200只，增收5万元，成为全市闻名的养殖大户。专业合作社与26户贫困户签订用工协议，户均增收1 500元；吸纳30户困难群众入股白鹅养殖，每户年分红1 000元。2018年，为贫困户代养白鹅500只，散养黄牛30头，年净增收7万多元。

铁肩挑重担　奋斗赢幸福

2019年2月6日，中央电视台播出“新春走基层·脱贫攻坚基层行”特别报道：《脱贫致富　老纪的“幸福年”》。2019年1月26日，安徽省有关领导深入舒城县走访慰问贫困户、好人典型和困难群众时，对纪道明赞许地说：“你是群众身边的先进典型，是自力更生、艰苦奋斗的好榜样，希望再接再厉，打响品牌，团结带领更多群众脱贫致富奔小康。”2019年6月23日，全国脱贫攻坚奖候选人实地考察组有关领导考察纪道明时说：“老纪不老，事迹感人，要广泛宣传这些正面典型，激发贫困群众内生动力，鼓励他们靠勤劳的双手过上美好的生活。”

不离不弃，用真情诠释人间真爱

纪道明自幼家贫、生活困苦，30岁才成家。在很长一段时间里，他就靠两间跑风漏雨的屋子安身，靠两亩多薄田种些口粮勉强维生，靠在外流动务工赚些花销。1994年他与妻子结婚，两个苦命的人抱团取暖，总算有了点家的感觉。当年，可爱的儿子出生。以往冰冷的灶台散出了诱人的饭香，以往冷寂的屋子传出了孩子咿咿呀呀的童音，纪道明这个精瘦的山村汉子对未来的幸福生活充满了憧憬。他干农活是一把好手，养殖技术好，头脑灵活，善于思考钻研，为了给老婆孩子创造更好的生活条件，纪道明拼搏的劲头更足了。

就在生活充满着无限希望的时候，灾难降临了。2003年，妻子外出务工时被一辆

/ 纪道明照顾瘫痪妻子吃西瓜

大卡车撞飞，送到医院后虽然捡回了一条命，但一直处于昏迷状态。在妻子昏迷不醒的 17 个月里，纪道明一边承受着家庭巨变的严重心理打击，一边承受着身体的巨大消耗。不论白天黑夜，他每隔 4 个小时给妻子按摩、擦身，还要插鼻饲、清理大小便……周围也有人劝他，老纪，实在没什么希望，放弃算了。但是这个不善言语的汉子咬牙坚持着，从未抱怨过一句，他深情地说："总得让孩子有个妈呀！"终于，在纪道明的悉心呵护下，妻子奇迹般地苏醒了过来。

除了照顾瘫痪的妻子，当时的纪道明还得面对给妻子治疗带来的巨大的经济压力。为了给妻子治病，之前两人辛辛苦苦积攒的 17 万元全部支付了医药费，全家的重担都压在了纪道明瘦弱的肩膀上。然而，倔强的他没有被生活压垮，在照顾妻子之余，他靠搞养殖、打零工维持一家人的生活。给妻子按摩、擦身、喂饭、清理大小便，接送孩子上学、放学，洗衣、做饭、下地、做工……成了老纪每天生活的必修课。每日三餐，他都按时做好端到妻子床头。生怕饭菜烫到妻子，他每次都不停地试着温度，直到冷热合适的时候才送到妻子嘴边，还要哄着她吃下。他把柔软的易消化的食物留给妻子，坚硬的不易消化的部分留给自己。如果在外面吃饭，他每次都想着给妻子带些好吃的回去。长期卧床容易造成肌肉萎缩，他每天坚持给妻子按摩。怕妻子在家里闷，他每天都用轮椅推着妻子在山间小道上散心。妻子的伤情需要定期吃药理疗，他从不耽搁，没钱的时候借钱也要买药做理疗。每当有人问到苦不苦、值不值的时候，纪道明都憨笑着答道："在一天就照顾一天，一日夫妻百日恩，决不放弃。"

妻子或许感受到了老纪的爱心，从最初的不省人事中渐渐恢复了过来，她会笑了，还会用只有老纪听得懂的语言跟他交流。"邦芝啊，哪里不舒服呀？"妻子咿呀咿呀地回应，老纪就明白了，帮她挠挠后背。"这个不好吃啊？"妻子哇啦哇啦地回应，老纪又明白了，下次就换一种做法。谁说"夫妻本是同林鸟，大难临头各自飞"？老纪用实际行动证明了人间自有真情在，他身上闪耀着满满的人性之光，是不离不弃的模范丈夫。

妻子出车祸时，儿子年仅 9 岁，刚上小学三年级。小小年纪，母亲便遭此大难，很难想象这样的境况会给孩子留下什么样的心理创伤。纪道明文化程度不高，不会联想到心理辅导，也不会头头是道地去开解安慰，但他明白自己就是孩子的全部，要全力为孩子成长创造好的条件。孩子失落时，他轻轻地拍拍孩子的肩膀；外出劳作时，他会带着孩子一块下地，一块收工回家；晚上休息时，他陪着孩子做作业。没有滔滔不绝的大道理，纪道明的教子之道朴素而真挚。在他的精心照顾下，孩子健康成长并考入合肥铁道工程学院，毕业后在铁路部门工作。纪道明为儿子树立了最好的榜样，他是可敬的父亲。

自强不息，用奋斗书写脱贫故事

由于妻子需要照看、孩子需要养育，纪道明不能外出打工，也没有精力发展更多的副业，长期处于贫困状态。党中央提出了“精准扶贫”战略，梅山村的脱贫攻坚工作打开了新局面，纪道明的人生也迈入了新的一页。

2014 年，经个人申请、民主推荐和群众评议，他家被确定为建档立卡贫困户。有了政策的扶持，孩子也已学成即将参加工作，他准备甩开膀子大干一场。家里的房子年久失修，2014 年村里帮他申报了危房改造项目，新建平房四间，落实了危房改造补助 10 000 元，改造后的房子焕然一新。村里为其妻子办理了残疾证，按年度享受残疾人补助和慰问金。多项帮扶措施并举，解除了老纪脱贫致富的后顾之忧。2015 年，老纪积极响应产业扶贫政策，主动发展养牛业，当年养牛 5 头。2016 年，老纪的牛增加到了 8 头，村里为他申请了产业扶贫补助 5 000 元。

2017 年 5 月，中共六安市委宣传部扶贫工作队进驻梅山村。通过深入走访调研，得知纪道明的感人事迹以及他自己想要做产业扶贫带头人的雄心壮志后，扶贫工作队同志在与纪道明谈心时鼓励他扩大养牛养鹅规模。纪道明说：“我就是把牛养好了，销售也是个问题呀。”“销售你不要愁，我来帮你协调解决，保证把你养的牛卖出去。”扶贫工作队同志向他做出保证，并与镇驻村指导组、村“两委”商议后，决定对纪道明进行全面帮扶。

在多方协调下，纪道明申请扶贫贷款 5 万元在梅山村仓房组租了 3 亩地，新建黄牛和皖西大白鹅散养基地，当年散养黄牛 30 头、白鹅 200 只、麻鸭 200 只。养殖规模扩大了，老纪更辛苦了，没白天没黑夜地围着牛和鹅转，生怕出现一丁点儿问题。2017 年 8 月，纪道明作为梅山村贫困户代表与迎驾慈善基

/ 纪道明放牛

金会、安徽省徽菜产业发展促进会、固镇军明皖西白鹅养殖专业合作社等 7 家单位签订了产业扶贫合作协议，就扶贫捐助、种苗提供、技术指导、销售服务达成了合作意向，进一步增强了他发展产业、脱贫致富的信心。“多亏扶贫工作队帮忙，现在苗没有问题，养没有问题，卖也没有问题，都帮我考虑好了。”纪道明乐呵呵地说。

在扶贫工作队的积极联络下，安徽省西商集团多次到纪道明的养殖基地考察，并免费为纪道明在六安提供铺位，协助其销售黄牛、白鹅等特色农产品。在“腊货节”上，他的牛肉供不应求，平均每天能卖掉两头牛。梅山村注册成立了农民专业合作社，纪道明作为社员发起人登记备案，并被选为执行监事。他还注册成立了家庭农场，经营范围包括动物饲养、隔离、屠宰加工，水稻及农产品种植等。产业发展了，收入增加了，生活变好了，2017 年纪道明直接增收 5 万元，不但成功脱贫，还成了远近闻名的养殖大户。

2018 年，扶贫工作队多次带着纪道明赴霍山、裕安、叶集等地学习，帮助他学习技术、开阔眼界。在固镇考察时，纪道明与军明皖西白鹅养殖专业合作社现场达成了合作协议，订购了 1 000 只鹅苗，其中纪道明本人饲养 500 只，为贫困户代养 500 只。1 000 只鹅苗入驻的时候正值初春，天气还很冷。怕鹅苗冻着，他架起干柴生起火堆为鹅棚增温；怕鹅苗呛着，他垒起通风管道；怕鹅苗闷着，他一夜不合眼，不停地来回巡视，看到不对劲的小鹅赶紧托到一边。在老纪的苦干实干下，2018 年净增收 7 万多元，

/ 纪道明和他的白鹅

生活又上了一个台阶。

2019 年初，扶贫工作队的同志在跟纪道明谋划新一年的发展时说道：“老纪啊，你现在是名人了，要争取把典型优势转化为品牌优势，可以注册个商标。”老纪说：“那当然好啦，注册个商标，我的黄牛白鹅也能卖得更好。”说干就干，扶贫工作队的同志亲自陪同纪道明到舒城县的商标事务所跑了一趟，正式申请注册“纪道明”牌商标，目前国家商标局已正式公告。为了帮助纪道明更好更快地发展，扶贫工作队的同志专程陪同纪道明再次来到固镇军明皖西白鹅养殖专业合作社，又订购了 1 000 只鹅苗，还为贫困户代养 500 只。纪道明信心满满地说：“去年养鹅不但自己增收，还带动了乡亲们，今年要继续干下去。”

绿油油的万佛湖滩涂草原上，1 000 多只肥美的皖西大白鹅和 20 多头健壮的大别山土养黄牛在悠闲地漫步，优雅的白鹭在蓝天下、碧水旁、黄牛背上来回穿梭、上下翻飞，路过的行人无不驻足称赞。看到此情此景，纪道明的心里乐开了花：“贫困县都摘帽了，我也要更努力才行。今年由于非洲猪瘟的影响，黄牛白鹅价格看涨，肯定能卖个好价钱。我还养了鱼苗和龙虾，下半年黄牛还能再下好几头小牛，今年收入争取往 10 万元上赶。”纪道明人穷志不穷，他是自力更生、艰苦奋斗的脱贫典型。

古道热肠，用行动助力共同富裕

扶贫工作队的同志在走访入户的过程中，看到贫困户周光兵正在做菜，香喷喷的，一问才知道，这是纪道明送给他的牛杂。原来老纪一直坚持把卖不完的牛杂、牛肉、牛血免费送给村里的困难群众，帮助他们改善生活，纪道明的热心肠由此可见一斑。

在脱贫致富的同时，纪道明从来没有忘记梅山村的父老乡亲。在修建牛棚的时候，他主动找到村里的贫困户，邀请他们铲铲土、砌砌墙、拔拔草，能干啥干啥，多少能增加点收入。纪道明经常说：“我一家脱贫不是真的脱贫，大家都脱贫才是真脱贫。我养牛养鹅上规模了也要带带乡亲们。”贫困户查明山患有严重肾病，需要常年吃药透析，干不了重活，纪道明邀请他来自己的养殖基地务工，考虑到他的身体状况，干活的时候从不催促他。查明山感激地说：“我身体不好，在老纪这干点小活也能挣个千把块钱。”

黄牛、白鹅入住散养基地后，岗位就更多了，放牛、赶鹅、割草、打扫卫生，等等。为了把养殖基地的务工纳入规范化管理轨道，同时增强贫困户内生动力，驻村扶贫工作队、镇驻村指导组、村“两委”召开联席会议研究确定了 26 户贫困户，由梅山村毛竹园农民专业合作社出面与 26 户贫困户签订用工协议，安排在纪道明的黄牛白鹅散养基地，由纪道明根据贫困户的身体状况和技能特点合理安排工作岗位，统一管理。贫困户汪道仓经常在纪道明的白鹅散养基地帮忙放鹅，一天能挣 80 块钱。“我家属患有心脏病，自己年纪也大了，赶鹅活儿又不重，还能增加收入，我很快活。”说完，汪道仓开心地笑了起来。2017 年，在黄牛白鹅散养基地务工的 26 户贫困户户均增收 1 500 元。

2018 年是舒城县的脱贫摘帽之年，为了提高群众满意度，帮助更多的人增收，纪道明的带动力度更大了。根据对贫困户和非贫困户中“六类户”（低保、重病、危房、残疾、独居、无劳力）的摸排，梅山村确定了入股白鹅养殖的 30 户困难群众，每户入股 500 元购买鹅苗，由合作社委托纪道明代养，饲料、防疫、管理等成本均由合作社补贴，收益全部给农户分红，在两年的协议期内，每户每年可分红 1 000 元。秋天正是白鹅出栏的季节，纪道明的白鹅喝的是天然湖水、吃的是野生嫩草，绿色无公害，质量有口皆碑，扶贫工作队和村“两委”的干部们在朋友圈一转发，订单纷至沓来，短短几天上千只鹅便销售一空。收到钱款后，纪道明第一时间把代养的 500 只白鹅的收益交到合作社，并说：“这是乡亲们的分红，要尽快发下去。”30 户困难群众每户 1 000 元的入股分红在短短两天内全部发放到位。贫困户李坦高是五保户，也是梅山村仅有的几户未脱贫户之一，年过八十，患有糖尿病，没有劳动能力，平时只能靠五保金、社会慰问和乡亲们的接济生活，当 1 000 元的入股分红送到他手上时，他非常激动，不停地说：“共产党好！政府好！”

2019 年，上千只白鹅又长成了，还没开卖就有很多人提前预订。“今年的白鹅肯定能卖个好价钱，我还要带动 30 户困难群众增收。”说完，纪道明卖力地吆喝着，把鹅群往湖边的青草地赶去，让这些已经肥美的白鹅最后再上上膘。纪道明生在山村、长在山村，照顾好老婆孩子是他最大的责任，带动乡亲们增收致富是他最大的幸福。

16 年如一日照顾瘫痪妻子，体现了纪道明的温情与坚毅；克服重重困难，独立抚养儿子成长成才，体现了纪道明如山的父爱；自立自强撸袖实干，不等不靠发展产业，带动乡亲脱贫致富，体现了纪道明的志向和担当。黝黑的肤色遮不住火红的内心，满身的泥浆尽显朴实的本色，山村汉子的动人故事也早已飞出了山外。他牵着哞哞叫的牛、赶着嘎嘎叫的鹅，在康庄大道上越走越远！

（供稿、照片提供：安徽省舒城县五显镇梅山村村民委员会　修编：张梦欣）

在万佛湖滩涂草原散养的白鹅

李华明，中共党员，云南省文山壮族苗族自治州西畴县西洒镇岩头村村民。岩头村只有15户人家，因地处一块100米高的巨岩绝壁之上而得名。面对世世代代“交通闭塞行路难，生活艰辛无出路”的困境，2003年，他发誓一定要把这进村的“最后一公里”修出来。他带领村民用钢钎、铁锤执着苦干12年，硬生生地在悬崖峭壁上凿出了一条进村简易路，也同时凿出了一条脱贫致富路，因此被誉为西畴的“现代愚公”、大山深处不屈的脊梁。如今，岩头村家家盖起了新房、户户用上了自来水，全村放养了近4 000只乌骨鸡，开办了“最后一公里”农家饭店，贫困户全部脱贫。

悬崖上的村庄：十二年，一公里

云南省西畴县是云贵高原南部边缘一个只有26万人口的小县。1 506平方公里的县境，有名字的大山就有大花山、上梁大山、万家寨梁子、铁厂山梁。亿万年的地质运动，让这些大山山体和熔岩以半裸、全裸的方式，覆盖了全县76.16%的面积。按国外地质学家的定义，这片土地“是一个基本丧失人类生存条件的地方”。然而，不屈的西畴人还是顽强地坚守着，几百年过去，终于在新时代开创出一条安居乐业、小康美满的幸福路。这里所讲述的就是其中的一个故事。

一百米，一公里

2002年10月的一个下午，岩头村的李华明一如往常地侍弄着自家即将播种的麦田。“满爹——满爹——”，一个粗犷的声音突然由远及近地传来。李华明抬头望去，村里的大强已经冲到了地头：“满爹，二大爷的儿媳住院要手术，钱不够，叫把他家的猪卖了，你赶快组织人手吧。”

“卖猪又不是头一回了，你慌什么嘛！”

“我已经打听过啦，上门收猪的上个月就外出打工了，这回得我们自己把猪弄到县城去才行啊。”

“这样也好，可以省下一大笔运费呢，二大爷缺钱呢。”李华明边说，边收拾起农具：“走，叫上阿福和小明，就我们4个，抬猪去。”

/ 李华明（左三）召集村“两委”班子开会

半个小时后，一头绑了蹄子的生猪被绑在了一副简易担架上，46 岁的李华明带着大强、阿福和小明这村里仅有的 3 个壮劳力，扛着 200 斤左右的猪，走上了通往县城唯一的出村山路。

山路，你可以想象。但这里的山路，不到现场，你无法想象。有石缝里踩出的羊肠小道，有岩面上磨出的略有凹陷的路的痕迹，有人工凿出的必须攀附山崖上垂下的藤条才能通过的几个石阶……。而这一切，用望远镜从下面仰视，都悬挂在一个巨大的崖壁上。

岩头村就坐落在这个巨大岩壁的顶端，也因这个巨大的岩壁而得名。从岩顶到岩底，垂直距离只有区区 100 米，然而这出入岩头村的山路，则是整整 1 公里。

走这山路，空手时就得倍加小心；抬着重物，那就是一门“技术”了——这是岩头村的先祖们用生命换来的经验。正因为如此，村民们卖猪宁可少挣钱也要猪贩子上门。

前面的李华明一边小心地挪着步，一边小声地提醒紧贴崖壁的大强和后面的阿福、小明。然而，不想发生的事还是发生了，李华明只感到肩头一滑，就听到了生猪的嚎叫声，还有后面小明的惊叫——生猪滚下了山崖，小明幸运地被一棵树拦住。猪死了，小明被诊断为小腿骨折。李华明从银行里取出了自家的全部积蓄 3 500 元，送进了县医院。

岩头村只有 15 户人家 75 口人。没人考证过，这个“世外桃源”是什么时候才有的；也没人考证过，第一个落户岩头的人是谁。在整个“地无三尺平，滴水三分银”的西畴县，岩头上的“三尺”白地，草木葱郁、土质肥沃，我们不得不佩服第一个在岩头落户的人——见缝插针，为自己谋求了一个安身之所、希望所在。这也许就是西畴人世代的生存智慧，也是西畴人的顽强和坚守所在吧。

李华明生在岩头，长在岩头。很小的时候，他从未走下过岩头，等到上学了，父亲第一次送他去岩下的村小，他们整整走了两个小时。村里的孩子在重复着当年他走过的路。青壮年开始外出打工，两三年才踏上这条回村的路。老年人不再下崖，只在记忆中咀嚼着这路上曾经发生过的故事。留守的妇女一次背回一个月或者半年要用的生活必需品。村民们守着岩头的一方“平地”，自给自足，日子清贫而平静。他们最大的愿望就是不生病，但这只是愿望，已经记不清有多少个深夜、白日或黄昏，李华明和村里仅有的几个青壮年，背着病痛难忍的乡亲，走下这岩头。

从岩头村到县城，8 公里，这段路不算长；从岩底到岩头，100 米，这段路不算短。萌发修路念头很久的李华明，在小明出院回村后，终于将这个想法提了出来。

“修路，怎么可能，满爹，你这不是在说笑话呀。拿什么修？我们村子的情况你最清楚，要钱没有钱、要人没有人、要技术没有技术，要是能修，哪个不想修。可不能说大话嘛！”大强第一个反对。

“路要修，我们这下崖的路实在太难走了啊。可怎么修，满爹，还是你拿主意嘛。”小明极力赞成，可还是将难题摊在了李华明面前。

李华明是岩头村村民组长、党小组长。按照辈分，很多比他年长的乡亲都称他为“满爹”。他说：“现在情况不一样了。党的政策好，修路有补贴，但我们不能依赖政府。到底怎么修，让我多想想，再商量。”

一公里，十二年

清晨，太阳高照，空气清凉。李华明带了根绳子，走上了这出村的唯一山路。从岩头到岩底，再到绕岩而过的简易公路，走了两个多小时。回家吃了口玉米面，又回到路上。傍晚再回到家时，他手里的绳子已经用完——这一公里，哪段比较好弄，哪段比较难弄；哪段要凿开岩壁，哪段要填实凹坑，系在路边树杈上的绳子就是标记。

这样的事又做了几次，树杈上的绳头挪了又挪、系了又系。最后，大强把绳结“系”在了纸上，跑到县城，找到建筑队，算出了造价。李华明将造价直接砍掉一半：“我们村没有底子，必须自己干，先从容易的地方干，一年不行两年，两年不行三年。我就不信修不成。”

这是岩头村的一次党小组会，几个党员围着燃烧的柴火，就谈一个话题：怎么修路。大家七嘴八舌，方案基本就形成了——集资、出工。

2003 年春节后召开村民大会。在外打工的青壮年绝大多数也来了。李华明话不多：“熬，不是办法；干，才有希望。”

“每户出资 2 800 元，一个劳动力；没有劳动力的，一天按 50 元出代工费；修路时的饭，每家一天，轮着来。”

没有开工仪式，李华明第一镐下去，大伙就跟着干了起来。过去，我们常用刀耕火种来形容生产力的落后，但已经到了 21 世纪，岩头村还是只有铁锨、镐头这样的简陋工具，李华明买来的钢钎、铁锤算是最专业的工具了。

外出务工的青壮劳动力渐渐离开了，最后只剩下大强、阿福、小明几个为数不多的青壮年。李华明非常理解——出资款只有 3 户一次性交齐，大多数村民还要靠外出打工才能有钱。劳动力缺乏，男女老少齐上阵——村口的 10 米就这样被拓宽了 3 米，铺上了就地取材的碎石。

修路这块硬骨头太难啃。陡然下降的小道要拓宽，带来一个很严重的问题——落石。岩下就有跨石岩村村民的房子，还有简易公路上可能来往的人。村民们用木板和木桩在原有小路边建了一个 2 米高的木篱笆遮挡落石，再将泥土装袋后在路边砌一堵简易防护墙。

李华明组织村民用铁锤小心地敲，用錾子一点一点地凿开岩壁，凿平路面凸起的坚硬岩石。这个过程，每一厘米进展的艰难，远远超出了李华明的想象。苦干绝不是蛮干——工程不得不暂时停了下来。

春夏秋冬，转眼 3 年过去了。妻子抱怨、儿子奚落，就连铁杆兄弟大强、阿福也几乎失去了信心。

“跨石岩村的人说了，这条路修不通的。真修通了，他们用手背烤鸡蛋给咱们吃。”大强最气不过的就是这句话，“满爹，你说这路我们还修不修了？都快 4 年了，要修，还怎么修下去啊？”

/ 李华明（前）和村民一起修路

“怎么不修！”

“那钱呢？”

“老办法。技术你去学，乡亲的工作我来做。”

2007 年春节，几个外出打工 3 年才第一次回家过年的村民，在进村的最后一段，踏上了又平又宽的石子路。他们不但一次性交齐了自家该交的出资款，还决定留下来，为家人、为自己、为后代，修建这条岩头村通向外面世界的脱

/ 李华明（右）走在新修的村路上

贫致富路。

乡里的技术员来了，县里的专家来了。根据对下岩的最后一段测出的岩壁强度和应力数据，提出了一个可以尝试的解决方案——用膨胀剂。

一根结实的绳子，一头固定在岩顶的一棵大树上，一头拴在李华明的腰间——李华明慢慢地在岩壁上找到专家测定的位置，手握另一根绳子吊下的风钻机，打出一个个炮眼，再填入足够量的膨胀剂。李华明坚持自己干这种危险的活儿，而且一天内必须一气呵成地干完。

第二天，这块岩面果然出现了大大小小相互交织的裂缝。用钢钎一撬，再一撬，大块、小块的石头便开始松动，有的干脆直接从岩壁落下。李华明激动得眼泪差点落了下来——靠专家的办法攻克了原本几年都难以啃下的“顽疾”。

接下来的，凭着岩头村人的决心，都可以自己干了。

老老少少齐上阵！铁锹断了，换；手磨破了，忍；人滚下坡，爬起来！白天顶着烈日冒着风雨不停地干，晚上借着月光继续干！杨育民被一块滚落的碎石砸在了脚背上，错过了最佳的治疗期，落下了终身残疾。李光翠握钢钎的右手直接被铁锤砸中，食指粉碎性断裂。当后续修路的资金出现了短缺，18 名外出打工者寄回了自己全部的收入，还到处举债。李华明连续几年都撂荒了自家几公里外的承包地。

2014 年 1 月，岩头村的进村路和跨石岩村的主路对接。1 月 30 日是春节，岩头村格外喜庆。春节刚过，一辆装满混凝土的水泥罐车，开到了岩头村村口——县政府出资 16 万元，将这一公里进行硬化。岩头村全体出动，村民们用铁锹、钉耙和手提式建筑震动棒，将水泥注入每个石缝、孔穴。

12 年的坚守，12 年的执着，12 年的苦干，岩头村不只是将祖祖辈辈修路的“白日梦”变成了“真实梦”，更是用钢钎和铁锤将这“真实梦”打造成了云南“西畴精神”最闪亮的“致富梦”。

又五年，致富行

2015 年，脱贫攻坚战役全面展开。李华明说：“党和政府始终想着我们农民，想着岩头村的老百姓。我是一名党员，带着乡亲们脱贫致富，是我天经地义要做的事。”

又一次党小组会。李华明开宗明义提出，要修建一个蓄水池。作为一个土生土长的岩头村人，他太了解这里了。

这个提议说到了每个人的心里，但在哪里修，成了一个颇有争议的话题。山上可用来修水池的地方屈指可数，不用去现场，大家心里都非常清楚。权衡利弊得失，李华明“独断专行”地将地点定在了自家产值最高的 7 分地上。连根铲除已近成熟的玉米和每年带来稳定收入的核桃树、香脆李，他不要一分钱补偿。

县水务局派出了工程师和专业施工队，不但修建了蓄水池，还将自来水通进了每家每户和田间地头，一举解决了岩头村人畜饮水、农田灌溉看天脸色的大难题。

天时地利人和，岩头村好事连连。在县城，李华明偶遇一位来自外县的中药种植大户，两人一拍即合，当即达成岩头村出租土地，代种、代管、代收三七药材的口头协议。这第一个落户岩头的项目，当年就获纯利 4 万多元。

西畴康达乌骨鸡企业主动找到李华明，提出可以利用岩头村独特的地理优势，放养 1.5 万只乌骨鸡、养殖 500 头商品猪。现在已经在山上放养了近 4 000 只乌骨鸡。

县、镇两级党委政府专门为岩头村绘制了新的发展图景：管护好已有的 106 亩核桃树，规划种植香脆李树 48 亩，规划养殖商品肉牛 36 头。

“有困难找政府，但我们绝不能给政府添麻烦。”李华明满眼都是岩头的绿树、鲜果、家禽，还有几百年来哺育岩头人的小麦、玉米和野菜——“最后一公里”农家饭店完全靠着岩头人自己的力量开张了。

2019 年 6 月 21 日，全国脱贫攻坚奖初评候选人考察组来到了岩头村。考察组是开着小车上的岩头，还开着车在环村路上兜了一圈。离开的时候，考察组执意步行下山，仔细观察这“通衢大道”两旁的一切。在一个岩壁巨石旁，考察组的同志握着李华明的手万分感慨地说：“从你的身上，我们看到了愚公移山的精神，看到了‘幸福是奋斗出来的’真切实践，我们一定会把你的这种精神带回北京。”

李华明一时有些木讷，竟不知说什么好。后来记者在报道中这样提炼了“满爹”的话：“事情不是我一个人做的，是大家一起努力的结果。岩头村现在家家住新房、户户有余粮，贫困户全部脱贫，全靠党的政策好。以后我会更加努力，把咱们‘西畴精神’的故事讲得更好。”

（供稿：云南省扶贫办　修编：宦平　照片提供：李光聪　蒋天辉　陈明凯）

李林森，吉林省吉林市舒兰市天德乡三梁村党支部书记兼村委会主任，舒兰市三稻梁农作物种植专业合作社理事长。曾获吉林省乡土专家、吉林省劳动模范、吉林好人、吉林省脱贫攻坚先锋等荣誉。多年来，他以富民强村为己任，以发展产业带动农户脱贫为目标，因地制宜，带领三梁村村民发展养殖、有机绿色种植、乡村旅游、食品加工等致富产业，帮助 90 户贫困户脱贫，并间接带动周边 4 个乡镇 200 多户农户发展。如今三梁村的贫困户全部脱贫，三梁村也由省级贫困村一跃成为美丽乡村示范村。

翻过“三道梁” 脱贫奔小康

吉林省吉林市舒兰市天德乡三梁村是一个名不见经传的小村庄，由于地处偏僻，粮食产量不高，农民的日子过得紧紧巴巴，村集体负债累累。村子里有三道丘陵，像压在村民肩上的三道梁，让大伙儿无法翻身摆脱贫困。

习近平总书记指出，打好脱贫攻坚战，关键在人，在人的观念、能力、干劲。总书记的话让三梁村党支部书记兼村委会主任李林森如梦初醒。观念、能力、干劲跟不上，就成了阻断致富路的“山梁”；跟上了，就是挺起脱贫奔小康希望的“脊梁”。

6 年来，李林森硬是带着村民们一步步把“山梁”变成了“脊梁”，成就了三梁村的脱贫之路。

变观念，脱贫有门

三梁村地处舒兰市最北端，全村 430 户 1 676 人，建档立卡贫困户 29 户 61 人，村民生活全指望那人均不到 3 亩的苞米地。

当“北漂”了十多年的李林森带着挣来的十几万元钱回到家乡的时候，故乡并没有什么太大的不一样，只是更旧了，乡亲们依然是被贫穷压得满脸苦色。不愿与苞米死磕的他，花 4 000 元买回来两头美系种猪，办起了养猪场。乡亲们却不看好，偷偷地议论：“这小子在北京挣了几个钱开始咋呼了，还买美国猪，没几年就得败光。”

李林森并没有在意。说得再多，不如干出个样子让大伙儿看！后来，养猪场有了

/ 李林森（左）在养猪场进行技术指导

100多头猪，都是改良品种，猪肉每斤比市场价高3毛钱，李林森也成了村里的“百万富翁”，大家都夸他“脑瓜活”“能成事”。

2013年，三梁村党支部换届，李林森被全票推选为村党支部书记。老党员们眼巴巴地望向他：“大伙儿选你，就是想你能领着大伙儿挣钱，咱们穷怕了。”

穷不可怕，怕的是没有挣钱的门道。李林森琢磨开了：自己没有什么能耐，但会养猪，能不能把村民的钱集中起来建一个属于村集体的养猪场？这样村集体能有收入，参股的村民也能挣钱？

这个想法一公布，村里就炸开了锅。除了少数几个支部委员外，村民们都不同意。村民代表刘长虹指着李林森的鼻子问：“把养猪变集体买卖，你能像自己家养猪那样上心？”村民代表胡云海甚至拍桌子说得更难听：“集资后你拿钱跑掉，我们大伙儿的钱可就打水漂了。”

李林森没想到自己提出的好办法就这样被否决了，他心里憋着一股劲，一股“建不成猪场不算完”的执拗劲。要把大家的观念扭过来，就必须让大家信任他，愿意跟他干。于是，李林森当众承诺：“不管是谁，不管多少钱，只要投了，3年后如果不盈利，我把自己的房子、圈里的猪，甚至整个猪场都卖了连本带利给大家退钱！”

那一阵子，李林森是磨穿了鞋底子、磨破了嘴皮子，从支委到党员再到村民，他挨家挨户做思想动员。部分人开始有了松动，但还存着“赔了咋办？”“村干部拿钱跑了咋办？”等顾虑，他就反复解释：“村干部不管事、不管钱，大伙的事，大伙来推管理人，技术事我干，饲养活我来。”

自己已经有了养猪场，为什么还要大费力气再建一个？李林森有自己的答案：靠个人永远带不动一个村的致富。只有大家都参与进来，才能产生聚合反应，产生出更大的效益；也只有村里有钱了，才能更好地为大家办事。于是，三梁村的集体经济企业——吉林六合源农牧业发展有限公司成立了。六，意为六六大顺；合，就是抱团发展、合作致富；源，为源源不断之意，也有不忘源头之意。李林森豪情万丈：“我办‘六合源’，就是为了彻底改变我们村的落后面貌！”

三梁村有一块9亩的地，是因着火而废弃的村委会旧址。经村民讨论，作价20万元入股新公司。村民们有多少钱就入多少股，不足的资金，由李林森以股份形式补足。

3 个月观念上的博弈战，在李林森的耐心引导下终于落幕，成效也是明显的——有 22 户村民拿出家里的老底、找亲朋借钱，颤抖着交给李林森，并紧紧握着他的手：“我们后半辈子就绑在你身上了。”

为了兑现承诺，李林森这个村支书当起了技术员、饲养员、运粪工，母猪生产的时候，他都是睡在猪床里。看到他这样，大伙儿的心慢慢放下了，也更齐了。

尽管养殖场规模不大，但李林森的付出没有白费，第一年牧业公司向 22 户农户、27 户贫困户分红 138.54 万元，村集体经济股金分红 18 万元。这么快就见到了回头钱，村集体也有了收入，这在村上是破天荒的头一回。从那以后，村里人的观念变了，不断有人开始要求加入合作社。

养殖场成了三梁村脱贫的第一个项目，把村民从“致富无门”的焦虑中拉到了“希望所在”上来。

提能力，致富在望

2015 年，三梁村被认定为省级贫困村，有建档立卡贫困户 29 户 61 人。脱贫攻坚战打响后，摆在全村人眼前最急切的任务就是脱贫。

/ 李林森（左一）带领合作社成员耕种土地

/ 李林森（中）与合作社成员研究发展规划

舒兰市向三梁村派了包保部门、驻村工作队和脱贫产业智囊团，一起为村里把穷脉、挖穷根、开良方、治穷病。李林森带领全村抓住机会，在这些“外脑”的帮助下，依据驻村工作队及产业智囊团提议，决定以养殖场为依托，利用畜牧粪便发展有机种植业，把传统的苞米种植转变为种植谷子、黑豆、高粱以及各种杂粮杂豆等作物。

经过市场调查，结合本村实际，2016 年，三梁村果断成立三稻粱农业种植合作社，用流转的土地种植有机杂粮杂豆。利用三梁村多处大型养殖场的猪粪做有机肥料，以养殖带种植，打造出自己的品牌——三稻粱有机绿色无污染食品。

为了巩固养殖业，延长产业链，增加附加值，防范行业风险，李林森又尝试带头成立了凯骐食品加工厂，对猪肉产品进行深加工，并将其申请为天德乡扶贫基地。自创建以来，安置农户及贫困户就业 80 人，为农户创收 400 万元；间接带动养殖业、种植业农户 45 户 132 人，农户经济效益增长 280 万元。

产业发展，市场是不可或缺的一环。三梁村村民在李林森的带领下“闯”进了市场，把所有的产品统一注册，经过精选、深加工生产出的有机大豆油、高粱酒等，通过贴上绿色原生态的“三稻粱”牌农产品商标，逐渐走向市场，并通过线上销售，走向广州、深圳、北京、上海等全国各大城市，每年销售额达 300 多万元。同时，积极发展传统农耕文化体验、休闲农家院服务项目，打造乡村旅游基地。一系列组合拳打下来，村集体收入翻了番。村民们都说："没想到土鸡也能变凤凰，老苞米地里也能长出金豆豆。"

在三稻梁合作社古香古色的传统农业展厅中，有20元一斤的有机小米、200元一瓶的有机黑豆食用油、80元一斤的纯高粱白酒……李林森高兴得合不拢嘴："有机小米和黑豆油都卖出去了，进驻的全都是各大城市的高端超市和商店，现在好东西不愁市场。"合作社酿造的高粱酒，整坛封装，酿好就陆续卖出，有的甚至被消费者"私家窖藏"，被当作特殊纪念品封存起来。

至此，三梁村形成了一套完整的产业链条：养殖场专业化运营，同时为农业生产提供农家肥，土地肥力越高，发展高效农业越有利，"地—肥—粮、粮—猪—肥"的循环链已然形成。

经过几年的积累，三梁村村集体各类产业项目总投资600万元，固定资产已达到1 000万元，辐射带动周边4个乡镇、农户200余户。有劳动能力的贫困户每天在养殖场、杂粮地里打工，每月能挣到3 000多元，村民也成了"上班族"，月月领工资。

鼓干劲，奋斗不停

2018年，三梁村摘掉了贫困村的帽子。集体有钱了，村民富裕了，李林森终于松了口气。可当他看到村中的老照片时，不禁问自己：脱贫了就该满足了，沾沾自喜了？就可以没干劲了吗？为什么不在脱贫基础上，继续鼓足干劲，艰苦奋斗，不断前进呢？

"现实告诉我们，三梁村才刚刚起步，我们还正在路上，应该立志向、增本领、长志气，向更美好的目标努力。"在一次全体村民大会上，李林森这样说道。

立志向就是要不忘本。在李林森的带领下，三梁村建设了一座农耕文化博物馆，用来展示村里的旧模样，提醒村民们不要忘记初心和曾经的贫困，虽然现在富裕了，但不能忘本，还有许多问题需要进一步解决，不能坐在功劳簿上，还要抓发展。

增本领就是要富脑袋。李林森带领村干部利用村新时代文明实践站等平台，宣传自强不息、光荣脱贫的先进典型，开展感恩教育，增强村民致富奔小康的信心，开展针对性强的致富知识和技能培训。

/ 李林森（右）走访贫困户

长志气就是人穷不能志短。这个"志"体现在

/ 李林森在六合源公司办公

村容村貌上，体现在村民的精神面貌上。李林森下决心要改变三梁村的面貌，让人瞧得起。由村集体出钱，免费为村民进行自来水改造，全额缴纳水费，村民喝水不用花一分钱；为村民们免费焊铁栅栏，维修房屋，让所有村民都住上砖瓦房；动员全体村民整治村容，实现厨房干净、厕所干净、院落干净、房前屋后干净；对养殖场进行封闭式管理，避免传播气味影响环境，将生态环保理念根植在村民心中。

不仅如此，村里新建的 600 平方米休闲娱乐小广场为村民提供了娱乐场所；每到鲜花盛开的时节，1 200 平方米的观赏花海，让整个村子都弥漫在芳香当中；1 000 平方米的标准塑胶篮球场成了孩子们的乐园和青年人释放热情的场所；280 平方米的村民议事中心让村民真正成了村子的主人……

“我们村的变化可大了，以前这路坑坑洼洼不好走，现在修好了，一直通到镇里，不但好走，排水也方便，路两边栽上了景观树，路灯也安上了，真是看哪儿哪儿好，这都得感谢李书记，我们离小康水平不远了！”说起村里的变化，村民们打开了话匣子。

现在的三梁村已是美丽乡村示范村。环境变好了，人的干劲更足了，三梁人的脊梁挺起来了，在脱贫奔小康的道路上，李林森正带领新三梁人大踏步前进：“习近平总书记说，幸福是奋斗出来的！三梁村会撸起袖子加油干，我也会不忘初心，努力做好乡村振兴的领路人，让三梁村越来越好。”

（供稿、照片提供：吉林省扶贫办　修编：周艳）

李耀梅，宁夏回族自治区吴忠市红寺堡区大河乡龙源村村民。2014年被认定为建档立卡贫困户。疾病和车祸的接连打击，致使她欠下近30万元的外债。村“两委”针对李耀梅有扎扫帚的手艺，帮助她申请创业贷款，成立小型扎扫帚作坊。身残志坚的李耀梅抱定“幸福都是奋斗出来的”信念，克服重重困难，通过不懈努力，3年多扎出2.5万余把扫帚，不仅还清了外债，供女儿读了大学，还带领本村6名村民共同致富。

小扫帚也能成就大梦想

吴忠市红寺堡区大河乡龙源村是宁夏“十二五”生态移民村，李耀梅于2014年从老家同心县预旺镇搬迁至红寺堡区大河乡龙源村，因家庭贫困，被当地认定为建档立卡贫困户。后因一次大病、一次车祸致使李耀梅欠下近30万元的外债。面对坎坷命运，她用坚韧不拔的毅力不仅还清了近30万元欠款，还主动帮助村里的其他贫困户脱贫，被当地群众称为“攒劲妈妈”。

命运坎坷，从不放弃

2008年，无法忍受家庭暴力的李耀梅选择了离婚，离异后她与女儿马向媛相依为命，接下来的路该如何走，她陷入迷茫。为了年幼的女儿，李耀梅不得不拖着身患疾病的身体在离家不远的同心县预旺镇打工，闲余时间她带着女儿到山上拔芨芨草扎制扫帚再到集市售卖来维持生计。因为用料实在、做工扎实，她的扫帚生意越来越好，逐渐赢得周边客户的认可，一切都在朝好的方向发展。

天有不测风云。2013年，李耀梅因为常年患病没有去医院救治，加上长期超负荷的劳累，病情急剧恶化，晕倒在家里。到医院抢救后，医生告诉家人急需手术，各种费用加起来超过9万元。要知道当时的9万元对于这样一个家庭来说简直就是个天文数字，巨额的医疗费让她感觉天都要塌下来了，可是没人能为她扛起这块快要塌下来的天，周围的亲戚也都是庄稼汉，没有什么钱。年幼的女儿四处奔走借钱为妈妈治病，她

/ 李耀梅在扎制扫帚

抱着试一试的心态向常年订购妈妈扫帚的客户借钱，没想到他们听到李耀梅的遭遇后都慷慨解囊，大家东拼西凑凑够了 9 万元。命是救下了，可她欠下了人生的第一笔巨债。

李耀梅出院后，渐渐康复，身体稍微能动弹了，就开始下地干活。为了尽快还清债务，每逢假期，她就带着女儿拔芨芨草，为了能拔更多的芨芨草，有时她们会一个月不回家。女儿年龄小，手上没劲，有时会捋得鲜血直流，李耀梅心疼地拉起孩子的手问疼不疼，坚强的女儿总会告诉她："妈妈，我觉得一点儿也不疼。"听到女儿的回答她泪如雨下，暗自发誓，一定要让女儿过上幸福生活!

为了照顾女儿上学，她长期奔波于同心和红寺堡两地。可没想到，命运又跟她们开了一个天大的玩笑。2015 年 10 月，在送女儿上学返回途中，李耀梅遭遇交通事故，右腿粉碎性骨折，头部、颈部等多处受伤，送到县医院后医生要求立即转院到银川，并需要立即做手术。当时李耀梅身上只有几十块零钱，得知妈妈遭遇了车祸，女儿连哭带喊，连夜跑回家四处找人借钱挽救妈妈的生命，可她无处可借，只能又跑到买妈妈扫帚的老客户那里跪求着说："我妈妈发生车祸在医院躺着呢，需要手术，大家帮我借些钱吧，我长大后哪怕一辈子不结婚我也会挣钱把欠你们的钱还上的。"这些客户都是常年购买李耀梅扫帚的老客户，他们念及李耀梅这么多年来的不容易及诚实守信，最终，女儿从合作的客户手中陆续借到了 16 万元，跑回医院为妈妈交齐医疗费，所幸手术很顺利。

李耀梅醒来已是 4 天以后，她躺在病床上，眼睛直愣愣地盯着天花板，她想不通命运为啥这么不公，要让自己受这么多苦难。那时，她真想一死了之。可是当她看到年幼的女儿孤零零的样子，心里就像针扎一样。年幼的女儿正是享受父母宠爱、好好学习的年龄，却因为自己早早遭遇到了生活的苦难。那一刻她心如刀绞，她不想让女儿没有妈妈，也不能让帮助她的好心人失望，她决定要继续活下去。想到这些，李耀梅在病床上待不住了，医生不让出院，她就拒绝治疗、不吃饭，最后医院没有办法，只好让她出院。出院后在家休息了几天后，她又开始扎扫帚。因为颈椎受损，上面打着 8 斤重的螺丝，李耀梅就靠在墙上；右腿骨折因为没钱安钢板不能使劲，她就找了块钢筋柱子放在地上，代替钢板固定住右腿。就这样，她硬是靠着坚韧不拔的精神支撑住自己，靠辛勤劳动，重新燃起了生活的希望。

乐于奋斗，诚信经营

面对近 30 万元的外债，李耀梅没有怨天尤人，而是决定用双手改变命运。简陋的工作房里，一根绑着绳子的木棍、一块铺在地上的陈旧毯子就是她的日常生产工具。她就在这里，把一捆捆高粱秸经过拉、捽、揉、绑等操作，变成了一把把漂亮的扫帚。扎制过程中她总会把不合格的扫帚挑出来放在一边，决不以次充好。有人问起时，她总会说："做人，诚信是最大的本钱。我两次大灾大难，都是好心人借钱帮我治病，别说利息，连欠条也没要，人家对咱好，咱不能坑好人啊！"李耀梅靠诚信赢得了人脉，她的扫帚生意也迎来了更多的生意伙伴。

李耀梅这个 50 多岁的女人被村民形容为"干活像男人一样"。她每天早上 5 点起床，夜里 12 点睡觉，扎扫帚、喂羊喂鸡几乎成了她生活的全部。"女人干扎扫帚的活，特别苦。"这是跟她一起干的村民嘴里经常说的一句话。扎扫帚看着简单，其实是讲究技巧和经验的辛苦活，得有力气才行，在当地这活大多都是男人干。李耀梅从没喊过一声苦，她知道，穷不要紧，"乐于奋斗"这个根本不能丢。

/ 李耀梅在喂羊

“诚信经营”这个本钱也不能丢。这话虽然说得轻松简单，但做起来却不容易。李耀梅的扫帚原料主要有三种：高粱秸、芨芨草和醉马草，虽然成本花费少，可要把原料从山上运下来却颇费周折。芨芨草是在红寺堡区太阳山一带拔的，有时候客户订单多的时候要雇人拔草。高粱秸则是从同心老家雇车运过来的。醉马草采收最为艰辛，每年7月，她和女儿都要到200公里远的六盘山上去采集最好的醉马草，在山里一待就是一个月，饿了啃干馒头，渴了喝山泉水，累了就睡在山坡上。有时一天需要上山下山跑三四趟，她腿部做过大手术，每次从山上背70多公斤的醉马草下来，她感觉大腿都快要裂开了，这时，她总是告诫自己，不能停下来，还有更远的路需要自己向前走。一个月下来，母女俩能收获1万公斤的醉马草，而这些醉马草能扎制5 000把左右的扫帚。等采收了足够的醉马草后，李耀梅再找车运回龙源村。在狭小的房子里，李耀梅又连天累夜地赶制扫帚。她平均每天能扎制30把扫帚，一部分批发给红寺堡周边县区乡镇集市上的摊贩，挣下女儿的学费和生活费，一部分顶了账，还欠款。

/ 李耀梅在采集扫帚原料

2017年，女儿考上了大学，高兴之余，她暗暗发誓决不让女儿再受苦，就是累倒也要把女儿供养出来。她知道，光靠她每天手工扎扫帚肯定承担不起女儿的学费和债务，就想能不能扩大规模，只有这样才能早早把欠的钱还上，让女儿顺利读完大学。于是，李耀梅就到当地金融机构去申请贷款，因为以前没有贷过款，并且又不符合贷款条件，她处处碰壁。正当她一筹莫展的时候，红寺堡区龙源村扶贫工作组和驻村第一书记积极协调，帮她办来了5万元贴息贷款。有了贷款，她流转了60亩土地种高粱，又购置了辅助设备，将扫帚产量从每月不足千把提升到2 000余把。

3年多的时间，靠着坚韧的毅力和勤劳的双手，李耀梅扎制出几万把扫帚，2019年4月她终于还清了最后一笔欠款。

自信生活，编织未来

债务还清后，李耀梅更加自信、乐观。虽然每天从早忙到晚，但幸福的笑容越来越灿烂。

其实，李耀梅的扫帚很紧俏，除了小商铺收购她的扫帚，也有稍大些的公司与她合作。2019 年 5 月，宁夏康洁为民环卫工程有限公司找李耀梅预订了 2 万多元的扫帚，同时，还聘请李耀梅为公司荣誉员工，并给她颁发了社会帮扶定点采购单位牌匾。

2019 年，女儿帮她在“快手”上注册了账号，时不时发一些她扎制扫帚的视频，吸引了 8 000 多名粉丝，卖出扫帚 1 000 多把，净获利 1.3 万元。不久前，利通区金积镇扫帚厂负责人马跃军慕名找到李耀梅，他和李耀梅一年前在“快手”上认识，这次来主要想看看李耀梅的产品，谈谈今后合作的事情。

这些年，李耀梅和女儿受了很多苦。2019 年春节前，李耀梅看欠账还得差不多了，她也对自己下了回“血本”，母女俩在银川大商场逛了逛，给自己买了件羽绒服、一条裤子和一双鞋，给女儿也是从头到脚买了两身衣服。

/ 李耀梅在扎制扫帚

/ 李耀梅在扎制扫帚

李耀梅的生意越来越好，订单也是逐天增加，于是她把村里的 6 名建档立卡贫困户也吸纳进来帮她制作扫帚，她想通过自己的手艺带动村里其他妇女一同赚钱，尽快摆脱贫困，过上幸福的好日子。谈及今后的打算，李耀梅说："我现在的好日子都是党和政府及社会各界的好心人帮衬着起来的，我坚信美好生活都是奋斗出来的！只要肯吃苦，没有过不好的日子。今后我要扩大规模继续干下去，用勤劳的双手和村上的姐妹们共同编织美好的幸福生活。"

大河乡龙源村计划在村子里建一个扶贫加工厂，准备让李耀梅负责技术和管理，吸收村里更多的建档立卡贫困户，发展壮大扫帚产业。

（供稿：宁夏回族自治区吴忠市红寺堡区大河乡政府　修编：张正宇　张奕　照片提供：马海梅）

杨淑亭，湖南七七科技股份有限公司总经理。2011 年，20 岁的杨淑亭因车祸高位瘫痪，使得原本贫困的家欠下 27 万元外债。面对人生的不幸，她自强不息、乐观向上。她开了一家工艺品淘宝店，坐着轮椅去接送货，终于还清了所有债务。她先后创办了花卉种植专业合作社、七七科技公司和扶贫车间，共带动城步县全县 700 多户增收，贫困户 220 户脱贫，残疾人 59 人就业脱贫，贫困村民人均月收入 2 000～4 000 元。在近两年的扶贫日，杨淑亭累计捐出 4 万元和一批学生书包。她还资助 4 名贫困学生上学，累计捐款达 20 多万元。

苗乡深处花仙子

在湖南省邵阳市城步苗族自治县白毛坪乡下坪水村，有这样一个女孩，一场车祸让如花的季节进入寒冬，高位截瘫让她只能坐在轮椅上。

命运的摧残没让她屈服，看似柔弱的花，活出了仙人掌的坚强。轮椅上做电商、接送货，她用诚信和乐观赢得了客户的认可，也扭转了生命的走向。

率先主动脱贫、带领全村致富，她鼓舞更多残疾人把握住生命的主动权。杨淑亭，这个看似娇柔的名字，迸发出一股坚强的力量。她是乡亲们说的村里最能干的姑娘，她是口口相传的“小四轮上的花仙子”。

2019 年，在第六次全国自强模范暨助残先进表彰大会上，杨淑亭受到习近平总书记接见，她创办的湖南七七科技有限公司也获得“残疾人之家”称号。

抗　争

2011 年 4 月 28 日深夜的一场车祸，无情地将时年 20 岁的杨淑亭扔进万丈深渊：高位截瘫！胸口以下大半个身子失去知觉，穿高跟鞋的日子一去不返。生活似乎窒息了，没有了白天黑夜，没有了阳光风雨。

那些日子，她将真情实感，倾注在日记里。

2011 年 6 月 10 日：这个夏天，我过得很忧伤……

2011 年 8 月 2 日：我回来了，从地狱狠狠地爬了出来。很遗憾，我是拖着三分之

/ 杨淑亭参加共青团湖南省第十五次代表大会

一的自己出来的。我用我最坚强的一面面对我身边的每一个人，没有人能懂我的痛不欲生。

2011 年 8 月 4 日：我骄傲我有你们没有的经历，我骄傲我有我的坚强。树叶的坠落不是大树不挽留，而是大地更温暖。

2011 年 9 月 8 日：透过深蓝的纱窗，看见有些枯黄的小草。枇杷树长出新的嫩绿，象征着生命的延续……

2011 年 9 月 23 日：岁月依旧繁华，伸出双手任阳光肆虐洒向全身，感受那久违的温暖……

诗一般的语言，钢一般的意志。苦难，让毕业于原邵阳医专护理专业的杨淑亭，拥有了诗人一般的感悟。

亲友的开导，邻里的帮扶，让她相信：阳光，依旧明媚。

2014 年，因为治疗给家里带来了大量债务，杨淑亭家被认定为建档立卡贫困户，生活也因此有了保障。

受伤一年半后，朋友将杨淑亭接到邵阳。在邵阳一所医院的宿舍，朋友鼓励并引导她通过网络试着赚钱，实现人生价值。通过做游戏代练，她一周赚了 2 块 7 毛钱。那一月，她赚了 7 块 7 毛钱。

7 块 7 毛钱，多么微不足道的数字啊，还不够吃一顿像样的早餐，但这 7 块 7 毛钱却让她重新点燃了生活的希望之火，让她知道自己不是个“废人”！她重生了！

获得信心后，杨淑亭更“拼”了。除了继续做游戏代练，她还做淘宝客服和广告点击，赚了一些钱。在残疾人朋友群里，杨淑亭了解到，残疾人朋友们与她有相似的经历，但绝大多数求职无门，生活堪忧。她向残疾人朋友们分享她的成功经验，引导残疾人朋友们做游戏代练、广告点击。此后，分布在全国各地的 200 多名残疾人朋友，在杨淑亭的带领下，每月收入 1 000 ~ 3 000 元。她在日记中写道：“（我）身体是死的，生活可以鲜活，没有跟别人不一样，不一样的只是姿态。”

脱贫攻坚战打响了，当地政府对杨淑亭的帮扶也更大了。在免费培训中，杨淑亭发现仿真花市场好，就开了一家淘宝店专卖仿真花。她没日没夜地经营小店，一笔一笔地还清了家里的所有债务，并向村里主动提出脱贫。

仿真花畅销国际市场，杨淑亭和亲友敏锐地嗅到了商机。2015 年 5 月，他们创办了万红花卉合作社，将根扎在了白毛坪乡歌舞村。他们生产的百合、蝴蝶兰和绣球花三大系列仿真花，主销匈牙利、奥地利、俄罗斯等国家。2016 年 11 月，杨淑亭创办湖南七七科技股份有限公司。公司取名“七七”，正是为了纪念当初那“7.7 元”。公司主要生产足球、背包、仿真花等外贸商品。

合作社和七七科技公司成立后，在每年的国际工艺品展销会、中国进出口商品交易会上，公司的产品也和杨淑亭的微笑一起飞往世界各地。2017 年至今，公司外贸出口额达 700 万美元。

反　　哺

杨淑亭坐着轮椅走四方，力量源于苗乡那片热土。

她感恩乡亲的帮扶，决心尽自己所能反哺乡亲。她在白毛坪镇和县城周边设置了多个花卉组装代理点，开办扶贫车间，为留守妇女、建档立卡贫困户、残疾人等提供就业增收的好门路。

李红贞是建档立卡贫困户，白毛坪镇歌舞村人，杨淑亭亲切地叫她“伯母”。李红贞的丈夫患老年痴呆症，家里离不开人。如今，照顾好丈夫吃喝拉撒后，李红贞便给万红花卉合作社打电话。工作人员送半成品上门，李红贞在家里就可以上岗了。李红贞做手工活麻利，每天干完家务活后，可以拼装仿真花成品 200 多枝，几十上百元的收入便有了。李红贞说：“淑亭能干，坐着轮椅带我们脱贫，真的感谢她！”

儒林镇塔溪村的彭石成家境比较特殊：妻子患尿毒症，治病花了几十万元，孩子正在上学，家里的两亩苗香梨刚栽种下去，收益还有待时日。杨淑亭看在眼里、记在心上，将他聘为七七科技公司员工，每月给他保底工资 2 000 元。这样，彭石成的工作时间相对灵活，既能照顾妻子，又能拿到公司薪酬。彭石成说：“我要经常带老婆看病，

/ 万红花卉合作社花卉组装点

/ 湖南七七科技股份有限公司箱包生产车间

别的厂子哪个会聘用我？如果不是杨总，我真不知道怎么办才好。”

丹口镇边溪村的唐圣华是箱包师傅，在外地工作多年。自从母亲从楼上摔下受伤，这个离异家庭就陷入困境。因为要照顾老母亲和读小学的儿子，他无法外出工作。杨淑亭聘他为七七科技公司技术总监，每月可拿到 6 800 元的薪酬，每年还有业绩分红。唐圣华说：“感谢的话不必多说，我只有将我的技能毫无保留地教给员工们，给杨总把好技术关，才是最好的感恩！”

杨淑亭虽身患残疾，但她要“做玫瑰花般娇艳的女子，活出仙人掌的坚强”。面对残疾人，她感同身受。残疾人的每一个眼神、每一个动作，里面饱含的酸楚和坚韧，她都懂。

儒林镇的肖明辉患先天性小儿麻痹症，40 多岁了还没结婚，家有 70 多岁的老母亲，全家就靠他卖点小菜补贴家用。他曾尝试去县城一家工厂应聘，老板理都不想理他。得知七七科技公司杨总的经历，他决定去试一试。

残疾人大多不善言辞，自卑心理严重。第一次见肖明辉时，杨淑亭从他的眼神里读懂了他“要活出自己的精彩”。看到肖明辉，杨淑亭想到自己写的一段话：“不能行走，我就坐车；不能站立，我就坐着；不能跳舞，我就唱歌。”肖明辉何尝不是这样，不能行走，他可以凭着健全的双手创业。杨淑亭毫不犹豫，立即录用了肖明辉。装背包拉链，从生疏到熟练，肖明辉仅用了几天。现在，他每个月能在七七科技公司拿到 2 000 元薪酬。内敛的肖明辉不善表达，只是说：“杨总对我很热情，同事们对我很好，我的饭都是他们替我打的……”

2019 年 9 月 8 日，万红花卉合作社的生产车间，一名小伙子正在检修机器。他只顾埋头做事，仿佛周围的人和事与他无关。原来，他叫王志武，有先天性听力障碍。笔者采访他时，要贴着他的左耳，大声询问。他在一所技校学到基本技能后，在武冈一家小厂务工，从事冲床修理工作，工资较低。杨淑亭看中他的技能，引他入职合作社，付给他 3 000 元的月薪。同时，他争取到了“分贷统还”的政策支持，贷款 5 万元入股合作社，每年可拿到 5 000 元的固定分红。加上各项收入，他每年可在合作社拿到 4 万多元。王志武说：

/ 万红花卉合作社在白毛坪乡举行分红仪式

“在合作社工作很轻松，还能帮家里做农活。杨总特别关爱我们这些残疾人！”

/ 杨淑亭（中）为贫困家庭送去新年慰问品

万红花卉合作社、七七科技公司、各花卉组装点和扶贫车间带动了700多户村民增收，220户贫困户脱贫。其中，59名残疾人实现脱贫。在2019年4月底的春季广交会上，一位海外客商在听杨淑亭介绍完产品之后，郑重地弯下身说：“You are doing great! You are really brave!”（“你做得很棒！你很勇敢！”）那一刻，杨淑亭骄傲地挺起胸，她为所有靠自己努力改变命运的残疾人自豪。

铭　记

杨淑亭不会忘记，身体致残带来的打击；她更不会忘记，一路走来，来自方方面面的鼓舞和帮助。

2017年7月，城步发生百年一遇的特大洪灾。杨淑亭不顾公司也遭受重大损失，带领员工冒雨驱车前往受灾最严重的白毛坪镇，将价值近2万元的被褥、衣物和食品送到亟须物资的灾民手中。2017年和2018年的扶贫日，她在城步县城儒林广场为贫困户分别捐款1万元、3万元和一批学生书包。两年来，她持续资助4名贫困学生上学，关爱留守儿童500多人，关爱孤寡老人200多人，累计捐款捐物达20多万元。

浏览杨淑亭的朋友圈，关注她的社交平台，人们根本感觉不到她是一个高位截瘫的人，她给人的印象是那么善良、热心、乐观、向上。这都源于她的感恩和公益情结。她经常参加各种社会活动，传播正能量。

2018年六一儿童节，她参加在城步举办的全国“传承国学、助力脱贫”活动，带着孩子们学习国学知识，引导他们传承中华优秀文化。她参加湖南省首届插花花艺大赛，以一件有灵魂的作品“追梦：海阔天空任鸟飞，征程折翅骤有危，驾起天轮仍追梦，自强不息更生辉”赢得传统花艺金奖。

创业以来，杨淑亭得到了党和政府以及全社会的关心与认可。公司被评为“全国残疾人之家”，杨淑亭被评为湖南省自强模范、最美扶贫人物。

/ 杨淑亭被评为湖南省自强模范

这些荣誉对她是鼓励更是鞭策。为了提高产品质量，杨淑亭一连十几个小时坐高铁、汽车，去外地邀请知名企业家、职场精英、名牌设计师，为公司的发展出谋划策。

为了推介家乡的产品，杨淑亭身着苗服，在淘宝直播间极力推介城步苗乡的酸奶、纯牛奶、百花蜜、红薯干、风味竹笋、七彩椒等特色农副产品。刺激味蕾的美食、极具特色的产品、吸引眼球的形象、富有激情的介绍，引来“淘友”纷纷点赞和下单。在每天晚上的“快手”平台，拥有32万名粉丝的杨淑亭特别受欢迎。她讲述的工作、生活的故事，让粉丝们受益匪浅。在直播间，一位粉丝对杨淑亭说：“我本来对生活很绝望的，但听了你的故事，我觉得我没有理由堕落……”

“一场直播下来，我嗓子都哑了。但是，通过这些平台，能将家乡以及特色产品宣传推介出去，我觉得特别开心。这是我感恩家乡的一种方式。”杨淑亭说，“这两年，我虽然很累，但能将正能量传播给全国各地奋进在脱贫攻坚路上的朋友们，能让缺乏创业勇气和生活信心的粉丝们有所收获，我的努力就没有白费。我非常愿意参与这类公益活动，这是我感恩社会的一种方式。”

“小四轮上的花仙子”正成为在互联网直播间里自强自立和脱贫致富的代名词。

无奋斗不青春，奋斗的青春最美丽！

“无论是贫穷还是残疾都无法阻挡我们追求美好生活的脚步！”这个苗乡女孩，正以无比坚强的姿态，给更多人以奋进的力量。

（供稿、照片提供：湖南省城步县扶贫办　修编：高永伟）

张全收，河南省驻马店市上蔡县朱里镇拐子杨村党支部书记兼村委会主任。十一届、十二届、十三届全国人大代表。曾获全国劳动模范、第六届全国道德模范等荣誉。他创业成功后毅然回到家乡，按照党建引领、产业支撑、民生保障、劳务输出精准扶贫思路，大力推进乡村民生工程建设，带领群众创办合作社，建起蔬菜大棚、花木苗圃扶贫基地，帮助全村62户183人顺利脱贫。全村人均收入由2012年的不足3 000元增长到2018年的16 993元，实现“村出列、户脱贫”目标。他探索“包吃、包住、包技能培训、包年薪月薪”的农民工培训务工新模式，成为远近闻名的“扶贫书记”。

愿农民兄弟都过上好日子

2000年以来，随着改革开放的深入推进，大批农民进城务工，形成举世瞩目的打工潮。然而，市场经济条件下的用工有着明显的季节性。这个特性使得有活时用工企业面临着人手不够的窘境，没活时农民工又随时面临着被辞退的尴尬，即便有活时农民工也有时会遇到合法权益得不到保障等难题。张全收凭借对农民工的深刻了解以及敏锐捕捉商机的能力，以爱心和勇气开创了市场化条件下劳务派遣新模式，成功地解决了这些难题，共安排农民工就业230多万人次，带回劳务收入200多亿元。他心系乡梓，回村担任村党支部书记，带领乡亲们把一个贫困村建设成为文明富裕的小康村。

一个充满爱心的打工仔

1969年8月，张全收出生在河南省上蔡县朱里镇拐子杨村一个贫困家庭。从他记事起，奶奶就经常教导他：“帮人一把，心里舒服。”奶奶是这样说的，更是这样做的。奶奶做得一手好针线活，村里无论谁家娶媳妇都会邀请奶奶帮忙做嫁衣。每到这时，家里的活再多，奶奶也会腾出手来，全力帮忙且分文不取。耳濡目染下，张全收从小就愿

/ 张全收在田间地头

/ 张全收（右）查看玉米长势

意帮助别人。上小学时，学校院里有几个大坑，一到阴雨天里面全是积水，这时候，他总是会主动和老师们一起背起年龄小的同学过水坑。

张全收永远不会忘记，奶奶在一次喂猪时被抢食的母猪撞伤，造成股骨头坏死，因为贫穷无钱医治，受尽了病痛的折磨。奶奶双手扶着椅子，痛苦地向前挪行的身影直到今天还时常浮现在他眼前。

生活的艰辛与不易，让不到 10 岁的张全收扛起了家庭的重担。每天放学后，他总是急忙赶回家帮助父母承担繁重的家务劳动。农忙时节，他更是播种、锄草……样样要干。尽管张全收和他的家人为了生活拼尽了所有的力量，然而到小学毕业那年，还是因为支付不起 2 元钱的学费而不得不辍学。

为了生活，不到 14 岁的张全收做起了卖冰棍和爆米花的营生。夏天，他每天天不亮起床，骑车几十里到县城批发冰棍，再顶着炎炎烈日走街串巷叫卖，每卖一支冰棍能挣 1 分钱。冬天，他用架子车拉着 70 多斤重的工具，到上蔡、淮阳、商水等地的大街小巷去卖爆米花，一天从早忙到晚也只能挣几块钱。尽管赚钱不多，但他却不忘乐善好施。

有一次，一位老人带着小孙子经过他旁边，小孩子想吃爆米花而奶奶却拿不出钱。张全收毫不犹豫地做了一锅爆米花送给老人。看到小孙子在老人的怀里大口大口地咀嚼着刚出锅的爆米花，张全收的脸上露出了笑容。渐渐地，张全收赢得了附近居民的认可。每当他支起工具准备开张时，他的摊位前总是挤满了人，这时张全收的幸福和自豪感总会油然而生。

为了多挣点钱改变家庭的贫穷面貌，张全收干过建筑，当过油漆工，开过馍店、饭店，跑过客运，干的都是辛苦的行当。但每干一行，他都拼尽全力，一个人干几个人的活。在新乡钢管厂打工期间，张全收白天在厂里干活，晚上去给人家油漆家具，一天工作十几个甚至二十个小时，有时实在累得不行或者困得睁不开眼，就席地打个盹。即使再苦再累，以质量取胜始终是张全收经营的法宝，接济有困难的人更是他不变的情怀。

开馍店时，人家用发酵粉，他用老酵头。用老酵头要求面要揉得到位，这样虽然费时费力，但蒸出来的馍又白又大，还散发出浓郁的麦香。馍还未出锅，排队等着买馍的老大娘们就一声声“干儿子”叫着张全收，让他给她们留馍。有时遇到缺钱的民工，张全收会无偿给他两个馍。慢慢地，别人的馍店一天卖 1 000 个馍，他能卖 3 000 个。每到这个时候，张全收就感到所有的劳累都消失了，精神会异常振奋。因为他从街坊邻居满意的笑容中看到了真诚付出的价值。

开饭店和跑客运时也一样。饭店被他整理得干干净净、有条有理，不管是烩面还是肉丝面都做得色、香、味俱全。若是碰到哪位顾客囊中羞涩，他同样会免费送上一碗。别人的饭店一天卖 200 碗烩面和肉丝面，他能卖 600 碗；人家的客车 40 个座位都坐不满，而张全收的客车总是满员。在他的饭店和客车里总是人气爆棚、笑语欢声。

确保农民工稳定就业能致富

张全收（右）了解贫困户情况

天有不测风云，正当张全收信心满满要向更高的经营目标登攀之时，先是一场意外的大火烧掉了他心爱的饭店，然后客车在一个月内连续发生三起交通事故，车辆被扣，让张全收不得不与他的客车营运说再见。

接二连三的打击并没有把张全收

/ 张全收看到新修的村民文化广场露出满意的微笑

击垮。他带着用奋斗改变贫穷的信念来到我国改革开放的前沿——深圳。刚到时没钱租房子，他就头枕砖头睡凉席，每天吃盐水面疙瘩汤，半个月没见过菜和油。当时，农民工从全国各地潮水般涌向深圳。而附近的平湖汽车站管理混乱，对顾客漫天要价。张全收跑过客运，知道该从哪里着手治理。他找到汽车站站长，毛遂自荐当车站的客运总代理，整顿车站的混乱局面。经过一番努力，车站运营走上正轨，张全收也有了一定的积蓄。

那时候，张全收经常看到一些农民工因找不到工作而露宿街头。看到这些和自己一样为摆脱贫困而四处漂泊的农民工兄弟，张全收心里很不是滋味。于是，他开了一家小餐馆，农民工来吃饭，如果身上没带钱，他就免费给他们端碗热汤，拿个馒头。有的农民工找不到活，他就骑着自行车到深圳的各个工厂帮他们找工作。渐渐地，张全收的热心在农民工中广为流传，找他帮忙找工作的人越来越多，小吃店也成了大家寻找工作的介绍所。

有一天，信阳市的 3 个打工妹到张全收的餐馆吃饭，吃完饭，她们说没钱。张全收就摆摆手说："没事，你们走吧！"她们却说没地方去，辞工后还没找到工作。这件事对张全收震动很大，当时他就考虑如何把无序的农民工组织起来，帮助他们找活干、吃饱饭、挣到钱。

为此，张全收成立了一个玩具厂，把一部分流落街头的农民工安排到厂里上班。有活时，他们加班加点按时完工；没活时，张全收就带领他们到别的厂做工。听说张全收在办工厂，来找他的农民工特别多，厂里到处都站满了人。

一次，一个企业老板为赶工期匆匆来找张全收借人，而且一次借 100 人。这次借人深深触动了张全收，他想为何不把来深圳的农民工都组织起来，以备企业的用工之需？而且还能避免被黑心老板克扣工资、超时工作不加薪等仅凭农民工个人无法解决的难题。

经过一段时间的调研，张全收于 2002 年成立了全顺人力资源开发有限公司。探索包吃、包住、包培训，待工期间照发工资，以及包年薪月薪、重大疾病和意外伤害全面负责、一包到底的劳务派遣模式。这种劳务派遣模式在农民工和用工企业之间架起了一座“金桥梁”，既解除了农民工就业的后顾之忧，又缓解了企业用工的一系列难题。

然而，当时黑心老板侵吞农民工工资的现象仍时有发生。2005 年 10 月，张全收派出的 600 名农民工在一家玩具厂干了半年，老板上午还对农民工拍胸脯，说工资一分钱都不会少，下午就“蒸发”了。几百名农民工抱头痛哭，看到他们无助的眼神，张全收也落泪了。他贷款加借款一分不少地付清了厂方拖欠的 240 多万元工资，并将这 600 名农民工悉数安置到另一家企业工作。

有人祸，也有天灾。2008 年金融危机，不少企业用工大减，待工的农民工最多时达 3 500 人，待工时间长达两个月，全顺公司为此支付农民工工资 800 多万元。

张全收竭尽全力信守承诺、维护农民工合法权益，赢得了社会各界的广泛赞誉，更得到了广大农民工兄弟的高度信赖。不仅河南的农民工，山东、安徽、湖南、湖北、四川、广西等地的农民工也纷纷慕名前来。从公司成立至今，全顺公司已为农民工提供就业岗位 230 多万次，带回劳务收入 200 多亿元，数十万农村贫困家庭脱贫致富。由此，张全收被农民工亲切地称为“全收大哥”，被媒体誉为“农民工司令”。

带领乡亲们小康路上迈大步

在外打拼，家乡一直是张全收心头的牵挂。2004 年，张全收的事业刚刚起步，老支书到深圳找到他，说拐子杨村小学年久失修，已处于危房状态，孩子们坐在漏雨的教室里，让人异常揪心。张全收当时没有多少钱，他就一边攒钱，一边借钱，先后筹集资金 80 多万元建成了“全收希望小学”。

2006 年，张全收回到拐子杨村，走在坑坑洼洼的村道上，看着乡亲们依然在贫困线上挣扎，张全收的内心久久难以平静，萌生了回乡当村官改变家乡贫穷落后面貌的念头。2008 年，张全收全票当选拐子杨村党支部书记、村委会主任。

张全收从加强组织建设入手，重新组建村党支部。先后投入 680 多万元，建起了党员活

/ 张全收为村里投资 100 万元建设蔬菜大棚

动室、村委办公室、村文化大院，把柏油路修到每家每户的大门口。

作为一个成功的企业家，张全收深知，产业是脱贫致富的重要抓手。要想让乡亲们高质量脱贫，实现乡村振兴，就必须有强大的产业做支撑。由此，他筹集资金 100 万元，创办了上蔡县盛顺种植专业合作社，实行订单生产，保证贫困户稳定增收。在扶贫专项资金的支持下，他流转土地 100 多亩，建起了花木苗圃扶贫基地，亩均收益提高了 3 ~ 5 倍。

转移就业是快速脱贫致富的重要手段，张全收利用人力资源优势，先后介绍 850 多名村民到外地打工，其中 20 多个贫困家庭成功脱贫。他更是组建了 200 多人的扶贫志愿团队，分别深入驻马店的上蔡、确山、正阳、泌阳、汝南、平舆等贫困地区，转移就业 5 万多名农民工，带动 1 万多个贫困家庭脱贫致富。

作为一个有责任、有担当的企业家，张全收富而思源、回报社会。他积极参与希望工程、金秋助学和春蕾行动，为家乡修桥铺路。他筹集资金 140 多万元，升级改造了上蔡县朱里镇敬老院，为 100 多位五保老人提供了温馨舒适的生活环境。

教育是阻断贫困代际传递的有效措施。张全收不断扩大捐资助学的范围，捐资 360 万元，资助了 240 名品学兼优的贫困学生；设立“全收教育基金”，对口帮扶驻马店市 100 名贫困大学生，每人每年资助 5 000 元，直到大学毕业；张全收与驻马店职业技术学院、福州飞毛腿集团合作办学，实施贫困生 4 年资助计划，累计投入 1 000 多万元，让 861 名贫困学生衣、食、住、学等费用全免，保障他们学到技术，顺利就业。

乡村要振兴，乡风必须文明。张全收带领村党支部常态化组织脱贫光荣户、致富光荣户、五好家庭、十星文明户、好公婆、好妯娌等评选活动，营造了文明和谐、邻里和睦的新风尚。2017 年，拐子杨村脱贫摘帽。2018 年，全村人均年收入从 2012 年的不足 3 000 元增长到 16 993 元。2019 年，他着力打造生态拐子杨、宜居拐子杨、富裕拐子杨，计划使村民的人均收入在两年内达到 25 000 元。

在脱贫攻坚战和乡村振兴中取得卓著成就的张全收，至今仍然在奋力进取。作为深圳全顺公司总经理，他正在着手搭建更大的就业平台，让更多农民家庭过上更加富裕的生活。

（供稿：河南省上蔡县朱里镇拐子杨村　照片提供：陈永红）

陈望慧，四川省阿坝藏族羌族自治州小金县达维镇冒水村党支部书记，夹金山清多香野生资源有限责任公司董事长。2010年，陈望慧被推选为冒水村村主任，她创办清多香玫瑰种植专业合作社和夹金山清多香野生资源有限责任公司，采用“公司＋合作社＋农户＋基地”的绿色产业发展模式，带动群众发展玫瑰种植产业。在她的带动下，全县近3 200户村民种植玫瑰面积达12 560亩，2017年建成玫瑰精深加工厂，实现年产值4 410万元。先后带动近1 100户贫困户、276户残疾人家庭实现脱贫增收，走出了一条生态扶贫之路，种出了致富路上的“玫瑰花”。

钟情玫瑰为脱贫

在四川省阿坝藏族羌族自治州小金县，有这样一位钟情玫瑰的村党支部书记，她不辞辛苦长途奔波，7天时间到5个省的种植基地考察学习，只为找到合适的玫瑰品种。

为了让村里所有人都参与到玫瑰产业中来，她拿出自己的积蓄购买玫瑰种苗，免费发放给村民们进行试种。在她的带领下，不仅全村靠种植玫瑰脱贫，全县的贫困人口都从玫瑰产业中受益。

她就是陈望慧。在她的带领下，小小的玫瑰花，让许许多多贫困村民实现了脱贫致富梦。

初 识 玫 瑰

陈望慧的玫瑰人生路，要从她童年的不幸说起。她11岁的时候，爸爸遭遇车祸去世，整个家庭都陷入了无尽的悲伤。13岁那年，奶奶得了重病，弟弟妹妹要读书，陈望慧被迫辍学，这更让她体会了生活贫困的酸楚与艰辛。为贴补家用，陈望慧跟着亲戚走进深山采松茸。松茸生长在密集有刺的青杠树下，她个头小，全身都被刺烂了。别人问她痛不痛，她努力微笑着回答“没事”。那年松茸采摘季节，她一共卖了270元。把这笔钱交给妈妈时，一旁的奶奶含泪微笑，抚摸着她的头说：“以后咱们家日子好过了，孙儿能干，可以挣钱回家啦！”妈妈也笑了，她第一次发现她们笑起来是这么美。从那以后，她喜欢上了微笑。她的人生不管是苦是甜，她都用微笑面对。

/ 陈望慧在玫瑰基地

小金县位于四川省西北部，青藏高原东部边缘，是典型的高原山区，也是革命老区、少数民族聚居区，全国扶贫开发工作重点县。冒水村土地贫瘠，气候恶劣，资源匮乏，交通不便，收入来源有限，创业门路难寻，村民常常为生计发愁，贫穷无比，苦不堪言。

贫困，像大山一样，压在冒水村人的心头。

作为一名村民，陈望慧不能忘记的是，20 多年前她嫁到冒水村的时候，“一穷二白”的窘境一直困扰着广大村民。那时候，她更无法想到，她会成为冒水村主任、村支书，带领大家一起奋斗、一起探索艰难的脱贫之路。

2007 年，陈望慧光荣加入中国共产党，成为一名中共党员。站在党旗下宣誓的那一刻，她脑海中浮现的是乡亲们贫穷落后的生活状态。她暗暗发誓，一定要带领全村村民都过上好日子、富日子、幸福日子。

2010 年，时值村“两委”换届选举，村里的乡亲们都希望陈望慧去竞选。陈望慧很犹豫，她平时做着饭店的生意，担心村干部当不好，辜负乡亲们的信任和期望。同时，她也感激乡亲们的这份信任，最初入党时的那一份责任感和使命感不禁又再次在心中激荡。她想，如果当选，一定要用心用情做事，绝不辜负村民们的期望。最终，陈望慧以 90% 的得票率成功当选为村主任，成为小金县为数不多的女性村干部。2016 年，陈望慧又担任了村支部书记。

担任村主任、支部书记后，陈望慧感受最多、压力最大的就是如何带领群众增收致富。为此，她常常辗转反侧、夜不能寐，始终有一个问题萦绕在心间：如何在冒水村这样一个交通闭塞、土地贫瘠、资源匮乏的地方，带领村民们走出一条致富之路？

机会来了。有一次，一位村民找到陈望慧，反映山里的野猪太多，经常来地里破坏庄稼，让人很是头痛。后来她写申请到县上，请森林公安来捕捉，不过这也不是长久之计。于是，她召集村民集思广益想办法。做围栏、砌石头墙……，村民们提了不少建议。她边听边思考，到底该怎么办。这时，农户地里的一株玫瑰引起了她的注意。旁边的庄稼都让野猪糟蹋了，独独这株开着两朵花的玫瑰完好无损，傲然挺立，香气袭人。细细想来，原来玫瑰浑身都是刺，所以野猪才不会去拱。她当时不由得感叹，要是玫瑰花能种、能变钱就好了！不过身边的人都认为她是在开玩笑、在异想天开。

钟 情 玫 瑰

陈望慧是认真的。玫瑰花为什么不能挣钱？

晚上回到家里，陈望慧翻来覆去，想着祖祖辈辈在这里面朝黄土背朝天，日复一日、年复一年，而收获的却仅仅只能养家糊口，如何才能改变传统种植模式、改变村里的落后面貌？白天的场景，特别是那株玫瑰又浮现在她眼前。她想，如果种玫瑰能够赚钱，大家就不用再为生计发愁了。次日，她下山到朋友家上网查资料，结果吓了一大跳，原来食用玫瑰制成的精油价值堪比黄金。

陈望慧的心里可谓又惊又喜，仿佛心中暗藏许久的愿望，在这个不平常的夏日就要苏醒了。

随后，冒水村这个小山村就开启了玫瑰种植的探索之路。原本为了解决野猪拱庄稼的问题，却意外发现了一条脱贫致富之路。

为了掌握市场情况和种植技术，陈望慧行程 10 余万公里，只身前往甘肃、河南、云南、山东、陕西、湖北等省实地考察，最终下定决心发展玫瑰产业。

如何调动群众种植玫瑰的热情？是摆在陈望慧面前的一大难题。经过深入思考，她决定先自掏腰包购买玫瑰苗，免费分给冒水村村民进行试种。对此，家里人以及身边的亲戚朋友都不理解、不支持她的这个做法。家里人与她争吵，亲戚私下里称她“陈傻子”。面对这样的情形，她也想到过放弃，但回想起入党宣誓时的誓言，以及村民们争先恐后为她投票的情景，她决定再苦再难也不能辜负这份热切的期盼和由衷的信任。

/ 陈望慧在采摘玫瑰

万事开头难。“必须坚持下去，总有一天他们都会理解我的。”为此，她不惜花费自己多年的积蓄购买了玫瑰种苗，免费发放给村民们进行试种。

第二年花开时，陈望慧迫不及待地带着种植出来的玫瑰花来到成都茶叶市场，商家表示："从来没见过这么好的玫瑰花，有多少要多少！"听到这样的话，陈望慧说不出来有多高兴、多激动，心想努力总算没有白费。她又先后邀请各地专家到小金县实地考察，专家们都给出了肯定答复：小金县是世界上少有的几个适合发展大马士革玫瑰的地方。有了专家的意见，更加坚定了她发展玫瑰产业的决心。她当即引进了 8 个玫瑰品种，动员党员和村干部又试种了 50 亩。

陈望慧是一直在路上的人。为了培育出符合商品化需求的玫瑰产品，她付出的艰辛和努力令人难以想象。鲜花收获后，陈望慧只身一人坐客车前往兰州，最终带去的这批玫瑰加工提取出了 10 毫升精油。"出油率万分之三，出油率高、品质上乘。"看到这样的鉴定结果，她长长地舒了一口气，内心再也抑制不住激动的心情，眼泪夺眶而出。

种植的玫瑰能够提取出高品质精油，这证明在小金县发展玫瑰产业是可行的。经过多番比对和选择，她最终选择了大马士革玫瑰和金山玫瑰作为主打品种在小金县进行推广，并成立了清多香玫瑰种植专业合作社。几年间，她把自己从事餐饮业的积蓄全部投入到玫瑰产业里，免费向村民提供玫瑰花种苗，在海拔 2 800 ~ 3 400 米的区域种植玫瑰，然后按照市场价格全部收购玫瑰鲜花。逐渐尝到甜头的村民们纷纷加入合作社，玫瑰种植队伍逐渐扩大并辐射到了周边乡村。而这一切，为的就是兑现当初她入党时的誓言，以及在动员村民们试种玫瑰时"用玫瑰替代粮食种植保证收益不减"的承诺。

收 获 玫 瑰

刚开始发动老百姓种植玫瑰时，由于缺乏经验，技术不过关，许多农户种植的效果并不好。

怎么办？边干边学，边学边教。为此，陈望慧四处找专家请教、邀请技术人员实地指导。按照专家、技术人员的指导建议，她自己更是白天黑夜地守在田间摸索、学习种植技术，教授群众种植方法。饿了啃几个馒头，困了就在田边的小棚眯上一会儿。就这样没日没夜地坚守，一次、两次……通过反复教授、实地示范，农户们逐渐掌握了玫瑰种植技术，种植的玫瑰花品质达到了要求。

/ 陈望慧（左二）给村民发放玫瑰花款

为了发动更多的老百姓种植玫瑰，除了在技术上提供全程帮扶以外，在收购环节，合作社也以高于市场价 40% 的价格进行收购，进一步激发了农户种植玫瑰的积极性，也坚定了他们发展玫瑰产业、实现脱贫致富的信心。

/ 陈望慧（中）与村民交流玫瑰种植经验

如今，玫瑰种植区域从脱贫攻坚初期的冒水村发展到现在的夹金、共和、胆扎、石鼓、简槽等村寨，一朵朵脱贫玫瑰在大山深处绽放，给村民生活带来了巨变。2019 年小金县玫瑰种植总面积达到 12 560 亩，遍布 12 个乡镇、38 个村，其中贫困村 30 个、非贫困村 8 个；带动近 3 200 户 12 800 人种植，其中贫困户近 1 100 户，带动群众户均增收 8 000 元。越来越多的人加入了种植玫瑰的行列，玫瑰产业规模逐步扩大，玫瑰产业发展充满了生机和活力。

在玫瑰种植规模和产量不断提升的同时，玫瑰精深加工和产品销售也必须同步推进。陈望慧的想法很简单：从种植端到加工端，要生产质量最好的玫瑰产品。玫瑰产品品质好了、知名度提升了，就好卖；产品好卖了，才能更有效地带动老百姓稳定增收。

2017 年，4 000 多平方米的玫瑰精深加工厂在冒水村投产，占地 1 000 多平方米、宽敞明亮的现代化厂房拔地而起，开发了与玫瑰相关的十几种产品，玫瑰精油、玫瑰花冠茶、玫瑰露、玫瑰酱等产品实现了就地加工。

质量是产品的生命力。在种植上，要求农户不能用化学肥料，全部采用猪粪、羊粪、牛粪等有机肥料；在加工上，要求制作花茶的原料，必须是早上刚盛开的玫瑰花，在摘下 3 个小时内就必须进行加工制作。

产量有了，产品出来了，质量也有了保证，销路的问题又摆在陈望慧的面前。数年来，陈望慧带着玫瑰产品四处参加各类展销会、博览会，不断拓展销路。家里的亲人病了，她不能在床前照顾；自己发着近 40 摄氏度的高烧，依然坚持走在推广产品的路上。偶尔回家，家里的孩子总是怯生生地望着她，而在她又要出门时又想妈妈多陪陪她。可乡亲们辛苦种植的玫瑰怎么办？生产出的玫瑰产品往哪里销？陈望慧只能狠下心，再次出发去对接市场、拓展销路。凭着这种坚韧的毅力和不懈的坚持，小金县玫瑰品牌效益不断凸显，收益不断增加，产品已远销全国各地以及日本、韩国等数个国家。

几年来，陈望慧的玫瑰产业已形成了“支部 + 合作社 + 农户 + 基地”的绿色产业发展模式，不仅实现了本地种植、本地加工，还解决了当地贫困户和残疾人稳定增收、稳定就业等问题。玫瑰产业也成为促进全县农民增收致富、农民脱贫奔小康、乡村振兴

/ 陈望慧（左三）介绍玫瑰产业发展情况

发展的五大支柱产业之一。

此时，陈望慧入党时的初心更加清晰——发挥好基层党组织战斗堡垒作用和共产党员先锋模范作用，不断为村民谋幸福、为村寨谋发展。2018 年，她参加了庆祝中国共产党成立 97 周年暨新时代新担当新作为先进典型代表座谈会，感触颇深，并发了微信朋友圈，写道：要不忘初心。

不到十年的时间里，小金县的玫瑰从无到有，如今已成为全县的支柱产业。小金县也成为世界高原玫瑰之乡。陈望慧并没有停下脚步，已经开始筹划借助紧靠四姑娘山景区的地理优势和千亩玫瑰花田的美景，依托全域旅游战略，以高山玫瑰种植、加工这个支点，发展乡村旅游，释放更多发展活力，更好地造福一方百姓。

这位钟情玫瑰的村党支部书记又出发了，在带领贫困群众脱贫致富的路上，她一直走在前面。

（供稿、照片提供：四川省扶贫开发局　修编：高永伟）

罗应和，贵州省黔南布依族苗族自治州惠水县濛江街道新民社区党支部书记。十三届全国人大代表。他带头拆除旧房子，带领全组24户群众搬出大山。他加强班子建设，提出“五个好”工作目标，着力解决易地扶贫搬迁后续帮扶问题。为帮助贫困群众实现家门口就业，他创建移民夜校，成立移民劳务服务公司，成功推荐1 856人在经济开发区企业务工，123人加入劳务公司做保洁、保安工作，128人走上政府开发的公益性岗位，200多人在社区扶贫车间从事服装生产，社区所有劳动力实现了100%就业，真正做到了搬迁以后“稳得住、能致富”。

守住满满的幸福

面对乡亲们不愿搬迁的困境，他率先拆除旧房子，珍惜难得的搬迁政策扶持机会，带领群众搬出大山。

面对易地扶贫搬迁后续帮扶难题，他决心“守住满满的幸福”，竭尽全力帮助社区所有劳动力累计2 815人全部就业，真正做到了搬迁后“稳得住、能致富”。

他，就是贵州省黔南布依族苗族自治州惠水县濛江街道新民社区党支部书记罗应和。

住进新房子，过上好日子

2018年到北京参加全国两会，罗应和带来了几张对比鲜明的照片，其中两张是他曾经的家和现在的新家，大山里破旧的木瓦房和一栋栋崭新的名为“幸福楼”的五层楼房，两相对比，给人的视觉震撼格外之大。还有两张是老人、孩子们在社区活动中心娱乐、学习的照片。在这几张照片的背后，是罗应和及乡亲们越过越红火的日子。

惠水县濛江街道新民社区，即罗应和与乡亲们的新家，现有居民1 550户5 962人。过去，他们生活在贵州省贫困程度最深的麻山、瑶山、月亮山“三山”地区，那是不通水、不通路、不通信的“三不通”地带，住房简陋，生计难以保障。

说起自己在搬迁之前的困境，罗应和心情沉重：“我以前生活的摆金镇斗底村，位于全省贫困程度最深的石漠化地区，是一个交通基本靠走、通信基本靠吼的贫困村。买点油盐都要翻山越岭走几十里山路，每天要去山上的一口井中取水。家里没有像样的田

/ 罗应和（后）在车间调研

土，只能在石头缝里种苞谷，一年辛苦到头，还是不够吃。”而且，他家处在滚石灾害地带上，睡觉的时候经常能听到石头滚下来的声音，非常危险。

2015 年 12 月 2 日，贵州省新一轮易地扶贫搬迁在惠水县启动。然而，即使政策优厚，易地搬迁的过程也没有那么顺利。村里那些五六十岁的老人，思想比较守旧，顾虑较多。除了担心生活不如以前、很难适应新的环境、找不到工作外，最担忧的就是“死了怎么葬”。在老人的旧观念里，在农村故去可以埋进黄土，搬迁后可就不行了。

退伍后又在外面闯荡过的罗应和思想比较活跃，他和扶贫干部一起给老人们做思想工作，说明易地扶贫搬迁能享受到什么，介绍殡葬改革已经逐渐深入到农村，劝说大家要为子孙后代造福。有的人顾虑“土地怎么办”，他就将“第二轮土地承包到期后再延长 30 年”的政策讲给大家听，让大家吃上了定心丸。在罗应和看来，“土地是农民的命根子，你不跟他说清楚，他就会很担心。把思想工作一做通，大家也就能搬了”。

2016 年 7 月，罗应和带头拆掉了自家的旧房子，作为第一批易地扶贫搬迁群众，与来自 58 个村寨的 1 109 户 4 685 名村民一起，搬到了离惠水县城 10 公里的经济开发区，搬进了家具齐全的新家。妻子到社区附近的工业园区上班，一个月收入 3 000 多元。女儿就近入了学。同组搬迁过来的 24 户人家，短短两年多时间，生活就彻底有了改变，23 户都买了轿车。

“我们现在头疼的是找不到地方停车。”一步住进新房子、快步过上好日子的群众，彻底告别了贫困。

就业，让“贫”变为“富”

“易地扶贫搬迁不只是换个新家住这么简单。”罗应和说，关键是让有劳动力的搬迁群众获得一技之长，能够在家门口就业，实现增收致富。

搬迁几个月后，罗应和成为新民社区的党支部书记，身上的担子更重了。就业，靠个人的力量难以为继。火车跑得快，全靠车头带。他坚持以党建工作为核心，注重强化班子自身建设，提出“五个好”的工作目标，即建设一个好的支部班子，带出一支好的党员队伍和志愿者服务队伍，健全一套好的工作制度，探索一个好的工作机制，创建一个好的社区环境。他经常带领班子成员深入社区了解民意，以服务群众作为党建工作的出发点和落脚点，不仅调动了社区党员的工作积极性，还进一步密切了党群关系，充分发挥了党员在社区工作中的先锋模范作用。

说到易地扶贫搬迁工作中的艰辛，想起自己曾经的疲惫，罗应和的眼圈红了；而在提到乡亲们收入增加、生活慢慢改善时，他又满足地笑了。

为增加搬迁群众的收入，罗应和绞尽脑汁，和支部干部时常深入群众，与他们聊聊情况，听他们谈谈愿望。“当时一些五六十岁的老人天天来问我，能否找一点活给他们做，我压力挺大的，经常晚上两三点钟都没睡着觉，甚至会想为什么要当这个支书呢？大家为什么选我来当？如果换另外一个人会不会好些？”一遍遍自我追问，一次次深入调研，一趟趟跑有关部门，罗应和终于给了这些“闲不住”的人一个满意的答复：年纪稍大、无业在家的人，可以编制藤椅子；在家带孩子的妇女，可以制作刺绣等民族手工艺品。

“小打小闹”是远远不够的。对于搬出来以后如何稳定脱贫而不返贫，罗应和想了很多办法，也寻找了很多途径。“就业始终是我们脱贫攻坚的重中之重。每户只要有一个人就业，每个月的工资在 2 000 元以上，脱贫就可以有保障。那些有两三个劳动力的家庭，如果能够全部就业，不要说脱贫了，可能很快就富起来了！”

就业，要从群众有志气开始，要从掌握一技之长开始。社区支部开办了新时代讲习所，通过人生讲堂等形式改变群众怠惰的思想。2018年，又成立了技术技能培训学校和移

罗应和（左）为群众答疑解惑

/ 罗应和（左一）入户了解搬迁居民情况

民夜校，通过定点、定人、定位培训，让每一位有劳动能力的社区居民都获得一项技能。搬迁户王华平，上有六七十岁的老母，还有30多岁的弟弟，却终日无所事事，每天喝酒，等着拿低保。在罗应和的鼓励下，王华平参加人生讲堂和移民夜校的学习，学会了电工技能，被推荐到就近企业上班。一年后，他的工资存款已有3万余元。

与此同时，贵州省在惠水县开展了改革配套试点。搬迁移民原来的林地、宅基地、承包地“三地”不仅能拿到国家补助，社区为移民后续扶持发展成立的公司还可以盘活这些资源，出资进行流转；统筹就业、就学和就医“三就”，彻底解除搬迁群众的后顾之忧；衔接低保、医保和养老保险“三保”，有效解决搬迁群众最为关心的切身利益问题，进一步提高了易地扶贫搬迁质量和脱贫成效。

移民夜校举办基础教育培训、岗前培训、电工培训、厨师培训、美容美发培训、计算机培训等共108期，培训5 682人次。社区居委会注册成立的移民劳务服务公司，让每一位掌握技能的贫困群众都能精准获得与受培训内容相同或相近的工作岗位，成功推荐1 856人在经济开发区企业务工，123人加入劳务公司做保洁、保安工作，128人进入政府开发的公益性岗位，200多人在社区扶贫车间从事服装生产。新民社区2 815名劳动力实现了100%就业。其中，有168户贫困户通过自主创业当上了老板。社区人均收入提升到4 800余元，不少家庭的年收入已经达到9万多元，逐步实现了由“贫”向“富”的转变。

三张照片道尽“幸福楼”的幸福

2019年3月7日，十三届全国人大二次会议贵州代表团团组开放日活动现场，罗应和带来的3张照片吸引了在场所有人的目光。

第一张照片是《贵州日报》刊发的新闻图片。那是2019年春节期间，惠水县4 216户17 670名易地扶贫搬迁群众欢聚一堂、同吃团圆饭的盛况。这是新民社区连续第三年举办的居民同吃年夜饭活动。

易地扶贫搬迁，搬心比搬身更重要。刚搬迁到新民社区时，群众有各种不适应，抽水马桶不会用，电灯跳闸不会修，自然埋怨起了搬迁的“始作俑者”罗应和。每当这时，罗应和和班子成员们都不去计较群众的态度，换位思考甘当“出气筒”，手把手地教会群众生活的小窍门。

这些年，社区里的小车多起来了，群众的生活改善了，笑容灿烂了，罗应和心里变得踏实了。“现在，无论你走到哪里，老乡们都会叫你到家里坐坐，哪怕是喝一口水，你都觉得很幸福，这就是群众对我们工作的认可。”

第二张照片是《新校园、新六一》。那是 2018 年 6 月 1 日，距离新民社区仅有 500 米的惠民小学、惠民幼儿园举行新校园新学期开学仪式，孩子们欢呼着兴高采烈过六一儿童节的情景。

刚搬迁来的时候，孩子们的入学可是个大问题。通过申请，新民社区 1 500 多名移民子女实现了就近入学。可罗应和认为，这远远不够。他在走访调研、搜集民意时发现，由于相关教育配套设施建设滞后，搬迁群众子女就学仍然存在问题。移民子女只能到距离安置点 3.9 公里外的高镇小学就读，每天早上 7 点钟以前要在家门口乘坐公交车到学校，路程差不多要 20 分钟，较远的车程让家长们不太放心。同时，由于集中搬迁

/ 罗应和（右二）助学走访

造成生源暴增，每个班基本达到 60 ~ 70 名学生，学校和老师们的压力很大，教学质量难以保证。

“现在，就学、就医、就业等困难问题都得到了很好的解决，县教育部门投资 1.2 亿元，修建了小学和幼儿园，学校拥有音乐室、体育室、美术室、舞蹈室、科学实验室、计算机室等功能教室，满足了搬迁群众子女的就学需求。”罗应和高兴地说。

久困于穷，冀以小康。为了让更多搬迁群众的后续发展更好，罗应和在 2019 年全国两会上提交了《在易地扶贫搬迁集中安置点内配套完善教育设施的建议》，希望帮助更多的安置点实现教育配套要求，更好地实现“搬得出、稳得住、能致富”，真正做好易地扶贫搬迁“后半篇”文章。

第三张照片是《重返幸福干群帮，致富不忘党中央》。新民社区搬迁户杨富荣一家五口人，未搬迁之前久居深山，生活困难，脱贫无望，妻子实在受不了了，竟弃子离家出走。社区妇联了解到这一情况后，千方百计地联系撮合。2018 年 1 月，出走多年的妻子终于回家，一家老小喜笑颜开，再次书写了“幸福楼”里的幸福故事。

幸福不是凭空降临的。搬迁后，罗应和带领社区党支部规划建设了文体广场、社区服务中心等，发动群众参与公共事业建设，在减少开支的同时还增强了干群交流。与此同时，他们将党支部建在小区、党小组建在楼栋单元，着力构建和谐的邻里关系。在大家的共同努力下，社区的民风、民俗一点没“变味”，和搬迁前一样淳朴。

“正像社区居民楼的名字一样，‘幸福’成为乡亲们这几年最深的感受。作为易地扶贫搬迁政策的受益者，我一定会守住这满满的幸福。作为一名全国人大代表，我还要为更多的人服务。”站在幸福楼门前，罗应和的笑容无比灿烂。

（供稿、照片提供：贵州省扶贫办　修编：周艳）

岳桂玲，中共党员，内蒙古自治区呼伦贝尔市莫力达瓦达斡尔族自治旗鑫鑫源种植专业合作社理事长。曾获全国三八红旗手等荣誉。2010年，她联合5户农民成立莫旗鑫鑫源种植专业合作社。通过建立“合作社+贫困户+基地”发展模式，打造绿色大豆精深加工的全产业链，构建“线上销售、线下加工”的产品销售平台。仅2018年，合作社带动50户贫困户人均增收2 226元。她带领群众建立了100家农村电子商务服务站，带动100多人就业增收。她致富不忘乡邻，先后培训、扶持致富带头人385名，帮助贫困妇女52人，培养巾帼科技特派员20多名，带动500名妇女增收致富。

这个农民不简单

在内蒙古自治区呼伦贝尔市莫力达瓦达斡尔族自治旗（以下简称莫旗），有这么一个农民，她大学毕业，却回家种地；她种几千亩大豆的同时，还天天学习。是她，通过加强农产品品牌化运作，带动近20个村的农户增收；是她，通过电商帮助贫困户销售了几千吨大豆。岳桂玲，一个朴实的名字，镌刻在了莫旗广大贫困农户的心里，是她让种地有了奔头、日子有了甜头。

多年来，岳桂玲不断引进新品种、推广新技术、发展绿色有机种植、带领农民增收致富，成为当地种植户的榜样。这个有大学学历的农民，怀着对乡亲的深情、对致富的梦想，折腾出了新时代农民创业的新天地。

这个农民学历高

岳桂玲1973年出生在黑龙江省拜泉县一个农民家庭，拜泉县是国家扶贫开发工作重点县。岳桂玲家有30亩地，在地里干农活成了兄弟姊妹5个人的共同记忆。

1997年，岳桂玲从包头市职工大学毕业后，到呼伦贝尔市莫旗巴彦乡中心校当了一名教师。2002年，她放弃公职干起了农业。种地不容易，尤其是大学毕业却去种地，那压力是常人所想象不到的。这些，岳桂玲都抗下来了。

当农民苦，干农业难。最初她去展会推销自己种植的优质大豆时，没有钱做包装，还是从外甥那里借了3 500元钱，才把产品做起来。

/ 岳桂玲（左）在西博荣村了解贫困户情况

2010 年 10 月 14 日，是岳桂玲终生难忘的日子。这一天，种地 8 年的她，拿出所有的积蓄，联合 5 户农民注资 500 万元，成立了自己的合作社——莫旗鑫鑫源种植专业合作社。

带领合作社成员种什么、怎么种，是岳桂玲日思夜想的问题。她依靠几年的种地经验和深入的市场调研，敏锐地察觉到，当地大面积种植大豆、玉米、小麦等农作物，却忽略了白瓜子、红小豆、绿豆、芸豆、豌豆、谷子等小杂粮的种植。市场上小杂粮不但品种少，数量也短缺，价格却在不断攀升。发现这一商机后，岳桂玲马上组织合作社成员种植小杂粮，从小杂粮种类确定到品种选择，再从田间管理到成熟收割，岳桂玲参与到每一个环节中。因为小杂粮的品质过关，其价格比普通杂粮每斤高出两三角钱。在小杂粮种植成功后，很多农民纷纷要求加入其合作社。

春华秋实、苦尽甘来，岳桂玲的付出有了收获。不到几年时间，合作社发展壮大起来，拥有了种植基地 8 900 亩、农副产品加工及物流配送基地 8 733 平方米、办公室及管理用房 300 平方米、仓储库 1 000 平方米，还拥有规范化的物流联盟体系，配备全套粮食清选、加工设备。

莫旗尼尔基镇西博荣村达斡尔族贫困户吴金瑞是合作社的种植户，这个吃过种地苦的贫困户第一次发现了种地的好处：同样的地，现在刨出金子了！“除了豆种要投入

100 多元外，没有其他投入，不上化肥、不洒农药，就是利用空闲时间在地里拔拔草，既锻炼了身体，又增加了收入。”吴金瑞于 2018 年底成功脱贫。

这个农民爱学习

合作社成立 3 年后，站在自家门前，眼望着 2 600 亩的小杂粮地，岳桂玲略有点忧愁。合作社发展顺利，她却看到了其中的危机。岳桂玲在创业中意识到，身处信息时代必须要用现代化的手段扩大销售，不然只能被时代抛弃。

岳桂玲开始自学深造。3 年的时间，她不断参加各种创业、网络营销等课程的学习，从最初的“听天书”，到后来的深刻理解和灵活运用，岳桂玲完成了艰苦的蜕变。

2014 年 5 月，她参加了农民实用人才带头人培训，同年 9 月又参加了全国农民合作社带头人创业培训；2017 年，参加了“京东互联网 + 县域经济”培训；2019 年 4 月，参加了第四期全国乡村振兴千人计划培训。通过培训，她清楚了企业应该怎样打造自己的品牌和把控产品的质量。

这个不断学习的农民，迸发出的能量让所有人惊叹。合作社注册了“豆地租”“莫力丰谷”“寒药”“鲁日格勒”等商标，并与国内知名电商平台“京东”“云集”县域负责人对接相关产业发展、脱贫攻坚等助力农产品上行的项目，开通莫力达瓦“京东扶贫馆”“云集”店铺，在莫旗建立了 100 家农村电子商务服务站，共吸纳了 100 多人就业。岳桂玲通过第三方平台带动农村电商服务站年销售大豆 1 000 吨、山珍和干菜等近 50 吨，平均每个农村电商服务站年销售额达 20 万元。

做新时代的农民，就要与时俱进。不断学习，带来的是如潮水涌动般的改变。岳桂玲注册成立了莫旗年年丰收网络技术有限公司，公司整合了莫旗涉农企业，统一处理、统一配送全旗电子商务服务站的农产品。通过做大需求量降低物流价格，以及通过集中配送降低包装成本，共计帮助农户采购农用物资 1 000 多吨，交易额达 200 多万元，为农户节省资金 15 万元。

学以致用，边学边用。莫旗是全国优质大豆和非转基因大豆生产基地，岳桂玲看准方向，发挥资源优势，强化绿色品牌战略，实现农业精细化、高效化、绿色化发展，开展了智慧农业“豆地租”与脱贫攻坚相结合的扶贫项目。通过建立“合作社 + 贫困户 + 基地”的发展模式，打造绿色大豆精深加工的全产业链，构建“线上销售、线下加工”的产品销售平台，并对种植过程进行全程溯源监测。

“豆地租”项目是岳桂玲发展的一个转折点。这种智慧农业模式，让合作社走在了全国大豆种植技术的前列。在合作社的带领下，全旗 78 户贫困户的田地按绿色有机标准进行种植，种植面积达 780 亩。同时，在农户田地里安装网络监控系统，通过互联网对农户所进行的平整地块、种植过程、施用农家肥、田间除草、秋收收割等情况进行

/ 岳桂玲（左二）走访贫困户

全过程监测。此外，在每户收割时，合作社安排专人用特制的编织袋封存大豆并编定号码，以确保农家小园大豆的品质，合作社以市场价格的 2 倍进行收购。

“豆地租”项目的豆子分两种途径销售。一是认领模式。认领人通过互联网溯源平台详细了解信息后选中可订制的地块，然后通过“莫力达瓦村店”电商平台下单，在手机上下载监控 App，就可以对认领农户的小园进行 24 小时全程监控。秋收后，合作社按认领人留下的地址邮寄豆子。二是加工、包装后以线上线下的模式进行销售。新型的经营模式让莫旗巴彦乡农户转变了思想观念，加快了全旗传统农业向现代农业的转变。

仅 2018 年一年，合作社就带领 50 户贫困户种植绿色大豆 589 亩，比种植普通大豆人均增收 2 226 元。

这个农民不忘本

为了帮助更多的贫困农户尽早脱贫致富，岳桂玲将合作社承接的莫旗“豆地租”项目全部交给建档立卡贫困户经营。最受益的是像莫旗前兴农村王金兰家这样的贫困户。

“我今年种的黑小豆没上农药，产量低一点，但是质量好，价格比市面上的高两倍，划算!”王金兰的兴奋之情溢于言表。如今，王金兰家的房子换了新门窗，生活正在逐步改善。

莫旗西博荣村贫困户沃莉莉家，从2018年开始跟合作社签合同种植大豆。2019年，她家又种植了8亩地，长势良好，到年底可获得纯收入1万元。

农闲时间，岳桂玲去北京、上海、天津等大城市推销合作社的农副产品。2019年她又购入大型烘干设备，组织妇女加工小园干菜，包装后通过网上销售，使很多妇女不用离开家就能通过烘干、晾制干菜脱贫致富。

2018年4月27日，一场别开生面的培训会在莫旗巴彦乡坤密尔堤办事处召开，培训的对象是几十户贫困户。这次由莫旗老山头白酒厂举办的培训，是由岳桂玲直接推动的结果。“扶贫是给贫困户一根拐杖，而不是一直搀扶着走。”合作社创办成功后啥事都想着贫困户的岳桂玲，到处宣传她激发贫困群众内生动力的理念，莫旗老山头白酒厂领导在岳桂玲的影响下，开始关注扶贫。

莫旗老山头白酒厂作为本地企业，以高于市场价1倍的价格，收购贫困户种植的绿色高粱、玉米，用于制作烧酒，不仅有利于提高贫困户收入，而且从源头上解决了酒厂原材料农药残留的问题，提高了白酒的品质。培训会之后，莫旗老山头白酒厂与坤密尔堤办事处的33户贫困户签订了种植收购协议，每户贫困户可增收4 000元。

/ 岳桂玲给农户做培训

岳桂玲自己创业成功了，但她想的是要带领更多的乡亲共同脱贫致富。莫旗老山头白酒厂的培训只是岳桂玲组织的众多培训中的一次。岳桂玲还利用业余时间给合作社理事长、电商服务站站长讲授农村电子商务的应用。几年来，岳桂玲培训、扶持致富带头人 385 名，帮助贫困妇女 52 人，培养巾帼科技特派员 20 多名；合作社和网站吸纳 20 多人就业，同时辐射带动 500 名妇女增收致富，为农村妇女提供信息、培训、技术、销售等服务 1 000 余人次。

岳桂玲的努力得到了广泛的认可。她先后获得全国三八红旗手、农村实用技术带头人、全国双创带头人等荣誉，她创办的莫旗鑫鑫源种植专业合作社被评为国家级农民专业合作社示范社、全国巾帼脱贫示范基地。

2019 年 10 月，中国迎来第六个扶贫日，岳桂玲获得全国脱贫攻坚奖奋进奖。10 月 17 日在北京接受颁奖后，她赶紧乘火车回莫旗，她说，贫困户家还在等着她去收豆子呢。

这个农民真不简单！

（供稿、照片提供：内蒙古自治区扶贫办　修编：高永伟）

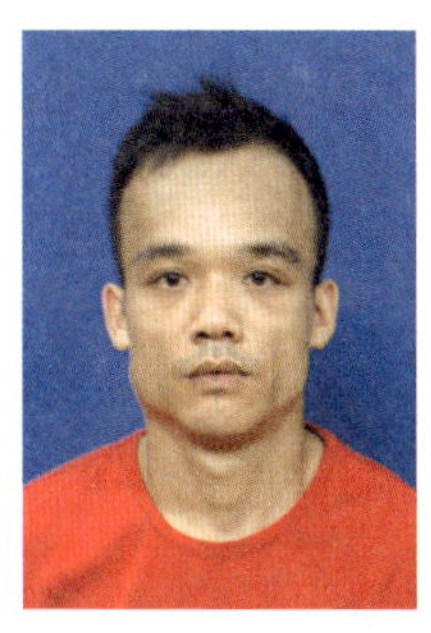

郑岗，海南省文昌市东郊镇椰林村村民。他天生患有石骨症，终身无法从事重体力劳动。父母年事已高且均患慢性病，家庭因病致贫。他从没有向现实低头，反而坚持不懈、积极创业。虽然在创业中遇到过很多挫折，也曾负债累累，更没少遭受白眼和质疑，但是他从未放弃。2014 年被认定为建档立卡贫困户后，他怀着“让全家过上好日子”的强烈愿望，从打工到创业，从佛珠加工到养殖生猪，再到加工椰青，不仅自己摘掉了贫困帽，更致力于帮助其他穷苦的乡亲脱贫，是当地远近闻名的脱贫致富能手。

不等不靠不要　幸福自己创造

生于 1981 年的郑岗，从小身材瘦小，很容易骨折。那时家人并不知道他的病症根源，只能一次次为他骨折花钱治疗，本来不富裕的家境，变得越发困难。郑岗的童年吃的是盐巴就饭，住的是漏雨小屋，脱贫致富的种子早早埋在了他的心中。

敢想敢干不认输　勤学苦学寻出路

穷人家的孩子早当家，在郑岗心里，一直认为家里贫困的“罪魁祸首”，就是自己患上的“疑难杂症”。他不忍心看着父母起早贪黑为了自己忙碌，所以早早离开校园。由于还未成年，正规的工作岗位不接受他，无奈之下，他只能在家附近打零工。1998 年至 2002 年，郑岗做过收椰子、制作椰棕、搬运海鲜等工作，但是因为身材瘦小且不能做重活，他的工资一直是同期打工的人中最低的，但就算是这样，每个雇主还是对他不满意，郑岗经常被“炒鱿鱼”。

2002 年底，在好心邻居的介绍下，郑岗得知广东比较好就业，毅然决定背井离乡去广东发展。但是因为没有学历、不能干重活，郑岗只能从事最底层的工作。那时他辗转在广东省内多个刀具模具厂打工，这一干就是 11 年。

2004 年，郑岗在深圳打工期间，脚踝部再一次骨折。此时，一位骨科专家根据郑岗的病情，诊断他患上的是一种名为“石骨症”的疾病，这是一种少见的骨发育障碍性疾病。困扰郑岗多年的“谜题”终于被解开，他向医生详细询问了石骨症的日常注意事

/ 郑岗在仔细挑选材料

项以及治疗方法，成功控制住了病情，这次也是郑岗最后一次骨折。

虽然在外打工多年，由于郑岗的工资待遇并不高，加上身处发达地区，花销较大，因此他并没有攒下什么钱。2010 年，郑岗母亲心脏病突然加重，住进了重症监护室，郑岗得知消息，立刻买票回家照顾母亲。

谈起 9 年前的这次家庭变故，郑岗仍旧心有余悸，不愿多提。当时，母亲的住院费、诊疗费加起来要几万元，而郑岗所有的积蓄才 6 000 元，远远不够。在重症监护室外，郑岗心里涌出了一股浓重的无力感、挫败感。也正是因为这次变故，让郑岗萌生了创业致富、改变家境的想法。

3 个月后，母亲的病情基本稳定，郑岗重新回到广东打工。此时他开始认真思考创业的问题。郑岗认为，虽然自己不是很健康，但是有灵活的头脑，只要肯努力，就一定能支撑起这个家，让父母的日子越过越好。

基于自己的工作经验，郑岗决定开办刀具模具厂。经过长时间的市场调研，2013 年 10 月，郑岗认为，时机成熟了。他通过向朋友借钱、向银行贷款，筹集到了 20 多万元资金，把厂子办了起来。

虽然郑岗准备大干一场，但是产品却迟迟打不开销路。同时，租赁工地、雇用工人、购买设备以及水电费，样样都需要钱来维持。就这样，郑岗的首次创业，在坚持6个月后，彻底宣告失败，20多万元血本无归。

那段时间，郑岗的生活阴云密布，他不知道如何才能渡过眼前的难关，逃避、轻生的念头也曾在大脑中浮现。但是想想家里辛苦了一辈子的父母，想想自己“让全家过上好日子”的美好愿望，郑岗没有打退堂鼓，重新整装出发。这一次，他盯上了风头正热的佛珠市场。

通过冷静地反思，郑岗认真总结了首次创业失败的教训，认识到自己之所以失败是吃了不懂运营的亏。所以这次郑岗没有贸然出手，他留在广东，用半年多的时间，主动学习了经营管理、淘宝运营、微商等相关知识，并去当地最大的文玩市场做了充分的市场调研，通过发传单、发名片这样的方式，积累了一定客源。

为了了解佛珠产业的真实效益，郑岗花费2 300元买进一串佛珠，联系上了一个客户，转手就卖了4 000元。这单生意，让郑岗赚了1 700元，更让他看到了希望的曙光，他决定放手一搏。

说干就干，2014年11月，郑岗回到东郊老家后，向朋友借了2万元，立即购买了佛珠加工设备，打算大干一场。

而此时，国家新一轮扶贫开发工作正式启动，扶贫政策在文昌落地开花。经过多次入户调查，郑岗一家被认定为建档立卡贫困户。当时，结合郑岗的个人意愿，文昌市、镇、村三级帮扶责任人对他家落实了医疗、产业、住房等各项帮扶措施，解决了他家的生活难题。在帮扶责任人的指导和鼓励下，郑岗脱贫致富的信心更强了。

自强不息不等不靠　多措并举脱贫致富

虽然家庭贫困，恶疾缠身，但是郑岗从不认为自己比任何人差。他一直告诉自己“人穷志不穷”，不会的就要努力去学，没有的就要靠自己去争取。戴上贫困户的帽子，并非他所愿，他决定使出浑身解数，尽快脱贫。

2014年11月，郑岗购置了佛珠加工设备，在家里开办了一间不足10平方米的椰壳佛珠加工厂。虽然万事俱备，但是他没有贸然接单，而是“浪费”了两个多月的时间，一股脑儿地扎进工棚里，起早贪黑，熟悉设备、琢磨技术，不断

/ 郑岗在抛光椰子壳

/ 郑岗在真空包装椰子

尝试加工佛珠。直到做出了让自己满意的“完美”佛珠后，郑岗才开始正式接单，销售佛珠。

为了避免重蹈初次创业的覆辙，扩大销路是郑岗首先要解决的问题，他积极利用 QQ 群、微信群、百度贴吧等社交软件推介自家佛珠。因为是纯手工制作，每一颗都选料上乘、制作精美、品质优良，郑岗的佛珠得到客户的普遍认可，很多老客户都会将郑岗推荐给自己身边有意向购买佛珠的朋友，一传十、十传百，郑岗的佛珠彻底打开了销路。用郑岗的话说，从 2015 年初第一笔订单成交后，他制作的佛珠一直好评如潮，供不应求。

“曾经有一个客户，和我接触了几天，他看我每天发的工作状态、做出来的佛珠，觉得我这个人比较靠谱，二话没说，就将全款付给了我。那笔订单价值 18 000 元。”说起这件事情，郑岗脸上洋溢着骄傲的笑容。他说能获得客户的肯定和认可，是对他这个生意人最好的称赞。而为了保障佛珠的品质，这笔订单在郑岗收款后半年才交货。但就算是这样，因为相信郑岗的人品，这位客户从始至终都毫无怨言。

制作椰壳佛珠，原材料是关键。郑岗用的原材料都是从国外进口的，有时候会出现供不应求的状况。没有原材料，即使订单再多也无济于事，所以在原材料没到货的时候，郑岗就没有事情做。这个时候，闲不住的郑岗，开始谋划发展其他产业，他打算“多管齐下”，加快脱贫致富速度。

郑岗首先想到的是养殖业。2016 年底，他利用政府的生产帮扶资金，加上自己筹集的一部分资金，在邻村租了一块空地，在帮扶责任人的帮助下，花了 3 个月的时间，一砖一瓦亲自建造了一个猪圈，开始了他的养猪事业，当起了“猪司令”。2017 年 2 月，郑岗家的猪圈迎来了第一批“住户”——10 头小母猪。仅仅过了一年的时间，在政府贴息的扶贫贷款政策扶持下，郑岗养猪实现了规模化养殖，存栏近百头。发展至今，郑岗的养猪业已经为家里带来了近 3 万元的纯收入。

那段时间，有佛珠订单的时候，郑岗就去加工佛珠，由他的父母来照顾这些小猪；没有佛珠订单的时候，郑岗就到养猪场亲自照顾生猪。

说起来容易，做起来难。郑岗拿出了拼命三郎的干劲，一边照顾家庭，一边加工佛珠，一边饲养生猪。每天起早贪黑，一心想着多做多得，尽快提高家庭收入。累了就在工棚里席地而卧，醒了就接着工作，浑身酸痛是常态。大量的工作也让本就瘦弱的郑岗看起来更加瘦骨嶙峋。

好在功夫不负有心人，在全家人的共同努力下，2017 年底，郑岗家实现脱贫，终于摘下了贫困的“帽子”。还清了欠款，家里也有了一定积蓄，这让郑岗长舒了一口气，心里的大石头也终于放下了。

家里虽然脱了贫，但是郑岗前行的脚步没有停歇。由于猪肉市场不景气，在帮扶责任人邢福泽以及东郊镇椰林村驻村第一书记阮家颖的鼓励和支持下，郑岗开始另谋出路。在进行椰壳佛珠加工的同时，他了解到椰子加工业有更深的潜力可挖，前景可观。于是，在市、镇两级有关部门的大力帮助和支持下，2018 年 5 月，郑岗向文昌农商银行贷到了 50 万元资金，与人合伙成立了文昌椰城灵珠工艺品有限公司，经营范围扩展到椰壳工艺品生产、销售等多个方面。此外，文昌市会文镇委镇政府还帮助郑岗在文昌市会文镇佛珠交易中心安排了一间铺面，方便他销售椰子工艺品。截至 2019 年 8 月，郑岗从事椰壳佛珠加工业和椰壳工艺品生产，已经净挣 70 万元左右。

在不断扩大公司生产经营规模的同时，郑岗一直在密切关注市场的变化和客户的需求。他认为，传统的销售模式、渠道太过单一。他想：“是不是可以利用网络直播，对产品进行宣传，进而提高知名度，打开更多销路？”怀着这样的疑问，郑岗尝试性地通过网络直播对椰子工艺品进行宣传，没想到大获成功。由于产品质量过硬，得到市场好评，郑岗的椰子工艺品已经销往全国各地，甚至远销国外，月销售额最高达到过 7 万多元。

/ 郑岗准备装箱发货

俗话说：“海南椰子半文昌，文昌椰子半东郊。”作为一名土生土长的东郊人，郑岗认为椰子生意还能做得更大，他决定去椰青加工市场闯一闯。2018 年 7 月，他和朋友一起合伙创立了文昌东郊鼎椰农民合作社，从事椰青加工，并在当地政府的帮助下，通过微信、淘宝、海南爱心扶贫网等网络平台推广销售。郑岗一边努力加强产品创新力度，一边在文昌市委市政府的帮助下，积极参加冬交会等各类展销活动，拓展销售渠道。截至 2019 年 8 月底，郑岗已经卖出了大约 50 万颗椰子。

致富不忘乡亲　感恩回馈帮扶

俗话说“远亲不如近邻”，郑岗始终忘不了从小到大乡亲们对家里的照顾，忘不了邻居家杀鸡给他家送来的那几块鸡肉的味道。通过扶贫政策帮扶、政府帮扶和自身努力，自家脱贫致富的梦实现了，郑岗把心思放在了带动乡亲们增收致富上。

“一人富了不算富，全村人富了才是富。”郑岗是这样说的，也是这样做的。

2018 年至今，郑岗先后雇用了 20 余名附近村民及贫困户到椰子工艺品加工厂临时就业。有 3 户建档立卡贫困户以产业帮扶资金入股的形式加入文昌东郊鼎椰农民合作社，每年可获得分红。就连收购椰子的时候，郑岗也会优先收购贫困户家的椰子，并主动提高价格，以高于市场价 1 毛钱的价格购入。

“一花独放不是春，百花齐放春满园。”谈到荣誉，郑岗很淡然，因为他做这些事情，只是单纯地想拉乡亲们一把，不为任何名誉。他的做法，大家看在眼里，感动在心中，每当说起郑岗，都纷纷竖起大拇指，夸口称赞。他也成为当地村民学习的好榜样。

“我能够顺利实现脱贫是自身的努力加上政府的帮助。所谓喝水不忘挖井人，我也想尽自己的绵薄之力回馈社会。单单一个人过得好还不行，大家好才是真的好！”郑岗动情地说道。

从因病致贫到积极创业，从负债累累到脱贫致富。郑岗的故事感染着每一个人，他自己也成为文昌当地有名的脱贫致富能人。说到以后的日子，郑岗害羞地低下头说，想找一位志同道合的人生伴侣，共同经营好自己的小家，然后帮助更多需要帮助的人。

（供稿、照片提供：海南省扶贫办　修编：张梦欣）

郝大宝，江苏省连云港市东海县双店镇三铺村党总支书记。他带领村民建造温室大棚发展花卉产业，全村新建花卉大棚500多栋，已经建好大棚的村民每棚户每年均增收5万～7万元。开发“花直达”网上销售App，并积极争取220万元项目扶持资金，在村里兴建电商物流中心，让三铺村花卉快速便捷直运大中城市的市场。组织花卉管理技能培训，2018年培训300多人，有50余人通过花卉种植管理考核，实现年人均增收近2万元。三铺村已成为东海县乃至江苏省的社会主义精神文明建设示范村、明星村，不仅实现了群众脱贫致富奔小康，还实现了乡村全面振兴和发展。

“花卉书记”郝大宝

两年时间，可以很短，在岁月的长河里，不过白驹过隙的一瞬间。

两年时间，也可以很长，对于江苏省东海县的三铺村而言，这是每天都在变化的两年。

从面朝黄土背朝天的传统种植到一眼望不到边际的高效设施农业种植，从早出晚归看天吃饭到一年四季“上班”进大棚、天天见收入，两年时间里，三铺村发生了翻天覆地的变化。

三铺村的改变要感谢一个人，那就是2017年6月到该村任村党总支书记的大学生村官郝大宝，是他带领村民因地制宜发展鲜切花产业，用村里人的话说，他给村里“带来了花一样的生活”。

资深花农

郝大宝出生在苏北山区农村，与农业、农村、农民有着天然的亲情。2011年7月大学毕业后，郝大宝带着青春的激情和美好梦想，来到江苏省东海县双店镇北沟村担任村委会主任助理。刚开始时，村民们都认为他是个毛头小伙子，只是下来“镀镀金”、走走过场而已，并不会真正“留住脚步、扑下身子、沉下心来”在村里干一番事业。

郝大宝没有申辩，而是默默地投入工作。他了解到，北沟村有70%的村民以种植鲜切花为生，而同时也存在村里普遍缺少技术指导、种植管理不到位、市场销路单一、

/ 郝大宝查看百合花长势

鲜切花销售价格太低等问题，村民种花亏本很厉害。为掌握第一手资料，郝大宝挨家挨户地走访，看实情、听意见、谋思路，并主动向镇党委提出，进入当地一家省级龙头花卉企业学习花卉种植和管理等知识。就这样，经过一段时间的边工作边学习，郝大宝“毕业”了，从对鲜花种植一无所知的“门外汉”，逐渐成长为北沟村“最资深的花农”。

在此后的实践中，郝大宝在花卉基地摸索并推广百合种球冷冻催芽生根技术，使得花球成活率和开花率一下子提高了 20% 以上。他编写了一本《百合种植指南》手册，免费发放给村民参考学习。在北沟村任职的 6 年里，郝大宝先后引进试种并推广高端百合新品种 160 多个，赢得市场最好“卖点”，得到村民们的信赖。在此期间，他还带头创建占地 30 亩的大学生村官创业示范基地，带动周边 100 多个农户投入百合鲜切花种植，当年就实现户均增收 6 万元。村民们看在眼里、记在心上，逐渐接纳了这个外来的毛头小子。因工作出色，2013 年郝大宝光荣加入中国共产党。在他的技术指导下，北沟村花卉产业获评“全国鲜切花生产基地”“华东最大鲜切花生产基地”，并跻身“国家地理标志保护产品”。

2017 年 6 月，镇党委看到郝大宝在北沟村的工作成绩出色，便委派他到全省“倒挂”的经济薄弱合并村——三铺村担任村党总支书记。三铺村不仅经济基础薄弱，而且村级组织凝聚力不强、村民思想观念陈旧保守、人心涣散不齐，没有任何主导产业，大部分村民靠外出打工养家糊口，村里有贫困人口 536 人 。

面对三铺村存在的诸多问题，已有 6 年基层工作经验的郝大宝，心里有了自己的一番考量：要想让省定经济薄弱村的贫困群众脱贫致富，首先要解决人心涣散的问题，只有人心齐才能“泰山移”。于是，他开始一家家找村民谈心。

记得有一天，郝大宝走访村里第一个大棚种植户李祥，问起村里经济为何始终发展不起来时，李祥直言不讳地说：“三铺村群众思想太保守，干活不用心不用脑，死抱着传统种粮不撒手，还有就是村干部……”说到村干部时，李祥吞吞吐吐、欲言又止。见此，郝大宝用缓兵之计，岔开话题扯一些无关紧要的事。中午留下吃饭时，郝大宝在大棚里边吃饭边与李祥拉家常。见郝大宝没有一点架子，言语也真诚和气，李祥这才无拘无束地打开话匣子。他说，三铺村发展的关键是需要一个真心实意为民办事的好班子，而好班子更需要有一个能带头干事的好领导，能因地制宜打造出一个能让村民脱贫致富的支柱产业。李祥还当即表示，只要郝书记能真心实意留下来，扑下身子为村里谋发展，他会全力支持。

就这样，郝大宝一家家地走访下来，把自身融入群众当中，用心与群众交流，与群众打成一片，久而久之，大家都开始信任他了。半年时间下来，三铺村村民逐步认可并接纳了郝大宝这个毛头小子，大家都亲切地喊他“花卉书记”，把他当作三铺村里的自家人。

花香远逸

“村民的口袋富不富，关键要靠产业带动。”解决了人心涣散的问题，郝大宝决心要为三铺村找出一条能够快速脱贫致富的好路子。经过多次的调研思考，他带领村“两委”班子成员和村民代表到邻近的北沟村参观学习，决定走鲜切花种植的产业发展之路。

/ 郝大宝（右三）介绍鲜切花

/ 郝大宝（左二）与村民探讨电商产品

万事开头难。发展鲜切花产业种植，流转整片土地建大棚是关键。然而，当地村民思想依然还处于保守状态，不少人固守着“一季小麦、一季花生”的传统种植模式，不愿意腾让出自家土地给别人承包种花，自己也不愿意改种花卉。为尽快打开村民们的“心结”，彻底破除他们因循守旧的思想，郝大宝一方面组织村民外出参观学习，接受新思想；另一方面利用“党群会”、乡村“大喇叭”等讲政策、摆实例、算细账，让村民们真切感受到“一栋大棚花卉能顶几十亩粮田种植的效益”。

郝大宝深知，做村民的思想工作，绝不能简单粗暴，要讲究方式方法。对个别既不同意流转土地又不想建设花卉大棚的村民，他就带领村干部不厌其烦、挨门逐户地反复做工作。

有一次因为土地流转问题，郝大宝带着两名村干部去村民李志文家做工作，谁知李志文不但不给好脸色看，还把他们三人给赶了出来，甚至放出凶猛的土狗追咬他们，当场还撕毁了《土地流转合同》。郝大宝心里感到特别委屈和难受，泪水在眼眶里直打转，又不能让身边人看到。

为了不影响土地流转工作的按期推进，郝大宝只好忍住眼泪，坚持在李志文家门口等了 3 个小时，直至李志文出来喂牛时发现他还站在家门口没走，既惊讶又感动地对他说：“郝书记啊，你一个外来小伙子能把工作做到这个份上，还不都是为了咱大伙儿富起来呀，我服你了!”说完便让郝大宝进到他家里，自己在流转合同上签了字。

锲而不舍，金石可镂。在郝大宝的带领下，仅仅用了 3 个月时间，三铺村就流转土地 800 多亩，按期建起一栋栋花卉大棚，及时抢占了大棚种植的“黄金期”。

随着三铺村鲜切花产业的逐步发展与壮大，郝大宝还通过村党总支在村里建起党员创业示范基地，让党员带头干给群众看。他探索推出“支部 + 合作社 + 农户”的发展模式，为村里的花卉种植户解决资金、技术、种苗等难题，给村民吃下无后顾之忧的定心丸。

截至 2019 年 9 月，经过两年的时间，三铺村已流转土地 2 000 多亩，新建花卉大棚 500 多栋，已经建好大棚的村民每棚户每年均增收 5 万 ~ 7 万元。

花美也要卖出去。为解决三铺村鲜切花销售门路不畅不广等问题，从 2018 年起，郝大宝牵头开发了“花直达”网上销售 App，从而实现花卉种植户与客户网上“面对面”“零距离”的交易。同时，他积极争取到 220 万元项目扶持资金，在村里兴建起电商物流中心，让三铺村花卉快速便捷直运南京、上海、武汉、广州等大中城市的市场，实现了小村花卉的花香远逸。

花 样 幸 福

扶贫先扶志。在带领三铺村村民脱贫致富发展生产的同时，郝大宝发现部分村民农闲时无所事事、内心空虚，村里不少人沉迷于打扑克、搬弄是非，村民的科学素养和思

/ 郝大宝（左二）调解邻里关系

想道德水平都需要提升。

富裕了村民的“口袋”，还要充实村民的“脑袋”。由于历史的原因，三铺村青壮年劳动力前些年迫于生计很多都外出务工，村里留守的妇女、儿童、老人很多。为了让村里妇女多创收，郝大宝主动协调县妇联联合农技部门组织花卉管理技能培训。仅 2018 年就组织培训了 300 多人，有 50 余人通过了花卉种植管理考核，实现年人均增收近 2 万元。

郝大宝还安排近百名妇女到镇上的服装厂、食品厂等企业就业。同时，他向县民政部门和县妇联争取资金，为村里上了年纪的留守老人建起 2 400 平方米的居家养老服务中心。如今，居家养老服务中心已成为村里老人休闲娱乐的“后花园”。

为丰富村民的精神文化生活，2018 年，郝大宝发起组建新时代新梦想乡村文化宣传队，在村里和周边开展文艺表演和政策宣讲，及时传播党的大政方针、宣传移风易俗及社会主义核心价值观等。两年来共演出 200 余场次，吸引数万名村民观看。

实现乡村全面振兴发展，既离不开党的好政策，也离不开乡风文明。为增强群众的幸福感和获得感，郝大宝主动对接上级部门，先后引入东海县人民医院的“党员医疗大篷车”、县农业农村局的“农技专家进农村”等志愿助农团队，在村里开展党旗飘扬在基层等主题教育。他发动组建党员志愿服务队，为村里的留守儿童、孤寡老人等提供关爱帮扶；定期组织开展“优秀党员”“五好家庭”“好婆婆”“好媳妇”等评选表彰，利用村里“大喇叭”及时宣传身边好人好事，弘扬时代新风。他还在村党群服务中心设立“旌功申明榜”，对村里扶贫济困、助人为乐、尊老爱幼等凡人善举进行张榜表扬，对不遵守村规民约、损人利己的行为给予告诫，形成向上向善的文明村风。

如今，三铺村已然成为东海县乃至江苏省的社会主义精神文明建设示范村、明星村，不仅实现了群众脱贫致富奔小康，还实现了乡村全面振兴和发展。三铺村先后获得江苏省一村一品一店示范村、江苏省文明村、江苏省民主法制示范社区、连云港市电子商务示范村等荣誉称号。2018 年底，三铺村全面实现脱贫。

“花卉书记”郝大宝的想法很简单，就是让每一个村民都闻得见花香、过上像花一样的幸福美好生活，这个愿望在三铺村就要实现了。

（供稿：江苏省东海县委宣传部　修编：高永伟　照片提供：宋彦伟）

胡中山，甘肃省武威市古浪县黄花滩生态移民后续产业专业合作社党委书记。党的十九大代表。曾获全国优秀共产党员、甘肃省劳动模范、甘肃省优秀党务工作者等荣誉。1996 年，带领全村群众搬迁到黄花滩，采取“党建引领、龙头带动、产销对接、组团发展”的方式，发展暖棚养殖、日光温室等现代农业，短时间内由贫困村变为全县富裕村。任合作社党委书记后，解决了建设资金不足、技术服务薄弱、产品销售滞后等难题，引进新品种 20 个、新技术 12 项，建成养殖暖棚 7 300 座，发展特色林果 3 400 亩，推行“合作社 + 农户 + 基地”的扶贫模式，带动 1 410 户贫困户脱贫。

立下为民志　当好领头羊

茫茫无际的腾格里沙漠如同巨龙一般盘踞在我国西北部的广袤黄土地上，铜奔马的故乡——武威坐落在其南部边陲，武威有一个叫黄花滩的地方。曾几何时，它荒草零稀，黄沙漫天，夏秋季节的沙尘暴常常肆虐这里的庄社农田，干旱的气候加上贫瘠的土地，走进这里如同走进了已成废墟的楼兰，生态环境脆弱、生产条件恶劣，如何把人留住、与沙尘抗争？2012 年武威市古浪县实施了规模庞大的易地扶贫搬迁项目，把南部山区的 13 个乡镇 5 万余人经移民搬迁扎根在黄花滩这片沙漠戈壁，在八步沙“六老汉”精神的鼓舞下，移民群众在这片新开发的热土上治风沙、栽林子、建大棚、修暖圈，一步一步实现着他们易地脱贫致富的梦想。信步踏入黄花滩移民区，四通八达的公路、白墙彩瓦的新村、并排而立的温棚、绿荫葱郁的林木不断映入眼帘，学校里书声琅琅、广场上笑语阵阵让人流连忘返。而在这翻天覆地变化的背后，始终有一位农民共产党员在默默挥洒着心血与汗水，无私地浇灌着这片土地，就像一面鲜红的旗帜，在古浪易地扶贫搬迁的主战场熠熠生辉。他，就是党的十九大代表、古浪县黄花滩生态移民后续产业专业合作社党委书记胡中山。

穷则变，敢为人先苦创业

古浪县是国家集中连片特困地区甘肃省 58 个贫困县之一，也是甘肃省 23 个深度贫困县之一，经济条件差，贫困程度深，特别是南部山区，山大沟深、干旱偏僻，群众行路难、饮水难、就医难、上学难、就地脱贫难问题十分突出。“山像和尚头，有沟无水流，滴水贵如油，春播秋无收”是这里的真实写照。20 世纪 90 年代，胡中山生活的原井泉乡夹山岭村更是如此。由于一方土地难养一方人，几年间，乡亲们搬的搬、走的走，只剩下最穷的 100 多户，紧紧巴巴地过着贫困而又艰辛的日子，降雨丰沛的年份尚能吃饱肚子，若遇到连年干旱，庄家颗粒无收，挨饿便成了普遍现象，这些场景胡中山是看在眼里、痛在心里。

眼前是山，脚下有路。1996 年，胡中山被选为原井泉乡夹山岭村党支部书记。面对贫穷落后的面貌，胡中山带领乡亲们“走出大山谋出路”的愿望日益迫切，在经过激烈的思想斗争和反复的实地考察后，胡中山狠下决心：卖掉全部家当，全村集资，到沙漠边缘打井开荒，闯出一片新天地。胡中山说干就干，为了鼓起群众搬迁的信心，他向 9 户困难群众每户打了 1 万元的保证金欠条，斩钉截铁地说道：“搬下去三年后生活好不起来，我砸锅卖铁也给每家赔 1 万元损失费！”乡亲们从胡中山坚毅的眼神中看到了他要带领大家脱贫致富的信心和决心，于是心甘情愿地跟随他来到飞沙肆虐的黄花滩村。也许是乡亲们穷怕了，虽然顶着炎炎烈日，汗水不停地侵蚀着手掌里的血泡，可他们有使不完的劲、用不完的力气，白天整地架电、造林修路，夜晚打井取水、开沟修渠，无数个白天和黑夜，他们的辛劳得到了回报，房屋建成了，田地平整了，水渠修成了，终于有了个像样的“窝”，在“沙窝窝”里扎下了根。但是胡中山当初许下的诺言

/ 胡中山（左）在日光温室查看蔬菜长势

始终萦绕在他的耳边，他想，新开垦的土地不好长庄稼，要解决好这个难题才能让大家搬下来、稳得住。为了让乡亲们过上好日子，他又积极动员群众建设日光温室蔬菜大棚，大力发展种植产业。白天上工地、晚上抓培训，始终忙碌在发展日光温室的第一线。1997 年，黄花滩村在胡中山的带领下集中连片建成日光温室 37 亩，全部实现当年种植、当年见效，棚均收入达到 1 万元，群众发展信心倍增。

胡中山（左一）给村民讲解种植技术

为了帮助群众早日脱贫致富，胡中山又靠借贷资金，通过“党建引领、龙头带动、产销对接、组团发展”的方式，引进建设了皇花种羊场、绿鑫蔬菜专业合作社等龙头企业，建立“互帮互助共致富、抱团发展谋出路”机制，发动群众发展规模养殖，种植养殖一起抓。适逢国家实施石羊河流域重点治理工程，他抢抓政策机遇，采取大户担保、多户联保等方式，为困难群众联系贷款 2 000 多万元，协调争取项目资金 200 万元，还为贫困户赊购 200 多万元的红砖、水泥、钢材，解决他们的建棚困难。在胡中山的带领下，如今的黄花滩村，已发展养殖暖棚 2 720 座、日光温室 176 亩、经济林 600 亩，90% 以上的人家住上了砖瓦房，很多家庭开上了小轿车。黄花滩村由一个基础条件差、发展底子薄的移民村蜕变成了全县产业发展先进村和首富村。2012 年，黄花滩村党支部被评为全国、甘肃省创先争优先进基层党组织。

重实干，甘为公仆勤服务

2012 年，古浪县生态移民扶贫开发黄花滩项目经甘肃省委省政府批复启动实施，在千年寂静的黄花滩上吹响了嘹亮的易地扶贫搬迁“集结号”，古浪县数以万计的南部山区群众告别大山，迁入新居，开启了新生活。“要让搬迁群众实现易地脱贫致富，最根本、最关键的是要把产业发展起来”，这是古浪全县上下的共识。但由于搬迁群众大多是贫困户，缺资金、缺技术，自我发展能力不足的问题十分突出。为有效破解这一难题，引导移民区后续产业向规模化、产业化方向发展，2013 年 9 月，古浪县委依托胡

/ 胡中山在蔬菜种植基地

中山牵头成立的黄花滩生态移民后续产业专业合作社组建了党委，任命胡中山为合作社党委书记。

组织的肯定、群众的期盼、自己的初心，让胡中山在带领群众脱贫致富的道路上信心倍增、激情满怀。为了让广大移民群众切身感受党和国家的关心和爱护，为了彻底拔除穷根、激发发展信心，作为黄花滩生态移民后续产业专业合作社的党委书记，胡中山带领产业党委一班人，深入山区移民乡镇和各移民新村，走街串户，访贫问暖，“以身说法”，讲政策、讲产业、讲前景，让群众打消后顾之忧。

从困难群众的实际问题出发，他抢抓政策机遇，为移民群众累计协调落实惠农贴息贷款 6 000 多万元，并为困难农户垫付建棚自筹款，克服了缺乏资金这一难题。蔬菜大棚建设起来了，那就要做到科学管护、科学种植。为了提高技术服务质量，胡中山通过“送出去学、请进来教、招回来训”的方式，先后培训移民群众近 4 000 多人次，掌握了技术的“种植巧手”再对其他农户积极帮助，齐心协力发展产业，胡中山倍感欣慰。“人心齐，泰山移”，乡亲们的发展热情如此高涨，还有什么困难是不能战胜的呢？于是，胡中山再接再厉，积极引进推广新品种 20 个，推广新技术 12 项，极大地促进了黄花滩移民区日光温室种植产业发展。

农户们会种了，也种出来了优质产品，销路又成了另一个不得不解决的难题，产品怎么卖？卖给谁？如何卖个好价钱？胡中山又陷入了深深的思考。他时刻关注蔬菜市场供求关系，深入分析滞销和利销的形成因素，不断探索联合销售方式，与产业合作社党委一班人积极组织引进龙头企业、对接外地市场、培养营销大户、延伸产业链条，切实做到了种得出、卖得出、卖得好。农户高兴了，产业规模初见成效，胡中山用实干兑现了他当初许下的诺言。

黄花滩后续产业专业合作社自 2012 年成立以来，已涵盖种植、养殖等不同领域的 8 个分社、32 个农民专业合作社，带动移民区群众建成养殖暖棚 7 300 座，发展特色林果 3 400 亩，规划建设日光温室示范点 9 个，为实现移民群众“搬得出、稳得住、逐步能致富”奠定了坚实的基础。

民为本，争当模范乐奉献

“不为群众谋福祉的干部就不是好干部。”这是胡中山经常挂在嘴上的一句话。在20多年的风风雨雨里，胡中山一直把群众的事当作自家的事，儿子说他的心全在黄花滩上，妻子说家只是他累了住的店。胡中山却说：“群众的事情无小事，遇到水断了、电断了、乡亲们闹别扭的事，我不出面解决，还当这个书记干什么？”赊销建棚材料、寻找打工门路、垫支建设资金……，在脱贫致富奔小康的路上，胡中山究竟为乡亲们做了多少分忧解愁的事，连他自己也记不清了。然而，正是这份沉甸甸的为民情怀，胡中山赢得了广大父老乡亲的赞誉和认可。

古浪县西靖镇感恩新村农民刘善德的妻子身体残疾、儿子离婚，生活非常困难，胡中山深知“授人以鱼不如授人以渔”这一道理，深知真正帮助困难群众就是要激发其内生动力，克服困难，把产业做起来，形成长久的增收途径。于是，他资助刘善德10只基础母羊搞养殖，同时又支持其建日光温室，形成日光温室加养殖暖棚的产业发展之路，现在刘善德一家年收入达到了5万元。西靖镇兴民新村有一对70多岁的老夫妻，有意愿发展枸杞产业，但儿子在外打工，自己有心无力。胡中山得知这一情况后，自己掏钱雇了6人，帮助老人栽植了8亩枸杞，成活率达到95%以上，实现了亩均收入8 000元以上。两位老人含着热泪对乡亲们说：“胡书记真是我们的好书记啊！”

2015年2月初，古浪县遭遇了罕见的极寒天气，西靖镇为民新村新建的135座日光温室内的西红柿幼苗刚刚露出了新芽，如果幼苗受冻，乡亲们不但要承受巨大的经济损失，还有可能动摇发展日光温室产业的信心。黄昏时分，严寒就要袭来，忙碌了一天的胡中山，顾不上吃饭休息，和西靖镇的乡镇干部们直奔日光温室示范点，巡回用高音喇叭动员种植户采取防冻措施。当发现用麦草点火取暖的效果不好时，他当机立断，联系商家，迅速调来135台生铁炉，连夜逐棚发给群众生火保暖，幼苗总算保住了。3个月后，当乡亲们的第一茬西红柿卖了每公斤5元的好价钱时，胡中山的脸上露出了轻松的笑容。

/ “党建引领、产业富民”思想根植于胡中山心中

全国脱贫攻坚奖奋进奖

善创新，富而思帮树标杆

从庄稼地里一路走来的胡中山，从摸爬滚打中悟出一个道理：只有把党的话变成自己的行动，日子才会越过越好。

在产业培育过程中，有一些特困户虽然享受了每个棚 4 万多元的补助，但有些家庭仍然拿不出 2 万元自筹资金，也有些家庭苦于没有劳动力无法生产经营。为了帮助特困户脱贫，古浪县委提出“能人带动扶智、富人带动扶资、抱团发展扶力”的思路。作为党的十九大代表，胡中山再一次站了出来，他积极响应古浪县委号召，大胆创新，结合农村“三变”改革，推行“合作社＋农户＋基地”的扶贫模式，通过群众以棚入股、合作社经营分红等方式带动贫困群众发展产业。在胡中山的带领下，在不到一年时间里，8 个专业合作社已帮带贫困户 1 410 户脱贫。2018 年 1 月 8 日，当首批入股合作社的 110 户的农户乐滋滋地清点着每户 3 000 元的分红现金时，憨厚的笑容再一次在胡中山黝黑的脸庞绽放。截至 2019 年 6 月，入股农户已经扩大到 933 户，分红的总金额也达到 279.9 万元。

“规模化发展、标准化生产、品牌化经营”是胡中山始终秉持的产业发展理念，“产出好质量、创出好品牌、卖出好价钱”则是胡中山一直不懈追求的目标。为了提高日光温室产品品质，胡中山又动员和说服群众，施用规模养殖提供的羊粪，少用或不用化肥、农药，按照无公害栽培技术生产绿色食品。在胡中山的努力下，在黄花滩移民区建成了年交易额达 4 亿元的牛羊交易市场和投资 2 600 万元的恒温库，有力地调节了市场，让移民区群众种植养殖业获得了更高的效益。

党旗映红赤子心，一枝一叶总关情。20 多年来，胡中山以一名共产党员的奉献精神和为民情怀，带领着移民群众在昔日的荒滩上描绘出了一幅建设新农村、致富奔小康的动人画卷，胡中山同志也先后被评为全国优秀共产党员、甘肃省劳动模范、甘肃省优秀党务工作者等。他就像一面旗帜，高扬着一位共产党员无愧时代重托、不负百姓期望的风采。

（供稿、照片提供：甘肃省扶贫办　修编：张梦欣）

段春亭，河北省保定市涞水县三坡镇南峪村党支部书记。曾获中国乡村旅游致富带头人、河北省千名好支书、燕赵新楷模等荣誉。2016 年 4 月，段春亭牵头成立了南峪村农宅旅游农民专业合作社，制定“三级联动、五户联助”的管理模式，确定把发展高端民宿项目作为实现脱贫的支柱产业。截至 2018 年底，共建成 15 套高端民宿，村民年人均分红 700 元，贫困人口人均分红 1 500 元。2012 年以来，他带领南峪村以旅游扶贫为目标建设美丽乡村，修通村内道路，建成公园健身广场，安装污水处理设备等，使村容村貌发生巨大变化。南峪村建档立卡贫困户 286 人全部脱贫。

南峪蝶变的推动者

位于河北省涞水县的 5A 级景区野三坡以“雄、险、奇、幽”的自然景观闻名遐迩，近几年，毗邻野三坡的南峪村也越发受到游客关注。南峪村全村 4 个自然庄共 224 户 671 人。2000 年前后，村民人均收入不足 1 200 元，贫困户 175 户 463 人。现在这座深藏太行山区的“落魄”小村庄，因“麻麻花的山坡”等一批精品民宿的落户而发生了蝶变，说到这段蝶变故事，就不得不提该村的党支部书记段春亭。

一心为民办实事，山村面貌美了

南峪村位于涞水县三坡镇，地处国家森林公园百里峡、5A 级景区野三坡附近。然而，多年来，任两个景区旅游旺季时如何人满为患，这座近在咫尺的小山村依然宁静而贫困，村民并没有享受到旅游带来的实惠。

“村民大多外出打工，连妇女都到周边省市找工作。这里是太行山区，多山多石，人均不足半亩地，种庄稼基本上是靠天吃饭，在家的人只能靠放羊维持生计。”段春亭回忆说。

南峪村位于拒马河东岸，西岸有一条通往野三坡景区的通村公路。每逢周末，村民就会看到许多自驾车、大巴车前往野三坡。那时候，河对岸的热闹景象在村民眼中还是一道“景观”，除此之外，这些车辆跟他们没有任何交集。

河上有一座简易木桥。秋天，村民就把木桥架起来，以便通往对岸；夏天，河水暴

/ 段春亭（左）走访贫困户，帮助解决实际困难

涨，为防止木桥被水冲走，村民便赶在汛期到来之前把桥拆掉。正因为如此，每年旅游旺季时因道路不通，过路游客无法进入村中。

“我记得那时候新版《西游记》剧组在河里拍摄，据说他们就是看中了我们村原生态的自然景观。”段春亭说。可惜的是，这些场景在老实厚道的南峪村民眼中并没有变成营销“噱头”，依然只是一道“景观”而已。

1999 年 8 月，段春亭当选南峪村党支部书记。他上任后的第一件大事，就是自掏腰包购买水泥，组织村民在拒马河上修了一座坚固的漫水桥，彻底解决了村民重复建木桥的窘境和出行难题。

以前村里全是土路，“晴天一身土，雨天一身泥”是当时的真实写照。由于交通不便，除了行路难外，也制约了这个山村的经济发展，村里的核桃、花椒等山货也都卖不出去。1999 年段春亭担任党支部书记以后，便开始修路。从 2003 年开始，村里的土路一点一点变成了水泥路，到了 2012 年，村里有了一条长 4.5 公里、宽 3 米多的水泥路。路修好了，村民们还没来得及高兴，2012 年 7 月的一场暴雨，这条水泥路就被冲毁了。

这让段春亭和村民们很受打击，但却没阻挡段春亭重新修路的决心。段春亭说，路冲毁了，我们还要继续修。段春亭想尽办法筹资金，凭着多年经商的经验，再次修路时，他谋划着修成一条山村旅游路，这样就能吸引游客进来，发展村里的旅游业。就这样，一条长 4.5 公里、宽 8 米的新路重新修好了，这条路也成为村民日后的致富路。

在村里提起段书记、谈到南峪村的变化，村里的老百姓各个自豪与感激之情溢于言表。“有党的好政策，有这么能干的书记，我们老百姓今后的生活会越来越好。”这样的话经常听村民谈起。村民说，路好走了，我们的山货也能卖出去了，还能卖个好价钱，真是打心眼里高兴。

作为山区贫困村，南峪村的村容村貌过去十分落后。2012 年以来，南峪村“两委”在段春亭的带领下，借助建设美丽乡村的东风，克服重重困难，精心谋划，结合区位、交通优势，聘请专家对村庄实施整体规划，确定了以旅游脱贫为发展目标来建设美丽乡村，先后完成村内道路、产业路 4 700 米，完成占地 3 000 平方米的公园健身广场，同时安装污水处理设备一套，铺设污水管道 3 800 米、饮水管道 5 600 米，安装太阳能路灯 210 盏，南峪村村容村貌得到很大提升。

“这个健身广场太好了，以前我们都没地方锻炼身体，现在我们跟城里人一样，晚上也能跳跳广场舞、踢踢毽子。”村民们高兴地说。

精心谋划带头干，乡村旅游火了

“我年轻时在北京打工，后来做木材加工生意，生产锹、镐、锤等农具配件，做得还算不错。2006 年前后，我看到野三坡景区游客特别多，发展一年比一年好，就在村里建了一个山庄型酒店，可接待 40 人左右，这算是第一次接触旅游。”段春亭说，由于当时经营状况不错，村里还有另外 8 户村民也跟着他建起了农家院，搞乡村旅游接待。

/ 段春亭在南峪村广场为参观者讲解旅游扶贫发展模式

2011 年，途经南峪村的张涿高速开工建设，南峪村眼看将成为外来车辆进入野三坡的第一个出口，交通优势显现。段春亭认为，这条路将为南峪村的发展带来巨大机遇。凭着做生意时培养的商业嗅觉，一个新计划在他的脑海中闪现，那就是将南峪村打造成“三坡旅游第一村”。

在段春亭的带领下，从 2011 年起，南峪村开始了长达 5 年的封山育林期。2015 年，得知中国扶贫基金会和中国三星要在河北联合启动“美丽乡村——三星分享村庄”产业扶贫项目，段春亭做了大量细致扎实的准备工作，中国扶贫基金会组织的项目专家团队几次到村实地考察，对南峪村有了一定的认可。在最终的评审会上他以“南峪美丽乡村梦”为主题，分三部分陈述美丽乡村梦，以老区人特有的直率、朴实和清晰的发展思路，打动了参评专家，如愿申请成功。南峪村从河北省 22 个候选贫困村中胜出，“分享村庄”项目为该村的崛起奠定了基础。

2016 年是南峪村“两委”班子大干实干的一年，也是南峪村蓬勃发展的一年。面对大好的发展机遇，段春亭带领村“两委”班子无一天歇息，无论是制定扶贫规划，还是在村里组织项目建设，无不亲力亲为、任劳任怨。他突发心绞痛被紧急送往涿州市医院，经过检查，医生要求他住院治疗，但是正值村内旅游产业高端民宿和美丽乡村建设施工关键期，每天都会有很多问题需要解决，为了不耽误一天工期，他找主治医生坚持把药带回家里进行输液治疗。“靠着这次脱贫攻坚，我一定要让南峪变成野三坡最美丽的旅游休闲名村。”朴实自信的话最感染人心，这是他对父老乡亲的承诺，也是对自己工作职责的承诺。受他的影响，村“两委”干部团结一心，个个为南峪村的脱贫攻坚不辞劳苦地拼搏着。

“分享村庄”项目自 2016 年 4 月正式启动以来，在中国扶贫基金会、中国三星、隐居乡里平台和涞水县政府的共同努力下，南峪村在房屋改造、合作社建设等方面取得了长足进步。2016 年，作为河北省旅游产业发展大会的主要会场之一，南峪村还被列为河北省美丽乡村建设示范村。此时，张涿高速也贯通了，一切看起来都那么“美好”。然而谁也没有想到，南峪村依旧门前冷清，到村里住宿的游客甚至比以前更少了。“高速通车后，所有车辆直接驶往野三坡方向，根本不在南峪村停留。”段春亭那时候就觉得，发展旅游的大方向肯定没错，只是定位还不精够准。

问题出现后，段春亭和村民经过仔细思索和多方考察，与愿意为南峪村发展出谋划策的远方网达成合作。远方网相关负责人到南峪村考察并与段春亭充分沟通，两人一致认为，利用村中的老旧房屋打造精品民宿可以把游客留下来。在民宿旅游产业建设中，把老旧的建筑风格尽量保留下来；在民宿餐饮经营上，把农村传统的饮食文化发展起来，把传统的农耕文化体现出来，让城里人体验乡村的风土人情。同时，游客的到来，让村民的土特产卖上了好价钱，激发了村民种植绿色、特色农产品的热情，也带动了村民自发建设普通民宿。“人们对旅游配套的要求提升了，所以打造精品民宿必定会有市场。我们要让游客既能在南峪村感受到浓郁的乡土气息，又能享受到精致的服务和高品质的住宿环境。”段春亭说。

如今的南峪村建起了以“麻麻花的山坡”为主题的精品民宿，一幢幢古朴雅致的农家小院在苍翠掩映下别有一番诗意。翠林修竹间建起的独幢民宿小院，还保留着乡间老宅的旧石墙。走近几步，便可以看到穿着围裙的管家在门口笑着迎接你“回家”。

段春亭在南峪村“麻麻花的山坡”民宿小院前

“这个小山村，2016 年以前一个游客也没有，即使是野三坡景区，过了“十一”假期游客也很少，更别说寒冷的冬天。如今，我们的民宿生意火爆，预订都得提前一两个月，冬天节假日也有人，春节住得爆满，你都订不上房。”段春亭自豪地说。

创新打造合作社，农民腰包鼓了

2016 年 4 月，南峪村农宅旅游农民专业合作社成立了，段春亭出任理事长，设立了“三级联动、五户联助”的管理模式：第一级是理事会、监事会、村“两委”班子党员组成的互助骨干 14 名；第二级是通过五户联助推选出的 43 位互助代表，代表中有 13 名党员；第三级是以户为单位的社员代表。其中，将 49 户贫困户 80 人平均分配到各骨干及代表组里，每名骨干党员带动至少 2 户贫困户，从而起到党员的模范带头作用。制定了合作社成员确权方案及确权标准，从而互通有无、互相帮助，真正把村民组织起来。

经过合作社骨干大会讨论，确定了把发展高端民宿项目作为实现脱贫的支柱产业。通过专家团队实地考察，把村民闲置多年的 16 套老旧民宅流转到合作社，利用“美丽乡村——三星分享村庄”项目资金和涞水县政府扶贫资金，进行特色改造，打造高端民宿“麻麻花的山坡”。2016 年改造 2 套民宅，2017 年完成 6 套，2018 年改造 7 套民宅和一间多功能会议室，真正把扶贫产业建起来了。

南峪村农宅旅游农民专业合作社确立了“一个基本、三个原则”的收益分配方式。“一个基本”指的是全体村民共享，每人都有“人头股”；“三个原则”是多投多得、多劳多得、帮扶贫困。合作社产生的收益 50% 用于给全体村民分红；30% 用于合作社发展基金；10% 用于村集体公共事业；最后的 10% 作为公益基金，用于帮扶其他贫困乡村。真正把群众利益连接起来，并做到精准扶贫。

2016 年完成的 2 套高端民宿运营 2 个月收入 8 万元，年底全村村民人均分红 100 元，贫困人口人均分红 200 元。2017 年完成第二期 6 套高端民宿，6 月 1 日正式运

/ 段春亭（右）与回乡创业青年交流经营民宿小院的经验

营，8 套民宿年底营业收入达到 174 万元，合作社盈利近 60 万元，村民实现人均分红 500 元，贫困人口分红人均 1 000 元。截至 2018 年底，共建成 15 套高端民宿，村民实现人均分红 700 元，贫困人口人均分红 1 500 元。

每套民宿都配有一名管家，所聘管家均为本村 30 ~ 50 岁的妇女，经过长达 2 个月以上的餐饮、卫生及礼仪培训，负责民宿内的迎来送往、洒扫庭院以及端茶倒水等工作。这样既让客人享受到农村大姐的热情，还能吃到地道的农家饭，最终还为村民解决了就业。现在那些离家打工的妇女已经全部从外面回来，参加培训后当起了民宿管家。

段春亭介绍，贫困户蔡景兰已经 60 多岁，原则上不能从事管家服务，但合作社考虑到她丈夫患有尿毒症，还要赡养家中 90 多岁的老人，就破格对其进行培训。培训期间，蔡景兰的服务态度、身体素质都不错，培训合格后，她很快就上岗了。“管家的工资收入和经营效果直接挂钩，一般来说月薪在 2 000 元左右，但是蔡景兰每月工资都能达到三四千元，大大减轻了家庭负担。”

南峪村在党支部书记段春亭的精心组织下，在短短一年多的时间里，通过旅游扶贫产业，做到了精准扶贫，实现了全村村民共享发展理念，探索出了可复制的旅游扶贫新模式。建档立卡贫困户 286 人已全部脱贫。

关于未来，段春亭信心满满，他将以绿色生态发展为理念，用三年时间打造完成 60 余套高端民宿，进一步开放旅游发展思路，带领全体村民走向更美好的明天。

（供稿、照片提供：河北省涞水县扶贫办）

郭志强，山西省长治市壶关县石坡乡南平头坞村党支部书记兼村委会主任。1991 年担任村党支部书记以来，坚持以党建为抓手，打造出一支优秀的村“两委”干部队伍。带领村民夯实基础设施建设，筹资 300 万元，让 59 户贫困户全部搬进新房。筹资 1 400 多万元，成立造林专业合作社，创办潞州“飞蕾”手工绣品公司，建成连翘茶加工厂、100 千瓦光伏发电站、杜则沟康养园，开办 36 家农家乐。推动建成文化大院、民俗大院和文化墙，丰富村民的精神生活。2016 年南平头坞村实现整村脱贫，成为人人称羡的省级美丽乡村、省级文明村。

“老郭”治穷记

郭志强的家乡——山西省长治市壶关县石坡乡南平头坞村曾是一个“山高石头多、出门就爬坡”的闭塞落后的穷山村。1983 年，退伍几年的郭志强作为村里为数不多见过世面的年轻人，被热切渴望改变的村民们选为村委会主任。1991 年，又当选为村党支部书记。

民有所盼，奋斗不止。30 年来，郭志强苦干实干，带领全村百姓撸起袖子加油干。他充分发挥基层党组织的战斗堡垒作用，打造出一支优秀的村“两委”干部队伍；带领村民夯实基础设施建设，筹资 300 万元，让 59 户贫困户全部搬进新房；筹资 1 400 多万元，成立造林专业合作社，创办潞州“飞蕾”手工绣品公司，建成连翘茶加工厂、100 千瓦光伏发电站、杜则沟康养园，开办 36 家农家乐并使大峡谷“飞机游”直升机停机坪也建在本村；推动建成文化大院、民俗大院和文化墙，丰富了村民的精神生活……

一个产业兴旺、生态宜居、乡风文明、治理有效、生活富裕的南平头坞村，是郭志强交出的最美答卷。连任村支书至今，是村民对他勤奋、实干、严谨工作的最大肯定。

通水通路，改变穷村子

南平头坞村村民穷怕了。

1954 年，郭志强出生。由于吃不饱肚子，从记事起，他就跟着父亲在山沟里开荒。

21 岁时，他跑去参军，当上新兵才吃上第一顿饱饭。

1979 年，郭志强退伍回到村里。村庄还是记忆中的样子，破旧、穷苦，他是沿着崎岖、泥泞的山路，一步一个脚印走了很久才到的家。这就是当时的南平头坞村，没有一条像样的路，外面的人进不来，里面的人出不去，乡亲们一年到头能吃上顿大米、白面就算好生活了。被推选为村委会主任后，郭志强一直在思索该怎样治“穷”。

穷不生根，富无天生。郭志强其实不认命。没读过一天书、大字不识一个的他，干起事儿来总是特别争气：8 岁给生产队放牛，他放的牛最肥，生产队评选他为劳动模范；15 岁到桥上乡修水电站，他是先进工作者；17 岁就当了生产队副队长，入伍后嘉奖令也不断。经过认真思索，郭志强干了两件大事——通自来水、修路。

坚定修路的想法，源于他上任伊始的一个小插曲。乡亲们尤其是老人爱听戏，郭志强就带领群众修了一座人民大舞台，从外地请来大剧团，美美地唱了三天，高兴得村民坐下来就谈论。可他心里却怎么也高兴不起来。戏唱得很圆满，可唱戏之前村口的那场“戏”却让人无奈：因交通不便，请来的剧团只能乘车到村口，郭志强招呼了全村壮小伙子，将大小戏箱抬到了舞台，这才让戏唱上。

戏一年唱一次，可群众的生产生活是天天和路相关呀。走不出大山，脱贫就是痴心妄想。只有把路修通，穷山村的“致富路”才能通。

“修路！不把路修好，就对不起选举我的父老乡亲。”郭志强发了狠。可村集体账上没有一分钱，怎么修?

没钱，可村子里有人，郭志强带着村民们赤手空拳集体上阵干。规划设计他自己来，并登门说服了 3 户涉及拆迁的群众。第二年，村里就修通了一条从村口到舞台的

/ 郭志强（中）带领党员一起修路

2.5 米宽的村级公路，初步改善了进村交通，当时村民们无不欢欣鼓舞。

看到大家的笑脸，郭志强既欣慰，又觉得愧疚。一截不长的路就让大家这么满足，而村里还有那么多基础设施建设欠账，得想办法补起来。

郭志强（左一）同村“两委”成员商讨工作

吃水难，是南平头坞村村民一提起来就头疼的事，更是郭志强的一块心病。他找地质队工程师来村里探水，结果水源在地表以下 100 余米处。村民知道后，埋怨自己住的地方不好，并安慰郭志强道：“咱村地处山脚根，就是这条件，不行就算了吧，就是吃不上自来水，也都知道你是个好支书。”地质队工程师也劝他：“挖水这个办法太难了，你可得考虑好啊。”尽管如此，他还是发动群众甩开膀子干了起来，可没想到，苦战半年挖了 25 米左右，结果一场大雨之后全部被淤平。

挖水失败了，但郭志强的决心并未改变，哪怕因此累出了一身病，哪怕只能黑夜吃药谋事、白天吃药干事，他都要解决乡亲们吃水难的问题。在省驻村工作队的帮助下，村里决定引进东水西调峡谷水。他带领群众身背水壶、干粮，天亮出发、日落归家，翻山越岭到马家村挖渠埋管。经过一个多月的苦战，终于把峡谷甘泉水引进了百姓家。通水典礼那天，全村锣鼓喧天、鞭炮齐鸣，男女老少沉浸在一片欢庆之中。

这时候，郭志强却累倒了。心脏病加重的他，只能住进医院，做了心脏搭桥手术。住院期间，村民们到医院看望他，忍不住心疼地埋怨：“全村的百姓都在你心里，可你为啥独独不装装自己？”

病还没有康复，郭志强又跑回了村里，投入到村子建设中，升级村级公路、硬化巷道、扩建田间道路……

随着村子的发展，他又开始了新的谋划，再度拓宽街道，改善居住环境。经过日夜奔走，成功说服 9 户村民顺利拆迁，将道路在原有基础上又拓宽 5 米，并用大石板硬化，解决了雨天走街两脚泥的问题。

街宽了，晚上走路黑，郭志强又筹资安装了沿街路灯，使夜里的街面亮起来。2011 年，村中大街小巷路面全部实现硬化，街边全部安装了石栏杆并增加了太阳能路灯。同时，村里还在街巷道下全部铺装了下水管，修起了垃圾池，配备了专职的环卫员。整个村子干净整齐、焕然一新。

/ 郭志强（中）指导机绣生产

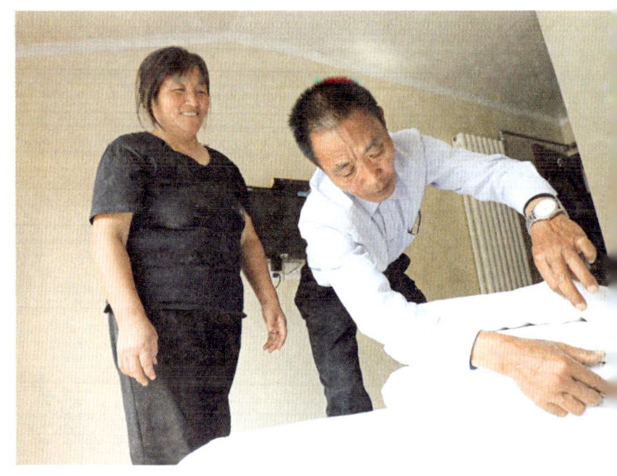

/ 郭志强（右）指导农家乐工作人员叠被子

狠抓产业，铺开脱贫路

乡亲们虽过了温饱线，但距离小康目标还十分遥远。“村里有小摊小贩来卖苹果，孩子们看着苹果却使劲吃着手指头，那模样让人心酸，可咱实在掏不出多余的钱买啊。”老乡的话句句砸在郭志强心头。

郭志强不是没有吃过穷的苦。他家曾经连吃上粮食都成问题，是全村最穷的一户。自从当上村党支部书记后，他的责任变成了让全村人脱贫致富。他一次次面对大山发誓：“一定要带领乡亲们过上好日子。”

要过好日子，手上就得有钱。在这山沟沟里，如何赚到钱呢？

一次，县里某单位的人到南平头坞村扶贫，看中了当地妇女手里的绣花鞋、虎头帽。妇女们都很吃惊，祖祖辈辈绣来自用的东西，还有人要买？郭志强知道原因，为了讨生活，他曾经做过“男绣娘”，做女红的手法比女人还精巧，这是传承千年的潞绣工艺啊，被看上是再正常不过的。

郭志强决定挖掘传统潞绣工艺，组建红星桑蚕刺绣合作社，这是狠抓产业发展的第一招。近年来，累计培训绣工 1 200 余人，妇女们的绣功更加炉火纯青，年生产各类刺绣产品 20 000 余件，“长治潞绣”被列入第五批省级非物质文化遗产代表性项目保护名录。

眼下，南平头坞村有一半妇女精于刺绣，已形成“小基地、大辐射”格局，带动 3 个乡镇、10 多个村的 200 余户贫困户增收致富。《清明上河图》《报春图》《梅兰竹菊》等精美绣品，远销荷兰、德国等国家。

妇女有事干，男劳力也没闲着。

“光咱自己怎么都好说，可我是村支书，老百姓生活不好就是我的失职，得想办法让乡亲们增收。”郭志强跑上跑下争取扶贫项目，坚持多元发展。他先后牵头成立了造林专业合作社，建设了100千瓦的光伏发电站。

满山黄花开，十里风飘香。每年5月，村民们相互招呼着，三五成群上山采摘连翘。村里的山坡野地上，共种了5 000多亩连翘。

“收连翘喽！”路边等待收药材的商贩，一见老乡采摘的连翘就开始吆喝，不等他们扛回家就收购了。“山上长的这宝贝疙瘩，一转手就变成了现钱。”郭志强说，连翘收获期长，从5月一直能摘到年根儿。一个手脚快的劳动力一天能摘10多公斤，按每公斤10.8元计算，能挣100多元。

南平头坞村位于壶关太行山大峡谷景区周边最开阔的位置，具有旅游专线穿村而过的独特区位优势。如何将区位优势、生态优势转化为脱贫优势、增收优势？经过多次研究讨论，广泛征求意见，村“两委”最终决定趁着全县发展旅游开发的强劲东风，大力发展乡村旅游和农家乐。

郭志强聘请了山西大学的专家教授进行规划设计，把村民房子外墙涂成了彩色，把村子打造成了彩色村庄。这个宛如童话世界、充满艺术气息的彩色乡村，多次被中央电视台报道。

“玉帝巡天到太行，路过峡口小村庄。借来一支马良笔，绘出梦乡作故乡。”一位游客用诗句写下了对南平头坞村的感受。

振兴乡村，奔向好日子

郭志强任职以来，始终把抓好基础设施建设作为实现农业强、农村美、农民富的重大抓手，大力改善本村基础设施建设，大力抓好公共服务建设。当看到娃娃们在破旧的庙宇里上课，这个硬汉落泪了：“这是祖国的花朵，这是村里未来的希望呀，再苦不能苦孩子。”于是，郭志强带领全村人推倒了那座破旧庙宇，建成一座2层19间房的教学楼，让村里的学龄儿童都坐进了宽敞明亮的新教室。

/ 郭志强（中）召开村“两委”班子会议

南平头坞村原有自然村5个，其中59户

/ 郭志强在美丽的南平头坞村

贫困户居住条件恶劣，交通不便，孩子上学需要步行 3 里路，吃水依靠旱井或到 10 多里外取水，电线年久失修，仅能满足基本照明。针对这一情况，郭志强多方筹措资金 300 万元，上马了移民新区工程，59 户贫困户全部搬出了山庄窝铺，住进了移民新区。他还注重移民新区水、电、路、网等基础设施建设，让贫困户出行快捷、孩子上学方便、吃水用电再也不用发愁。

既要让乡亲们“搬得出”，也要让他们“稳得住”。郭志强根据村里发展旅游产业的优势，引导他们大力发展农家乐、小超市等，或吸纳他们进刺绣厂、茶叶厂等务工，确保每户都能有收入。搬迁户郭怀龙激动地说：“国家的政策真是好，郭书记是我们的好书记，我们现在的生活越来越好了。”

郭志强先后筹资 300 余万元扩建了村小学，筹资 280 余万元新建了敬老院，筹资 70 余万元将两座污水池改造为景观池，筹资 14 万元清理河道、种植花草 9 000 余平方米，筹资 70 余万元修建了排污管网，筹资 60 余万元在村中新建了 14 个垃圾集中点并在村外修建了一个垃圾处理站，筹资 60 余万元在后山新建了四座观景亭，筹资 90 万元新建了文化大院、民俗大院……

南平头坞村村容村貌焕然一新，环境好了，游客多了，收入高了，村民笑了，获得感、幸福感不断增强。2016 年，全村实现整村脱贫。而今，南平头坞村已成为远近闻名、人人称羡的省级美丽乡村、省级文明村，昔日贫困的小山村正在乡村振兴的康庄大道上阔步前进。

“老郭”是村民们现在对郭志强亲切的称呼。可他一点都不觉得自己老，他还要为乡村振兴继续奋斗下去。群众口袋鼓了，脑袋也要富起来，用郭志强的话说：“咱现在做的离习近平总书记对乡村振兴的要求还远得很呢。”对于他来说，只要方向对，多干事、多贡献、多替群众谋福祉，南平头坞村的发展就会越来越快！

（供稿、照片提供：山西省扶贫办　修编：周艳）

塔依尔·卡吾里，新疆维吾尔自治区克孜勒苏柯尔克孜自治州阿克陶县塔尔塔吉克民族乡库祖村村民。他致富不忘众乡亲，2014 年带领 12 名贫困群众外出务工 3 个月，人均收入达到 1.6 万元。2015 年，带领 15 名贫困群众务工 2 个月，人均收入达到 1.5 万元。2016 年，他用自己的装载车为 15 户贫困户平整耕地，为村小学免费拉砂石料，帮助库祖村建学校。2017 年，塔尔乡山区发生特大洪水灾害，他不顾危险，驾驶装载车，参与清理、疏通河道。他还多次为村里平整道路，方便村民把林果产品卖出去。他成了帕米尔高原上的脱贫致富带头人。

大山深处的致富带头人

塔依尔·卡吾里，祖祖辈辈生活在帕米尔高原、昆仑山深处，虽然山高沟深、环境恶劣、土地贫瘠，种地没有土、放牧没有草，但他不甘被贫困束缚、不向生活低头，敢向贫穷挑战、勇向命运抗争。他放过羊，学过机械修理，干过建筑工人。为摆脱贫困，他带领贫困群众承包工程创收，利用高原民俗旅游资源开办特色民宿，最终用勤劳的双手改变了自己的命运，成就了自己的人生。经过多年的打拼，成了附近十里八村有名的致富能人。

不等不靠，在外出务工中实现脱贫

塔依尔·卡吾里的家乡——塔尔塔吉克民族乡位于我国西陲，地处昆仑山脉西部，被崇山峻岭环抱，交通极为不便，是阿克陶县的贫困乡。库祖村是深度贫困村，建档立卡贫困户 137 户 550 人。因缺少生产资料和技术、家庭收入低，2014 年塔依尔·卡吾里被认定为建档立卡贫困户，那时候他还居住在用石块砌成的低矮土坯房里，除了衣物、被褥和土炕，没有几件像样的家当，仅靠养几只牲畜勉强度日。他是穷怕了，穷则思变，为摘掉贫困帽子，塔依尔·卡吾里立志要靠自己的双手来改变贫穷落后的生活。

塔依尔·卡吾里在村民们眼中是“爱折腾”的能人。他修过车、搞过养殖，还自建过发电站……，却都因经验不足而以失败告终。但他没有气馁，反而在艰辛的探索中积攒了更多的经验，最终迎来了属于自己的“春天”。

/ 塔依尔·卡吾里（中）向贫困群众传授装载机维修技术

2014 年，正值新疆各地如火如荼开展新农村建设的大好时期，很多工地都急需建筑施工队。塔依尔·卡吾里心想，现在到处都缺施工队，为什么不在自己村里组建一支建筑施工队？这样不仅可以自己脱贫，也可以带着乡亲们一起脱贫。于是，他利用夜间休息时间，挨家挨户上门做思想工作，与乡亲们一起分享自己的想法，并且承诺不拖欠一分工钱，以打消他们的各种顾虑。很快，库祖村第一支由贫困人口组成的建筑施工队成立了。

接下来，塔依尔·卡吾里多方联系工地，当对方听到这只是一支刚刚成立的施工队时，都婉言谢绝了。一路碰壁没有让他灰心，他依然四处奔波，寻找机会。功夫不负有心人，终于在海拔 3 600 多米、条件最艰苦的塔什库尔干县一处工地谈成了一个 40 万元的工程项目。他立即回村带着塞提克·塔皮、阿木迪尼亚孜等 12 名贫困群众前往工地。由于塔什库尔干县海拔高、气候恶劣，大部分队员都不太适应，有几个还出现了高原反应。塔依尔·卡吾里看在眼里、急在心中，想到大家都是自己带出来的，自己还承诺过要照顾好大家、要带着大家一起挣钱，于是他连夜从偏远的工地赶往县城购买了红景天口服液分给大家喝，帮助大家克服了高原反应。

就这样，他带领村民克服了一个又一个困难，起早贪黑、风吹日晒，高标准完成每一道工序，仅用了 3 个月的时间就保质保量完成工程任务。工程完工后，建筑队的 12

名队员人均收入 1.6 万元。当领到劳务费的那一刻，大家真正品尝到了劳动致富的喜悦，也更加坚定了跟着塔依尔 · 卡吾里一起务工的信心。

掘得第一桶金后，塔依尔 · 卡吾里借着积累的信誉和口碑，一鼓作气，带领一批又一批的乡亲踏上了务工道路，用他们过硬的质量和认真的作风在外出务工道路上站稳了脚跟。

经过几年的积累，施工队逐步壮大，塔依尔 · 卡吾里又购买了两台装载机，在务工的同时，为村里平整了许多荒地以帮助乡亲们种草养畜。乡亲们的日子发生了翻天覆地的变化，大家盖了新房子，添置了各类家用电器，有的还买了小汽车，脱贫的路越走越稳，日子越过越好。

不忘初心，在社会担当中彰显责任

塔依尔 · 卡吾里从小在山里长大，深知大山里的日子有多苦。小时候，家里有 8 个兄弟姐妹，父亲天蒙蒙亮就出门，要走几十里的山路去放羊，一天下来才能赚两元钱。兄弟姐妹上学了，家里没钱买本子，只能用砖头在地上写字。塔依尔 · 卡吾里读完小学后，父母实在没有能力供他继续上学，就劝他放弃上初中。但他一心就想读书，乡里、学校得知情况后，联系了一些好心人，给他资助学杂费等，让他顺利读完了初中。

/ 塔依尔 · 卡吾里（左二）与乡亲们一起修筑防洪堤坝、疏通河道

/ 塔依尔·卡吾里（右）个人出资为村里硬化道路

从好心人对塔依尔·卡吾里的资助开始，他便对党和政府心怀感激，心想一定要好好回报社会。富裕后，他是热心公益事业的爱心大使，尽自己所能为村里办实事、好事。

2016 年，库祖村建设新的村小学，由于资金不足，缺少砂石料，学校建到一半就停工了。塔依尔·卡吾里得知情况后，当即开着自己的货车，免费帮学校拉砂石料，连续好几天颠簸在往返的山路上，有了他的加入，停工的小学又开始建设了。虽然来回运送建材，要自己加油、修车，贴了一些钱，也耽误了挣钱，但看到孩子们能在明亮的教室里上课，他觉得一切都很值得。

2018 年，为进一步改善塔尔塔吉克民族乡山区“访惠聚”驻村工作队的生活条件，阿克陶县为山区工作队购置了彩钢房。但在运输途中，因突发洪水，通往乡政府的桥梁被冲毁，拉彩钢房的货车只能等在路边，无法通行。塔依尔·卡吾里得知这个情况后，二话没说，开着自家的装载机开始平整冲毁的桥梁路段。经过几个小时的奋战，终于清理了冲毁路段，修出了便道，让运输车辆能安全通过，把彩钢房送到了“访惠聚”工作队驻地。村民问他，你这样辛辛苦苦干，一分钱都没有得到，图啥？塔依尔·卡吾里说，是党和政府的关怀让我读上书，有钱挣，过上现在的幸福生活，党派工作队到我们村里驻村，给大家办了那么多好事，我这不算啥，我们要时刻感党恩、听党话、跟党走。

带动致富，在助人为乐中找到价值

俗话说：“独乐乐不如众乐乐。”在自家生活富裕起来的同时，塔依尔 · 卡吾里没有忘记同村的乡亲们，看着村里还有一些乡亲生活在贫困线边缘，他心里很不是滋味，带动大家共同富裕是他的心愿。

2014 年，塔依尔 · 卡吾里自己学习维修技能，并与县人社局培训机构联系，自掏腰包送村里无技术、无技能的 45 名贫困群众到县城参加电器、电动车维修及装载机操作等培训，还给予大家生活补助，帮助大家掌握一技之长。现如今，这些人有的开办了维修店，有的走上了务工路，一步一步摆脱了贫困，实现了致富。

2016 年，塔依尔 · 卡吾里了解到古丽木热提 · 坎吉等 15 户贫困户因家里缺少劳动力，无法平整土地，于是他开着自己的装载机免费为他们平整耕地，确保了小麦能够及时播种。

2017 年，塔尔塔吉克民族乡山区因暴雨遭遇了百年不遇的特大洪水，倾泻而下的泥石流堵塞了河道，给当地群众的生产生活造成严重威胁。塔依尔 · 卡吾里不顾安危，开着装载机对河道进行清理疏通。堵塞的河道疏通了，乡亲们的生命、财产保住了，他才松了一口气，心里踏实了。

/ 塔依尔 · 卡吾里（右）看望独居老人

/ 库祖村村民修建安全住房

他做的像这样不图名利、不计得失的好事举不胜举。塔依尔·卡吾里常说，是库祖村这方土地养大了他，是政府的好政策让他日子慢慢好起来，富起来后，他要加倍地帮助更多的贫困群众，和村民一同过上富裕、幸福的小康生活。

2019 年初，爱琢磨的塔依尔·卡吾里发现了新的商机。他发觉来村里的游客多了，他们都特别喜欢高原生态旅游，喜欢感受塔吉克民俗风情、看高原风光，喜欢吃特色美食。库祖村里有许多古杏树，山下杏花败了，山上杏花才开，吸引了许多摄影爱好者来拍照，自己何不利用库祖村原生态的旅游资源来发展旅游经济？他向县人社部门咨询了相关的创业政策，申请了 2 万元创业项目资金，购置了 7 张双人床，将自家房屋改成特色民宿，给来旅游的游客提供食宿。4 月杏花盛开期间，每天人流量达 20 余人，3 天就有 4 500 元的收入，塔依尔·卡吾里尝到了甜头。

“现在的生活比以前好多了，以后的生活会更好。”塔依尔·卡吾里对今后的生活充满了信心。说起今后的打算，塔依尔·卡吾里信心满满地说：“计划在 2020 年，和村民抱团发展特色民宿，打造‘吃、住、玩、游、购’于一体的乡村旅游，让更多的贫困户在家门口实现就业，让他们吃上‘旅游饭’，让更多的贫困户鼓起‘钱袋子’。同时组织大家改造庭院，在每个院子里建一个花园，对地面进行硬化，让游客住得更惬意、玩得更开心。”

塔依尔·卡吾里用自己的一言一行告诉乡亲们——脱贫致富奔小康不是梦！改变生活要靠自己，是弱鸟也要敢飞，想幸福就要努力，齐心协力就一定能打赢脱贫攻坚战。

（供稿：汪克霞　黄芳　修编：张梦欣　照片提供：阿不都沙拉木·阿不都热依木）

程桔，湖北省咸宁市崇阳县白霓镇大市村党支部书记。十三届全国人大代表。曾获湖北省三八红旗手等荣誉。90后的她，放弃城市高薪岗位，毅然回乡，扎扎实实做好扶贫工作，带领村民脱贫致富。通过“村集体＋贫困户”“发展大户＋贫困户”“贫困户＋贫困户”三种脱贫模式，带领大市村走上了一条“支部带头人＋阵地建设＋产业发展＋全域旅游＋乡村治理”的致富路。她带领全村村民改造了1 700米主干道，加固河堤、拓宽河堤道路1 200米，建成60千瓦光伏发电站、150亩绿色茶园基地，引进占地300亩的淡水龙虾养殖基地，年产值达到150多万元。

燃梦的青春在乡间绽放

地处幕阜山脉边缘的湖北省咸宁市崇阳县白霓镇大市村，依山傍水，民风淳朴，文化底蕴深厚，这里是国宝级文物商代铜鼓出土地，也是人工石拱渡槽“月山长虹”所在地。

2018年，大市村90后村党支部书记程桔当选十三届全国人大代表，成为咸宁市最年轻的全国人大代表，也是新中国建立以来崇阳县首位全国人大代表，这让这个小山村成为社会各界关注的焦点。

热恋故土，回乡竞选村官

自信的笑容、坚毅的眼神，程桔与同龄人有点不一样。

2013年，程桔从华东交通大学毕业，和所有满怀梦想的毕业生一样，有着“初生牛犊不怕虎”的勇气和激情。在云南丽江打工时，她就想，家乡的老宅仿佛也是这样的宁静，门前也长着百年的古树，虽没有这里繁华和热闹，但同样有秀美的人文和风景，如果打造得好，未必比4A级的景区差。

/ 程桔在大市村

2014年10月，回家探亲的程桔，正好赶上换

/ 程桔（右）指导贫困户发展猕猴桃产业

届选举。当时村里的老支书和主任，到家里来跟她聊起大市村的情况和换届选举的事情，并想让她参加竞选。老书记满心忧虑地说："小桔呀，现在我们都老了，你们年轻人要是不出来做点事情，大市村永远都不会有大的改变，我不能眼睁睁地看着大市村没有未来啊！"

老支书的话，像一记重锤深深地敲在程桔的心上。想到丽江古城的繁华和家乡的破落，还有那些留守儿童、孤独老人期盼的眼神，她的内心猛然涌上一股豪情：我是大市村的女儿，儿不嫌母贫，我要带领大家努力改变家乡一穷二白的面貌，让村民都过上幸福安康、有尊严的美好生活。就这样，程桔作为大市村最年轻的党员参加竞选，老干部和老党员都支持她，她成功当选为大市村党支部书记和村主任。

万事开头难。刚接手当上村里的"领头羊"，虽然程桔有着无数的规划和设想，一时间却不知该从哪里下手。她走门串户了解村情民情，走访老党员、老干部和群众代表，虚心求教，不耻下问，认真听取他们的意见和建议，在工作中磨炼自己的才干。几个月下来，她跑遍了全村三百多户人家。

生活不会是一帆风顺，工作总是在困境中磨砺人。一次，有户村民因占用路基和村干部大打出手，头破血流。程桔上前劝架，猝不及防之间被狠狠地打了一棍，顿时满手是血，手都麻了。当时，她硬是噙着眼泪没让它流下来，回家后，她越想越觉得委屈和伤心，放声大哭。妈妈心疼地为她揩去泪花，说："孩子，作为村支书，现在不是哭的时候。既然你选择了这条路，就要勇敢地去面对！"于是，程桔迅速调整好自己的情绪，全身心地扑到工作上。以后再遇到类似矛盾时，她总是站在公正公平的角度去处理事情，不偏袒、不推诿，耐心劝导，渐渐赢得了村民的理解和支持，一些棘手问题也迎刃而解。

梦想起飞，唤醒青山绿水

精准扶贫的春风吹暖了神州大地，贫困的大市村也感受到了党和政府的温暖。如何抓住这一难得的发展机遇，程桔在充分调查研究的基础上，为大市村确定了"基础设施—产业发展—文化旅游"三步走的发展思路。为了便于群众了解政策，她利用自己的

/ 猕猴桃丰收，程桔看到了脱贫致富的希望

专业知识制作便民服务卡，亲自上门挨家逐户发放给村民，向他们宣传国家精准扶贫各种惠民政策。刚开始，一些村民认为她就是个乳臭未干的黄毛丫头，啥都不懂。但她总是不厌其烦地耐心讲解，让村民们渐渐了解了政策，并看到希望和前景。担任村支部书记两年多时间里，在无资金、无外援的情况下，她带领村“两委”干部，先后修通了数公里长的通村公路，整修加固了河堤，完成了路面拓宽、农田整改等项目，村级基础设施得到了极大改善。

大市村老党员群众服务中心地处偏僻、地势低洼，时常被大市河水淹没，严重影响了各项工作的开展。为了提升服务功能，她整合村内各项资源，聘请村内能工巧匠，结合本村古民居特色，以四合院仿古建筑风格进行规划设计，并邀请村民理事会、村务监督委员会全程参与、监督，新建占地面积 2 300 平方米、建筑面积 1 000 平方米的党群服务中心，集“便民、办公、医疗、就餐、文化”于一体，真正实现“五务合一”。同步配套建成 800 平方米的文化广场，打造 200 平方米的小游园和休闲养生步道。新村委会落成后，每天早上来村委会健身、办事的村民络绎不绝。

程桔的努力，群众看在眼里，记在心中。村里一些老人看见程桔这样辛苦，常常心疼地对她说：“一个女娃娃，还没有成家，千斤担子压在你的身上，真不容易啊！”听着这些朴素暖人的话语，尽管她人瘦了，晒黑了，身心疲惫，但心里却无比舒畅，也更加坚定了要带领乡亲们走上富裕之路的决心。

亲近泥土，扎根农家，基层工作就是这样实打实、硬碰硬，来不得半点虚假，群众的感情最是朴实无华。尽管程桔没有过人的才智，也没有超群的能力，但她坚信笨鸟先飞亦超群，坚持在困难和挫折的磨砺中逐梦前行。

大市村是崇阳县 47 个贫困村之一，面对村容落后、产业单一、收入微薄、思想守旧等问题，程桔以“党建引领产业发展”为主线，积极寻找基层党建与产业发展同频共振、双促共赢的结合点。围绕如何发展产业，她因地制宜设计了“村集体 + 贫困户”“发展大户 + 贫困户”“贫困户 + 贫困户”三种脱贫模式，结合扶贫各项政策，鼓

/ 程桔（右二）在乡村旅游基础设施建设项目现场

励贫困户发展种植养殖业，确保每户有一个致富产业。

在了解村民实际情况时，程桔发现，一些无产业、无技能、无门路的“三无”贫困户，以及一些年纪比较大、劳动能力弱，又离不了家的贫困户，是最难脱贫的群体，但他们都有很强烈的就业意识。于是，她多次往县里跑，联系了一家制作卫生棉布的企业，在村里办起了扶贫车间，很快就有 10 多名这样的贫困群众来做工。这样，他们既照顾了家庭，又有了收入，还解决了企业用工问题，真是一举多得的好事情。村民们都高兴地说：“扶贫车间建到村里后，学技术的人多了，游手好闲的人少了；进车间挣钱的人多了，找政府要钱要物的人少了；讲勤劳致富的人多了，惹是生非的人少了。”

这件事情对程桔的触动和启发很大。在 2019 年全国两会“代表通道”上，作为全国人大代表，程桔大胆建议，希望国家有关部门尽快细化相关政策、措施，加快惠民政策在农村落地生根，畅通信息渠道，鼓励和吸引更多的人才开展乡村振兴建设，并真正做到人才引得回、留得住、起作用。

村民汪理军此前属于贫困户，平日里脸上难得有笑容。程桔多次上门了解情况，帮他申请享受相关扶贫政策，还为他指引致富门路。在程桔的帮助下，汪理军种植油茶树 100 多亩，在林下散养土鸡，农闲时节在附近务工。几年来，汪理军家庭收入年年攀升，成功脱贫。现在，汪理军盖了新房子，置办了新家具，脸上总洋溢着幸福的笑容。

村副主任汪晚龙说，程桔每天都很忙，不分白天黑夜，几乎没有一天休息时间。

在程桔心里，村里的事就是她的事。无时无刻，她都在为大市村操心。大到村公路建设、村旅游规划，小到纠纷调解、工地帮工，到处都有她的身影。

程桔总是随身携带一个小本子，记下要做的点点滴滴。村里的大小事情，她都一清二楚。

在程桔的带领下，大市村发生了翻天覆地的变化。程桔给村民交出了一份漂亮的答卷：带领村民筹资 250 多万元新建了党群服务中心，村民不出村就可办理证照手续；争取资金 200 多万元，加固河堤、拓宽河堤道路 1 200 米，改造、拓宽 106 国道至河堤 1 700 米主干道；建成医疗室、图书室、消防站、娱乐活动广场等场所；新修了月山大桥，新修、硬化道路 3.8 公里，加宽进村主干道 1.7 公里，村民出行不再难；筹措资金 100 多万元，修建一至四组的安全饮水工程，实施农田整改项目；推进美丽乡村建设，户户改厨、改厕，村容村貌大为改观；新建百亩茶园和 60 千瓦光伏发电基地，增加村集体收入。

如今，大市村民人均收入达 1.4 万元，全村 35 户贫困户 106 人全部脱贫，成为全市首批脱贫出列村。

无愧荣誉，一路逐梦前行

“大市村今后该怎样发展？怎样才能让村民的收入再上一个新台阶？”在大市村整村脱贫后，程桔和村民们都在思考这个问题。

为抢抓乡村振兴战略机遇，她紧扣“红色引领、绿色发展”理念，充分发挥自身优势，因地制宜，打造现代生态文明建设的田园综合体，一连打出“四张牌”：一是整合大市村自然、人文资源，进行整体规划设计，打造以大市渡槽观景平台和大市河漂流为主体的“轻旅游、慢旅游”中心；二是依托旅游开发，大力发展农家乐和农家宿，带动第三产业的发展；三是以三特集团狮子崖开发为依托，新修旅游公路，开发青山水库东干渠徒步游、月山野战地，修建石林健身道，促进山林开发，带动观光农业发展；四是加大村庄环境整治保护力度，对大市村主干道进行美化、亮化、绿化，逐步形成“一步一景、一组一景、一路一景”的美好蓝图。

/ 大市村小龙虾产业基地

筚路蓝缕创业路，栉风沐雨拼搏歌。大市村里有程桔的魂，有她的根。她在脱贫致富的路上摸爬滚打，汗水和着泪水，艰辛伴着喜悦，收获多多，感慨万千。

这里有一些资料：

一组贫困户庞君娥，养殖 130 头山羊，养猪 2 头，年人均纯收入在 4 万元以上；

四组贫困户程家良，妻子车祸留有后遗症，种植西洋参，承包荒山散养土鸡 4 000 只，年人均纯收入 2.3 万元；

五组贫困户汪理军一家人告别危房，住上了新房子，承包荒山 100 亩种植油茶树，林下散养土鸡，承包 15 亩土地种植水稻、莲藕，年人均收入达到 5 万元；

在三种发展模式的推动下，全村贫困人口人均收入达到 8 000 元以上；

村里新建了 60 千瓦光伏发电基地，可入股分红；

通过流转百亩产业基地和其他租赁收入，村集体经济收入实现突破，达到 11.3 万元，巩固了脱贫成效。

如今的大市村，阡陌纵横，路网交织，山青水碧，产业兴旺，乡风文明，人民安居乐业，一派欣欣向荣的社会主义新农村气象。老百姓由衷地感叹：“大市如今大变样，好山好水胜天堂；湾子夜话议大事，车间建到村头上；产业发展助脱贫，勤劳致富新风尚；游子千里念故土，幸福生活莫忘党！”

位卑未敢忘忧民，青春无悔逐梦飞。几年的奋斗，程桔践行了自己的诺言，赢得了群众的信赖，带领大家在奔小康的路上大踏步前行。

（供稿、照片提供：湖北省崇阳县扶贫办）

/ 大市村新貌

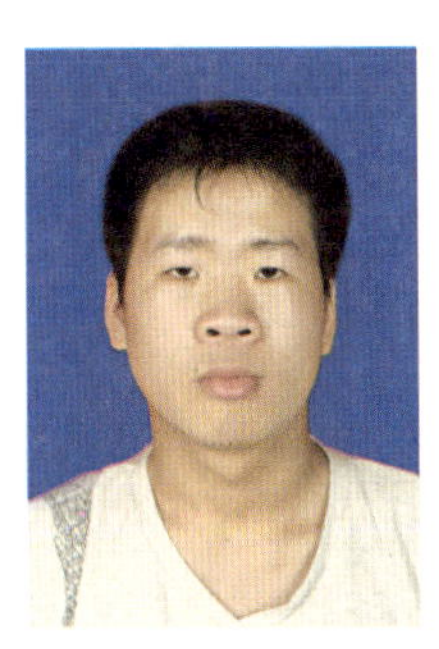

廖竹生，江西省赣州市宁都县励志园电子商务团队创办人，宁都县航远电子商务有限公司设计总监。曾获全国自强模范荣誉。他家境贫困，双手先天性残疾，拿不起重物。参加宁都县免费电商培训后，在政府的帮扶下开了一家布鞋分销网店。之后，他借助15万元贴息贷款，找到4个合伙人组建励志园。带领电商团队解决周边贫困群众的农产品销售难题。如今他与合伙人的电子商务公司联合120亩脐橙和柚子园、50亩茶园、500亩生态种养基地成立产业联盟，年营业额100多万元，利润30多万元。他通过自己的努力，成为创业致富的带头人。

“折翼”少年展翅高飞

“人穷志不能穷，身残志不能残。假如连志气都没了，那这辈子就真的完了。”

这是廖竹生常常挂在嘴边的话，更是他心中的信仰。正是靠着信仰的支撑，这个“折翼”少年才能获得展翅高飞的机会。

以自立搏自强，支撑梦想起航

1997年，廖竹生出生在江西省赣州市宁都县对坊乡半迳村的一个贫困农家，他的出生并没有让家人感到喜悦。他的双手患有先天性残疾，注定着未来的人生将会困难重重。

双手畸形，让廖竹生从小就被当作村里的“怪胎”。小时候的一次经历让他记忆犹新。一天在放学回家的路上，同学们追在廖竹生的后面冲他扔石子，骂他是“怪胎”。坚硬的石子打在身上，廖竹生并没有觉得疼，但身后同学们你一言我一语的辱骂深深地伤害了他幼小的心灵。那天他哭着跑回家，问母亲道：“妈妈，我真的是‘怪胎’吗?”听到廖竹生的话，他的母亲红了眼圈，一把将廖竹生抱在怀里说：“你不是‘怪胎’，你是爸爸妈妈的宝贝，谁都比不了。”那天夜里，廖竹生一宿未眠。

这之后，母亲照顾廖竹生更加细心了。就这样，几年过去，母亲始终无微不至地照顾着他。有一天，母亲在给廖竹生喂饭的时候，他无意间碰到了母亲粗糙的手，这时他才发现，母亲的背没有之前挺拔了，乌黑浓密的秀发中爬满了银丝。那时，廖竹生便下

/ 廖竹生（左二）与同事交流

定决心，不能成为父母的负担，一定要自食其力！

廖竹生知道，要实现自食其力，首先要从穿衣吃饭做起。可穿衣吃饭这两个在别人眼中极其简单的动作，对于一个双手严重畸形的人来说，却难之又难。但廖竹生不信邪，“别人能干的我就能干”。为了练习吃饭，他两根手指夹着勺子，一遍一遍练习往嘴里送食物的动作，勺子壁磨破了手指，廖竹生忍着痛不吭一声。就这样，经过坚持不懈的练习，廖竹生终于能够靠自己的力量穿上衣服、将饭送进嘴里，虽然动作笨拙，但实现了生活自理。

初中毕业以后，考虑到家里条件太差，廖竹生放弃了上高中的机会，选择到技校学习职业技能，那时候他最大的愿望就是学到技能后能够找到一份满意的工作，减轻家里的负担。但对于一个残疾人来说，就业的机会少之又少。技校毕业之后，廖竹生信心满满地将自己的简历投出去，可招聘方一看到双手残疾的廖竹生，不是直接将他拒之门外，就是婉转地告诉他招聘的岗位需要能正常工作的人。那段时间，廖竹生每日都垂头丧气，他觉得自己的人生没了出路。

正在廖竹生一筹莫展之际，帮扶干部找到了他：“小廖，过几天县里将组织电商培训班，贫困户家庭成员免费参加，不知道你感不感兴趣？”这个消息对廖竹生来说真是天大的好消息，可他心中还有顾虑：“参加培训能不能起作用？电商需要手动操作，我的手能不能行？”帮扶干部看出了他的顾虑，对他说：“党和政府非常关心贫困群众脱贫致富，尤其是残疾人的脱贫问题。别的重活咱干不了，点点鼠标肯定没问题。”

打消了心中的顾虑，廖竹生立即填表报了名，成为宁都县免费电商培训班的一员。在培训班上，廖竹生将老师讲的内容一一做了笔记，虽然因为双手残疾，字迹歪歪扭扭，但这些笔记在廖竹生看来是脱贫的希望，比真金白银还要值钱。

培训结束后，廖竹生获得了由江西省人力资源和社会保障厅颁发的就业培训合格证书，在当地政府的帮扶下开了一家名为“布潮行专柜”的布鞋分销网店，成为宁都电商园的一名“店小二”。第一个月，廖竹生赚到了近 3 000 元钱。虽然钱不算多，但初涉电商让他感到自己与正常人并无两样，只要肯努力，人生同样可以活出精彩。

突破精神贫穷的禁锢，是走向成功的第一步。获得人生“第一桶金”后，原来怕见生人的廖竹生，开始从容自信起来，尽快摘掉贫困帽子成为他奋斗的首要目标。

以领航带共航，实现励志抱团

2015 年 9 月，宁都县在电商园举办全县第一期残疾人电商培训。得知消息的廖竹生第一个报名参加，他希望结交更多的残疾朋友，共同创业。

培训期间，廖竹生和同学聊起自己通过电商赚钱的经验。本想通过自己的亲身经历现身说法，让更多的残疾贫困群众通过发展电商挣到钱，实现自己的人生价值，可没等他的话说完，同学们就炸开了锅。“鼠标动一动，指尖滑一滑，不出家门就能挣钱简直是胡扯！”“你想得太美了，咱们不是腿脚不方便就是胳膊、手不方便，人家正常人干这个才能挣钱，对咱们来说就是瞎折腾。”同学们你一言我一语，言语中充满着对“靠电商就能挣钱”的怀疑。

为了解除他们心中的疑虑，廖竹生便把自己半年来从事电商的销售单拿给他们看，大家这才心里有了底，有了试一试的想法。

“虽然我们身体上有缺陷，但我们都有一颗不服输的心。只要大家共同努力、相互依靠，一定能干出一番事业来。”通过这次培训学习，廖竹生与曾北方、肖石生、陈云翔、谢明生等人成为朋友，大家萌生了抱团创业的想法。

/ 廖竹生在办公

说干就干，廖竹生立即和曾北方等人着手组建励志园，开始组团创业。廖竹生对电脑设计比较熟悉，便承担图片制作、网页设计；曾北方主要负责运营推广和财务；肖石生有电动三轮车，可以到周边看看果园，了解行情；谢明生则主要负责网店的日常管理……。他们根据各自所长，按照职责分工没日没夜地干了起来。为了鼓励残疾人创业，宁都县也出台了一系列帮扶政策，为团队免费提供了办公场所和宿舍，并帮他们申请了 15 万元贴息贷款。

然而，创业之路并不平坦。经过考察，廖竹生发现家乡当地的脐橙品质好、价格高，于是他与几个合作伙伴商量后，将贷来的 15 万元创业资金全部用于收购脐橙。本想着靠脐橙大赚一笔，可谁也没想到他们当年就赔了不少钱。

原来，由于廖竹生对脐橙品质不甚了解，没有经验，加上当年市场价格不稳定，导致脐橙大量滞销。一个多月下来，几个人累得团团转，非但没赚到钱，反而亏了好几万元。没有多余资金，廖竹生和伙伴们的首次组团创业以失败告终。作为团队核心人物的廖竹生如坐针毡，倍感自责："兄弟们跟着我干是相信我，现在不但没有带领大家致富，反而因为亏损差点让大家返贫。"

看到每天都焦急万分的廖竹生，曾北方很是心疼，对他说："竹生，创业肯定有风险，大家都知道你是真的想带领我们过上好日子，我们不怨你。一次失败算不上什么，

/ 廖竹生指导同事进行电商操作

咱们在哪里跌倒就在哪里爬起来！”

“对，在哪里跌倒就在哪里爬起来。”廖竹生决定要继续带着大家干，再苦再难也要让他们过上好日子。可要想继续发展，便不得不考虑接下来怎么办，资金从哪里来。就在廖竹生一筹莫展之时，当地县领导为他们送来了及时雨。原来，廖竹生的帮扶干部了解到情况后，立刻向县领导做了汇报。“咱们县里有这样身残志坚的榜样是大好事儿，这对激发贫困群众内生动力来说太重要了。现在他们遇上困难，咱们说什么也要帮，要让全县的人都看看，只要是一心想干事，县里就会竭尽全力帮助。”

没有片刻耽误，县领导当即与电商产业园协调。电商产业园党支部拿出 10 万元资金给团队作周转，这笔雪中送炭的资金帮助他们渡过了难关。

这次创业失败的经历，让励志园团队开始反思内部销售模式的缺陷。他们发现，单一的农产品营销模式很难抵御风险，要想将电商产业做大做强，必须要扩大营销范围。随后，他们将经营范围由单一的脐橙扩展到以农副产品为主、家电和服装鞋帽为辅的多种经营，慢慢探索“创业密码”。

以振志勇振翅，飞出生命精彩

虽然创业艰难，但廖竹生和伙伴们却从未放弃。如今，他们已发展成为经营类别多种、发展渠道多样的团队。廖竹生创立的航远电子商务有限公司带领残疾人和困难群众推行电商平台设计、产品策划推广、代运营等，曾北方牵头创建了扶贫车间，肖石生牵头建成并运营天猫优品服务站。他们与周边多个种养基地签订采购协议，形成产业联盟，包括 120 亩脐橙和柚子园、50 亩茶园、500 亩生态种养基地，年营业额 100 多万元，利润 30 多万元。

随着事业渐渐做大，很多残疾人上门向廖竹生讨教致富方法。只要有人上门，廖竹生都会倾囊相授。有人这样对廖竹生说：“这些人一无本钱、二没经验，你辛辛苦苦把他们都教会了，他们到时候抢你的生意，看你以后还咋赚钱。”可廖竹生却觉得，自己这样做是正确的。“我深知残疾人的苦，他们愿意学习、愿意自己干点啥，那是天大的好事，我说什么都要帮他们一把。”这之后，凡是来找廖竹生求教的，他都带着人家在团队里共同学习成长，直到他们能自己独立管理网站为止。

黄苏荣是一名贫困残疾人，现在是赣州市科汇技工学校电子商务专业的学生，经朋友介绍，来到廖竹生的团队中实习。短短几个月的时间，她深受触动。“在这里工作，不仅能够自食其力，更重要的是得到了精神鼓励。看到一群和我一样的人，甚至有些人身体残疾比我更严重，他们都实现了自食其力，没有成为社会的包袱和家庭的负担，甚至还带动其他贫困户、残疾人脱贫致富，我感受到了从没有过的正能量和对未来生活的信心。”

如今，“廖竹生”这三个字已经不仅代表廖竹生个人，更代表了一种精神，激励着和他一样的残疾人自立自强。当地许多部门带着他的故事下乡开展培训，不仅让贫困户习得电商知识，更让他们通过廖竹生的真实故事获得强大的精神力量。

2019 年 5 月，廖竹生参加第六次全国自强模范暨助残先进表彰大会，并获得表彰。习近平总书记在会上勉励受表彰的代表再接再厉，为推进我国残疾人事业发展再立新功。宁都这支特殊的电商创业群体，正按照总书记的话，不懈努力，继续创造新的精彩人生。道路虽不平坦，但他们通过自身的努力，已逐步彰显自身的人生价值，并吸引更多的残疾人参与创业。“为了不让自己掉队，我申请加入中国共产党，如今已成为一名预备党员。”廖竹生骄傲地说。

电商励志园成为让残障人士励志脱贫致富的“励志园”。展望未来，廖竹生信心满怀。他说，创业难免会遇到失败与挫折，当身处困境时，自己总会哼唱起那首熟悉的歌：我要飞得更高，飞得更高，翅膀卷起风暴，心生呼啸……

（供稿：江西省宁都县扶贫办　修编：张津津　照片提供：杨文韬）

魏春柏，辽宁省朝阳市喀喇沁左翼蒙古族自治县（喀左县）老爷庙镇平房子村党支部书记，辽宁易道营销传播控股集团董事长。辽宁省人大代表。曾获辽宁青年五四奖章提名奖等荣誉。他坚信脱贫一定要靠产业支撑，脱贫攻坚绝不只是党和国家的事，一定要干好属于自己的那一份。在他的带领下，平房子村坚持以党建为统领，成立农商公司、土地股份专业合作社，发展菊芋种植和加工、光伏发电产业，实施乡村文创艺术区建设。2018年末，平房子村脱贫出列，同时，村集体也有了收入，迈入可持续发展的新时代乡村振兴之路。

1 639，一个都不能少
——绽放在乡土间的扶贫情怀

喀左县老爷庙镇平房子村距喀左县城10公里，2015年全村有1 639人，建档立卡贫困户67户183人，贫困发生率11.2%，属于省级贫困村。曾经，这个村负债累累，上访告状源源不断。然而一切都从2016年初开始，慢慢有了变化。在魏春柏和村“两委”班子的带领下，成立农商公司、土地股份专业合作社，全力发展菊芋种植与加工、光伏发电产业，实施乡村文创艺术区建设。2018年末，平房子村在实现脱贫出列的同时，村集体也有了收入，迈入了可持续发展的新时代乡村振兴之路。

从董事长到村支书

时隔近20年，魏春柏还记得，自己当年经营过不少小买卖，最终都以失败告终。后来，他在朋友的介绍下进入了一家广告公司。他踏实肯干的性格和诚信的人品，让他在广告行业里如鱼得水。2004年，在亲人和朋友的帮助下，他成立了自己的广告公司，从事文化创意、广告传媒、文化传播产业投资等业务。几年间，魏春柏的营销传播公司规模不断扩大，事业不断扩张到北京、上海、长春、哈尔滨、武汉、重庆等地。2010年，魏春柏组建了易道营销传播控股集团，年营收过亿元。在这期间，只要经济条件和时间允许，他热心参与了很多社会公益活动。

2016年2月，朝阳市实施了“领头雁”计划及喀左县的“五强双百”工程，喀左县老爷庙镇也提出了“选能人、培养新乡贤”的计划，认为“这是当前改变农村的一条出路”，村里的老书记向镇里推荐了魏春柏。当时正面临村党支部换届，镇党委书记抱着试试看的心态和魏春柏取得了联系，希望他能回村参加党支部书记的选举，但被魏春柏一口回绝。

/ 魏春柏讲党课

当时，魏春柏的企业发展蒸蒸日上，集团公司在巩固原有业务的基础上正开拓新的行业，这一切都需要他这位掌舵人。镇党委书记没有放弃。春节期间，他听说魏春柏回老家了，特地赶至平房子村。经过几番推心置腹的彻夜长谈，魏春柏答应再好好想想。

那夜，魏春柏彻夜未眠，怎么做决定，心底的斗争很激烈。回想起入党申请书中的慷慨陈词、党旗下的庄严宣誓、公益路上的默默奉献，再看看家乡多年贫穷落后的面貌，引发了他这个 10 多年党龄的老党员的新思考：我的人生价值是什么？那就是要承担更大更多的责任，为更多的人服务。如何将共产党员的责任与心中的公益理想结合起来？“富了不忘根，为富更要仁”，要凭借自己的商业能力努力帮助群众脱贫致富，实现自己的公益理想。他默默做出决定：“既然父老乡亲需要我，我应该投身家乡建设，坚持自己的公益理想，在时代的洪流和脱贫攻坚战中力争有所作为。”

2016 年 3 月，魏春柏高票当选村党支部书记。当选后，他成了全村脱贫攻坚、发展致富的带头人，他的心与平房子村的 1 639 口人紧紧绑在了一起。上任后，魏春柏经过一段时间的走访调研，结合党员群众和村“两委”班子的意见建议，决定将“稳定、发展、服务”作为工作宗旨，将“做强支部、做实扶贫、做对产业、做好服务”定为工作目标。

做强支部，党建凝心

农村富不富，全看党支部。作为村党支部书记，魏春柏深刻认识到“党管农村、党建引领”的重要性，村子要发展就必须把党支部建强建好。上任伊始，他就向镇党委提出：“我不要工资，将工资作为党建费用。”他以实际行动践行着公益理想。他多方筹措资金 30 万元，把村部装修得焕然一新，并修建了村民文化广场，丰富了村民业余文化生活。为了抓好党员教育，自费为全体党员购买了教材和学习用具，保证村“两委”班子成员每周集中学习 1 次，全体党员每月集中学习 1 次，特别是每月 25 日的党日活动，风雨无阻，准时进行。建立平房子村网站、微信公众号、村民共享群，结合远程教育平台、网络工具等，拓宽党员学习渠道。

在全村6个党小组64名党员中，他组织开展“共产党员户”挂牌活动，让党员亮出身份、做好表率、树立形象、接受监督，激发了党员队伍活力，为群众树立良好榜样。创新党员“项目化”管理，组织40名有劳动能力的党员实施包户计划，有效发挥党员的先锋模范带头作用。

2019年“学习强国”学习平台上线，他积极组织全体党员下载，并督促大家分享学习感悟。建立大学生奖励机制，对全村考取大专以上院校的孩子进行奖励。倡导尊老孝亲活动，组织党员干部每年定期慰问70岁以上老党员及老村干部、鳏寡孤独者及80岁以上老人。积极鼓励村民开展健康有益的文体活动，引领社会主义新风尚在农村蓬勃发展。

通过一系列的举措，无论是党员还是群众的觉悟逐渐提高了，自我行为约束和参与意识明显增强，村风民风也得到明显改善，大家的心齐了，干劲也足了，基层党支部的战斗堡垒作用充分发挥出来了，为平房子村的脱贫攻坚和乡村振兴提供了坚强的组织保证。

做实扶贫，产业为要

脱贫致富，产业是根本支撑。平房子村土壤贫瘠、十年九旱，做什么产业最好，成为魏春柏迫在眉睫的难题。为了给平房子村的乡村产业把脉，他北上黑龙江，南下江苏、浙江等农业发达省份，发动多年积累的人脉资源，邀请农业专家、产业公司来村里调研、投资。在这个过程中，他都是自费出行，调用自己公司的人、车，跑坏了胃肠，跑白了头发。三年多下来，公司的两辆车平均每年跑10多万公里。

功夫不负有心人，他带领党员群众探索出“党支部+合作社+贫困户+龙头企业”四位一体的扶贫模式，通过招商引入青良农庄（辽宁）发展有限公司和黑龙江良源集团，成立喀左合致土地股份专业合作社，流转土地531亩，吸收社员121户。在流转土地过程中，带动建档立卡贫困户31户95人通过土地折资入股，让农民成为股东。在保障入社

/ 魏春柏查看菊芋长势

/ 合作社收益分红大会

社员保底收入的基础上，鼓励参与种、养、收工作，多维度提高社员经济收入。

在他的带领下，平房子村开始发展菊芋种植产业，与高校和科研机构联合研发，在选育种植、采收加工、就地转产等方面攻克难关，真正实现产业脱贫。全村一共种植菊芋 500 多亩，营收超过 150 万元，远超过同面积种植玉米约 68 万元的收入，每年每亩增加收入近 1 000 元。在接到分红的那一刻，平房子村的贫困农户都深深感到，这一届村支部真的能够带领他们摆脱贫困，走上致富奔小康的富裕之路。

魏春柏就是这样带着全村不断进取。在为黑龙江良源集团提供原料后，魏春柏和村支部集体又决定摆脱原材料产地完全依赖出售原材料的困境，对菊芋进行酱菜初加工，并成立了菊芋推广研究中心。魏春柏带领村支部认真地算了一笔账：以现在合作社企业推出的酱菜品牌“喀咔翠”为例，一袋 100 克，以售价 2 元计算，比卖原材料多收入 10 倍。如果都做成酱菜，那么村民以流转土地入股，每亩地纯收入将超过 2 000 元，收入倍增是完全可以实现的。

菊芋产业的科学运作激发了村民入社的热情，产业扶贫初显成效。结合全村产业情况，村党支部在反复研讨论证的基础上，结合村民意愿，成立了喀左县老爷庙镇北盛养殖专业合作社，重点发展肉牛的养殖，截至 2019 年上半年，存栏量已超过 700 头，年产值近千万元。另外，又成立了喀左县老爷庙镇东运果树种植专业合作社，发展以果树、蔬菜为主的特色种植业，建设日光暖棚近 60 栋，蔬菜年销售可达 200 万元以上。同时，与喀左县供销社共同组建喀左县展邦供销农民专业合作社联合社，成立辽宁合致农商发展有限公司，结合农村产权制度改革，构建新型农村经济合作组织，把全村所有的贫困户全部纳入合作范畴，以入股分红方式保证贫困人口获得长期稳定的经济收入。

平房子村更坚定了走“产业扶贫、产业富民”之路的决心。在魏春柏的带领下，在上级党委政府和有关部门的正确领导和大力支持下，2018 年底，平房子村贫困户都达到了“两不愁三保障”目标，各项统计数据均符合退出标准，平房子村彻底摘掉了省级贫困村的帽子。

做对产业，融合发展

在产业发展上，魏春柏总结出的经验是“选对时机、找对门路、用对人才和带对方向，只要是看准了的，就认真去抓落实，放开手脚大胆去干”。以喀左县创建国家全域旅游示范区和 2020 年京沈客运专线开通为契机，参照田园综合体的形式，贯彻“绿水青山就是金山银山”的发展理念，魏春柏决定把发展乡村文创艺术产业作为今后产业发展方向，并邀请有关专家实地勘测设计。三年多的时间，他跑遍了平房子村的沟沟岔岔，做规划、定目标。

由青良农庄（辽宁）发展有限公司投资建设的青良国际乡村文创艺术区项目正在建设中，项目位于平房子村北沟。一期占地面积 200 余亩，计划建设国际艺术创作区、房车营地、百果园、生态美食餐厅、精品民宿等多元业态，是集农业种养、休闲观光、餐饮住宿、文化艺术交流等多功能于一体的复合型乡村文旅产业示范项目。这个项目已经落实了整体规划设计和区内水、电、路网的配套建设，采用“边建设、边运营、边开发”的模式，按照“一年打基础、两年见初效、三年大变样、五年树形象”的思路，把小山村打造成与国际接轨的“网红村”。

同时，75 千瓦村级光伏电站项目已投入运营，每年 8 万多元的收益为建档立卡贫困户提供了长期稳定增收的重要途径。光伏扶贫的惠及对象在覆盖全村贫困人口的同时，更加侧重无劳动能力、无稳定收入的贫困村民。

此外，与沈阳农业大学合作的万亩酸枣林项目在 2018 年已经启动，现已全面试种成功。项目引进先进技术和优良品种，将平房子村近 6 平方公里的土地进行整体规划、科学种植、统一管理，采取流转、林木换植等措施将山林沟壑统一起来，打造万亩酸枣林，带动全村共同富裕，建设多业态相互依存、一二三产业有机融合的新农村。

做好服务，情系群众

在魏春柏的眼里，同村乡亲都是他的家人，时刻让他情牵冷暖、心系喜忧；在村民的眼里，他就是他们离不开的当家人，不是亲人胜似亲人。魏春柏经常利用闲暇时间与村民谈心，了解其生产生活情况，虚心听取意见和建议。当村民在生活中遇到困难时，他总是耐心开导，自掏腰包尽自己最大力量帮助他们渡过难关。

为了让村民享受更好的生活环境，他努力改善村容村貌。针对群众普遍反映较大的北沟、东沟“百年土路”老大难问题，他带领村民完成村路硬化累计 10.4 公里，结束了“晴天一身土，雨天一身泥”的窘况，解决了村民出行难的问题；修建了 3 个共 4 000

平方米的村民文化活动广场，配备了健身器材，为村民提供了健身、活动、娱乐场地；安装路灯 46 盏，结束了一到晚上村路漆黑一片的历史；建设村级卫生室，充实村级文化书屋，为村民提供了更好的医疗、生活和学习保障。村级组织阵地作用逐渐加强。

不忘初心，砥砺前行

魏春柏一心扑在脱贫攻坚的事业上，也得到了家人的理解和莫大的支持。2016 年 3 月，他刚刚在换届选举中当选村党支部书记，4 月妻子便怀孕，三年半时间里他很难做到每周回家一次，结果女儿每次见到他都感觉很陌生，一点儿也不让他亲近，他想抱抱孩子，孩子总会哭闹“起义”。即使孩子长大些了，见了面也要熟悉一段时间后才肯叫爸爸。缺少对孩子和妻子的陪伴，让魏春柏内疚不已，但最让魏春柏内疚的是，为了提高亩产效益和发展产业，魏春柏试种了一些葡萄，请老岳父到平房子村传授种植技术，结果老岳父突发脑出血，经过半年多的救治，至今仍处在半昏迷状态，原本很硬朗的身体就这样奉献给了魏春柏的家乡和他的扶贫事业。

经历了这些，并没有改变魏春柏要打赢脱贫攻坚战的初心。正如习近平总书记所说，乡村处在贯彻执行党的路线方针政策的末端，是我们党执政大厦的地基，乡村干部可以说是这个地基中的钢筋，位置不高但责任很大。魏春柏肩负着这份使命和担当，“我会牢记总书记的要求，做地基中的一根钢筋，踏踏实实地把工作做好，等有一天离开这个岗位的时候，摸摸自己的良心，拍拍自己的胸脯，觉得内心无愧，对得起自己的工作，没有什么遗憾就行了。”几句朴实的话，让人感受到一名共产党员朴素的为民情怀和人格魅力。

对于未来，魏春柏总是信心满满。在他的理想中，未来的平房子村不仅要自己富裕，还要能吸引更多的优秀人才来这里就业、生活，让平房子村成为风景秀美、产业兴旺、文化繁荣的社会主义新农村。

（供稿、照片提供：辽宁省扶贫办　修编：张奕　张正宇）

/ 菊芋基地

全国脱贫攻坚奖贡献奖

QUANGUO TUOPIN GONGJIANJIANG GONGXIANJIANG

王宏，中共党员，辽宁省锦州市义县副县长（挂职），辽宁省农业科学院果树科学研究所副所长。自 2007 年 11 月他任义县科技副县长以来，在全县建成果树专业合作社 44 个，果树农场 22 家，果农人均年收入由几百元跃升至几万元。他致力于推进义县农业强、农村美、农民富，紧紧扭住农业科技成果转化这一“牛鼻子”，充分发挥农业科技优势，推进种植、林果、养殖产业创新发展，以产业兴旺为根本，以人才建设为支撑，以农民富裕为目标，书写了义县新时代“三农”新篇章。

书写义县新时代“三农”新篇章

闾山脚下，凌水河畔，人们传唱着一位党员科技干部的奉献颂歌。12 年时间、4 000 多个日出日落，他走遍了义县的山山水水、乡镇村庄，习惯了农家的粗茶淡饭、宽敞火炕。他运用最新的科技成果帮助农民掌握致富本领，用敏锐的市场意识引领农民走向致富之路。他就是辽宁省农业科学院果树科学研究所副所长，义县副县长（挂职）王宏。

2007 年 11 月 1 日，对于在致富路上渴盼知识的义县农村百姓来讲，是值得庆贺的一天。这一天，义县人民政府与辽宁省农业科学院签订了科技共建协议；这一天，辽宁省农科院为义县选派了果树专家王宏兼任科技副县长。从这天起，王宏就一头扎入农村基层，引领着农民走上了“科技兴农、科技富民”的开拓创业之路。

除旧布新，转变农民观念

义县位于辽宁西部，总面积 2 476 平方公里，自然地貌特征是“六山一水三分田”。王宏初到义县就对义县发展果树种植可行性做了广泛、细致的调查研究和论证，认为苹果、梨树种植应为义县农业发展的主导产业。义县有 60 万亩荒山，但果业生产规模很小，而且科技水平低，当时处于落后辽南地区几十年的现状。

观念是行为的先导。观念转变的背后，是对农业科技成果的认知认同，是对市场开拓风险的担忧规避，是对已有经验和生活现状的自我超越，等等。王宏两脚泥、一身

/ 王宏（站立者）在义县大榆树堡镇进行果树种植培训

汗，走遍义县的山山水水、沟沟坎坎，一干就是 12 年，把足迹和汗水留在全县 380 多个重点果树乡、村、户的果园里。农民最初疑惑、半信半疑，最终却把副县长、农业新科技、市场营销当成了发展的“金手指”。王宏带着乡亲们和技术人员，考察学习先进地区农业科技成果转化实践，发挥党支部书记、致富带头人的“头雁效应”，让农民“眼见为实”，让当地“土专家”冲破原有技术局限，尝到科技甜头的农民、掌握先进农业技术的当地技术人员，用“先知先觉”带动“后知后觉”，达到了从“先富脑袋”到“后富口袋”的效果。实现农业科技成果转化，无疑是一个把具有实用价值的科研成果进行开发、应用、推广，从而发展新产品、新工艺、新产业的过程。从深层次来看，科学技术是第一生产力，同时也是潜在的生产力，要转化为现实的生产力，必须以满足农民第一需求为动力。

通过人才这一第一资源，抓住最关键的因素——提高人的素质特别是科技素质来实现的。王宏抓住关键，积极组织推进多层次多渠道的系统培训。据相关部门统计，2007 年以来，全县累计举办各类技术培训班 467 场次，参训人员达到 2.42 万人次。组织各类示范户和技术员外出参观学习 71 批次 3 600 多人次。培养了 68 名乡村果树专家、236 名果树技术员，有 412 名农民技术员被选送到省内农业高等院校脱产学习，85 名优秀农民被选送到中国果树研究所学习深造，奠定了全县果业发展的根基，形成了发展后劲。为了可持续“富脑袋”，早在 2008 年，他就组织开通“金农通”专家热线，为农民和专家之间架起了一座高效沟通的空中信息立交桥。王宏接待的咨询、答疑解难就有 1.5 万多人次，解决农业生产技术难题 800 多个。一个人的力量，依托组织、制度、政策的优势，汇聚成一个地区的力量和广大农民的力量，科技成果转化的实践引领，使义县农民在思想观念上初步实现了内生性演化，农业发展上了一个大台阶。

点石成金，引领科技致富

“科技兴果”的共识使义县的果业发展进入了一个新阶段，王宏成了山区果农家的“香饽饽”。农家炕头，他架起投影设备，为果农传授果树管理技术；苹果树下，他拿出随身携带的修剪工具，现场为果农示范剪枝技术；下乡途中，他常常在半路被果农“截留”，请教如何解决果树管理中遇到的难题。有时东家的现场指导未结束，西家的疑难问题已排号。10 多年来，在全县 380 多个重点果树乡、村、户的果园里，都留下王宏的足迹和汗水。

关振先是王宏重点帮扶的一个建档立卡贫困户，他年过六十，孤身一人，还有语言障碍。家里有 10 亩左右的苹果园，但品种太老，技术跟不上，辛辛苦苦一年下来几乎没有收益。为了支持鼓励他，王宏联系乡里帮他整修了果园，还提供了 800 株早金酥梨树苗，手把手教他栽培和管理。到了 2018 年，早金酥梨见到了效益，关振先信心大增。2019 年，他最早种下的 800 株早金酥梨，产梨 7 500 公斤，毛收入达到 3 万元。关振先满怀丰收喜悦在自家果园里迎接了来自辽宁全省的参加科技特派员扶贫现场会的客人们，他的故事也随着现场会传向四面八方。从不愿意干到抢着干，从不会干到会干，从长期贫困到拔掉穷根，一大批像关振先这样的贫困户，通过早金酥梨项目，搞起了一个产业，学会了一门技术。用他们的说法是，王县长带来的小小早金酥梨，既实现了眼前走上富裕路，还能管住后半生不受穷。

王宏在义县地藏寺乡指导早金酥梨采收

未雨绸缪，谋划长远发展

产品只有进入流通领域进行销售才能成为商品。为把全县近 2 亿斤的各类果品及时卖出去，实现助农增收，王宏这个科技专家，又成了营销的行家里手。随着现代农业发展步伐的不断加快，“怎样让果品卖上最好的价格？怎样解决农户单打独斗带来的被动？怎样帮助果农掌握最新的市场动态？”这些问题都是王宏要研究的课题。结合县情实际，他觉得要加大农业新型经营主体的培育力度，发挥先进带动、典型示范的作用，是冲破发展壁垒的又一个关键。于是，在他的带动下，做农民经纪人、当全能技术员、成立合作社、建家庭农场等在义县果品产业发展中成了新时尚。几年间，全县共培养有证营销农民科技经纪人 536 名，选派到沈阳农大和熊岳农职院学习的 412 名技术员，不仅要学习管理技术，还要学习营销业务。全县共建成果树技术协会 3 个、果树专业合作社 44 个。在具体工作中，组织果农按无公害果品的栽培技术进行生产，为果农提供产前、产中和产后技术服务，并统一商标、统一包装，实现共同抵御市场风险。为进一步扩大销路，把义县的优质果品销往国外，王宏还亲自带几个大户及营销人员到山东烟台一家

/ 王宏在义县地藏寺乡指导早金酥梨树修剪

知名的果业出品公司考察和洽谈，该公司从 2014 年起，在义县收购大量优质寒富苹果出口到泰国、菲律宾、俄罗斯等国家，走出国门的义县寒富苹果得到了商家的认可，大大提升了义县果品的美誉度，增强了果品市场竞争力。

/ 王宏在义县聚粮屯镇指导寒富苹果树修剪

2007 年以来，全县累计引进矮化寒富苹果，南红、早金酥等优质梨，托拉米树莓，抗寒大榛子，辽峰葡萄等果树新品种 36 个，其中早金酥优质梨已发展到 80 多万株，成为农民增收新的增长点。依托大型农业科技公司，在专家团队的支持下，王宏又牵头在全县开展了生产实用技术推广及果蔬质量安全生产加工示范基地建设工作，并紧紧抓住全面推广农村“三变”改革契机，探索发展新型农业经营模式，使农业生产向集约化、产业化、规模化转变，目前已初见成效。部分设施小区蔬菜产品达到绿色 A 级标准，露地蔬菜亩增效益 300 ~ 500 元，设施蔬菜亩增效益 1 000 ~ 1 500 元。项目区直接经济效益增加 210 多万元，周边水果生产区间接经济效益增加 2 000 多万元。

截至 2019 年，全县果树总面积达到 27.3 万亩，总产量 11.46 万吨。拥有大型果树农场 22 家、果树生产专业村 2 个、国家级果蔬示范园 2 个、省级果树示范园 2 个，累计建设各种型号规格果蔬保鲜库 130 余座，开办水果深加工企业 3 家。全县从事果业人员达到 7.8 万人。2014 年 9 月 8 日，义县选送的南红梨新品种在青岛举办的 2014 年首届“中华杯”全国优质梨评比活动中荣获一等奖；2014 年 11 月 13 日，义县选送的绿色果品寒富苹果、花盖梨和京白梨在辽宁省名优特果品展览评优活动中分别获得金、银、铜奖。2016 年，义县获评国家苹果产业技术体系示范县、辽宁省优质梨生产基地示范县。

王宏先后主持实施了辽宁省科技攻关“义县特色大扁杏生产关键技术集成与示范”项目、“义县特色果业与玉米制种生产关键技术集成与示范”项目等省部级科研项目 40 余项。2011 年，“苹果树乔冠改形增效关键技术研究与应用”项目获省科技进步二等奖，并获国家专利 1 项，获省科技贡献奖一等奖、二等奖各 1 项。王宏参与编写科技专著 5 部，在核心期刊发表主笔论文逾 15 篇。王宏先后获得辽宁省科技特派行动先进个人、省农科院先进工作者、辽宁省先进科技工作者、辽宁省扶贫状元、辽宁省五一劳动奖章等荣誉 19 项。

/ 王宏在义县张家堡镇指导寒富苹果树修剪

这一路，虽满载荣誉，但在王宏的心里，金杯银杯不如乡亲们的口碑和那漫山遍野的花果飘香，这就是他的获得感和追求的价值所在。可以说，正是源于对沃土的挚爱，王宏——这位来自省级单位的副县长，无怨无悔扎根基层。凭着一颗匠心，他让义县数十万亩的贫瘠荒山产生了绿色效益，为几万果农带来了信心和希望，为义县的果业发展注入了源源动力。2019 年是义县脱贫攻坚战决胜之年，也是全面建成小康社会的冲刺之年。站在脱贫攻坚胜利在望、县域经济社会全面振兴的新起点，王宏继续以饱满的工作热情、严谨的科学态度、赤诚的为民情怀，奋斗在科技兴农的第一线，脚踏实地、默默耕耘，用实际行动诠释着一个共产党员的初心，为他第一步踏上就深爱的这片热土砥砺前行。

（供稿、照片提供：辽宁省扶贫办　修编：顾勇华）

王平堂，吉林省延边朝鲜族自治州安图县明月镇龙泉村第一书记。曾获吉林好人·脱贫攻坚先锋、吉林省最美第一书记等荣誉。他以“严党风、强作风、正民风、促发展”为准则，大力加强班子和党员队伍建设，班子的凝聚力、战斗力显著提升。通过内挖资源潜力，外引资金帮扶，建成670平方米的煎饼加工厂、8公顷的生态大米农场和25个蔬菜大棚等。村“两委”班子在群众中有了威信，工作劲头更足了。村里有了自己的产业，村集体有了稳定的增收渠道。村容村貌整洁了，风气也正了，贫困群众靠自己的双手脱贫致富的信心和能力强了。

“龙泉村请您留下来！”

9月的长白山脚下，清晨和夜晚已能明显感受到秋风萧瑟。王平堂因四肢受凉而隐隐作痛的各个关节都在提醒他，最难熬的季节又要到了。

王平堂是中央政策研究室办公室副巡视员，挂职安图县明月镇龙泉村第一书记的任期结束了一个月。但驻村两年多来，那些与村民朝夕相处、血脉相融的情感，那临近任期结束时的声声挽留，都牢牢牵挂着王平堂的心。

“留下来，与乡亲们一同战胜贫困、步入小康！”王平堂的这一决定刚一宣布，龙泉村沸腾了！村党支部书记李忠诚和全体村民们心里悬着已久的石头终于落了地。

巍巍长白山。山有多高，从北京到安图的路就有多远，从“厅官”到“村官”要做的转变就有多难。如果不是脱贫攻坚，王平堂这辈子都不会想到，已过天命之年的他还有机会扎根基层大干一番，见惯了“大阵仗”的他还会因村民满怀感激与信任送上的一穗玉米、一块豆腐、一把山野菜而触及心底最柔软的情愫。

“龙泉村啊，那是已经深深刻在我生命里的地方，是我不愿离开的家啊！”回忆起与龙泉村的不解之缘和深情厚谊，王平堂常笑言，这个过程用一句话概括最为恰当，那就是“不打不相识”。

“光杆司令”的第一场硬仗：人居环境整治——村民从“倚门看热闹”到“自觉去维护”

2017 年 8 月，54 岁的王平堂主动请缨，来到对口帮扶的龙泉村任第一书记。离京前，已经走出农村近 40 年的王平堂为了迅速转换角色、适应新环境、胜任新工作，手捧反映第一书记精准扶贫工作的书籍反复研读，向书本、先进典型要方法和底气。“虽然经验不足，但我在思想上是有备而来。”王平堂笑言，临行前的他满怀激情，现实却给了他一个又一个“下马威”。

初到龙泉村，遇到的第一道坎儿，就是艰苦的生活环境。王平堂在北京工作生活了数十年，东北的冬天那种渗到骨头缝里的寒冷令他苦不堪言。白天戴两副护膝，膝盖依然从里往外透着寒气，全身各个关节都被冻得生疼。晚上就睡在村支部铁皮房子的土炕上，虽然炕烧得滚烫，但空气还是冰冷的。王平堂只好把村部的一个桌面卸下来，垫在褥子下面隔热，一床棉被抵御不了寒冷，他就用棉袄、大衣、棉裤一层层压在被子上。烧炕的电锅炉自动循环泵每五分钟工作一次，发出的轰鸣声让他彻夜难眠。即便如此，他想通过自己的努力彻底改变龙泉村面貌的信念也丝毫没有动摇。但村民们却并不领情：“北京来的大官啊，连苞米水稻长啥样都分不清吧?”“大家伙儿看着吧，用不了两天半，人家镀镀金，一准儿就跑得没影儿了。”

村民们对王平堂的质疑不是毫无根据。他离开基层多年，来到龙泉村后才发现，“册外地”“机耕道”等很多农民们每天挂在嘴边的话，他统统不了解。王平堂意识到，光靠书本上看来的那些方法以及自己记忆中对农村的理解，已经完全满足不了实际的工作需求。

/ 王平堂（中）和村民一起插秧

“村民对我有多少质疑，就说明他们对我有多少期待，就说明了龙泉村有多需要由我来做出改变。”在这一信念的支撑下，王平堂重新打起精神，进百家门、吃百家饭、问百家情，很快便对村情了如指掌，对如何开展农村各项工作有了大致规划和长远打算。

来到龙泉村的第二道坎儿，就是村子里污水横流、垃圾遍地，村民家院子杂乱无章、室内烟熏火燎的灶台看不出个样子，想整治都不知从哪下手，这让王平堂“头疼”了好一阵。“生活环境脏乱差，说到底是村民脱贫的精气神儿不足。”王平堂很快理清思绪，决定将改善村容村貌作为驻村帮扶的第一个重要任务。从此，他每天起床后的第一件事就是从村口开始，将村内道路全部打扫一遍。一天、两天……不仅卫生情况没有丝毫改善，“‘京官’只会扫大街”等冷言冷语也慢慢在村子里流传开来。王平堂听了，不急不恼，“你说你的，我扫我的”。3 个月的时间里，不管阴天下雨，王平堂清扫村路的举动从未间断过。慢慢地，党员干部、村民们都陆续加入清扫的队伍中来。王平堂感觉时机已到，便组织召开了村民代表大会，在全村实行门前“三包”制，并每天组织人员检查卫生，定期通报检查情况，向评选出的“干净人家”授予流动红旗，发放米、面等生活用品作为奖励。

/ 王平堂（左一）同村民交谈

一次，有村民反映已经获得过多次“干净人家”的邱家只做表面文章，没人检查时，家里卫生情况十分堪忧。王平堂了解情况后，立即摘下了插在邱家人门口的流动红旗，邱家人怒气冲冲地来找王平堂理论。王平堂将取证时拍的照片与其他村民家里进行对比，邱家人看后当场没了脾气，并承诺一定会把房前屋后收拾得一尘不染，把丢掉的“脸面”赢回来。激起村民的自尊心和自强心，这正是王平堂想通过“干净人家”评比达到的目的，邱家人的恼羞成怒和奋起直追让王平堂感到欣慰不已。

如今，为了不弄脏村里的水泥路，村民们干完农活都将拖拉机停在村口，将轮胎清洗干净再开回家，村民们说：“不为别的，就冲王书记对俺村的这份心，咱也得自强。”“王书记 50 多岁了，那在农村也算正儿八经的老年人了，做到这份儿上真是不容易！”日久见人心，村民们眼见着已经白了头发的王平堂抛家舍业为村里做的一切，慢慢理解了甚至心疼他朴实求真、一心扑在扶贫事业上的这份辛酸和不易。王平堂的辛苦付出也得到了丰厚的回报：如今龙泉村家家户户窗明几净，村民们已实现从分工合作、互相监督到自觉维护环境卫生的转变，龙泉村彻底变了样！

老书记以身作则立规矩：
整治软弱涣散党组织——从“老百姓不买账”到“以后就跟着你干”

王平堂驻村之前，龙泉村是安图县有名的软弱涣散村。村班子成员年龄偏大、文化程度低、分工不明确、履职不到位，村民们对其十分不满。在外经商多年的村民李忠诚被明月镇党委临危受命，担任村党支部书记后，也处处被村民刁难。“每次村里开会或上级部门来视察和调研，都会有村民来‘搅局’，撒泼打滚的都有，工作根本没法开展。”李忠诚坦言，开会前临时通知，能来几人算几人的尴尬局面在龙泉村由来已久。为此，他多次向镇党委请辞，但这个烂摊子无人愿接，也无人敢接，他便无奈坚持着。直到王平堂来到了龙泉村，李忠诚直言：“王书记为我、为龙泉村带来了干事创业的春天！”

王平堂驻村之初，村民们互相攀比，都把能当上贫困户看成一件“吃香”甚至光荣的事。村里对贫困户家的危房进行改造时，很多非贫困户都“眼红”了，4 名妇女气势汹汹结队来找王平堂讨说法。做好做通非贫困户工作说简单也简单，因为政策和条件摆在那里，但说难也着实很难，因为很多“边缘户”虽然不符合贫困户标准，但生活得紧紧巴巴，确实不富裕。王平堂把这点看得很透彻 ，也十分理解“边缘户”的消极情绪。他甚至从这些“胡搅蛮缠”的农村妇女身上，联想到了自己的母亲。在王平堂的记忆中，他平凡普通的母亲面对困难时总是出人意料地展现出比男人更加坚韧、刚强、不屈的昂然姿态，让他心生敬佩。而此时，这些在他面前不顾个人形象、又哭又闹的妇女群众，又是谁的母亲，又有多少不为人知的苦衷？在这份理解和将心比心的基础上，王平堂“掰饽饽说馅儿”，一一将政策解释给她们听，也将这 4 户村民家的难处摆到桌面上，承诺会尽己所能帮她们解决眼前困难，并鼓励她们今后多多参与村里的扶贫项目，靠自己的双手创造美好生活。不到半个小时，4 名妇女气儿顺了，抱怨也没了，反而为自己以“哭穷”为荣的心态羞愧不堪。半年后，其中 1 名妇女家还因为搞韭菜大棚项目，成了村里人人羡慕的创业典型和致富带头人。

在这次事件中，王平堂感触良多：村民对贫困生活，不以为耻，反以为荣，这是村风不正；党群、干群关系不融洽，这是党员干部工作态度和作风的问题。

找到症结才能对症下药。王平堂对村里 7 名勤劳致富典型进行了表彰奖励，专门召开贫困户座谈会，大力开展“感恩励志”教育，编制年度脱贫计划，引导大家“知足、争气、感恩”，营造“家风正则民风正，民风正则政风清”的浓厚氛围。

针对党员干部，王平堂坚信，规矩多一点，麻烦就会少一点。他带头制定了《龙泉村干部管理规定》，严格执行“三会一课”等制度，培养村干部的规矩意识，根据个人职责将每名村干部每天、每周、每月、每季度、每半年、每年的工作一一罗列后张榜公布，以达到互相监督、严抓落实的目的。

/ 王平堂（右）查看水稻育秧情况

身教重于言传。王平堂带头每天写笔记，将日常工作情况和想法记录下来，让党员干部们养成随时随地“想事、干事”的好习惯。不到两年时间，王平堂已经写满了厚厚的4本笔记，里面记录了他与基层群众沟通、抓好党建以及建设产业项目等各项工作的灵感，村“两委”班子成员也在每周一次的碰头会上为全村发展贡献了很多“金点子”。

村干部作风好了，履职能力强了，村民们对王平堂和村班子的满意度和信任度也越来越高。农闲时节，匿名放在村部门口的水豆腐、地瓜、玉米、饺子等各种农家饭菜，热烈又朴素地将村民对他们的认可和支持表现得淋漓尽致。

龙泉村“代言人”硬着头皮四处“化缘”：找项目、拉投资——宁可出去碰壁，也不在家面壁

“过五关，斩六将”是王平堂驻村扶贫的真实写照，而如何让贫困村民富起来，才是问题的关键所在。龙泉村生态环境优良，满眼青山绿翠、蓝天碧水，村民们守着金山银山却囊中羞涩，王平堂从中慢慢理出了发展思路。

在一次次走访、一遍遍征求意见的过程中，王平堂了解到，龙泉村以种植粮食为主，且几乎家家户户都爱吃煎饼，也擅长自己摊煎饼。这对出生在山东的王平堂来说，是一个惊喜的发现，何不把优势做成产业？

思路决定出路。为了把想法变成现实，王平堂到处打电话拉投资，一次次碰壁让他越挫越勇，最终用诚意争取到了阳光保险集团等单位的大力支持，筹集资金520余万元，建设了一座670平方米的煎饼加工厂，日产煎饼750公斤，还建设了25个有机韭菜大棚和一个8公顷生态大米农场，预计年产有机大米6万公斤。届时，曾经负债4万余元的龙泉村村集体经济收入将突破20万元。在龙泉村和阳光保险集团举行的投资仪式上，王平堂想到这个接纳并包容了自己的第二故乡即将迎来一个崭新的开始和光明的未来，他的内心激情澎湃，他深情地说：“阳光每天普照大地，但我从未感到如此温

/ 王平堂（右）在煎饼生产车间

暖！”简单的话语，充满了对投资企业的感恩，更饱含了对龙泉村未来的无限期许。在他的感染下，龙泉村民群情激昂，纷纷振臂高呼，誓与贫困斗到底。阳光保险集团董事长张维功被王平堂对贫困群众的情怀和龙泉村民对王平堂这个外来书记的拥护所震撼，当即表示，会加大力度支持龙泉村的产业发展，助力龙泉村决胜脱贫攻坚，实现乡村振兴。

在 2019 中国（安图）同心圆“八吉双创”龙泉村美丽乡村文化旅游节上，龙泉村煎饼厂成了展台上最大的赢家。“今天‘咱家’的煎饼可是妥妥的赢家，不光现场买的人多，还有游客打算长期订货呢。”龙泉村村民董新娟自称该村煎饼厂为“咱家”，可不是一句客套话，而是因为煎饼厂自成立以来，为村集体、为村民带来了实实在在的收益。“我在厂里打工，最多的一个月挣了 2 000 多元。以后煎饼销路好了，我们挣得会更多，还愁脱不了贫吗？”董新娟爽朗地说。

煎饼厂成了龙泉村全体村民脱贫致富的希望，也是王平堂最大的骄傲。为了保证煎饼厂产品的质量，选用的米都是出自村里的生态农场，在质量可追溯体系的运作下，田里的庄稼长势、病虫害防治都可形成图像，远程接受农业专家指导。原料绿色有机、生产过程卫生安全、口感细腻香醇回味好，龙泉村村民自豪地说：“咱家的煎饼可远销首都呢！”

龙泉村变美了，龙泉村富裕了，龙泉村团结向上了。一点一滴的改变无不印证着王平堂驻村以来的付出和奉献，他成了当地新闻媒体报道的焦点和延边州所有驻村干部学习的楷模和工作的标杆。每当有媒体采访或外村的驻村干部前来向王平堂“取经问道”，很多龙泉村村民都会特意赶来表达大家的共同心愿：“俺们不要钱，也不要物，但一定要把王书记给留下来！”

如今，村民们梦想成真，王平堂被安图县委县政府授予“荣誉市民”，成了安图县龙泉村真正的一分子，王平堂心里充满感激：“走得再远，龙泉都是家！”

（供稿、照片提供：吉林省延边朝鲜族自治州安图县）

方荣，湖北省黄冈市扶贫开发办公室党组书记、主任。曾获全国农业产业化先进工作者、湖北省农业产业化经营先进个人等荣誉。他从事“三农”工作25年，热爱“三农”、服务“三农”、奉献“三农”，勇挑最重的担子，敢啃最硬的骨头，在脱贫攻坚中践行共产党员的责任担当。重返扶贫办主任岗位3年多来，他当好市委市政府的参谋助手，精准施策，创造性推动落实产业扶贫“五位一体”模式和“985”健康扶贫政策。扎实苦干，走访45个贫困乡镇、465个贫困村，让扶贫政策在黄冈各地落地。黄冈市连续3年在全省扶贫成效考核中被评为综合评价“好”等次。

老区脱贫的急先锋

黄冈是著名的革命老区，是全国14个集中连片特困地区之一，是湖北大别山脱贫攻坚的主战场。全市11个县（市、区）有6个贫困县，其中1个还是深度贫困县，贫困人口规模居全省第二，贫困村数量居全省第一。

2016年7月，在黄冈脱贫攻坚关键时期，方荣迎难而上，再次出任扶贫办主任，在市委市政府领导下，黄冈的产业扶贫、健康扶贫、易地扶贫搬迁后续帮扶等工作，一直走在全国、全省前列。到2018年底，全市6个贫困县102.4万贫困人口、892个贫困村，已有4个贫困县摘帽，累计实现86.05万贫困人口脱贫、763个贫困村出列，贫困发生率由16.8%下降至2.7%。

从大山之子到扶贫干将

方荣的家乡是位于大别山主峰脚下的湖北省罗田县胜利镇。这里是罗田第一个党支部、第一个团支部、第一支农民自卫军的诞生地，也是鄂皖豫苏区最早的根据地之一。家乡人民为新中国的成立做出过巨大贡献。1947年，刘邓大军挺进大别山时，胜利镇的陈家山村，当时一个不到500人的小村子，就贡献了2万多斤大米、500多斤油、1 800多担菜、40多匹布。家乡人民也为新中国的成立做出过巨大牺牲，全镇有名有姓的烈士就有200多位。

和全国不少老区一样，方荣的家乡也曾经十分贫困。小时候，家里的一日三餐，总是一半粮食一半红苕、南瓜。方荣上中学时，在镇上住读，一个星期要回家带一次米。每次拿着母亲递过来的一小口袋、五六斤重的米，方荣的心中总是沉甸甸的，不是滋味，因为这意味着全家人又要多吃好几顿红苕和南瓜。方荣成绩好，为了保证他读书，先后有 4 个兄弟姐妹早早辍学。看到家中这样困难，方荣好几次也想放弃学业。

为了帮助老区群众脱贫，1979 年，当时的黄冈地委扶贫工作队来到了方荣的家乡，带队的丁永淮科长就在方荣家搭伙吃饭。了解到方荣家里情况后，他每个学期都要接济方荣家 5 元钱，还隔三岔五地给方荣带一些纸和笔，鼓励方荣一定要考出去，改变自己的命运。当时，普通人的工资一个月只有 20 多元，5 元钱在农村已是一笔很大的财富了。每次得到丁科长的帮助，方荣和全家人都心怀感激。丁科长嘱咐方荣，以后要是有了出息，也要帮助老区人民过上好日子。他对方荣的叮嘱，40 年来方荣一直记在心里，成为方荣日后为家乡人民努力工作的动力源泉。

大学毕业后，方荣回到了家乡工作。1995 年从一名党校教师转行成了一名农业干部，2010 年担任了扶贫办主任。30 多年来，在各级党委政府的关怀下，老区人民的生活发生了翻地覆地的变化，特别是 2010 年以来，老区的水、电、路等基础设施条件发生了根本性的改变。但由于黄冈底子薄、资源禀赋差，到 2015 年 4 月方荣离开扶贫岗位时，黄冈还有 102 万人没有脱贫，方荣心中留下了许多的牵挂和遗憾。

脱贫攻坚战打响后，黄冈任务艰巨。2016 年 6 月，市委主要领导找方荣谈话，希望方荣重新回到扶贫岗位上。当时有不少人认为方荣不会接手扶贫工作。但方荣认为，

/ 团风县马曹庙镇光伏发电厂

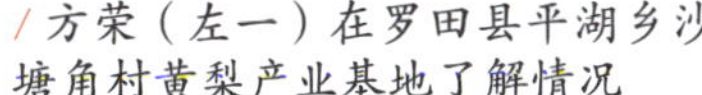

/ 方荣（左一）在罗田县平湖乡沙塘角村黄梨产业基地了解情况

/ 方荣（左三）在黄梅县停前镇刘壁村蓝莓产业基地了解情况

回到老岗位，可以了却自己心头的遗憾。于是，方荣没提任何个人要求，在担任市商务局局长 14 个月之后，重新担任了扶贫办主任一职。

重回扶贫岗位后，方荣深入学习领会习近平总书记关于扶贫工作的重要论述，带头钻研业务，掌握新要求，落实新举措。他带着自己编写的教案言传身教，在不到半年的时间里，先后在全市组织了 20 多批次业务培训，培训各级各类扶贫干部 4 500 多人，在短期内迅速改变了扶贫业务工作不系统、不规范的状况，为全市脱贫攻坚重新赢得主动。

从点面结合到精准施策

精准扶贫精准脱贫，贵在精准，也难在精准。为了实现“精准滴灌”，4 年来，方荣率领黄冈扶贫系统的干部职工，不断创新战法，下足绣花功夫。

方荣从产业扶贫入手，在黄冈市委主要领导的亲自主导下，以黄冈农业产业化的国家级龙头企业东坡粮油集团为突破口，方荣和扶贫战线的广大干部群众一起，探索出产业扶贫的出路。通过以点带面，带动周边的贫困户走上脱贫致富之路。

2015 年以来，政府通过产业发展基金担保，撬动银行信贷和扶贫项目资金、农业项目资金，向东坡粮油注入资金支持企业做强，5 年内东坡粮油年产值由 5 亿元增加到 15 亿元，规模扩张 3 倍，并成为安琪酵母集团的原料供应商和武汉 20 多所高校、10 多家大型企事业单位的集团采购单位。在政府支持和引导下，东坡粮油组建或支持组建了 20 多个农业合作社和 50 多个家庭农场，在全市 10 个县市和安徽六安、金寨等地流转土地 43 万亩，带动贫困户 2 万多户从事种植业，人平均年增收 1.5 万元以上。

为了做好产业支撑，着力解决黄冈精准扶贫精准脱贫的最大短板。2016 年，黄冈市因地制宜，确立了茶叶、中药材、油茶等十大扶贫产业，构建了“一村一品、一乡一业”的扶贫产业布局，全市涌现出麻城黄土岗“菊花之镇”、黄梅刘佐“银杏之乡”等扶贫产业特色乡镇。

同时，方荣当好市委市政府的参谋助手，在培养和壮大市场主体、解决因病致贫返贫，做好易地扶贫搬迁后续工作等方面精准施政。

市场主体强有力的带动，是产业扶贫中最关键的一步，而培育和壮大市场主体，最需要解决的是资金瓶颈的制约。2016 年，经方荣提议并主持起草方案，黄冈在“政府 + 市场主体 + 银行 + 保险 + 贫困户”的“五位一体”产业扶贫模式的基础上，设立了市级产业发展基金，以财政“一碗水”撬动金融“一桶水”，激活市场“一江水”，对扶贫企业提供免收担保费、保证金的信贷支持，培育、引导、组织各类市场主体参与产业扶贫。借此推动全市“能人回乡千人计划”。2018 年，全市共签约项目 1 314 个，协议投资额 1 115.23 亿元，动工项目 1 214 个，完成投资额 253 亿元。3 年来，设立市级产业发展基金 1.4 亿元，培育新型农业经营主体 12 934 家，带动贫困人口 18.13 万户、55.23 万人。2016—2017 年，全国“万企帮万村”精准扶贫现场会、全国产业扶贫现场会、全省“千企帮千村”精准扶贫现场会等重要会议相继在黄冈召开。

黄冈因病致贫返贫率为 52.8%，因病致贫返贫是黄冈脱贫攻坚的最大障碍。方荣一直十分关注这一问题。2016 年初，红安县财政投入 2 200 多万元，在全省率先推出建立“农村贫困人口住院医疗费用个人实际报销 90%，大病、特殊慢性病门诊医疗费用个人实际报销 80%，年度个人实际负担医疗费用 5 000 元封顶”的“985”健康扶贫政策。对于这么大的一笔支出，各县市都压力不小。为搬掉压在贫困家庭身上的沉重医疗费用大山，方荣一个县一个县与主要领导当面交流，一个县一个县反复做工作。在他的推动下，黄冈市委市政府出台了《加强医疗救助促进精准扶贫工作实施方案》《关于进一步加强健康扶贫工作的补充意见》等多个文件，各县市每年投入 2 亿多元，于 2016 年底在全省率先实现了精准扶贫医疗救助全覆盖，从根上遏制了因病致贫和因病返贫现象。2017 年，《人民日报》对黄冈健康扶贫工作进行了专题报道。

/ 方荣在罗田县凤山镇丰衣坳村板栗产业基地

易地扶贫搬迁是脱贫攻坚“五个一批”中最难啃的硬骨头。方荣锚定易地扶贫搬迁后续工作的这个难点，牵头制定《关于进一步加强易地扶贫搬迁后续工作的指导意见》，通过构建基层治理体系增强搬迁贫困户的归属感，通过构建基本公共服务体系增强搬迁贫困户的获得感，通过构建产业帮扶和就业帮扶体系确保能脱贫可致富。截至 2019 年 8 月底，全市共建成集中安置点 1 757 个，累计实现实际入住 69 563 人，全面完成建设及搬迁入住任务。每个集中安置点都配套了 1 ~ 2 个产业扶贫项目，每个搬迁户都至少落实了一个帮扶措施。2017 年，全省易地扶贫搬迁第一次现场推进会在黄冈召开，有关经验被国家发改委以工作简报的形式向全国推广。

/ 方荣（左）在英山县杨柳湾镇烂柴河村向贫困户了解情况

为激发贫困户的内生动力，市扶贫办联手县市，评选表彰了 130 多个“我脱贫我光荣”示范户，开展“口袋鼓、精神富、奔出样、谢党恩”宣讲活动 230 多场；2018 年又大力开展了中国社会扶贫网应用推广工作，截至 2019 年 8 月 31 日，累计注册爱心人士 110 余万人，贫困户注册实现全覆盖，帮扶次数居全国地级市首位。截至 2018 年底，全市加入专业合作社自我发展产业的贫困户 14.28 万户，占贫困户总数的 39%。

从愧对自己小家到更爱贫困地区“大家”

方荣患有较为严重的高血压和腰椎间盘突出，但重返扶贫岗位的 3 年，他每天都是早上不到 7 点就出门，晚上八九点以后才回家，从来没有休息过一个完整的节假日，日常紧张劳累。3 年来，方荣下乡调研 400 多次，跑遍了全市 45 个贫困乡镇和一半以上的贫困村。

扶贫工作得到高度重视，各种社会资源和政府资源向扶贫领域集中。方荣对此一直保持着充分的清醒。他经常提醒自己并反复告诫班子成员和身边的工作人员，一定要守好清廉底线，把好责任关口。

为加强扶贫资金管理，方荣牵头制定市专项扶贫资金管理办法，健全事前、事中、事后全过程监管制度，主动接受财政、审计、纪检、检察机关的专门监督，自觉接受社会、群众和舆论监督。方荣和市扶贫办的工作人员曾多次接到过亲友请托，请求在扶贫项目和资金安排上给予“关照”，他们一律坚持“不开口”“不伸手”“不干预”的“三不”原则，一切按原则制度办。3 年多来，市扶贫办干部职工在扶贫领域的各种专项检查、督查中经受住了考验，没有一人因廉洁问题被追责问责。在全省财政扶贫资金绩效考核中，黄冈市级及县市全部为 A 级。

2017 年底，全国将军县红安即将脱贫摘帽，这是黄冈市也是整个大别山革命老区中第一个脱贫摘帽的县。为让红安的脱贫工作经得起历史和群众的检验，在国家检查验收前，方荣带着 60 多人的专班，在红安进行认真复核。

就在这时，方荣的妻子旧疾加重，到了不得不手术的地步。方荣的妻子是一名小学教师，是一个班的班主任和两个班的任课教师。虽然自己的工作任务也很繁重，但结婚 30 多年来，她一直全心全意地支持方荣的工作，孩子的教育问题、家中的家务事，她从来没有让方荣操过心，一直是方荣身后最能依靠的人。

在动手术的那天，方荣请了一天假，把妻子送到武汉。手术一共进行了 3 个多小时，出来时妻子一脸苍白，满头是汗。看着这个 30 多年来一直为自己默默付出的人，方荣的心中满是愧疚。虽然方荣很想多陪妻子坐一会儿，但多年来形成的工作习惯和责任心，让方荣始终对红安的工作丢不开、放不下。看着方荣坐立不安的样子，妻子知道方荣心挂两头，她对方荣说，有事你去忙吧，我自己能够应付。听到妻子的话，方荣既感动又惭愧，明明是妻子最需要安慰的时候，但她却还在宽慰自己。虽然眼中含泪，但方荣还是狠下心对妻子说："又要对不起你了。等我卸下了这副担子，一定一心一意来陪你。"说完，方荣帮她掖了一下被角，就出了门，从武汉直接去了红安。那一次，妻子在武汉住了 10 天院，方荣总共只陪了 5 个小时。周围的同志感叹地说："方主任是舍小家为大家啊。"

近年来，与方荣同期上任的全省其他市州扶贫办的主要负责人，因工作需要先后进行了调整。累计任职 8 年多的方荣，不仅是全省市州中任职时间最长的扶贫办主任。有人劝他换个清闲岗位，方荣认为，既然党和人民没有让他放下这副担子，就说明脱贫攻坚工作依然需要他，自己没有任何理由辜负党和人民的信任和期待。40 年前，扶贫工作队丁永淮科长对自己的关怀和鼓励，像一团火，温暖了困难中的自己；今天，自己也要像丁科长一样，成为贫困户心头最温暖的火，为他们驱散眼前的寒意，为他们照亮幸福的前程。2019 年 8 月 24 日，在得知罗田县九资河镇炉子山村贫困户家王洁、王霄两兄弟因上大学的学费发愁时，他冒着高温酷暑，和爱人一起驱车 150 余公里来到两兄弟家中，以个人名义捐资 2 000 元。

在黄冈这块红色的土地上，方荣依然无怨无悔，奋战在脱贫攻坚一线。

（供稿、照片提供：湖北省扶贫办　修编：张正宇　张奕）

孔玉才，云南省怒江傈僳族自治州贡山独龙族怒族自治县独龙江乡乡长。2014 年任独龙江乡党委副书记，2015 年任乡长。他奔走在独龙江纵长 97 公里的峡谷中，看工地、抓项目、盯节点，参与完成了全乡 28 个安置点的建设工作。2018 年，全乡常住居民人均纯收入达 6 122 元，草果种植面积 6.8 万亩、重楼种植面积 1 700 多亩，黄精、羊肚菌、独龙牛、独龙鸡、独龙蜂等产业培育成功。独龙江既保护了良好的生态，又实现了跨越发展、绿色发展，如今村村通硬化路、户户通网络、家家有新居、户户有产业、人人有保障。2018 年底，独龙江乡实现脱贫。

为了独龙族更加美好的明天

独龙江乡是中国独龙族唯一聚居区，是典型的“直过区”，总人口 4 127 人。新中国成立后，独龙族获得民主政治权利，在党和政府的亲切关怀下，独龙江乡经济社会各项事业得到长足发展。但由于自然条件恶劣、社会发育程度低，经济发展严重滞后，直到 2011 年，独龙族群众人均纯收入仅为 1 600 元，偏僻、贫穷、落后曾经是独龙江乡的代名词。在各级党委政府和社会各界的关心、帮扶下，2018 年独龙江独龙族实现整族脱贫。为了实现这一独龙族世世代代的梦想，作为土生土长的独龙族汉子孔玉才，告别县城副局长的岗位，回乡甘当驻村队员，即便走上乡领导岗位，仍不忘初心、尽职尽责，做出了自己应有的贡献。

不当副局长，回乡驻村助脱贫

2012 年，孔玉才服从组织安排，离开贡山县民族宗教事务局副局长岗位和县城舒适的环境，以新农村指导员的身份回到了家乡独龙江乡马库村，投身脱贫攻坚第一线。

那时候，县城至独龙江乡和乡村公路都是毛路。孔玉才被分配到乡里最南面不通公路的马库村易地搬迁安置点——钦兰当村民小组，担任马库易地搬迁安置点点长。基础设施落后，山陡谷深，马库村 70 户人家散居在河边、山腰或森林深处，孔玉才用了整整两个月时间才把全村的基本情况摸清楚，他记录的走访笔记就有三大本。

入户走访了解全村情况只是第一步。在易地扶贫搬迁安置中，马库村属于整村搬迁

/ 孔玉才（左）与驻村队员交流

类别。对于孔玉才来说，艰巨的工作还在后头。如何协调好土地置换关系？如何才能说服马库群众心甘情愿离开世居老村搬到集中安置点？如何保障他们搬得出、住得下、能致富？这些问题时刻萦绕在孔玉才的脑海里。

在宣传动员群众搬迁时，孔玉才充分利用自己会讲独龙语的优势，耐心做好说服教育工作。然而，动员工作并非一帆风顺。他跟乡亲们说安置点的房子比茅草房好，是钢筋、水泥和砖头建盖出来的，既漂亮又宽敞还牢固，而乡亲们却说搬去以后吃什么？总不能把钢筋水泥砖头当饭吃吧？孔玉才不气馁，他给乡亲们继续做工作，说新安置点很快要修建柏油路，出行会很方便，乡亲们却说没有交通工具还是不方便。孔玉才说将来可以种植草果、重楼等，实现长效增收，乡亲们却说还是在老村子种苞谷、洋芋可靠……

“请乡亲们相信我，搬迁是党委政府为了我们过上更好的日子而决定的，我是共产党员，可以代表党组织承诺，搬迁只有好处，没有坏处。”就这样，孔玉才通过反反复复厚着脸皮、走破脚皮、磨破嘴皮的辛苦工作，终于做通了马库群众的思想工作，2014 年马库村整村搬迁顺利完成。

不坐办公室，奔忙路上担使命

2014 年，由于工作能力出色，孔玉才被组织委以重任，提拔为独龙江乡党委副书记。从工作点长到乡党委副书记，孔玉才知道身上的责任更重了，他的干劲更足了。他匆匆收拾好办公桌后，就开始奔走在独龙江纵长 97 公里峡谷中的村村户户，参与完成了全乡 28 个安置点的建设工作。如今，孔玉才曾驻扎的马库村获得了全县社会主义核心价值观示范村、云南省美丽乡村示范村称号。全乡 1 100 多户群众彻底告别了木楞房、篱笆房，住上了宽敞明亮的钢混结构宜居房，家家户户庭院中种上了花木。

然而，当全乡群众住上新房以后，孔玉才的心里仍然没有释然。“虽然群众住上了新房，但是独龙江乡半年封山的状况没有改变，经济没有发展起来。”每当在山外的爱人给孔玉才打电话催他回家时，他都说等这里条件好点，再回去和家人团聚。

“要发展，既要修路，又要有产业支撑。”在与乡党委政府一班人形成共识、确定思路后，孔玉才每天跑各安置点调研村组路硬化路线，了解担当力卡雪山独龙江公路高黎贡山隧洞施工进展情况，钻茂密森林查看林下特色产业草果长势。一年 365 天，独龙江乡有 200 天是山上雪天、山下雨天。一年里，孔玉才一半是雪人、一半是雨人，感冒发烧是家常便饭。

有一年临近春节了，由于连续几天降雪，山上的积雪已达 4 米多。为了让干部群众能够进出山回家过年，孔玉才亲临现场指挥抢通作业。在两台装载机作业保通的情况下，仍然有 61 人和 21 辆车被困在担当力卡雪山，他得知后，立刻前去救援。凌晨 2 点多，在返回的途中，惊险的一幕出现了，孔玉才陷入了雪地，完全被雪淹没。“如果不是同行的人多，他可能就无法爬上来了，山上又没有信号，后果不堪设想。”同伴木小龙至今回想起那天的场景仍心有余悸。

2014 年 4 月 10 日，独龙江隧洞贯通，标志着独龙江乡的独龙族同胞彻底告别了半年封山的历史。“天堑变成了通途，这是我们独龙族同胞的又一次解放。”说起独龙江乡不再封山，孔玉才如同 3 岁小孩吃到蜜糖一样开心。

/ 孔玉才（右）指导百姓种植蔬菜

不当“官老爷”，永葆本色为乡亲

2015 年，一心一意谋划独龙江发展、独龙族脱贫的孔玉才被推选担任乡长，他深知这是上级党组织和独龙族群众对自己的最大信任。他暗暗下决心，一定要坚守初心、牢记使命，不当“官老爷”，永葆本色为乡亲。为了一心一意干好工作，孔玉才把妻儿也接到了独龙江。

在对独龙江深入调研和总结以往工作经验之后，孔玉才跟乡党委班子进一步达成共识。紧紧围绕“党建引领、产业带动、民生为本、率先脱贫、全面小康”的发展战略，在精准扶贫上下功夫。整合资源实施 8 个提升行动，即脱贫攻坚提升、特色小镇提升、旅游发展提升、环境保护提升、人居环境提升、整体素质提升、基础设施提升和基层党建提升。力争用 3 年时间，完成独龙江风情旅游小镇与 4A 级景区建设，把独龙江乡建设成为“文面部落、秘境胜地”，让独龙江更具特有的味道。突出重点，咬定难点，转

/ 独龙江风情旅游小镇全貌

变作风，攻坚克难，久久为功，坚持不懈推动提升行动各项工作的落实，让独龙族群众真正实现稳定脱贫、可持续发展。

为此，孔玉才率先垂范，他既抓大局工作，也抓实抓细具体事项。2018 年，全乡清除约 300 平方米彩钢瓦建筑物 300 余间，清理垃圾 350 余吨，拆除旧房 172 栋，复垦土地 248 亩。实施人居环境整治进网络、进家庭，推动形成了“每日一晒”的孔当经验，人民群众爱干净、爱卫生形成了行为公约，为独龙江乡乡村振兴战略打下了坚实的基础。

在乡党委的正确领导下，孔玉才狠抓基层党建工作，结合独龙江乡实际，成立护村队、党员志愿服务队、文体队。全乡结合“感党恩、听党话、跟党走”全民教育活动，开展每日播报中央新闻、周一升国旗唱国歌和国旗下演讲活动，全乡上下进一步增强了“四个意识”，坚定了“四个自信”，筑牢了边疆人民跟党走的决心。

2018 年，全乡常住居民人均纯收入较几年前大幅提高，多种特色产业培育成功。

/ 独龙族老人高高兴兴地搬入安居房

独龙江乡在保护良好的生态的基础上，实现了跨越发展、绿色发展。2018 年底，独龙江乡实现脱贫。

“我们独龙族同胞从原始社会末期过渡到社会主义社会，真是想都不敢想的事，现在实现了整族脱贫，让我们又一次深刻感受到了中国共产党领导的政治优势、中国特色社会主义的制度优势、中华民族大家庭的团结奋斗优势。”说起独龙江之变，孔玉才感慨万千。

受独龙族群众委托，2019 年 2 月，独龙江乡党委致信习近平总书记。4 月 10 日，习近平总书记给独龙江乡群众回了信，勉励乡亲们：“脱贫只是第一步，更好的日子还在后头。希望乡亲们再接再厉、奋发图强，同心协力建设好家乡、守护好边疆，努力创造独龙族更加美好的明天！”孔玉才说，为了完成总书记的嘱托，他将继续奋斗，一定为独龙族更加美好的明天做出自己最大的贡献。

（供稿、照片提供：云南省怒江州扶贫办　修编：李庆华）

布哈，中共党员，四川省凉山彝族自治州昭觉县四开乡梭梭拉打村驻村干部。曾获武警部队脱贫攻坚先进个人，荣立个人二等功1次、三等功3次。驻村期间，为贫困户逐人建档立卡。指导驻地中队党支部与村支部结对共建，充分发挥了村党支部作用。通过规模发展10多个特色产业，使152户贫困户每户增收上万元。积极协调总队医院为贫困家庭配发常用药品应急箱，发放价值6万余元的药品，组织巡诊义诊、免费体检。先后6次协调总队幼儿园老师到村支教。组织设立奖学金，自己家庭长期资助家境贫寒的彝族学生。

彝族军官的感恩为民情怀

故乡是一个永恒的主题，布哈对自己的故乡，始终有着一种特别的乡愁与挂牵。

彝族，是一个以熊熊火焰作为图腾的民族，“彝家儿子”布哈心中也燃烧着一把火——让“一步跨千年”的家乡跟上祖国发展的步伐，战胜贫穷，迈入小康大道。

怀感恩深情，扶贫志更坚

两年前，武警四川省总队积极参与打赢深度贫困地区脱贫攻坚战，而大凉山深处的全国彝族人口第一大县——昭觉县的梭梭拉打村就是一块硬骨头。既然是“啃骨头”，就得下“绣花功”！既然是攻坚战，就得安排“最能打的人”参战！挑来选去，生于斯长于斯且精通彝族语言、熟悉彝族文化、了解彝族习俗的彝族干部布哈，成了第一人选。

此时的布哈，在部队正干得风生水起。他任中队长3年，所带中队连续3年被评为“基层建设先进单位”，他也多次立功受奖。支队领导与他谈心前，他刚取得“彝族语言与文化”硕士研究生学历，也刚刚从战斗5年多的艰苦边远地区回到条件相对优越的西昌市……一下子又要把他派往更加艰苦的山村去扶贫，而且一干至少3年——这让支队领导有点担心！没想到，刚听完情况介绍，还没等支队领导开始做思想工作，布哈已是喜上眉梢：“正如我愿，甘立军令状前往。”尽管如此，支队领导还是把可能遇到的种种困难，掰开揉碎地与布哈谈了许多次，反复叮咛他把难处想透后再表态。可布哈态度却更加坚决，最后一次谈话时，他更是热泪盈眶：“这是生我养我的家乡，这是我报答大

/ 布哈（右）在村养鸡场了解岩鹰鸡出栏情况

凉山的最好机会，我不打头阵谁来打？”就这样，作为武警四川省总队扶贫干部，他坚定地走向深度贫困地区昭觉县梭梭拉打村，决心向梭梭拉打村 1 779 名乡亲兑现武警部队对彝族群众“脱贫路上一个都不能少”的庄严承诺。

爱到深处情自真，走过贫困的人最懂感恩。贫困与摆脱贫困，几乎构成了布哈青少年时代的全部记忆。

儿时，因母亲患重病，父亲带着母亲四处求医，家庭基本无人照管。布哈可以说是穿彝乡的“百家衣”、吃彝家的“百家饭”长大的，就连学费也是东邻西舍拼凑着替他交上的。贫困中长大的布哈血脉里流着彝族人倔强的基因，这个一年四季只有一套衣服的贫困生，最终以县文科状元的好成绩考进了省城大学，并一度成为当地的励志榜样，被传为佳话。

大学生活丰富多彩，但对布哈而言，青春唯一的选择就是继续与贫困战斗。他发动贫困学生成立了“自强社”，带领贫困生勤工俭学，校内搞保洁、校外举广告牌、车展上当引导员……勤工俭学挣的钱虽然不多，但每次他们都从收益中捐出 10 元、20 元成立了“爱心基金会”，用以帮助经济上更加困难的同学。

2009 年，布哈大学毕业后入伍，成为武警警官。乡亲们的关爱、老师同学们的倾心帮助……这一切让布哈有了最朴素的梦想——等有了能力，一定要回报家乡、回报社会，以报答那些让自己在“百家衣”“百家饭”中长大成人的百家情、千家恩……

上任三“发火”，谋事实为先

老话讲，万事开头难。在上级的关心帮助下，村里的扶贫很快开了一个好头——部队为贫困群众送来米、面、油、衣被、电视，为乡卫生院赠送了价值不菲的医疗器械……可是，当扶贫工作有了一个顺利的开头后，工作的现实开始让布哈领悟到：万事开头虽然难，可开头之后才是难上难。

正因为如此，别人是“新官上任三把火”，布哈却是上任伊始就发了三次火。

第一次，刚进驻村里不久，一个醉酒的村民路遇布哈就指着他吼道：“天天说扶贫，我啥子都没有得到，说空话扶什么贫？”同为彝族汉子，布哈决不允许有人对党的扶贫事业说三道四，他怒其不争地高声呵斥道：“扶贫不会忘记每一个民族、每一个家庭、每一个人。但‘靠着墙根晒太阳，伸手等人送小康’是在丢我们彝族人和大凉山的脸。”

在围观群众的一片掌声和那醉汉的满脸羞愧中，布哈对“扶贫先扶志”有了更透彻的领悟。

第二次，部队为了扶贫工作的全面开展，先在村里修路架桥。这理应是人人叫好的事，偏有一户说压了家门的垫脚石，要求赔偿。虽然是个别人，但布哈认为这种思想倾向必须立马纠正。在村民大会上他严厉地批评了这种现象：“帮你修了路还伸手再要一双鞋，光想‘钱途’的人是没有致富前途的。”

第三次，布哈为了扶贫工作开展不顺利发火。村里贫困家庭的生活现状、老人和孩子们期盼的目光像巨石一样压在他的心头。他对大家说：“扶贫是个动词，不能坐而论道，必须撸起袖子实实在在地加油干。”

接下来的 3 个月，布哈磨破了两双鞋，做好了一件事：把全村 522 户家庭挨家挨户走访了一遍，按照精准扶贫“找准穷根”的要求，布哈逐一确认并为 152 户贫困户建档立卡，“量身定制”帮扶举措，并为这个村子致贫原因“号了脉”：受教育程度低，自然条件恶劣，无集体收入可依靠。

共唱同心曲，脱贫绘新图

盛夏的大凉山繁花似锦，而大凉山火热推进的那些扶贫新鲜事，件件胜似夏花美景。

——建强第 38 个党支部。梭梭拉打村有 20 多名党员，但由于长期缺乏帮建、组织生活不健全，有的党员组织观念不强，甚至淡忘了肩头的责任。在部队长期担任党支部书记的布哈，当然知道“战斗堡垒”在统一群众意志方面的重要性，如果没有一批能够带头冲锋打头阵的党员，致富路上就少了加速加力的“发动机”。因此，他开始着手建强村党组织。梭梭拉打村党支部这个农村基层党组织，被同时列为凉山支队党委的第 38 个党支部。虽然只是编外支委，但是布哈按照部队党支部的标准，帮助村党支部落实组织制度、规范组织生活、严格党课教育，并在村里建起了党员学习活动室。这些举措，渐渐让村里的党员心劲鼓了起来，开始与他共同扛起扶贫更扶心的大旗。

布哈满怀喜悦地采摘丰收果实

——精准扶贫就得解老百姓的燃眉之急。古有“授人以鱼不如授人以渔”的箴言，但是脱贫攻坚工作，具体情况还得具体分析。如前面提到的那个醉酒村民，之所以借酒泄愤，其原因就是他家住房已

/ 布哈（左）与村干部交谈，了解村子实际情况

经残破不堪，“用手都可以在墙上掏个洞”。可是，村里仍将其列入民俗村统一改造规划，那就还得再等一阵才能修房。实事求是地解决老百姓火烧眉毛的事，比任何规划都重要。布哈自掏腰包请来专业人员进行鉴定后，四处协调，陈述理由，终于调整了按部就班的方案，及时对其住宅进行了整修。最终这位村民把满腹的牢骚话变成了“卡莎莎（谢谢）”，并且开始积极主动地为扶贫工作做宣传。

一位 70 多岁的老人患白内障啥也看不见，家里也因此致贫。群众的困难摆在眼皮下了，还等什么？布哈当即联系武警总队医院免费为老人进行手术，老人逢人就说：“我抬头看得见蓝天白云，低头看得见扶贫的好处。”

——用生活质量的提升唤醒对美好生活的向往。布哈知道，乡亲们现在最需要的是一个属于自己的美丽乡村。他在村里做的第一件事就是在全村开展大讨论——怎样鼓起振兴彝乡的自信，做一个新时代的彝族人。经过几天的剖析讨论，一部以移风易俗、破除落后宗族意识为主要内容的村规民约制定出来了，“爱国守法模范户”“勤劳致富模范户”“清洁卫生模范户”“团结互助模范户”从此成为村民的新荣誉。

2017 年以来，经过不懈努力，该村 356 户人家住进新居，152 户贫困户家家配发了有 20 多种日常药品在内的“爱心药箱”。援建的村幼儿园现已正式开园，布哈先后 6 次协调总队幼儿园老师到村支教。集收发快递、便民取款终端、便利店、网络销售一体的电子商务站开始运营。此外，村里还建起 5 个水冲式公用厕所、25 个封闭式垃圾池……干净整洁的生活环境，唤醒了村民对美好生活的向往和追求。

——现代化的发展模式才是扶贫致富的硬核。中国不缺农民，也不缺公司，缺的是属于农民的公司。深度扶贫就必须让现代化的发展方式构成贫困地区发展的新模式。布哈带领群众，已经精选“落户”了 5 种适合本村的产业模式，让现代化的集群效应撬动脱贫攻坚难题，之后又形成了 5 种适合本村的产业模式：村里山林多、繁花茂盛，是个天然的养蜂场，布哈动员本村大学生返乡成立养蜂合作社，推出了“合作社 + 蜂农 + 贫困户”的模式，养殖中华蜂；彝族刺绣被列为非遗项目，而本村掌握这门技术的绣娘超过百人，通过专家担任技术指导、电商确认等，采取“非遗 + 时尚 + 电商 + 扶贫”的模式，建立了彝族刺绣基地，家庭妇女足不出户就可以挣钱；梭梭拉打村耕地面积少、耕作技术非常滞后、管理非常粗放，老百姓一年四季的劳动，解决不了温饱问题，针对这种现状，布哈引进了当地的龙头企业，种植大棚蔬菜，采取“公司 + 支部 + 农户”的模式，老百姓既可以拿到土地扭转费，还可以在大棚里打工，最后还能拿到分红；梭梭拉打村林地资源丰富，传统养殖技术成熟，本地土鸡肉质鲜美、营养丰富、价格昂贵，布哈就组织协调修建了高山林下鸡生态养殖基地；梭梭拉打村自然风景优美，车流量非常大，布哈就因地制宜地组织修建了村级服务站……

努力终有成效，通过规模发展 10 多个特色产业，梭梭拉打村 152 户贫困户每户增收上万元。

扶智与治愚，爱心薪火传

令人欣喜的改变在大凉山大大小小的彝寨山乡同时发生着，梭梭拉打村的青少年还有一项独特的活动让邻村的小伙伴羡慕不已——军营开放日。

经请示上级同意，按照相关规定，布哈和武警昭觉中队精心筹划了“军营开放日”，以开阔村里青少年的眼界。当这些大山里的孩子在训练场看到整齐的队列动作，在官兵宿舍看到整洁的内务时，他们在欢呼之余发出声声感叹。布哈之所以这样做，是因为他坚信一点——大凉山奔小康的接力棒终究要交到下一代手里。让红色基因传承下去，让科学知识成为照亮大凉山人前行的火把，让山里孩子从眼界到能力都紧跟时代的变奏，才是建设美丽富足大凉山的正道和坦途。

然而，严酷的现实紧紧揪住了布哈的心——还是有村民在孩子受教育的问题上存在错误认识，导致部分适龄儿童失学。要彻底改变彝乡面貌，创造美好未来，作为下一代的建设者怎么能没有文化知识？布哈有一个习惯人人皆知——学校上课期间，但凡在课堂外见到适龄的孩子，他就一定要问清楚没去上学的原因。就凭这一习惯，他先后把两个辍学的孩子重新送回了课堂。

寒门出学子，梭梭拉打村目前在校的大学生有 16 名。乡亲们一面笑在脸上，一面却愁在心头——供一个大学生并非易事，其中 15 名孩子的家庭经济非常拮据，经常为学费和生活费犯难。面对这种情况，布哈积极向总队领导汇报争取支持。不久，“武警励志奖学金”设立了，15 名家里经济困难的大学生全部

/ 布哈给村幼教点的孩子们讲故事

被确定为资助对象。与此同时，在布哈的影响感染下，部队官兵和亲朋好友自愿捐款，为梭梭拉打村里的中小学生设立了“武警励志奖学金”和“武警爱民助学金”，一部分用于奖励村里学习成绩优异的中小学生，一部分用于帮助村里的困难家庭。

布哈在彝乡学校当教师的妻子也参与其中，开始了“家庭组团扶贫”。对一些特困户的孩子和孤儿，布哈与妻子给予钱物相助，更给予亲情关怀。这些年来，他们持续资助了 18 名彝族贫困学生，其中 2 人考上了大学，1 人还考上了研究生。2015 年，布哈家获得了武警四川省总队“最美家庭”的荣誉。

在大凉山脱贫攻坚的日子里，布哈深深懂得了“众志成城”一词的含义。除他以外，还有很多人在为梭梭拉打村脱贫攻坚而努力——他的老师、领导、战友、同学，还有很多甘愿默默付出的志愿者。他们中有的立足岗位奉献，有的捐资助学，有的送来校服书籍，有的前来义务支教……有了他们，才有了梭梭拉打村的今天。

有一句彝族谚语这样讲道：你想让他和你同行，就一定要伸出自己的手。扶贫既然是“扶”，那就必须伸出手去，在泥泞中拉一把，在坎坷时助一臂。无论是历史的原因，还是自然条件的艰苦，脱贫都是一场艰难的战斗。而越是艰险越向前永远是听党指挥的人民军队义无反顾的选择。对布哈来说，驻村扶贫、带领村民致富，相当于选择了另一个阵地。因为作为军人，他既是共和国的保卫者，又是建设者。

布哈说：“对未来没有梦想，标志着青春已经归零。”这位大凉山之子，在最好的年代，最好的年华，投身到最光彩的事业，这既是为了家乡故土、血脉乡亲，也是为了那个像大凉山火把一样炽烈的梦想。

（供稿：郑蜀炎　吴敏　修编：张梦欣　照片提供：李结义）

华关，广东省梅州市五华县转水镇里塘村第一书记兼扶贫工作队队长。2016 年 4 月至 2019 年 6 月驻村扶贫 3 年，狠抓支部建设，把建强支部作为首要任务；改善基础设施，村道建设、自来水工程等深得民心的扶贫项目陆续完成；重视教育扶贫，奖学助学 200 多人次，弘扬崇文重教的良好村风；大力发展黄金百香果特色种植和土鸡养殖等，形成“一村多品”“有种有养”的产业发展格局。村集体收入从 2016 年的 3 000 元提高到 15 万元，年人均可支配收入接近 1 万元。2018 年底，里塘村贫困户全部脱贫。

心念百姓办实事

位于广东省东北部的梅州市五华县是中央苏区县，在这片红色热土上，有一个叫里塘的小山村，依山傍水，却是典型的贫困村。直到 2016 年原广东省地方税务局（现国家税务总局广东省税务局）扶贫工作队进驻，这个有着 283 户 1 221 人的村庄才逐步走上脱贫致富之路，摘掉了贫困的帽子。

“我想为老百姓办实事”，这是驻村第一书记兼工作队队长华关驻村的初心和承诺。

民生多艰，点滴记心头

2016 年 4 月 25 日，领导送华关到里塘村报到。虽然早有心理准备，但他还是被眼前的景象震惊了：狭窄的泥路，残破的泥瓦房，散发着臭气的池塘。村干部介绍，每年村集体收入只有 3 000 元；全村有贫困户 43 户 167 人，贫困发生率高达 13.6%；村里老弱病残居多，有的还是重病患者。

送走了领导，村里下起了大雨。华关撑着伞站在破漏不堪的村委会办公房前陷入了沉思。他在心里默默为自己打气：“既然来了，就要真扶贫、扶真贫！从今天开始我就是里塘村人，一定要帮助乡亲们摆脱贫困，过上幸福生活！”

第一书记驻村，党建在心头。华关把建强支部作为首要任务，把党建放进田间地头，带领党员一起分析问题，一起分享学习。他一再强调，党员必须是脱贫行动的带头人，越是党员越要视野开阔，只有这样，眼前的一亩三分地才能和长远的发展联系起来。

/ 华关（左）到贫困户家中走访

心驻进土里，腿扎进泥里，日后的工作才好生根发芽。驻村第二天，华关便带着一支笔、一个本，和工作队队员一起开始访贫问苦。把党的政策传下去，把群众的声音收回来，一传一收，乡亲们的心里也就有了盼头。

在住着危房的邓双娣老人家里，华关了解到老人自身腿部残疾，年初家庭又遭遇重大变故，儿子不幸患上癌症，儿媳出走，留下一个正在读初一的孙女。省城的干部上门，老人仿佛抓到了一根救命稻草，情绪激动，一直紧握着华关的双手，伤心流泪道："同志啊，希望政府帮帮我们这个家。"那一刻，华关深切体会到扶贫的意义和肩上的重担。共产党人的初心是为人民群众谋幸福，在村里，扶贫干部就代表着党和政府，给老百姓带来希望！

经过半个月的精准识别，谁家里有几口人、都干什么、有什么困难，华关如数家珍，而村民们也很快接纳了他，亲切地称他为"华书记"。民生多艰，百废待兴，面对凋敝的村庄和一家家贫困户，华关意识到，要改变基础弱、底子薄的里塘村现状，当务之急是改善基础设施。人居环境不好，就谈不上发展产业，更谈不上脱贫致富。

民心工程，山村换新颜

在走访调研中，听到村民反映最强烈的问题是路难行和饮水存在安全隐患。"这就是改善整村基础设施的突破口和抓手。"华关决定，驻村工作从筑路引水开始！

在华关的带领下，工作队和村"两委"以时不我待、只争朝夕的精神推进村道建设和自来水工程项目，从制定规划、落实资金、工程招投标，到协调施工、解决占地纠纷，再到竣工验收，环环相扣，紧锣密鼓，层层推进。华关更是天天守在工地上盯着施工进度，连续好几个周末都没有回家。

3 个月后，贯通南北的出村主干道打通，从里塘村驱车 10 分钟就能到高速路口，之前饱受路难行之苦的里塘村民感到扬眉吐气。2017 年春节前夕，自来水工程也得以竣工，洁净的自来水沿着管道流入家家户户，里塘村彻底告别了手摇井水时代。在通水仪式现场，村民敲锣打鼓、喜笑颜开。步履蹒跚的陈大爷双手捧起清凉的自来水直接喝了下去，满意地感叹：“这水真是清甜啊！”这一幕让华关的成就感油然而生，为民办实事、办成事是件多么幸福的事啊！

里塘村文化广场休闲公园一角

“喝上放心水，不忘送水人”，村民由衷感谢党的好政策，也对为民办事的扶贫干部越来越信服。工作队趁热打铁，把村民积极参与新农村建设的热情充分调动起来。于是，文化广场、休闲小公园、环湖步道、农田机耕路、污水处理设施、光伏发电项目、公共服务站、医疗卫生站、危房改造等一系列深得民心的扶贫项目有序推进。工作队对村庄进行绿化、亮化、美化，里塘村由此脱胎换骨，旧貌变新颜。变化太大的村庄还出过笑话——一位外出两年回来的游子，一时不认得回家的路，只好打电话问路。

结果是喜人的，华关始终默默付出。农村农民工作千头万绪，民心工程的建设绝不是一帆风顺，矛盾时有发生。以村里一棵 400 多年的古榕树为中心，围绕里塘湖建设文化广场，打造村居和行政中心，是基础设施帮扶的重点项目之一。古榕树下有间破旧的老屋，屋后是杂乱的老竹林和废弃的粪坑、猪舍。村里的拆旧工作开始很顺利，但拆到这间老屋时，女主人朱大姐哭闹着不让施工队清拆，镇村干部力劝无效，拆旧工作一度陷入僵局。得知情况后，华关赶到现场，做起朱大姐的思想工作：“你对老屋子有感情，大家都理解，如果不拆，便会影响文化广场建设。若广场建设好，全村人都有活动场所，你的新房子也会另有地方建，你家、村里、村民都能得益，多好的事情啊！”一席话说动了朱大姐。文化广场如期竣工，妇女们在广场上跳起了广场舞，老人们在大榕树下吹拉弹唱、下象棋，孩子们在休闲长廊里追逐嬉戏，一派其乐融融的景象。

“扶贫工作不是独角戏，村民支持配合非常关键。”华关说，村里推进扶贫公益项目，涉及征地拆迁，事关百姓切身利益，难免出现纷争。这时候，驻村干部要心存正气、事不避难、公平处理，方能赢得民心。

崇文重教，村娃燃希望

/ 华关与里塘村留守儿童在一起

华关出身于农村教师家庭，从小受到熏陶，热爱学习，后来考上北京大学。在乡邻眼里，他本身就是通过读书改变命运的典型例子。到里塘村扶贫后，当看到村里孩子就读的三塘小学破旧不堪、教学设施落后，特别是看到简陋教室里孩子们渴望求知的眼神时，他揪心不已。他深知读书对农村孩子的重要性，再穷不能穷教育，于是下决心狠抓教育扶贫。

在单位的支持下，华关投入 50 万元设立教育基金，驻村 3 年奖学助学 200 多人次，全村共 49 人考上各类高校。投入 100 多万元升级改造三塘小学，配置多媒体教学设备，改善教师办公和住宿条件，完善文体配套设施，校园环境焕然一新。学校教学质量跃居全镇前列。

教育扶贫，不仅仅是修建校园或发钱发物，更重要的是要引导农村贫困孩子修身立德、自强不息。驻村期间，华关言传身教，花了大量时间和精力与村里的中小学生沟通交流。在乡村道路上，常常可以听到孩子们和他这样的对话：

“华叔叔好，昨天班级小测我考了 95 分！”

“不错，有进步，继续努力。”

华关还把城里的老师和志愿者请到三塘小学举办知识讲座和读书活动，有意识引导村里少年开阔眼界，为人生的长远发展播下希望的种子。

对教育脱贫的贫困户，华关因势利导树立典型，弘扬崇文重教的良好村风。贫困户陈会仁一家含辛茹苦供 4 个子女上学，曾经的低保户陈汉辉夫妇靠收废品供 3 个孩子读书，孩子们学成就业，家庭脱贫后主动申请退出低保，在村里都传为美谈。

2016 年下半年，正在读高二的贫困学子陈炎鑫的父亲患癌症去世，家里欠下不少债，而母亲又收入微薄。陈炎鑫和妹妹变得郁郁寡欢，对未来充满了迷茫。华关多次到家里安慰鼓励，并对两个孩子说：“家里的困难你们不要太担心，村里和扶贫队会想办法帮助你们解决。但是你们要从悲伤中走出来，特别是炎鑫，你现在是家中唯一的男儿，马上年满 18 岁，将来就是家里的顶梁柱，要自强自立，不能自暴自弃。”在华关的鼓励和帮助下，陈炎鑫恢复了生活的信心和学习的动力，发愤读书，2018 年考上了广东财经大学。

陈炎鑫喜欢跟华关分享大学生活。他告诉华关，自己在大学里勤工俭学，还当上了班长。结束扶贫回到单位 3 个月后，华关还收到了陈炎鑫的一封信。“以前，我很怕上大学，内心有点自卑。华叔叔，我的坚强自信离不开您的关心和指导。如今的我，对未来充满信心，对生活充满微笑。”读着来信，华关内心涌起一份欣慰。

产业造血，小果飘远香

扶贫不仅要“输血”，还要“造血”；不仅要给鱼，更要授渔。脱贫致富和乡村振兴离不开产业发展，发展产业的关键在人。华关带领扶贫队员始终致力于为里塘村培育致富“领头雁”。

当得知退伍后在广州当“快递小哥”的年轻党员陈伟华正在犹豫是否回村发展时，华关一趟趟上门拜访，反复鼓励陈伟华：“村里的未来发展还得靠年轻人。你一直有回乡创业和照顾双亲的打算，现在有个好项目，你回来和我们工作队联手，一起为村里做点长远的事情吧！”陈伟华被华关的诚意和项目的发展前景所打动，爽快同意回村创业。

华关说的好项目就是扶贫工作队引进的黄金百香果种植项目。不同于口感酸涩的传

华关查看百香果生长情况

统百香果，黄金百香果不仅品相好、果汁甜，市场价值也高。工作队帮助陈伟华集约盘活村里撂荒的 20 亩土地，采取无公害种植，不施农药和除草剂，肥料由牛羊粪发酵做成。这样种植结出的果实迎合了城里人对绿色食品的高端消费需求。2018 年 7 月，黄金百香果一上市就获得市场青睐。为广开销售渠道，工作队还建立了“里塘特产小店”电商平台，通过网上销售、市场定点采购和单位消费扶贫等多种方式，保证了产销结合。

在陈伟华的带动下，不少年轻人回村创业，村子的发展越来越有希望。除了黄金百香果，华关还带领里塘村搞了蜜柚果园和土鸡养殖，形成了“一村多品”“有种有养”的产业发展格局。“长”于一片荒地上的几个产业项目，不到两年时间实现产值 80 万元，贫困户每户至少拿到了 8 000 元的收益分红。

经过 3 年的帮扶，昔日贫困落后的里塘村变成先进村、明星村。2018 年底，全部贫困户实现脱贫，年人均可支配收入接近 1 万元，村集体收入由 2016 年的 3 000 元提高到 15 万元。

驻村 3 年，华关觉得，自己付出的辛苦虽多，但获益更大。基层农村第一线，脱贫攻坚最前沿，是锤炼党性、磨砺人生的大熔炉。这段驻村经历，使他得以融入基层、体会基层，读懂群众、服务群众，为老百姓做成了一些事情，学会了很多农村工作的本领，与村民结下了深厚的情谊。在结束驻村工作离别的那天，村里开了村民代表、党员代表和脱贫户大会，村民们与他依依惜别。

2019 年 9 月 29 日，已结束驻村 3 个多月的华关，在广州的上班路上，接到邓双娣奶奶的电话。他心里一紧，生怕老人家出了什么事情。听筒里传来老人家的声音：“华书记，我没啥事，就是特别想感谢你，特别想念你，我给你唱首山歌吧。”

一瞬间，华关泪流满面。自己仿佛又回到了村里的大榕树下，看着邓双娣奶奶唱起客家山歌。那曾因家庭变故和贫困无助而天天悲伤流泪的脸上，变得笑意满满。老人家的歌声响起，那是在感谢党恩，在歌唱新生活……

（供稿、照片提供：广东省税务局驻梅州市五华县转水镇里塘村扶贫工作队　修编：周艳）

刘双燕，安徽省亳州市利辛县汝集镇朱集村第一书记、扶贫工作队队长。2012 年 3 月，她任利辛县刘家集镇陆小营村第一书记，2014 年 11 月调任朱集村第一书记。2018 年 3 月，她主动申请继续驻村，成为连任 3 届的巾帼第一书记。她一方面大力加强村基础设施建设，另一方面建起 200 多亩特色种植养殖基地，种植经济林木 379 亩，建成村级 187 千瓦光伏电站。截至 2018 年底，朱集村村集体年收入 70 万元，共脱贫 326 户 739 人，贫困发生率由 2014 年的 13% 下降到 0.9%，被评为省级美丽乡村示范点。

做群众心中的好闺女

她是安徽省利辛县税务局的一名普通女干部。从 2012 年 3 月起，她连续担任省第五批、第六批和第七批驻村扶贫队长。这期间，她离别幼小的女儿，失去慈祥的母亲和挚爱的丈夫，虽悲痛无比，可痴心不改。她把习近平总书记最为深情的牵挂牢记心间，舍小家为大家，主动扎根农村，用韶华和奉献诠释了一位奋战在扶贫一线的巾帼战士的风采。

她，就是先后驻陆小营村和朱集村的第一书记、扶贫工作队队长——刘双燕。

头三年，真情驻扎

2012 年初，时年 37 岁的刘双燕在得知组织要选派干部驻村帮扶的消息后，内心萌生出到农村去扶贫、到基层去锻炼的想法。可她又有些挣扎，年仅 10 岁的女儿正需要照顾，自己怎能一走了之？经过几天反复的思想斗争后，刘双燕向丈夫和盘托出了自己的纠结，没想到丈夫高兴地劝她："如果组织选派你去，你要认真扎实地干，家里和孩子的事情，你就不要操那么多心了。"在家人的支持下，刘双燕向组织递交了申请。

2012 年 3 月，作为省第五批选派干部，刘双燕如愿踏上了脱贫攻坚征程，被派驻到利辛县刘家集镇陆小营村任第一书记。

彼时的陆小营村是个闭塞的落后村，道路泥泞，既穷又脏，更无产业。许多村民以献血为生，以致染上艾滋病，随之村子也成为远近闻名、人们避之不及的"艾滋病村"。

/ 刘双燕在整理贫困户档案资料

“刚开始心里也怕，与村民不够亲近。可后来想明白了，我来是干啥的？是要带领他们脱贫致富啊。”刘双燕回忆道。她壮着胆子，一个人把村里的患艾群众走访了一遍，发现这些村民最需要的是别人的尊重和关爱。村里有个 9 岁的小女孩，是一位被艾滋病夺去亲人的单亲孤儿，饱受歧视和白眼。在刘双燕到来后，小女孩感受到了久违的“母爱”：有人给洗澡、有人陪吃饭、有人同玩耍，她紧闭的心门打开了，逐渐活泼开朗起来，苦闷的童年从此有了色彩。

通过一次次的走访，凭借一颗温柔的心，刘双燕逐渐叩开了村民的心扉。她经常和艾滋病患者谈心，鼓励大家振作起来，积极主动参加新农村建设。

光有嘴上功夫可不够，还要让群众看到切切实实的希望。刘双燕积极向上级争取到资金 50 万元，修通了近 3 公里长的水泥路，让全村人行路难成为历史，让往日的泥巴路跑起了载货卡车。接着，她从推进美丽乡村建设着手，购置了一批清洁设备，还组建村清洁小分队，让村容村貌焕然一新。

刘双燕把时间都给了陆小营村。刚驻村不久，她的母亲被确诊为肺癌晚期，直到临终，刘双燕也没能守在母亲身边尽孝。为了驻村，她缺席了女儿整个青春期的成长陪伴；为了驻村，她与丈夫两地分居，丈夫既当爸又当妈，一个人挑起了家庭全部的重担……

刘双燕夜以继日的全身心付出，为陆小营村的发展打下了基础。现在的陆小营村，天蓝水清、村舍整洁、产业兴旺，村子已经走出了因贫致病、因病返贫的恶性循环之路，踏上致富奔小康的康庄大道。刘双燕也收获了很多。她和村民们朝夕相处，思想情感得到升华，精神境界得到提升。2014 年，干扶贫意犹未尽的她，盘算着要继续驻村扶贫。

又三年，不懈奋斗

2014 年 11 月，刘双燕毅然选择留任驻村书记。她作为安徽省第六批选派干部，被调整到利辛县汝集镇朱集村任驻村第一书记、扶贫工作队队长。

朱集村是一个有着近 6 000 人的深度贫困大村，基础设施差，村民收入没有保障，其中贫困户有 348 户 791 人，村集体经济为零。

刚上任时，刘双燕不是没有过委屈。本来是她主动请缨，可却是剃头挑子一头热，换来的是村民的质疑。

“像你这种城里面来的女干部，都是来镀金的，你要是把我们村里的路修好了，让我们喝上自来水，那我们就服气你，就认可你。”一位大爷毫不客气地对她说。

大爷的话虽直白，但却是实话。基本的路、水问题都未解决，村民的生活有多么不便！村民又是多么渴望改变啊！刘双燕把大爷的话牢牢记在了心里，她知道，只有给村民切切实实带来实惠，带领他们脱贫致富，才能获得由衷的信任。

记不清“化缘”了多少次，刘双燕争取到 290 万元，为村里铺设自来水管道 15 公里，全部接通到户，实现了安全饮水，并完成旱厕改造；投入 530 万元，修建村级公路 12 公里，实现了村内公路全部硬化，方便了群众生产生活，解决了群众出行难的问题；完成农村电网改造，新装变压器 10 台，增容 1 350 千瓦时，购建了 2 座总装机量 370 千瓦的光伏电站。她又多方争取拨款和慈善捐款 26 万元，将安装 180 台新能源太阳能路灯，实现 8 个自然村及街道两旁、人口密集聚居的村级活动中心全亮化。

一行行冰冷的数字，道不尽个中的艰辛。最终，刘双燕“超额”完成了对大爷的承诺。渐渐地，村里上了岁数的老人都喜欢喊她闺女。贫困户朱连翠说：“闺女可能干呢，

/ 刘双燕（左）看望朱集村敬老院老人

/ 刘双燕（左）到贫困户家中走访了解养殖经营情况

关键是人好，比我儿女待我还强呢，啥时候来都得见见面。”

对群众心细的刘双燕，对自己却太“粗”。2015 年，因多年在村吃住，生活不规律，作息无保障，她正常行走超过 10 分钟，膝盖便疼痛难忍。去医院做了一次检查，被确诊为髌骨软化症。医生只允许她小范围行走，以减少对膝盖的伤害。刘双燕想也没想就拒绝道：“现在是脱贫攻坚的关键时期，我不能让乡亲们失望！”于是，她靠吃止痛药、戴理疗护膝一瘸一拐地走到现在。

“为了咱村都能过上好日子，有多大劲儿我都使出来！”刘双燕对村民们说。她带领村“两委”干部坚持问题导向、目标导向，梳理总结制约村集体经济发展的瓶颈、每家每户的致贫原因，坚持“一户一方案、一人一措施”，制定村出列、户脱贫的具体方案并扎实推进。

朱集村虽然是贫困村，但自然条件并不差，村民们有种植养殖的习惯和经验。据此，刘双燕和村“两委”定下了产业脱贫的路子，为村里引入特色种植养殖、光伏发电、林业扶贫等产业项目。

村里最先发展起来的是利用刘双燕申请到的 100 万元项目扶贫资金建起的特色种植养殖基地。可别小看这个基地，它是综合性的养殖场，地里种有果树，果树下养有土鸡，水里养着鸭子和鱼，一个初具规模的产业基地正在发展壮大。

已脱贫户李魁民属于最早享受到产业扶贫好处的那批人。“我到这里给基地打工，一个月 1 800 元钱，一年 2 万多元钱。我是 2014 年脱的贫，还得继续努力。”

朱集村建成的 200 多亩特色种植养殖基地、种植的 379 亩经济林木，惠及贫困户 190 户 378 人。计划到 2020 年实现经济林扶贫项目全覆盖。不仅是这“一条腿”走路，村里还引进了光伏扶贫项目，建成村级 187 千瓦光伏电站，村集体年收益近 40 万元。

有了项目，就要用之于民。为弱劳动能力的贫困人口提供就业岗位，让贫困群众通过自身劳动增加收入达到脱贫标准，是刘双燕和村“两委”的工作目标。村里共开发护林员、保洁员等公益性岗位 36 个，服装加工、特色养殖等村扶贫基地和扶贫驿站为贫困户提供就业岗位 25 个。

经过精心打理，村里的产业从“小、散、差”逐步发展到初具规模，日子好了，村民和刘双燕的心也拉近了。

“历经的一切辛酸艰难都是值得的！”站在朱集村的文化广场边，看着村民们欢快地跳舞、歌唱，刘双燕由衷地感到欣慰。这个广场和周边道路，是她多方争取资金，于 2018 年修好的。

这是刘双燕加大扶志扶智工作力度的一项成果。7 000 平方米的文化广场，安装了健身、休闲器材，她又积极协调社会帮扶力量，争取 3 家企业对朱集村定向捐助，募集资金 17 万元，用于村集体文化设施建设。建成图书室 1 座，收藏各类图书 1 246 册，常年向村民开放，丰富了村民的精神文化生活。

正在广场上跳舞的村民赵素华说：“没有修这广场的时候，天天窝在家里。现在老年人不打牌了，下午没事就在这里集合，学跳广场舞。年轻人爱去图书室看看书。大家说话都显得有文化了，非常好，这都得谢谢刘书记。”

再三年，不忘初心

“你离群众有多近，群众和你就有多亲。”驻村多年，刘双燕与乡亲们结下了深厚的情谊。2018 年 3 月，第二个驻村任期即将结束，面对乡亲们的深情挽留，深知脱贫攻坚任务艰巨的刘双燕，再一次主动申请留村 3 年。经组织批准同意，她转任安徽省第七批选派帮扶干部，成为全国扶贫战线上为数不多的连任 3 届、一口气干 9 年的巾帼第一书记。

然而这一次，丈夫也没能继续站在刘双燕的身后给予她支持。2018 年 8 月，女儿高考结束后不久，丈夫突发心梗骤然离世。这成为她心中永远无法弥补的伤痛。“本来我们说好，等到女儿上大学以后，他就来农村陪我一起扶贫，

/ 刘双燕（右二）在村民文化广场和村里的贫困老人聊天

可没想到……这么多年，是我亏欠了他啊。”

面对家庭的变故，刘双燕一度无法接受。可她是一名脱贫攻坚战士，6 年的磨砺早已让她成长。悲痛之余，她始终没有忘记扶贫队长的重任，没有忘记丈夫的支持。“他说过驻村要认真扎实地干。最困难最痛苦的时候，是乡亲们的朴实和亲切，让我充满希望和动力，一直坚持到今天。村子是我的家，不管遇到什么事，我决不辜负大家的这份信任!”

辛勤的耕耘换来的是收获的喜悦。截至 2018 年底，朱集村村集体年收入 70 万元，共脱贫 326 户 739 人，贫困发生率由 2014 年的 13% 下降到 0.9%，被评为省级美丽乡村示范点。

而刘双燕，依然不肯停歇，始终奋进在扶贫路上。2019 年春节前，一股强冷空气让皖北地区的气温下降到了零下 7 摄氏度，这也是入冬以来最冷的一天，刘双燕却像往常一样走村串户。村里正检查危房改造房屋，不少群众对标准不了解，个别的还生出怨言。为了让村民了解政策，冰天雪地里她一家一户做起了工作。

刘双燕首先到了村民朱士海家里，这次她带来的并不是好消息。她直言不讳地说:“大哥，前段时间申请危房改造的事情，因为你的这个屋子达不到危房改造的实施标准，所以不能办理。”

听了刘双燕的解释，老朱的心情倒不坏。虽然危房改造没有申请到，但现在家里的 8 只母羊都能产仔了。从养 1 只扶贫羊到现在养 30 多只，从一个没有收入来源的贫困户到 2016 年脱贫摘帽，一路走来，都离不开刘双燕的帮扶，刘书记说不行，那肯定是真的不符合政策。

朱士海说:“咱达不到这个标准，就不申请了。国家对我们够好的了，其他地方还有比我更穷的呢，我们知足了。”

道理说透了，群众的思想疙瘩也就解开了，这份信任有多难得，刘双燕心里最清楚，这是对她的最大安慰。

“这么多年来，无论是在税务工作中，还是在基层一线扶贫工作中，刘双燕同志从来没有向组织提出过任何个人的要求，任劳任怨、忠诚担当，为我们税务干部树立了学习的榜样，是我们税务系统的骄傲。”利辛县税务局党委书记、局长说道。

风雨彩虹，铿锵玫瑰。从 2012 年到 2019 年，她将人生最美好的芳华全部奉献给脱贫攻坚事业。她牢记使命、顽强攻坚，矢志与群众一起实现 2020 年全面脱贫目标。这，就是刘双燕，江淮大地上一位连续 3 届坚守贫困村、屡经磨难而矢志扶贫、平凡而感人的驻村女干部。

（供稿：安徽省扶贫办　修编：周艳　照片提供：汝雪枫）

吴应谱，生前为江西省九江市修水县复原乡雅洋村第一书记；樊贞子，生前为江西省九江市修水县大椿乡结对帮扶干部。2017 年底，吴应谱主动请缨前往修水县最偏远的深度贫困村担任第一书记，不到一年的时间里，写下了 8 大本密密麻麻的工作日志。他推动完成村组公路硬化、改造提升主干道工作，完善“百吨千人”农村饮水工程，完成农村电网改造和房屋坡顶改造，建成蚕桑基地，配齐垃圾处理设施，完善保洁队伍。他的爱人樊贞子，虽怀有身孕，但仍身兼乡妇联、组织、统战、协税员等数职。2018 年 11 月 16 日下午，夫妇二人在走访完贫困户返回途中，车辆失控坠河，不幸遇难。

扶贫路上结伉俪　青春无悔写赞歌

2018 年 11 月 16 日，90 后基层扶贫干部夫妇吴应谱、樊贞子在走访完大椿乡船舱村贫困户后，带着帮扶贫困户游承自老人要卖的 3 只土鸡赶回修水县城，经过溪口镇易家湾路段时车辆失控坠河。28 岁的丈夫吴应谱、23 岁的妻子樊贞子及其腹中两个月大的胎儿不幸溺水遇难，这对新婚伉俪将生命永远定格在扶贫路上，用青春诠释了共产党人的忠诚与初心，谱写了一曲感人肺腑的扶贫赞歌。

“我们想要改变乡亲们的贫困面貌”

2018 年，樊贞子被派驻深度贫困村大椿乡大杨村扶贫，同时在深度贫困村船舱村帮扶 4 户贫困户，吴应谱被派驻深度贫困村复原乡雅洋村担任第一书记。因为有相同的扶贫经历，志趣相投的他们在不到一年的时间里相识、相知、相恋、相爱，作为彼此的初恋走进了婚姻殿堂。

大椿乡在修水县的西北角，复原乡在修水的西南角，两地相隔 126 公里，都是山路，开车最少三个半小时。同事们开玩笑说他们在同一个县城谈了场异地恋。打开吴应谱向樊贞子现场求婚的视频，他深情而愧疚地说：“你在大椿上班，我在复原驻村，确实是两地相隔，但是从今往后，我会努力抽出更多的时间陪你。”樊贞子有时会偷偷拍下吴应谱加班的照片，并在记事本里写道：“陪你加班的每个晚上，看着你认真的模样，越发爱你，偷偷看你认真的模样，虽平凡但让人倍感珍惜。”

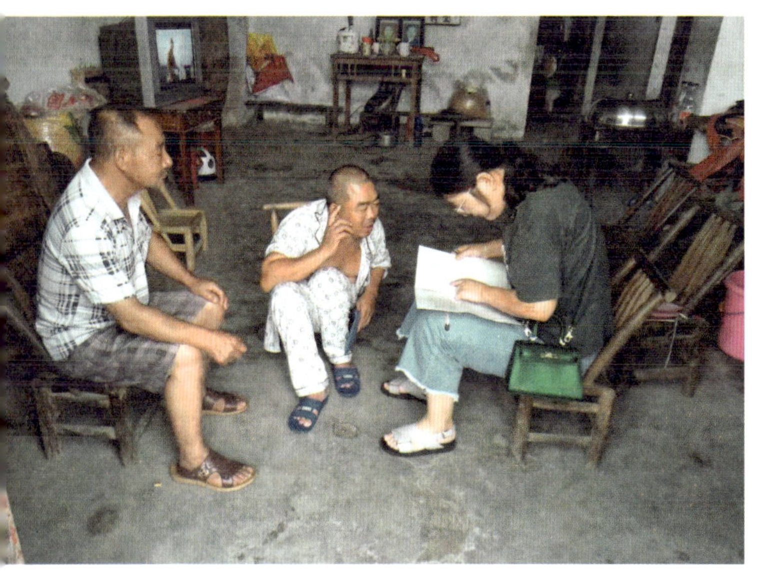

/ 樊贞子（右）走访贫困群众

翻开樊贞子那本未完成的扶贫日记，上面记录着他们的恩爱和扶贫路上的点滴。结婚当天，她写道："今天我们结婚了，我感觉很幸福，我们在不同地方扶贫，见面很少，但我真的很爱他，有时间我会好好照顾他。"结发为夫妻，恩爱两不移！在扶贫的道路上，这对热爱基层工作的小两口选择了风雨同舟、并肩同行。

修水县全县共有贫困村 133 个（含 21 个深度贫困村），建档立卡贫困人口 23 543 户 88 982 人，脱贫攻坚压力大、任务重。为了打赢脱贫攻坚战，修水县委县政府号召干部们积极参与进来，到贫困村担任驻村第一书记、帮扶干部。

到深山区去工作，就意味着要放下自己现在的工作，远离自己的家人，不少人对这件事避之不及。可樊贞子这个 95 后小姑娘听到这个消息却异常兴奋："我是一名共产党员，不就是应该在国家最困难的地方出一份力吗？"有人劝这个涉世未深的小姑娘："我们修水县的贫困村，全在穷山恶水之地，你一个小姑娘到那边吃不好睡不好，何必去遭这个罪。""我还年轻，总归是能适应的。"樊贞子回应道。

怀揣为群众谋幸福的初心，樊贞子递交了申请书，主动要求到最远、最深、最难的深度贫困村大杨村去驻村，同时她帮扶的贫困户又是另一个深度贫困村船舱村的 4 户贫困户。那天，她在日记中写道："今天乡里接到了下乡扶贫的任务，我主动报名了，我想去改变老乡们的贫困面貌。"

从山沟沟里走出来的吴应谱，同样渴望带领乡亲们走出贫困，接到通知后他主动请缨，要求到最偏远的深度贫困村复原乡雅洋村担任驻村第一书记。

得知吴应谱要到村里扶贫，他的父母急了眼。"我们辛辛苦苦把你培养成大学生，是希望你能走出大山，不再受我们受过的苦。你倒好，好不容易考出来了，自己却要回到山沟沟里工作，我看你是成心想要气死我们！"看着气得发抖的父亲，吴应谱心如刀割。

那天晚上吃完饭，吴应谱敲开了父亲的房门："爸爸，你从小就教育我们要记住帮助过我们的人。在咱们家最难的时候，是共产党帮助了咱们。现在国家需要，作为一名共产党员，我怎么能置之不理？复原乡很远，扶贫工作会很忙，以后可能很少时间陪您。我现在是国家干部，国家需要我去哪儿我就去哪儿，我要对那里的乡亲们负责，请您理解我。”

听了吴应谱的话，父亲无奈地摇了摇头，因为他太了解儿子那个犟脾气。“去吧，不用惦记我和你妈，照顾好自己。”

从此，吴应谱把年迈的父母托付给姐姐、姐夫照顾，自己以村为家，全身心投入到扶贫工作中。

/ 吴应谱（左）在工作

“他们就是我们的孩子”

“扎根发芽，拼命成长，成为大树的大树。”这是樊贞子写给自己的话。短短一年时间，热情大方，积极主动，吃苦耐劳，不断成长的樊贞子很快得到大家的信赖，成为独当一面的扶贫专干。

75岁的游承自一家，是樊贞子帮扶的一户贫困户。儿子、儿媳在温州务工，常年只有他一个人在家。樊贞子考虑老人年迈不能负重，就帮他制定养鸡增收的扶贫措施。游承自一直记得，那天樊贞子推着一辆推车，为他送来了50只鸡雏，告诉他把这些鸡养大，之后卖了可以赚钱。“这深山沟，养了也卖不出去，你还是把它们拿走吧。”想起深山交通不便，游承自打起了退堂鼓。“游爷爷，您放心吧，现在城里人都喜欢吃土鸡。您只管把这些鸡养好，到时候卖鸡包到我身上。”听了她的话，游承自觉得这个小姑娘心好，可信！

复原乡雅洋村是修水县21个深度贫困村之一，基础和产业都十分薄弱，全村建档立卡贫困人口59户261人，脱贫工作难度很大。

为了全面掌握村内贫困群众的状况，到村后的第二天，吴应谱就与村“两委”干部、驻村干部一起了解全村各方面情况，并挨家挨户走访，倾听群众心声，和贫困户同吃同住同劳动，与他们促膝谈心，掌握村级基础信息和贫困户信息。通过大量的走访、谈心谈话，吴应谱掌握了大量一手资料，为制定村级三年脱贫攻坚规划及年度计划打下了坚实基础，提供了最详尽、最真实的素材。一年不到的时间里，他走遍了雅洋村 14 个自然村的边边角角，对全村 59 户 261 名贫困对象的情况了如指掌、如数家珍。他桌上那 8 大本密密麻麻地记录着工作点滴的工作日志，就是最好的证明。

吴应谱了解村内每户贫困群众的详细情况，群众也真心把他当亲人。“小吴喜欢喝修水的茶，不喜欢吃白萝卜。”吴应谱这些细小的生活习惯，雅洋村每家每户都知道。“他就是把这当家了，我们也当他是自己的孩子，渴了喝杯茶，冷了便坐下来烤烤火。”贫困户万耀水说道。

提起小吴书记，贫困户古和平红着眼圈说：“小吴书记是真心待我们，比我们的亲人还像亲人。”

此前，古和平家里没有经济收入，一家人也住在危房之中。吴应谱驻村后，多次到他家做工作进行房屋改造，可他总以年龄大了做不动为由推脱。看着古和平一家，吴应谱心急如焚：“万一哪天房子突然倒塌了，那可怎么得了?”从那以后，吴应谱常抽出时间去古和平家里瞧一瞧。有一次深夜，突然下起了大雨，吴应谱不放心，连忙骑着电动车冒雨赶往古和平家里。现在，古和平一家已搬进了新房子，自己种菜了，也被安排了

/ 吴应谱（前）帮助贫困群众搬迁

清洁工岗位上班，家庭生活状况有了很大改变。

作为驻村第一书记，吴应谱为改变雅洋村容村貌不断努力。村里各项工程项目，从资金项目争取、规划设计、施工建设到质量监督、验收结算，他总是亲力亲为，全程参与。在他的努力推动下，完成了自然村组级公路硬化 8.6 公里；改造提升了 2.6 公里主干道并铺设沥青路面；完善了“百吨千人”农饮工程，解决了全村饮水安全；完成了村里生产生活用电以及农村电网改造工程；10 个新农村建设点户上项目已全面完成；232 栋房屋坡顶改造全部完成；建立了 103 亩蚕桑基地；配齐了垃圾处理设施，完善了保洁队伍，健全了日常运行制度，极大地改善了全村的生产生活环境。

在吴应谱的努力下，2018 年底，雅洋村顺利摘掉了贫困村帽子，53 户 241 人贫困人口实现稳定脱贫。

“贞子，游爷爷家的土鸡卖完了”

“……不吃饲料，纯土鸡，35 元 / 斤，一只大概四五斤，深山土鸡，味道鲜美，可送货上门……”这是樊贞子生前发在“朋友圈”的最后一条信息。

2018 年 11 月 16 日，星期天，原本是大家休息的时间，樊贞子利用周末时间到船舱村贫困户游承自家走访，并在朋友圈发文，帮助游承自推销家中的土鸡。由于丈夫吴应谱曾在船舱村小学任教一年，对船舱村情况比较了解，樊贞子又怀孕不久，吴应谱特地来到这里协助妻子开展上户走访工作。因樊贞子急需赶到县城与大椿乡所引进项目的负责人见面洽谈工作，两人吃完午饭就往县城赶，途中不幸发生意外。

12 月 18 日 13 时，90 后扶贫干部樊贞子、吴应谱追悼会在县殡仪馆沉痛举行，雅洋村和船舱村的干部带领十几个村中的贫困户一大早就从村里出发，翻过一座座大山，来到县城，只为送他们一程。这其中就有已经 75 岁的游承自。

看到墙上挂着吴贞子的遗像，游承自泪如雨下，他颤颤巍巍地走到相片前，用袖口擦了一遍又一遍。“好孩子，你走好。不用担心游爷爷，爷爷家的土鸡已经全部卖完了。这些鸡爷爷挣了 3 000 多元，够我们老两口吃喝了。”

对于吴应谱的离去，古和平始终无法接受。“前几天，他还告诉我要想脱贫致富，养殖蜜蜂是条好出路。他刚替我们找好销路渠道，还没看着我们养好蜜蜂挣上钱，就走了……”

樊贞子、吴应谱的事迹不但感动着贫困群众，更感染着身边的干部们。

“樊贞子对待贫困户像亲人一样，非常亲切热情，使他们有很大触动。她对待工作的态度值得扶贫干部学习。”“雅洋村好多贫困户都自发来送别吴应谱夫妇，他们对工作负责的态度，让人动容。今后，我们要继承他们的精神，把扶贫工作做好，我想这也是他们的心愿。”……

“贞子走了，我们立即从优选拔了干部帮扶她生前所帮扶的贫困群众，接棒她的扶贫事业。”大椿乡党委书记晏少兵告诉笔者。

“贞子喊他游爷爷，他俩感情很深。”船舱村扶贫干事程玲有很多话想跟贞子说：“年前，你念念不忘的游承自爷爷 50 多只土鸡已经全部卖出去了，现在他的危房改造申请也下来了，已经开始动工，过不了多久，他们一家就能住进新房了；你所牵挂的另一个帮扶对象丁彦旺，我们也把他照顾得很好……他们都很好，只是会经常想起你。”

再次来到樊贞子、吴应谱出事的地方，河水静静流淌，山上鲜花遍地。青春热血，担当奉献，在这一刻凝为永恒，她和他永远倒在了这片绿水青山中。

“贞子，土鸡全部卖完了，我马上也要住进新房了。”“吴书记，我家今年的蜂蜜特别甜。”“应谱，古和平一家住进了新房，下雨时，你再也不用惦记他们一家了。”……这一幕幕的变化、一声声的呼唤，只是樊贞子和吴应谱却再也看不见，再也听不到了。

吴应谱、樊贞子用他们年轻的生命书写了精彩的人生答卷，书写了对党、对人民、对扶贫事业的无限忠诚。他们短暂生命迸发出的耀眼光芒，照亮了赣鄱大地的脱贫攻坚之路，指引着扶贫事业后继者铿锵前行。

（供稿、照片提供：江西省修水县扶贫办　修编：张津津）

宋磊，山东省德州市临邑县扶贫开发办公室主任科员。他主导建立了翔实完整的县级扶贫开发数据库，探索施行“两库三审”（项目库、专家库，乡镇初审、专家会审、县级终审）项目评审制度，有效利用各级扶贫资金 5 100 余万元，指导实施 80 个产业扶贫项目，直接带动全县 9 954 名建档立卡贫困群众人均年增收 600 元。他推动发展“村域沉睡资源聚合经济”扶贫开发新模式，并创新建立返贫预警机制。2016 年底，他被查出患上尿毒症，仍边做透析治疗，边坚持在工作岗位上，写出有价值的调研报告 240 余篇。

甘做扶贫路上“挑山工”

山东省临邑县位于鲁西北平原。全县 833 个行政村中，有省定扶贫工作重点村 68 个；总人口 54.5 万，其中农业人口 42.1 万；2015 年底建档立卡贫困户 5 391 户 11 269 人，是山东省 52 个财政困难县之一。2016 年 1 月，宋磊担任了县扶贫开发办公室副主任。他在调研中了解到，本县贫困村里闲置土地比较多，就采取多方调动、集中投入、系统整合、规范利用、科学管理、合理分配等多种方式，让“沉睡”的资源“活”起来，探索了一条“唤醒沉睡资源、壮大集体经济”的脱贫新路径。

深怀为民谋幸福的初心

宋磊是一位有着 28 年党龄的老党员，自参加工作以来，先后在临邑县林业局、开发办、孙庵乡、孟寺镇、农业局、扶贫办等多个部门、单位工作，基层经验丰富，对土地、对群众的感情非常深厚。

2016 年初，临邑县扶贫办刚刚成立，年逾五十的宋磊拒绝了原单位的挽留与爱人的央求，主动请缨来到这个并不被看好的单位。时间是最伟大的书写者，总会忠实地记录下奋斗者的足迹。他长期深入群众、扎根基层，听民声、察民情、解民忧、纾民困，努力让贫困群众过上心中向往的美好生活。

临邑这样一个农业大县，贫困村普遍缺乏整体发展规划，基础设施较差，产业发展滞后，集体经济不强，贫困群众增收途径偏少。宋磊凭着对农村工作的热忱，下定决心

/ 宋磊在扶贫产业园

要破解这一难题。他利用周末，行程 2 600 多公里深入贫困村系统调研，召开专题研讨会 15 场次，最终确定了一条走“唤醒沉睡资源”助力脱贫攻坚和乡村振兴的创新之路。

但挖潜出来的土地怎么用才能获取最大收益？他查资料、跑院所、访专家，在吸收借鉴无数项目运作模式的基础上，牵头建立了“两库三审”项目评审机制。同时，为巩固脱贫成效，首创了“红黄蓝三级设防”的返贫预警机制。上述典型做法先后被国家、省市级媒体报道推广。山东省委书记对村域沉睡资源聚合经济发展模式给予了高度评价，“两库三审”在全国扶贫项目库建设培训会上做了典型发言，返贫预警机制被《中国扶贫》杂志列为“脱贫 100 计”中的第 15 计。

2016 年一个寒冷的冬夜，在精准识别第二轮计划申报中，宋磊陪着同事连夜理思路、找数据、赶报告，正患感冒的他突发高烧到 39 摄氏度，难受得在沙发上都坐不住。同事紧急将他送到医院检查，经诊断他患上了尿毒症，代表肾功能主要指标之一的肌酐值表明病症已经相当重了，医生强烈要求他住院治疗。但是，宋磊放不下正做到关键阶段的一系列工作，单靠服药维持，到后来不得不做血液透析。先是一周两次，现在一周三次。就是在这样的情况下，他依然坚守在工作岗位！被他救助过的临南镇宁寺村贫困户关大营，得知宋主任身患重病坚持工作时，眼中含着热泪，竖起大拇指说：“这才是共产党员！这才是人民公仆！”2018 年，宋磊获得“全省扶贫系统先进工作者”荣誉称

/ 宋磊（左）走访村民

号，并记个人二等功；2019 年 6 月，他获评山东省“人民满意的公务员”。

几年来，宋磊跑遍了全县机关企事业单位，联系了数十家行业协会，拜访了上百位爱心人士，募集到大批爱心资源和善款，帮助数百个贫困家庭解决了就医、就业、就学、住房等急事、难事、烦心事。全县 376 名贫困学生全部纳入帮扶范围，535 户贫困家庭完成了危房改造，156 个“村级扶贫专岗”应运而生，20 万元善款充实到孝善扶贫基金……

在新时代的奋斗大潮中，宋磊严以修身、正心明德、建功立业，成就了一个平凡人的出彩人生。

一片公心开辟脱贫新路

从事扶贫工作以来，宋磊明大德、守公德、严私德，始终坚持把群众利益放在第一位。他经常讲的一句话是：干扶贫工作是行善积德的活儿，更是讲良心的活儿，每一分钱都是贫困群众的救命钱。要让符合条件的贫困户都能享受到党和政府的温暖，宁肯得罪亲朋故友，也不能丧良心、失公心、毁民心。他是这样说的，也是这样做的。

宋磊的一个亲戚私底下求他把自己列为贫困户，被他婉言说服，放弃了这个想法；一家企业老板委托宋磊的同学，央求他挪用部分扶贫资金给企业发展“救急”，宋磊认为这件事与扶贫工作无关，就没有答应。他秉持公心、情系群众，清正廉洁、用权为民，才能在扶贫工作中获得了源源不断的前进动力。

正是出于一片公心，宋磊开辟了一条让群众脱贫致富的新路子。通过沉睡资源利用，让荒废多年的垃圾堆、杂树林以及犄角旮旯变成了村集体经济壮大和村民致富的“聚宝盆”。一方面，村民以自有宅基地等资源入股，按股享受分红收益；另一方面，村民通过参与浇水、施肥、看护等日常管理工作，实现家门口就业。临邑县通过激活沉睡资源，做活土地文章。实施沉睡资源利用的 65 个村中，2016 年之前村集体收入低于 3 万元的有 33 个，其中“空壳村”有 13 个。截至 2018 年底，这些村子村集体收入全部达到 3 万元以上，省定贫困村全部摘帽。

敢闯敢试换来美丽乡村

经过 6 年的不懈努力，在宋磊的悉心指导下，村域沉睡资源综合利用在临邑落地生根、开花结果，贫困群众和村集体经济增收的途径不断拓宽，村级产业不断培育和发展壮大，群众生产生活环境不断改善，基层党组织治理能力不断提升，为巩固脱贫攻坚成果、建立长效机制提供了借鉴和经验。

村域沉睡资源利用开拓了产业兴旺的新路子。临邑县在抓好沉睡资源利用过程中，

/ 宋磊调研村域沉睡资源聚合经济示范项目

/ 临邑县宿安乡邢仙龙村旧貌（2016 年 4 月）

注重产业植入，规范项目实施，强化科技支撑，推动三产融合，实现产业有生机，农村有活力，农民有奔头。临邑县通过沉睡资源整合利用，与发展特色产业相结合，与农产品深加工相结合，与乡村旅游相结合，加速了农业产业结构调整，延伸了产业链，提升了价值链，完善了利益链，多渠道培育了乡村振兴的新动能。2017 年，临邑县引进广东天地食品集团天地一号果醋项目，利用沉睡资源种植的果品进入企业加工链条，一二三产业融合逐步在临邑落地。进行沉睡资源利用的 65 个村，已实施特色种植、养殖、加工项目 32 个，乡村旅游项目 3 个，深加工项目 2 个。

村域沉睡资源利用打造了治理有效的新农村。沉睡资源利用是一项系统工程，既要熟悉农业产业政策，选择对路的特色产业项目，又要懂经营、会管理，确保项目的效果和持续性，还要面对面做群众工作，这对班子的谋事、干事、成事的能力和本领提出更高要求。在土地整合过程中，宋磊注重发挥村“两委”班子先锋带头作用，全面激发村民特别是贫困群众参与其中的积极性、主动性，让他们的心热起来，眼亮起来，手动起来，以巨大的热情投入到脱贫攻坚和乡村振兴的实践中。宋磊鼓励支持党性观念强、班子健全、团结有力、敢于攻坚克难的村先行启动，先由支部书记、班子成员、党员干部带头，清理自己“一户一宅”之外的宅基地、闲散地，给群众做出榜样。

村域沉睡资源利用营造了生态宜居的好环境。通过对空宅基，特别是房前屋后闲散地、村居外围荒地统一规划、统一开发、统一种植、统一管护，既绿化了村庄，又美化了环境，还透亮了心情，家家开窗透绿，户户开门见林，村貌焕然一新。宋磊以沉睡资源利用为契机，打造了一批海棠小村、荷花小村、樱花小村等特色美丽乡村。平坦水泥路穿村而过，花砖

/ 临邑县宿安乡邢仙龙村新貌（2018 年 9 月）

铺就的人行道宽阔整洁，白篱笆内的花木错落有致，一幅“村在花中、人在景中”的美丽画卷映入眼帘。村庄变美了，村民自觉维护环境的意识也提高了，昔日的“三大堆”没了踪影，乱扔乱放的现象不复存在，人居环境发生了很大变化。

扶贫情，一生情，爱无界，润无声。世界上并没有天生的岁月静好，只是因为有人在为我们负重前行！宋磊作为扶贫干部，常把自己比作负重前行的“挑山工”。他对扶贫工作的一往情深，默默影响着扶贫系统的干部职工，竭力将新时代精准扶贫精准脱贫的伟大事业推上新的台阶。

（供稿、照片提供：山东省临邑县扶贫办　修编：顾勇华）

/ 临邑县林子镇东张村利用闲散土地开发村域沉睡资源聚合经济项目

张红全，河北省邢台市广宗县葫芦乡伏城村党支部第一书记。他落实建档立卡贫困户分布式光伏扶贫项目，带动贫困户年增收 3 000 余元；申请资金 100 万元修缮村民活动场所，筹资 10 万余元给村内道路安装路灯。他组织协调民盟医疗专家开展义诊活动，并进行科普和慰问活动，为广宗县培养了一大批“赤脚医生”。通过开展“新东方双师课堂”品牌活动，为当地中学提供“名师工作室”支持，建立“民盟烛光行动”广宗葫芦乡中学实践基地，组织特级教师到广宗县支教。

群众的事儿都是大事儿

“只要是我们群众的事儿，在张书记眼里都是大事儿，村里没有路灯，张书记一来就帮我们安装了太阳能路灯，建设了活动中心……”在伏城村，提起“第一书记”，村民们无不竖起大拇指连声称赞。村民们口中亲切的“第一书记”，就是 2017 年 6 月经民盟中央派遣，到河北省邢台市广宗县参与脱贫攻坚工作，挂任该县葫芦乡伏城村第一书记的张红全。

广宗县地处河北省邢台市，历史上是黄河故道，百里沙带横亘全县，土地贫瘠，农业生产水平低，人民生活困苦，直到 20 世纪 90 年代仍属于全国重点扶贫县。1991 年，著名社会活动家、时任民盟中央主席费孝通了解情况后，把广宗县定为民盟中央的扶贫联系点，从此拉开了民盟帮扶广宗县的序幕。

2017 年 6 月，追寻着民盟先辈的足迹，张红全来到葫芦乡伏城村，开始为期两年的脱贫攻坚工作。驻村后，为全面了解村里的村情、民情，张红全挨家挨户串门走访，做了大量的调研。他经常在田间地头转转，和老百姓聊聊，即使是节假日和周末也在村里待着。冬天，部分村民的手被风吹冻裂得厉害，张红全了解情况后，就从北京医院自费买了两箱皮肤科研制的维生素 E 乳，给村民们按需分发。村民有什么困难和需求，他都会记录在自己的工作日志里，想办法帮助解决。

张红全和村民结下了深厚的情谊，也刷出了在村民心中的“存在感”。大家有什么事都愿意和他说。

“只有敞开心扉，才能走进村民的心里，真正了解他们的疾苦，根据他们的实际情

/ 张红全（前排右一）在葫芦乡中学参加公益捐赠

况，采取适合他们的帮扶措施。”有了良好的群众基础，张红全很快熟悉了解当地情况，掌握了第一手资料，在扶贫开发、科技推广、支教助学、医疗扶贫等方面做了大量工作。

“嫁接”教育资源　助升学率创新高

“一堂课两位老师教学，名师做远程直播，进行专业知识传授，现场教师则担当主讲教师助手，及时处理学生疑问及拓展。”在广宗县第一中学的“双师课堂”上，同学们聚精会神，生怕错过一个细节。扶贫先扶智，只有教育才能阻断贫困的代际传递。受益于教育的张红全深知教育的贫乏所带来的影响，深知教育在扶贫中的重要性。

驻村后，张红全积极联系民盟邢台市委，多次为葫芦乡中学提供“名师工作室”支持，建立了“民盟烛光行动”广宗葫芦乡中学实践基地，不断组织特高级教师开展“送课下乡”，同时对接社会服务部，引进新东方教育科技集团进行帮扶，在广宗县第一中学投建“双师课堂”，让学生不出教室就能享受到北京的优质教育资源……

“在这样的帮扶下，广宗各中学尤其是广宗县第一中学在2018年的高考中，本科升学率创建校以来最高，由去年的11%上升到53.4%。”广宗县第一中学校长欣慰地说，言谈间满是感激。

葫芦乡中学一名七年级学生的父母和爷爷均患疾已久，家中姐弟四人均年幼，家庭重担落在年逾七旬的奶奶身上。得知这个情况后，张红全伸出援助之手，不仅带头捐款，还在精神上对孩子加以鼓励，帮助其重新树立起考上大学的信心以及回报社会的信念。

解决农户增收　“科技小院”落户广宗

民以食为天，帮助群众脱贫，发展大农业，做好“土地”这篇大文章是民盟中央帮扶的另一条主线。2018 年 10 月，在民盟中央的帮扶下，民盟中央社会服务实践基地“科技小院”正式落户广宗。张红全介绍说，“科技小院”项目是中国农业大学、民盟盟员张福锁教授创建的，在研究、推广高产高效技术，解决小农户增产增收问题的同时，高度重视农民科技培训和培养农村科技人才。通过科技的推广带动作用，增加农民收入，改善提升广宗的经济发展水平，推动农业产业结构升级。

要想摆脱贫困的局面，必须研究发展致富的措施。为此，张红全经过深思熟虑，结合实地调研，最终确定利用企业扶贫解决贫困难题的思路。他积极谋划招商引资，主动

/ 张红全（前排右一）与到村义诊医疗专家一同前往慰问群众

/ 张红全（中）慰问因病致贫的家庭

联系企业，引进有机农法公司与县农业园区达成合作，通过有机农法，大力发展红薯、花生、葡萄、蔬菜、水果等有机农产品，在增加农民收入的同时，也为社会提供优质、安全、健康的有机食物。

此外，张红全还积极与中科院农业资源研究中心对接，共同搭建线上合作平台。邀请中国农业大学从事土壤改良的首席科学家胡树文教授到广宗参与沙质土壤改善和水肥一体化治理，通过专家为广宗农业可持续发展把脉会诊。

授人以渔　改善农村医疗条件

没有全民健康，就没有全面小康。针对广宗医疗卫生事业发展起步晚、水平低、人才少等难题，张红全有针对性地找到中国医科院人口健康大数据平台工作人员来广宗县做了农村三级医疗调研。在调研的基础上，2017 年秋天，他组织协调了一批盟员医疗专家来村里开展义诊活动，免费提供了群众紧缺和常用的药品，并进行医疗科普和慰问活动。义诊的同时，专家们还“深挖一层”做了流行病学调查，找到了广宗当地一些典型病的病根。

2018 年，为解决“授人以鱼不如授人以渔”的问题，借力“善医行”村医培训项目的资助，组织了一期专门针对村医能力提升的培训班，在全国募集了 100 多名参加过培训的村医担任一对一的助教，用一周时间封闭式深入培训了 88 名村医，为改善广宗县农村医疗条件打下了坚实的基础。

以村为家　倾心付出办实事

自从来到葫芦乡伏城村，由于扶贫工作做得有声有色，张红全得到了民盟中央领导的高度肯定。2018 年，民盟中央有关领导专程到葫芦乡伏城村走访慰问，为伏城村安装了路灯，并帮助筹措扶贫资金建设设施大棚。2018 年，广宗的贫困发生率由 1.56% 降为 0.82%，贫困村占比由 20.19% 降为 0，2018 年已经通过省级脱贫摘帽验收。由于扶贫工作成绩突出，2018 年，张红全被中共河北省委组织部授予河北省扶贫脱贫“优秀驻村第一书记”称号。

张红全驻村以后，家里的大小事务都落在妻子一个人身上，他牵挂家人，但更放不下扶贫重任，放不下伏城村这个“大家”。他把村里当成自己的家，把村民当成自己的

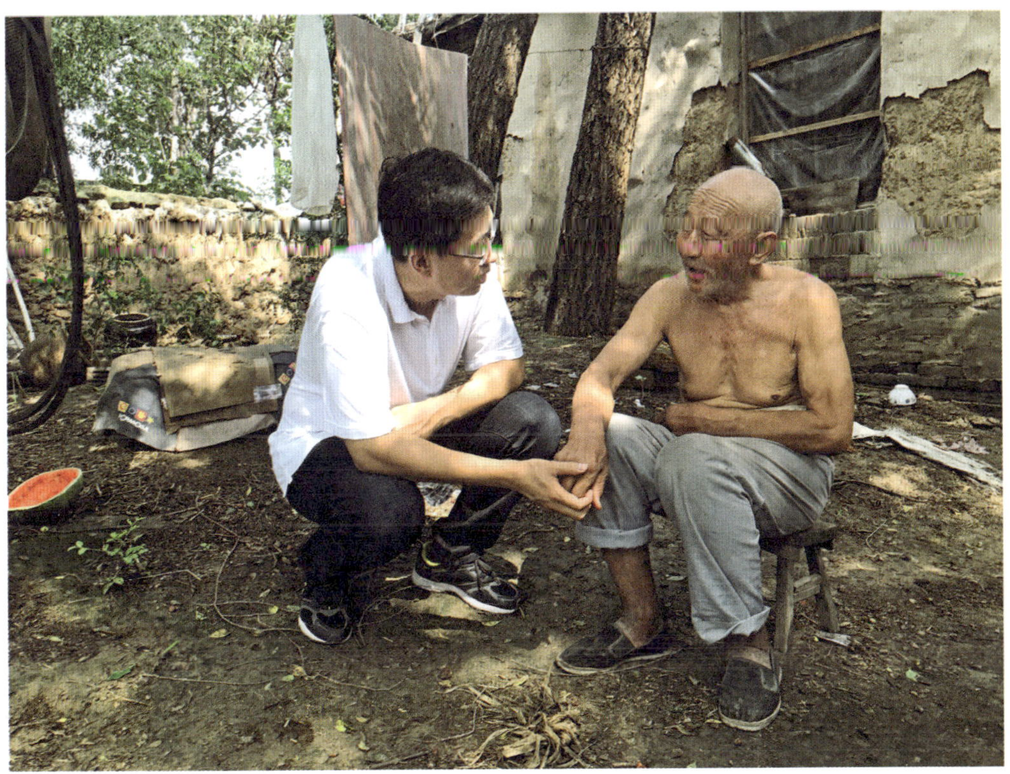

/ 张红全（左）看望高龄贫困户

家人，和村民一块儿吃、一块儿住、一块儿干。在村民眼里，这位北京来的扶贫书记早已不是“外人”，而是信得过、可交心的“家里人”。

在张红全的沟通协调下，广宗县发展和改革局结合国家电子商务进农村综合示范项目实施，开设“大美广宗”电商平台，顺利对接民盟中央消费扶贫网络体系，2019 年 8 月 20 日正式开始销售广宗农特产品，其中广宗倒蒸红薯、广宗奶油南瓜等系列产品纯天然、无公害、口感好、营养高，深受广大盟员的好评，多次复购。截至 2019 年 9 月 15 日，仅不到一个月的时间，民盟中央就购买广宗农特产品 10 多万元。其中，中秋节期间销售 2.29 万元。同时，广宗童车、婴童用品等产品纳入“大美广宗”电商销售平台，推介广大盟员选购。

此外，在广宗县委县政府和有关部门的大力支持下，张红全还设法争取资金为伏城村建设了村民文化体育活动中心小广场，极大地丰富了村民的文体生活，受到广大村民的交口称赞。

“下一步，我们会继续发挥民盟中央人才荟萃、智力密集、资源丰富的优势，出主意，想办法，做好事，做实事，进一步加快推进国家电子商务进农村示范项目实施，充分发挥电子商务助力消费扶贫的推动作用，开展精准脱贫后续帮扶工作，推动广宗经济社会发展，让群众早日过上幸福生活。”张红全表示，将继续努力，为当地的稳定脱贫和乡村振兴贡献自己的力量。

（供稿：民盟中央社会服务部　修编：胡琳　照片提供：李倩）

张雷威，陕西省榆林市米脂县沙家店镇李站村第一书记。自 2000 年起，先后担任驻村干部、挂职副县长、驻村工作队队长等职务。连续扶贫 19 年，先后在 6 个县区 19 个乡镇 56 个村开展扶贫工作。2016 年，李站村 70 多户村民联名向米脂县委县政府请求把张雷威留下，继续带领他们脱贫致富。2017 年，牵头成立“金点子”劳模扶贫帮困服务队，“有事找老张”成为当地百姓的共识，随后又牵头成立了米脂县和富顺养牛合作社，投入建设资金 60 多万元，入股社员 67 户，其中 42 户贫困户已获得股权证。

“点子王”老张的扶贫“真功夫”

“张书记认真，为民办实事，牛场才建上，他在才能有发展，请县领导帮我们把他请回来。”2016 年初，陕西省米脂县分管扶贫的副县长孙文强收到该县李站村村民按了红手印的联名请愿信。村民口中的张书记叫张雷威，原是国网陕西省电力公司榆林供电公司工会主席，2015 年 6 月退休，2016 年初退出了驻村扶贫第一书记的序列。

从 2000 年起，张雷威先后在榆林市 6 个县区帮扶 12 个乡镇 56 个自然村 2 000 多户群众脱贫。退休后受村民之邀，他又回到了李站村，成为一名编外的驻村帮扶干部，一直干到现在。

2017 年，他牵头成立的陕西省第一个“金点子”劳模扶贫帮困服务队，由一批热心社会公益事业、热爱精准扶贫的劳动模范、第一书记、农牧业专家组成，他们自发自愿义务为农村脱贫攻坚出主意、想办法。“金点子”劳模扶贫帮困服务队的足迹遍布榆林地区 13 个村，指导脱贫攻坚，建设光伏发电站、肉牛养殖场、白绒山羊养殖场、小米杂粮加工厂、粉条加工厂、养鸡专业村、香菇大棚、千亩山地有机苹果园等，成为打赢脱贫攻坚战的一路奇兵。

乡亲们的自家人

2002 年，张雷威第一次到神木县芹菜沟驻村扶贫，最初是早上进村，晚上返城，3 天过去，只认得几个村干部。村民的眼神满是不信任。

老张决定就把家安在村头废弃的小学校。村书记解兰兰、村长解礼兴两位村干部都极力反对，这么个环境，怎么能住人呢？也没有必要。扶贫干部嘛，隔三岔五指导指导、检查检查就行了。老张心想："我可不能'水上漂'，得沉下去，得扎下根。"他除杂草、刷房子、安玻璃、盘土炕……两天后，炊烟升起。之后，他白天到地头和村民拉家常，晚上把灯开得亮亮的，引来三三两两的村民谈天说地。

一周后，召开村民大会，"咱村"的村容村貌村情，谁家几口人几亩地几头牲口，谁家娃在上学孩子在哪儿打工，老张说得头头是道。村民刮目相看：这个老张真不简单啊！

老张把村民当成自家人，乡亲们也把老张当自家人。10 天后，老张采取了第一个行动，把在外打工的劳动力，也是各家的主心骨叫回来栽树。可当 200 棵枣树苗从外地拉回之时，遮天蔽日的沙尘暴来了。

"这还栽不栽呢？"村民们缩在村委会议论纷纷。老张心想："首次行动失信，以后还怎么叫人呢？""不就是一点风沙嘛，栽！"他留下一个村民做饭，自己带头扛起一捆树苗走进风沙里。

老张组织村民修整进村道路，联系供电公司党员服务队改造老旧农电线路，培训村民科学饲养技术，引进新品种牛羊，带领村民搞适度养殖。3 年后，仅靠适度养殖一项，就实现户均增收 15 000 元。

2005 年，张雷威开始在吴堡县扶贫，一口气挂职当了五年副县长。2007 年夏天，在他的主持下，同时开工了薛下村、寺沟村、岔上村三项水利工程，着力解决贫困村民守着黄河却没水吃的问题。一天傍晚，张雷威去工地查看。山高坡陡，他一不小心摔倒在地，险些滚下悬崖，脚部三处骨折，左脚疼得钻心。打上石膏后，他在家休息了 27 天。这 27 天真是度日如年啊！他心里实在放不下在建工程，趁老伴出门买菜，拄上双

/ 张雷威帮助村里的贫困户放牛

/ 张雷威（左）在吴堡县冯家墕村调研

拐，坐车回到了100多里外的工地上。老伴回到家气得直掉眼泪，打电话说："老张，你不要命了吗，落下病根子，我可不伺候你！"挂了电话，老伴好长时间都不理老张。

/ 张雷威在学习习近平总书记著作《摆脱贫困》

2008年正月初八，天上飘着雪花，下午5点，张雷威拄着拐来到吴堡县委书记的办公室报到，汇报电力扶贫团帮扶项目前期调研完成情况。县委书记感慨地说："您是挂职副县长，又是老同志，这脚伤还没好，冰天雪地的，您咋就这么急呢！"盼着乡亲们能早早过上好日子，老张的心里急着呢！

行家里手真扶贫

"老张跟我们说，玉米从根部向上数，到第三片叶子发黄的时候，就可以收割了。此时玉米粒成熟了，玉米秸秆的水分也多，这个时候才是玉米的最佳青贮期。"贫困户冯有为说，当了一辈子农民，还没有老张专业。

行家伸伸手，就知有没有。村民喜欢和懂农经的行家打交道。19年的扶贫，让张雷威这个国家电网的工会干部成了一位懂农经的扶贫专家。

玉米秆是养牛的好饲料，但村民的传统做法是掰玉米棒子，玉米秆在野外焚烧。为了转变村民的观念，张雷威给大家算了算经济账。把玉米和玉米秆都当饲料卖，一斤两毛钱，一棵就能卖两块多钱，要是一棵结两个棒子，可能一棵玉米就卖四五块钱了，还能节省收割玉米棒子的劳动力，总体算下来可比晒干了脱粒卖玉米收入高。村民们一算，还真是这个理。村民们把玉米秆卖给了牛场，增加了收入，也解决了野外焚烧问题。

2013年11月3日，习近平总书记在湖南湘西考察时，提出了"精准扶贫"，扶贫要实事求是，因地制宜。要精准扶贫，切忌喊口号，也不要定好高骛远的目标。

"我的体会，精准扶贫，贵在精准，一村一策、一户一法，精准打靶。"张雷威有点兴奋地说。2014年开始，张雷威走村进户加大调研力度，落实习近平总书记指示。在全面摸底的基础上，将贫困人口按照年龄和劳动能力分类施策，组织适度养殖，实现了年初实施、年底见效、次年脱贫、三年致富。

吴堡县有个深砭墕村，7个养羊户，养的都是本地长角羊，一只羊只能生产3两羊绒。俗话说，母羊好，好一窝；公羊好，好一坡。张雷威帮忙引进了4只优质白绒种羊。这4只种羊改变了7户养羊人的生活面貌，羊绒产量翻了三番还要多。村民霍爱连每年仅靠养羊收入都在12万元左右，养大了4个孩子，箍起了7孔新窑洞。

牛羊养殖又产生了大量农家有机肥，农民减少了购买化肥的支出。利用农家有机肥，种植山地有机苹果和核桃，实现了致富方式多样化。

参与扶贫这些年，张雷威自费购买了大量书籍。“现在每个村都有国家扶持的图书室，涉农书籍很丰富，也有远程教育电视，这些都是很好的“三农”利用资源，但毕竟贫困村民的识字和理解能力有限，扶贫干部的文化水平在扶贫具体工作中大有用武之地。”张雷威说。

扶贫扶志靠组织

贫困户自身的脱贫动力，才是脱贫工作最长久的动力和结果。授人以鱼不如授人以渔。不主动拿渔网，渔网里怎么可能会有鱼？扶贫先扶志，鼓励勤劳致富很重要，不光要挖经济的穷根，更要挖思想的穷根。

张雷威对此颇有感触，从扶贫工作的开始就注重扶志。大部分村民存在“等靠要”思想，甚至认为扶贫就是给钱给物，对扶贫干部指导的致富项目，不积极，不热心，只想要钱。老张的办法是树典型，激起村民致富的愿望。

史家坬村民冯学胜，48 岁，因好吃懒做，不务正业，妻子离开了他；又因交通事故，脚受了伤，生活很艰难。

张雷威和工作队驻村以后，鼓励村民劳动能力强的养羊，劳动能力较弱的养牛。精准扶贫工作有效地调动了村民脱贫致富的积极性。年龄还不算大的冯学胜看在眼里，急在心里，也想养牛致富。

张雷威知道后，很认真地想了想，说：“学胜啊，你连自己都养不好，你能养好牛?”

/ 张雷威（左）10 年后重逢神木县芹菜沟村老村长

/ 张雷威（中）在米脂县七里庙村指导香菇大棚建设

冯学胜脸一下子就涨红了，说：“老张，你不要小看我，我冯学胜这一次一定要喂好牛，在全村人面前争一回气。你信不信?”

张雷威笑着答应了。在以后的持续扶贫中，张雷威还资助他买了柴油三轮车、微耕机、碎草机。冯学胜把他哥外出留下的土地也全都耕种了。对于冯学胜这样大的进步，张雷威不但在大会上表扬，而且逢人就表扬。冯学胜依靠自己双手，勤劳致富的劲头更足了，重新过上了好日子。

在带动村民脱贫致富的同时，张雷威迅速把脱贫和文明和谐的社会主义新农村建设同步起来，城市的生活吸引了大量的青壮年，过去的村子里，老翁种田，学校少声，村里无声。村里最难的是办红白事，无人帮忙。事办不起来，也聚不住人气，村风逐渐涣散。张雷威在和村民共同讨论后，倡导成立了村风民俗理事会，修订了乡规民约，倡议村里红白事，每家都回来一个能帮忙干活的青壮劳力，得到了大家的一致赞同。一番努力后，张雷威还先后为村里置办了锅碗瓢盆、茶炉帐篷、音响器材等红白喜事的硬件器材。经过几次共同的红白事，你帮我，我帮你，邻里矛盾缓解了，村“两委”作用也得到充分发挥。村子增添了新活力，尊老爱幼、邻里互助的好村风逐渐形成。

要持续发展，光靠贫困户自己还不行，还得靠组织。张雷威提出要在李站村和史家塬村成立养牛合作社，发展集体经济，这得到了很多村民的拥护。村里几十位村民和张雷威一起挖坡填沟，不要费用，干了半个多月，打好了养牛场的底子。

党的十九大以来，习近平总书记先后在中央经济工作会议、中央农村工作会议、打好精准脱贫攻坚战座谈会、全国两会等重大会议上，多次强调要打好脱贫攻坚战。陕西省委省政府多次召开扶贫工作会议，先后制定贯彻落实中央脱贫攻坚决定的实施意见及分工方案等。国家电网陕西省电力公司认真落实中央决策部署，按照陕西省委省政府的工作要求，始终坚持把脱贫攻坚摆在重要位置来抓，系统谋划、主动担当，把企业优势与脱贫攻坚有机融合起来，以实际行动践行央企责任。

国家电网陕西省电力公司对张雷威的扶贫工作给予大力支持。公司领导多次到他的项目点视察，了解具体困难，提供政策和资金支持。在张雷威的建议下，国家电网陕西省电力公司主动发挥电网企业的特点和优势，对贫困县进行电网建设改造，全面推动扶贫光伏消纳，电力入户率 100%，户户通电、村村通动力电完成率 100%。其中，2018 年，投资 5.83 亿元，完成 824 个村动力电提升工程。

扶贫走出创新路

“我都为这事哭过!”提起张雷威在吴堡县扶贫期间摔伤，才休息 27 天，就拄着双拐偷偷跑到村里工地的事，张雷威的老伴又气又难过地说。提起退休后继续扶贫，张雷威的老伴无奈地说：“现在既然退休了，就跟我在家带孙子多好，可他非要去继续扶贫。”

扶贫这条路，从来都是沟坎满坡。2015 年 11 月，党中央吹响了打赢脱贫攻坚战的号角，张雷威在扶贫日记中写道："精准扶贫事未竟，脱贫攻坚再上阵。"19 年来，张雷威的足迹遍布榆林全市 6 个县区、12 个乡镇、56 个自然村，帮助 34 000 多人脱贫。他的扶贫路也从最开始的"一村一品、一户一策"，适度养殖，发展到产业扶贫，成立合作社，打造富硒生态村。

扶贫也不能总走老路，进入 2019 年，张雷威又在琢磨新的路子。3 月的榆林，天气刚一转暖，张雷威就迫不及待地自己开车、自掏腰包带着两名专家前往山西、河北，去考察富硒产品如何在米脂县引进推广。

2017 年，在他的带领下成立的"和富顺养牛合作社"，采取"贫困户 + 非贫困户 + 村集体经济"入股的方式带动贫困户脱贫。通过入股分红的模式，有针对性地解决了无劳动力、自身发展动力不足、缺乏资金等问题，合作社各项工作很快步入了正轨，并带动了周边其他村也办起了养牛合作社。

"和富顺养牛合作社"投入建设资金 60 多万元，整合村民土地 6.2 亩，社员 67 户。其中，贫困户 42 户，占总成员的 63%；非贫困户 25 户，占总成员的 37%；70 岁以上老年人 14 户，占比 20.9%；残疾人 14 户，占比 20.9%。李站村所有贫困户 100% 参加合作社，目前已经采购关中秦川牛等四个品种 102 头，远期计划养殖 120 头以上肉牛，达到中型养殖场规模。

《人民日报》、新华社、中央电视台、《工人日报》等媒体纷纷报道了张雷威 19 年如一日，坚守扶贫第一线，任劳任怨、兢兢业业、甘为孺子牛的奉献精神及相关事迹。

19 年扶贫，张雷威就像老黄牛一样默默耕耘；扶贫 19 年，这位"老黄牛"还在夕阳红里自奋蹄。奋蹄，只为那些对美好生活抱着无限向往的人们。

（供稿：陕西省扶贫办　修编：张正宇　张奕　照片提供：王世华）

七里店村光伏发电站

陈华，黑龙江省绥棱县靠山村党总支第一书记、驻村扶贫工作队队长。曾获省劳动模范、省五一劳动奖章、省优秀驻村第一书记等荣誉。2006 年以来，先后在 7 个县（市）8 个村从事扶贫工作，驻村扶贫近十三载，矢志不渝。累计协调资金 4 000 多万元，发展产业项目 31 个，帮助新建活动场所 5 处、休闲广场 8 个，修建道路 14.4 公里，建设幸福大院使 35 户贫困户喜迁新居。因地制宜，抓党建促发展，强基础惠民生，兴产业稳增收，既壮大了村集体经济，又使贫困群众产业脱贫，实现了脱贫不返贫的目标。

使命扶贫十三载　为民初心志不移

从 2006 年走上扶贫这条路，陈华就像一列开足了马力的动车，连续 13 年不停奔驰在 7 个县（市）8 个村的脱贫攻坚道路上，俨然成了扶贫专业户。他下过乡，当过兵，工作 42 年有 13 年在农村，这背后有着常人难以想象的付出。他帮扶过的难管村都变成了先进村，他帮建过的贫困村都发展成了小康村。13 年寒来暑往，13 年驻村扶贫，他把乡村当乐土，把农民当亲人，把扶贫当事业，心心念念为扶贫。如今已 60 岁的他，依然坚守在脱贫攻坚第一线。

凝聚民心的“第一书记”

任第一书记 3 年多了，陈华说，这次不同于以往的帮扶帮建。他深感第一书记的职责和使命更重，基层党建、精准扶贫的要求更明确更具体。2016 年 9 月，黑龙江省省直机关选派 117 名优秀干部担任驻村第一书记，57 岁的他是其中年龄最大的一位，被选派到绥棱县靠山村担任第一书记。当时很多人不理解，老伴也直埋怨：“歇歇行不？顾顾家成不？”陈华却说：“组织信任我，我就没有条件好讲，带领大家脱贫致富，这事我愿意干！”他的回答如此坚定。这么多年的驻村经历就是支撑他前行的动力，他要在职业生涯的最后几年再为扶贫做点实事，让群众实实在在脱贫。于是，他又一次义无反顾地来到靠山村这个革命老区村。这也是他驻村扶贫的第 8 个贫困村。

一进驻靠山村，摆在他面前的就是个“破大家”——村党总支凝聚力不强，村集体

/ 陈华（前排右二）与靠山村党员模范先锋队队员一起义务劳动

负债 60 多万元，村容破败，基础设施落后。村民对省里来的干部搞脱贫致富也不抱什么希望。咋办咋干？多年的扶贫经历，不服输的性格，啃硬骨头的作风，都是他开展工作的“倚仗”。

他调研。为了吃透村情民意，他白天深入田间地头，晚上召开村“两委”、老党员和村民代表座谈会，请大家出主意想办法，给贫困户把脉，找准贫困村的症结问题，找回党员干部的精气神。

他谈心。他一来便找村“两委”成员和党员促膝谈心，争取大家的积极配合。他以创建“五星级党组织”为目标，配齐配强村“两委”班子，带领 113 户 275 名贫困户脱贫致富。

他力行。村通乡公路有一段是下坡，雨雪天路滑，常有车滑到沟里。他到任后不久便提议党员干部一起清冰雪，起初无人响应，他二话没说，自己出钱买了清雪工具，一个人干起来。在他的坚持下，渐渐地有党员和群众加入进来，尤其是有着 50 年党龄、78 岁的老党员赵忠林也来到清雪现场。就这样，村里的党员动起来了，他以此为契机号召成立了村“党员模范先锋队”。一次简单的清冰雪，让党员重新找回了带头奉献的感觉，党组织重新赢得了村民的信任。

他倡导。在党员家庭中实施“亮旗行动”，凡是经评定起到先锋模范作用的，给予升党旗鼓励。这样，既肯定了党员的模范行为，也激励党员要处处起到带头作用，同时更鞭策了尚需努力的党员。个别党员看到别的党员家门前升起了红彤彤的党旗，跑到老陈跟前问：“我也是党员，咋没给我家升旗呢？”老陈就鼓励说：“大家要努力争取，得让老百姓都服气，做党员就不能丢份儿。”这之后，义务修桥铺路、栽花种树、清扫卫生，党员率先冲在前，有效发挥了党员先锋模范作用。

他引路。他引导党员带头建立花卉扶贫产业园。2017 年培育 50 万株花卉，一次性解决 30 名贫困家庭妇女务工问题，人均增收 3 000 多元，产业园还创收 10 万元；2018 年村集体注册了惠农花卉公司，将花卉扩大到 100 万株。老陈所在单位省机关事务管理局也被他的精神感动，在人财物和政策上全力支持他驻村扶贫，帮助促成了省机关事务管理局定点帮扶靠山村扶贫产业农副产品采购协议签约，将花卉、油豆角、大鹅等销往哈尔滨市道里、香坊、群力新区，以及省政府机关食堂和幼儿园等多家单位，实

/ 定点帮扶靠山村扶贫产业农副产品采购签约仪式

现了订单化种植、规模化养殖。

他组队。村委会的院子里停放着钩机、挖掘机、大马力拖拉机，这是他组建的村劳务施工队的“家当”，是用扶贫资金购置的。采取“党支部＋技能人才＋贫困户”的帮扶模式，帮扶 18 户贫困户，既增加了村集体收入，又降低了贫困户生产成本，让扶贫资金活起来，达到良性循环。

他争取。为了圆百姓的安居梦，他可没少费心思。他争取资金 100 万元建设“幸福大院”，之后，马不停蹄地跑哈工大设计方，用真情感动对方，减免了设计费，并争取新型环保节能材料厂商让利 50 万元，达到了少花钱多办事的效果。“幸福大院”建成了，有效化解了近 40 户贫困户的住房难题。3 年光景，村集体入股建成了大鹅养殖场、花卉基地、300 千瓦光伏发电、农机合作社、北药种植、苗圃、劳务输出等 7 个扶贫产业基地，引领和带动贫困群众 500 多人脱贫致富，让产业扶贫效果更加牢固。

他还利用扶贫专项资金、巷道改造资金 500 多万元，修建了村级水泥路面 4.2 公里，修整路边沟 2.4 公里，为 3 000 亩水田电力空白点架设高低压电缆 2 公里，安装路灯 33 盏，扩建村级办公场所 1 处，增设文化活动场所 1 处，安装垃圾箱 40 个。组织栽种各类美化绿化树木 8 000 棵，花草 6 万株，村级环境得到彻底改善，群众的幸福指数明显提升。

2018 年 8 月，靠山村通过了省第三方的脱贫评估验收，实现了整村脱贫摘帽。2018 年村集体增收 28.2 万元，村集体资产达到 581.2 万元，而且每年还有数十万元盈余收入，靠山村已由落后的贫困村变成了县里的先进村。

/ 幸福大院

扎根群众的“扶贫队长”

无论是靠山村、双合村，还是省机关事务管理局，都被陈华的扶贫情怀感染着，更被他的坚持和执着打动着。13 年，他带着感情做扶贫工作，把贫困村当成自己的家，把时间和精力都投入到了扶贫工作上。

走进绥棱县双合村，老陈就像回了娘家，宽敞的文化广场尽情张开怀抱欢迎他，黄墙红瓦的村委会格外醒目，水泥路伸向村里，两旁安装着太阳能路灯，周边点缀着卧石、亭台，健身器材。如果不是村里的袅袅炊烟提醒，一定会以为进入了哪个城镇社区。干净整洁的卫生所里，正在开药的村民王世祥讲起两年前的双合村，不禁感慨万千：“现在的广场曾经是个大粪坑，村里道路泥泞，农田桥涵年久失修，破损严重。”改变村屯环境是 2014 年陈华到双合村做的第一件事。说起他每天清晨扫路，搬水泥，病倒拔了吊瓶接着干……，这一桩桩、一件件，父老乡亲都记在心里。在他的努力下，路宽了，树绿了，花红了，村庄变美了，不到两年时间双合村彻底变了模样。村支部书记说：“陈华给双合村留下了两样东西，一个是经常扫地用的扫帚，一个是共产党员的形象。”

2006—2009 年，陈华到饶河县兰桥村帮助搞新农村建设。兰桥村当时是县里最穷的贫困村，道路不通，排水不畅，全村 72% 的房屋是土坯房，一场大雨把泥草房泡成了危房。建村委会、修路、打深水井、修老年活动站和卫生所、安装电话……。帮建 3 年，省机关局自筹资金 64.5 万元，协调资金 400 多万元，把贫穷落后的兰桥村建设成为省级新农村试点村。

每到一个村扶贫，陈华和他的工作队都坚持住在村子里，县乡安排的地方坚决不去住。他说：“驻村干部不住在村里，叫什么驻村干部，还怎么扶贫。”身边的工作伙伴换了一拨又一拨，只有他一直坚守，每年驻村超过 200 天。不在村里的时间，他也几乎是在省、市、县为村里跑项目、跑市场、跑资金、跑政策，扶贫情怀依旧，劲头丝毫不减。

身入是枝叶，心入才是根。每到一个村子报到的第一天，他就下定决心，一定要让这里鲜花满地、老百姓生活富足。而每到一处，从最初的陌生、不理解，到逐渐接受、认同、一起干，再到离别时的不舍，让他对农村有一种无比的眷恋。打造宁安市瀑布村旅游名品村，促抓东宁市东绥村劳务增收，发展尚志市大房子村特色养殖，组织宾县江南村妇女歌舞队演出，拓宽杜尔伯特蒙古族自治县烟屯村产业发展……。他说：“只要肯动脑筋，带着感情来扶贫，就一定能够找到好办法，就一定能有大作为。”

十三载，他带领扶贫工作队协调各项扶贫资金共计 4 000 余万元，发展产业项目 31 个，帮助新建活动场所 5 处、休闲广场 8 个，修建道路 14.4 公里，建设幸福大院使 35 户贫困户喜迁新居。所有的贫困户情况他都如数家珍，帮扶的贫困村在生产规模、农民收入、村容村貌等方面都发生了可喜变化。靠山乡党委书记说：“希望陈书记永远留在这里，他不仅带来了政策、资金、项目，更带来了一种理念、思路和作风。”

陈华（前排左二）和村民一起劳动

无私奉献的“政府老陈”

“这不是‘政府老陈’吗？他咋回来了？我们都想他呀！”“政府老陈”是群众对陈华的昵称，话语中更饱含着乡亲们对他的信任和敬重。只要在他扶贫工作过的村子，“政府老陈”妇孺皆知。

每到一个村，他都把农民当亲人，把他们的事当作自己的事，一年中除了跑项目，整天和乡亲们在一起，这些年的许多节日他都是在村里与村民一起过的。

2018 年国庆节，因为他有一个多月没回家了，老伴给他送棉衣，看到他住在翻建的村委会里，烟灰味刺鼻，晚上只有十来度，忍不住哭了。老伴说：“十多年了，他顾不上照顾年逾八旬的父母，顾不上看一眼刚出生的外孙，更拿不出时间治疗越来越重的胆管疾病，他把心思都用在扶贫工作上了。”

白永军曾是杜尔伯特烟屯村有名的贫困户，陈华多次上门鼓励、动员他参加村里的农业合作社干养殖，帮他解决资金和技术难题。白永军当年就挣了 2 万多元，后来生活越来越好，全家搬出住了 40 多年的土坯房。老伴非要请一尊财神供在新房里，白永军一听不乐意了：“咱能脱贫致富都是老陈的功劳，请财神还不如请老陈呢！”于是，老两口直奔城里去找他，结果陈华没让他们花一分钱，还请他们吃了一顿，连回家的车票也是他给买的。陈华对他们说：“我是扶贫干部，代表的不是自己，是党，要谢就谢党的政策好。”

双合村 15 岁的贫困孤儿隋宇佳初中毕业，想学护士。陈华联系上了黑龙江省林业卫生学校，帮她免去学费 5 000 多元，还自掏腰包为她交付了住宿费、杂费等。同时，陈华还送靠山村的张欣悦、张海迪等 4 名贫困学生入校就读，并且承诺孩子们读书阶段的这些

/ 为节约资金，陈华亲自到集上采购建材

费用全由他负责，为她们提供继续深造的机会，使她们不因贫困而失学。

靠山村 39 岁的贫困妇女田德红，丈夫因病去世，一儿一女辍学在家。陈华知道情况后，把男孩送去学开钩机，为女孩联系了学校读书，让一家人生活有了奔头。现在，一家人入住了"幸福大院"，并开了小卖店和磨米店，脱贫致富，过上了幸福生活。田德红的二哥经常对村民说："多亏老陈，帮我妹妹家过了这道坎儿，陈书记是我们全家的恩人。"村民刘喜兰说："老陈站在农民当中，比谁都像农民，皮肤晒得黝黑，总穿着迷彩服，戴个破草帽，一点儿架子也没有，他和我们不隔心。"

对他的"抠"和"大方"，省机关事务管理局办公室副主任感触颇深。为了省钱，刷油漆、搬水泥、运材料，能自己干的就不雇人，工作队人人都成了劳力。为了节省煤，数九寒天，他基本是靠电褥子取暖，实在太冷了就多盖床被子再压上棉袄。可是，贫困户彭德军的儿子患脑瘫，他拿出 2 000 元送到家中；五保户李凤仙的房子坏了，他不仅掏钱帮助维修，还帮其申请办理低保。这些年，他自掏腰包上万元资助了几十位村民。

省机关事务管理局工会副主席说，他就是村民们的"驻哈办事处"，来省城看病的找他，买农具的找他，买票的找他，孩子上学的找他……。他总是有求必应，有忙必帮。他早已成为村民的主心骨、脱贫的领路人。

陈华不仅得到了百姓的信任和支持，也受到了各种表彰和奖励。他现在已被提拔为副厅级驻村队长，成为全省机关事务和扶贫战线学习的典型。《人民日报》、黑龙江电视台、《黑龙江日报》等媒体多次报道他驻村扶贫的感人事迹。

如今，陈华已 60 岁了。他说，脱贫攻坚到了最关键的时期，一刻也不能松懈；他说，在这里工作结束的时候，就到了退休的年龄了；他说，总觉得时间不够用，要做的事情太多；他说，老百姓发自内心的感谢，其实就是感谢党，感谢政府，这比干什么事情意义都大。

使命扶贫十三载，为民初心志不移。陈华真心为民、真情投入、真诚办事，与村民同甘苦共患难，收获的不仅是亲情、友情，更是一名共产党员的价值实现。

（供稿：黑龙江省机关事务管理局　修编：张正宇　张奕　照片提供：张柏林）

孟刚，内蒙古自治区呼伦贝尔市莫力达瓦达斡尔族自治旗阿尔拉镇党委书记，曾任西瓦尔图镇党委书记。他筹措200多万元的资金修建桥涵，解决了100多户群众出行和几十名孩子上学的困难；仅一年时间就改造1 600栋危房，占全镇危房总量的80%。全镇有6个村发展光伏扶贫项目，3个村发展菌棚、采摘园扶贫项目，2个村发展肉牛、肉羊养殖项目。调任阿尔拉镇后，开工建设了50兆瓦集中式光伏发电项目，建起了脱贫攻坚产业园，实施了水稻种植项目。在他的推动下，全镇437户贫困户已脱贫411户，脱贫率达93.27%。

心系家乡的达斡尔族男儿

他迎难而上、主动担当，扎根脱贫一线倾力扶贫，赢得了群众的认可和信任。

他任职一方、造福一方，先后带领两个乡镇开创基础设施完善、产业稳定发展、村民幸福和谐的全新局面。

他是把贫困消除在绝境之地，把精神构筑在大山之巅的脱贫攻坚基层代表。

他就是先后任内蒙古自治区莫力达瓦达斡尔族自治旗西瓦尔图镇和阿尔拉镇的党委书记孟刚。

不为“太平官”

西瓦尔图镇距旗政府所在地35公里，全镇总面积596平方公里，有达斡尔族、汉族、蒙古族、鄂伦春族、鄂温克族、朝鲜族、满族等多个民族。这里天蓝草绿、水清树茂，但基础设施落后、产业支撑力弱。“西瓦尔图”一词汉语的意思是“烂泥洼地”。

孟刚是土生土长的达斡尔族男儿，他深深地爱着这片土地。大学一毕业，他就果断回到了嫩水河畔，将一腔热忱投入到家乡建设中。他勇于担当、敢于碰硬、勤政为民，在脱贫攻坚道路上留下了一名共产党员不懈奋斗的身影。

为有效解决群众面临的“两不愁三保障”突出问题，孟刚多方筹措资金开展基础设施建设，其中最为人称道的就是一座桥梁的修通。

中心村中间有一条河，1998年河上的桥梁被山洪冲毁。每到雨季，村子就成了孤

/ 孟刚（右）到贫困户家中走访

岛，100 多户群众出行和数 10 个孩子上学成了村民的一块心病。村民张万忠说：“一到下雨天我就因为送女儿上学而耽误农活。我家住的地方地势低洼，晴天一身土，雨天一身泥，真闹心。”这么多年来，当地村民盼星星盼月亮盼着河上能修通桥梁，但苦于无资金，始终未能如愿。孟刚努力筹措到 200 多万元的桥涵项目资金，又请来相关专家进行设计和指导施工，最终在河上架起了桥。这座桥也成为干群关系的连心桥、贫困群众致富的直通桥。

面对贫困面大、危房存量多的现状，孟刚又筹措资金，先行为贫困群众注入启动资金实施自建，同时协调房地产企业帮助农户零利润统建，仅一年时间就改造 1 600 栋危房，占全镇危房总量的 80%，为贫困群众解决了住房安全缺乏保障的问题。

一到冬天，辽阔的草原上劲风肆虐。在冰天雪地的日子，孟刚入户走访、查看民情。在他的推动下，镇区集中供暖和改造项目相继完成，全镇实现了集中供暖全覆盖，极大地改善了镇区居住环境，有效提升了群众的生活质量。

过去，西瓦尔图镇的部分乡镇干部和村干部工作态度不端正，缺乏主动性，认为工作干好干坏一个样，作“太平官”一样拿“俸禄”。孟刚站了出来，他要对这种行为说“不”。他对各种矛盾和问题不回避、不推诿，敢抓敢管，敢于碰硬。2016 年，时任西瓦尔图镇党委书记的孟刚，对不作为、庸懒散的干部进行了问责，对工作开展不力的中心村、小库木尔村等 5 个村“两委”班子进行了组织调整，对 8 名村“两委”干部给予了免职和停职处理，对 4 名乡镇站办所负责人进行了岗位调整。当时孟刚才 33 岁，很多人对年轻的他并不服气。

“为政一方，就要为民谋利。只要能造福群众，我不怕得罪人。”孟刚的想法很简单，也很纯粹，这是一名共产党员不忘初心、勇于担当的品格使然。无论在哪个地方任职，他都把造福一方百姓作为自己的神圣职责和使命。

2018 年 4 月，已调任阿尔拉镇党委书记的孟刚再次顶住压力，按照程序对涉嫌违法违纪的宝龙村、拉力浅村 6 名党员给予了开除党籍处分，对阿尔拉村党支部书记、村委会主任给予了党内警告处分。一位受了处分的干部觉得委屈，跑到孟刚的办公室“说理”：“一直以来都是这么干工作的，你一个小年轻，想干什么？”孟刚毫不退让，直言相对：“拿了党和人民给你的权力和待遇不做事，对得起自己的良心吗？”听了这番话，那名干部灰溜溜地走了。

较真碰硬的作风，不仅体现在对干部的管理上，也被孟刚用到了扶贫工作的精准识别中。调任阿尔拉镇以后，他深入村屯开展调研，重新识别贫困户，全镇清退出不符合要求的贫困户 160 户。

“孟书记不是个‘太平官’，他敢说敢做，可从来不偏私，大家心服口服。”干部们都这样说。

发展是关键

要脱贫，产业发展是关键。在西瓦尔图镇任职期间，孟刚努力整合各类项目资金，采取“合作社 + 集体 + 贫困户”的方式，以种植养殖合作社为纽带，带动贫困家庭脱贫致富。在他的协调下，全镇有 6 个村落实了 880 万元的光伏扶贫项目，3 个村落实了 285 万元的菌棚、采摘园扶贫项目，2 个村落实了 100 万元的肉牛、肉羊养殖项目。

在孟刚的推动下，西瓦尔图镇逐渐形成了以玉米、大豆、水稻为主，以菇茑、马铃薯、杂粮、中草药为辅的种植业格局，小城镇建设、生态建设、扶贫工作以及社会各项事业发展稳步推进。如今的西瓦尔图，甩掉了“烂泥洼地”的帽子，成为莫力达瓦达斡尔族自治旗境内幸

孟刚（中）在菌园了解用工情况

福指数较高的宜居乡镇。

孟刚特别注重抓住产业扶贫这个关键点，立足实际、多措并举开展工作。他调任阿尔拉镇党委书记 4 个多月，就争取落实了 430 万元少数民族发展资金项目。同年，在阿尔哈浅村开工建设了 50 兆瓦集中式光伏发电项目。村集体将光伏扶贫受益资金切块分成公益性岗位安置基金、产业发展引导基金以及深度贫困人群兜底保障基金，并增设农村保洁员等公益性岗位，提升深度贫困人群的保障水平。仅此一项，得到帮扶的贫困户户均就可增收 2 000 元以上。

/ 阿尔拉镇脱贫攻坚作战指挥室

2018 年 11 月，在孟刚的努力之下，投资 730 万元在阿尔哈浅村建起了脱贫攻坚产业园。镇党委政府在产业园中建起了“脱贫攻坚作战指挥室”，把下辖 11 个行政村的扶贫工作从“档案管理”到“脱贫措施”、从“产业分配”到“人员管理”等，统统“请”进了指挥室，使指挥室成了脱贫攻坚的学习室、档案室、司令部。

近年来，阿尔拉镇党委政府统一调度、统一发展，积极引导种植业朝着高产、优质、高效的方向发展，逐步向规模化、品牌化迈进。孟刚说，抓住京蒙帮扶契机，得到民营企业助力，实施水稻种植项目，清澈的诺敏河水和沿岸平整的土地提供了发展水稻种植的良好基础。这个项目将成为引领群众脱贫致富的朝阳产业，项目实施的第一年就会有 6 个村屯的 100 多户农民受益。

如今，阿尔拉镇的发展有了可喜成果。全镇贫困户户均增收 4 000 元。对于劳动能力弱或无劳动能力的贫困户，孟刚千方百计在全镇 11 个行政村设置了 60 个公益性岗位，在每一个公益性岗位就业的贫困群众年增加收入 3 000 元。全镇 437 户贫困户已经脱贫 411 户，脱贫率 93.27%，贫困发生率已低于 3%。

顾“大家”舍“小家”

孟刚在脱贫攻坚工作中取得的成绩有目共睹，而不为大多数人所知的是，成绩背后是他的呕心沥血，是他的倾情付出。

/ 孟刚（中）在菌园了解菌类产量

在西瓦尔图镇，孟刚协调 16 家精准扶贫惠农示范店挂牌接待贫困户，在商品销售中让利于贫困户，有的商品销售甚至是零利润，让贫困户得到真金白银的实惠。镇里的 192 户贫困户拿着建档立卡相关证明，到这些示范店购买农资、医药和日用品等，均可享受低于市场价的优惠待遇。2017 年春天，长新村贫困户钟广林到镇里购买化肥，一次就节省 300 多元钱。他高兴地说：“有这样的实惠，往后过好日子不用愁了。”

在阿尔拉镇，天色已晚，孟刚深一脚浅一脚来到奎力浅村，随机深入贫困户、脱贫户家中，通过与他们面对面交流，深入了解受帮扶情况。针对贫困户的致贫原因，详细讲解相关帮扶政策，鼓励贫困户以落实“八种八养”政策为契机，通过发展种植养殖产业来增加收入。

对于乡镇来说，招商引资并不容易。可孟刚凭着一股劲头，引来了不止一只“金凤凰”。他先是引进了产业化龙头企业博远菌业有限公司，采取“公司 + 贫困户”的方式发展食用菌产业，带动阿尔拉村、马当浅村贫困户脱贫致富。

第二只“金凤凰”落在宝龙村。圣辰蔬菜种植专业合作社理事长卢良廷在孟刚的恳请下，经过几番思量，毅然决然地来到宝龙村，把目光放在建设家乡、建设绿色蔬菜生产基地上。“反季节绿色蔬菜大棚不仅带活了这个小村子，还解决了旗里的蔬菜需求问题，更给贫困人口提供了就业机会。很多外出务工的人听到家乡有这样的合作社，都纷纷返乡，整个村子变得生机勃勃。”孟刚欣慰不已。

/ 孟刚在菌园查看菌类品质

没有惊天动地，却踏踏实实，每件事都秉承公心、造福百姓。顾了“大家”，就只能舍了“小家”。在孟刚的心里只有一个期望，那就是让所有贫困户都早日脱贫，过上好日子。

他的父亲患有脑梗，孟刚是家里唯一的儿子。在自己家里，他还有两个孩子，一个 11 岁，一个刚刚 3 岁。他是儿子，可父亲住院却陪不上；他是父亲，可孩子上学却顾不了；他是丈夫，可妻子操劳却只能不闻不问，一切都无暇顾及……

面对家人，孟刚愧疚不已，但他不后悔，因为他早已将“奉献”“人民”这两个词深深地镌刻在了心中，早已把脱贫攻坚作为自己实现梦想、造福人民、贡献社会的努力方向。

（供稿：内蒙古自治区呼伦贝尔市莫力达瓦达斡尔族自治旗　修编：周艳　照片提供：刘德利）

胡喜明，湖南省益阳市桃江县扶贫办主任。他热爱农村，爽朗热情，善做群众工作，大家都亲切地叫他“喜明哥”；他业务精湛，作风过硬，3年间足迹踏遍全县233个有贫困人口的村（社区），其间推动全县34 035名贫困人口成功脱贫，县贫困发生率下降至1.35%。他在全县扶贫领域推动实施“按月工作法”，倡导推行的“五个一”工作机制，被湖南省委作为典型工作经验在全省复制推广。他创新性地提出“幸福安居工程”，让全县736户特困群众搬入新家，真正实现了住房有保障。他勇于担当，为桃江县脱贫攻坚工作做出了积极贡献。

为贫困户踏踏实实做点事

帮扶对象丽丽同学高考成绩547分，贫困户贺养然搬新家了，双峰县蛇形山镇杉和村200多户村民喝上了自来水……这背后，是一个个贫困户和胡喜明的故事。

胡喜明是湖南省益阳市桃江县扶贫办主任。在带领全县脱贫攻坚的这条路上，他说得最多的一句话就是，要有温度、有情怀地扶贫，为贫困户踏踏实实做点事。

老骥伏枥，勇挑扶贫担

2016年10月，胡喜明出任桃江县扶贫办主任一职。

受命当晚，又一个不眠之夜。

全新的工作，怎样去做？能不能做好？他仰望着天花板，不停地问自己。

家人也不支持。妻子说：“老胡呀，精准扶贫是举国大事，你这主任一当，意味着得承担多大责任？50岁的人了，不年轻了，在乡镇工作这么多年，经常看不到人影子，现在好不容易回了城，又要去村里……”可胡喜明在乡镇工作多年，深知农村发展的现状和贫困地区贫困群众脱贫的迫切需求。能不能挑起这副重担？他陷入沉思。

事情要从2011年3月说起。那时，湖南省娄底市双峰县蛇形山镇杉和村的村支书因交通事故不幸离世。村民情急之下，推选30多名村民代表、20多名党员代表，联名写信给镇党委政府，要求当时在娄底开出租车的年轻党员胡喜明回村接任村支书。

胡喜明有些为难。那时，他已在娄底开了7年出租车，每月收入近万元，妻子、孩

/ 桃江县扶贫办班子成员走访调研桃江县大华村

子都在身边，朝夕相聚，生活和美。回村的话，单从经济收入讲，就少了一大截，村干部每月工资才几百元，而且方方面面事务烦琐，处理不当就可能激化矛盾，是个费力也未必讨好的“苦差事”。

最后，胡喜明还是选择了回村。他卖了出租车，把两个孩子托付给妻子，只身一人回到了杉和村。2011 年 6 月，他高票当选村支书。2014 年，他连任村支书，同时被群众选为村委会主任。

他上任的第一件事就是按公平公正的原则，重新确定了全村的低保对象。他召集村“两委”成员、党员代表、村民代表、困难户代表 30 多人，集体确定全村低保对象。村民彭松华，60 多岁，两个儿子都是精神病人，妻子体弱，一家的生计全靠他在秋湖煤矿打点小工维持。彭松华的两个儿子确定为低保对象后，一家人都很感激，村民也都没有异议。村民彭杰峰，10 多年前患病瘫痪在床，全身慢慢枯干，父亲在煤矿打工，母亲在家照顾他。彭杰峰被确定为低保对象，大家伙儿也都没有意见。这次杉和村共确定 26 名低保对象，而以前的低保对象中有 12 人未在其内。这样的结果大家都感觉很公平。曾经的低保对象胡南阳说：“村里确实有比我更困难的，所以我内心完全能够接受。”

之后，胡喜明又带头捐资筹款建起了村民盼望已久的村部。以前因为没有村部，村里开个会都要在村干部家里借场地，组织村民活动也没有一个好去处。胡喜明带头捐款5 000元，另外两位村干部也各捐2 000元，老村主任捐1 500元，大家踊跃捐款，最后共筹集资金20多万元，于2012年下半年动工，2013年10月完工，为村民建起了一栋集党员活动室、办公室、群众娱乐室、计划生育服务室、农家书屋等于一体的村级活动中心。

2014年，胡喜明组织筹资10多万元，修好先进港子组公路1.5公里，为全村安装30多盏太阳能路灯，亮化杏南公路杉和村路段和吕家民主组公路。2015年，他筹资50多万元，为全村架设惠及200多家农户的自来水管道，争取上级困难补助资金10多万元，为10多家五保户、低保户改建和修缮房屋……

对！还是得继续做有意义的事！迎难而上的勇气和信心油然而生。胡喜明一头钻进了扶贫工作之中。

勤学善思，当好扶贫排头兵

54岁的胡喜明对智能手机的使用还停留在打电话、发短信、浏览新闻网页等简单操作上。最近，他下载了全国扶贫开发信息系统App，仔细研究了几个晚上后，在单位

/ 胡喜明（右）在产业扶贫项目加工车间调研了解生产情况

/ 胡喜明（右）与村民在已拆除的旧屋场畅想美好未来

/ 胡喜明（左二）与工作队队员一起跋山涉水走访贫困户

逢人就推荐这个 App。原来，在这个 App 里，包含了贫困户所有详细信息，且实时更新数据，最重要的是，使用这款 App，可以精准导航到贫困户家。胡喜明身上有股倔劲，喜欢学习和钻研。如何当好全县扶贫排头兵，是他上任以后思考最多的问题。

“用众人之力，则无不胜也。”担任扶贫办主任后，胡喜明戴着老花镜，将自己掌握的扶贫知识编成 20 来则通俗易懂的微扶贫信息，转发给大家学习；他倡导举办全县干部扶贫培训夜校；他利用每一次全县性的大会，逢会必讲。在胡喜明强有力的组织下，桃江的扶贫干部培训多达 7 000 多人次，为桃江的脱贫攻坚打造了一支业务精湛、战斗力强的扶贫队伍。

在走访中，胡喜明和同事了解到，有的贫困户即使得到了危改指标，因其“一穷二白”，依然建不起房子。2017 年，根据政策里提到的“差异化补贴”，他创新提出了“幸福安居工程”。即对没有劳动能力、家庭极度困难、住 D 级危房或无房的贫困户，由乡镇党委书记负责审查并签字确认，县危改办逐一核实，实行拎包入住新房。2017 年以来，全县已有 388 户特困户通过“幸福安居工程”顺利搬家，真正实现住房有保障。

在落实贫困户是否错评漏评错退工作中，胡喜明倡导采用大数据分析比对的方式，整合利用扶贫、公安、发改、人社、农商行等 14 个部门的系统数据，建立数据共享机制，形成数据质量报告，由县扶贫开发领导小组进行“一月一调度”。这项工作比省政府办公厅实施的基础数据平台足足早了一年。

竭力帮扶，做好群众贴心人

“用脚板去扶贫”是胡喜明对自己的要求。

桃江属于丘陵地区，辖 15 个乡镇，总面积达 2 068 平方公里，贫困乡村、农户大都散布在深山老林之中。因交通不便，干部下村入户大多需要步行。他给自己定了一个硬指标：每月进村入户不少于15天。这对一个年逾五十的人来说，并不轻松。但是，不论严寒酷暑，不论刮风下雨，在不到3年的时间，胡喜明走遍了桃江233个有贫困人口的村（社区）。与此同时，他亲自组织或带动各乡镇召开党员会、屋场会、户主会2 000多场次。他把对贫困最真切的感受、与贫困户最深入的交心，一一化为了贴近实际又可复制推广的扶贫之策。他推动实施“按月工作法”，倡导推行“五个一”工作机制，使桃江的扶贫工作走出了“头痛医头、脚痛医脚”的杂乱局面，桃江经验在湖南省复制推广。

在扶贫路上，胡喜明帮助过的贫困户数不胜数。

修山镇九都村贺养然的儿子贺德嘉近50岁，没结婚，不干活，也不赡养父母。周边邻居、亲戚朋友多次上门做工作无果。2017年，胡喜明在走访时得知这一怪事后，便上门了解情况。一进门，贺德嘉就告诉他：“不是我不干活，我身上有8种病。”胡喜明细细听完他的描述后，眯了眯眼说：“我看你不止8种病，还应该再加一种‘懒病’。”

随后，胡喜明将贺德嘉送到县人民医院住院治疗，出院后，把他和100羽鸡苗一起送回了家，要他负责喂养。2017年底，贺德嘉捧着胡喜明帮着卖鸡得来的7 000多元钱，开开心心过了个热闹年。2018年，贺德嘉在胡喜明的帮助下，养鸡、养蜜蜂，再到周边打零工，赚了10 000多元。2019年上半年，贺德嘉光帮村里建房就赚到了7 000多元。眼下，他马上要易地搬迁入住新家了，日子越过越有奔头，忍不住天天给胡喜明打电话表示谢意。

这样的例子，在胡喜明的记忆里数也数不清。他说：“扶贫，要真心实意把贫困户当亲人，扶出真感情，脱贫就不是难事了。”

2018年6月27日，胡喜明收到群众汪竹军的一封求助信。汪竹军在信中说，感谢党和政府这么多年的帮扶，只怪自己身体不给力，恨自己不能承担起家庭的责任。看完信，他立即和同事驱车来到武潭镇天湾村汪竹军家里。这是一栋四间地基的木房子，有两间已经坍塌，仅剩几根柱子支撑

胡喜明（右）与结对帮扶对象谈到以后的生活，老人家笑逐颜开

/“幸福安居工程”解决了汪家的大难题

着，另外两间也是岌岌可危。汪竹军就坐在台阶上，双脚因痛风肿得无法塞进鞋子，走路很吃力。

原来，汪竹军的儿子高考成绩上了一本线，家里却无力承担学费。想到儿子这么努力，却因自己的原因面临失学，汪竹军心里很急，无奈之下，向扶贫办写了求助信。

胡喜明找来武潭镇卫生院院长，将汪竹军接到医院治疗，联系镇、村通过“幸福安居工程”解决汪家住房问题，并联系中国社会扶贫网、泛海助学、县残联、县教育局等，为汪竹军的儿子筹集了4年的学费。

现在的汪家，大儿子就读于湖南怀化学院，二女儿就读于武潭镇中学，成绩优异，汪竹军的痛风有所缓解，多年漏雨的房子通过实施“幸福安居工程”改造一新。汪竹军逢人就说，他家的“苦瓜藤”结出甜瓜了。看着汪竹军满脸的幸福，胡喜明也很开心：“我就是要让每一根苦瓜藤上都结出甜瓜来。”

2019年高考，牛田镇杉树仑村的丽丽考了547分。查到成绩后，她当即给胡喜明打电话报喜。在丽丽心中，胡喜明伯伯恩重如山，只有好好读书才能回报他。

2014年，丽丽上初中时，父亲因车祸脑部受损，仅剩3岁小孩智商，奶奶每天以泪洗面，眼睛几乎失明，正在读高中的姐姐欢欢也准备辍学。当时在牛田镇担任党委书记的胡喜明得知小姐妹的情况后，立刻赶到她们家，帮姐妹俩筹学费，给姐妹俩的父亲筹医疗费，几年来，对这个家庭的帮扶不曾间断。2016年，欢欢考上武汉一所高校。2019年，得知丽丽也有希望上一所好的大学胡喜明开心地说：“这个家活了！”

这些年来，胡喜明用扎扎实实的成绩回报了乡亲们的厚望。

如今的胡喜明，肩扛着“再贫困责任归我”的承诺，为“让每一根苦瓜藤结出甜瓜来”，继续风雨兼程地走在扶贫路上。

（供稿、照片提供：湖南省桃江县扶贫办　修编：胡琳）

段玉平，西藏自治区阿里地区行署副秘书长、改则县委常委、副县长（挂职）。曾获2018感动中国·江苏年度人物、最美支边人物、中央企业优秀共产党员等荣誉，入选中国好人榜。3年援藏，他始终不忘初心、牢记使命，坚守在平均海拔超过4 700米的西藏自治区阿里改则县。苦干实干，在高原种出绿叶菜，改善百姓生活；因地制宜发展旅游业，把当地土特产销往全国各地，提高牧民收入；支援教育，改善学校师生工作学习条件；干实事、聚人心，以一名基层党员干部的担当和作为促进改则县发展，受到当地干部群众的一致称赞。

三年改则行　一生援藏情

改则县，一个“藏”在羌塘自然保护区里的国家级贫困县。熟悉改则的人都知道，它有三个特点。大，改则县县域面积达13.56万平方公里，是全国面积第三大县；高，改则县平均海拔超过4 700米，有“西藏的西藏”“阿里的阿里”之称；穷，改则县是纯牧业县，信息不畅，交通落后，这里的老百姓守着纯净的自然资源却换不来“金山银山”，封闭落后，让这个美丽的县城成为国家深度连片贫困县。

改变改则的贫穷状况，一直是中国移动最大的“心愿”。2016年7月，时任中国移动江苏公司连云港分公司纪委书记、副总经理的段玉平响应国家号召，作为中组部、人力资源社会保障部选派的第八批援藏干部，来到改则县对口支援，任阿里地区行署副秘书长，改则县委常委、副县长。作为一名从湖南澧县打拼出来的农家子弟，段玉平打心底里感激组织对他的培养。援藏三年期间，他将根深深扎进了改则这片土地，不忘初心、牢记使命，千方百计为民解困，抓民生、兴旅游、助教育，助力改则县走出贫困。2019年，改则县顺利通过国家验收，摘掉了带了几十年的“穷帽子”。

“我要让老百姓过上好日子”

高海拔让改则县的冬季长达8个月，有记录的最低温度达到零下40多摄氏度，空气中的氧气含量只有内地的50%，生存环境恶劣，是“三区”（边疆地区、少数民族地区、国家深度连片贫困地区）叠加地区。

/ 段玉平（左）在蔬菜大棚与工人交流

刚进藏时，高原反应让段玉平吃不好、睡不好，身心饱受“折磨”，但为了肩负的使命，身体稍微适应的他便立即下乡进村入户，开展调查研究，熟悉社情民情，当时的他只有一个信念：“我要让这里的老百姓过上好日子。”

走访中，段玉平发现内地餐桌上常见的青菜，在改则县却异常“金贵”。原来改则气温低无法种植蔬菜，县里的蔬菜都是从内地经拉萨转运几千公里运来的。尤其到了冬季大雪封山的时候，运菜的车子有时半个月都进不来，当地群众只能吃耐储存的土豆、洋葱等根茎类蔬菜，吃叶子菜就成了奢望。

为此，段玉平在上级领导的支持下，投入中国移动援藏资金 1 785 万元参与蔬菜大棚建设。克服“土贫、低温、缺水”等诸多困难，一期工程 9 个大棚 2017 年底建成试种。2018 年，萝卜、白菜、青椒、黄瓜、西红柿等棚产蔬菜陆续端上了改则群众的餐桌。因为节省了运费，县里的菜价平均下降了 20%，解决了当地群众吃菜难的问题，还带动了 10 多个贫困户就业致富。2019 年，中国移动又追加 1 015 万元，继续参与蔬菜大棚的二期工程建设，待全部 46 个大棚建成后，将满足全县 30% 以上的蔬菜需求，并解决 120 多个贫困户就业。

改则牧民的主食是糌粑（青稞炒熟后磨成的粉）。之前，县里群众吃的糌粑都是从日喀则、拉萨等青稞产地买来的，不仅价格高，而且不新鲜。为了让当地群众吃上新鲜的糌粑，段玉平带领援藏工作队申请投入中国移动援藏资金 13.56 万元，购入机器设备建成糌粑加工厂。这样一来，糌粑价格就从原来的每斤 5 元下降到 4 元，而且还是刚磨好的香味扑鼻的糌粑，并帮助 12 个贫困户脱贫。

解决了吃的问题，段玉平又将目光放到了住上。在段玉平的申请下，中国移动出资 398 万元参与建设的“圆梦新居”社区也在改则县县城落地生根，社区的 199 人都是从海拔 4 800 米以上、一方水土养不活一方人的“北部三乡”搬迁下来的。同时，在阿里地区首府狮泉河镇，中国移动投资 543 万元参与建设的“康乐新居”也投入使用，上千牧民搬进了新居。牧民搬到新居后，不仅改变了世世代代逐草而居、居无定所的游牧生活，而且学到了新技能，找到了新工作，生产生活方式发生了巨大变化，过上了幸福美好的生活。

改则县是纯牧业县，不产任何农作物，由于严格的生态保护政策，地下丰富的金、铜、锂等矿产资源也不能开发，这些因素限制了改则县的发展。初到改则时，“干什么？怎么干？”是段玉平天天思考的问题，经过深入的调查研究，他瞄准了旅游产业，并依靠在江苏工作时积累的资源，将改则与内地“相连”。

/ 康乐新居

在县委县政府的支持下，段玉平帮助改则县成立了旅游开发公司，对县里的旅游产业、产品进行市场化开发。2017 年 2 月，他联系连云港市慈善总会，自己捐款 5 万元，成立了“连云港市慈善总会中国移动援藏基金”，共募集资金 19.37 万元，在改则县建成了“特色产品商店”，集中展销当地羊绒加工制成的“森郭”牌羊绒制品以及“麻米”牌藏香等土特产品，号召内地爱心企业和个人义购，2018 年营业半年就盈利 100 多万元。

挖掘改则的自然和历史文化资源，段玉平也费了不少心思。在一次调研中，他来到距离县城 190 公里外的先遣连革命遗址，得知了一段英雄历史。

1950 年 8 月，由 136 名官兵组成的“进藏先遣连”从新疆和田地区于田县普鲁村出发，翻越巍巍昆仑山，到达今天改则县先遣乡所在地扎麻芒堡，把五星红旗插上藏北高原，和平解放阿里。由于高原反应、补给中断、缺医少药，先后有 63 名官兵壮烈牺牲，原西北军区授予该连“进藏英雄先遣连”荣誉称号，并给全连 136 名官兵每人记大功一次。了解到这段历史后，段玉平亲赴新疆军区、南疆军区、阿里军分区，收集“进藏英雄先遣连”史料，拜访原阿里军分区政委袁国祥将军，看望慰问健在老战士王兴才，争取南疆军区宣传处专项补助 50 万元，推动“先遣连革命纪念馆”开工建设。项目建成后，不仅将成为阿里地区的爱国主义教育基地，而且将成为改则红色旅游基地，仅遗址看护、纪念馆接待维护即可解决数十人就业。

“只有教育才能让孩子们前途美起来”

不愁吃不愁住，县里还有了能挣钱的产业，群众的干劲越来越足了，但走访过程中段玉平发现的另外一个现象，让他深深担忧起来。在改则，不少贫困家庭的孩子早早选择辍学打工。

“作为一个土生土长的农村孩子，我深知教育的重要性。”上任后，段玉平一口气走

/ 段玉平（右二）与其美卓玛一家过中秋节

/ 中国移动“育蕾”励志奖学金成立仪式

访了全县 9 所中小学，发现 3 750 多名中小学生中 30% 以上来自贫困家庭。摸清贫困学生情况之后，段玉平通过自己的朋友圈，发动内地的亲朋好友，对这些贫困学子进行一对一结对帮扶。2016 年以来，共有 10 省区 150 多名爱心人士，一对一结对帮扶贫困学生 348 人次，捐款达 45 万余元。有 10 多个孩子和内地的爱心人士结成亲戚，保持微信、电话联系，立志考入内地上学就业，人生命运彻底改变。

段玉平自己也认领了一个藏族女儿其美卓玛。那是 2017 年 6 月的一天，段玉平在沿街一个菜店买菜，其美卓玛带着两个妹妹在街边捡拾纸箱子。段玉平好奇地上前询问：“捡纸箱子干啥用？”其美卓玛怯怯地说：“拿回家烧火做饭。”段玉平记下了她的名字和学校。事后，段玉平找学校校长了解到，其美卓玛的爸爸离家出走，妈妈身体残疾，她还有两个妹妹，大妹妹患有智力残疾，家庭生活十分艰难。

想起其美卓玛那怯生生的眼神，段玉平的心像针扎一样难受。第二天中午，段玉平就买了大米、羽绒服、书包去了其美卓玛家。那是一间 10 余平方米的出租屋，炉子没有生火，屋子里很冷。他看到屋门上写的两行字：“妈妈，我们爱你；爸爸，我们想你。”稚嫩的粉笔字出自其美卓玛之手。此情此景触动了段玉平内心最柔软的地方，他想到远在连云港的女儿，思念与怜悯之情在内心翻涌，此时的他再也忍不住眼中的泪水，当场决定以“段爸爸”的身份来帮助其美卓玛。其美卓玛原来很自卑，寡言少语，学习成绩也不好。两年多来，段玉平常去学校看她，鼓励她，其美卓玛的性格逐渐开朗起来，学习成绩直线上升。在 2019 年 6 月的小学毕业考试中，其美卓玛取得了优异的成绩，并被拉萨阿里中学录取。段玉平决定把其美卓玛当亲生女儿照顾，直到她大学毕业、成家立业。

为了尽可能多地帮助贫困学生，段玉平还联系了中船重工集团第 716 研究所等 20 多家单位，对口支援改则县，为学校捐赠羽绒服、新华字典、运动器材、计算机、打印机、文具等物资，价值 70 多万元。他还率先捐款 1.5 万元，募集 10.8 万元爱心捐款，在改则县中学、一完小分别设立“杰瑞”“育蕾”两项励志奖学金，以勉励品学兼优的好学生。2018 年 11 月 10 日，首批 72 名学生拿到了共计 29 700 元的奖学金。

看到先遣乡等 5 个乡没有通电，学校里的消毒柜、洗衣机都成了摆设，孩子们使用的餐具无法消毒，脏衣服也无法及时清洗，段玉平意识到巨大的健康隐患。他立马在朋友圈里带头募捐 5 000 元，并联系南京银行连云港分行等江苏爱心企业，筹资近 8 万元，为 5 个乡陆续配备了柴油发电机和柴油，解决了学校的用电问题。

扎根高原奉献，让党的形象亮起来

抓民生、促经济、兴教育，段玉平以一名共产党员强烈的责任感和使命感，俯下身子干实事、聚人心、促发展。刚进藏时，艰苦的环境让他吃了不少苦头，开会爬个四五层楼都要中途休息几分钟歇口气。有人给他“支招”：“你可以多申请回内地招商引资，顺便休息调整一段时间，省得在这儿受罪。”但他却认为援藏时间有限，使命光荣，不能混时度日。

2016 年冬天，段玉平刚到改则县，那时候他住在县里安排的简陋两层小宿舍里。谁知楼顶的防水层被冻裂了，白天太阳一晒，楼顶积雪化成的雪水顺着墙壁流进屋内，像瀑布一样。他只好拿毛巾吸水，几分钟就要拧出一盆水倒掉，直到半夜气温降低将雪水冻住，他才放下心来睡觉。第二天，他找来梯子，爬到楼顶，把积雪冰块铲掉，才避免水淹宿舍。喝水、吃饭的困难也要克服。改则县的地下井水重金属和矿物质严重超标，不能饮用。工作之余，他还要抽出时间自己做一日三餐。

2017 年以前，改则县没有沥青路，都是沙土路，而且路上没有手机信号，万一发生意外，救援只能靠等。为此，段玉平下乡调研前，都要准备好足够的衣食等物资，以防止路上遇到车辆抛锚，救援来得不及时。2017 年 7 月 16 日，在运送爱心物资去古姆乡小学的路上，因公路被洪水冲坏，路面接连出现了两条大沟，他和司机德江只好拿着铁锹挖土填沟，海拔 4 900 米，挖几铲子就要大口大口喘气休息一会儿，直到路面平整，他们才继续前行。这种险情，他在改则的三年里遇上过无数次。

“不嫌累，不怕麻烦”是改则干部群众对段玉平最深刻的印象，无论是中国移动援藏项目的落地执行，旅游产业的开发宣传，还是教育条件的点滴改善，他都亲力亲为。为了将捐资助学的事情落实到位，段玉平在平均海拔超过 4 700 米的高原上来回奔波了几万公里，每次到牧民家，他都说“我是代表共产党来帮助大家的”，在藏族同胞的心里播下“党就在身边”“56 个民族相亲相爱”的种子。到西藏不久，段玉平带着的两双

/ 段玉平（右一）与贫困学生家长交流

/ 向察布乡小学送温暖献爱心

鞋都已磨破，其中的一双皮鞋更在脚后跟处磨出一个鸡蛋大的洞。虽不分管教育，但因为他经常往学校、学生家里跑，很多改则的老师、学生和家长都认识这个当地教育界的“名人”，在路上遇见他时，会以藏族礼仪打招呼。

援藏之前，段玉平已是江苏移动连云港分公司的纪委书记、副总经理，工作体面，生活美满。当援藏的机会摆在他面前时，无论是段玉平个人，还是他的家庭都面临“去还是不去”的抉择，但段玉平打心底里感激这些年来党组织对他的培养。他一边安抚有些情绪的妻子和父母，一边妥善安排他们接下来的生活。援藏近 3 年，妻子忙碌于工作和家庭之间，一个人扛起生活中所有的困难。而 10 岁的女儿却因为父亲长期不在身边，略有些叛逆，学习成绩也出现了下滑。这是段玉平对家庭最大的愧疚。3 年改则行，还给段玉平留下了许多身体上的病痛：左心房左心室肥大，三尖瓣血液回流，肺部出现结节，视力严重下降……他却不以为意，认为“身体上的问题可以慢慢恢复解决”。

艰苦的环境、家庭的牵绊、身体的透支都没有让段玉平轻言放弃，他常提醒自己：“援藏为什么？援藏干什么？援藏留什么？”把藏族同胞当亲人，不忘初心、牢记使命，扎根基层，苦干实干，通过一件件平凡的小事、实事改善着改则县的社会经济、群众生活。“三年改则行，一生援藏情”，三年援藏已经结束，他直言与西藏的情缘将继续延续。无论未来身处何方，那个平均海拔超过 4 700 米的地方，都将是他一生的关注所在。

（供稿、照片提供：中国移动通信集团有限公司　修编：张津津）

侯兵，河北省邢台市临城县委副书记（挂职）。他走遍全县8个乡镇的74个贫困村，深入农村、企业和项目一线问需问计问策。累计谋划和帮助临城县争取中央及省级财政支持资金5亿多元、政策性金融信贷资金5.3亿元，招商引进投资10亿元的新农利合太行农特产品加工物流及博览产业园项目。坚持扶贫先扶智和扶志，积极安排临城县优秀科级干部赴中央和国家机关党校跟班学习，对164名科级干部进行拓展培训。为临城县2018年顺利通过国家级贫困县脱贫退出考核并取得"好"等次做出重要贡献。

风雨兼程扶贫路　一枝一叶总关情

巍巍太行，殷殷红土。

作为革命时期最重要的根据地之一，太行山革命老区为中国革命的胜利做出过不可磨灭的贡献。然而由于地理环境恶劣、初期工业化水平低等因素，太行山区发展一直落后，成为集中连片特困地区。位于太行山东麓、河北省西南部的临城县，就是太行山区的一个国家级扶贫开发工作重点县。

2016年8月，临城县迎来了中央和国家机关工委派驻的扶贫挂职干部——侯兵。这位副厅级的县委副书记，虽然研究生毕业后通过国考直接进入了中央部委工作，但孩童时期在农村生活的经历使他一直对"三农"有着深深的牵挂。脱贫攻坚战打响后，他主动请缨到临城县担任挂职扶贫县委副书记。这一干就是3年。

"一定要让老区群众过上好日子"

扶贫一线风风雨雨的1 000多个日夜，让侯兵经受了特殊的历练，完成了人生的蜕变。如今的侯兵，开口闭口离不开临城，话里话外全都是扶贫，皮肤从白皙晒成了黝黑，就连说话也有了些许临城的口音。

初到临城时，为尽快进入工作状态，侯兵每天努力研读政策，争分夺秒地学习。纸上得来终觉浅，绝知此事要躬行。他走遍了全县8个乡镇的74个贫困村和大多数非贫困村，深入农村、企业和项目一线问需问计问策，比较全面地掌握了临城县的基本情况。他深入包联的乡镇和7个村调研督导，指导农村党建，帮助贫困农民解决困难。3年时间，全县都有了他的“熟人”，父老乡亲记住了那个从陌生到熟悉的身影。

脚下沾有多少泥土，心中就沉淀多少真情。

通过一次次学习调研，侯兵对临城的整体情况加深了了解，也对扶贫攻坚面临的挑战有了清醒的认识。临城作为八路军一二九师和冀西游击队曾经驻扎和战斗过的老区，为革命胜利做出过巨大的贡献。他暗下决心：“一定要让老区群众过上好日子！”

作为全县分管扶贫开发和农业农村工作的县委副书记，侯兵深刻认识到，产业扶贫是脱贫攻坚的重头戏。没有产业发展带动，贫困地区很难脱贫；缺乏产业支撑的脱贫，脱贫后的发展也难以为继。

“要想让临城早日脱贫、不再返贫，产业扶贫必须是主攻方向。”在这个“酒香也怕巷子深”的时代，不论是对产品还是区域来说，提升知名度和影响力显得尤为重要。在侯兵的策动下，临城县薄皮核桃荣获2017年最受消费者喜爱的中国农产品区域公用品牌，2018年入选首届中国农民丰收节农业农村部推出的“100个品牌农产品”。临城县产品先后获得了12个沉甸甸的荣誉。

/ 侯兵（左二）看望慰问贫困群众

“获得荣誉来提升临城的知名度固然重要，更重要的是找项目、拉资金。”望着满屋的奖状和奖杯，侯兵显得格外冷静。他积极与国家开发银行协调沟通，将临城县纳入国开行规划合作编制试点县，批复贷款2.5亿元，捐助扶贫款100万元；与国务院扶贫办、河北省扶贫办协调沟通，帮助临城县争取中央彩票公益金支持革命老区贫困县资金6 000万元；与交通运输部协调沟通，将京港澳高速连接线建设及拓宽延长工程列入河北省2017年度省道建设计划库，争取到1亿元资金支持，进一步优化了全县交通路网建设；与中国红十字会协调沟通，为西冷水村争取到投资50万元的“博爱家园”项目，资助贫困村民创业。

侯兵（左）向幼儿园孩子发放捐赠的玩具

一个又一个项目，铺就的是老区群众的脱贫路。3年时间，侯兵帮助临城县先后争取到了5亿多元中央、省级财政资金支持和5.3亿元政策性金融信贷资金，大大充实了县里扶贫资金的“蓄水池”。

产业扶贫硕果累累。回忆起其中的艰难困苦，侯兵目光坚毅地说：“说不累是假的，为了多拉来点项目、多引进几个企业，想尽了一切办法。努力到无能为力，拼搏到感动自己，只有这样，才能真正做到走心不走过场、扶贫扶到根上。”

“不能等物质上脱贫了，再关注精神脱贫”

“不能等物质上脱贫了，再关注精神脱贫。精神扶贫是培养拼搏精神、提升脱贫能力、实现长期稳定脱贫的基石。”侯兵在推进精准脱贫工作时，始终坚持齐头并进。“根据脱贫标准，临城在物质上是肯定可以脱贫的，但是要想不返贫，必须在精神上有足够的意愿，要知道好生活是什么样的，怎么去追求。”

为了坚持扶贫先扶智扶志、“输血”更要“造血”，侯兵积极安排临城县优秀科级干

/ 侯兵在北京农产品展销会上为临城薄皮核桃代言

部赴中央和国家机关党校跟班学习，开阔基层干部视野，提高脱贫致富能力。他邀请中央和国家机关工委法制教育中心提供资金和培训师，分两期对临城县164名科级领导干部进行拓展培训，进一步提高了干部的团结协作意识和沟通、执行能力。临城县连续两年共安排54名乡镇党政正职、县直部门负责人和贫困村党支部书记，到北京参加中央和国家机关工委组织的基层党组织建设和致富能力培训班。

“不仅听中央的大专家解读国家精准扶贫政策、深入讲解扶贫形势，还可以参观北京的一些村庄，学习人家的经验做法，能够好好取取经。”参加培训的临城县委宣传部副部长对培训班称赞不已。

侯兵还十分重视教育扶贫和宣传扶贫。他推动临城县石城乡中学与河北精英教育集团签订合作协议，组织教师参加教研合作交流，邀请名师到乡村学校短期支教，开展“送教下乡”活动；选派石城乡学区教学及管理人员到精英未来学校学习体验，开阔眼界；动员中央和国家机关工委、商务部配额许可证事务局、中国集邮总公司、国家图书馆等单位的党员干部向临城县中小学校和幼儿园捐赠图书、文具15 000件（套），捐资15万元为临城县石城乡中学建设国内一流的智慧课堂教室。

他联系中国通信企业协会和中国儿童文学研究会在临城开展“互联网＋儿童文学”扶贫公益活动，将中国儿童文学精品通过快速高效的通信网络传递给临城的孩子们，提升孩子们的思想文化及精神文明素养，为文化脱贫和教育产业发展提供支撑。

受到他的感染，侯兵的妻子和女儿连续3年发起“浓墨书香、爱心同行”“同读一本书、共筑中国梦”系列读书、励志、捐赠、联谊、互访等公益活动，捐赠近10万元崭新的图书，帮助临城山区的学生开阔眼界。

“他是精神扶贫最好的榜样和示范”

侯兵到临城 3 年，老区变样了。

在他的推动下，总投资 10 亿元的新农利合太行农特产品加工物流及博览产业园项目签约落户临城，开工建设；与陕西袁家村旅游集团联系对接，在西冷水村及周边地带建设投资 15 亿元的冷水湖农业农村特色旅游综合体项目，已签订投资协议，正在稳步实施，引进苏州硒谷科技公司与临城冷水湖生态农业开发公司合作，建设万亩富硒功能农业旅游示范区，培育富硒粮食和水果种植业，发展生态旅游，带动近千户农民实现脱贫增收。

一笔笔资金到位，一座座厂房建成，寄托的是临城人民脱贫致富的希望，饱含的却是侯兵坚韧不拔的努力。

“说实话，我干招商和重大项目建设这么多年，就没见过像侯书记这样用心用情用力的挂职干部！”县长一提起侯兵，就竖起了大拇指，“工委主要负责机关党建，不管钱、不管人、不管项目、不管物，本来我们没指望侯书记能争取来多少项目和资金。可别看侯书记平时话不多、不爱求人，跑起项目来却是‘拼命三郎’，这 3 年累计谋划和争取各类项目 80 多个，已完成或基本完成 50 多个。争取每一个项目、每一笔资金，不知道要跑多少路、说多少话、吃多少苦、挨多少饿，其中的酸甜苦辣不是三言两语说得完、说得明白的。侯书记的产业扶贫‘成绩单’给临城留下了宝贵的物质财富和精神财富。”

/ 谋划建成国家电子商务进农村综合示范项目

欲问秋果何所累，自有春风雨潇潇。

侯兵这样的付出，带来的是老区翻天覆地的变化。2018 年临城县顺利通过国家级贫困县脱贫退出考核并取得“好”档次。

3 年中，侯兵身处工作、生活条件都较差的贫穷之乡，没日没夜、没有节假日地拼命工作，他的头发熬白了很多、皮肤晒黑了很多、皱纹增加了很多，从一个在中央机关工作的清秀干部变成了苍老的农民。艰难的工作时常让他处于焦虑之中，身体不堪重负，患上了高血压和神经性偏头疼，经常寝食难安。

侯兵的父母和爱人、女儿也克服了平常家庭没有的重重困难，以极大的爱心和忍耐大力支持他全身心地投入到繁重的扶贫攻坚事业中。2017 年春节期间，他的母亲不慎腰椎、胸椎严重骨折，做了大手术，可术后第二天侯兵就含泪告别了病榻上的母亲，返回临城投入到轰轰烈烈的扶贫攻坚工作中去了。

“他是精神扶贫最好的榜样和示范。他一个外乡人都能这么尽心尽力，我们自己的干部和老百姓还有什么理由不好好干呢?”每当谈起来这个事情，熟悉侯兵情况的邢台市委常委、临城县委书记都十分感慨，“侯兵深入基层、爱岗敬业、吃苦耐劳的精神，为广大党员干部树立了学习的榜样。他倾尽全力，为广大贫困群众脱贫致富做出巨大贡献，为全县人民打赢脱贫攻坚战奠定了坚实的基础。”

温润的山风，吹绿了太行一道道山梁、一垄垄田野。侯兵把脱贫攻坚责任扛在肩上、把人民群众装在心中的劲头，像和煦的山风，吹热了临城县所有干部群众的心窝。

（供稿：河北省邢台市临城县委　修编：高永伟　照片提供：赵旭阳）

/ 争取政策资金技术支持，在荒岗上发展薄皮核桃产业

贺星龙，山西省临汾市大宁县徐家垛乡乐堂村卫生所医生。党的十九大代表。坚守贫困山区19年，看病随叫随到，竭诚服务方圆28个村子的4 600多名村民。骑坏了7辆摩托车，行程40多万公里，出诊17万余次，用烂了12个行医包，医诊病人4 600多人次，免收出诊费35万余元。他治疗过470多位留守老人，主动承担起13户五保户的医疗费用。坚持11年为85岁的贫困老人贺德明免费提供500多包导尿包，老人托人给他送了一面锦旗——“黄河优秀儿子，乡村最美医生”。

脱贫攻坚路上的乡村医生

山西省临汾市国家级深度贫困县大宁县县城西北方向三四十公里，有个乐堂村。乐堂村周围沟壑纵横、山梁起伏，沟壑山梁间星星点点散布着大大小小28个村庄。因为贫困，村里青壮年不少人相继离开家乡外出务工。然而，有一位年轻人，放弃了走出深山谋前程的机会，一心用自己的医术为村里人服务。他就是乐堂村村医贺星龙。他19年如一日，为28个村庄的4 600多名村民提供了医疗保障，改变了那里的人们“小病忍、大病扛”的状况，解决了村中行动不便的老人、小孩的就医难题。

党的十八大以来，脱贫攻坚的号角吹进了这个沉寂的小山村，“两个一百年”的奋斗目标更是唤醒了这片沉睡的土地。作为党的十九大代表，贺星龙用实际行动为实现中国梦、全面建成小康社会贡献着自己的力量。

用医术回报乡亲

1996年，贺星龙考上了山西运城市卫校，但一年3 000多元的学费让他的家里感到非常为难。在父老乡亲的资助下，他艰难度过了三年求学和一年实习生涯。那时，他就暗下决心，学成之后一定要返回家乡、回报乡亲，决不能让家乡的父老因缺少医生及缺钱看病，错过最佳诊疗时期。为此，他婉谢了校领导的挽留，放弃了与同学们一起去大城市发展的机会。2000年，运城卫校毕业的贺星龙返乡成为一名村医。“病人就是亲人，电话就是病情，病情就是命令，时间就是生命。”贺星龙把“24小时上门服务”的

/ 准备出诊

承诺放到了自己手机的彩铃上。寒来暑往，无论白天还是黑夜，刮风还是下雨，他始终坚持自己的承诺：一个电话，24 小时上门服务。19 年来，他的行医范围越来越远。乐堂村挨着黄河，他的足迹甚至出现在黄河对岸的部分村庄。为了方便村民就诊，他筹钱在移民新村购买了窑洞，开辟了第二诊所，大大方便了新村及其周围的村民。

上村一名五保户叫冯对生，70 多岁了，早年患上骨髓炎，一直没有得到有效的治疗，年纪大了，病情越发严重，经常给贺星龙打电话。由于长期卧床不起，引起臀部褥疮，多处伤口化脓，发出的异味熏得人喘不上气，一年四季很少有人去。贺星龙就每隔两天给老人换一次药，这一干就是十几年。每次去了顺便帮老人收拾家务、挑水、做饭，逢年过节给老人送去面、油等生活用品。老人逢人就说："贺星龙就是我儿子，我把我这老命也交给他了。"

徐家垛村 85 岁的贺德明，是一位曾经参加过解放战争的老兵。早些年，老人的老伴和两个儿子先后过世，老人的生活十分困难，加上患有严重的前列腺增生症，需要插导尿管排尿。只要老人一个电话，无论是白天黑夜，贺星龙都会及时赶到，为老人更换导尿管。11 年过去了，贺星龙跑了老人家多少次，连他自己也记不清了。11 年来，贺星龙从未向老人收取过一分钱。11 年来，贺星龙自费为他购进了 500 多包导尿包，老人无比感激，托人给贺星龙送了一面锦旗，锦旗上写着"黄河优秀儿子，乡村最美医生"。

尽力为乡亲们减轻诊疗负担

贺星龙作为乐堂村村医，随叫随出诊的承诺已经使他每天十分忙碌。但是，当他在行医中发现经常有留守儿童需要接种疫苗，他主动找到乐堂村所在的徐家垛乡医院协商，一个人义务承担起了全乡 1 028 名儿童的疫苗接种和 200 多名儿童营养包的发放任务。十几年来的行医生涯，让贺星龙对每一位村民的身体状况都了如指掌，谁患过哪些慢性病，谁对哪些药物过敏，谁家有几个小孩，谁有没有烟酒嗜好，谁有什么饮食习惯，等等，在他心里都一清二楚。

贺星龙有一个心愿，一定不让农民因为病输在脱贫的路上。他深知父老乡亲们生活的艰辛，常跟乡亲们说：只要你们身体健康了，大家就精准脱贫了。他除了对病人免收出诊费、注射费，还对特困户、五保户和烈士家属免收药费，对家庭困难一时掏不起药费的群众，他总是说："先治病吧！药钱啥时有了再说！"村民欠账最长的超过 10 年。返乡行医的 19 年来，他先后背破 12 个行医包，骑坏 7 辆摩托车，服务方圆 28 个村子的 4 600 多名村民，行程达 40 多万公里。他累计出诊 17 万余次，免收出诊费累

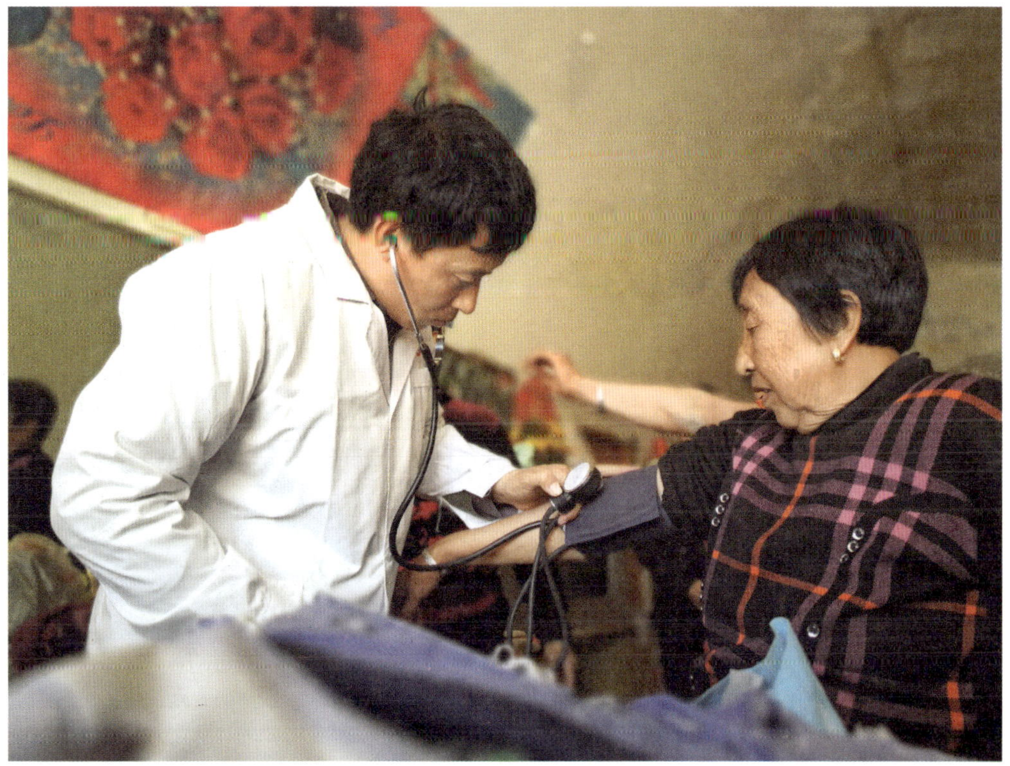

/ 为村里老年人进行健康体检

计达 35 万余元，为五保户患者补贴药费达 4 万多元，赊账、死账也有 5 万多元。多年来，他用爱心服务这片黄土地上的父老乡亲，用瘦弱的身躯守护乡亲们的身体健康，而自己家里的活计他都赶不上操持，两个孩子撂给了妻子，背负着上万元的债务，一直住在租来的房子里。虽然对家人充满愧疚，可是他却无怨无悔，因为他是一名医者，因为他心中有大爱。回首当年从城市到乡村的“逆行”，贺星龙说：“钱是没挣下，但咱活下了 4 000 多位乡亲，值！”他在给父老乡亲看病的同时，也帮助解除在外务工、求学人员的后顾之忧，充分体现了一名乡村医生的光荣使命，用 19 年的行医生涯诠释了“在哪儿当医生并不重要，重要的是看哪儿最缺医生”这句话的真谛。

奉献爱心，引领脱贫

这些年来，经贺星龙治疗过的 470 多位留守老人中，他最放心不下的就是 13 户五保户。这些老人无依无靠，无经济来源，贺星龙主动承担起他们的医疗费用，过年还给他们送米送面，大年初一又叫到家里吃顿团圆饭，每人给买件新衣服。贺星龙自己却连续 8 年没买过一件新衣服，过年时就穿开摩托车店的同学送的那件工服。

/ 给乡亲们发药

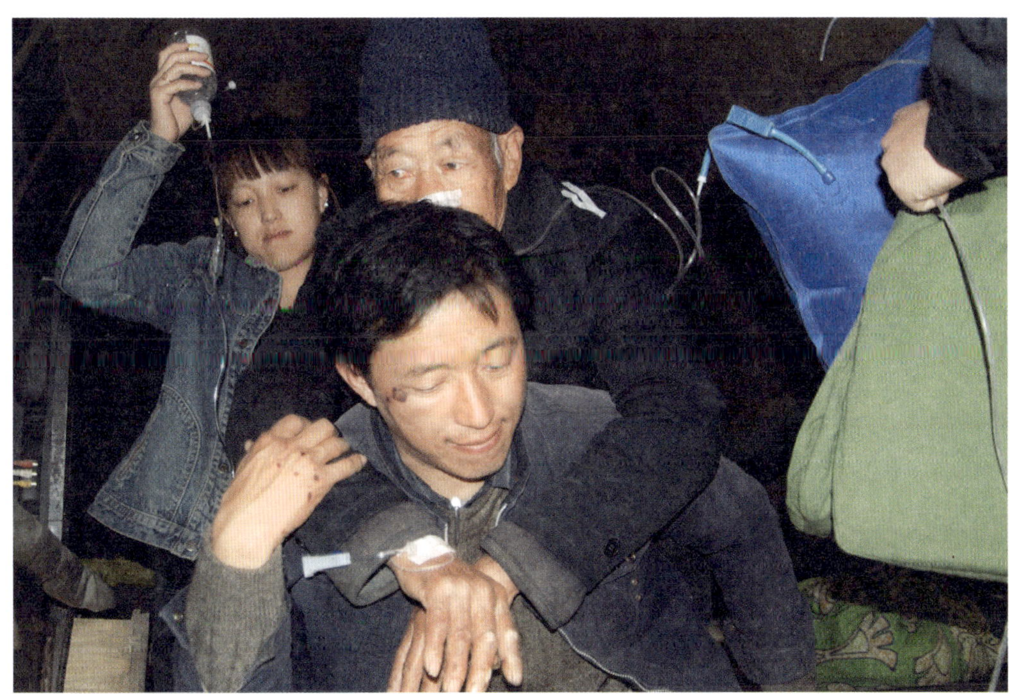

/ 往县医院转诊村里病人

如今 39 岁的他身体大不如前：右脚骨折留下了后遗症；常年骑摩托车患上了关节炎；每天背几十斤重的药包，致使脊椎侧弯；每天吃饭没有规律，8 年前就患上了慢性糜烂性胃炎；淋了雨身上就会起风疹；着了凉晚上关节疼得睡不着觉。可是，面对乡亲们，他依然选择坚守和奉献。老百姓对他的评价只是一句朴实的话："星龙这娃不赖，服务态度好，看病看得好，随叫随到。"

贺星龙一开始出诊时没有交通工具，只能靠步行，用扁担挑着沉甸甸的出诊包，翻沟爬坡，找近路、过河流。以前每个村都是土路，村民居住分散，分布在七沟八梁的黄河边上，这个梁上几个村，那个梁上几个村，中间都由一条深沟连接。从这个村去那个村，翻沟走二三里能到，如果走大路就得绕十几里才能到。冬天下了雪，雪地里步行，雪灌进鞋里，脚趾头早早就冻僵了。父亲心疼他，买回来一辆旧自行车让他骑着去出诊。可是下了雨、下了雪自行车根本骑不动，还耽误了不少人的病情，没办法，他就狠狠心跑到信用社贷款 4 000 元买了第一辆 125 型摩托车，方便了出诊。现在，他仍然骑着摩托整天奔波在周边的 28 个村子给乡亲们治病，路边上、田间地头上都留下了他的身影。随着国家扶贫力度的加大及县里深化农村改革措施的不断实施，农村新农合的全覆盖，村卫生所逐渐标准化，出诊路成了水泥柏油路，老百姓看病花钱少了，村民赊账比以前少多了。他觉得大家生活都不容易，刚有改观，不要为还治病钱又勒紧裤腰带，便把以前的 10 余本赊账账本一把火烧掉了。他说，陪同乡亲们一起走在脱贫的路上，一起努力脱贫致富，这是他最大的愿望。

说是医生，贺星龙还主动管了不少的“闲”事，成了村民们致富的领头人。乐堂村地势高、日照时间长、昼夜温差大，他因地制宜带领村民累计发展苹果、核桃等经济林果 200 余亩，拓宽了致富渠道，增强了致富信心。要致富先修路。村里的路坏了，到了雨季出行更加不便，他发挥自己的好人缘，挨家挨户动员，讲大局、谈好处，组织村里青壮年，修通了一条致富路。为了提高农作物生产效率，他自己出资，购买了发电机、打药机、扬场机及割草机等农机，供村民免费使用。他还带领村民引水、修路灯、调电视接收器，又帮助村民推销农副产品，村里的事儿样样离不开他。他不忘初心，展示了党员的担当作为，用一颗赤子之心诠释了新时代共产党员的为民情怀。

贺星龙荣获“全国三农人物”称号，省、市两级五一劳动奖章，“全国最美医生”和“全国向上向善好青年”称号，他还当选了党的十九大代表，荣获三农人物特别贡献奖、省五四青年奖章、白求恩奖章、山西省脱贫攻坚奖奋进奖，荣获全国岗位学雷锋标兵奖、中国五四青年奖章等。荣获“中国网事 · 感动 2016”年度网络人物、全国卫生系统“平凡英雄奖”、山西省特级劳动模范、山西省三晋英才拔尖人才等荣誉。

（供稿、照片提供：山西省扶贫办　修编：顾勇华）

秦倩，河南省周口市西华县迟营乡孙庄村第一书记。她协调启动“中国梦·脊梁工程”精准医疗扶贫行动，引进医疗救助工程，累计投入1亿元，先后救治652名贫困家庭患者；她帮助村级合作社建立微信公众号，通过“互联网＋合作社＋农产品”模式进行产品营销，带动贫困户100户352人入股，户均年增收2 000元；她建立扶贫车间诚信鞋厂，为贫困户提供就业岗位，建成光伏发电站，使户均年增收1 100元；她引进资金2 180多万元，新建村基础设施13个，办成惠民实事350多件，使孙庄村贫困发生率从34.2%降到0.9%，2017年被评为脱贫攻坚示范村、党建工作示范村。

孙庄百姓的“闺女书记”

在广阔的豫东平原上，有一个叫孙庄的小村庄。在这个贫困小村庄的角角落落，总有一个靓丽的身影在忙碌着。若不是真切见到这一幕，很难相信，这名85后美女海归甘愿扎根于此，当起了孙庄百姓的“闺女书记”。

她是秦倩，2016年11月任河南省周口市西华县迟营乡孙庄村第一书记，将年轻的思维带到了孙庄村，也将自己的青春美丽留在了这里。任期届满后，她主动向组织申请留任，至今仍奋战在脱贫攻坚第一线。

海归带来大变化

孙庄村是省级贫困村，有476户2 150人，其中贫困户163户596人。那时的村子，道路坑坑洼洼，大病病人多，村民生活水平低，思想保守封闭，甚至没有女孩愿意嫁过去，脱贫攻坚任务重、难度大。

抓好党建才能强基础。驻村后，秦倩充分发挥党员的先锋模范带头作用，带领党员干部重温入党誓词；给无职党员设岗定责，鼓励党员认领分包贫困户；带领党员赴兰考焦裕禄干部学院学习；送农户参加新型农民技术培训等，想尽办法把党的政治优势、组织优势转化为扶贫优势、发展优势。

利用年轻人的优势，秦倩在微信上建立了“孙庄欢乐群”，吸纳孙庄籍外出务工青年、个体户、务农劳动力等110多人，每天在群里传播正能量。她还发出“征集令”，

/ 秦倩（右二）在百农园蔬菜大棚与村民分享收获的喜悦

/ 秦倩（中）在百农园蔬菜大棚与村民一起劳动

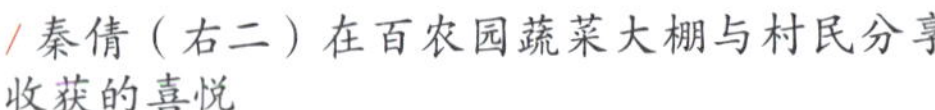

吸引、激励在外有为青年返乡创业，对符合条件的给予政策优惠和 3 万元创业资金。近年来，已经吸引 43 名青年返乡，形成了建设家乡的浓厚氛围。

通过这一系列措施，村党支部成了坚强的战斗堡垒，孙庄村被定为党建工作试点村。中组部先后两次入村调研党建工作并在村委会召开座谈会，对村里党建工作表示肯定。“秦书记来了之后，非常接地气，逢年过节，从来不休息，知道农村过节放假人比较齐，就挨家挨户走进贫困家庭，拿出自己的工资补贴慰问贫困户。街坊邻居全都知道村里来了个办实事的秦书记。她值得我们每个党员学习。”孙庄村支书感慨地说。

为帮助孙庄村闯出一条脱贫致富的路子，作为一名 85 后海归青年干部，秦倩从国际化视角出发，结合现代互联网新经济业态的特点，在深入调研吃透村情的基础上，依靠党建的保证作用和共青团组织化、社会化的优势，运用互联网穿针引线拓宽脱贫路，把新观念新思维带到农村，抓住发展集体经济这个关键，突出创办特色产业这个重点，引领村民走上一条快速便捷高效的、可持续发展的“孙庄脱贫模式”致富路。

针对资源匮乏的现状，秦倩开阔思路，大胆创新，利用西华县是河南特色小吃胡辣汤的发源地这一优势，创建“邵蛮楼胡辣汤”村集体产业品牌，并邀请邓亚萍为代言人。现在“邵蛮楼胡辣汤”远近闻名，不但为孙庄村创造了巨大的品牌商业价值，还开启了西华县胡辣汤电商产业链的大门。

经过多地考察，结合村情，秦倩将种植蔬菜大棚确定为孙庄村的主导产业。可随着大棚的增多，蔬菜销路成了一大难题。她多方协调，通过与河南省广电喜买网合作，成功推荐孙庄村百农园蔬菜基地作为河南省唯一的有机蔬菜品种参加了全国农产品展销大会。她还聘请农科专家运用科技创新“有机盆栽”活体菜，环保美观无公害，现吃现摘可观赏，深受城市居民喜爱。

目前，百农园合作社有了正规的网页和微信公众号，可以面向全省市场直接网络下单送到户，带动 100 户 352 人入股，每年分红 2 000 元。百农园连续两年参加全国农产品展销大会，受到农业农村部领导的肯定。

除此之外，秦倩还带领全村建立了扶贫车间诚信鞋厂，为具有部分劳动能力的贫困户提供就业岗位；建成光伏发电站，贫困户每年分红 1 100 元；引进 160 万元建立村集体经济产业入股加油站，年收益 18 万元，全面开发产业造血功能；引进河南大厂园林等 5 家企业签订扶贫协议，农户平均年增收 7 900 元。

经过几年的帮扶，孙庄村贫困发生率从 31.2% 降到 0.0%，从远近闻名的“穷村庄”变成了“富裕村”，2017 年评为脱贫攻坚示范村，获得全省“五个好”村党支部、周口市先进基层党组织等荣誉。

追梦的“河洛赤子”

孙庄村小伙子李二磊患有强直性脊柱炎和双侧股骨头坏死，瘫痪在床 8 年，骨瘦如柴，生活不能自理，家里为其治病花光了积蓄，本已绝望。秦倩没有放弃，她通过各种途径多方联系资金渠道，把李二磊送到省人民医院免费手术治疗，节省费用 23 万元。如今的李二磊活蹦乱跳，成为拥有 30 个店铺的电商创业青年，还担任了孙庄村团支部副书记。

李二磊重生了，可更多像他一样的贫困家庭患者呢？秦倩大胆想象，是不是可以建立一种渠道，引进此项医疗救助工程落户河南，帮助河南省所有这类患病的病人免费医治？有梦就要追，她多方奔走协调，最终团省委联合省人民医院和智善公益基金会共同在孙庄村启动了“中国梦 · 脊梁工程”精准医疗扶贫行动，引进医疗救助工程进河南，基金会为每位患者捐赠 5 万元手术费，累计投入 1 亿元，目前已有 652 名贫困家庭患者得到救治，进而摆脱了贫困。孙庄村不仅成为“中国梦 · 脊梁工程”河南定点救助村，还是中国脊椎侧弯专项救助帮扶村。这项惠及全省的医疗工程也为全省医疗扶贫做出突出贡献，受到媒体的广泛报道。

/ 秦倩（右）在百农园蔬菜大棚与村民一起劳动

秦倩马不停蹄，在孙庄村建立河南省首家第一书记互联网分级诊疗医院，形成了“互联网 + 第一书记 + 健康扶贫”

/ 秦倩在希望小学荷福课堂与孩子们互动

的新模式，通过远程网络医疗资源共享，让村民在家门口就能找到专家看上病，看好病，并不定期组织义诊、免费体检等活动，解决孙庄村因病致贫问题。

保障民生，更要拔除穷根，激发群众脱贫的内生动力。随着互联网、移动终端的迅速发展，传统教育和学习模式发生了根本性的改变。秦倩积极与科大讯飞股份有限公司沟通对接，终于让科大讯飞“智慧课堂”落户孙庄村小学，并将近 40 万元的教学设备捐赠给了孙庄村。由此，村里的孩子们可以像北京、上海等大城市的孩子一样，通过智能化的教学设备和最先进的新媒体器材来学习。

她还组建小学足球队和乒乓球队，先后请来王励勤、邓亚萍、李雪英等奥运冠军，并 37 次协调社会爱心人士为孩子们捐赠现金、衣服、营养餐等。她又大力整合资金，为西华县累计捐赠 280 万元，助力 350 余名大学生圆梦。

一个人的力量有限，一群人的爱心之力是无限的。秦倩便想尽一切办法，克服一切困难，动用一切资源，千方百计协调，发动社会各界力量及人脉资源为扶贫添砖加瓦。在她的协调下，孙庄村共举办帮扶活动 210 余次，办惠民实事 350 多件，引进资金 2 180 余万元；先后投入 320 万元硬化道路 26 公里；整合 580 万元建设小学餐厅、办公楼、足球场等配套设施；引进 105 万元整治坑塘；新建的孙庄村文化广场、公共厕所、产业扶贫车间、新村委等已投入使用；投资 250 万元的村民文化大院和第一书记电商服务站正在建设当中。同时，全村绿化植树 2 255 棵，安装路灯 130 盏，添置垃圾桶 152 个。

近三年来，孙庄村村容村貌改天换地，实现了华丽转变，从昔日的穷村庄变成了配套设施齐全、村民安居乐业、焕发生机的美丽乡村。

村容村貌变了，群众的精神面貌也焕然一新。村里成立了夕阳红文艺队、广场舞队、腰鼓队，村民们有事儿干了；逢乡村振兴大讲堂开课，村民们踊跃抢座，甚至站着听；党员干部统一身着“孙庄加油”标语的服装，主人翁的自豪感扑面而来；秦倩的微信公众号“河洛赤子”，记录了在村里每天的所见所闻，影响激励了一批青年。全村上下形成了和谐、淳朴、积极向上的村风民风。

孙庄百姓的"亲闺女"

"闺女来了，闺女来了！昨晚做梦俺还梦见你哩。""大娘您这两天身体咋样？家里吃的用的有啥缺的没有？""我身体可好，谢谢俺亲闺女挂念，家里不缺啥，上次你送的米、面、油都还没用完哩，就是两天不见你，心里想得慌，快，咱娘俩好好唠唠，这是俺烙的菜馍，咱俩一块吃。""大娘，我就是过来看看你，吃过饭了，家里缺啥了就跟我说。"

这一幕，常常在秦倩入户走访时出现，已记不清是多少次了。奋斗的青春最美丽，扎根农村做一名实干家，用奉献燃烧青春，她被大娘们亲切地称为"闺女书记"，无愧于一名共产党员的庄严承诺。

村民们对秦倩的称呼也是多种多样，大娘们叫她亲闺女，孩子们有的叫姐姐，有的叫姑姑，还有的叫"姑奶"……

各种称呼，体现的是父老乡亲对她浓浓的感激，这背后是她的真心付出。

每次去看脑瘫病儿孙俊豪，秦倩都会先给他洗脸、洗手再喂饭。一天，智商只有1岁、平时不会说话的小俊豪，突然张口喊了一声"妈妈"，秦倩吓了一跳，眼泪哗哗地流了下来。对于一个未婚女孩，这一声妈妈是何等的信任和珍贵啊！

看到9岁的留守儿童孙根和奶奶相依为命，秦倩就把自己家的玩具娃娃送给了小姑娘；大学生孙梦雅爸爸因车祸去世，母亲患有心脏病，弟弟妹妹都在上高中，家庭所有重担都落在了她的肩上，秦倩帮助落实了三姐弟的学费，帮其母亲找到了工作，让一家的生活有了保障；村里只要有黑白喜事，秦倩是第一个去的；她还经常拿着菜到老百姓家为他们做饭，走的时候偷偷放下100元钱；每周都抽出时间陪眼疾病人孙红生聊家常，一有空就和孤儿梁梦雨小姑娘晚上抓知了卖钱……

/ 秦倩慰问孙庄村留守儿童

为打赢脱贫攻坚战，秦倩常年奋战在脱贫一线，她拼尽全力想尽办法一心为民，把青春、热血、精力奉献给了她深爱的孙庄村，自己至今还未成家。长期超负荷工作使她身体素质严重下降，四次累病在工作岗位，在为村里运送农副产品时还遭遇了一次车祸。

那是在村里大力发展“互联网 +”产业时，随着订单源源不断飞来，秦倩更加忙碌了。原本就时常劳累到深夜的她，越是到产品销售旺季，越拼命地工作。2017 年底，她联系了郑州一个单位 3 000 份的团购订单，由于对方要货比较急，必须在第二天送到郑州，可夜里突降的一场暴雪封了高速。为了履行对客户的承诺，秦倩连夜带着三个驻村队员，冒着大雪赶路。可没想到因路面结冰，道路太滑，车辆失控，直接撞到了前方的大巴车上。玻璃破碎，车头变形，秦倩和另一个驻村队员被死死困在驾驶室里，幸好得到了及时救援。

孙庄村的显著变化和扶贫成效得到全国各地的广泛关注，先后有 40 多个兄弟省、市、县、村派人到村里参观考察。孙庄脱贫模式被《人民日报》、新华社、《中国青年报》等主流媒体广泛报道。秦倩也多次受到省委主要领导接见，多次代表全省驻村第一书记发言，并多次为机关干部、党校培训班等做扶贫报告。生在豫剧之乡的村民们不知道如何表达感动，只是自发创作了一部名叫《扶贫书记秦倩》的戏曲，广为传播：“我的名字叫秦倩，家住河南驻马店；外国留学三年整，回国考上公务员……”

2017 年、2018 年，秦倩连续两年被推荐为河南省全国脱贫攻坚奖候选人，获得全国巾帼建功标兵、“最美奋斗者”、河南省脱贫攻坚奖、河南省五一劳动奖章、河南省脱贫攻坚青春榜样、河南省巾帼建功标兵、2017 年度十大扶贫人物提名奖、河南省科技助力精准扶贫优秀个人等荣誉。

面对一切荣誉，秦倩在驻村日记中写道：“来村之前和来村之后，不变的是责任，是情怀，是忠诚与担当；变的是作风、阅历与能力……投身农村广阔天地，扎根基层做一名实干家，在老百姓的柴米油盐中实现人生价值！”是啊，青春不息，奋斗不止，奋斗的青春最美丽！

（供稿、照片提供：河南省扶贫办　修编：周艳）

秦永刚，中共党员，南疆军区政治工作部群工联络处处长。他把脱贫攻坚作为政治责任，指导部队定点帮扶 67 个深度贫困村、1 775 户贫困户，其中 22 个村、1 011 户已实现脱贫。他组织援建 100 个支部会议室、100 个党员活动室；他帮扶发展 89 个爱民巴扎、惠民大棚、富民作坊；协调地方联合开展服装、机电、种植等实用技能培训 60 余期。他创新提出“扶一校、帮一班、助一生”的助学模式，先后为 102 所共建学校赠送 105 万元教学器材，安排 204 名官兵担任校外辅导员，资助 5 100 多名贫困学生。

做能打胜仗的“兵巴郎”

南疆，集少数民族聚居区、高原荒漠边疆区、集中连片贫困区于一体，是全国“三区三州”中最贫困的地方。恶劣的自然条件使得南疆农业成为典型的弱质产业，南疆成为脱贫致富难度最大的地区，仍有为数不少的农村人口仅仅解决温饱。从 2013 年开始，秦永刚牵头负责南疆军区扶贫工作，截至 2019 年 9 月，南疆军区重点帮扶的 67 个深度贫困村已有 22 个脱贫摘帽，结对帮扶的 1 775 户贫困户已有 1 011 户“挂账销号”。

“兵巴郎”是这样叫起来的

2013 年，秦永刚调任南疆军区政治工作部群工联络处干事，首先面对的就是这么一串数字：辖区 33 个县有 22 个是国家级贫困县，新疆 3 209 个贫困村南疆占了 86%。感触之余，秦永刚暗暗给自己定下让共建村群众与全国人民一道奔小康的目标。

接下来的几个月，他先后走访调研辖区 53 个贫困村、356 户贫困户，掌握第一手资料。7 年前的那个冬天，秦永刚第一次推开疏勒县阿热硝村阿伍提大叔家的门，那是一幅何等令人心酸的景象：低矮的土坯房勉强能直起腰，阿伍提大叔蜷缩在露出棉絮的短被里，火炉里牛粪干闪着微弱的光，屋里气味刺鼻，土墙黢黑透风。阿伍提大叔没有什么经济来源，连起码的温饱也要靠村委会救济。

一连几天，大叔家的那一幕一直在秦永刚的脑海翻腾。他下定决心，扶贫路就从帮

/ 66 岁的维吾尔族老大爷吐拉克·木明说：“感谢解放军，扶贫干部秦永刚亚克西！”

助阿伍提大叔走出困境开始！

“咱当兵的，说干就干。”在大叔惊愕的眼神中，秦永刚把从巴扎上买的 5 只羊羔和 3 笼鸡苗交给大叔，还和懂养殖技术的官兵一起，从科学配料到合理养殖，手把手教、脚跟脚带，让阿伍提大叔燃起了生活的新希望。为了让大叔彻底打一个翻身仗，秦永刚又筹集资金，帮他搞起了蔬菜种植。功夫不负有心人，大叔不仅摘掉了穷帽子，还成了小康户。乡亲们一提到秦永刚，阿伍提大叔便说：“我家的兵巴郎，亚克西！”“兵巴郎”就是兵儿子的意思。

秦永刚在调研中发现，像阿伍提大叔这样的贫困户，主要是缺资金没技术造成的，而当地长期存在很多错误观念，则是更值得重视的致贫原因。有的认为多生孩子好挣钱，家族大了不受欺，一些村民家庭生了 3 胎甚至多胎，结果越生家里越穷，越生负担越重；有的村子积贫已久，村民对贫穷习以为常，对致富没有信心、缺少勇气；还有的村子，村民穷惯了、等惯了，觉得邻里之间都差不多，不思进取，安于现状，得过且过，缺乏对美好生活的向往……

为了纠治观念落后这个核心病灶，秦永刚向军区首长提出建议，就是从封闭僵化的思想观念入手，解除精神禁锢、打破思维枷锁，像戈壁垦荒那样帮助南疆各族群众换掉“穷脑筋”。

在他的推动下，全区部队先后组织 32 支工作队和 233 个理论宣传小组，走访群众 2 300 余户，宣讲 450 余场。从党的十八大到党的十九大，从复兴蓝图到小康梦想，把党的声音传进千家万户、送到田间炕头，让各族群众都明白一个理：雄鹰高飞离不开翅膀，跟着党中央、习主席，幸福生活就有方向。

闲暇时间，大部分村民要么凑在一起晒太阳、侃大山，要么三五成群聚在阴凉处打扑克、喝小酒，就是不愿外出学技术、打短工，挣钱补贴家用。在更多的偏远乡村，男的不想劳动，女的不愿上学，无视现代文明，抵触新鲜事物，更别谈融入现代生活了。

/ 秦永刚在给孩子们讲课

知识是脱贫的“金钥匙”。秦永刚认为，在民族地区、边疆地区开展双拥工作，一定要有长远的眼光，把青少年的培育作为一项战略工程，既要办好今天的事情，更要播下明天的种子，托起未来的希望。他最看不得的就是孩子们因为贫困上不起学。在他看来，南疆助学兴教不单是提高文化素质的问题，更重要的是抓住“下一代”。

2015 年，维吾尔族小学生玉山江的父亲患上了偏瘫，家里丧失劳动力，仅靠低保维持生活。眼看成绩优秀的玉山江就要因贫辍学，秦永刚心疼不已，立即送去治病的药品和生活用品，还协调驻军医院为他父亲定期诊疗。为了让玉山江安心在学校读书，秦永刚又协调玉山江所在学校为他提供困难助学金，并联系县政府为他家进行经济援助。如今，玉山江的家庭条件得到明显改善，他的学习成绩也越来越好，参军入伍成为玉山江最大的梦想。

为了从根本上解决孩子的上学问题，秦永刚指导部队采取“1+1”和“大手拉小手”的方式，持续开展“扶一校、帮一班、助一生”活动，为共建的 102 所学校、幼儿园赠送 105 万元教学器材，安排 204 名官兵担任校外辅导员，组织官兵共资助 5 100 多名贫困生，帮助 36 名辍学儿童重返校园。目前，被资助学生中已有 37 人完成大学学业，主动投身到家乡的致富建设之中。

“授鱼”不如“授渔”

方向明确了，方法更要管用。部队参与脱贫攻坚，如何用好优势、精准发力，真正扶到点子上、帮出效果来，是秦永刚一直思考和探索的问题。

和田县罕艾日克乡然巴勒村党支部，曾给人这样的印象：组织软弱涣散，抓不了发

/ 秦永刚帮助疏勒县巴仁乡阿热硝村群众建设的养鸡场

/ 秦永刚帮助疏勒县巴仁乡阿热硝村修建的温室大棚

展，治不住歪风，聚不起人心。火车快不快，全靠车头带。深入了解后，秦永刚开始致力于把帮建村支部作为凝魂聚气的基础工程紧抓不放，在边疆民族地区打造坚强的战斗堡垒。

“群众要致富，关键看支部；村民人心齐，还得看书记。”2014 年，秦永刚与和田军分区的同志一道，蹲在村里一边手把手帮着建强党组织、规范组织生活，一边谋致富。开展“党旗举起来、党章学起来、党纪严起来、党徽戴起来”活动，筹建多功能“党员之家”，组织部队优秀党员与村民党员结对搞帮带、共同上党课、定期过党日、及时抓培训等一系列工作。很快，支委和党员精神面貌好了，工作热情高了。同时，他还协调军分区为村里修建温室大棚，安排种植骨干指导村民学习农业技术。不久，全村的收入就有了大幅度提高，年底就实现了全村整体脱贫。

有了这样的成功经验和示范带动，秦永刚乘势而为，指导部队广泛与共建村党支部挂钩帮建，累计举办党务知识学习班 400 多期，培训 6 000 多人次，给每名支委送去维语版《党支部工作手册》《民族村党务工作难题 100 例》等书籍，帮助修订完善了党支部议事规则和工作流程图。还协调 156 名村支部正副书记到部队观摩学习，推荐优秀复转军人进村“两委”班子，每年输送 500 多名退役士兵留疆任干，为基层党组织保稳定、谋发展、带致富注入了强大动力。

长期扶贫，秦永刚也有过尴尬。一次慰问，看着部队送来的种羊和米面，老乡竟问能不能再送桶油，这样就可以做抓饭了。这件事对秦永刚触动很大，也让他下决心改变这种状况，不能再让“扶贫羊”变成“餐桌羊”、“慰问金”变成“首饰金”。

“授鱼”不如“授渔”。深入调研后秦永刚了解到，驻地群众不缺力气缺技术，大棚建了不会种，工厂进了不会干，果子熟了不会销，这才是脱贫的瓶颈。于是，他多方协调，指导部队按照“培训一波、就业一批、脱贫一片”的思路，与地方联合开展服装剪裁、机械维修、果蔬种植等 5 大类 17 项实用技能培训，先后帮助 1 200 多人掌握一技之长走上就业岗位，也帮助他们懂得了“只有努力才能改变，只要努力就能改变”。

“是亲人解放军帮我们摘掉了贫困帽子，我们永远是一家人！”提起秦永刚，阿伍提就倍感亲切。年迈的阿伍提原本生活贫困，秦永刚协调县里为他送来羊羔和鸡苗，又专门安排部队懂养殖技术的官兵教授养殖技术。

要想脱贫光养羊和鸡还不够。秦永刚又帮阿伍提搞蔬菜种植，那段时间他白天忙单位业务，晚上加班加点查资料、学技术，一有休息时间还帮着下地干活。蔬菜要上市了，秦永刚又联系菜商和饭店找销路，仅一年时间，阿伍提就脱了贫。

“南疆地广人稀，环境条件差，光靠大型产业集中促进就业增收并不现实。”秦永刚把目光瞄准合作经济和庭院经济，指导部队共建，一大批便民巴扎、爱民大棚、富民作坊相继建成交付。这样一来，部队好帮扶易投资，群众收益稳致富快。

听说麦盖提县央塔克乡村民艾合买提开办了东方红养殖合作社，秦永刚又专程前往考察协商，组织 133 户贫困户以部队所送扶贫羊入股，每年返利 2 000 元，5 年返还入股羊，既解放了劳动力，又保证贫困户能够多路增收。

在秦永刚的大力推动下，这些年，南疆部队利用自身优势和需求，不断探索扶贫新路：部队工程建设，要求施工方 70% 的非技术劳务用工从本地贫困户中招收；安排贫困户担任护边员，每月发放政府补贴 2 600 元，既可以稳定边防又能够稳定脱贫。

“攻坚”重在解难

“我们部队只有真心为驻地群众解难题、送温暖，才能军地一道打赢这场脱贫攻坚战。”秦永刚觉得，脱贫的直接受益者虽然是老乡个人，但提升的是整个地区的生活水平，因此“统一思想很重要”。

手拉手、心贴心、亲上亲。2016 年以来，驻疆部队以维护民族团结、聚力脱贫攻坚为根本，深入开展“民族团结一家亲”活动。

秦永刚发现贫困家庭的贫困现状基本一样，但致贫根子各有不同，依靠一套方案、一项举措根本无法实现全体脱贫。他指导部队对贫困户挨家摸排，逐个分析，摸清原因，找准根源，一户一策制定方案，每家每户建档立卡，区分类别、因人施策，提高了扶贫的精准性。

秦永刚主动与疏勒县巴仁乡阿热硝村维吾尔族贫困群众吾麦尔一家结成亲戚，这一结，就像血溶于水一样分不开了。

吾麦尔的两个孩子高中毕业后一直在家待业，日子过得紧巴巴，村子里提倡的增收项目他都没心思参加。秦永刚看在眼里急在心里，主动协调保安公司和职业技术学校，安排儿子吾斯曼江到村警务室工作，又安排女儿热孜亚到一家蛋糕店打工，有了稳定的收入，家里的负担一下子减轻了。

2018 年 5 月的一天，吾麦尔的儿子突遭车祸，得知消息后，秦永刚火速赶往医院探望，向医护人员详细了解伤情，电话咨询部队医院专家，与主治医生共同研究制定最佳方案，办妥住院手续。临走时，他又硬塞给吾麦尔 2 000 元。

“多亏了秦永刚，我家生活才越来越好。他是我家‘老亲戚’。”2019 年春节，秦永刚一家四口受邀到吾麦尔家过年，看到喜庆的春联和热腾腾的饺子，两家人热情相拥，那一刻，他真切感受到了跨越民族的鱼水深情。

这样的事还有很多，只要群众有困难，秦永刚都会尽力帮助。53 岁的残疾人木合塔尔仅靠一辆电动车搞营运支撑家庭，但牌照只能在郊外使用，非常不方便，他知道后，反复协调民政局、残联办理了市区牌照，了了木合塔尔多年的心愿。2019 年初，秦永刚了解到阿热硝村有 3 个五保户没钱买农资，会影响春播生产，当时刚做完膝盖积液手术的他立即让家属拿出 1 000 元送到他们手中。新型农村合作医疗全面开始后，他又拿出 1 000 多元，帮助 5 户困难群众顺利参加了新农合，解决了他们的看病难题。

在秦永刚的带动下，驻南疆部队医疗系统广泛兴起“送温暖、献爱心”活动，先后为共建村代培医务人员 627 名，减免医疗、药品费用 100 余万元，惠及各族群众 23 万人次；陆军第 947、950 医院利用“学雷锋月”为驻地群众免费体检、建立健康档案，让各族群众真切感受到党的关怀温暖，感受到子弟兵的深情厚谊。

秦永刚还在南疆范围内倡导“认亲活动三个交接”：每逢干部调转，都要带上继任干部到村里“走亲戚”，交接帮扶对象；每逢老兵退伍，都要带上留队战友到学校“看孩子”，交接资助学生；每逢军医变动，都要带上后来同志到每家“认认门”，交接健康档案。

亲戚越走越亲，心灵越贴越紧。如今，每逢“八一”、“十一”、新兵入伍、老兵退伍，群众都会到部队慰问；每有儿女婚嫁、生子升学，都会邀请官兵共同庆贺；每年瓜果丰收，都会大筐小筐送到营区让官兵尝一尝……

“真心帮群众，他们就会把你当亲人！”秦永刚说，“每次到共建村，老乡们都争着往家里拽，再苦再累，也值了！”

能打胜仗的军队，一定也是在精准脱贫攻坚战中冲锋在前的军队。在南疆这条扶贫道路上，秦永刚正铆足了劲儿，继续为村民们描绘致富蓝图，按照党中央、中央军委指示精神，指导部队抓好“精准扶贫工程”，防止脱贫户“返贫”，打通南疆地区脱贫攻坚战的“最后一公里”。

（供稿：南疆军区政治工作部　修编：顾勇华　照片提供：朱亚）

秦振邦，宁夏回族自治区固原市西吉县偏城乡涵江村第一书记。曾获宁夏回族自治区第二轮驻村帮扶工作先进个人等荣誉，入选中国好人榜。担任驻村第一书记以来，他敬业奉献、履职尽责，创新工作方式方法。通过争取金融扶贫贷款、养殖示范村、闽宁协作等项目，带领全村贫困户调整粮饲种植比例，改良肉牛品种，发展肉牛养殖。2019 年全村肉牛存栏量 751 头，增长了近 10 倍，农民人均可支配收入达到 8 250 元，贫困发生率由 2014 年的 34.99% 下降到 1.6%，全村群众稳定达到了“两不愁三保障”脱贫标准，涵江村成功甩掉了贫困村的帽子。

“烂泥滩”重生记

全国脱贫攻坚奖贡献奖

位于宁夏回族自治区固原市西吉县偏城乡的涵江村，还有另外一个名字——烂泥滩村。村如其名，2017 年前，这里还是十里八乡出了名的“烂村”。在当地流传着这样一个顺口溜：山田坡地多，山路穿村过，晴天走的扬尘路，雨天行的“水泥路”，到处都是土坯房，苦日子一眼望不到头的穷老百姓，墙根底下晒太阳。

如今的涵江村，村容整洁，村民精神奕奕，平坦宽阔的水泥村道穿村而过，设施齐全的村文化服务中心里休闲娱乐项目丰富多彩，装饰一新的红砖瓦房展现出一派幸福祥和的农家生活……。昔日的烂泥滩村获得了重生。说起现在的好日子，村民们总要提一句：“全靠俺们秦书记。”

/ 涵江村新貌

“只要好好干，一切都会改变”

秦书记名叫秦振邦，他是中国人民银行西吉县支行派到烂泥滩村的第一书记。

2017 年 3 月 2 日，西海固的早春，冷空气遮住了阳光的温度。秦振邦拿着任命文件，一大早便沿着颠簸起伏的路面，急匆匆地来到烂泥滩村。知道这个村子很穷，秦振邦早就有了心理准备。可当他踏进烂泥滩村时，村内的景象还是让他傻了眼。村民的住房都是 20 世纪七八十年代建的，土墙土院、蓝瓦屋顶，村庄寂静空旷，半天见不到一个人。

到了村委会，秦振邦更发愁了，迎接他的是大门上生了锈的锁。左等右等，等来了拿着钥匙开大门的村主任，可大门上的锁已经完全锈住了，没办法，只能拿一把斧头硬把锁劈开。院子里长着半人高的杂草，房檐下有着数不清的鸟窝。好不容易进了办公室，室内的景象更是让秦振邦哭笑不得。一张用砖头支着的瘸腿桌子，歪歪扭扭地靠在一边的墙上；掉了半边门的柜子里，别说是档案材料，连张白纸都没有。秦振邦靠了一下旁边的椅子，椅子背哐啷掉了下来，他一个没站稳，坐到了地上。秦振邦觉得郁闷：“唉！一个典型的‘空壳’村。这村子咋发展？带贫困群众脱贫的出路在哪儿?”

村主任看出了秦振邦的担忧，低声说：“秦书记，万事开头难，咱们齐心协力干，会有好转的。”秦振邦非常赞同：“好！既来之则安之。我也相信，只要好好干，一切都会改变。”

村主任从家里拿来了三节炉筒、三把椅子，在偏城街道赊了半袋煤炭、一个火炉。秦振邦的单位送来了一张床、两张办公桌、一台电脑、一台打印机、一部照相机。这样，驻村新家算是安好了。

烂泥滩村共 356 户，有能耐的人都走出大山谋生了，留下来的老年人、残疾人和缺少技能的人，只能面朝黄土背朝天地耕地务农。村里常住户 141 户，建档立卡贫困户就有 109 户。

安家就要安心。秦振邦领着村干部东家进西家出，3 天时间一户不落地拜访了村里常住的 141 户人家。知晓村情民意，他心中就有了带领大伙脱贫的计划。

时间短、任务重，工作压力大、有难度，四平八稳干工作，不会有起色。走访结束后，秦振邦组织召开全体村民大会，他立下“军令状”：“精准扶贫不养懒汉，大家要有发展的内生动力，不要只想着‘等靠要’。从今天开始，烂泥滩村要翻过旧的一页，开始新的一页。村里存在的问题逐步解决，按程序办事，按原则办事，脱贫攻坚不落一个人。”

台上的动员推心置腹，台下的议论不合节拍。“一个快要退休的人，能办啥事?”“我看也就是走过场、走形式。”有的村民站起来发声了：“秦书记，你说的这些话我们记下来。发展问题解决了，你是好样的；发展问题解决不了，你就是个溜嘴货，卷起铺

/ 秦振邦（右二）宣讲脱贫攻坚政策

盖卷走人！”

工作有难度，必须要知难而进。秦振邦给自己定下规矩，给村干部立了规矩。按照规定，驻村第一书记一个月驻村20天，但他决定每天都待在村里。白天开门办公，晚上值班坚守，工作制度上墙，工作责任到人，各项工作按时间节点推进。看着一丝不苟的老秦，乡亲们渐渐愿意亲近他了，门庭冷落的村部人也多了起来，沉寂的村庄有了喧闹声。

平时工作忙顾不上吃饭，秦振邦从县城买来方便面和馍馍存放起来，忙完工作就煮方便面、吃馍馍。馍馍存放的时间长了，表皮发霉，他还在吃，路过的村民看见了，笑话他：“你吃的那馍馍黄牛都不吃，你还吃啊。”“好着呢，能吃。”秦振邦心想，在基层一线工作，哪能想那么多，他想得最多的是发展的问题。

“我们村脱贫有底气”

2018年5月，村组道路要硬化，开工前就遇阻。“秦书记，我要告一状。路从我家地里过，坚决不允许，你要是不解决这个问题，我看你就是个只说不干的人。”75岁的苏生成听说自家连片的10亩耕地要被修路全占，心中很不满。秦振邦当即和施工方联系协调，重新测量，改道修路，保住了苏生成发展种植业的“家底”。

苏文福家的高房子既破又烂，影响村容村貌，还有安全隐患，但是他抵制拆除。秦振邦晓之以理动之以情，从发展的角度动员他拆掉破房建羊棚，苏文福答应了。村里18户人家也主动拆除旧院落，没有一人张口要一分钱，大家心里明白，这是造福桑梓的好事，没有理由不配合。

发展在创新中前行，脱贫在破阻中突围，烂泥滩村在新时代有了新气象。

发展产业是脱贫致富的治本之策。烂泥滩山地多，村民以种植小麦、马铃薯、玉米为主，靠天吃饭。天不下雨庄稼就长不起来，春旱秋涝的年份，颗粒无收是常有的事儿。短期育肥牛羊，收入稳定，牛羊养殖是一条脱贫致富的好路子，种植业结构调整要向发展养殖业倾斜，种的粮食作物够吃就行，剩下的土地多种饲草，保证牛羊有饲料。秦振邦结合村情，确定了三步走的计划。一是争取资金支持。除了用好财政扶贫资金，他多次跑银行协调扶贫小额信贷，累计发放 570 万元、户均 6.5 万元，让贫困户发展养殖业有了充足资本。二是争取项目支持。积极争取养殖示范村项目，组织群众家家户户种植饲草、建设青储池、腌制饲料，让贫困户发展养殖业有了饲草料保障。三是争取技术支持。邀请农业部门的养殖专家，在家门口办起培训班，改变传统养殖模式，引进改良养殖品种，让贫困户发展养殖业有了技术支撑。

起初，村里的建档立卡贫困户苏文川不愿意养："家里没牛、没棚、没草，我不想养。"听了这话，秦振邦鼓励他："脱贫不能掉队，没牛咱可以贷款买，没牛棚咱可以建，没草咱种上不就行了嘛。现在党的政策好，养牛、建棚、种草都有补贴，收益好着呢，亏不了你。"经过多次动员，苏文川动心了，不仅贷款建牛棚，还买了 4 头牛，第一年就挣了 1 万元。

建档立卡贫困户苏孝平一家人住在村子边缘的山坳里，遇到雨雪天，老人、孩子有病出不了门。种了几十亩山地，养着两头牛，苦干一年收入不到两万元。几个姐姐在新疆生活，日子过得好，她们动员弟弟到新疆去。春节过后，苏孝平决定举家搬迁，他要带着 83 岁的母亲和妻子、孩子去新疆发展。秦振邦知道后，在他家的土炕上住了两宿，给他算发展养殖业的账。不会算账的苏孝平心中有了"发展账本"，决定留下来。他贷款 5 万元，买基础母牛、建牛棚，开始发展养殖业。现在，牛棚里"添丁"，存栏 5 头基础母牛、4 头牛犊。"村里变化大，家里变化大，铁了心不走了。"苏孝平想好了，今后要多种草少种粮，一心一意发展养殖业，日子一定会越过越好。

/ 秦振邦（左一）查看农户肉牛养殖情况

听说家乡有变化，在新疆务工多年的苏维成和苏孝录也返回家乡谋发展。可一穷二白的烂泥滩村，出行难、办事难、上学难、看病难，样样都难。人回来了，要是基础设施跟不上，用不了几天，辛苦引回来的年轻人又要"逃走"了。为此，秦振邦带领村干部和群众整体规划村庄建设，全面推进完善公共服务和基础设施。村里先后建起了便民服务中心、幼儿园，组组修上了水泥路、安上了路灯，家家通上了自来水、装上了热水器，户户住上了安全房、接上了光纤宽带，义务教育、学前教育不落一娃，基本医疗保障不落一人。

/ 涵江村光伏扶贫电站

抱团发展，好事连连，闽宁协作的东风吹暖了村民的心。通过秦振邦的积极争取，涵江村被列为2017年“闽宁示范村”，闽宁对口扶贫协作资金注入100万元。村上建起扶贫车间，村上的留守妇女能在家门口务工增加收入。涵江区书画院捐赠10万元，给村里购置了办公设备。2019年，涵江村又被列为“闽宁示范村提升村”，注入资金60万购置农机具，成立农机合作社，村里的光伏扶贫电站也建成并网投运。“空壳村”的问题彻底解决，发展的底气更足了。“我们村脱贫有底气!”秦振邦兴奋地说。

2019年，全村养牛751头，户均养牛5头、人均1.8头，肉牛存栏量比过去增长了近10倍，成了远近闻名的养殖示范村。农民人均可支配收入达到8 250元，贫困发生率由2014年的34.99%下降到1.6%，涵江村成功甩掉了贫困村的帽子。

携妻驻村，老骥伏枥

扶贫一线倾心尽力，脱贫工作芝麻开花节节高，但秦振邦内心却有愧疚之情。2017年春节过后，妻子马玉峰因高血压、糖尿病引起并发症，视力下降得很快，看啥都模糊。医院检查结果吓坏了一家人：眼底大面积出血，黄斑水肿病变。医生让赶快做手术，要不然就会失明。

在入院治病的节骨眼上，秦振邦要到烂泥滩驻村扶贫，马玉峰一百个不愿意。“我退休4年了，身体不好。你年龄也大了，再工作两年也就退休了。孩子还在银川上班，咱们在家里带孙子不好吗，你跑下去图个啥？”“帮扶工作是大事，单位信任，咋能不去。我要干就要干好。”平日相敬如宾的夫妻为这事闹得有些不愉快。

驻村后，秦振邦常常一个月才回一趟家。到家后，灰头土脸，嘴皮干裂，鞋子、裤子上全是土，洗了衣服后倒头就睡。看到丈夫这么辛苦，马玉峰劝他悠着点，不要把自己累垮了。秦振邦安慰妻子：“你就当我在锻炼身体吧。”

马玉峰第一次在医院做手术，陪伴她的是儿子。之后又做了4次手术，因为儿子要上班，马玉峰只能自己照顾自己。出院后，马玉峰的视力只有0.1，一个人待在家里无人照顾。秦振邦想了一个两全之策，带上刚出院不久的妻子和家里的锅碗瓢盆，老两口一起住进了村里。刚开始，秦振邦边工作边照顾妻子，渐渐地，马玉峰熟悉了环境，尝试着走路、做饭、洗衣服，还把大家经常谈的惠民政策记在心中，当有群众上门时，她会耐心地讲解。

/ 秦振邦（中）协调解决村里修路占地问题

“真的不容易，感觉太辛苦了。条件这么艰苦，他还信心十足。现在理解他、支持他了。”做了一段时间“后勤部长”的马玉峰，对丈夫干扶贫工作的看法发生了逆转。

村民苏罕买感叹道：“村上变化这么大，这是俺们秦书记的功劳。秦书记驻村帮扶工作结束后要离开的话，真的舍不得。”

“真的舍不得。我舍不得大家，大家舍不得我。”秦振邦感同身受。

“新时代、新机遇、新使命，一代人有一代人的使命。”

“我们要实现的脱贫不是平均脱贫，而是一个贫困群众也不许落下的脱贫。”

“不是越过贫困线的暂时脱贫，而是要拔除穷根。”

…… ……

民情日记上记下的这些话语，是克服困难前行的动力。一名有着 33 年党龄的老党员，怎样站好最后一班岗？秦振邦的回答质朴中蕴含着温度：“我不是发号施令者，是实干的带头人。扶贫工作结束后，只要能交上一份满意的答卷就行。若干年后，当回过头来看看自己走过的路，问心无愧就行。”

秦振邦的扶贫工作结束后，也要退休了，但他放不下肩上的重担。深思熟虑之后，他郑重地向组织递交了申请：退休后，还要继续担任涵江村第一书记，决不辜负组织的重托，决不辜负群众的期望，下定决心带领全村群众奋力追赶着心中的美好愿景，实现小康梦、中国梦！

（供稿：宁夏回族自治区西吉县扶贫办　修编：张津津　照片提供：陈晓宁）

索南杰布，西藏自治区那曲市班戈县保吉乡党委书记。在班戈县保吉乡工作5年来，他遍访全乡183户建档立卡贫困户。成立了乡脱贫攻坚指挥部，全乡56名干部联系包户全覆盖。组织对7个行政村、39个自然组在基础设施和公共服务方面存在的薄弱环节进行排查整改，新建安全饮水井101口（眼），农村基础设施水平大幅度提升。他组织乡政府与各村签订了《劳动力转移就业责任书》等，2017年以来，全乡共组织劳务输出940余人次，两年转移就业收入453.8万元。班戈县保吉乡已实现7个贫困村摘帽，183户674人稳定脱贫，全乡如期实现脱贫摘帽。

做牧民的“暖心人”

2007年7月，索南杰布从湖南省长沙市环保学院毕业后，回到了生他养他的那曲，成了班戈县一名基层干部。从那时起，他便将自己的人和心都深深扎在了班戈，这一扎就是12年。

“我一定要回到家乡去！”

35年前，索南杰布出生在那曲市比如县一个普通的牧民家庭，从小成绩优异的索南杰布就成了家里的希望。那时候，他听得最多的一句话就是：“索南杰布，你要好好学习，长大以后到大城市里去。”

索南杰布却不这样想：“我是那曲人，我爱我的家乡，等我长大了一定要回来建设她。”带着这样的想法，在校期间，索南杰布除了学习专业知识，思考最多的就是如何发展家乡，如何建设家乡。毕业那年，他背着家人，偷偷考取了公务员，成了班戈县保吉乡一名普通科员。

去单位报到的前一天，索南杰布知道这事儿再也瞒不住了，他将自己要去乡镇当科员的消息告诉了父母，父母听到后一下子火了。“我们辛辛苦苦供你上学，不是为了让你又回到这个穷地方，你小时候我们跟你说的话你是不是都忘了。”看着母亲失望的眼神，索南杰布心里很不是滋味。但他心底里建设家乡的信念不会变，他相信，总有一天父母会理解并支持他的决定。收拾好简单的行囊，索南杰布来到了保吉乡。

/ 索南杰布在热她村参加党支部活动

保吉乡地处藏北高原那曲市班戈县西南，是那曲市班戈县面积最小、人口最少的乡镇。全乡总面积 2 060 平方公里，下辖 7 个行政村，总人口 551 户 2 191 人。全乡地广人稀、地形复杂、气候恶劣，平均海拔 4 780 米，部分行政村海拔在 5 000 米以上，年平均气温零下 5 摄氏度以下，属典型的纯牧业乡和极高、极寒、极偏远地区，是全市乃至全区贫困程度最深、扶贫成本最高、脱贫难度大的乡镇之一，也是全区脱贫攻坚中的坚中之坚、贫中之贫、困中之困、难中之难的乡镇之一。

年轻人总有一股迎难而上的劲头。出于对家乡的热爱和对牧民那特有的感情，索南杰布在保吉乡工作了五年，全程参与了从精准扶贫到全乡脱贫摘帽始终，切实扛起了作为书记的第一责任，不折不扣地落实精准扶贫方略，针对乡里贫困现状，主攻薄弱环节，确保保吉乡能够如期实现脱贫摘帽。

精准扶贫工作开展以来，索南杰布深刻认识到，脱贫攻坚是一项重大的政治任务，是最大的民生工程和难得的发展机遇。2016 年以来，他认真履行脱贫攻坚第一责任人责任，切实将各项工作做实做细。在具体工作中拟定了多项工作措施，并在各级党委政府的有力指导下，在严格落实各项扶贫政策的基础上，不折不扣地加以落实，确保全乡精准扶贫工作能够取得实实在在的成效。

时刻不忘牧民苦，千方百计解民忧

从小生在牧区、长在牧区的索南杰布深知牧区群众的苦。在担任保吉乡党委书记的几年时间里，索南杰布遍访了全乡每家每户。每到一村一户，他都要仔细查看牧民粮食储备情况、家庭生活情况，详细询问牛羊养殖数量、粮食能否够吃，一年能卖几头牦牛、几只羊，价钱怎样，对现在的生活是否满意等，事关村民生产生活的每一个细节无一不仔细询问。特别是在找准致贫原因上，他认真听取村民对改变贫困面貌提出的意见和建议，并一一分析致贫原因，帮助贫困村找准发展路子，指导贫困户摸准致富门路，引导群众自力更生，靠自己的双手勤劳致富。通过实实在在的扶贫成效来赢得群众的信任和支持。

在索南杰布看来，基层脱贫攻坚最重要的是认真理清发展思路。按照“巩固成果稳乡、生态牧业立乡、文化教育兴乡”这一思路，他带领全乡干部以牧区改革为契机，以“千言万语说脱贫、千方百计抓脱贫、千辛万苦帮脱贫”的“三千精神”为指导，进一步核准扶贫对象，找实致贫原因，摸清帮扶需求，落实帮扶措施。通过社会帮扶，支持贫困户以草场、牲畜、劳动力和资金等多元素入股，实现了全乡建档立卡贫困户 183 户 674 人全部双重参合的目标。同时，通过牧业养殖基地、茶馆餐饮、施工机械及组建牧民施工队、畜产品加工销售等渠道，为贫困群众打造就业平台，增加牧民群众收入。

打赢脱贫攻坚战，一支坚强有力的扶贫队伍必不可少。在明确党委书记、乡长主要职责的基础上，索南杰布指定 13 名乡班子成员分包 7 个村居，全乡 56 名干部联系包户全覆盖。为解决群众不了解扶贫政策的问题，他制作了扶贫知识手册（藏语版），在群众中广泛开展自学和集中宣讲。

/ 索南杰布向群众宣讲扶贫政策

为了压实帮扶干部的结对帮扶力度，索南杰布在全乡确定了包村干部 21 人、包片干部 18 人。并以“文字认人、照片识人”的方式，进一步细化了乡各部门及人员职责分工，确保脱贫攻坚工作分工详细、责任明确。

在同事眼中，索南杰布是一个非常注重学习的人。工作期间，他经常深入村（居）开展脱贫攻坚调查研究，并虚心学习外地脱贫攻坚先进经验，进行对比分析研究，有针对性地解决实际问题。

走访过程中，索南杰布发现保吉乡群众脱贫面临的主要问题是群众脱贫意识差，掌握的技能少，就业创业途径少。

为此，索南杰布提出了一系列有针对性的措施。他带领全乡扶贫干部健全工作措施，带头践行表率。完善了《贫困群众增收机制》，并以此作为贫困户申报产业项目，帮助寻找增收渠道的有力依据；通过逐村逐户量身定制产业发展计划，以抓牧业壮大传统产业为主，培育和壮大牧民专业合作社等畜牧业经营主体。为充分发挥党员的模范带头作用，索南杰布带头践行“三抓三定”推进脱贫攻坚工作，即抓党建促进脱贫攻坚工作、抓牧业推动脱贫攻坚工作、抓安全生产保障脱贫攻坚工作，定党员带贫困户、定致富能人带贫困户、定户长带贫困户。为提升牧区群众知识和技能培训，他从县里请来了老师，开办技能夜校，将办公桌搬到大草原，对贫困劳动力进行有针对性的培训，用群众最容易接受的方式教授群众技能，并发挥党员带动作用，引导群众转变观念，主动脱贫。推出党建工作“三带三聚”措施，即党委带、支部带、党员带，聚初心、聚民心、聚爱心。乡党委坚持以“党建引领、服务社会、凝心聚力、创新发展”为宗旨，针对全乡发展中面临的新情况、新问题，通过推行凝聚党心，促党员作用发挥，集聚资源，促社会和谐稳定，凝心聚力，着力加强党对各项工作的绝对领导，通过树立典型，让群众更直观地接触脱贫攻坚，全员参与脱贫攻坚，切实感受到党中央的政策好，既密切了干群关系，又为乡里脱贫攻坚工作的健康发展提供了保障。

一系列措施实施下来，群众的生产技能提升了，“靠自己的双手脱贫致富”的劲头越来越足了。

贫困群众想干，索南杰布就想方设法为他们铺路。几年来，他始终紧盯减贫目标任务，在抓好产业、就业扶贫的同时，加强基础设施建设和农村危房改造，确保贫困群众在稳定增收的基础上有更好的生活环境。他积极鼓励支持“一乡一社”“一村一合”，如今各村均已组成利益共同体，确保脱贫攻坚后劲不松。在他的努力下，全乡各村庄的基础设施建设水平有了很大程度提升。目前，通村公路通畅率、村（居）通信覆盖率、通邮率均达到 100%，群众安全饮水达到 100%，网络覆盖率达到 60% 以上。组织贫困劳动力劳务输出 940 余人次，转移就业收入 453.8 万元。

经过几年的努力，保吉乡实现 183 户 674 人稳定脱贫，7 个贫困村退出，全乡 674 名脱贫群众均实现了“两不愁三保障”的目标。

雪域高原甘奉献，脚踏实地谋发展

“杰布书记是党给我们派来的好书记，要是没有他的帮助，我们家哪能过上现在的好日子。”说起索南杰布对自己家的帮助，贫困户索朗玉杰红了眼圈。

索朗玉杰是保吉乡扎嘎村平庆组一名普普通通的牧民，家有三口人，由于没有技术，一家人的生活全靠家中几十只羊的收入来维持。几年前，为了改变家中的生活状况，索朗玉杰开了家小店。本想小店生意好了，家里的日子就好过了。可没想到，由于缺乏技术和管理经验，一年时间小店就赔了好几万元，一家人的生活一下陷入困境。

2015 年，索朗玉杰家被认定为建档立卡贫困户。索南杰布到索朗玉杰家走访时了解到，索朗玉杰有学习汽车修理技术的想法，便立刻去当地的培训中心进行协调。“贫困户想要学习技术，靠自己的能力脱贫致富是好事，必须要支持。”

在索南杰布的帮助和教育引导下，索朗玉杰积极参加汽车修理技能培训，熟练掌握了汽车修理技能，在乡政府旁边开设一间汽车修理店。2016 年以来，修理店收入达到了 133 842 元，2018 年还被评为乡优秀脱贫户，并鼓励他扩大汽车修理点，带动其他

/ 索南杰布（中）积极参与高海拔种树活动

/ 索南杰布（左）看望因病致贫牧民群众

贫困劳动力就业。目前，索朗玉杰已经成为扎嘎村的致富带头人，招收村内其他有意愿从事汽车修理的贫困群众，主动教授他们修理技术，带动更多的人增收致富。

作为一名基层干部，索南杰布深知当地民风的淳朴和生活的不易。因此，他怀着一颗誓要改变家乡面貌的决心、帮助贫困群众脱贫致富的初心和打赢脱贫攻坚战的决心，全身心投入到扶贫工作中。在工作任务最紧、最忙时，他都会亲自到各村检查指导工作，只要工作需要，无论再累或者时间再晚，都不会有丝毫懈怠。在索南杰布眼里，党员既是一种身份，又代表着一种责任，凡事必须要走在前面，发挥模范带头作用。几年来，双休日、节假日，他从来都没正常休息过。他的爱人在县里工作，虽然从县城到乡里只有 60 公里路程，但因为平时工作忙，有时他们甚至两个月见不了一次面。老人孝敬不了，家庭照顾不到，为此他感到十分愧疚，但他从来不后悔。他说，乡镇工作必须要直接面对群众，只有深入群众、了解群众，才能把工作干好。

在发展畜牧主导产业，促进牧民群众致富增收的同时，索南杰布认为还要下大力气抓好生态文化旅游工作。保吉乡地理位置偏僻，为了让更多的人知道保吉、了解保吉，打造保吉品牌效应，利于保吉乡的发展，特意制作了由索南杰布自己作词的乡歌《故乡保吉》，歌曲注入了索南杰布多年来对保吉这片土地的热爱和对牧民群众的深厚感情。歌曲一经播出，立刻引起了人们对保吉乡的关注，提升了“加南曲加”这一保吉乡主导品牌的影响力，使保吉乡的畜产品在内地市场能够有一席之地，打出了保吉乡的品牌效应。2018 年，在索南杰布的带领下，保吉乡顺利实现了整乡脱贫摘帽。

作为一名乡镇党委书记，索南杰布把他全部汗水都洒向了基层发展事业，把全部爱心都给了农牧民群众，把“为人民服务”在实际工作中展开延伸，把群众植根于心中，他用自己的实际行动，为保吉的脱贫攻坚事业努力奋斗。

（供稿、照片提供：西藏自治区扶贫办　修编：张津津）

高燕梅，甘肃省甘南藏族自治州卫计委党委委员、副主任（挂职）。曾获天津市担当作为先进典型、天津市五一劳动奖章、天津市三八红旗手、甘肃省脱贫攻坚先进个人、甘肃省最美人物、甘南州巾帼建功先进个人等荣誉。2016 年 7 月作为天津市第二批援甘干部到甘南挂职。3 年来，针对当地医疗条件落后的现状，她以“人才扶智带动医疗扶贫”，采取“组团式 + 院包科”的帮扶模式，极大地缓解了当地群众“看病难”问题，最大限度地解决了当地群众因病致贫、因病返贫问题。

高原脱贫攻坚路上最美的格桑花

甘肃省甘南藏族自治州是全国 10 个藏族自治州之一，地处青藏高原东北边缘，总面积 4.5 万平方公里，平均海拔 3 000 米，年平均温度 1.7 摄氏度，总人口 72.02 万，其中藏族人口占 54.2%。被列入国家“三区三州”深度贫困地区，是四省藏区扶贫攻坚的重点片区，也是甘肃省扶贫攻坚的主战场。受高原气候影响，甘南藏族自治州医疗资源匮乏，是甘肃省 14 个市州中唯一没有三级医院的地区。群众就医难问题十分突出，严重制约了脱贫攻坚工作的顺利推进。

妇联“娘家人”跨界与健康扶贫结缘

高燕梅出生在大连。工作后，一位曾在西藏挂职的团市委干部，给她讲了挂职的经历以及涤荡心灵的美景，让她对藏区充满了向往。去藏区工作成了她 20 多岁时内心深处的梦想。

2016 年 5 月的一天，区妇联领导找到她，说天津市委组织部正在遴选去甘肃藏区挂职的干部，期限 3 年，你符合条件。听到这个消息，她当时就报了名。妇联领导说：“你是个女同志，3 年，你受得了吗？”“女同志怎么了，女同志就不能到扶贫攻坚一线去当突击队员了？”她向领导表态：“只要让我去，我一定把工作做好，不给河东干部丢脸。”终于，年轻时的梦想实现了，她也成为天津市河东区第一个派出去挂职的女干部。

2016 年 7 月 29 日，高燕梅来到了甘肃省甘南藏族自治州卫计委（现为卫健委）

/ 高燕梅在甘南

挂职党委委员、副主任。来到藏区的第一天，就和甘南州卫计委主任见了面，热烈寒暄后，她隐隐约约感觉，对方的想法是“怎么派了个女同志来呢?”还是那句话，女同志怎么了？骨子里有着不服输的那么一股子劲的高燕梅，从踏上甘南州的第一天，就下定决心，要利用这 3 年时间干些什么，证明女同志在急难险重的工作中也能抵得上半边天。

一天，高燕梅坐出租车去办事，当地师傅一听是外地口音，就问她：“你是来旅游的?”“不是，我是天津来帮扶的。”“你在哪个单位帮扶?”“我在州卫计委帮扶。”一听说她在州卫计委帮扶，司机师傅立马打开了话匣子，因为胸痛，这位师傅曾到州上唯一的人民医院看病。医院的大夫没给做任何检查，手一挥：“没事，回去找个门框做做引体向上。”结果，越做越严重。他用手机上网查了一下，好像和气胸的症状相似，没办法，只能驱车 3 个小时，到兰州的大医院进行了治疗，最终确诊为气胸。去兰州光过路费和油费就花了 500 多元，还没算上治疗费。司机师傅给她上了第一课。

州卫计委的同事在跟她聊天的时候，给她讲了一个趣事：一位州领导到州人民医院调研工作，一走进门诊大厅，迎面看到的是寥寥几个病人在挂号，但是却闻到了浓重的厕所异味。这位领导转头对州卫计委和医院的领导说：“治病需要大夫有职称，难道打扫厕所也需要有职称的人员吗?”机关干部给她上了第二课。

2017 年 3 月，州委书记到州卫计委调研，总结了甘南州医疗卫生的现状：自然条件艰苦，挑战生存的底线；生活习惯落后，挑战健康的底线；医疗人才缺失，挑战生命的底线；管理人才缺失，挑战医疗机构的底线；医患矛盾频发，挑战道德的底线；办法措施不多，挑战发展的底线。州委书记给她上了第三课。找到了问题的总开关，她琢磨着帮扶工作就从州人民医院下手吧。

卫生“门外汉”搭桥与天津医疗牵手

从“有想法”到“有办法”，再到真正实施，作为一名卫生工作的“门外汉”，高燕梅走了一条艰苦但又充满温暖的路。甘南州政府专门出具了《关于请求天津市帮扶甘南州人民医院的函》。她拿着这块“敲门砖”，先后与天津、甘肃相关部门探讨可行性，然后召开座谈会并形成了帮扶方案，上报国家卫计委、国务院扶贫办。为了尽快落实帮扶方案，天津市卫计委副主任和医政医管处处长与甘肃省卫计委的领导一起去国家卫计委沟通协调，晚上 11 点在北京南站给她打电话，国家卫计委同意天津组团帮扶甘南州人

/ 天津医生帮扶甘南

民医院了。好消息传来，她再也抑制不住自己的眼泪，痛痛快快地大哭了一场。更加给力的是，天津市市长亲自带队到甘肃省对接帮扶工作，组织天津市卫计委与甘肃省卫计委签订了帮扶甘南州人民医院的协议，把帮扶甘南州人民医院的工作上升到省级层面。到甘南州人民医院实地调研后，天津市市长专门批示给甘南州拨专款 1 600 万元用于购买最急需的医疗设备。这在天津对口支援工作中也是首次。天津医科大学总医院、天津市第一中心医院、天津人民医院等十家医院的领导在天津市卫计委的带领下，来到了甘南州，与甘南州人民医院签订了“组团式 + 院包科”协议。2018 年 8 月 12 日，首批 10 家帮扶医院的 20 名医疗专家踏上了甘南这片雪域高原，开启了帮扶之旅。

“局长，今年天津毕业的医学本科生一定要优先考虑州人民医院，天津的医疗专家在州人民医院帮扶，这是孩子们多好的学习机会啊！一出校门，就能和高水平的医生一起工作，会让这些孩子的培养周期大大缩短。”高燕梅刚把天津的医疗专家接到州人民医院安顿好，又开始操心天津医科大学、天津中医药大学、天津医科大学临床学院为甘南州定向培养医学本科生及其使用问题。“高主任，你放心吧，今年天津毕业的医学本科生先尽着州人民医院。我们安排了 28 个临床、针灸等州人民医院急需专业的毕业生，8 月 30 日之前到州人民医院上班。”州人社局局长的一番话，让她心中有了底。受高原气候影响，甘南州的医疗人才极度匮乏，州委曾经也专门进行了招聘，可是干不了几年，要么就调到省城大医院，要么干脆辞职到东部地区发展，州医院已经十几年没有进过正式编制的人员了。在天津援甘干部前赴后继的努力下，利用天津 6 000 万元对口帮扶资金，为甘南州培养了定向医学本科生 440 名，到 2019 年 7 月已经有 163 名本科毕业生顺利毕业回到甘南州各级医疗机构参加工作。高燕梅动情地跟人社局的局长说：“您不要小看了这些毕业生，若干年后，这些孩子就会成长为甘南当地的专家，所以，您的分配很重要啊，一定要把好钢用在刀刃上啊！”

“陈主任，你这是急着去哪啊？”在州人民医院，高燕梅碰到了天津总医院脑外科帮扶医生，问话挡住了他急匆匆的脚步。“我去乔扎寺回访个病人。”这个病人是合作市乔扎寺僧人老赛，患脑寄生虫病，30 多年来，随着年龄增长，已经到了脸部变形、语言笨拙、肢体活动障碍、时常伴有癫痫发作的地步，听说天津的专家在州医院帮扶，主动要求住院。在天津专家团队精心安排下，做了病变全切手术，老赛术后的状态和正常人一样，根本看不出他做过那么大的手术。

在人员齐备、设备到位的前提下，甘南州委任命天津医疗队队长为甘南州人民医院党支部书记、院长。在院长的带领下，天津医疗队克服语言、高原缺氧等重重困难，对州医院进行了大刀阔斧的改革与重建。从 2018 年 8 月到 2019 年 5 月，州人民医院门诊量同比增长 43.41%，住院人次同比增长 41.83%，病床使用率同比增长 35.54%，开展新技术、新项目 87 项，很大程度提高了州人民医院的诊疗能力及水平。

天津“格桑花”携手与公益医疗同行

甘南州臮河县曲奥乡的小男孩涛涛，从农牧村走出来，第一次坐飞机就来到了千里之外的天津看病，皴裂的小手被高燕梅紧紧攥着。涛涛的家庭是建档立卡户，父母离异，父亲开烧烤店生意失败，欠了外债十几万元，远赴上海打工还债，涛涛和年幼的弟弟由年迈且残疾的爷爷奶奶照顾。8 岁的涛涛比别的孩子多了一个烦恼：他的上嘴唇长了一个包，这个包随着年龄的增长越来越大，小涛涛也越来越沉默寡言。“高主任，帮帮这个孩子吧，看天津能不能治疗？”州妇联主席打来了求助电话。高燕梅马上与州医院联系，免费为小涛涛做了初步检查：良性血管瘤。结果出来后，她通过帮扶医生联系了天津肿瘤医院 。天津肿瘤医院党委书记带着领导班子成员与天津援甘干部及涛涛见了面，高燕梅主动介绍了孩子的情况，医院决定免除涛涛的全部手术费用，还为他开通了绿色通道。在涛涛检查和治疗的一个多月时间里，高燕梅的鼓励与安慰，肿瘤医院的无微不至，让涛涛的爸爸倍感温暖，对充满阴霾的生活有了更多信心。经过治疗，小涛涛的病情有了明显好转，不仅变好看了，还有了炫耀的资本，同龄的小朋友他是第一个坐过飞机的。

“加草曼，我们治好了病，你就可以和小朋友一起去浪山了。”2019 年 3 月，在天

高燕梅（右一）与孩子们在一起

津甘肃商会与滨海新区人民政府的资助下，高燕梅带着和加草曼一样患有先心病的 9 名甘南儿童来到了天津泰达国际心血管病医院住院治疗。他们当中最小的不到 1 岁，最大的 12 岁，来自汉、藏、回等不同民族，分别患有房间隔缺损、室间隔缺损、动脉导管未闭等不同类型的先心病。其他的 8 个孩子陆陆续续做了手术出了院，唯有来自迭部县白古村的 5 岁女孩加草曼，住了 40 多天医院，还是没有手术。加草曼的妈妈用生硬的汉语问她："孩子的手术能做吗？我怕大夫让我们回家，不给做。""不会的，你要相信医院。因为加草曼病情被耽误了，还有感染的问题，医院专门组织专家团队给加草曼制定好了手术方案，只要具备手术条件，就能给孩子做手术了。"她宽慰着这位藏族妈妈。在住院近两个月后，加草曼手术成功出院了。这 9 个家庭从此去了一块心病，这 9 个孩子从此拥有了和健康人一样的人生。

2019 年 8 月 9 日，高燕梅和天津市妇联帮扶团到迭部县人民医院看望天津免费白内障手术患者，这次天津妇联邀请的医疗团队是天津医科大学总医院眼科主任团队。迭部县人民医院院长高兴地告诉她，这次筛查了 100 多例，做了 32 例。刚到医院，患者家属就自发地把哈达献给了天津妇联一行和天津眼科专家团队，竖着大拇指不停地用汉语说着："共产党好，天津专家好。"3 年来，天津眼科医院专家团队与天津医科大学总医院眼科团队在甘南州开展免费白内障复明手术累计近 500 例，亲历白内障复明手术的患者重见光明的那一刻，也是她最开心的时刻。

这样的帮扶还有很多很多。3 年来，她没有因为私事请假回过天津，没有因为条件艰苦喊过累，更没有因为自己是女同志要求组织照顾，她的帮扶工作得到了援受双方领导和同志们的认可，也获得了一些荣誉，但她最看中的是 2019 年第二季度甘肃省最美人物。这个奖是甘肃省委宣传部针对甘肃省内评选的，在甘肃人的心里，她就是甘肃人。

天津市委书记在接见甘肃省甘南藏族自治州代表团的时候，甘肃省人大常委会副主任、甘南州委书记特地介绍了她，并真诚地说："燕梅主任就是甘南草原脱贫攻坚路上最美的格桑花。"

（供稿、照片提供：天津市人民政府合作交流办）

/ 甘南州草原

隋耀达，中共党员，海南省保亭县加茂镇共村驻村工作队队长。曾获全国人民满意的公务员、全国见义勇为英雄司机、海南省五一劳动奖章、海南省道德模范、海南省见义勇为先进分子、海南省打赢脱贫攻坚战先进个人等荣誉。他创办的共村巾帼养殖专业合作社已成为全国巾帼脱贫示范基地、海南省农行金融扶贫示范点。他三次请缨驻村扶贫，通过发展党建促脱贫、产业互补促致富，打造种养配套、长短结合、立体增效的“一种一养一锦一网”的“四个一”扶贫产业项目，探索出集体办社、村社合一、党员带动、能人带富、社员共富的脱贫模式。

冲锋在脱贫攻坚最前线

隋耀达是海南省妇联的一名男干部，也是一个地道的东北汉子。现在担任保亭黎族苗族自治县加茂镇共村驻村第一书记、驻村工作队队长。5 年来，他带领黎族乡亲走上了一条脱贫致富路、幸福小康路、乡村振兴路。

守初心——三次请缨冲在扶贫一线

隋耀达曾经是一名军人，14 年的军旅生涯锻造了他“服从命令听指挥、不怕苦累和牺牲、勇于奉献迎难上、完成任务是使命”的意志和性格。2006 年他转业到海南省妇联工作。当时隋耀达是单位接收的第二个男军转干部、第三个男公务员。妇女儿童工作还没有来得及熟悉，领导就找到他说：“省里选派干部下乡扶贫，你刚到地方工作，没有农村和基层工作经验，单位决定派你下乡扶贫。”隋耀达心想：“作为单位的第三个男同志，另外两个男同志，一个是律师，一个是计算机工程师，都走不开，只有我是刚来的，在这个女多男少的单位，我就应该在急难险重任务面前，冲在一线、干在前面。”

时年 30 岁的血气方刚的隋耀达二话没说，高兴地向领导表态：“坚决服从命令，保证完成任务！”从此他在义昌市的一个小山村驻村扶贫，一干就是两年多，这是他第一次下村扶贫，这段经历给他留下了终生难忘的印记。

海南的农村太落后了，但这里的乡亲太纯朴了。在为乡亲做了修路、拉电、建学校三件大事后，两年多的扶贫工作一晃就结束了。隋耀达觉得还没来得及为父老乡亲做更多的事情就离开了这里。多年后，这个小山村的乡亲们还记得他这个来自内地当过兵的东北汉子。他也因此爱上了扶贫工作。他暗暗下定决心：只要今后再有下乡扶贫的机会，一定第一个报名。

机会终于来了！2014 年省里选派干部驻村扶贫，隋耀达激动万分，向单位主动报了名，到偏远落后的黎苗山区扶贫，实现了自己第二次下乡扶贫的愿望。

其实，当时他的健康状况并不适合下乡，他隐瞒了病情才获得单位的同意。2013 年底他被查出左颈动脉瘤，也叫血管夹层，当时在海南 3 家省级医院、解放军 301 海南分院、广东中山肿瘤医院、北京协和医院等数十家医院检查治疗了近 3 个月。出院时医生说这是个“定时炸弹”，随时都有可能血管破裂而失去生命，不能生气、不能急躁、不能过度劳累，还要定期检查，长期服用抗血栓药物。但是作为一名老兵，他深知打赢脱贫攻坚战必须有人冲锋陷阵，习近平总书记发出了冲锋号令，他必须冲在脱贫攻坚最前线！

虽然过了个人关、单位关，但是还有一关——妻女关。当时，隋耀达的女儿才 6 个月，他请来母亲帮助爱人照顾女儿。妻子又担心他的身体，他百般安抚。妻子最后说，既然你决定了，我们母女俩就盼望你平平安安地回来。就这样，隋耀达过了“三关”，终于踏上了黎乡苗寨。

离开家的那一幕让他终生难忘：他像战士冲向前线一样，打起背包、扛起行囊、背上水壶。妻子抱着 6 个月的女儿送到楼下，眼里含着泪水，攥着女儿的小手，用力地向他挥舞，不停地说：“囡囡跟爸爸再见！”

初到黎苗地区，他被分配到国家“十二五”贫困村——保亭黎族苗族自治县加茂镇界水村担任扶贫工作队队长。刚到黎苗地区，语言不通，饮食不习惯，兴趣爱好与当地村民差异很大，一时间和乡亲们很难打成一片。隋耀达就想用实实在在的工作成绩取

/ 到贫困户家中访谈

/ 组织贫困社员砍牧草草秆

得大家的信任。说干就干，一手抓扶贫，一手抓党建。他组织重建学校、修路架桥、成立养羊合作社、改造危房、安装路灯，组织建设党建阵地。近两年时间一晃就过去了。离开的那天，乡亲们都含着泪不让他走，拉着隋耀达的手说："你离开对我们界水村是一个很大的损失，书记啥时再来？"他回答道："只要乡亲有需要，我随时都会回来的！"

2015 年 5 月，省里选派第一书记驻村抓党建促脱贫攻坚。当时他正在井冈山学习，看到井冈山老区人民的脱贫奋斗史，他想起了黎苗山区的乡亲。当听到又要选派干部下乡扶贫的消息后，他第一个主动向单位请缨，第二次下乡来到了"十三五"贫困村，也是全县最穷的村子之一——共村，担任了共村驻村第一书记和驻村扶贫工作队队长。

/ 陪五保户看病

担使命——带领黎乡百姓脱贫致富

有了过去的扶贫工作经验，这一次他满怀信心、劲头十足。他想，这一次担任驻村扶贫工作队队长是五年，可以大展拳脚、大有可为，做出一番实实在在的好事、实事，实现自己的"三农"梦想；也可以像习近平总书记那样，在基层好好锻炼自己，当一名群众认可的村官，带领黎苗乡亲脱贫致富奔小康。

当时共村给人的印象是：村道土飞扬，到处是危房，饮水不保障，田地多撂荒，家禽满院跑，人猪住一房，懒汉不下床，酒鬼一大帮。理想与现实是有差距的。他是一个不服输的人，越是困难他就越喜欢挑战，一定要改变这个落后的黎村小山村面貌的想法在隋耀达心底升腾。他暗暗下了决心：不脱贫不收兵，不致富不撤回，轻伤不下火线，坚持战斗五年。

共村是个不到 600 人的黎族小山村，全村 159 户人家就有 62 户是贫困户，贫困发生率约 40%。脱贫的路该怎么走？隋耀达一时犯了难。

第一次下村走访，看到村民赌钱，他立即过去制止。突然一个醉汉冲上来抓住隋耀达衣领，叫他"少管闲事"。他当时一惊。和他一起来的村干部急了，大声喊"阿团，住手！这是省里派到咱村的扶贫队长！"对方才松开了手。几天走访下来，隋耀达发现村里的工作比想象的要难。当地流传这样一句话："两季稻谷饱肚皮，一季瓜菜换酒

/ 组织共村社员参加县里扶贫消费集市，宣传共村扶贫农产品

钱。”一些贫困户没事就喜欢凑到一块儿喝酒打牌。说到脱贫致富，都摇头叹气“没门路”。

治穷先治愚，扶贫先扶志。隋耀达想，扶贫首要扶思想，必须找到贫困户思想工作的突破口。与工作队队员和村干部商量后，贫困户的思想工作就从阿团做起。

一天晚上他带着村干部和队员来到阿团家，阿团说：“书记，那天对不起了，当时酒喝得有点昏头了。”隋耀达说：“喝酒误事，还容易出事。以后要少喝酒，多想想怎么脱贫致富。”一晚上边吃边聊，隋耀达发现他头脑很灵活，就建议他做点小生意。后来隋耀达帮阿团申请了小额扶贫贷款，在村里开了个槟榔收购点；还帮他申请了危房改造，年底盖起了新房；又为他的孩子申请了教育补贴。阿团家的日子越过越滋润，他不但成了脱贫致富带头人，还当上了村里的后备干部。阿团的变化让村民看到好日子等不来、求不来，只要有信心，黄土变成金，幸福都是奋斗出来的！

扶贫开发，关键要找准路子。因地制宜、发展产业才是实现脱贫的根本之策。2016年初党中央发出打赢脱贫攻坚战的号令后，隋耀达感到，只有发展产业才能脱贫致富。他带领队员和村干部制定了“一种一养一锦一网”的“四个一”扶贫产业项目：种植红毛丹、圈养黑山羊、编织黎锦、建设光伏发电站，实现长短配套、种养结合，达到产生立体效益和产业持续增效的目标。圈养黑山羊扶贫产业项目是当时保亭第一个，也是全省最早的产业扶贫项目。

万事开头难，特别是圈养黑山羊项目。刚开始时，贫困户根本不支持，甚至一些党员干部都不理解。以前这里都是散养黑山羊，没有圈养经验，乡亲们担心养不活，怕亏了。于是，隋耀达利用出差的机会到北京、内蒙古、广东等地考察学习，花了半年时间，自费开车跑遍全省 10 多家羊场考察调研，完成了近 2 万字的《共村圈养黑山羊扶贫产业项目可行性报告》。还自掏腰包亲自驾驶中巴车分 5 批带着党员干部和贫困户共 100 多人到全省各市县考察牧草和黑山羊产业，终于把贫困户的心气鼓了起来。

“别人能干，我们也能干！”干群思想统一了。2016 年 7 月，在省妇联的大力支持下，共村成立了巾帼养殖专业合作社，建设了标准化的共村黑山羊养殖基地。耗费隋耀达两年多心血的事终于办成，他当时别提有多高兴了。全村 62 户建档立卡贫困户以种羊和现金形式全部加入了合作社。合作社实行股权激励，贫困户投入劳动越多，股权就越多，分红也就越多，“等靠要”思想在村里越来越没有市场。

牧草基地在刚开始建设时还是一片沼泽地，社员站在田埂边，谁都不想跳下去。隋耀达第一个跳了下去，不顾齐腰深的稀泥使劲挥起了锄头，带着大家热火朝天干了起来，终于种满了近 40 亩的牧草。为了照顾羊群，他干脆住进了羊场。早产的小羊羔要人工喂养，他就把它们抱到自己住的房间，像呵护自己孩子那样用奶瓶喂奶，经常半夜两三点才能睡觉。乡亲们都叫他“羊书记”。

合作社刚起步时，缺少发展资金，他用工资做担保，为贫困户社员贷款 23.5 万元。经过两年多的努力，羊场的羊由当初的 100 多只发展到 700 多只，产值近 60 万元，贫困户家家分红，户户增收，实现了良性循环。

为了把黑山羊产业做大，隋耀达于 2017 年组织成立了加茂镇黑山羊产业协会，辐射带动周边 5 个村委会 60 户散养户，存栏达 2 000 只左右，形成了抱团入市的局面。通过散放结合，牧草产业和种羊产业齐头发展，带动更多农户腾地种草，形成一村一产业、一村一特色。通过近 3 年的发展，第一书记铁了心养羊，群众铁了心“发羊财”。

目前，共村黑山羊养殖基地是保亭县唯一的圈养黑山羊产业扶贫基地，因此被确定为保亭县就业局培训基地，海南省农行金融扶贫示范点，全国巾帼脱贫示范基地。

村里红毛丹长势喜人，黎锦合作社初具规模，500 千瓦光伏电站即将并网发电。

如今的共村整村脱贫出列，摘掉了“穷帽子”。老百姓的精神面貌和变化巨大的美丽村庄一样焕然一新：村道四通八达，人居环境优美，学校书声琅琅，群众健健康康，乡亲住上新房，饮水安全保障，免费光纤上网，夜晚路灯通亮，乡亲唱歌跳舞，田野充满希望，到处瓜果飘香，产业茁壮成长。

做奉献——扶贫夫妻档、攻坚父子兵

下乡驻村的数年中，隋耀达和家人聚少离多，他深感愧疚。在共村第一任期结束时，组织上让他回海口和家人团聚，他确实有些动心。但羊场刚投产，寄托全村希望的扶贫产业刚起步，隋耀达放心不下，他更不能辜负那些信任他的父老乡亲。思来想去一个晚上，他决定留下并向组织申请了续任。妻子为了支持他的工作，干脆辞掉在私企的工作，带着两岁半的女儿从海口搬到共村住进了羊场。妻子给他和工人做饭，女儿在附

/ 组织贫困户社员和党员干部卸青贮饲料

近上幼儿园，全家人成了名副其实的“编外”村民。他们全家连续五年春节都在村里和敬老院度过。他这样做也是想让女儿知道，爸爸总不回家，是因为这里还有很多家、很多人需要帮助，小家、大家都是他装在心里、割舍不下的家！

他的妻子来自海南黎族农村地区，善良淳朴，总在关键时刻给他最大的理解和支持。后来老父亲思念儿子，干脆也从三亚搬来住进了羊场，为羊场义务干点杂工。2018 年 5 月 25 日早晨 6 点，老人为羊场卖菜途中遭遇严重车祸，致左腿 5 处骨折，在医院和家中躺了一年多，隋耀达为此背负了 20 多万元外债，老人还落下了残疾。这是隋耀达一生的遗憾。但当老人在电视新闻上看到儿子受到习近平总书记的接见时，老人流下了激动和欣慰的泪水。

2019 年是隋耀达在农村累计扶贫的第九个年头，也是在黎苗山区扶贫的第六个年头。他要坚持干到建党一百年。这些年，隋耀达有成长、有收获、有喜悦、有奉献、有愧疚、有泪水，更重要的是家人理解他、单位支持他、乡亲信任他、组织培养他。

这些年，他变成了一个地地道道的农民和村民。他学会了犁田、插秧、施肥、打药，学会了做木工、油漆工、瓦工、电焊工；学会了开拖拉机、挖掘机、三轮车、中巴车，乡亲们都叫他“万能书记”。他说，要想真正了解农村和农业，首先要把自己变成地道的农民、村民。

这些年，他成了扶贫的多面手。他是进村入户调查员、省督导组成员、扶贫一线的指挥员、战斗员、考核员，对扶贫有着深刻的理解和感悟。

这些年，他主动放弃了提拔和调动，一再坚守在扶贫第一线。

这些年，他更深刻体会到：你把群众当亲人，群众把你当家人。他始终一身迷彩服、一双胶鞋、一只水壶、一顶草帽走在田间地头，进村入户席地一坐，与乡亲拉家常、聊产业、话脱贫、说致富。乡亲们都叫他“草帽书记”“迷彩书记”。

2019 年 6 月 25 日，隋耀达获评第九届全国“人民满意的公务员”，作为扶贫一线的获奖代表，他在人民大会堂发言，并受到习近平总书记等党和国家领导人的亲切接见。他将牢记习近平总书记的嘱托，当好一名战士，继续坚守扶贫阵地，带领全村父老乡亲坚决打赢脱贫攻坚战，走好乡村振兴路，大步迈进小康社会！

（供稿、照片提供：海南省扶贫办　修编：张正宇　张奕）

傅飞丁，中共党员，重庆市万州区扶贫开发办公室综合科科长。他从事扶贫工作21年，不忘初心担使命，矢志不渝真扶贫。他徒步走遍龙宝区40个贫困村，手绘地形地貌勾勒产业分布图，为制定扶贫开发规划打下坚实基础。担任驻村第一书记，他整顿转化后进村党支部，党建工作被镇党委评为一等奖。他破解扶贫产业发展瓶颈，多方争取帮扶资金，邀请专家蹲村指导，高标准建成柑橘示范园150亩，既助贫困户脱贫，又让村集体增收。他牵头负责中央脱贫攻坚专项巡视组对万州区反馈问题的整改。他举一反三、精准发力，切实做到应改尽改，圆满完成全区57项整改任务。

扶贫老兵的赤子情怀

贫困村第一书记、扶贫项目管理者、扶贫规划编制人——重庆市万州区扶贫办的傅飞丁，21年来一直致力于一件事，那就是扶贫开发。

21年，他扶贫的角色不断转变，不变的是那份执着的情怀；

21年，朝气蓬勃的年轻小伙，变成了两鬓染霜的中年汉子；

21年，贫困地区的面貌和贫困群众的生活发生了可喜变化。

“我来自农村，对父老乡亲有着深厚的感情，能通过自己的努力，为他们做一些实事，让他们的日子越过越好，对我来说真是再好不过了。”这是傅飞丁心里最朴素的愿望。

岁月，见证了他的初心和使命。

扶贫开发的“侦察兵”

1999年2月，一个朝气蓬勃的年轻小伙，满怀激情来到重庆市龙宝区扶贫办，投身到扶贫攻坚战场，他就是傅飞丁。

“当时真的是高高兴兴去报到的，对扶贫工作充满激情和干劲，完全没有想到有多苦多累。”傅飞丁说，他接到的第一项扶贫任务就是一个“大活儿”：对龙宝区建档立卡贫困户逐户核算收入，为后面实施帮扶奠定基础。

傅飞丁二话没说，就开始投入工作。那时下村远没有现在方便，“交通基本靠走”是

/ 傅飞丁（前）在下乡途中

当时出行状况的真实反映，不管到哪个乡镇，只能坐班车到镇政府所在地，下村的公路几乎没有。

每次下村入户，少则近 10 天，多则大半月，傅飞丁都得背一大包换洗衣服出发，靠脚板挨家挨户走访核查，一笔一笔填写记录。

穿行在乡间田野，既要当心毒蛇，还要注意恶狗，以及许多难以预料的困难。1999 年 12 月 17 日，正是冬季，傅飞丁到柱山乡云安村入户核查，那里不仅地势偏远，而且海拔较高，刚刚下过雪，寒风刮个不停，水池里都结了一层冰。傅飞丁顶着寒风前行，呼出的热气瞬间化成股股白雾。去往贫困户许超家，要经过一条长长的水田坎，他踩着已被冻住的硬邦邦的田坎前行，一不留神，脚下一滑，他摔倒在水田里。水田里的冰层被他的身体砸破，泥水打湿了他的衣服，鞋里也进了水。他挣扎着爬起来，拖着僵硬的身体来到许超家。许超见他这副模样，大为惊讶，赶紧找来自己的衣服让他换上。那天，傅飞丁就穿着许超的衣服完成了在云安村的走访。

白天入户调查，晚上还得汇总。那时乡镇的住宿条件简陋，挑灯夜战的他成了蚊虫的攻击目标，脚上、手上、脸上经常留下一个个包块。

靠着不怕苦不怕累的精神，他一年走烂了 3 双胶鞋，全面摸清了 1.78 万户建档立卡贫困户的情况。

2001 年，按照《中国农村扶贫开发纲要（2001—2010 年）》要求，各区县都要制定扶贫开发规划。那时候，龙宝区有 4 个特困乡、40 个贫困村，都缺乏相关资料。为了准确掌握区内各处的基本情况，科学编制规划，傅飞丁一个人深入到每个村，绘制地形地貌图、勾勒产业分布图、记录干部群众的意见建议。回到办公室后，他又对基础数据进行整理、对项目需求进行归类，手工制作项目规划表、自制项目分布图，一遍又一遍修改完善文字材料，制作了龙宝区第一本扶贫开发规划——《重庆市龙宝区扶贫开发规划（2002—2006）》。

/ 傅飞丁核实整改落实情况

2001 年，傅飞丁开始从事项目管理，从事这项工作必须在项前调查、项中跟踪、项后验收等环节到现场查看。为了修好每一条通村公路，他多次到项目建设所在地实地调研、踏勘，所有贫困村的路上都留下了他的足迹。由于经常风吹日晒，他整个人都是黑黢黢的，一个不到 30 岁的年轻小伙儿，看起来比实际年龄大得多，乡亲们都喊他“老傅”。如今，贫困村实现了村村道路通畅，“老傅”也被喊出了名。

驻村帮扶的“排头兵”

傅飞丁主动请缨，于 2013 年到分水镇川兴村、2017 年到弹子镇人和村担任驻村第一书记。他始终牢记驻村第一书记“抓党建、促脱贫”的责任和使命，每到一个村，他都采取“一听二看三访四座谈”的方法，察民情、听民意、解民忧。

弹子镇人和村原村“两委”不团结，工作没有形成合力，引领发展能力欠缺。傅飞丁说：“刚开始进村虽然情况不熟，但能看出村干部工作作风有问题，便民服务中心内也是脏乱差。”他没有直接提出批评，而是每天早晨第一个到岗，扫地抹屋，做好便民服务中心的清洁卫生。坚持了一段时间以后，大家看不下去了，也自觉按时到岗，整理好内务，便民服务中心的面貌就此得到改观。

/ 傅飞丁检查血橙基地防虫效果

和村干部感情联络到位后，傅飞丁立即着手抓班子建设，首要的事就是解决不团结的问题。他分别多次找村支书、村主任交心谈心，了解到他们并没有个人恩怨，就是发展理念不一致，各自坚持己见，造成互不配合的局面。症结找到了，消除隔阂也就容易了，傅飞丁与村支书、村主任很快拧成一股绳，成为村里的“铁三角”。傅飞丁带头认真开展“三会一课”，针对大量党员因外出无法正常过组织生活的情况，他建立了微信群，及时发送学习资料、了解学习情况。同时，积极发展新党员，补充新鲜血液，增添支部活力。通过努力，人和村当年就被镇党委评为党建一等奖。

班子成了团结战斗的集体，带领村民发展产业就有了保障。在脱贫攻坚中，人和村确定了以玫瑰香橙为主导产业，但是建设标准不高、示范带动性不强，村集体经济依然是空壳。傅飞丁带领班子成员、村民代表多次进行调查研究，想办法将玫瑰香橙产业做大做强，并主动到万州区农委联系，邀请果树专家蹲村指导，一起做规划、定目标。同时，多方争取帮扶资金 45 万元，并把财政补助资金作为村集体资产投资建设柑橘标准化果园。村里高标准建成 150 亩柑橘示范园，投产后每年既为贫困户增收 12 万元，又可给村集体创收 5 万余元，还带动了乡村旅游。

为改善村便民服务中心的条件，傅飞丁积极争取资金，重新进行建设。现在，服务中心内便民服务大厅、村级卫生室、办公室、会议室、党员活动室、图书室等一应俱全，面貌焕然一新。

人和村全村 137 户贫困户，只有 38 户常年家中有人。傅飞丁逐户走访了解情况，为他们制定脱贫措施，找准就业门路，帮助他们稳定脱贫，从而与他们建立了深厚友谊。

“傅书记真的是我们家的恩人，我们家能有今天得感谢他的关心。”人和村贫困户冉崇建说起傅飞丁就感激不尽。冉崇建身体残疾，家中无其他劳动力，没有收入来源，住的房屋破旧不堪，连个像样的厕所也没有。傅飞丁根据他家的情况，帮助他们按照程序申请了低保，找来工人帮忙翻新了房屋，修建了专门的厕所，自来水也接到了家，让他们家的生活环境发生了很大变化。

/ 傅飞丁（左）了解村民生产生活情况

脱贫攻坚的“尖刀兵”

2015 年 7 月，万州区吹响了脱贫攻坚战的号角。为了尽快实施攻坚项目，傅飞丁作为区扶贫办计划项目科的成员，对全区 168 个贫困村的项目逐个审核投资规模、建设内容、建设工期和效益，从根本上解决贫困村的发展基础问题，为进一步开展产业扶贫打下坚实的基础。

万州区白土镇长槽村，村如其名，两座大山形成长长的沟槽，村庄就在沟底。村里住着 213 户 736 人，是个典型的贫困村。悬崖峭壁不仅阻断了交通，也阻碍了人们脱贫致富的脚步。

那时，长槽村到白土镇没有公路，村民到镇上赶场得绕道其他乡镇，坐车要一个半小时；如果步行，就得翻越大山，耗时更久。有村民走山路把肥猪抬到镇上去卖，因为时间太长，结果还没到镇上猪就被捆死了。

长槽村要脱贫致富，就必须修通公路。2015 年 8 月 17 日，傅飞丁等人到长槽村实地踏勘，天刚放亮就进了山。在大山里，他们见识了山之高、沟之深、路之险。原始森林中藤蔓荆棘遍布，稍不注意就被挂住。一路攀爬，一路勘察，傅飞丁脚上、手上受的伤越来越多，严重的地方还流出鲜血。出了林区，整个人都累瘫了，两只脚也酸痛不听使唤，但工作还得继续。傅飞丁等人进入老乡家，收集线路走向等意见建议，夜里 12 点过了才吃上晚饭。

如今的长槽村，到镇上的公路已通了车，村民出行方便了，扶贫产业发展了，大家的日子越来越好了，长槽村也摘掉了贫困村的帽子。望着翻天覆地变化了的长槽村，傅飞丁总会想起当初修建这条道路的情景，心中满是欣慰。

在脱贫攻坚过程中，傅飞丁经常与贫困群众同坐一条板凳，面对面宣讲扶贫政策，了解贫困户“两不愁三保障”情况。2017 年 7 月 20 日，傅飞丁到普子乡七曜村，因连续工作休息不足，加上天气炎热，走着走着，人一下摔倒在坡坎下的庄稼地里，手臂等处受了伤。同行的人吓坏了，因离医院较远，只得赶紧将他抬到老乡家中。他喝了碗红糖水，刚一缓过神，就又继续开始走访。老乡们都被他这种忘我的精神感动，称赞他是“拼命干部”。

2019 年 1 月 17 日，中央脱贫攻坚专项巡视组对重庆市反馈了意见，傅飞丁又迅速投入到整改工作中。他牵头区委整改办业务指导组，抓紧梳理问题、制定方案、落实措施、汇总进度，指导全区各乡镇、各部门落实整改内容。同时，他还积极与市委整改办、市扶贫办等上级部门联络，了解最新整改工作情况，为区级领导及时提供信息咨询。在 3 个月时间里，傅飞丁为落实整改提供材料 20 余份、工作台账等 10 余份，推动万州区圆满完成 57 项整改任务。

“为什么我的眼里常含泪水，因为我对这片土地爱得深沉。”20 年如一日，傅飞丁默默跋涉在扶贫路上，用一颗赤子之心，为贫困户谋出路，为贫困村谋发展。

不忘初心，继续前进。如今，作为一名扶贫老兵的傅飞丁仍奋战在一线，以执着的坚守诠释扶贫人的担当，以无私的奉献书写共产党人的忠诚。

（供稿：重庆市万州区扶贫办　修编：李庆华　照片提供：王承政）

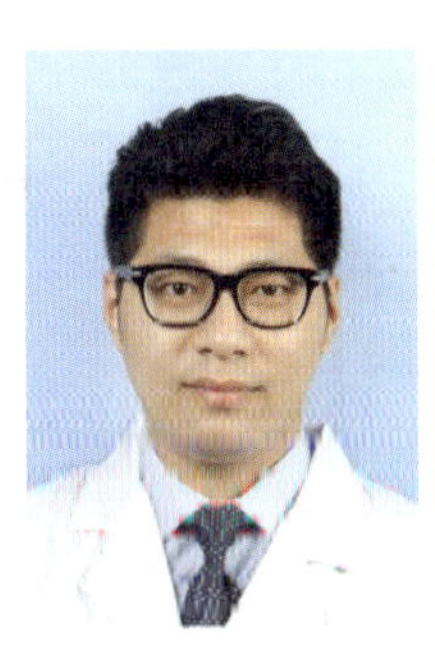

曾翙翔，中共党员，生前为安徽省宿州市埇桥区支河乡路湖村扶贫干部，宿州市第一人民医院团委副书记。2017年，他在村里任扶贫专干不到两个月的时间，遍访了185户贫困户。他经常开车送老年病人到市里医院救治，帮助群众申请危房改造项目，帮助70余户贫困户申请扶贫小额贷款。他核实到户资料，规范扶贫台账，实施到户项目，建起光伏电站，筹建扶贫工厂，争取资金为村卫生室添置医疗和办公设施。主动与重点贫困户建立帮扶关系，协助村里新修3条村庄道路。2018年8月18日，台风“温比亚”袭扰安徽，他在救灾一线奋战10个小时后，在处理险情时遭遇意外，不幸牺牲。

脱贫攻坚铸忠魂　舍生忘死赤子心

2018年8月18日，台风“温比亚”席卷安徽省境内。抗洪抢险危急时刻，埇桥区支河乡路湖村扶贫干部曾翙翔同志挺身而出，连续奋战10个小时，在冒雨抢险救灾、转移贫困群众途中处理险情时遭遇意外，不幸牺牲，年仅29岁的生命定格在扶贫路上。安徽省委书记批示：曾翙翔同志在人民群众最危难的紧急关头，临危不惧、挺身而出，以生命诠释忠诚，以行动书写担当，是新时代我省党员干部队伍中的先进典型，是全省脱贫攻坚和抢险救灾一线涌现出来的杰出代表。安徽省省长批示：曾翙翔，用热血书写了对贫困群众的大爱，用生命撑起扶贫事业的必胜。他用热血和生命铸就的“一切为了群众，一切为了扶贫”的奉献精神，永远值得我们学习和弘扬！

群众的贴心干部

滴水见阳光，乡村有梦想。为全面打赢脱贫攻坚“新淮海战役”，2017年宿州市向非贫困村派驻扶贫工作队。宿州市第一人民医院团委副书记曾翙翔同志主动请缨，下基层担任驻村扶贫专干。

曾翙翔一到村里，就换上了田间劳作的衣着，基层群众完全看不出他是一位城里来的干部，有话都愿意和他说。两个月不到，他就把村里185户贫困户471人全部走访了一遍。工作日志记得密密麻麻，每户家庭情况、致贫原因一清二楚，他们有哪些困难和期盼，曾翙翔也能张口即出。“第一次到俺家，先开口叫俺‘叔’，然后才聊，哪里像

/ 曾翙翔烈士纪念馆房间全景

/ 曾翙翔烈士纪念馆荣誉墙

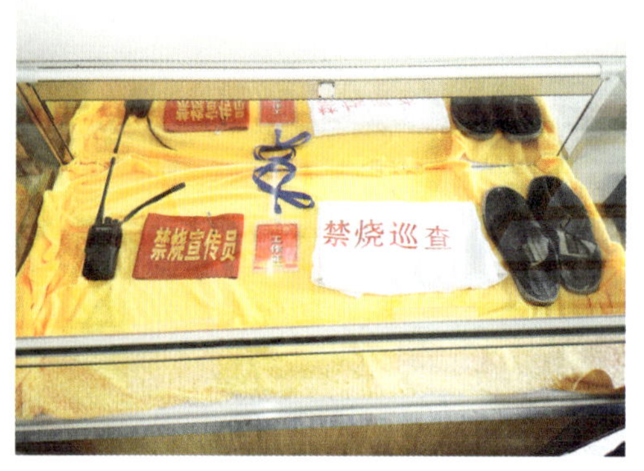

/ 纪念馆陈列曾翙翔烈士生前物品

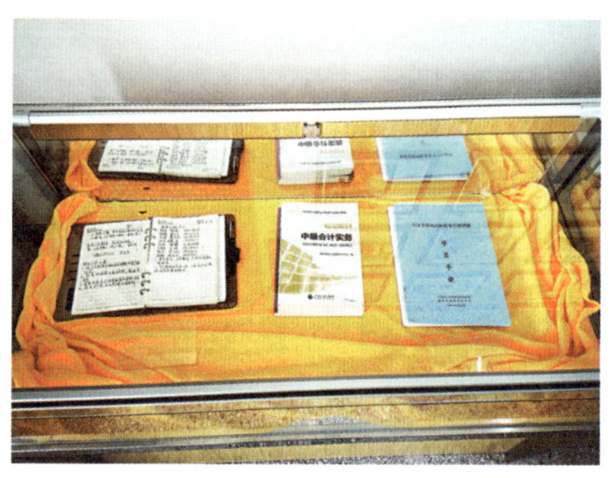

/ 纪念馆陈列曾翙翔烈士生前工作笔记及书籍

城里人，就是农村娃，跟亲人一样。”66 岁的贫困户钱立顺很快就喜欢上这位热心人。

爱民见真情，扶贫办实事。曾翙翔牺牲后，留下了一长串与人民群众血肉相连的故事。贫困户谢俊芳做过胆囊摘除手术，经常感到疼痛，曾翙翔就开车带着老两口到宿州市第一人民医院，安排住院、做检查。看到谢大娘家房子破旧，曾翙翔马上帮助申请了危房改造项目。就在 2018 年 8 月 15 日，曾翙翔还到她家走访，谢大娘连夸新房好看又结实，怎么也没想到，那次见面竟是永别！“小曾是党派来的好干部，他比俺儿子都亲！”贫困户路雪峰泣不成声，“我们夫妻都是残疾人，小曾帮我申请当保洁员，介绍我妻子到板材厂上班，还帮我申请扶贫小额贷款，做梦也想不到有现在的好光景。”贫困户武成保激动不已：“小曾的好处说不完，谁有困难就帮助谁。我老伴双腿截肢，孩子刚满 18 岁，小曾帮我申请了危房改造，桌椅板凳、锅碗瓢盆都是他掏钱买的，春节后又把孩子介绍到福州鞋厂打工，几个月就寄回 6 000 多元钱。”“他名字不好认，你说曾翙翔，村民也不一定知道，但一提小曾，十里八庄都夸他，就是群众身边的活雷锋。”……

平时总是乐呵呵的曾翙翔，就像村民们的“家里人”，面对一件件难事琐事，他亲

/ 曾翙翔（左一）参加驻村扶贫工作会议

力亲为、忙前忙后，留下的除了汗水和马不停蹄的身影，还有他标志性的笑容。村民们永远不会忘记这位可亲可敬的扶贫专干。曾翙翔的事迹，既体现了新时代年轻干部敢干冲在第一线的担当精神，又突显了共产党员高尚无私、为人民奋不顾身的忘我情操。

恪尽职守的扶贫干部标杆

使命呼唤担当，榜样引领时代。“这件事我负责”“这个活我来办”，是曾翙翔时常挂在嘴边的口头禅；“想干事、能吃苦、肯奋斗、办法多”，是乡村干部评价他的真心话。

宿州市第一人民医院副院长孟令盘说：“翙翔没在农村生活过，一定会面临想象不到的困难，我问他可能撑住？他说：‘我年轻，有困难慢慢去学习、去摸索，坚信能把扶贫工作干好。’作为他的同事也是他的领导，他没有向我叫过一声苦，没提过一点儿要求，找我都是为村民提供帮助。”同事李玲包保的贫困户武连军患有精神分裂症，曾翙翔主动找到李玲：“姐，这户我来包。”乡党委副书记、包村干部接雪梅如数家珍：翙翔到村后，核实了到户资料，规范了扶贫台账，建起了光伏电站，筹建了扶贫工厂，帮助 70 余户贫困户办理了扶贫小额贷款，实施了到户项目，争取资金为村卫生室添置了就诊床、血压计、电脑、空调等医疗和办公设施，解决了村民“看病难”的问题，协助

/ 曾翙翔（右）到贫困户家中调查走访

组织了村“两委”换届选举，啃下了秸秆禁烧这块硬骨头，新修了3条村庄道路，为田间机井接网架电，还带头清理垃圾、疏浚沟渠，不怕脏不怕累，处处冲在前头。

曾翙翔精通扶贫业务，工作认真负责，踏实能干。路湖村的干部普遍表示：“失去他，是路湖村扶贫事业的一大损失，也成了路湖村百姓心中永远的痛。”2017年底，气温骤降，他每天冒着零下10摄氏度的低温，骑着电动车挨户走访，中午来不及做饭就用方便面充饥。由于连续高强度工作，加上天气寒冷，曾翙翔发起高烧，村干部劝他休息，曾翙翔却调侃地说：“多干点活儿，出出汗就没事了。”在曾翙翔和大家的共同努力下，2017年路湖村34户95人顺利脱贫。

2018年8月18日，星期六，宿州市狂风呼啸、暴雨倾盆。本该在家休息的曾翙翔牵挂路湖村的贫困群众，早上6点就冒雨辗转近2个小时赶到村里，顾不上吃早饭就和村“两委”成员到欧河大堤查看水情，加固堤防。巡河固堤结束以后，下午2点多，曾翙翔放心不下村里的孤寡老弱贫困户，坚持要挨家挨户看了才放心。走访查灾，一直忙到傍晚没有停歇，在转移西学自然庄3位独居老人后，得知王海孜自然庄有群众需要紧急转移，曾翙翔立即只身驱车冒雨前往。在距一户贫困户家20多米的地方，一根脱落的电线掉落在村中心道路上，如果强行通过或退回就不会遭遇危险，但道路两侧住着20多户人家，只要有人路过就会随时发生危险。为防止群众发生意外，他来不及多想，就毅然决然地下车排除隐患，其间发生意外，不幸因公牺牲。29岁的生命，永远定格在抗击台风灾害抢险一线。

一位网友这样写道：“翙翔，你飞走了！飞得无声无息，又飞得辉煌壮丽。29年前，你出生时，寄托父母厚爱与期冀，翙，就是鸟飞的声音；29年后，你牺牲时，回报大地空灵与生机，翙，还是鸟飞的声音。此时此刻，江淮儿女中又增添了一位顶天立地的扶贫英雄，那就是你——党的基层干部‘忠诚、干净、担当’的先进典型，安徽省‘讲忠诚、严纪律、立政德’的优秀代表，宿州市党与人民群众血肉联系的干部楷模，一个为了百姓安危将生死置之度外的扶贫标兵！”

舍己为公的青年楷模

眼睛是心灵的窗户。大家都说，翙翔的微笑灿烂，目光炙热，是亲人、朋友、同事心中公认的“暖男”。遇到急难险重任务，这个热心的80后一定会抢先打头阵。儿时同学谢雨婷强忍悲痛地说：“翙翔从小多才多艺，能书会画，热心肠、实心眼、很仗义，特别懂事，很正能量，是那种很纯粹的人。”高中班主任李献说：“翙翔很朴实，脏活重活主动干，班里饮水机扛桶装水的活儿，被这个大个子全包了。”同事宋敏介绍：“前年，我和翙翔去合肥，十来箱资料，搬上搬下，都是他抢着干。1月1日是我生日，我没在意，中午吃饭时，他端碗面上来，说：‘姐，今天你生日，这是长寿面。’没想到他心这么细，我当时就感动得哭了。”

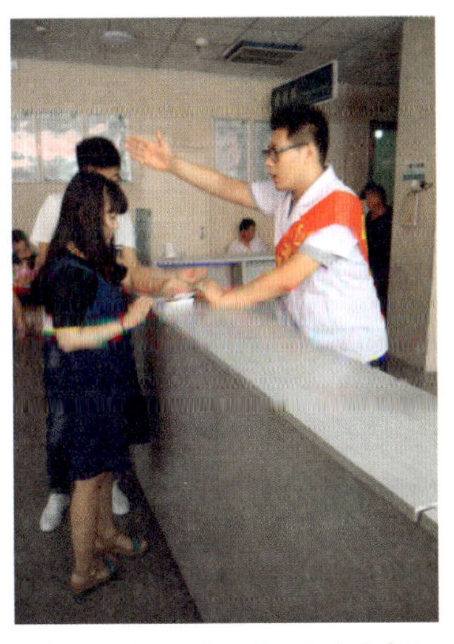
曾翙翔（右一）工作之余多次参与医院志愿服务

院党委书记、路湖村第一书记兼驻村扶贫工作队队长王秉璞哽咽难语：“到村后，我和翙翔朝夕相处，发现他爱学习，情趣高雅，有定力。作为家里懂事孝顺的独子，姐姐因车祸去世，爸妈把他当成心头肉。翙翔虽然通过了重庆市国税系统公务员考试，为照顾父母，最终选择回乡工作。但得知医院要选派驻村扶贫专干时，他主动请缨，舍弃‘小家’，服务‘大家’，说‘医院女同志多，到村里扶贫算他一个’。抗洪危急时刻，他拦住扶贫小组长，告诉他雨大不安全，自己却坚持入户。我一直在想，翙翔怎会不牵挂年迈的父母，怎会不顾念娇弱的妻子，又怎会不期待孩子的降临？然而，作为一名优秀的扶贫干部，他用行动诠释了80后年轻干部舍己为公、舍生忘死的革命情怀。”

为党分忧的时代先锋

路不险则无以知马之良，任不重则无以知人之德。探寻其成长轨迹，作为奋战在脱贫攻坚第一线的干部，曾翙翔始终严格自律，爱岗敬业，忘我奉献，开拓进取，对待事业有着火热的战斗激情。

大学毕业后，他回到家乡工作，由于表现优秀，被任命为宿州市第一人民医院团委副书记。2016年7月，曾翙翔光荣加入中国共产党。工作中，干一行、爱一行、精一行，到哪儿都是一面旗帜。医院遇到加班，他总是随叫随到。2016年3月，医院改革债务清查正赶上他新婚第二天，曾翙翔在婚礼结束后就赶到单位加班，直到完成任务后，才给妻子补了“迟到的蜜月”。副院长孟令盘介绍：“翙翔特别认真负责，每份报表都反复核对，并将存疑的数据标识标注，经手的财务数据没有出现一次错误。”院财务科主任宋敏悲痛不已：“科里苦活累活，他都抢着干，从来没喊过苦、叫过累。”院综合办副主任、入党介绍人王寅生深情回忆：“翙翔在入党之前，支部开展公益活动，比如救助贫困儿童、帮助孤寡老人或者到社区清扫垃圾，他都积极参加。”

曾翙翔在入党申请书中写道：“我有充满爱的心怀，亦有把爱洒向人间的意愿和实际行动。相信我的爱没有终点，期待着有一天能肩负中国共产党的使命，成为中国共产党的一员。”“责任感与奉献精神不能只是停留在纸面，停留在嘴边，更要在工作中落实，要在工作上勤恳奉献。”

“对党忠诚，积极工作，祝您生日快乐！”这是曾翙翔微信朋友圈发出的最后一条信息，时间是“七一”建党日那天。“类似的朴实话语还有很多，曾翙翔的伟大，体现于寻常又超越了平凡，用生命践行了入党誓言！”王寅生泪流满面地说。

“人才自古要养成，放使干霄战风雨。”曾翙翔同志坚定不移听党话、跟党走，用碧血丹心的坚定毅力，践行了共产党员的永恒初心和崇高使命，用宝贵的生命诠释了共产党员忠诚为民的奉献精神，成为打赢脱贫攻坚战中涌现出的干部楷模。

（供稿、照片提供：安徽省宿州市埇桥区扶贫开发局　修编：张津津）

谢佳清，贵州省遵义市汇川区芝麻镇竹元村第一书记、驻村工作组组长。曾获贵州省三八红旗手荣誉称号。为了扶贫，她既不能照顾家人，也无暇为自己治病，还放弃了参评员额制检察官的机会，驻村4年无怨无悔。她积极争取30多个项目落地，修建村组公路59.6公里，种植1 800多亩核桃树，帮助70余名贫困学生就读各级各类学校。4年里，竹元村的集体经济积累从零增加到[illegible]万元，贫困发生率从[illegible]%下降到[illegible]%，年人均纯收入从876元增加到8 816元，2019年将超万元。

在深山唱响“诗与远方”

1935年，中国共产党在贵州遵义召开了著名的遵义会议，此次会议成为党生死攸关的转折点。岁月匆匆，风云激荡，80多年过去了，党和国家吹响了脱贫攻坚的号角。在脱贫攻坚遵义战场上，涌现出一批批扎根在贫困一线的驻村第一书记，他们不忘初心、牢记使命，无怨无悔地奋斗，在大山深处唱响了新时代扶贫战士的“诗与远方”。谢佳清就是其中的一员。

在遵义市的驻村第一书记中，谢佳清是女性中为数不多的年长者。她曾是一名检察官，2015年7月，受组织委派，到遵义市汇川区新民村担任驻村第一书记，开始了此生中最有意义的一次“远行”。7个月后，新民村脱贫出列，快50岁的谢佳清又转战到深度贫困村竹元村。故事，就从这里开始。

“高原孤岛”的脱贫号角

走进大山，
就走进无边的空寂和孤独；
贴近土地，
便无法逃离她的苦痛与忧伤；
……

这是谢佳清从汇川区政府出发，花了两个多小时到达芝麻镇，再从镇政府辗转近三

/ 核桃种植成功，谢佳清（左二）和大家分享喜悦

个小时才进入竹元村时的感受。

尽管谢佳清早已做好了吃苦的准备，但竹元村的偏僻、荒凉、贫穷，还是远远超出她的想象。三座高山夹着两条深沟，整个村都在深山坳里。都说贵州是八山一水一分田，可竹元村人均只有水稻田 0.16 亩，说九山半水半分田都是夸张。散居在山坳间的 937 户人家，没有一条像样的路，没有一栋像样的房。绵延的大山犹如道道屏障，让竹元村成了“高原孤岛”，贫困赶不走，小康进不来，要跟上山外的世界，时间跨度起码是 30 年。

在谢佳清还没回过神来时，一群“不速之客”更是给她来了个下马威。在村委会一栋砖木结构的房子里吃饭时，头上的楼板响起一群老鼠打架撕咬的声音，她着实被吓了一跳。儿时外婆家所在的农村都没这么贫穷、这么偏僻、这么凄凉，竹元村的贫困实在超出想象啊。

村里的干部和村民见谢佳清有些犹豫，非常着急。极度渴望改变贫穷的竹元人，提早做了“功课”。他们知道这个在新民村担任过第一书记的大姐很有“几把刷子”，大家盼星星盼月亮盼来了她，如果不能留下她，那竹元村怎么办?

之后几天，村民们争相带着谢佳清去看当年毛主席和红军长征经过竹元时走过的路、住过的房，带她去看之前由市检察院投入 110 万元资金修建的小水窖。当看到淳朴的村民在井盖上刻着“吃水不忘共产党”几个字时，谢佳清的心顿时像被什么触碰了一下，一股热浪涌上心头。

那一刻，谢佳清突然明白，为老百姓所做的每一件实事，都是在为党旗增光彩。她暗下决心，自己不能走，一定要在这大山深处擂响脱贫攻坚的战鼓，吹响决战贫困的号角，让乡亲们的日子富起来！

经过深度调查，谢佳清发现，竹元村要真正发展，就不能搞小敲小打，不能靠东一勺西一碗地临时接济，得有一个整体规划和方案。

于是，谢佳清和工作组的同志组建了包括镇党委政府派员参加的规划小组，并在区农牧局的帮助下，用10多天时间，骑摩托车代步，靠徒步加攀爬，访遍了竹元村的“三山夹两沟”，制定了竹元村历史上第一个整体发展规划。这个规划里足足有30多个项目，包含基础设施建设、产业发展、未来规划等内容，很快得到汇川区委区政府的肯定和支持。

竹元村的脱贫号角开始吹响！竹元人的梦想即将变为现实！

如何打响第一枪？经过深思熟虑，大家不约而同地将目光投向那条通往山外的“路”。

竹元之苦，首先在于出行之苦。

以前的竹元村只通摩托车，几乎每年都会发生摔伤或坠崖事故，很多山间小道都是直上直下、无遮无挡，一不留神，一个跟头就跌下深渊。所以，村民出行几乎都选择步行。

路，是竹元人世世代代的痛。没通路之前，竹元人去赶场，都羞于说自己从竹元村来。修路，成为谢佳清驻村工作的第一要务，也成了竹元人首先书写的“银色情怀”。

在驻村工作组和村“两委”的带领下，祖祖辈辈贫穷的竹元人激情犹如火山爆发，为开挖公路筹资投劳、无偿捐地，很多村民还把修路捐地当成一件非常荣耀的事。村民杨明禹捐出了10多亩土地，还说“占多少地我都愿意”。

如今，竹元村22条总长60.5公里的通村通组公路已全部开挖硬化完成，很多公路都是发动群众在悬崖绝壁上开挖而成，此项工作走在了全省的前列。一条条路犹如银色飘带镶嵌在大山间，带走了山货，带来了产业……

就这样，谢佳清打响了第一枪，响声回荡在“高原孤岛”的每一个角落，这也是竹元人吹响的脱贫号角。自此，竹元村迎来了新发展。

脱贫大地上的“荆棘鸟”

鹰翔九天，只有翅膀知道沉重。

路通了，要想彻底铲掉穷根，必须引来“活产业”。但这条路上，谢佳清没想到会遇到又一次大考验，而这个考验，至今想来仍心有余悸。

经专家论证，竹元村的土壤适合大面积种植核桃和高粱。然而，由于前些年村里栽种的核桃不挂果，一开始村民都不愿意种，在动员会上有村民问，如果再不挂果，怎么办？眼看着快要错过栽种季节，情急之下，谢佳清脱口而出：“如果不挂果，你们的损失全部由我负责。”

380 亩核桃树苗总算是种下了。可回过神儿，谢佳清一算账：天啊，要是真的不挂果，第一年就得赔上 50 万元的巨款！她提心吊胆压根不敢告诉家里人，只能悄悄地潜心研究如何在种植技术和管理上下功夫。

可就在此时，谢佳清的身体亮起红灯。她原以为 10 年中经过 4 次大手术的身体已恢复健康，殊不知又一次检查出癌前病变，病情恶化扩散的风险很高，医生要求她必须马上手术。

得知身体状况，谢佳清心急如焚。如果做手术，病情肯定瞒不住，组织和家人便不会让自己继续驻村；如果自己走了，那不仅会失信于群众，更会影响好不容易打开的工作局面。

谢佳清找到贵州省人民医院的主治医生，希望能保守治疗。刚开始，医生坚决不同意，问她：“命重要还是工作重要？”谢佳清忍着眼泪向医生讲述竹元村的贫困状况，说明自己暂时不能手术的原因。医生被打动了，最终答应了她的要求。

听到医生愿意为自己保守治疗，谢佳清开心不已，这下不会辜负竹元老百姓的信任和希望了。可一般人不知道的是，保守治疗就意味着要大剂量服用激素，会严重损伤肝肾，让身体变形发胖，而且治疗最长期限是 9 个月，效果不佳还必须手术。像她这个年纪很少有人会选择保守治疗。

谢佳清若无其事地回到了竹元村，抱着最坏的打算，与时间赛跑。在停不下来的忙碌中，她早已忘了自己是个病人。那段时间，80 岁高龄的父母多次住院，丈夫生病，

/ 谢佳清走访贫困户

/ 谢佳清为贫困户讲解政策

/ 谢佳清在核桃种植培训现场

女儿面临继续学业和就业的选择，自己面临员额制检察官的评选，她都没能好好地顾及，而是全身心投入到了扶贫工作的奔忙中。

或许是谢佳清的真诚感动了上天，或许是竹元村的贫困让上天看不下去，终于，种下去的核桃树开始挂果！成功了！成功了！谢佳清无比激动。而伴随而来的还有一个好消息，医生告诉她，病变已得到有效控制。

谢佳清的眼泪不自觉地流了下来：自己真是有福之人，扶贫路上一路艰难，有领导、同事、家人默默支持；竹元村这个脱贫攻坚的战场，自己不是一个人奋战，纵然一路荆棘，但有大家的鼎力支持，自己收获的是满园芬芳……

当谢佳清把挂果图片发到朋友圈时，有村民留言说：“书记呀，核桃树上都挂满你的影子了。”

核桃种植成功后，村民们开始主动要求种核桃，于是村里又迅速发展了 1 500 多亩核桃。自此之后，谢佳清引导群众调整产业结构就容易多了。她趁热打铁带队考察联系企业，发动全村群众为茅台集团种植有机红高粱，为企业订单养殖生态畜禽产品，收购价格翻番……

群众得了实惠，对竹元村“两委”干部的态度也悄然发生转变，大事小情都愿意到村委会来咨询了。谢佳清这只历经磨难的“荆棘鸟”，终于带领干部、群众穿越荆棘坎坷，迎来了曙光。

幸福人生里的“诗与远方”

幸福是什么？幸福就是为他人着想。

谢佳清深深记得，小时候，常见母亲资助贫困学生，进而改变了他们的命运。中央电视台《半边天》栏目曾专题报道母亲走在了“希望工程”之前，称她为“助学母亲”。

母亲的善举一直影响着谢佳清几个姊妹：挖穷根，根本在教育。当看到不少贫困家庭的孩子上学有困难时，谢佳清心里十分着急，积极寻找单位和社会力量支持，资助了 70 多名贫困学生顺利入读各级各类学校。

谢佳清心系贫困少年。家住竹元村的全国孝心少年王安娜在相依为命的曾祖母去世后，因思念曾祖母和服刑坐牢的父亲，情绪反复。为安抚孩子心灵，谢佳清和村支书不辞辛苦跑到其父亲王建民所在监狱进行探望。

当一行人带着服刑多年被特许离监探亲的王建民回到竹元村时，那一幕场景至今仍深深震撼着在场的每一个人——面对几乎认不出的家乡，面对焕然一新的自家房屋，王建民不敢相信这是竹元村，突然长跪不起，失声痛哭。

是啊，看到因贫穷被逼离家的竹元人毅然返乡创业收获第一桶金的欣喜，看到那一张张摆脱贫困的笑脸，看到那一幅幅奋力致富的场景，谢佳清深深觉得——这 1 500 多个日夜、4 年多驻村帮扶的时间竟是如此珍贵、如此富有，这就是自己梦想中的“诗与远方”，这就是幸福人生的真谛所在。

从 2015 年到 2018 年，竹元村的集体经济积累从零增加到 42.2 万元，贫困发生率从 32.22% 降到 8.2%，年人均纯收入从 876 元增加到 8 816 元，2019 年将超万元。

村民期盼已久的水库、水厂、基站、卫生院、幼儿园、教师公租房、群众文化广场等相继建成。用老百姓的话说：“竹元村真是发生了翻天覆地的变化。”

路通了，水通了，房美了。漫山遍野的经果林和红高粱，一条条宛如银丝带的村组公路镶嵌其间，多彩的大山与蓝天白云交相辉映，“石山荒山”正变身“金山银山”，“高原孤岛”正变成“最美家园”。

为人民谋幸福，为民族谋复兴，这是共产党人的初心和使命。谢佳清无愧于心，这初心和使命，让她足以有勇气面对脱贫路上的三苦——艰苦、辛苦、清苦，她始终无怨无悔！

很多人佩服谢佳清的勇气和毅力，而她自己并不认为自己做得多好。她总说，在脱贫攻坚战场上，有许许多多令人感动的奋斗和拼搏，有许许多多默默无闻的奉献和努力，这些人、这些事，给了她坚持下去的勇气和毅力，给了她践行初心和使命的信心和动力……

（供稿、照片提供：贵州省扶贫办　修编：周艳）

全国脱贫攻坚奖奉献奖

QUANGUO TUOPIN GONGJIANJIANG FENGXIANJIANG

王召明，内蒙古蒙草生态环境（集团）股份有限公司董事长。十二届、十三届全国政协委员。以“公司＋合作社（合作商）＋贫困户”模式直接带动1 260名贫困农牧民就业，人均年收入近3万元。在西藏地区建设“万亩植物种苗繁育基地”，使178户贫困家庭818人受益，周边贫困农牧民近200人到基地务工。公司启动的内蒙古和林格尔县黑老夭乡订单式育种育苗精准脱贫项目，带动当地建档立卡贫困户66户118人脱贫。近5年来，累计捐赠救灾款、助学金等达9 000万元，其中向受灾农牧区捐赠牧草、饲料约1 159.2万元，直接受益农牧民3.8万余户。

种下一棵草　收获一片草原

你可曾想象，内蒙古人民口中称为“万亩草原”、自治区成立70周年庆祝大会的主会场呼和塔拉草原，几年前居然是砂石遍地的荒滩？你能否相信，国道318线、风景如画的西藏高速林芝到拉萨段沿线，原先竟是寸草不生的崖壁？你是否知道，曾经的科尔沁“沙海”已经化为片片“绿海”？

为保护珍贵的特色种质资源，十几年来，有一个人，翻山越岭丈量干旱、半干旱地区。无论是少雨多风的荒漠地带、无人涉足的草原深处，还是大火后重生的森林、陡峭险峻的高山坡段，凡是能发现优质乡土植物草种的地方，都留下了他的足迹。

王召明，一个草原长大的孩子，他用家乡草原的乡土植物绿化祖国，带动生态产业发展。

王召明不是一个人，他身后有一群人。致力于本地花草种植的内蒙古蒙草生态环境（集团）股份有限公司，带动贫困农户种下一棵一棵小草，培育出一片一片草原，也让一个一个家庭脱贫致富。

2018年10月20日，习近平总书记给“万企帮万村”行动中受表彰的民营企业家回信，对民营企业踊跃投身脱贫攻坚予以肯定，勉励广大民营企业家坚定发展信心，踏踏实实办好企业。

蒙草公司作为全国“万企帮万村”先进民营企业榜上有名，收到这封暖心的回信，是王召明最幸福的时刻。

走出草原

1969年，王召明出生在内蒙古草原。他从小与羊为伴，除了上学，从没离开过羊群、草原。雨水多了，草长得好了，羊也不遍地跑了，这就是牧区牧民的好天年。都说环境会成就心境，王召明的初心也就此有了根本：敬天地、敬自然、敬万物的平等，也给他心里种下改善生态和带动家乡农牧民发展的种子。

王召明出生在牧民家庭，家里兄妹较多，七兄妹中他排中间，家里生活不富裕、牧区教育条件又不好，王召明连续4次高考落榜，但他并没有灰心："我就是放羊也得有文化，当个有知识的羊倌。"之后他考上了内蒙古林学院，从草原到城市他熬了27年，但他笑着说要感谢生活，说自己很幸运。

/ 王召明坚持驯化乡土植物以修复生态

从大二开始王召明蹬三轮车卖花，花是赊的，三轮车是租的，他坚持每个周末早出晚归、风雨无阻。两年开了3家花店，生意越来越好，秘诀就是对来买花的人"花养死了可以换，钱不够了可以送，有问题了就上门服务"。一个遇到麻烦事都不计较、不发牢骚的人运气绝对差不了。从一家花店到做成一个上市公司他弯腰奋斗了18年。他感谢买他第一盆花的人给他勇气，感谢每个客户的认可和信任。

从开花店到做绿化公司，再到经营生态修复业务，王召明始终离不开的情结是草和草原。他觉得草原和城市都有生命，花草树木都是生命体的一部分，那些进口的、南方的花草到了北方不耐寒、不抗旱、不易活，养护起来费钱费力。想起家乡草原上的野花、野草，旱涝无常却能顽强地生长下来，他萌生了向大自然学习、要把草原搬进城市的念头，也开启了他和团队引种驯化培育草原乡土植物的历程。

"每个研发基地要请农牧民参与科研、每个生态项目要让老百姓参与建设"，这成了蒙草公司接地气的规矩。蒙草公司业务覆盖内蒙古、西藏、陕西、青海等10余个省区，与上万个家庭、数千家企业合作，高峰时期年度用工平均430万人次。近3年来，蒙草公司年均营业收入超40亿元，累计上缴利税超9亿元。

蒙草公司很早便意识到乡土草种的重要性，但搜集、研究乡土植物种子却是一项极其漫长、枯燥、艰辛的工作。内蒙古地形东西长、南北狭窄，地形及气候条件复杂多样，植物种类繁多，各种植物的花期长短、结实接种时期各不相同，收集野生植物种质资源工作难度不小。

困难并不能阻止希望的脚步。说起公司的创业阶段，王召明感慨万分："多年来，蒙草人几乎走遍了北方大部分干旱、半干旱地区，从内蒙古最东边的呼伦贝尔，到最西边的阿拉善，再到新疆、西藏、甘肃、青海、宁夏、陕西、山西、河北等地区，凡是能发现优质乡土植物草种的地方，都留下了蒙草人踏足的痕迹。"

时至 2018 年末，蒙草公司已是行业创新的生态修复上市公司，已收集种质资源信息近 2.7 万种，储存乡土植物 3 000 余种，植物标本 3.3 万个份，土壤样本近 100 万份，应用驯化乡土植物 160 余种，为草原、沙地、矿山、城市生态奉献了绿色的生命力。从一家工程公司到成为"特色种业"和应用"生态数据"做环境治理的科技型上市企业，他用了 7 年。创业这 25 年里，王召明始终认为，只要做的事情是一件好事，就要坚持下去。

因生态脆弱致贫，因贫困导致生态更脆弱，这成了王召明关注的核心问题。这几年他在全国两会上提出的有关"特色种业""生态指数""牧区绿色发展保护"的提案，都是在关注扶贫问题。

回 归 草 原

如何帮助贫困牧民？这是王召明这个农村出来的娃一直在思考的问题。

买来的种子能种一片草地，却种不出一片草原。为了推进草原乡土植物的特色育种

/ 王召明（右一）与贫困户交流

/ 王召明（右一）在蒙草公司修复的呼和塔拉万亩草原查看植被生长情况

和帮扶贫困户，王召明带领团队建立了“公司 + 合作社（合作商）+ 贫困户”的机制，分别在内蒙古和林格尔县、武川县、土左旗、五原县、苏尼特右旗等地自建了种植基地 13 个，还建成了 16 个育种合作基地，带动当地 2 850 户农牧民就业。

2018 年 3 月，他带头启动了内蒙古和林格尔县黑老夭乡“订单式”育种、育苗精准脱贫项目。这几年为了做好和林格尔县的研发基地，他几乎步行走遍了和林格尔县的山坡沟壑，对老百姓的土地情况、水利条件、适合的品种都做了分析。

“这是常青石竹，四季常青，能在零下 20 多摄氏度的冰雪中生存，节水、抗旱、耐寒、耐盐碱；这是黄芩，花期长达 4 个月，用水少。”在试验田里的时候，王召明一遍又一遍地向村民介绍着产品及种植方法。为了打消农户“只租不雇、只种不买”的顾虑，他与当地合作社签订收购协议，承诺为建档立卡贫困户提供种源和技术指导，明确收购保护单价，仅此项目就带动当地 66 户建档立卡贫困户脱贫。

2017 年，蒙草公司在西藏地区展开调研，王召明 4 次入藏与团队从海拔 2 000 多米到 5 000 多米，从绿草丛生到冰雪覆盖，一年多时间里一直在摸索如何建立产业与扶贫相结合的路子。商业的路子想通了，藏民思想的路子也得做通，不能让大家不放心，企业不能忽悠人。

王召明把草种上了青藏高原。在王召明的推动下，蒙草公司万亩苗圃基地应运而生。流转集体土地 8 200 亩，使 178 户贫困家庭 818 人受益，贫困户家庭总收入达 204 万元，村集体年合计收入 41 万元。通过“土地租用 + 订单劳务 + 保本收益”的模式打消了藏民顾虑，组织章达村、江津村、阿扎村周边农牧民到公司务工，既提高了贫困户的收入，也解决了企业用工问题。项目开展至今已让阿扎乡农户 492 人实现了不离乡不离土就近就业，发放工资 1 230 万元，直接带动建档立卡贫困户就业近 200 人，流动短期用工 1 000 多人。

藏民们不仅可以人不离乡就近就业提高收入，还能学到技术。除了基础性的工作，蒙草公司将把表现出色、基础扎实的贫困户培养成为植物组织培养、化验检验等方面的专业人才，让他们拥有一技之长。

在提供就业岗位的同时，蒙草公司通过项目区土地租金增加当地村集体经济收入及贫困户家庭收入。项目一期总占地面积 8 500 亩，按每亩租金 50 元算，年租金达 42.5 万元，可带动 550 贫困户 2 200 人脱贫致富。此外，蒙草公司还从资金到位当年起，以租金的形式每年以固定资产投资的 7.5% 作为脱贫攻坚专项资金返还给扎囊县政府。

扶贫，也成了王召明回归草原最好的方式。

与草原共生

“蒙草是党的企业，是社会的企业，也是百姓大众的企业。”这是王召明常说的一句话。作为牧民的孩子，他深知牧区的难处，他关注“因灾致贫的家庭、因贫失学的孩子”。近 5 年来，他以公司或个人名义累计捐赠救灾款、助学金等达 9 000 万元，其中向受灾农牧区捐赠牧草、饲料等 4 459.2 万元，直接受益农牧民 3.8 万余户。

近年来，草原上经常夏季旱灾、冬季雪灾，为了让部分牧民提前防灾，蒙草公司利用大数据免费向牧民提供防火、防雪灾预警信息。2017 年，向内蒙古锡林郭勒盟、呼伦贝尔等区域 2.5 万户受灾牧民捐赠牧草 3 万余吨；2018 年，向巴彦淖尔市各受灾地区捐赠 1 200 万元抗旱救灾款，帮助 1.2 万户牧民渡过难关；向锡林浩特市宝力根苏木、朝克乌拉苏木等 7 个苏木捐赠 180 万元抗旱救灾款。2018 年，蒙草公司被授予中国红十字会总会最高荣誉“中国红十字人道勋章”。

王召明一直关注着贫困学子，并设立了蒙草励志奖学金、博爱寸草心助学金，向贫困地区爱心助学累计捐赠 2 600 多万元，通过支持草原文化保护、绿色公益、贫困村基础设施建设、医疗救助、困难慰问、企地共建捐赠、文化赞助等形式支出公益帮扶金 1 799 万元。

每年组织贫困学子来企业参观时，王召明总是全程陪同，给孩子们讲“尊重与爱”的思想，树立他们自强自立改变命运的信念，他总说“授人以鱼不如授人以渔”。蒙草

/ 蒙草公司向受灾地区捐赠牧草

/ 蒙草公司向巴彦淖尔 4 个受灾的旗县捐赠救灾款 1 200 万元

全国脱贫攻坚奖奉献奖

/ 蒙草公司在内蒙古农业大学设立蒙草励志奖学金，累计帮助 500 名大学生

公司免费面向中小学生提供生态课程，年均培训学生 8.9 万人次，蒙草公司也成了孩子们学习自然、尊重自然、传递爱的生态空间。

王召明的微信昵称是小草，他常说自己就像一棵小草，见到他最多的时候一定是在科研或项目施工的第一线。

但这棵小草，想的是一片大草原。

“大数据的应用在我们生产生活中已经非常普遍，但在农牧业和生态建设中的应用还不是很多。”王召明放眼长远，生态建设、特色种业的发展更需要大数据的应用思维。在他的推动下，蒙草公司现已为内蒙古、西藏、青海、陕西等省（自治区）建立了生态大数据平台，让种植更精准。

“有了统一的数据口径，就会有国家层面的生态指数标准。”王召明认识到，通过大数据对水、土、气、植物、动物、微生物等关键生态环境的量化统计，能够精准指导生态保护与修复，科学指导产业布局，用大数据实现“大生态”“大产业”“大民生”的互通互联。

互通互联所实现的更精准的生态保护，最终受益的还是每一个人，是那些因草原损坏而遭受贫困的一个个家庭。正如公司被授予全国“万企帮万村”精准扶贫先进民营企业称号并收到总书记回信时王召明所说：“总书记的回信让我们全体蒙草人倍感荣幸，更加坚定了我们的信念。我一直牢记总书记 2014 年来到蒙草公司时的嘱托，要坚持走顺国情合地情的道路。我更记得 2018 年总书记召开民营企业家座谈会时对我说的话，要扎扎实实做好草种业，打好产业基础，坚持用生态大数据精准指导生态建设，构建和谐生命共同体。我会在这条路上坚定地走下去，我深知前路还有更多的风雨，但为了我们共同的绿色家园，我期盼和大家一路同行。”

“把草原、乡野以前的花花草草找回来，让草原、乡野的家变绿、变美，让牧区人民富裕。”深耕草原，实现生态和扶贫共赢，王召明给更多的人带去了更美好的生活。他种下了一棵草，收获了一片广袤的草原。

［供稿、照片提供：内蒙古蒙草生态环境（集团）股份有限公司　修编：高永伟］

巴珠，中共党员，西藏自治区山南市永创发展建设有限公司、隆子县隆子河酒店有限公司董事长。曾获60位感动西藏人物、西藏自治区2017年度十大感动人物等50余项荣誉。他带领公司主营建筑施工，同时经营隆子河酒店、温室大棚种植、奶牛养殖、商品批发市场等，带动873人就业，其中贫困人员400余名；他投资300多万元为隆子县雪沙乡、热荣乡改善基础设施；出资800多万元为72户困难群众免费建房；投资46万元为28户易地扶贫搬迁户铺木地板和修建阳光棚；出资700余万元慰问困难离退休老干部和道路养护工人，改善学校教学设施，资助贫困学生80名。

为了这片土地

西藏自治区山南市永创发展建设有限公司董事长、隆子县隆子河酒店有限公司董事长，这些头衔很难让人与皮肤黝黑、憨厚朴实的巴珠联系起来。可就是这个其貌不扬的藏族汉子，多年来勤勤恳恳，带领公司坚持帮扶困难群众，其事迹在山南市隆子县广为传扬。

2005年，30岁的巴珠加入中国共产党。他怀揣一颗对党忠诚的赤诚之心和一份对隆子县人民的关爱之情，致富不忘乡亲，出资解决群众困难，带领群众增收致富，受到农牧民群众和社会的广泛赞誉。

艰苦创业，走上致富路

其实，巴珠并非生来富裕。1966年，他出生在山南市隆子县隆子镇扎果村一个贫穷农牧民家庭，当地人都称他为“大巴珠”，藏语意为像老虎一样的人。巴珠先后就读过新巴小学和隆子中学，然而终因家境贫穷，初中未毕业的他，还是辍学在家务农了。

可是务农又能挣几个钱呢？生活的坎坷没有让巴珠气馁，也没有让他抱怨，贫穷的日子反而更加激起了他的斗志，他不愿意在家过着这样一眼能看到头的生活。为了让家里人能够吃饱穿暖，1995年，他毅然踏上了到外乡打工挣钱的征程。

巴珠先后到拉萨、日喀则等地打工，文化水平不高的他主要在工地上做搬运工、协助员，得益于他年轻，能吃苦，也肯钻研，逐渐积累了一些施工经验和人脉。对于这段打工

/ 巴珠（中）召开员工大会

经历，巴珠觉得获益匪浅：“像我们这样的人，一没文化，二没技术，空有一身力气，想要致富，就不能怕吃苦，不流汗怎么会有好结果呢？我很感谢打工生活，为我今后事业的起步和发展奠定了坚实基础。”

尝尽了打工的苦涩之后，巴珠开始组织隆子县扎果村青壮年承接一些技术含量不高的小工程。1999 年，扎果村农民劳务施工队在他的带领下基本成型。2000 年，随着西藏自治区各项事业的快速发展和基础设施建设项目的逐渐增多，劳务市场渐渐活跃起来。这时的巴珠敏锐地觉察到，只有规模化、规范化地组织人员外出务工，才能获得更大的经济效益，才能更大程度地带动扎果村群众增收致富。

于是，巴珠开始筹划组建扎果村农民建筑施工队。组建初期，施工队上下仅有七八个人，这就是山南市永创发展建设有限公司的前身。创业的道路上充满了坎坷曲折，可巴珠一直顽强拼搏，一如当年外出务工的他。

经过多年的不懈奋斗和艰辛付出，巴珠取得了丰硕的成果。时至今日，施工队已经发展壮大成了拥有 800 多名员工的公司，发展领域也不断拓展，下辖企业包括：隆子镇扎果村砂石厂、扎果村采石场、隆子河酒店管理有限公司、隆子县贫困户就业批发部、隆子县绿健蔬菜就业利民科技有限公司、扎果村温室大棚、隆子县聂雄标准化奶牛养殖场等。

富不忘本，诠释党员本色

2004 年，巴珠申请加入中国共产党，并于 2005 年光荣地成为一名共产党员。他经常说：“生活富裕了，我要感谢党的好政策，让我从一名入党积极分子做起，用实际行动为家乡做贡献。”

为进一步巩固和发挥党组织的战斗堡垒作用，2013 年，巴珠主动申请组建扎果村农牧民施工队党支部，至 2019 年已发展党员 26 名。在施工队的“工龄”已经超过 14

年、现年 40 岁的扎西仓巴说：“大巴珠为我们做了这么多好事，他跟着党走，我们也要跟着党走。”扎西仓巴的话虽然朴实，却道出了广大公司员工的心声。

2016 年，山南市永创发展建设有限公司成立。随着脱贫攻坚战的打响，在巴珠的带领下，公司心系扶贫、心系贫困群众，坚持先富不忘后富、共同富裕的原则，坚持服务群众、惠及大众的发展理念，帮扶慰问贫困群众，及时为困难群众送去关怀和温暖。

在巴珠经营的隆子县“菜篮子”工程蔬菜产业园区，有一名叫云旦加措的员工，家里仅有与他相依为命的父亲。虽然生活不太富裕，但父子俩觉得，像这样用自己的双手去创造生活，已然非常高兴和满足了。云旦加措原本生活在一个幸福的四口之家，然而，21 岁的姐姐不幸去世，丧女之痛压垮了父母，再加上母亲因痛风久病卧床，本就拮据的生活变得更加艰难。当时云旦加措还在上学，父亲一边要照顾久病卧床的妻子，一边还要为家里家外的事奔波。2012 年，久病卧床的母亲也离开了父子二人。母亲走后，父亲把所有的希望都寄托在了云旦加措身上，不管眼前的生活有多坎坷，他都咬牙坚持着。

“母亲的离开给父亲带来了沉重的打击，话也少了，平时总是一个人在发呆。”云旦加措说，“母亲去世那年，我在隆子县中学就读，每当想起家里发生的变故，就无法再静下心来学习，总是会想念离去的母亲和姐姐，回想起父亲那无助的表情，我开始犹豫是否要继续上学。”2014 年，他初中毕业后，被山南市第一高级中学录取。刚接到录取通知书时，云旦加措非常开心，可想到家里的情况，他又乐不起来。最终，他还是不忍心年迈的父亲继续为自己、为家里操劳，决定放弃读书，用自己的双手让父亲早日过上富裕日子。

刚开始，云旦加措同其他村民一起参加了巴珠的施工队。一段时间后，他发现自己体质较弱，不适宜长期在施工队里工作，如果能学上一门手艺，用技术吃饭更为适合。

这时，恰逢巴珠在为自己的蔬菜种植基地招收学徒。一开始，云旦加措不敢去，那是大老板，怎么开口啊？可想起村里人常说，“巴珠是位好心人，给家乡的 8 户贫困户盖了新房子，跟着他一定会有好日子”，云旦加措便鼓起勇气，主动找到巴珠说明了自家情况，希望能在蔬菜种植基地当一名学徒，学些技术。

/ 巴珠（右二）讲解蔬菜种植技术

/ 巴珠（左一）入村慰问群众，群众敬献哈达以表感激之情

了解到云旦加措的情况后，巴珠答应了他的请求。自从到扎果村温室大棚工作后，云旦加措对自己严格要求，天天都在基地跟其他村民学习蔬菜种植技术。两个多月后，他掌握了蔬菜种植的大部分相关技术。巴珠认可了云旦加措的辛勤付出，开始让他负责占地 2.3 万余平方米、共 45 个大棚的种植基地，这让云旦加措更加珍惜来之不易的机遇，对种植基地的日常工作更加认真负责。

2017 年，巴珠被云旦加措的认真努力所打动，个人出资为云旦加措父子二人盖了新房子，云旦加措从自己的收入中取出 2 万元为家里置办了家具。现如今，家里日用家具一应俱全、干净整洁，父子二人的生活也慢慢有了起色。“在政府扶贫政策的支持和致富带头人的帮助下，我们才过上了幸福的生活……”2017 年，云旦加措向当地政府提交了自愿脱贫申请书，他的双眼充满了感激之情，“我一定会照顾好父亲，并通过自己的努力尽快实现小康。”

不仅是云旦加措，在隆子县提起大巴珠，认识或不认识他的人都会竖起大拇指，称赞一声：“巴总，呀咕嘟！”

2015 年全国扶贫日，巴珠捐款 150 万元，助力隆子县开展扶贫工作。自 2016 年以来，巴珠出资 300 多万元为雪沙乡和热荣乡修路、修桥，改善基础设施；出资 800 余万元，为 72 户困难群众免费建房；出资 45 万元为隆子县南城新区 28 户易地搬迁户铺木地板和修建阳光棚；累计出资 700 余万元慰问离退休老干部和道路养护工人、改善当地学校教学设施、资助 80 名贫困学生上学；2016—2019 年“两节”前夕，他相继为隆子镇各村群众送去节日慰问物资，累计价值 1 000 余万元。

去过巴珠办公室的人都知道，他的办公室里挂满了群众送来的锦旗、牌匾，其中一面写有“慈母般关爱，巴珠胜亲人”的锦旗格外显眼，这面锦旗是日当镇日当村次仁旺杰敬送的。

2016 年 6 月，次仁旺杰居住了几十年的老房子开始漏水，几经修缮后还是无济于事。盖一座新房子对于家境困难的次仁旺杰来说并不是一件容易的事。“我有个亲戚在隆子河酒店当服务员，她找大巴珠说明了我们家的情况，我并没抱啥希望。没想到大巴珠在和村里核实完情况后，第二天就送来了建材，还请了施工队。”2016 年 12 月 16 日，次仁旺杰一家搬进了修建好的新房内，看着崭新的房屋，他不顾大巴珠的拒绝，坚持送来了这面锦旗。

巴珠盼广大乡邻之所盼，用自己的实际行动践行着共产党人的誓言，始终铭记着共产党人的初心和使命。他的无私奉献，在隆子县脱贫攻坚领域起到了积极的促进作用。他说：“这几年我做了一点事，得到了各级党委政府和广大群众的肯定与好评，我会更加勤奋努力，壮大公司规模，帮助更多的群众过上幸福美好的生活。”2018 年底，隆子县顺利实现脱贫摘帽。

持之以恒，服务一方土地

从一贫如洗到发家致富，这其中有着说不尽道不完的艰辛苦辣，苦心人天终究不负。而今的巴珠，早已是隆子县、山南市，乃至西藏全区的典型实干家。但他从来没有忘记自己是一名共产党员，时刻以共产党员的标准严格要求自己、规范自己的言行，不断增强党的意识，加强党性修养，按照党章的规定履行党员义务。他的办公室挂满了各种锦旗，这既是巴珠多年来为民办实事的最好见证，也是广大农牧民群众对他甘心付出的最好评价，更是各级党委政府对巴珠全心全意为人民服务的充分肯定。

多年来，山南市永创发展建设有限公司先后吸纳 873 名当地群众就业，其中贫困户 400 余名，旗下员工月平均收入在 3 500 元以上。通过不断地创业创收，拓宽了群众增收渠道，大部分群众在巴珠的带领下走上了脱贫致富的道路。同时，在他的培养下，先后有 13 名经济能人和 30 名管理人才走上社会。

在隆子县委县政府的大力支持下，由山南市永创发展建设有限公司经营的隆子县聂雄标准化奶牛养殖场于 2018 年 8 月建成投产。如今，养殖场奶牛存栏 1 500 余头，其中产奶牛 800 余头，实现年产原奶 4 000 吨，这些原奶主要用于加工生产高端鲜奶和酸奶。

巴珠常说：“我把公司里的年轻人，特别是那些大学生当作自己的孩子来培养。”在该养殖场就业的大学生月平均工资在 5 000 元以上，有些大学生逐步走上了管理岗位。

达娃央金，2015 年大学毕业，2017 年开始在奶牛基地工作。因为爱学习、肯干，得到了巴珠的认可，并被提拔为公司管理层，主要负责公司生产经营方面的工作。她自豪地说：“公司是全市规模最大、现代化程度最高的奶牛养殖场。养殖场由奶牛养殖、有机肥生产、配套种植等组成，分为生产区、生活管理区、饲养区、粪肥生产区和牛奶检测区 5 个功能区。”

2019 年，隆子县聂雄标准化奶牛养殖场已基本成型，预计年产值 800 余万元，吸纳当地群众 72 人就业，其中高校毕业生 18 人，建档立卡贫困户 14 人。

/ 巴珠（右一）了解奶牛养殖场奶牛饲养情况

在奶牛养殖场负责饲草供养工作的贫困户加央，家境贫寒，生活拮据，其妻年迈，体弱多病，家里仅靠几亩薄田种植青稞维持生计。眼看生活无望，加央想到致富能人巴珠是切切实实为广大百姓干实事的，于是找到巴珠求助。巴珠二话没说，当场拿出1万元供他周转救急，同时安排加央到隆子河酒店当保安。加央的生活渐渐有了起色，他动情地说："巴总是我们家的大恩人啊！"如今，他的月工资达 4 500 元，一家人的生活再也不用愁了。

富裕不忘感党恩，富裕不忘济乡亲，这就是巴珠。他也因为多种善举，先后荣获自治区先进双联户、60 位感动西藏人物、山南市优秀共产党员、山南市首届优秀中国特色社会主义事业建设者、西藏自治区 2017 年度十大感动人物、山南市民族团结模范个人、山南市第二届优秀人才、山南市五一劳动奖章等 50 多项荣誉。

面对成绩，巴珠谦虚不已："我还要不断超越，不断突破，才能更好地服务群众，才能真正对得起这片生我养我的土地。"

（供稿、照片提供：西藏自治区隆子县脱贫攻坚指挥部　修编：周艳）

史贵禄，陕西省西安市荣民控股集团有限公司董事局主席，中国民间商会副会长，陕西省总商会副会长。十一届、十二届、十三届全国人大代表。曾获全国五一劳动奖章、中国改革开放40年百名杰出民营企业家等荣誉。他始终情系扶贫，为家乡确立以“医疗兜底为保障、金融扶贫为支撑、产业扶贫为核心”的扶贫之路。他累计投入资金1.6亿元，深度参与陕西省定边县3个贫困乡的基础设施、现代农业、教育医疗等领域建设和扶贫开发。他以产业扶贫带动集中连片特困地区整体脱贫的方式获得社会各界的高度肯定，被誉为“荣民模式”。

打造脱贫攻坚的“荣民模式”

19年来，史贵禄带领他的荣民控股集团，为家乡确立以“医疗兜底为保障、金融扶贫为支撑、产业扶贫为核心”的扶贫路子，累计投入资金1.6亿元，带动陕西省定边县3个贫困乡整体脱贫。

这位从陕北贫穷之乡——海则梁走出来的农民企业家，源于贫穷、起于奋斗、反哺故土、情系扶贫，他以产业扶贫带动集中连片特困地区整体脱贫的方式，得到社会各界的高度肯定，被誉为“荣民模式”。

栉风沐雨，回报桑梓情

1981年，16岁的史贵禄为生活所迫，怀揣借来的13元钱开始了打工生涯。经过38年的打拼，他将一家名不见经传的小公司打造成全国民营企业500强，年销售收入300多亿元。

可是，史贵禄脑海中始终抹不去幼年的贫困记忆，始终惦记着生活仍然贫困的家乡父老。早在2000年，他就决心把让大家过上好日子当成自己的事业，在家乡开始了一场精准帮扶的“持久战”。

位于定边县最北端的海则梁、白泥井、周台子3个乡镇，地处毛乌素沙漠的延伸段，自然环境恶劣，是典型的偏僻贫困地区。3个乡总面积563平方公里，有30个行政村、8 317户、26 454人，扶贫脱困谈何容易！远的不说，最现实的难题就有很多：

/ 史贵禄在汉中赈灾慈善活动中与受捐赠的山区孩子们在一起

沙化一点点侵吞着现有的土地，刚出芽的粮苗，往往一夜之间就会被黑风带来的沙尘覆没；

这些地方是典型的缺水地区，尽管拥有丰富的地下水资源，但机井数量极少，人畜饮水尚存在问题，遑论浇水种地，大部分人依然只能种低产旱作庄稼；

道路通行不畅，进一趟县城，村民们赶着驴车从天明走到天黑才能打一个来回；

用电极为紧张，几个村子合用一台变压器，电压起不来，水泵上水慢，浇满一畦地要半个小时，浇水种地的村民守着可怜的几亩薄田，不分昼夜地做着无用功；

盐碱滩，白刺疙瘩众多，现有耕地无法连成整片有效土地，农用车施展不开……

为了解决这些问题，史贵禄投资 500 万元，加上政府配套和农民自筹的资金，一共在海则梁乡打机井 8 000 多口，架设高压线 100 余公里，进行农网改造；从以色列引进喷灌、滴灌等先进技术，缓解用电压力，满足了全乡 10 多万亩水浇地的灌溉需求；投资 4 000 万元修通了海先路、同梁路等三横两纵五条二级柏油路，总长 30 公里；投资 1 500 万元治沙造地，造出了 10 多万亩高产水浇地，实现全乡人均水浇地 12 亩；由其父亲带领海则梁乡的乡亲们大干了 5 年，把沙漠推平，又垫上 20 厘米厚的土，从新疆引进杨树，采取网框式种植方式，彻底解决了生态环境问题，把沙漠变成了真正的良田；帮助乡政府完成 12 个村级规划，实现了家家有电用、户户通电话、村村通公路。

2001 年，史贵禄回海则梁探亲时，看到正在使用的 20 年前盖的校舍破烂不堪、屋顶漏雨、光线暗淡，不禁回忆起小时候家里穷，吃不饱、穿不暖，没有机会念书，成为一生最大的遗憾。他一直认为教育是与普通人关联度极大的引智伟业。再穷不能穷教育，再苦不能苦孩子。他慷慨解囊，捐款 200 万元，帮助海则梁乡修建荣民光彩小学，解决了附近12个村500多名孩子“上学难”的问题。他先后10余次深入实地考察，捐赠电脑等教学设备以及体育设施和图书。2005年，又拿出5万元资助贫困大学生，圆了他们的大学梦。

海则梁离城里较远，农村缺医少药，农民看病难，很多人“小病扛，大病拖”。小时候爷爷病重，苦于没有条件医治，最终不治身亡的经历，让史贵禄长痛于心。改革开放后，农村的卫生事业虽然有了发展，但受条件限制，依然不能满足广大村民的就医需求。农民看病难、看病贵，因病致贫、因病返贫的情况时有发生。自2004年以来，史贵禄按照县级医院标准，投资600万元建成设备先进的荣民光彩医院，村民就诊全免费，从根本上解决了30个行政村村民看病难的问题。

“要尽最大努力让需要帮助的人们能老有所养、病有所医、幼有所教。”史贵禄常常这么讲，也实实在在做到了：3个乡镇的群众就医、孩子上学，除享受国家政策保障外，其他费用全部由史贵禄的荣民控股集团兜底。

短短数年时间，3个乡镇整体面貌发生了巨变。昔日“飞沙走石家无粮，人老几辈住坯房，满村光棍无婆姨，有女不嫁海则梁”的不毛之地，实现了“油灯变电灯”“旱地变水地”“土路变油路”“土房变洋房”“贫穷变小康”的历史嬗变。

砥砺前行，情满脱贫路

“过去海则梁穷，穷在习惯于种植传统作物的落后生产方式上。要真正让乡亲们富起来，必须摆脱传统农业生产方式，依靠科技和市场，走现代农业产业化之路！”家乡的地广，家乡的水甜，家乡的百姓朴实勤快，史贵禄认准家乡具有发展现代农业的巨大潜力。

/ 史贵禄（左一）调研海则梁产业发展情况

为找到适合海则梁农业产业发展的新路，史贵禄成立了海则梁建设帮扶小组，请来一批专家深入田间地头，对土质进行调查研究，最终敲定了以辣椒为支柱产业的发展新路。随后又多方考察，花80万元从保加利亚引进了辣椒新品种和种植技术专利。

一开始村民并不理解，又害怕担风险，史贵禄就亲自上门送种子、做工作。为了解除村民的后顾之忧，他连续几年每年投资 100 多万元，建立起 100 多亩优质辣椒育种示范基地，聘请技术人员到村里进行全程技术培训和指导，为村民进行示范引导；捐资 200 万元建成荣民光彩农技培训中心，帮助村民掌握科技种植技术。他还成立了辣椒产业购销协会，为村民提供产、供、销一条龙服务。

经过不懈努力，终于见到成果，独具海则梁特色的辣椒品牌“一定”被培育出来了。第一批种植辣椒的村民将消息传播开来，观望的村民纷纷跟进，辣椒种植热情前所未有地高涨，连带着白泥井镇各村都出现了种植辣椒的热潮。全镇形成了 3 万多亩辣椒蔬菜基地，年收入 3 亿多元。“一定”牌辣椒远销国内各大城市和日本、韩国、新加坡等国家，获得了“天下第一辣”的美誉，村民的收入大大增加。

史贵禄还坚持大力推广以地膜田为主的“白色革命”，投资 2 500 万元，采取政府补贴和农民自筹资金相结合的办法，累计建成蔬菜大棚 16 300 个，实现人均一个大棚。同时，鼓励发展家庭农场，建成 500 亩规模农场 10 户。

现在，海则梁、白泥井和周台子 3 个乡镇家家盖起了楼房，村舍整齐、白墙黛瓦；90% 的家庭都有轿车，户户门口都停着农用车。路边的白刺疙瘩已经消失不见，一眼望去，取而代之的是此起彼伏的大棚。大棚里面种植的瓜果及蔬菜成熟以后，发往全国各地，供不应求，一个大棚的纯收入在 1 万元左右。

白泥井镇党委副书记高培江说：“白泥井镇 2018 年农产品产值 30 多亿元。农民建造种植大棚的热情丝毫不见减退，史贵禄为每个大棚资助 1 000 元，预计今年全镇大棚将达到 2 万个。”

通过持续帮扶，截至 2018 年底，海则梁乡人均收入由过去的 500 多元增加到了 6 万多元，其余 2 个乡人均收入也有 5 万多元，3 个乡镇总产值由 2000 年的不足 1 亿元增加到 30 亿元。

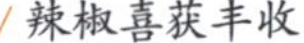

/ 辣椒喜获丰收

/ 白泥井镇现代农业发展繁荣

/ 由史贵禄捐款带动的蔬菜大棚产业成为海则梁主要收入来源

产业发展需要资金。贫困户要贷款的话，资产抵押、担保等条件多，手续烦琐，利率还高。一来二去，资金不到位，脱贫的时间跨度就会被无限拉长。为此，史贵禄主动与县政府对接，出资 1 000 万元为贫困户做担保人，与县政府共同设立 5 000 万元扶贫贷款担保基金，撬动农村商业银行放大 10 倍向贫困户发放扶贫贷款，解决贫困户发展资金短缺问题，让贫困户在无抵押情况下获得更低利率的补贴贷款。

在史贵禄的努力下，自 2016 年以来，农村商业银行面向全县 6 600 户符合条件的贫困户累计发放贷款 9.05 亿元，户均贷款 5.92 万元。贫困户高效利用手中贷款，发展小型种植养殖、零售、运输等产业，靠勤劳走上脱贫致富路。

“水有源，树有根。我的根在榆林黄土地，源在定边海则梁。只有回乡帮扶家乡，建设新农村，才是我和我的荣民控股集团报效国家、回馈社会、造福人民的主战场。”朴实的话语彰显出史贵禄的博大胸怀，令人感动、敬佩。

淬火成钢，胸怀小康梦

“民营企业家有了一定的积累后，财富怎样支配才更有意义和价值呢？应该说扶贫帮困更有价值。”在史贵禄看来，民企与国家是命运共同体，自己有义务回馈社会，承担更多的社会责任。

为了实现“共富”目标，2016 年史贵禄主动与定边县签订扩大精准扶贫范围的协议，并提出了第四个“五年规划”。到 2020 年，建成 2 平方公里的农村工业园，主要用于农产品深加工、肉食品深加工、农机具生产加工。各类蔬菜种植面积达到 50 万亩，蔬菜大棚达到 3 万个，养 500 只羊的养殖大户达到 500 户，种植规模 500 亩的家庭农

/ 史贵禄（中）回村探望父老乡亲

场达到 500 户。同时争取实现全民医疗救助、符合条件的贫困户贴息贷款、人均一个蔬菜大棚的“三个全覆盖”。预计到 2020 年，海则梁乡人均收入将在 8 万元以上，白泥井和周台子两个乡镇人均收入在 6 万元以上。

每次回到家乡，史贵禄总是被闻讯赶来的父老乡亲团团围住、嘘寒问暖，坐在一起吃着大碗的炖羊肉、喝着火辣的白烧酒、聊着家乡的新变化，每每意犹未尽、恋恋不舍。家家户户富裕后开始拥有小轿车，穿梭于宽阔的柏油路上。乡亲们走的路、用的电、喝的水、种的大棚，以及医院、学校等，“荣民”的痕迹随处可见，“荣民”已经深深融入当地百姓的生活、镌刻在乡亲们的心坎上。

史贵禄以产业扶贫带动集中连片特困地区整体脱贫取得的巨大扶贫成效，得到陕西省委省政府的高度评价和肯定，省政府将其定点精准帮扶的模式和做法命名为“荣民模式”。经中央统战部推荐，中组部将“荣民模式”列入干部学习培训内容。

“荣民模式”具有很强的辐射性和带动性。2018 年荣民控股集团向周至县捐款 2 000 万元，用于建设 11 740 平方米的移民社区就业工厂，为该县提供 1 000 多个就业岗位，带动 1 000 多户贫困户当年实现脱贫。宁夏高沙窝、内蒙古赤峰等地运用“荣民模式”，贫困群众人均纯收入增加 3 000 ~ 5 000 元。

对于已经取得的成绩，史贵禄总是一笑置之，他把更多精力用在思考乡亲们脱贫后的长远发展上。“让农民脱贫不容易，但让农民不再返贫更难。如何推进农村工业化和城镇化，保证农民脱贫后不返贫，这是我参与精准扶贫确立的奋斗目标。”

（供稿：陕西省定边县扶贫办　修编：周艳　照片提供：荣民控股集团）

冯小华，广西洋浦南华糖业集团股份有限公司董事长，自治区政协委员。专注“三农”发展，探索“扶持＋补贴”的方式，采取“春贷秋还”解决贫困群众资金短缺问题。2015—2018年，通过种苗、化肥农资补贴等方式累计投入产业帮扶资金6 038.53万元，帮助640个贫困村建档立卡贫困户2.6万多户共10万多人。同时，集团提供20万个就业岗位。截至2018年底，按照公司帮扶种植甘蔗的贫困户已有1.5万多户共6.2万多人脱贫。积极投身公益事业，近3年投入公益帮扶资金累计3 622.64万元，其中为贫困村修桥补路花费3 226.01万元，公益捐款总额295.7万元。

“甜蜜事业”给贫困户带来“甜蜜生活”

广西洋浦南华糖业集团股份有限公司董事长冯小华长期立足农村，专注“三农”发展，推进建立了牢固的“公司＋农户”利益共同体，依托中国制糖龙头企业带动农民种植原料蔗，每年给予近100万名农民66亿元稳定的蔗款收入。

自2015年以来，冯小华积极响应党中央打赢脱贫攻坚战的号召，带领南华糖业集团各人糖厂，在广西、云南、海南等地践行产业扶贫、就业帮扶，同时投入帮扶资金1亿多元，帮助6.2万多名建档立卡贫困人口实现脱贫摘帽。冯小华的扶贫情怀质朴务实、润物无声。

助力脱贫攻坚，决不让一个贫困蔗农掉队

南华糖业集团下属制糖企业主要分布于广西、云南、海南、贵州等“老、少、边、山、穷”省区，这些种植区域经济欠发达，贫困人口较多。30多家糖厂中，有25个原料种植区位于国家扶贫开发工作重点县的滇桂黔石漠化片区县，覆盖蔗农80多万人，要带动这部分贫困人口走上脱贫致富道路，就要采取行之有效的措施。集团充分发挥制糖龙头企业的带动作用，坚持产业扶贫，通过发展原料蔗种植产业，带动当地蔗农脱贫致富。

冯小华说：“我们粗略计算过，如果让贫困户达到脱贫标准，每户只需种植1.5亩的甘蔗就可以实现。”对于缺少资金投入的贫困蔗农，集团采取“扶持＋补贴”的方式，

/ 冯小华（中）在甘蔗种植基地查看甘蔗生长情况

对他们进行种苗、化肥农资补贴和技术指导，鼓励他们种好甘蔗，企业负责回收，企业提前承诺原料蔗最低保底收购价格，并执行政府原料蔗收购价与食糖销售价二次联动的价格政策，打消蔗农对市场风险的后顾之忧。企业建立专门的农务服务队伍，为蔗农建立档案，传授甘蔗种植管理生产技术，并提供从种、管、收到运输进厂的全程跟踪服务，指导蔗农提高产量和收益。

南华糖业集团对蔗农的扶持资金标准是每亩 800 元至 1 500 元不等，精准帮扶到每一个蔗农，属于“春贷秋还”的方式，即春天种植期发放扶持资金，待甘蔗入厂回收时由农户归还；而约 500 元标准的补贴，企业不再收回。“采用这种方法，只要愿意付出劳动的农户，我们都能保证他们种好甘蔗，实现脱贫致富，不让一个贫困蔗农掉队。”冯小华说。

2015—2018 年，集团在帮扶贫困户发展原料蔗种植产业中，通过种苗补贴、化肥农资补贴、机耕补贴、价格补贴、劳务费补贴等方式累计投入产业帮扶资金 6 038.53 万元，加上公益帮扶对象，共帮扶贫困村 640 个，帮扶建档立卡贫困户 26 263 户，帮扶建档立卡贫困人口 103 544 人。截至 2018 年底，接受企业帮扶种植甘蔗的贫困户已有 15 458 户，贫困人口 62 155 人实现脱贫，走上了富裕的道路。

精准发力施策，因地制宜发展蔗糖扶贫产业

冯小华几年来坚持产业帮扶，致力精准脱贫。除了帮助蔗农种好甘蔗脱贫致富之外，冯小华还要求集团旗下地处贫困地区的糖厂积极参与对贫困村的深度帮扶，全方位帮助当地群众脱贫摘帽。

位于革命老区的大石山区百色市田阳县五村镇的巴浪村是当地有名的深度贫困村，全村有18个自然屯18个村民小组总户数402户1 370人，而建档立卡户有241户837人。南华田阳糖厂作为当地涉农龙头企业，主动担当，不仅出资35.62万元援助帮扶巴浪村实施村部办公楼改造工程，还按照广西壮族自治区脱贫标准，以“缺什么、补什么”的原则，为该村筹集村集体经济发展基金，为47户贫困户捐赠电视机等。同时，为增强该村的“造血”功能，达到扶贫与扶志相结合，他们还广泛宣传甘蔗产业扶贫政策和集团优惠政策，动员群众种植甘蔗或流转土地建立蔗糖基地，并先期捐赠80吨蔗种帮助该村种植甘蔗，让甘蔗糖业真正成为巴浪村群众脱贫致富的产业。近3年时间，巴浪村已实现140户贫困户脱贫，为当地产业扶贫树立了良好典范。

“冯小华董事长不但通过蔗糖业发展，从深层次解决贫困户产业发展问题，还有魄力、有担当、有作为，为贫困村、贫困户解了很多燃眉之急。”巴浪村第一书记孙峰依

/ 冯小华（中）在甘蔗种植基地查看甘蔗收成情况

/ 冯小华在办公

然清楚地记得，2018 年端午节期间，冯小华率领企业员工进村入户，为 10 户贫困群众家庭发放爱心慰问金，帮助贫困群众解决生活困难以安心过节。在走访过程中，当发现村部因缺少电视机，贫困群众无法通过远程视频学习甘蔗生产种植技术的情况后，冯小华当场决定捐赠 43 英寸液晶彩色电视机一台，随即指派专人赴县城购买，并于当日下午送达该村部，当晚该村组织贫困群众 60 多人集中村部观看甘蔗生产技术远程视频。

通过南华田阳糖厂引导巴浪村农民以土地流转的方式进行农企糖蔗项目合作，采取以农民土地流转南华田阳糖厂，进行农企生产合作的种植经营模式，累计引进原料蔗种植帮扶项目 510 亩；根据农企糖蔗项目合作协商原则，该项目首次合作有效期限为 5 年，农民每年以土地流转承包费每亩 450 元、田间糖蔗管护费每亩 100 元、糖蔗收割劳务费每吨 140 元的条件获益，南华田阳糖厂承担如期兑付农民相关款项义务，项目覆盖巴浪村 5 个自然屯，受惠群众 197 户 613 人，年人均增收 1 000 元以上，其中大部分都是贫困户。

积极与银行合作，助力产业扶贫。2018 年 5 月集团与平安银行进行金融合作，借贷扶贫贷款 5 000 万元，用于发展甘蔗产业。同时拿出 50 万元购买化肥，通过田东县南华糖厂无偿补贴给田东县作登乡种蔗农户，甘蔗种植面积 1 992 亩，惠及 187 户建档立卡贫困户。

通过做大产业创造更多就业机会，让当地贫困人口实现脱贫致富。目前集团的糖厂每年共榨蔗 1 300 万吨以上，榨季期间每天都砍收、装车、运输甘蔗约 17 万吨，每个榨季可为贫困人口提供包括砍蔗工、搬运工、装车工、运输司机等共 20 万个工作岗位。冯小华向各糖厂负责人提出要求，这些岗位应首先提供给附近贫困户。一个榨季仅砍收原料蔗这一部分，集团的产业即可提供 12 亿元以上的人工劳务费及 3 亿元以上的运输费。

冯小华说，我国蔗糖产业仍然供不应求，并有很大的发展空间，大力发展甘蔗种植、发展蔗糖产业，是一条脱贫致富的好出路。

尽管制糖是南华集团的主业，而冯小华带领南华集团的扶贫方式并不单一，随着企业不断发展壮大，冯小华时时心系贫困群众，除了鼓励种植、带动就业，他还因地制宜，发展种植养殖循环扶贫产业。目前，隆安南华糖业公司正在与该县乔建镇龙弟村合作，发展生态循环农业示范园，通过现代化技术手段，把发酵的甘蔗叶作为养牛的主要饲料，然后牛的排泄物通过沼池发酵来产生沼气，并用来发电发热，最后沼液通过灌溉回田，形成一种生态循环的种植养殖系统，促进可持续发展和美丽乡村建设。

冯小华的扶贫情怀润物细无声，正如他给广西制糖企业参与脱贫攻坚倡议书中提出的“种好甘蔗田，脱贫奔小康”口号一样，简单质朴，又极具实效。作为广西八桂糖产业商会会长，2016 年 9 月 26 日，冯小华主持召开商会会议时，倡议全行业助力脱贫攻坚。当时他的一句话让所有人记忆犹新：“作为糖业行业的企业家，扶贫是我们的责任，也是我们的情怀，是党和政府对我们的要求和希望，也是我们企业和个人发展的需求。”

热心公益帮扶，修路架桥捐资助学温暖众人心

在大力发展产业扶贫的同时，冯小华还加大公益投入，倾力帮扶原料蔗区域内贫困村的基础设施建设，通过修建道路和公共设施、捐赠款物等形式实施公益帮扶。

“我们的甘蔗种到哪里，路就修到哪里。”冯小华说。针对原料蔗种植区域内贫困村的交通普遍落后，影响蔗农发展甘蔗种植的情况，集团每年安排专项资金对原料蔗种植区特别是贫困村的道路、桥梁进行维修养护。近 3 年来，集团用于公益帮扶资金累计 3 522.64 万元，其中为贫困村修桥补路花费 3 226.94 万元，公益捐款总额 295.7 万元。

近几年，制糖行业遭遇了前所未有的困难，但南华糖业集团仍不忘积极履行社会责任，于 2018 年先后向隆安县龙地村捐赠路灯，向田阳县五村镇捐款修建排洪水渠等，金额共计 26.8 万元。2019 年向中国光彩事业促进会捐款 3 万元用于贵州省织金县的定点帮扶项目。

冯小华说：“扶智以自立，扶志以自强，扶智和扶志是我们精准扶贫的主要方向，

通过帮助困难学生顺利完成教育，才能阻断贫穷的代际传递。”2016—2017 年，集团向广西和合济困助学基金会捐款 100 万元，向广西协力基金会捐款 35 万元，向广西光彩事业促进会捐款 30 万元，其他捐赠 72.24 万元。2018 年向广西大学教育发展基金会认捐 300 万元用于资助建档立卡贫困家庭学生。

冯小华乐于“甜蜜事业”，乐于担当，同时勇做精准扶贫的坚定践行者，赢得了政府部门以及社会各界的高度肯定。他所带领的南华糖业集团还加入了广西壮族自治区工商联发起并成立的广西精准扶贫百企联盟，冯小华担任产业扶贫组组长。2017 年南华糖业集团荣获国务院扶贫办等部门颁发的全国“万企帮万村”精准扶贫行动先进民营企业称号，而他作为“领头羊”“排头雁”，一直在精准脱贫攻坚的路上不懈前行。

（供稿、照片提供：广西壮族自治区扶贫办　修编：张梦欣）

甘蔗种植基地

刘启芳，吉林省长春市净月高新技术产业开发区精诚社工服务中心理事长，全国青联委员。曾获全国三八红旗手、全国道德模范、全国学雷锋标兵、中央电视台三农公益人物、中国好人、中国公益人物、吉林省劳动模范等荣誉。发起的“吉心工程”公益项目，创新性采用“政府医保报销＋慈善基金”的医疗救助模式，架起慈善基金与政府医保报销的桥梁，6 年帮助 13 980 名贫困心脏病患者重获新生，先后组织 700 余次义诊，2 万余名村民获得免费心脏检查。

以一颗“心”换万颗“心”

漂亮时尚、话语率真、智慧却又感性……现年 40 岁的刘启芳，一身连衣裙，一袭风衣，足蹬高跟鞋，走起路来优雅精致，竟和记者预想得完全不一样。

就是这位女性，一位北京妈妈，抛家舍业扎根吉林农村做公益，6 年来克服重重困难，影响并带领一支千人志愿者团队，四处奔走，使吉林省 13 980 名贫困心脏病患者得以免费接受手术，重获新生。

能用一颗矢志不渝的向善之心，破除来自各方的猜忌和怀疑，把自己和世界变得更有爱、更美丽，为这个时代汇聚起一股磅礴的向上之力，刘启芳不简单。

医 院 偶 遇

刘启芳本在北京工作和生活，是京城一家年收益过亿元的文化传播公司合伙人。2013 年，她带着 1 岁大的女儿参加中央统战部在吉林举办的一个活动，并有机会到吉林省心脏病医院参观。没想到，人生的一个重大转折就这样悄然而至。

“在小儿病区，我和女儿顺宝遇到一个 5 岁的小姑娘。顺宝递上了一个棒棒糖，小姑娘面无表情地收下了。随后，她对我说：‘阿姨，妹妹给我糖，其实我很高兴，但是我不能高兴，因为我一高兴就会死！’”看着她克制的神情，刘启芳心中一颤。

原来这个女孩患有先天性心脏病，只要一激动就容易晕倒。用医生的话来说，“孩子一旦晕倒，很容易离开这个世界”，所以，她小小的年纪便学会了情绪控制。

“虽然这个病只要手术就能恢复，但家里实在没办法一下子拿出5万元、10万元来。因为孩子总犯病住院，我丈夫也跑了。”女孩妈妈那悲戚的面容中透着坚强，“就是砸锅卖铁，我也要给孩子治病，只希望我能比孩子活得久，能照顾孩子一辈子……”

初为人母的刘启芳，听了之后心如锥刺，不觉泪下：“我女儿出疹子，我都心疼得3天没睡觉。如果父母亲因为没有钱，便只能眼睁睁看着自己的孩子遭受病痛折磨，时刻担心孩子随时离开这个世界，这该是怎样的生命不能承受之重啊！”

刘启芳了解到，吉林省每年有10万人患心脏病，大量在农村，因无钱手术，就医者不足20%。而国家一直想推行“单病种路径治疗定额付费”，即经新农合和医保报销后，只需慈善基金再补充些差额，就能让贫困患者实现免费手术。如果在吉林省心脏病医院实施这个项目，每募集1万元慈善基金，即可挽救一个心脏病人的生命。

“不过，要想做好这件利民之事，还需有人帮助做项目包装、推广……”闻听情况，想为当地众多痛苦无望的病患家庭做些什么的刘启芳，基于自身的职业优势，当即揽下了这份“义工”。这个专门救助吉林省农村贫困心脏病患者的项目，就叫作“吉心工程”。

回到北京后，刘启芳处理完手头工作，便带着尚不能离开母亲照料的幼女，毅然踏上了前往长春的火车。

艰难开局

“我和女儿整天吃住在心脏病医院，本以为顶多待上3个月，帮助把‘吉心工程’的包装推广方案做完，移交给当地政府部门就可返京，谁料……”刘启芳一副“说起来话长”的神色。

/ 刘启芳（右）下乡宣传“吉心工程”

首先是在做方案的过程中，刘启芳总感觉“内容不接地气，宣传效果不理想”。为此，追求完美的她，从北京招来集团公司部分同事做志愿者，在一年间走访了吉林省800多个村屯，不断调研、试错、优化方案。“比如宣讲词，原来都是非常专业的医学术语，为便于老百姓理解，我们就把心脏换瓣比喻成了‘换锁芯’，并彻底摒弃了整体的‘高大上’风格……”

/ 刘启芳（右一）下乡宣讲政策

“和村民聊天时能感觉到，他们不相信我们，只相信政府、媒体，于是我们找到卫计委和电视台主播，可后来发现很多村民并不认识这位主播，我们就又重做问卷调查。基于调查，调整方向，改找乡村频道的主持人龚海、笑菲。”刘启芳露出灿烂笑容：“龚海在《二人转总动员》电视节目中为这个项目做了一次口播，当天我们便接到700多个咨询电话，我们一天不吃不喝电话都接不过来！要知道，以往一天也就十来个问询电话。”

喜人局面的背后，有太多不为人知的艰辛。冬季下乡调研、推广，她坐在人流较多的村医院和小卖铺里与村民们聊天，看到当地人一个劲儿地踮脚、跺脚，在北京长大的刘启芳还以为村民是不耐烦呢。直到自己挪步时发觉脚上的棉鞋竟被冻在了地上，她才恍然大悟。一盆冷水浇下，棉鞋解了冻，也湿了个透。

刘启芳没想到东北的冬天会那么冷！由于农村是室外旱厕，如厕也成了大问题。忙起来，经常熬到后半夜，睡前还要给顺宝洗洗涮涮，坦承自己是“从小被宠大”的刘启芳，不禁红了眼圈。

特别是起初很长一段时间，很多村民看到长相漂亮、穿着时髦的刘启芳，以为她是来忽悠人的骗子，态度并不友好。她的人身安全也成为一个问题。

“说实话，哭过，有很多次感觉自己快撑不下去了。”刘启芳褪去眼中泪光，神情重新变得坚韧，“但家人、朋友和病人的陪伴，又无数次给了我走下去的力量。”

在这种力量的支持下，刘启芳开展项目推广的方式越来越多，比如，带着小小的顺宝在村民集中的地方表演节目，借机向大家宣讲政策；组织医疗专家团队深入村屯义诊、开办爱国爱心健康大讲堂；组织二人转剧团送演出下乡，融项目介绍于剧目之中……

为爱打赌

虽然项目宣传推广效果不错，但新的问题接踵而至：当地政府部门没有足够人力接手。

如果无人募捐善款，此事岂不是要半途而废？刘启芳横下一条心：组建“吉心工程”专业志愿者服务团队，自己带头干！

“我要把‘吉心工程’做成像‘希望工程’那样有影响力的公益项目，绝不能向任何困难妥协！”2014 年 8 月 5 日，刘启芳正式给自己定了个目标：5 年筹集 1 亿元善款，救助 1 万人。

“不靠谱，一北京人来东北做公益，还不是摆花架子？”募捐时，刘启芳四处遭遇别人的口水与白眼，还有人猜测：这个漂亮女子大概是因感情受挫，才孤身带着孩子离京。

面对非议和不信任，甚至救助对象的不理解，身陷困境的刘启芳，偷偷哭了鼻子。

前来探望的父亲见状，送她一句话：“人生就像洪流一样，只有碰到暗礁、遇到困难，才能激起浪花。我为你骄傲，你做了一件别人没有做的事！”

第一年几乎没来看望过的丈夫，也开始每周末坐火车到吉林，陪着刘启芳一起下乡，他说：“特别支持你，老婆！”

有了亲人的鼓励，刘启芳擦干眼泪，又坚韧不拔地走在了募捐路上。

“你是北京人，能在吉林待多长时间呢？有太多公益项目都是说得特别好听，最后却做不到。你要是能在长春待两三年，我就信你……”不少企业家这样对刘启芳说。

“时间会证明一切”，刘启芳决意“为爱打赌”。2015 年，她把北京的公司交了出去，彻底扎根在了吉林。

“专注做这一件事，做得我都有点魔怔了，逢人就说‘吉心工程’，有一次在飞机上我跟邻座整整聊了一路，最后他慷慨解囊，捐了 4 万元；还有一次坐火车，一位全职妈妈被打动，不仅捐款 1 万元，之后还经常带着她两个孩子来参加我们的活动，成了团队志愿者……”刘启芳嫣然一笑：“我认识的人中，更是没有没捐过钱的。”

“可以说，我的团队都是在‘为爱打赌’，我们不知道未来会怎样，但我们相信，只要能改变身边的一点点，把每个人心中的善念激发出来，就能让这个世界变得更美好。”刘启芳说：“其实人人都有向善之心，只是有的人失去了相信的能力。我在吉林坚守 3 年之后，那些曾经怀疑过我的企业家，都参与了捐款。”

爱的裂变

2015 年底，全国公益人物评选首次增加“三农公益人物”，吉林省电视台刘彦总监建议刘启芳参选。

时值秋冬交替，正是心脏病高发期，刘启芳忙得脚不沾地，无意参选。但刘彦的一席话改变了她的决定：“你要站在更高的舞台上为吉林农民发声，这不是你个人的荣誉，而是赋予你的责任，况且这也有利于募集善款。”

“没想到，在全国众多候选人中，我竟会成为唯一的公益获奖者。不过，真正令我高兴的是，‘吉心工程’出名了，很多人、很多企业开始主动找上门来捐款！”刘启芳笑靥如花。

就是在 2015 年，腾讯向“吉心工程”伸出了援手。从首次参加腾讯 99 公益日配捐活动以来，刘启芳的团队已累计 3 年募捐款额排名前三。同时，中华儿慈会、上海宋庆龄基金会、上海华侨基金会等也纷纷参与到项目中来。

这股由刘启芳汇聚起来的爱心洪流，托起了一条条生命，挽救了一个又一个家庭。迄今，已有 13 980 位贫困心脏病患者成功接受了免费手术，其中最大的 70 岁，最小的只有 9 个月。

赠人玫瑰，手留余香。一年正月，一对夫妻坐了 4 个小时的火车，赶到吉林省心脏病医院找刘启芳。见面后，夫妻俩笑容朴实地说：“没别的事，我们就是想穿件新衣服跟您合张影，今年春节我们终于过得像个人了！”闻言，刘启芳一愣。原来，妻子产后得了心脏病，身体极为虚弱，经常喘不上气，家中所有重担都压在了丈夫身上，而高额治疗费又使本就贫困的家庭雪上加霜，全家人一年到头都没个笑脸。而成为“吉心工程”的救助对象后，妻子做完手术恢复了健康。夫妻俩特地花几百元各买了一件新大衣，就是为了让刘启芳看到，她为这个家庭带来了“新生”。

刘启芳（左）到病房看望病人

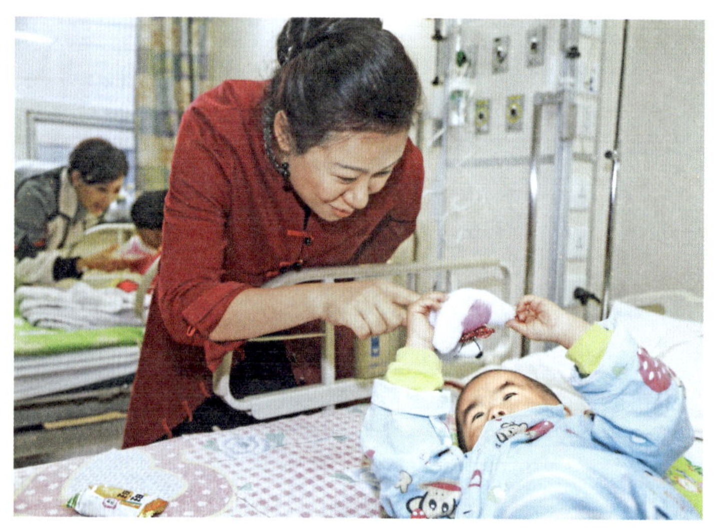

/ 刘启芳到病房看望小病人

同样是“吉心工程”受益者的肖欣雁，康复后找到了一份工作，在每个月仅有2 000元收入的情况下，她省吃俭用一年攒够了1万元。2019年8月6日，她一早起来，带着丈夫坐上汽车转火车，再搭乘公车交来到社工中心，亲手把1万元交给了刘启芳。“我记得，咱们1万元就能救助1个人，不管我这份力是大是小，都希望能帮助到别人。”肖欣雁话语质朴。

看着绑着五颜六色橡皮筋的1万元钱，感动不已的刘启芳更加觉得，一切都“太值了”，“吉心工程”拥有改变的力量，它改变了这些曾经的患者们的生活态度和生活方式。

从第一名患者康复出院，到第100个患者成功手术，到第1 000名患者回家，再到13 980颗重获健康的心脏勃勃跃动，这是个漫长的过程，但也是“吉心工程”为世界不断注入希望的旅程，是为中国实现伟大复兴持续增添动力的旅程。

“公益是每个人不能缺少的勋章，我背后有许多人在默默付出，他们把勋章都放在了我的身上，我有动力让这些勋章熠熠发光。”刘启芳告诉记者，她带领的“吉心工程”服务团队现有21名专职人员，还吸引了上千名志愿者，他们不但提前一年完成救助1万人的目标，还组织志愿者、患者家属献血52次，报名献血人数达2 507人，成功献血1 636人，累计献血近33万毫升。

“其实，最让我欣慰的是，受这支志愿者团队公益精神的影响，许多被救助者的家属也走上了无偿献血、助人为乐的奉献之路，爱的裂变正如我们所期望的那样，在不断扩大……”刘启芳的笑容，温婉而幸福。

（供稿：吉林省扶贫办　修编：张梦欣　照片提供：精诚社工服务中心）

刘祖治，湖南省万樟集团有限公司董事长，湖南省第十二届政协委员。曾获全国农业劳动模范、全国绿化奖章、湖南省“十大先富带后富”典型等荣誉。从2010年开始，用10余年打拼积累的上亿元资金，将10万亩荒山建成现代农业产业示范园，打造成“中国花湖谷”景区，成为可持续高质量发展的优质扶贫产业基地，解决3 000多人就近就业，帮扶和辐射带动园区及周边10多个贫困村脱贫出列、2万多人摆脱贫困。同时，拿出400万元设立助学帮扶基金，帮扶200多名贫困学生；捐资300多万元改善贫困村基础设施和人居环境。

荒山上的掘金人

在湘赣边陲、罗霄山中部腹地，有一个由人工造林、绿化荒山打造的10万亩木本大花海景区——“中国花湖谷”景区，它是革命老区茶陵县全域旅游的品牌项目，也是茶陵县精准扶贫的产业扶贫示范基地。可又有谁能想到，这里10年前还是一片荒山，巨变只因一个民营企业家——湖南省万樟集团有限公司董事长刘祖治的不懈追求和无私奉献。

倾注心血，打造绿色扶贫产业

刘祖治，1972年出生在一个林业工人家庭，从小耳濡目染，对园林有着特别的兴趣，大学也报考了中南林业科技大学，毕业后便干起了林业工作。2002年，他成立了一家园林绿化工程公司。他头脑灵活，做工程认真勤奋，质量好、守诚信，故工程做得风生水起。从县内做到了县外，从湖南做到了江西。经过10多年的打拼，积累了上亿元的资产，成了当地的大老板。人们羡慕他的成功，但他却不以为然，他的目的似乎并不在此，他有更高的追求。他说：“金钱不代表人生的价值，一个人富不算富，大家富才是真正的富。”

每年春节他回老家陪父母过年，看到春节后青年农民背井离乡外出打工，村里只剩下老人和儿童时，村子一下子变得空荡荡的，他心里就像打翻了五味瓶，不是滋味，有种说不出的心酸。一个回乡投资办企业的念头不时在心里生起。

2010 年的一天，他偶然路过严塘镇得知，这里在 2008 年的严重冰冻灾害中有 10 万余亩自然林被毁，一直荒废着，他便带领队伍来到山中考察。当他看到山上一片杂草丛生、间或泥石裸露、山下农田泥沙侵蚀、周边村庄房屋破旧时，他的心情再也无法平静下来，他做出了一个大胆的决定：把自己 10 多年打拼的全部积蓄投到这里，植树造林，绿化荒山，创建一个现代农业产业园，为父老乡亲开辟一条就近就业创收的致富大道。

消息传出，一片哗然。有人说他“有福不享，瞎折腾”，朋友劝他投资房地产，妻子也反对。但他像一头倔牛，认准的事就是不回头。

2010 年 5 月，他带领上百名员工和几十台挖掘机开进了这片荒山，开启了他向贫困宣战的新征程。

从此，他像一只不知疲倦的陀螺，一头扎在工地，既当指挥员，又当战斗员。一把锄头，一顶草帽，一身泥水一身汗，与员工日夜吃住在山头，十天半月才回一次家。一次为勘察地形，他坐着越野车，带着几名员工驶入深山，忙到天黑才下山。恰逢大雨，行驶在崎岖泥泞的盘山路上的车子突然打滑，撞在路边的大树上，差点坠下悬崖。坐在副驾驶座位上的他，头被撞破出血，颈椎也负重伤，被送进了医院。医生要他至少住院治疗一个月，可他心里惦记着工地，过了一个星期就偷偷上了工地，妻子心疼地说他“真是不要命了”。看他这样执着，家人看在眼里，疼在心里，由过去的反对慢慢地变为理解和支持。就这样，在困难面前，他从不退缩，就凭着这股拼劲，日复一日，辛劳不辍，提速荒山蜕变的进程。

/ 刘祖治查看苗木生长情况

2013 年，党中央发出了精准扶贫的号召，他更增添了发展绿色产业的信心和力量，想为打赢脱贫攻坚战多贡献一份力量。于是，他重新制定规划，把园区打造成景区，把产业园作为“中国花湖谷”景区的大花海景区来打造，产业规模由原来的 10 万亩扩大到 30 万亩，实行一二三产业融合发展，形成高质量的产业扶贫基地。

为实现这一目标，他以独特的视角，坚持造林造园、造林造景、造林造富的理念，走苗木一体化、经济效益与生态效益并重的发展路子。他在造林方式上独辟蹊径，不造传统的松树、杉树，而是造紫薇、丹桂、红枫、杜鹃、蜡梅等不同季节开花的名贵花卉；造银杏、红叶石楠、罗汉松、古樟等珍贵树种；造琯溪蜜柚、锦绣黄桃、纽荷尔脐橙等优质水果；造三华油茶、株洲红茶等高品质“三茶”（油茶、茶叶、茶花）产业，并将其成片、成图案栽植，形成一个个各具特色的生态景观园，旨在打造一个一年四季可赏花、观叶、品果的特色景区。同时，充分利用土地空间，坚持大树下面种小苗，待长到一定年份，将小苗间移出去投放市场，增加收入，助力产业开发，形成良性循环。

刘祖治查看紫薇花长势

寒来暑往，斗转星移，经过 10 年的汗水浇灌和 10 亿元的投资付出，10 万亩荒山已披上了绿装，变成了美丽的“中国花湖谷”大花海景区。2018 年“中国花湖谷”大花海景区被评为国家 3A 级旅游景区。景区的建设，每年解决农民就业由最初的几百人到现在的 3 000 多人，农民在过去没有任何收入的荒山上每年可得 400 多万元的土地收入。目前，园区内间移出的珍贵树种和名贵花卉苗木销售收入、优质水果销售收入、景区旅游收入已成为公司的三大支柱收入来源。山上一株株树木，成为带动农民脱贫致富的“摇钱树”。

尽其所能，帮扶农民摆脱贫困

园区、景区产业的建成为扶贫工作的开展奠定了坚实基础，刘祖治又开始了一场帮助乡亲们摆脱贫困的战斗。他做事特别认真，且有一股倔劲，也许这就是他成功的诀窍，但也注定要付出许多艰辛。他在发展绿色产业中不惜流血流汗，现在他在扶贫路上同样用心用情，不遗余力。

园区及周边有 10 余个贫困村，3 万多人口，如何最大限度地帮助当地农民增收，走出困境，这不是一件容易的事，但他从来就是敢于向困难挑战。贫困农民的家庭情况不同，造成贫困的原因也不一样。他通过走访调查，仔细研究，想出了一套针对不同情况的帮扶措施，可谓是费尽了心思，想尽了办法。

对有劳动能力的贫困户，他采取就业扶贫。优先安排到园区就业，并对男工、女工每天加补 10 元、5 元工资；对路途比较远的务工人员，安排工作车辆专门接送，解决他们来回奔波之苦。对年老体弱或伤残人员，安排诸如除草、浇水、施肥等轻便的工作，并免费提供午餐送至工地。同时，采取灵活的就业方式，农民家里有事可忙家事，家里没事可来务工，极大地方便了农民照顾家庭，得到群众的真心拥护。来园区务工的人员越来越多，现在每年有 3 000 多人，每人年创收 1 万 ~ 3 万元，多的有 4 万 ~ 6 万元。现年 61 岁的伤残军人周汉伟，家庭十分贫困，一家五口住在破旧的土坯房中，还欠债 7 万多元。夫妻俩到园区务工后每年工资有 6 万多元，加上土地流转收入每年 3 000 多元，一举实现脱贫。如今，周汉伟不仅还清了债务，还盖上了三层小洋楼，他满怀感激地说："多亏了刘老板把园区建在了家门口，才有了今天的好日子。"

对有志于创业但缺资金、缺技术的贫困农民，他采取创业扶贫。他斥资 500 万元建立苗木种植农民专业合作社，由公司负责进行技术培训，免费提供种子、农药、肥料，和农民签订苗木回购包销合同，让农民吃下定心丸。合作社成员猷竹村贫困户谭东梅，2015 年承包 8 亩荒山种植苗木，2016 年按协议价卖给公司，一年纯收入近 10 万元，一下甩掉了贫困帽。合作社自 2015 年创办以来，已吸纳 183 个农户入社，每人每年平均增收 2.6 万元。如今不少合作社成员又把自己学到的技术亲帮亲、邻帮邻，带动数百户两千多人走上了创业脱贫之路。

对没有劳动能力的政府兜底贫困人员，他采取长效委托帮扶，即让每个贫困人口将 1 万元政府扶贫资金投入到公司，公司每年给每个贫困人口分红不少于 1 000 元。公司共承担了 2 131 个贫困人口的委托帮扶任务，准备连续帮扶 10 年，现已帮扶 4 年，发放分红资金 800 多万元。

他不仅帮扶贫困农民，还设法帮扶贫困村发展集体经济。他采取入股分红方式帮扶村集体增收，即让贫困村每入股 1 万元，每年分红 1 000 元，并签订长期合同，以保障村集体长期增收。已有猷竹村、湾里村、和吕村等 5 个贫困村因此得到 230 多万元的收入。他还帮助猷竹村发展农业旅游观光产业，把整个村 3 100 多亩荒山流转到公司名下，实行集约化经营，使该村村集体每年增收 15 万多元。

由于他的尽力帮扶，2018 年他的公司所承担的帮扶对象全部实现脱贫摘帽。

想方设法，让农民走上致富路

近年来，经过园区、景区产业带动和刘祖治的精心帮扶，当地贫困农民已经脱贫，但刘祖治并不以此为满足，他想得更细致、看得更长远，目标是把贫困农民扶上致富路，送上小康道。

他深知知识就是力量、知识能够改变命运的道理。不少贫困户就是因为过去家里穷、读书少，没有掌握一技之长，创收能力低而造成了贫困。为了不让历史重演，他想到了要治穷根就要扶助贫困农民的下一代，于是开启了助学扶智之路。

说起助学扶智之举，其实早在 2002 年创业之初他就已开始，并一直坚持着。一次他在走访茶陵县枣市镇灵官村贫困学生曾文亮家庭时，发现他家里父母都是残疾人，房子破旧，家里没有一件像样的家具，一家人主要靠政府低保维持生活。看到这些，他的心情十分沉重，随即送去 5 000 元慰问金。两位老人感动得给他下跪，他扶起两位老人，并郑重承诺"请你们放心，以后孩子上学的费用我全包了"。从曾文亮初二开始到研究生毕业，刘祖治共资助了 21 万余元。

从这件事上刘祖治也深深感受到助学扶智的重要性。于是，他斥资 400 万元建立了助学帮扶基金，对贫困家庭的大学生、中学生每学期发放 1 000 ~ 5 000 元的助学金，对考上本科、研究生的贫困生发放 500 ~ 2 000 元的奖学金。一共有 200 余名学生受益，共计发放助学金 67 万余元，避免了因贫辍学情况的发生。

如果说他开展助学扶智是扶长远，那么他帮扶因病、因残或因意外灾难事故造成的特困农民就是帮一时、扶当下。在扶贫实践中，他认识到因病、因残、因意外灾难事故返贫发生率是比较高的，为及时帮助这些特困农民走出困境，他采取走访慰问直接捐助的方式帮扶。他每年两次走访特困群众，每次送去 3 000 ~ 4 000 元的慰问金。据统计，他已走访特困群众 196 人次，发放慰问金 73 万多元，解了他们的燃眉之急。

不仅如此，刘祖治还想到，帮助贫困村改善基础设施和人居环境也是长远之策。他先后捐款 300 余万元帮助贫困村修建道路和桥梁、绿化村道、修建农民公园和休闲广场。他不仅想让群众富，还想让群众过得好、过得幸福。

为了让当地农民的生活过得越来越好，他建立公司与农民利益共享机制。目前农民

/ 刘祖治（左）向贫困生发放奖学金

/ 刘祖治（右）慰问贫困户

是以土地流转到公司获得稳定的土地租金，待合同期满，农民将土地租金转为股金，成为公司股东，与公司共享产业发展红利，这会使农民越来越富。正如他说：“要让农民失地不失权，失地不失利，失地不失业。”真正让这片绿水青山，变成老百姓的金山银山。

人们常说，十年磨一剑，而刘祖治十年磨的是一把与贫困战斗的利剑。他用 10 年时间，实现了一连串惊人的数字：绿化荒山、建设绿色产业 10 万亩，完成投资 10 亿余元，每年解决就业 3 000 多人，接受委托帮扶 2 131 人，帮助贫困学生 200 多人，走访慰问特困群众 196 人次，辐射带动 3 万多人摆脱贫困…… 虽然数字是单调枯燥的，但是数字背后折射出他对这一片土地和乡亲的真情和大爱，他付出的又何止是金钱和汗水？这 10 年来，他一心扑在扶贫产业建设和扶贫工作上，心里装着成千上万的群众，唯独忘了自己和家人。他从没有给自己过一次生日、放一天假，不知多少次错过妻子的生日，也错过了对正在上学的女儿的关爱。面对家人，他觉得亏欠太多太多。但当他看到贫困群众实现了脱贫致富，每逢春节收到受助学生寄来的贺卡时，他的脸上洋溢着笑容，内心依旧无怨无悔。

问他今后有什么打算，他满怀信心地说：“帮扶的脚步不会停下。目前，公司开发的 10 万亩‘大花海’还只是‘中国花湖谷’规划景区的一部分。未来，还将继续推进‘大湖泊’‘大峡谷’总共 30 万亩的旅游景区建设，我们的战略目标是打造国家 5A 级旅游景区，要带领更多的农民致富奔小康，共同过上幸福美好的生活！”

（供稿、照片提供：湖南省万樟集团有限公司　修编：张梦欣）

/ 湖南省万樟集团有限公司万亩桂花园一角

孙永斌，中国致公党党员，云南省大理白族自治州宾川县华侨庄园农业科技开发有限公司董事长。2014 年，孙永斌带着所有的积蓄来到大理宾川，开展优质鲜食葡萄及晚熟柑橘新品种、新技术推广应用 5 万多亩，免费培训种植农户及贫困户 50 785 人次，带动 5 万户建档立卡贫困户实现劳动力转移。他探索创立“党支部＋龙头企业＋贫困户”的党建扶贫双推进产业扶贫模式，建成葡萄、车厘子扶贫示范基地等，带动 541 户 1 744 人脱贫致富。他所帮扶的村（社区）年集体经济收入均超过 5 万元。他在每年扶贫日的捐款累计 50.7 万元，还资助家庭困难大学生 30 余名共 30 多万元。

青年扶贫人

在云南，有这样一个青年，他十年寒窗苦读走出农村，靠助学贷款读完大学，却又选择回到农村，立志用所学去改变那片土地。

/ 宾川县华侨庄园农业科技开发有限公司全景

他放弃大城市的优渥生活条件，到贫困县种植葡萄，让一个又一个贫困村集体有了收入，带领边疆贫困群众在家门口实现脱贫致富。

他相信知识能给农村带来改变。他组织培训农民大学生、葡萄技术员，让一个又一个有技术的人，成为贫困家庭脱贫致富最稳固的力量。

他是宾川县华侨庄园农业科技开发有限公司董事长、全国农村青年致富带头人、2019 年全国脱贫攻坚奖奉献奖获得者孙永斌。

创业者——奋斗的青春最美丽

孙永斌出生在云南乌蒙山区的一个贫困家庭，是国家助学贷款让他顺利完成了学业。小时候，给孙永斌留下印象最深的，是从初中开始，每当快要开学的时候，父母为了筹集学费和生活费，四处求人借钱。父亲满怀期望的眼神和母亲的愁容满面，深深铭刻在这个寒门少年的脑海里。从年少起，他就立志要好好学习，通过知识改变命运。十几载寒窗苦读，他成了村里第一个考上重点大学的学生。

俗话说，穷人的孩子早当家。大学期间，孙永斌便开始想方设法挣钱贴补家用，吃苦耐劳的品格让他成了同学们眼中的“创业明星”，大家都亲切地称他为“孙总”。大学毕业时，创业者的标签给了他压力，但同时又给了他动力。

大学毕业后，为早日还清家里欠下的债务，孙永斌选择留在昆明。没有资源和资金，他只能自力更生，硬着头皮自主创业。

人们常说：越努力，越幸运。孙永斌赶上了国家大众创业、万众创新的浪潮，借着政策的东风，他在摸爬滚打中努力寻找合适的方向。

孙永斌出生在农村，成长在农村，对农业、农村和农民有一种无比亲切的感情。看到家乡还是那个贫穷的旧面貌，看到留在村里的青壮年越来越少，看到乡亲们守着金土地挖不出金元宝、一年下来白忙活，这个青年的心情就万分沉重。慢慢地，他坚定了这样一个信念：回农村用科技带动广大农民一起摆脱贫困，让农业成为一个有奔头的产业。

光靠想解决不了问题，只有干才有出路。2014 年一次偶然的机会，孙永斌来到了中国水果之乡——大理白族自治州宾川县，这里近 30 万亩以鲜食葡萄为主的优质水果产业发展势头强劲，他感受到农业产业的勃勃生机。虽然他看到了农村人才短缺、农业科技水平低下等问题，但同时也看到了巨大的发展空间、无限的商机。

创业的艰辛与困难，只有创业的人才知道。种地同样没有想象中那么简单。孙永斌流转了 5 亩土地，在网上学习种植技术，入行最前沿的有机质无土栽培。年轻人劲头足，学东西快。很快大棚建好了，栽种小苗的时候，几个到县里考察的外国专家来到他这里，用仪器检测了种植基质，通过翻译告诉孙永斌：基质 EC 值太高，一周之内所有的小苗都会枯萎。这让孙永斌一头雾水：“什么是 EC 值?”几个专家瞪大眼睛惊讶地反问他：“你连 EC 值都不知道，还敢用这种种植技术?”

一句话警醒了孙永斌，他深入了解才知道，EC 值就是离子浓度。由于这 5 亩地的基质是海南大海边生长的椰棕粉末，盐分太重，会把幼苗给烧死。第一次危机来临，孙永斌起早贪黑，一株一株用水清洗了上百遍才解决了这个问题。

葡萄苗长势很好，这让孙永斌很振奋，可没想到出现了更麻烦的事。几个本地专家听说有人搞出来新花样，都来看新奇。其中一位看完后说：“你这个果树长得好看却没用，不会挂果，可惜人不吃树叶。”“怎么会这样？！”又是一次打击，孙永斌的心里像是被泼了一大盆冷水。

就在孙永斌不知道怎么办的时候，上海交大农学院的王世平教授恰巧来基地，孙永斌见面第一句话就问：“王教授，您看这葡萄树能挂果吗？”“长这么好，肯定能挂果，但要稍做处理。”在王世平教授指导下他才弄明白，植物都有顶端优势，营养都往高处送，长太快反而不利于花芽分化。经过这几次事件，孙永斌意识到科技的重要性，他第一时间与上海交大联系，合作成立了专家工作站。有了技术支持，他就把基地扩大到了200亩。

/ 孙永斌研究葡萄栽培技术

几经波折，孙永斌成立了宾川县华侨庄园农业科技开发有限公司，以科研和种植为方向开始了他的农业种植之路。孙永斌十几年寒窗苦读，终于走出大山，跳出“农门”。这个农村的孩子如今又回归农村，回到他最熟悉的地方，投身到现代农业产业发展的大潮之中。

守初心——吃过苦，不忘本

2015年，打赢脱贫攻坚战的号角在全国吹响。作为贫苦家庭走出来的孩子，孙永斌对贫困有刻骨铭心的感受，深知贫穷这只“拦路虎”是多么可怕。他深深感谢党和国家的政策，让他学有所成、创业有路、报国有门，他决心全力投身脱贫攻坚这个伟大事业中来回报社会。

一个偶然的机会，孙永斌随驻村扶贫工作队走进了千年古村——萂村，这个南诏时期曾经诞生过两位皇帝的小村子并未随着历史的发展而延续辉煌。萂村为少数民族聚居地，像傈僳族，贫穷的代际传递现象非常普遍。十万大山成了最大的屏障，一场大病便是生离死别，寒门学子很难走出大山，女孩子初中毕业就失学在家早早嫁人生子。

孙永斌跟着扶贫干部走进傈僳族小女孩侯艳明家，看到土坯房破败不堪、摇摇欲坠，家里就没有一个可落脚的地方。侯艳明父亲瘫痪在床，母亲车祸去世，家庭生活全靠低保，家里无力支持她继续上学，一直渴望上学的侯艳明更是郁郁寡欢，患上了轻度抑郁症。另一贫困户李文飞是一个糖尿病患者，每天都要打胰岛素，高昂的医疗费用让他对生活绝望，曾多次想自杀，却放心不下年幼的儿子，生死两难的他眼神里充满了疲惫与煎熬。

这一幕幕让孙永斌心里久久不能平静，他下定决心一定得做点什么。

对荞村的调研，让孙永斌深刻认识到一个农业企业必须清楚知道依靠谁、为了谁，农业企业的责任就是带动农业、农村和农民发展。青年创业者一定要将自己的事业与国家的需要结合起来，与祖国同心同向。

大理白族自治州宾川县是国家扶贫开发工作重点县，同时也是全国集中连片特困地区片区县，隶属滇西边境片区，是全国知名的“中国水果之乡”“中国柑橘之乡”和“中国葡萄之乡”。孙永斌围绕宾川县优势产业——热区特色水果产业开发，开启了他将创新创业梦想融入宾川县产业的扶贫之路。

孙永斌决定先从荞村入手。他认识到，企业直接把农户组织起来发展产业是走不通的，要建立企业和农民相互信任的关系，就要靠村委会的组织纽带作用。在帮扶单位支持下，他找到了村“两委”干部，几番讨论后决定建一片葡萄种植扶贫基地，带动全村贫困户发展产业。

没有资金，孙永斌找银行协商，争取到 500 万元支持。但由于村里合作社还没成立起来，需要公司找村干部做担保先贷一年，一年后再把贷款转到合作社。

这下问题来了，500 万元对村里而言可不是一个小数目。 在村委会主任家，孙永斌遭到了村委会主任家属的拒绝。最后孙永斌找来挂靠单位和银行一起开会动员，当面签协议。终于村干部的工作也做通了，相当于整个村几年总收入的 500 万元到账后，孙永斌感到肩上的担子沉甸甸的。

200 亩葡萄大棚最终建成，在精心照料和技术支持下，承载着全村 186 户贫困户

/ 荞村扶贫基地栽种的阳光玫瑰葡萄

/ 荞村扶贫基地葡萄装箱

612 人脱贫希望的树苗长势良好。果实收获后，合作社一次性支付 5 年土地承包费 150 万元，每年各项劳务费用 100 多万元，2018 年实现贫困户分红超过 159 万元，扶贫基地取得了巨大的成效。

莉村的成功，让孙永斌看到了贫困村蕴含的潜力。

扶贫人——让户户有能人、村村有余钱

莉村的糖尿病患者李文飞成了基地的股东，不仅分了红，还可以在家门口的基地务工赚钱，随着家庭条件的改善，他渐渐放下了沉重的心理包袱。

整天愁眉苦脸、不见笑容的傈僳族小女孩侯艳明又回到学校。暑假时，孙永斌推荐她到公司做暑期实习工，派专人对她进行心理辅导，她一个月工资也近 3 000 元。慢慢地，侯艳明的笑容越来越多，随着家庭情况的好转，她的抑郁症慢慢痊愈了，又变回了那个开朗的女孩。

看到贫困户发生的改变，孙永斌由衷地感到高兴，他越干越有劲。在富滇银行支持下，孙永斌又在大理市太邑乡者摩村建设了 200 亩车厘子扶贫示范基地，带动了 178 户 589 名贫困群众脱贫致富；在共青团云南省委支持下，孙永斌在保山市昌宁县文沧村建设了 150 亩葡萄扶贫示范基地，实现了党建团建扶贫共同推进，带动了当地 177 户 543 名贫困群众脱贫致富。

除了建设两块扶贫基地外，他还组织了国家葡萄产业技术体系 11 位岗位科学家在公司成立了滇西扶贫小组；与云南开放大学合作为宾川培养了 762 名农民大学生，免费组织产业科技培训 5 万多人次。通过劳动力转移、技能培训、利益联结等带动 12 000 余户贫困户增收脱贫。

扶贫基地让村“两委”有了向心力，村“两委”有钱办事，威信提高了，也更有话语权了，村里的风气也越来越好了。

/ 保山市昌宁县文沧村 150 亩葡萄扶贫示范基地

/ 孙永斌向贫困户传授葡萄栽培技术

除了莉村之外，自 2016 年以来，孙永斌帮助宾川县钟英乡连续两年创收 49 万余元，金牛镇大尖峰社区每年村集体创收 5 万多元，金牛镇牛井社区两年累计创收 72 万余元；2018 年，平川镇禾头村集体创收 15 万元，金牛镇大坪地易地搬迁尼萨新村集体创收 16 万元，为宾川县巩固脱贫成果和实现高质量可持续发展打下了较好的基础。

“党支部 + 龙头企业 + 贫困户”的党建扶贫双推进产业扶贫模式获得了云南省委省政府肯定，这其中受益最大的是贫困户。

偏远山区的贫困户彝族小伙儿李建兴，2016 年通过政府组织的劳动力转移，夫妻二人成了孙永斌公司的员工。2017 年，他又享受了易地搬迁政策，从大山深处搬迁到了县城附近的扶贫新村。李建兴夫妇在公司工作勤勉踏实，每月包吃住，每人工资 3 000 多元。2018 年，李建兴一家靠着自己的努力，买了一辆小轿车，成了“搬得出、稳得住、能致富”的光荣脱贫户。

在宾川，像李建兴这样的脱贫户还有很多。这样靠自己双手带来的改变，正是孙永斌所期望看到的。

孙永斌一刻也没有忘记，他们同自己一样，是农村出来的孩子。党和国家成就了他，让他完成了从寒门学子到创业者到青年扶贫人的蜕变，他愿意为了父老乡亲过上好日子继续奋斗下去！

昔日乌蒙山区农家子，而今滇西青创扶贫人。这个青年扶贫人一路走来，也会走得更远。

（供稿、照片提供：云南省宾川县华侨庄园农业科技开发有限公司　修编：高永伟）

/ 莉村扶贫基地航拍图

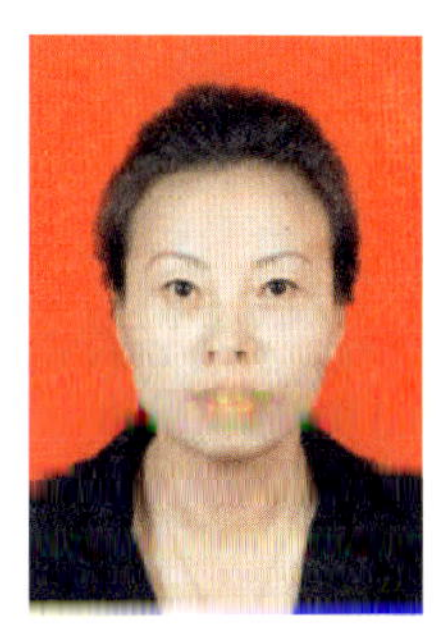

苏晓莉，青海省互助县素隆姑刺绣有限公司总经理。她以独特的土族盘绣为切入点，发扬传承非物质文化遗产，以民族文化带动经济发展，助力脱贫攻坚。她加大新产品研发，“威远土族盘绣”产品在青海省 30 多个主要旅游景点均有销售，在省内外繁华商业区有销售门店和专柜 20 余处。她探索实施“企业＋基地＋农户＋能人＋市场”的生产销售经营模式，辐射带动 4 000 余名农村妇女参与刺绣手工艺品制作，其中贫困群众 200 多人，人均年增收 2 万多元。

带领穷姐妹　绣出致富路

在青海省海东市互助土族自治县，经常能看见一种传统盘绣图案——太阳花，这是土族人民的创造，包含着多种美好的寓意，这也是苏晓莉最热爱的太阳花。一次偶然的机会让她与盘绣结缘，从此开启了带动贫困绣娘致富、培育盘绣文化品牌的人生。

老手艺绣出新希望

互助县是全国唯一的土族自治县，海拔高，物产资源缺乏，远离内地，群众就业机会少，贫困人口居多。苏晓莉小的时候家里很穷，但正是因为穷，她一直苦苦寻找改变贫穷的机会。她最初在企业工作，因工厂倒闭转而卖服装、干苦工，尝尽生活的辛酸，但意志坚强的她从未有过气馁和消沉。

一次，苏晓莉去外地拜访一家远房亲戚，带去了一个盘绣挂件，亲戚朋友见了格外喜欢。这让她第一次注意到了盘绣。此后两年，她走访了 4 个乡镇 120 个村的 4 000 多家农户。白天，她走村入户，与绣娘们沟通交流，鼓励她们用自己的技艺发家致富；晚上，她翻阅大量资料，对土族刺绣进行研究探索，逐渐从一个门外汉转变成为土族刺绣行业的“土专家”。

而接下来的见闻让苏晓莉决定，勇敢站出来当个带头人，借盘绣来改变乡亲们的贫穷面貌。那是一次到省会办事，她看见两个游客买藏族手工艺品时出手十分慷慨。在一旁悄悄观察了好一会儿之后，一个想法逐渐在她心中清晰起来：土族盘绣这么好看，

/ 苏晓莉（右一）入户给绣娘讲解盘绣

为啥要守着好手艺吃穷饭？能不能把盘绣卖出去，卖出好价钱，让乡亲们挣到钱？

苏晓莉回到家便找了几个乡亲，说要和她们一起创业做盘绣。还没等乡亲们开口，苏晓莉就向她们表态："只要你们绣了，我就帮你们卖出去，卖不掉也给你们钱。"她接着说："试一下可能成功，也可能不成功，但试都不试就永远不会成功！"

一个月后，苏晓莉拿着乡亲们的盘绣，走上了推销的道路。那个时候，她也不知道哪儿来的胆子，直接盯上了省会的索菲亚酒店。酒店经理是一个法国人，根本听不懂苏晓莉满口的青海话。但她就是认准了外国人会喜欢盘绣，就拿着五颜六色的盘绣，在酒店里跟经理连比带画地推销盘绣。高鼻子蓝眼睛的法国人可能是被她的固执感动了，也可能是真的喜欢上了盘绣，结果把苏晓莉带去的盘绣全买了下来，而且价格非常可观。

那天在回家路上，苏晓莉心里乐开了花，她为自己帮乡亲们找到了一条致富的出路而感到高兴。"生在穷地方，咱不怨天怨地怨爹妈，要怨就怨自己不努力不拼搏。只要多动脑子，办法总比困难多。"

这之后，每当苏晓莉去村里收货时，常常有老阿妈拉着她的手说："能有今天的日子，我都不知道怎么感谢你。"看到乡亲们的日子越过越有劲头，苏晓莉觉得自己做了一件正确而有意义的事。

很长一段时间，土族刺绣这项国家级非物质文化遗产面临着青黄不接、后继乏人的窘境。在苏晓莉的推动和带动下，这种状况逐步改变，土族刺绣产业开始崛起。现在，学习刺绣的农村妇女中有 50% 的人是 80 后、90 后，常年在外打工的年轻人返乡后也跟着苏晓莉从头学绣太阳花。对此，苏晓莉无比自豪："学的是老手艺，绣的是新希望！"

更多姐妹脱贫了

一个人致富不算富，带动更多妇女脱贫致富才是苏晓莉的目标。2015 年，在脱贫路上她又勇敢地迈出了一大步——成立了素隆姑刺绣有限公司。公司刚刚成立，一个贫困村的村支书就找到了她，推荐了几个根本不会盘绣的藏族老乡。如果收下她们，就得从头带，耗费精力不说，还会影响公司的业务开展。苏晓莉是从穷日子走过来的，深知

/ 苏晓莉传授盘绣手艺

穷是啥滋味。“这些老乡能走出来，一定渴望摆脱贫困。”于是，她对村支书说：“只要她们肯学，我就收下。”

这其中有个大姐叫东国兰，原来住在松多藏族乡，那里位置偏僻，仅有一条乡道与外界相连，山多地少，村民们完全靠天吃饭，有的人家年收入不足 500 元。东国兰没有任何刺绣基础，苏晓莉就从零开始一针一线地教。最初，东国兰绣出的三四幅绣品根本卖不出去。为了鼓励她，公司都按价收了下来，然后放进库房。没想到半个月后，东国兰交上来一幅非常漂亮的绣品，并且说：“我听别人说了，前几幅绣品根本没卖，我不能给公司丢人。为了提高手艺，我每天晚上在家都要练到深夜。”听着大姐朴实的话语，苏晓莉心疼地一把捧住了她的手，轻轻抚摸着那扎得满是针眼的手指，发誓一定要让这几个姐妹过上好日子。

直到今天，苏晓莉都记得东国兰第一次领到工资时激动的样子。捧着 2 000 元工资，她的手都颤抖了，一遍遍地问：“这么多的钱真是我的吗?”当得到肯定回答后，东国兰把钱紧紧攥住，泪水哗地流了下来。现在，东国兰的年收入已经达到了 3 万元，完全脱了贫，正向更好的生活奔去。

当公司的产品越卖越远、越卖越好时，苏晓莉获得了巨大的满足。这种满足不是因为挣了更多的钱，而是因为当公司越开越大时，她有能力帮助越来越多的人了。

米金花是公司的一名业务骨干，刺绣又快又好。可是她脱贫没两年，丈夫突发脑出血变成了半身不遂，丧失了劳动能力，治病还欠了一大笔钱。从此，米金花变得愁眉不展，不得不辞职回家照顾丈夫。看着她家因病返贫后，苏晓莉心里比她还急。就在这

/ 苏晓莉（右一）给绣娘们发工资

时，一个大胆的想法从她脑海里跳了出来：帮人帮到底，如果帮米金花在村里办一个车间，让她既可以照顾丈夫又可以挣钱，那该多好呀！

当苏晓莉把这个想法告诉米金花时，米金花吓了一跳，连连摆手："我哪里有钱办车间呀！"苏晓莉坚定地说："办车间的钱我出，赔了是我的，挣了咱俩分。你要是不办，光凭自己扑腾，到啥时候才能把债还清呀！"米金花愣了好一会儿，突然感动地哭了起来。

苏晓莉做事从不拖泥带水，说干就干。没出一个月，就在米金花所在村建起了扶贫车间，并交由米金花全权打理。车间竣工剪彩那天，苏晓莉只提出了一个要求：招工时，一定要优先招贫困群众。之后，苏晓莉派出骨干给村民们免费进行技术培训，还免费提供原材料，使车间迅速进入了盈利状态。办扶贫车间第一年，米金花就挣了 3 万多元；第二年，米金花还清了全部债务。她成了村里脱贫致富带头人，笑容又重新回到了脸上。

在米金花的带动下，村子周边的留守妇女都跟着她学手艺，她们足不出户就成了产业工人，实现了飞针走线的炕头经济。后来，苏晓莉以"企业 + 基地 + 农户 + 能人 + 市场"的生产经营模式，在 10 个乡镇、村设立了基地和扶贫车间，免费提供技术培训，免费发放原材料。如今，基地和扶贫车间辐射带动全县 4 000 余名农村妇女参与刺绣手工艺品制作，其中贫困群众 200 多人，人均年增收 2 万多元，农村妇女靠着做刺绣赚到了钱。

魅力盘绣创品牌

盘绣产业红红火火，可很少有乡亲知道苏晓莉付出了多少艰辛，一个人扛着多么大的压力。资金和市场是她曾经面临的两大难题。

2017 年，为了建基地和扶贫车间，苏晓莉拿出所有的积蓄，以个人名义向农商银行贷了 300 万元，还卖掉了一处临街的商铺。最难的时候，她甚至连首饰都当掉了，为了公司的发展和乡亲们的脱贫，她夜不能寐。好在挺过了艰难的创业期，公司的发展越来越好。看到乡亲们的日子越过越有劲头，苏晓莉不后悔自己的选择。

过去，土族刺绣产品种类少，除了装在镜框里卖的摆饰品，就是传统土族服饰，色调、样式比较单一，不能激发消费者的购买欲望。苏晓莉大胆创新，把传统文化元素和现代理念融入刺绣产品上，积极学习借鉴湘绣、苏绣、蜀绣、粤绣、宋绣等刺绣产品的特点。

2015 年，苏晓莉拿着绣有盘绣图案的公文包样品找到互助县一个会务工作负责部门，希望他们能使用这款公文包。“负责人当时比较犹豫，我承诺绝对按照会务标准提供高质量的产品，他们终于给了我机会。”公文包一经亮相，就受到参会人员的青睐，有的还询问如何购买，这给了苏晓莉继续推销的勇气。随后，她与绣娘们开发出笔记本电脑包、文件夹等系列产品，广受市场好评。

苏晓莉还不断延伸产业链条，打造“威远土族盘绣”品牌。在致力于土族刺绣非物质文化遗产传承与保护的同时，她积极尝试产学研用相结合，联合青海大学不断开发新产品，积极打造本地特色文化品牌，先后开发出 200 多种盘绣新产品，为企业寻求新的突破点。她运用现代设计方法，在家居用品、生活用品上创新植入土族刺绣纹样，让产品更具观赏性，不断扩大产品受众面，也让外界进一步了解了土族民俗文化。

/ 苏晓莉（中）收购绣娘们的盘绣产品

如今，公司盘绣产品在青海省内 30 多个主要旅游景点均有销售，在省内外繁

/ 苏晓莉（中）走村入户向绣娘介绍新品

/ 苏晓莉指导绣娘盘绣

华商业区有销售门店和专柜 20 余处。“威远土族盘绣”品牌已成为青海省旅游产品中的佼佼者，素隆姑刺绣有限公司也成为“一带一路”发展中国家联谊会理事单位、丝绸之路企业联盟成员单位、青海省妇女手工业示范基地、九互传统文化基地、青海省青年见习基地、青海大学研学实训基地。

回望脱贫攻坚之路，苏晓莉曾遇到很多困难，但她从没有退缩过。“素隆姑”在土族语里意为彩虹，互助县素有彩虹故乡的美誉。在这片彩虹大地的天空中，一只鸿雁带领着一心向往幸福生活的雁群，正奔向近在咫尺的“小康”。

（供稿、照片提供：青海省扶贫开发局　修编：周艳）

李进，中共党员，四川省唐古拉风艺术团董事长。曾获改革开放 40 年四川百名杰出民营企业家等荣誉。带领艺术团演出 1 000 余场，覆盖甘孜、阿坝、凉山等地的 17 个深度贫困县，约 21.3 万名贫困群众观看了演出。艺术团已培养和吸纳贫困地区歌手 200 多名、舞蹈演员 800 多名，占演职人员总数的 90%，实现“一人参演，全家稳定脱贫”的目标。募集、带动各类扶贫资金近 2 亿元投入到高原藏区、凉山等深度贫困地区脱贫攻坚事业，惠及贫困群众 4 000 多户 2 万多人。个人累计出资、捐款捐物折合近 2 000 万元。

藏寨羌山李团长

给雪域送去温暖，让高原充满欢乐。在四川，有一支名为唐古拉风艺术团的民间民族演艺团队，从 2009 年开始，他们自筹资金，跋山涉水，深入藏区、地震灾区、板房社区、居民安置点、军营、学校、建筑工地开展公益文化惠民活动 1 000 余场，通过文艺表演的形式将党的政策与温暖传遍四川藏寨羌山，为深度贫困地区脱贫攻坚贡献了力量，对四川民族地区的文化繁荣、社会稳定和民族团结发挥了独特作用。

这样一个团队的奉献，离不开一个人的榜样力量。“我志愿加入中国共产党，愿为共产主义奋斗终身，随时准备为党和人民牺牲一切，永不叛党。”作为演艺团队的团长，李进永远记得入党时许下的铮铮誓言。他是这样说的，也是这样做的。

精准扶贫开始之后，作为一名党员，李进第一时间认识到，脱贫攻坚是党心所向、民心所向。他带着艺术团，开展精准扶贫文艺演出，覆盖甘孜、阿坝、凉山等地的 17 个深度贫困县，惠及贫困人口约 21.3 万。

/ 唐古拉风艺术团慰问演出现场

作为四川省第一个和全国首批少数民族民办艺术团，从 2001 年成立至今，艺术团每月平均演出近两场，创造出中国民营艺术团爱心义演的多个“第一”。从深度贫困地区的农村娃到四川省改革开放 40 周年百名杰出民营企业家，李进从一个党的路线践行者成为党的声音传播者。随着唐古拉风艺术团的声音传遍了藏寨羌山，他也被农牧民群众亲切地称为“李团长”。

冲锋在前传党声

唐古拉风艺术团取名于世界屋脊唐古拉山，本着“把党的温暖和关怀吹进雪域高原村村寨寨、千家万户”的目标，李进立足四川省多民族融合的实际，挖掘少数民族原生态文化特色、丰富现代生活文化多元化需求，充分发挥自身优势和特点，助力推进文化扶贫、文化维稳等公益活动，取得了可喜的成就。

10 多年来，李进带领艺术团在开展公益演出和文化服务活动的同时，组织带领艺术团参加“5·12”汶川特大地震、甘孜藏区雪灾、丹巴泥石流、阿坝州理县泥石流、青海玉树地震等自然灾害的抢险救灾和赈灾义演募捐活动，以及“民族团结心连心、手拉手，共建温馨和谐家园”活动，把党的声音传播到军营、街道、社区和农村。

艺术团成员大多来自四川、青海、甘肃、云南、西藏等地的藏族、羌族、彝族、汉

/ 李进（前排左一）在汶川“8·20”强降雨特大山洪泥石流灾害捐赠现场

族等民族。起初，艺术团致力于少数民族文化事业的传承和发展，特别是藏族传统音乐的挖掘、创新和推广，先后出版了一批影响广泛、深受人们喜爱的藏族音乐作品，并且为一大批民族歌手走向全国歌坛提供了舞台。

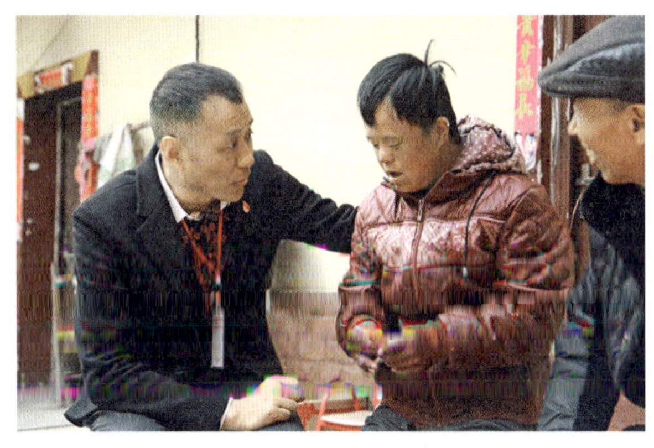

李进（左）慰问建档立卡贫困户

在 2008 年“5·12”汶川特大地震中，李进的家乡理县受灾严重。看到全国各地八方来援，感受到党和政府对灾区群众的关心关爱，李进萌生了为灾区群众做点事情的想法。

“当时一心想要感恩。”2009 年春节前夕，李进出资 600 万元，带着艺术团开始了首次公益慰问演出。25 天的时间里，慰问团先后前往汶川、北川、都江堰等 10 个地震极重灾区。“大规模的演出进行了 32 场，一些临时的小演出就数不清了。”李进回忆，首次慰问演出的成功让他坚定了继续下去的决心。从 2009 年开始，艺术团每年都利用重阳节、春节、儿童节等节日，前往全省各地特别是甘孜、阿坝、凉山等民族地区免费开展慰问演出。其间还先后组织了甘孜藏区雪灾、丹巴泥石流等自然灾害的赈灾义演募捐活动。

据不完全统计，自开展文化公益和文化扶贫救助活动以来，艺术团共为民族地区捐款捐物合计 1 700 万元。

艺术团共有演职人员 40 余人，其中不乏策划、创作、编导和管理人才。他们不仅成为民族文艺的传播者，更是维护民族团结的坚定支持者。

艺术团副团长兼主持人泽旺多吉在一次慰问演出途中遭遇车祸，一条腿不得不截肢。但他并没有被击倒，而是戴上义肢，重新站上了舞台，自编自演了许多广受民族同胞欢迎的小品。

在民族地区，艺术团深受当地群众喜爱的一个重要原因是该艺术团的表演源于生活、贴近群众，节目紧扣时代脉搏。“2009 年，我们把地震救援中的一些故事编成小品，演出时就看见台下的观众止不住地掉泪，我们也跟着落泪。”泽旺多吉回忆。此后，歌颂精准脱贫的小品《懒汉脱贫》、纪念改革开放 40 周年创作的民族歌舞剧《高兴事》都通过表现普通藏区农民家中翻天覆地的变化，引起了民族同胞的共鸣。

艺术团在走进理县慰问演出的同时，组织全县数万名藏族、羌族群众进行了“感恩祖国　祝福重生”大型巡游活动，将“共产党好”“社会主义好”等时代主旋律唱响在民族地区的大街小巷。

载歌载舞助脱贫

党的十八大以来，习近平总书记提出了精准扶贫、精准脱贫基本方略，扶贫扶志的思想给李进极大震撼。作为先富起来的企业家，他觉得自己有责任和义务回馈社会、助力脱贫，不改共产党员为民谋福利初心，把艺术团各项工作集中聚焦到精准扶贫中来。他立足于少数民族祖祖辈辈传承下来的歌舞喜好习俗，着眼于传递党的扶贫政策，丰富群众精神文化生活，以激发贫困群众内生动力为着力点，用心组织、精心编排，在雪域高原上唱响了一支支感人的文化扶贫之歌。

李进清楚认识到，扶贫不能掺假，真要扶贫就必须从源头上动真格。他采取"边演出、边发现、边吸收、边培养"的方式，在每场扶贫会演互动中，都会在贫困群体中留意并发掘能歌善舞的好"苗子"，达成共识后，及时吸纳进艺术团并安排老师进行专业化训练，包吃包住，人均每月能领到 3 800 元的固定工资，实现"一人参演，全家稳定脱贫"。同时，通过贫困演职人员讲自己的脱贫故事，让更多的贫困群众有了脱贫信心和希望。目前，艺术团已吸收培养贫困歌手 200 多名、贫困舞蹈演员 800 多名，大多来自四川、西藏、甘肃、青海、云南等地区，包括多个民族，占演职人员总数的 90%。

为了更精准地传递党的声音，促进民族大融合，贴近老百姓的日常生活，对于每一场演出的节目内容，李进都会亲自提前与当地党委政府对接，带领艺术团的编导们深入基层调研，了解贫困群众在想什么、干什么、需要什么，编排的节目怎样才能贴近群众生活，特别是打动、感染贫困群众，并进行严格把关，最终审定。

天为幕，地搭台，雪域高原的每一个角落都是他们的舞台，他们不拘形式、不讲条件，在田间地头、在草原牧场、在农牧民家中，都留下了他们扶贫的身影。由于节目形式多样、表演内容接地气，深受广大农牧民群众欢迎。

/ 唐古拉风艺术团组织万企帮万村走基层文艺惠民演出

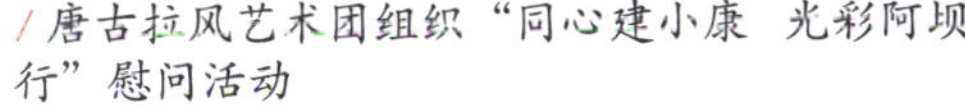

/ 唐古拉风艺术团组织“同心建小康 光彩阿坝行”慰问活动

/ 唐古拉风艺术团组织“同心建小康 光彩藏区行”慰问活动

2019 年大年三十，李进带领上百人团队进入海拔 3 000 米以上的高原藏区，他们不惧恶劣天气，不畏地面冰雪，不怕高原缺氧，走进若尔盖、红原、阿坝，把最精彩的表演带给父老乡亲，送去党的关怀与温暖。泽旺多吉回忆说：“大部分表演者都是在表演和吸氧中不断地切换，尽管脸蛋冻得发紫，嘴唇不停地发抖，但是台下老百姓一双双充满感动的眼睛，一张张充满喜悦的笑脸，让我们有了更加坚定的动力，一定要表演好。”

色达县 80 多岁的老阿妈察洛是一名建档立卡贫困户，由于年事已高，体弱多病，不能到现场观看演出。得知老阿妈平时特别喜欢看文艺类的演出，尤其在大年三十举家团圆的日子里，这种愿望更为强烈和迫切时，李进当即拍板：给老阿妈来一场现场演出。当天下午，李进组织 10 多名演职人员深入到老阿妈家中，给她送去了一场特别的演出服务。精彩的演出，动听的旋律，温暖的祝福，让老阿妈感到无比的甜蜜与幸福，不禁为之感动，潸然泪下。演出结束后，老阿妈紧紧握住李进的手，哽咽着说道：“卡卓！卡卓共产党！我会一辈子记住你们的恩情。”听完老阿妈发自肺腑、语重心长的一番话，李进的眼圈也红了，他没有说话，只是紧紧地抱着老阿妈的双肩，心里默默念叨，余生只要我还能说话、还能走路，就一定会不遗余力、尽我所能地去帮助更多需要帮助的人。像这样特别的到户演出服务，还有很多很多……

一首歌、一支舞，带来的是贫困群众对党的政策的认可。如今艺术团所到之地，老百姓都会身着盛装观看演出，把观看演出当作重大节日来对待。艺术团所到之处，人们的精神面貌焕然一新，听党话、感党恩、跟党走已成为主旋律。

民企“扶贫家”

艺术团见证了贫困村面貌的改变。精准扶贫小品《第一书记》以驻村第一书记真情感化贫困懒汉为主线，从侧面反映了扶贫干部的艰辛与不易，用群众喜闻乐见的方式让扶贫干部的真情激发群众脱贫内生动力，在欢笑中去领悟、去感受党的好政策。阿坝县贫困户扎西看了小品后说：“不跟党走、不落实扶贫政策、不配合扶贫工作，我们都没有脸面。”

艺术团的演出几乎场场爆满、座无虚席，无论山多深、路多远，李进场场参加。看到贫困群众的生活发生如此大的变化，他深深被感染。在文化扶贫之外，李进毫不吝惜地将自己多年奋斗积累下的财富变成老乡们的一条条通途、一幢幢新居、孩子们的一笔笔学费，他也被商界朋友誉称“扶贫家”。

多年来李进已累计出资、捐款捐物折合近 2 000 万元，募集、带动各类资金近 2 亿元投入到高原藏区、凉山等深度贫困地区脱贫攻坚事业，惠及建档立卡贫困户 4 000 多户。同时他依托家乡绿水青山的独特资源优势，投资 10.86 亿元建设孟屯河谷风景区，提供就业岗位 500 多个，将直接惠及上孟乡、下孟乡、薛城等乡镇 200 多户贫困户增收脱贫。

李进还充分发挥成都阿坝州商会会长的优势，组织动员商会会员加入扶贫队伍中来。如今，成都阿坝州商会 15 家民营企业结对帮扶了阿坝州 16 个贫困村，累计落实帮扶资金 1.23 亿元，实施的扶贫项目涉及中药材种植、农畜产品加工、基础教育教师培训和医疗卫生等，惠及贫困户 1 800 余户。

慰问活动的持续开展、企业家们的点滴付出也得到了四川省相关部门的高度关注与支持指导。2016 年，慰问活动正式纳入四川省光彩事业促进会的“光彩藏区行”活动。当年春节，“同心奔小康 · 光彩藏羌情”演出慰问活动便启动，艺术团先后奔赴阿坝州 5 个县开展演出慰问。

“这是一个民营企业的责任与担当。”李进表示，没有党和政府对藏区的关怀，没有好的政策，我们也不可能发展起来。下一步，唐古拉风艺术团还将与四川多家文旅企业进行合作，提升艺术团的业务水平，为民族地区群众带去更加精彩的文艺盛宴。

“2020 年前，唐古拉风艺术团的文化扶贫活动将在三州深度贫困县实现全覆盖。”这个藏寨羌山上的李团长，正向着更高更远的道路迈进。

（供稿、照片提供：四川省唐古拉风艺术团　修编：高永伟）

李鹏，新疆沙漠枣业有限公司董事长、新疆维吾尔自治区和田地区策勒县智慧果业农民专业合作社理事长。曾任新疆阿克苏地区行署副专员、塔城地区行署副专员。2009 年退休后，他来到新疆策勒县践行自己对脱贫攻坚事业的责任和担当。10 多年来，他通过建立集红枣种植、加工、销售于一体的产业链，实现“红枣产业梦”，辐射周边乡村，解决就业 13 万人次，劳务费用超过 1 400 万元，使当地农民人均纯收入由 2009 年的 2 173 元增加到 2018 年的 9 300 元，超出全县人均水平 1 000 多元，村集体收入达到 41 万元。

走在脱贫攻坚路上的退休“厅官”

他是脱贫攻坚路上一名浴血奋战的斗士，也是一名本该颐养天年的退休“厅官”，更是 2019 年全国脱贫攻坚奖奉献奖获得者，他就是李鹏。10 多年来，李鹏用一腔热情和坚韧不拔的毅力，一边防风治沙、改善环境，一边种植红枣，带领乡亲脱贫致富，将 2 000 亩黄沙地变成了“绿宝盆”。

2009 年，从正厅级岗位退休后，本该颐养天年的他却做出了一个让所有人意想不到的决定：到最艰苦、最需要改变的地方去，做些力所能及的、自己喜欢的、对社会有意义的事。经过再三考虑，他选择了去我国最大的沙漠——塔克拉玛干沙漠种树。2009 年 12 月，他卖掉在乌鲁木齐的房产，拿着全部积蓄，只身来到受风沙侵蚀严重的新疆和田地区策勒县策勒乡阿日希村。

策勒，维吾尔语意为“红枣”，这里紧挨着“死亡之海”塔克拉玛干沙漠，年均潜在蒸发量是降雨量的 74 倍。历史上策勒县曾因风沙侵袭被迫三次搬迁。20 世纪 80 年代，沙漠前沿距策勒县城只有一公里多。“和田人民苦，一天半斤土，白天不够晚上补”，这句民谣道尽了当地环境的恶劣。策勒乡阿日希村更是一个“沙包两米高，沟有两米深”的有名的“沙漠风口”。李鹏来到后，选中 400 亩沙地种植既能防风固沙又有经济效益的枣树。他坚信：越艰苦，越需要绿色和发展。

艰苦奋斗，昔日荒漠今成林

“人人都追求享受，但享受的标准各有不同。我的目标是在暮年之时在昆仑山脚下的沙漠风口上建成一片理想的枣园，这就是我最大的享受。”在李鹏的宿舍墙上，贴满了他多年来的一些心得感悟，这句话就是他对“享受”一词的理解。

初到策勒，人生地不熟，工作和生活极为艰苦。李鹏住在村民一间几平方米的低矮破旧房子里，蚊叮虫咬，进门碰头，吃饭还得走 1 公里远的沙土路，每天工作 12 个小时左右。严重的腰椎间盘突出症经常疼得他直不起腰来，每天在沙丘中他拄着拐棍深一脚浅一脚，反复踏勘，画简易图纸，水、电、路、渠、防风林、条田、机耕道等都由他自己规划设计。

有一次他的胃病发作，几天吃不下饭，且连续呕吐，但他还是整夜坚持给林带浇水。后经检查诊断为胃黏膜大面积严重脱落，还有几处黑斑，几乎到了胃穿孔的程度。医生再三要求他住院，而他只是买了些药，边吃药边工作。

沙漠边种树，投入大、收益慢，他几乎借遍了亲朋好友。为节省支出，一身沾满土

/ 李鹏查看红枣地附近的防护林情况

的迷彩服，一碗拌面，就是他一天的生活。

李鹏说：“我来这里是心甘情愿的，吃苦受累是有思想准备的，在晚年能带动当地百姓脱贫致富，让他们过上好日子，是我的心愿。”

整整两年，他和当地几个维吾尔族老乡从平整沙包、一棵一棵种下防风林，到改善土壤，再一次一次补种枣树，将风沙肆虐的荒漠改造成可以耕种的田地。

年逾九旬的老父亲心疼儿子，主动要求和儿子一起驻守在这片沙漠。他满足了老人的心愿，把父亲从乌鲁木齐接到身边照顾。老人在去世之前留下遗言：“把我埋在这里，陪着你。”[illegible]让他既感动又愧疚。他说，“哪儿的黄土不埋人啊！这是我父亲的。”

10 多年间，他种植的枣林扩大到 2 000 亩，4 万余株防风林、70 万余株枣树锁住了这片沙漠。往日连绵起伏的沙包逐渐被削平，一条条防风林带整齐地向沙漠方向延伸。结满硕果的红枣树，一行行铺满防风林带围成的方格，将黄沙与村庄远远分隔开来。

产业兴旺，脱贫致富拔穷根

如今，在阿日希村 6 067 亩土地中，红枣种植面积达到 5 707 亩，这里的红枣园不仅改善了当地生态环境，还是各族群众增收脱贫的重要产业支撑。

李鹏种植的 2 000 亩红枣园被列为全县的红枣种植示范园，他成立的新疆沙漠枣业有限公司已建成一个 9 700 平方米的红枣初级加工厂，年加工能力近 1 万吨，逐步形成了集红枣种植、加工、销售于一体的完整产业链，先后注册了“沙天红”“阿日希”“库尔班大叔”“沙漠种枣人”等品牌，并荣获自治区农业产业化重点龙头企业称号。

“我们不仅有 2 000 亩红枣示范基地，在红枣种植和管理技术方面引导枣农走红枣提质增效的道路，还有这个新建成的加工厂，对红枣进行初加工提高附加值，帮助农民卖上好价钱。”他说。

2017 年 9 月，李鹏吸纳当地 100 名枣农成立了策勒县智慧果业农民专业合作社，全力打造策勒县红枣种植培训示范基地，帮带贫困户转变观念、理清思路，有效掌握红枣种植等方面的常用实用技术，建成了集科研、生产、培训、推广于一体的红枣种植示范体系。

农民们借助红枣种植基地提供的就地就业岗位，边学、边干、边增收，通过实践检验培训效果、不断提升技术水平，有效提高了基地红枣产量和质量，并为农户自家林果提质增效打下了坚实基础。两年多时间，合作社累计培训技术人员 6 000 余人次，培训技术骨干 100 余人。

在示范基地的示范带动下，当地枣农学会了修剪、施肥、病虫害综合防治、嫁接、

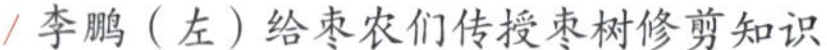

/ 李鹏（左）给枣农们传授枣树修剪知识

/ 李鹏（中）和技术员一起探讨红枣病虫害防治

保花保果等让枣树多结枣、结好枣的一系列提质增效技术，同时，公司为社员免费提供的销售渠道、成本价清洗分选加工红枣服务，更让枣农们尝到了红枣初加工后卖上好价钱的甜头。

“女工一天 60 元，男工一天 100 元，在这里打工的同时还能学技术。”麦沙力 · 斯干达说，从修剪枝条、清理枣园，到采摘和加工红枣，一年四季都有活儿可干。阿日希村的大多数村民和麦沙力一样，也都在这里打工，帮忙采收红枣。更重要的是，这几年他边打工边学技术，利用学到的技术对自家的 10 亩枣园进行了提质增效的改造。

“只要扛得起坎土曼（一种类似锄头的农具），我就要跟着李鹏继续干下去。”买买江 · 司马伊力从枣园建立时就在此工作，多年科学种植管理红枣经验让他家的枣园每亩多收入 2 000 元，每年光红枣收入就有 10 多万元。

阿日希村党支部书记麦提沙吾尔 · 胡达拜尔地说：“李鹏来到我们阿日希村以后，不仅植树造林、防风治沙，改善了这里的环境，还通过雇用村民在红枣示范基地打工，让村民学会了红枣提质增效的技术，带动了大家增收脱贫、共同致富。”

2018 年 12 月，李鹏与阿日希村签订《2019 年脱贫攻坚战略合作协议书》，2019 年加工季度为村民无偿加工红枣 200 吨，贫困户零出资入社，优先在公司就业，免费享受销售平台、技术培训、红枣产品升级等服务，以产业扶贫、就业扶贫、科技扶贫、资金扶持为核心，助推阿日希村全面脱贫。

10 多年来，李鹏的红枣种植示范基地辐射周边乡村，解决就业 13 万人次，劳务费用超过 1 400 万元。通过种枣治沙、提供大量的就地就近就业岗位，阿日希村农民人均纯收入由 2009 年的 2 173 元增加到 2018 年的 9 300 元，超出全县人均水平 1 000 多元，村集体收入达到 41 万元。

乐善好施，扶贫济困献真情

在多民族聚居的新疆，民族团结是一个永恒的主题。作为一名退休的党员干部，受党培养多年，对人民群众的深厚感情已经深深融入他的血脉中。虽然离开了工作岗位，但他对群众的感情却愈加炽热。

10 年来，阿日希村大部分农民都或多或少受到过他的帮助。

2010 年，村民买买江·依斯马依力的妻子因病需要到乌鲁木齐动手术，但将近 15 万元的医疗费用让他望而却步，对当时还徘徊在贫困线上的买买江·依斯马依力来说，这笔钱无疑是一笔巨大的费用，他东借西凑也只借到了 10 万元。李鹏得知消息后，主动找到他，并将 45 000 元塞到了他手中，对他说：“我已经帮你联系好乌鲁木齐的医院，赶紧去看病吧，这钱不要你还，不够了我们再想办法。”

妻子的手术很成功。“要不是李总关键时候伸出援手，这个坎儿我们真不知道该怎样迈过去。”回忆起这一幕，买买江·依斯马依力心里充满了感激。

家在策勒县固拉合玛镇的村民艾力·奥布力艾散是建档立卡贫困户，来枣园工作一年多后，李鹏发现他平时喜欢乱花钱、爱喝酒，每个月不仅把自己的工资花个精光，还向别人借钱，从不给家里补贴。李鹏就单独找他谈话，进行批评教育。为尽快帮他摆脱贫困，改善生活，李鹏还把他有语言障碍的妻子招到公司上班，孩子安排在就近的幼儿园，一家人每月不仅有了 5 000 元的稳定收入，而且吃住在公司，水、电、房租全免。

最近，艾力·奥布力艾散享受易地扶贫搬迁政策，在县城附近的小区里分到了一套 70 多平方米的房子。“虽然我在县城有了房了，但我还是要跟着李总干，他不仅让我物质生活有了极大的提高，更教给了我做人的道理，我现在就一门心思存钱，把我的房子装修得漂漂亮亮的，把日子过得红红火火的。”艾力眼里充满憧憬。

2016 年 9 月，策勒县连续降雨引发洪灾，不少村民的房屋和棚圈眼看就要被洪水冲垮。李鹏毅然打开闸口，把洪水引进自家的枣园里。村民的房屋保住了，他的红枣却因为洪水的缘故出现烂果、裂果、黑头等现象，枣园也因此损失 100 多万元。

刚刚大学毕业的牙克普江·艾山患了严重的肾衰竭症，没钱治病。李鹏主动上门，和两位朋友一次性资助了 15 万元。麦提图尔荪·麦麦提敏突发心脏病去世，留下一个 14 岁的小女儿，正在上初一。李鹏和他们全家商量后，承诺将资助这个孩子直至大学毕业。

70 岁的低保户库尔班尼亚孜·加拉力丁 19 年前收养了一个汉族女婴，如今这个女孩已经上大学了。库尔班尼亚孜·加拉力丁担心自己年纪大了，说不定哪天走了，女孩无人照看，于是找到李鹏，想把孩子托付给他。李鹏二话没说，果断地接受了老人的托付，并答应无论以后如何，他都将尽自己最大的能力把孩子培养成对社会有用的人。

残疾贫困户布威海丽且罕·苏莱曼家里没柴火了，想找公司食堂的师傅借一些。李鹏知道后，就让人装了满满一平板车柴火，送到她家中，并搬进院子，整整齐齐地码放好。

一桩桩、一件件，类似这样的关心、帮助不胜枚举，在李鹏看来都是一些平常事，但村民们却牢牢记在心里。

2019 年大年初一这天，李鹏的住处人头攒动，热闹非凡，枣园员工、周边群众 150 多人，男男女女、老老少少自发前来给他拜年。屋子里坐不下，他就干脆把桌子搬到院子里，大家一起唱歌、跳舞，欢聚一堂。

李鹏说，那一天是他这辈子最幸福的时候，作为一个普通的老百姓，有这么多人来拜年，充分反映出村民们对他这些年工作和做人的认可。

村里有人问李鹏："你都 70 岁的人了，打算这样干到什么时候？"李鹏笑着说："和大家一起干到最后一天。"

干部总是要退休的，但作为共产党员李鹏永远不退休。李鹏用 10 年时间，带领百姓在贫瘠的家园播撒幸福的种子，将荒漠变成绿洲，一批又一批群众在他的帮助下脱贫致富了。在他日渐衰老的身体里，始终燃烧着恪尽党员职守、为群众谋福利的火热情怀。

（供稿、照片提供：牛斌　修编：宋军伟）

李安平，山西省振东健康产业集团有限公司董事长。曾获第七届感动中国十大杰出企业家、中华慈善奖、山西省功勋企业家、山西省脱贫攻坚创新奖等荣誉。带领公司举办“扶贫济困日”“冬助日”“敬老日”，成立“仁爱天使基金”，累计捐款3亿多元，救助困难群众上万人次。依托中药材种植，采取“老总包片、中层包村、员工包户”的方式，公司36名高管，160名经理，900名员工帮扶山西平顺县78个村6 030户16 116名建档立卡贫困人口。2018年，平顺县中药材产值达到3.38亿元，同比增长42.25%，全县农民人均中药材收入达到3 700元，同比增长110.22%。

振兴家乡不停歇

坑洼泥泞的小路，低矮破旧的土坯房，幼不能有所教，老不能有所养，贫穷、落后……这一切，都是李安平童年挥之不去的心头之痛。自小家境贫寒的他，未读完初中便被迫辍学。由此，他也有了最大的念想——改变家乡面貌，让家乡父老脱离贫困。

1993年10月1日，李安平在困境中艰难起步，创办了自己的企业——山西振东健康产业集团。取名“振东”，意指“振兴家乡东和村”。自成立这天，他就带领企业确定了承担社会责任的价值取向，并将其作为毕生的使命与追求。

不忘初心行善举

不同于其他企业在致富后回报乡里捐一次款的善举，振东集团从成立之日起，就将社会责任揣在心中、做到实处。

腊月廿三，俗称“小年”，是中国传统文化中祭灶、扫尘、吃灶糖的日子。山西平顺县年味渐浓，乡里的人家都在张罗着。扫尘简单，但对于缺衣少食、短米少面的家庭来说，小年、大年要如何过？老人们掰着指头吃力地盘算着。那困顿的眼神、纠结愁苦的神情，反复出现在李安平眼前。

北方的腊月天寒地冻，滴水成冰，空旷的田野更是寒风凛冽。天虽然冷，但不能让乡亲们寒心，更不能让老人们没了基本的生活保障。李安平带领的振东人打着一袋袋大米、白面，抱着一堆堆保暖衣物等生活必需品，解了乡亲们的燃眉之急。

这一义举也从振东集团成立那年的腊月廿三延续了下来，成为振东集团开始履行社会责任的标志。随着企业不断壮大，管理逐步正规化，这一活动也已制度化——振东集团将每年的农历腊月廿三定为集团一年一度的“敬老日”。每年这天，振东集团为周边村庄 60 岁以上的老人和振东集团药材种植基地的老人送米送面、送生活必需品，已累计资助 1.2 万余农户，物资价值 1 000 多万元。

在“敬老日”制度化的同时，振东集团另一个制度化的慈善项目“尽孝金”也正式诞生。

一天，李安平斜靠在座位上，汽车音响里播放着欢快的歌曲《常回家看看》，他的情绪仍然沉浸在刚刚与某炼油厂合作成功的喜悦中。一向酷爱唱歌的李安平跟着音乐哼唱起来：“常回家看看，回家看看……”忽然，他停了下来，自己很长时间没有回家了，是该回去看看父母了。

当车停在家门口的时候，听到声音的母亲几乎是从屋里跑出来的。当她看清站在面前的儿子时，高兴极了：“儿啊，58 天没看见你了。”李安平愣住了，不识字的老母亲是怎样一天天掰着指头数过来这 58 个日日夜夜的啊！

由此，李安平想到了振东集团那些常年在外的员工，他们离家在外的时间更长，他们的父母何尝不是相同的心情？何尝不想儿女多回家陪陪自己？想到这里，李安平决定替他们担起这份为人子女的责任，于是他郑重宣布：设立“尽孝金”，凡与父母不在同一地市生活的振东公司员工，每月以振东集团的名义为其父母寄发 150 元“尽孝金”。累计约 5 000 人领到“尽孝金”，金额近千万元。

习近平总书记关于打赢脱贫攻坚战的论述，特别是关于调动社会力量共同推进脱贫攻坚工作的要求，为振东集团指引了方向——企业在做好自身发展的同时，要主动承担社会责任，回馈人民。

振东集团地处经济基础薄弱的上党老区，许多老百姓家庭贫困，含辛茹苦供养孩子读书。每年 9 月，是莘莘学子满怀喜悦踏入大学校门之际，也是很多家庭对着录取通知书愁眉不展、万般无奈的时候。当李安平了解到这些情况后，立即安排解决这些孩子们的上学费用。

之后，为了使这项活动持续服务于最需要帮助的家庭，真正解决家乡百姓的急难所需，2002 年经董事会研究决定，把每年 8 月的第三个周日确定为振东集团“扶贫济困日”。之后，又根据振东集团实际情况，于 2014 年将“扶贫济困日”调整为每年 8 月的第四个周六。

随着振东集团的发展和活动的深入，“扶贫济困日”的规模越来越大，辐射范围也越来越广。2014 年 8 月 30 日，振东集团第十七届“扶贫济困日”救助活动在集团总部会场及武乡、平顺分会场成功举行，共救助贫困大学生 1 062 名，贫困户、特困户 24 户，

/ 2019 年“扶贫济困日”，李安平（右一）向贫困学子发放资助金

发放救助金 526 万元。振东集团已累计捐款 9 000 多万元，帮助 7 700 余名学子圆了求学梦。

科学开发“中药材王国”

习近平总书记在打好精准脱贫攻坚战座谈会上指出，要坚持精准方略、提高脱贫实效，解决好扶持谁、谁来扶、怎么扶、如何退问题，扶贫扶到点上扶到根上。脱贫攻坚，把握精准是要义。在国家精准扶贫的号召下，在内心扶贫热情的驱动下，李安平带领振东集团主动承担起山西长治平顺县的脱贫任务。

平顺县是国家扶贫开发工作重点县，全县 262 个行政村 16.7 万人中，有建档立卡贫困村 241 个、贫困户 1.801 1 万户、贫困人口 5.199 7 万人，是长治贫困发生率最高、贫困面最广、贫困程度最深的县。但同时，平顺县境内群山起伏，山大坡广，小气候多样，中药材资源丰富，有种植中药材的历史。据不完全统计，全县有植物药材 300 多种，大宗中药材 67 种，道地中药材 10 多种，堪称“中药材王国”。

根据这些有利条件，在李安平的带领和指导下，振东集团经过认真调研、测算、评估，选准了柴胡、连翘、党参、黄芩等中药材种植，决定利用中药材产业，让平顺的老百姓脱贫致富。

越是进行脱贫攻坚战，越是要加强组织领导，压紧压实脱贫攻坚责任，发挥好决

/ 李安平（左）在振东平顺中药材基地考察

策部署、统筹协调、督查考核等职能。为此，李安平要求振东集团做到：党委组织，支部实施，党员带动，强化党委在扶贫工作中的重要作用；成立“扶贫办公室”，建立扶贫领导小组，制订科学的帮扶计划，出台扶贫工作考核办法，针对不同的弱势群体完善制度，做到专项扶贫、精准扶贫；集团全员参与，包村责任人必须带领自己的团队，挨家挨户进行全面细致的调研，详细记录有关情况并存入数据库。

为了促进扶贫工作落实到位，振东集团扶贫领导小组带领包村责任人深入平顺县贫困乡镇政府、村委会、帮扶对象的家中、田间地头，进行调研对接、精准帮扶。通过与农民聊生产生活，了解致贫原因，探究脱贫工作；通过进村入户摸底调查，宣传种植中药材，打消农民的疑虑，为更好地开展扶贫工作奠定坚实基础；把扶贫工作落实到乡、村、户、人，做到扶真贫、真扶贫、真脱贫，切实提高了扶贫成果的可持续性。

李安平负责的秦光村是平顺县位置最偏远、条件最差的贫困村，他多次跋山涉水，进村串户召开座谈会，访贫问寒，给群众讲解中药材的经济效益，极大地鼓舞了农户的种植积极性。秦光村有 76 户 165 人，种植柴胡、黄芩、党参等中药材 500 余亩，人均达 3 亩，其中 2018 年新增柴胡 120 亩、党参 50 亩。2018 年底秦光村出售柴胡 20 吨，总收入达到 88 万元，人均收入达到 5 333 元，成为全县知名的中药材专业村。

为了最大限度降低贫困户种植中药材的风险，确保贫困户收益，增加乡亲们种植中药材的信心，振东集团采用 4 种方式，将风险转移出去，全力帮扶贫困户脱贫致富：以流转模式用于试验示范基地和种子种苗繁育基地建设，并雇用当地村民务工；以预付模式解决群众尤其是贫困户的资金困难问题；以订单模式与专业合作社签订保护价收购协议，即市价高于保护价时以市价收购，市价低于保护价时以保护价收购；以订单和临时增工相结合的模式与贫困户签订劳动合同，将药田承包到户，季节性用工使贫困户不仅有了日常收入，还有了一份额外的增收。

科技助推扶贫产业

为了推动中药材产业发展，李安平带头成立了连翘产业联盟和山西中药材协会。与此同时，由振东集团牵头申报的工信部“中药材扶持项目——10 万亩连翘野生抚育及产地加工一体化基地建设项目”落户平顺，极大促进了平顺连翘产业的健康可持续发展。

考虑海拔、气温、土壤、地质条件等因素，振东集团在青羊镇车厢沟内建立中药材多品种试验示范基地，通过测土配方、品种改良、小片试种，掌握各品种中药材育苗、播种、施肥、除草、病虫害防治、采收技术，为大田种植推广进行技术积累。同时，基地技术人员还对中药材种植户进行技术培训，根据贫困户种植意向确定培训课程、授课时间及地点，采取集中讲授和分期授课的方式，以最大限度满足种植栽培、移植、田间管理、标准施肥等道地中药材种植需求。

振东集团致力于发展中药材产业，就是要把平顺县打造成全国中药材第一县，带动全县农民整体脱贫，这其中科技的力量不可或缺。青羊镇药材基地实施的山西道地药材连翘野生关键技术研究，被山西省科技厅鉴定为达到国际先进水平；与山西医科大学共同研发的党参专用生物肥，经县内种植户试用，可提高党参产量 10% ~ 15%。

为让中药材产业切实带动贫困地区贫困群众发展，振东集团实行“包村到户、责任到人”扶贫模式。一个老总包一个片、一个中层帮扶一个村、3 ~ 5 人对接一个贫困户，并根据员工职务的高低和贫困村的贫困程度确定包村负责人，员工职务越高承包的贫困村贫困程度越深，承担的扶贫责任越大，扶贫难度也越高。

针对不同贫困户的情况，振东集团采取不同的措施。有的村民缺乏组织意识，散、乱、差现象严重，振东集团就帮助他们建立经济合作社，促进农户之间互助合作；有的村民因缺文化、缺技术，在外打工失败后返乡致贫，振东集团就鼓励他们成为脱贫致富骨干，带头组织村民成立小型互助组；有的村民年龄大、劳动能力弱，振东集团就为他们设计并添置除草机等小型易操作机械设备，降低体力劳动强度；有的村民因残致贫，振东集团就组织员工调研，询问村民意愿，随后提供适合其发展的方案；有的村民生活习惯懒散，脱贫意识薄弱，振东集团就帮助村民先投资易管理、利生态、长收益的野生中药材品种，在让他们有收益的同时逐渐培养兴趣。

/ 振东中药材示范基地

振东集团共有 36 名高管、160 名经理、980 名员工，精准帮扶了平顺 78 个村，其中建档立卡贫困户 6 030 户，贫困人口 16 446 人。因户施策是有成效的，2018 年平顺 25 个村、2 724 户、8 952 人实现脱贫。

振东集团在平顺已建立 50.34 万亩中药材种

/ 李安平（中）与安平希望小学的孩子们在一起

植基地和 6 万平方米的仓储基地，形成集抚育种植、技术服务、粗精加工、推广销售于一体的中药材全产业链，吸纳贫困户就业 300 余人，年人均纯收入增加 1.2 万元，间接带动 2.5 万人稳定增收。2018 年平顺县中药材产值达到 3.38 亿元，同比增长 42.25%，全县农民人均中药材收入达到 3 700 元，同比增长 110.22%。

2017 年 5 月，国家产业扶贫现场会在振东平顺基地召开。振东中药材产业扶贫模式入选国家扶贫十大案例。

如今，中药材产业已成为平顺县的支柱产业和贫困群众脱贫增收的主要渠道。不仅如此，振东集团的中药材产业扶贫以平顺县为中心向周围市、县辐射，在黎城、壶关、潞城、左权、和顺、中阳、浑源、阳城、广灵等地也都种植了中药材，年人均收入增长 930 余元，为当地 1.6 万户村民带来了稳定的收入。

在李安平的带领下，振东集团的扶贫决心是朴素的，扶贫方法是创新的，扶贫体会是深刻的。成立 26 年来，无论盈利还是亏损，振东的大门永远向贫困户敞开。20 多年来，李安平作为企业掌舵人，累计捐款超 3 亿元，救助贫困群众上万人次。他的扶贫热情和真情，激发了全体员工的扶贫积极性。

振东集团通过实施中药材产业精准扶贫，持续稳定增加农民收入，达到攻坚拔寨脱贫致富的目的，走出一条靠山种药、中药兴业、产业富民的中药材产业扶贫开发之路。未来，振东人将以更加强烈的责任心和更加紧迫的使命感投身到产业扶贫和精准扶贫的伟大事业中，再聚焦再精准再发力，带动更多贫困百姓走上致富路。

（供稿：山西省振东健康产业集团有限公司　修编：周艳　照片提供：马楠）

/ 振东中药材种质资源圃

李晓梅，中共党员，甘肃田地农业科技有限责任公司总经理。曾获全国三八红旗手、全国自强模范、全国五一巾帼标兵等荣誉。两次受到习近平总书记接见。创办了集马铃薯脱毒良种繁育、种植、销售、主食产品加工和文化旅游服务于一体的马铃薯全产业链企业。探索推行“公司＋合作社＋基地＋农户”“公司＋科研院所＋基地＋农户”等产业扶贫模式，吸纳500多人长期稳定就业，年季节性用工量1.6万人次，每年带动2 500余户农户（其中建档立卡贫困户456户）增收，户均年增收5 600元以上。累计捐款捐物折合800多万元。

坚持为民初心的“土豆西施”

渭源县隶属甘肃省定西市，自古苦甲天下，黄河最大支流——渭河发源于境内鸟鼠山，当地盛产马铃薯和党参等中药材，有“中国马铃薯良种之乡”之称。然而，特色农产品并没有为当地带来丰厚的经济效益，渭源县属于深度贫困县，是甘肃省脱贫攻坚的主战场之一。

2013年2月3日，习近平总书记来到甘肃省定西市渭源县视察工作时殷殷嘱咐当地的农业技术人员：“你们要进一步努力做好甘肃的马铃薯产业，要做精做深，做大做强。”李晓梅作为甘肃田地农业科技有限责任公司总经理、党支部书记和渭源县田源泽马铃薯良种专业合作社社长，是个家喻户晓的人物，这不仅因为她是个坐在轮椅上的“大老板”，人们说起她的时候，言语间更多的是尊重，因为她的企业连着千家万户，她有幸在自己的企业亲耳聆听了习近平总书记的指示，并牢记在心，怀揣“身残志犹坚，为民铺富路”的初心使命，誓做一名依托马铃薯产业带领群众增收致富的“领头雁”，被当地老百姓亲切地称为“土豆西施”。她，在轮椅上创造了一个人生传奇，曾两次受到习近平总书记的亲切接见。

身残志坚逐梦，不忘初心实干创业

现如今大家所熟知的李晓梅，出生于1976年6月，是一名从渭源县农家走出的优秀企业家、女强人和先进模范，她以高位截瘫二级残疾的身躯，坚强地投身于渭水源

/ 李晓梅在办公室

头决战脱贫攻坚、决胜小康社会的时代大潮，历经数载艰苦创业，创建甘肃田地农业科技有限责任公司。曾经的她，毕业于临洮卫校妇幼专业，干过基层卫生院临时医护、开办过个体医疗诊所、经营过中药材饮片加工企业、当过中药材协会负责人、成立过专业合作社……一路走来，她从一名乡村医生一步步成长为带领群众增收致富的“领头雁”，成长为一名企业固定资产过亿元、年销售额 5 000 多万元的巾帼企业家。

面对艰难困苦，懦弱者被磨去棱角，勇敢者将意志品质磨砺得更为坚强。正当事业蒸蒸日上、干得如火如荼的时候，2008 年 10 月，她自己开车到广州跑市场的路途中发生车祸，飞来横祸夺走了她的双腿，造成高位截瘫。当灾难突然降临时，她曾经痛苦过，甚至绝望过，但生性好强的李晓梅没有灰心丧气，她面对残缺的生活，像傲雪寒梅一样不甘于命运的安排。“我不服输，还要做得更好，让更多的人受益”，这是一个强者的内心自白。经过这一次劫难，她的毅力更加坚强，车祸让李晓梅坐在了轮椅上，但她依然是个内心在奔跑的强者。坚韧不拔的精神、笑对挫折的勇气，使她重新站了起来。她，心怀梦想，自强不息，艰苦创业，致富思源，用柔弱的肩膀担负着带领当地农民奔小康的重担，思考最多的是如何带领乡亲们致富。

一直以来，李晓梅总在寻找更适合自己创业的路，也总在思量使更多的农民走上致富之路。“全国自强模范”是对她最好的褒奖。她双腿无力、身躯柔弱，却用智慧引领全县马铃薯特色产业发展；她的双脚无法踏遍家乡的山山水水，却将“为民铺富路”的真情洒向渭水源头的每一寸土地，让自己的坎坷人生绽放异彩，凭着柔弱身躯和自强不息的精神，创出了一片新天地，成为当地扶贫攻坚征程中的一只“领头雁”。她，先后被评为全国五一巾帼标兵、全国城乡妇女岗位建功先进个人、全国三八红旗手、2015 中国消除贫困奖感动（提名）奖、甘肃省扶贫开发先进个人、甘肃省农业产业化十大领军人物、甘肃省第六届创业带头人、甘肃省城乡妇女岗位建功先进个人、甘肃“最美人物”等 20 多项国家级、省级荣誉称号。她创办的公司也先后被评为甘肃省农业产业化重点龙头企业、甘肃省扶贫龙头企业、甘肃省残疾人扶贫就业培训基地、甘肃省引进国外智力成果示范推广基地。

做大做强产业，推动当地经济发展

“当初发展马铃薯产业，就是想借助我们渭源县是马铃薯良种第一县、马铃薯是支柱产业这个优势，用我们和科研院校的力量，去改变当地马铃薯品种退化的问题，让‘洋芋蛋’变成‘金蛋蛋’，让种植户有效地增产增收。”李晓梅坚定地说。她创建的甘肃田地农业科技有限责任公司，致力于马铃薯良种生产与繁育，公司固定资产已达到 1.2 亿元，建成综合办公楼两栋，组培楼一栋，PC 中空板组培温室 2 600 平方米，智能连栋温室 2.3 万平方米，马铃薯原原种贮藏窖 2 座，气调库 1 000 平方米，马铃薯原原种繁育日光温室 120 座，原种网棚繁育基地 1 000 亩，原种高山隔离繁育基地 3 000 亩，一级良种繁育基地 2 000 亩，年生产脱毒苗 1.2 亿株、原原种 1.9 亿粒、原种 5 000 吨、良种 5 000 吨。

李晓梅积极响应国家马铃薯主食化战略，带领企业“以贫困户脱贫为核心、以做大做强马铃薯产业为支撑、以延长产业链壮大龙头企业为载体”，在渭源县工业园区投资 4.85 亿元建设马铃薯文化博览苑项目，并先后与省内外科研院所、高等院校联手，开展院企合作、校企合作，建立了科研示范研发基地，研究新品种、推广新项目，开发生产当地马铃薯方便食品，引进四川白家食品有限公司，建设马铃薯方便食品生产线项目，走出了一条科技创新发展之路，大大提升了定西市乃至全省马铃薯商品薯、脱毒种薯的品质。企业生产的“来点土豆”牌系列方便食品已成功上市，填补了渭源县马铃薯方便食品的空白，还解决了当地富余劳动力 200 余人长期稳定就业和 1 200 多临时务工人员就业，每人每年收入 3 万元左右，带动了当地经济的快速发展。

/ 李晓梅查看刚刚收获的原原种

从 2015 年 4 月开始，李晓梅还与国际马铃薯中心合作，成立了国际马铃薯中心亚太中心渭源工作站，开展马铃薯种质资源、新品种选育、技术推广、产品加工及高产栽培技术等方面合作交流，让不断蜕变的“洋芋蛋”真正变成了含有高科技的“金蛋蛋”。

/ 李晓梅在组培室查看瓶苗情况

助力脱贫攻坚，带领乡亲脱贫致富

“一枝独秀不是春，百花齐放春满园。”在深度贫困县渭源全县上下齐心协力脱贫攻坚的这几年里，她带领团队积极探索脱贫助贫机制。2013 年 2 月 3 日，习近平总书记对其探索推广的“公司 + 合作社 + 农户”的产业模式给予了充分肯定。

多年来，李晓梅坐着轮椅深入田间地头，向贫困农户推广马铃薯良种种植，每年带动 2 500 余户农户（其中建档立卡贫困户 456 户）和 8 000 名合作社社员均年增收 5 600 元以上，解决当地就业 1 000 多人次。她创办的公司集马铃薯脱毒良种繁育、种植、销售、主食产品加工、文化旅游服务于一体，已成为省级农业产业化重点龙头企业，省级扶贫龙头企业，吸纳当地 500 多人长期稳定就业，年季节性用工量达到 1.5 万人次。多年来，李晓梅为农户免费投放马铃薯良种、引进各大院校专家开展技术培训、给予群众资金支持，并按照高于市场价 10% 的价格回收马铃薯，公司成了当地带贫能力最强、解决就业人数最多的企业之一。

同时，她通过多方联系将渭源县的马铃薯良种运往全国各地，提高了当地马铃薯的市场份额。2019 年，她又在临夏州东乡族自治县建设马铃薯良种基地，积极推进马铃薯良种化繁育、标准化种植、精深化加工、品牌化营销，带领合作社发展马铃薯产业，带动贫困户脱贫致富。她的这些举措不仅仅带动了群众增收，也为今后能把马铃薯产业做大做强做成品牌奠定了科技、理论基础，是渭源整县脱贫摘帽进程中的一剂催化剂。

李晓梅作为农民朋友发家致富的带头人，探索推行的“公司 + 合作社 + 基地 + 农户”“公司 + 扶贫车间 + 精准扶贫户”“公司 + 金融 + 精准扶贫户”“公司 + 产业 + 劳务”“公司 + 服务平台 + 培训”“公司 + 科研院所 + 基地 + 农户”以及开发当地马铃薯方便食品等产业扶贫的新路径、新模式，让当地群众搭上了发展致富的“远航艇”。

履行社会职责，躬身以党践行诺言

李晓梅作为一名在党的关心爱护下成长起来的企业家，她感恩于党、感恩于社会，始终热心于公益事业。她说：“我深感做企业不是我自己一个人的事，是关系到千家万户老百姓致富的事。”在汶川大地震、玉树地震、舟曲泥石流等自然灾害中她先后捐款、捐赠物资 30 多万元。为渭源县清源镇蛟龙村捐赠水泥 40 吨，免费投放马铃薯良种 15 吨；每年为 15 名未就业大学生提供就业岗位；为渭源县祁家庙乡农户免费投放马铃薯良种 40 吨；为全县五保户和低保户捐赠主食化产品价值 35 万元；为发展本地文化旅游产业捐款 50 万元。通过“进千村万户、扶贫奔小康”的扶贫行动，采取“龙头企业 + 合作社 + 农户”的产业扶贫开发，为当地 20 名残疾人提供就业岗位，由公司与合作社社员和农户签订订单，免费为社员和订单农户投放马铃薯种子，每年订单农户有 2 000 多户，其中残疾人农户 50 户。针对家里有残疾人的精准扶贫贷款户，公司采取入股分红的方式，每年给这些农户分红 1 000 元。公司为了更好更快地提高贫困残疾人的生活质量，还先后开展了农村贫困残疾人情况调查和最低生活保障调查，了解他们的疾苦和困难，尽最大努力帮助他们解决家中的实际困难，带领一群残疾人自食其力，解除了政府的后顾之忧，保一方稳定……李晓梅用自己的实际行动传播着社会正能量，践行着她的初心和诺言。

李晓梅（中）查看主食化产品生产情况

公司员工汪学英说：“因为有爱，她的人生更加美好，她的事业越做越大，她对我们每位员工可以说是‘严管’，但我觉得严管就是厚爱。她对工作精益求精，从来没有因为身体的原因而放松对公司每一个细节的关注。她用自己的实际行动感染和影响着我们公司

/ 李晓梅（中）深入贫困户家中了解情况

每一位员工。”

“2018 年 9 月，我受尼泊尔等国的邀请，参加了南亚 27 个国家的女企业家峰会。现在，我在不断地想办法、拿措施，争取把我们的优质马铃薯，包括马铃薯主食化的一些产品，有效地推广到‘一带一路’有关国家，让他们一同分享这份成果。”李晓梅说这些话时注视着远方的目光依然坚定。

“天行健，君子以自强不息；地势坤，君子以厚德载物。”李晓梅身残志坚笃定追梦、崇尚实干奋力前行的步伐从未间断，不断创造着人生传奇，践行着一名共产党员、一名民营企业家的初心与梦想。

（供稿、照片提供：甘肃田地农业科技有限责任公司　修编：张梦欣）

李维正，中共党员，江西省萍乡市上栗县长平乡离休教师、长平人民教育基金会终身名誉理事长。曾获江西好人、全省离退休干部正能量之星等荣誉。他退伍后扎根山区教学30多年，牵头创办长平人民教育奖励基金会，28年来不要一分钱报酬、不报一次餐饮发票、不图任何回报，带动4 200多人加入助学队伍，举行奖励资助大会27次，发放奖励资助金349万元，奖励资助困难教师、贫困学生4 897人次，汇聚起爱心力量，使当地无一人因贫失学。对助学“一掷千金”，自己却异常节俭，用自己的实际行动诠释了共产党员的高尚品德和为民情怀。

坚守一生清贫当助学义工
创办教育基金惠寒门学子

他一生从事教育事业桃李满天下，创办慈善组织惠及全乡贫困学子，用毕生的心血扶贫筑梦，情暖助学，帮助众多寒门学子走出了一条条光明正道，点燃了山乡未来的希望。他扎根山区教学30多年，坚守理想信念，守望寒门学子，用一颗强大的爱心和一份微薄的工资，资助了一个个贫困学生读书、考上大学。退休之后，他在任教的长平乡牵头创办了教育奖励基金会，把助学越做越大，把爱心越燃越旺，影响带动了4 200多人加入助学队伍，共发放奖励资助金349万元，奖励资助困难教师、贫困学生4 897人次，实现长平乡28年来无一人因贫失学。他勤俭节约、甘守清贫。他现在已经90岁高龄了，但仍在奔波着，仍然关爱着山区孩子们，贡献着力量，托起希望的明天。

他，就是江西省萍乡市上栗县长平乡离休教师、长平人民教育基金会终身名誉理事长李维正。

从教三十余载，捐助学生不计数

1929年5月，李维正出生在上栗县长平乡的一个贫困家庭。20岁那年，他成为一名光荣的中国人民解放军战士，在部队担任宣传员、政治文化教员。4年后，他复员后被组织安排在萍乡镇担任教师，先后在萍乡的张家坊、湘东、麻山、长平等地担任中心校校长。

/ 李维正看望受资助学生

出生在农家，依靠组织培养成长为光荣人民教师的李维正，深知山区要脱贫，希望在教育、人才是关键，每每看到孩子们因为家庭贫困不得不离开校园，他总是心急如焚、心如刀割。于是，他竭尽全力地去帮助一个又一个贫困学生，让他们安心求学。他任教期间，几乎每年都要掏钱为全班三分之一的学生代缴学费，一年下来，工资所剩无几。

来自长平乡明星村的瞿刚，5 岁那年父母过世，寄居在姑父家，生活虽有着落，但姑父家也特别困难。得知这一情况后，李维正从小学到初中，再到高中，一直资助到瞿刚以优异成绩考入北京理工大学。正当瞿刚为大学学费发愁时，李维正又四处奔波，为他筹集了 1.4 万元。4 年后，大学毕业的瞿刚分配到南昌电厂工作。

大塘村曾思瑶和曾金禄的父亲在意外事故中去世，母亲也被烧成重伤，生活不能自理，姐弟俩跟着 70 多岁的爷爷奶奶过日子，生活非常贫困。李维正得知情况时，虽然正在资助 5 个孩子上学，但想到这对姐弟如果得不到关爱、上不了学，很可能就“荒废”了。为了改变姐弟俩的命运，李维正主动找到孩子的爷爷，送去 800 元现金，此后连续 6 年资助，从未间断。让人欣喜的是，姐弟俩最后都以优异成绩考上了大学。2011 年 5 月，江西电视台记者来采访，李维正助学的事迹深深打动了他们，来访的两位记者当即表示为李维正资助的曾氏姐弟捐资 4 年约 8 万元的读书费用。

1984 年，李维正得知当地有位学子连续复读 3 年才考上大学，当读到大三时，家里经济情况恶化，学业面临中断。李维正二话没说，就给这位学子寄去了 1 000 元，并鼓励他坚持下去。这位受助对象学业有成后参加工作，后来又创办企业成为一名企业家。受李维正行为的影响，这位学子以李维正为榜样，先后拿出 5 万余元资助 10 余名贫困学子，并为社会公益事业捐款 30 万元，为助教捐款 25 万余元。

一个个感人至深的捐资助学故事，折射出老人对山区贫困学子的深情，对山区教育的挚爱，对山区脱贫的期盼。从教 30 多年来，李维正用微薄的工资，为一个又一个贫困学子圆了求学梦。李维正资助过的学生确实不少，当人们问及他到底资助了多少学生时，他却说：“我帮助他们又不图回报，从来不会去计数！”

创办教育基金，传播爱心斩穷根

看着自己资助的学生一个个都圆了求学梦，李维正的内心是欣慰的，但毕竟一己之力单薄有限、杯水车薪。他想，如果能成立一个教育基金会，影响和吸纳更多有爱心的人参与进来，把散落的火星聚成火把，更广泛地宣传实践助学助教，将会使更多人受益。

于是，在1991年3月，离休几年后的李维正牵头联合几位老教师，创设了“长平教育奖励促进会”，后来更名为“长平人民教育奖励基金会”。在基金会第一届理事会上，李维正被推选为首任理事长。从此，李维正彻底走上了一条没有工资、唯有付出的奖教助学奉献之路。

基金会创办之初，没有办公人员，他就一个又一个地邀请；没有办公场所，他就临时借助长平乡教育组的一张办公桌；没有办公经费，他就自掏腰包解决。担任基金会理事长7年时间里，李维正外出办事从不报一分钱，并向同仁们提出了“三不”要求：不要一分钱报酬，不报一次餐饮发票，不图任何回报。他与同仁们率先到农村登门上户募集捐款，5元、10元……捐款逐渐积少成多。在顶烈日冒寒风下乡捐款的路上，他有过欣喜。有一次他到狮岭村一个农户家去募捐，久病卧床的龙中含老人在病床上听到了宣传，当即把他们叫入房中说：“你们办的这个事很好，我虽然没有多少钱，也要捐5元表示一下心意。”这使李维正感到欣慰，坚定了他继续募捐的信心。他也有过屈辱。个别不了解情况的，只要他一开口，就不耐烦地说：“又想打什么歪主意。”有一户女主人捐了5元钱，男主人回家后却逼着女主人把钱要回去。李维正没有气馁，还自责地对同仁们说：“这是我们宣传不到位，我们要继续努力，做好宣传。”

李维正勉励学生们努力学习

为了寻求更多爱心人士支持，白天，他邀集同仁们徒步走村串户宣传，募集捐款；晚上，他起草求助信，邮寄海内外。他向曾在长平工作过的老领导、在外的长平籍知名人士等发出了一封封亲笔书写的求助信，得到了社会各界的积极响应。至今基金会的档案中还保存着 100 余封他写给海内外爱心人士信件的底稿。台胞龙宜群先生率先捐款 2 万元。享受国家特殊津贴的离休地级干部李日余，从深圳写来 11 封信表示支持，并先后邮寄捐款 6 万余元。受到李维正资助过的瞿刚，在得悉基金会创办的消息后，第一时间将自己参加工作后的首月工资如数捐出。一石激起千层浪，长平籍在外人士纷纷来信赞誉他们的义举并捐款。功夫不负有心人，第一年他们就募集捐款 5 万元，当年就敲锣打鼓为 44 名优秀教师、学生发放奖励资助金。

从 1991 年 3 月创立基金会至 1998 年，李维正先后担任筹备组组长、筹委会主任、理事长，在这期间，他没有报过除车票以外的任何费用和领取分文报酬。1998 年下半年，李维正年事已高，他辞去了理事长职务，担任名誉理事长，但他不忘初心，仍是四处奔波，筹划良策，他魂牵梦绕、朝思暮想募集捐款，他穿梭城乡、率先垂范、全家捐款，他还利用自己原来校长的身份，除基金会资助外，再寻求结对帮扶。他创办的教育奖励基金会如今已走过了 28 个年头，李维正从满头青丝奔波到如今的白发苍苍，从 60 岁的花甲之年拼搏到如今的 90 岁高龄。但他奔波的足迹从未停止，令人难以忘怀的是 2008 年 10 月，基金会召开理事会，他自告奋勇负责萍乡城区的会议通知，然而由于劳累过度，他晕倒在萍乡街头。通知送完了，人却住进了医院。

李维正深知，光靠爱心人士的资助，基金会难以发展壮大。经与大家商议，李维正以爱心捐款作为基金，用基金利息、衍生收入等进行奖教助学。历经 28 年发展，基金会从最初不到 3 万元的总资产，发展到现在资产总值 600 余万元，建有办公楼、店铺，年固定收入达 50 万元。28 年来，基金会累计举行了 27 次奖励资助大会，发放奖励资助金 349 万元，资助困难教师、贫困学生 4 897 人次。

这些奖助对象不忘李维正与基金会老教师们的鼓励和帮助，他们以此为激励，勤奋向上，完成学业、干好事业，努力回报。他们中，有全国师德标兵，有省市县优秀教师、学科带头人，有 4 名博士、82 名研究生，还有 4 人出国留学。

在李维正的影响带动下，目前有 4 200 多人加入捐资助学队伍，进入爱心接力群体，这其中不乏人民教师。长平中学校长江景根被当地群众称为“贫困学生的贴心人”，他长期以来资助了 10 多个贫困学生完成学业。荣获全国师德标兵的新华小学党员教师熊建兰，近 10 年来每年坚持资助贫困学生，为了更好地开展扶贫助学活动，她甚至向乡党委提出了将组织关系转移到基金会党支部的申请。

正是在李维正的带领带动下，在基金会同仁们的支持努力下，极大助推了长平乡扶贫助学和教育事业发展，长平乡实现了 28 年来没有一个学生因贫失学，斩断了贫困穷根，阻断了代际传递。

/ 李维正看望受资助学生

助学“一掷千金”，勤俭洁身守清贫

走进李维正的家，不了解的人都会认为这是一个“低保户”家庭。几十年来，对待贫困学生，李维正是不皱眉头地“一掷千金”；但对于自己，却极度勤俭节约，甘于清贫自守。

节俭成了他一生的习惯，省下的钱都捐给了贫困孩子们。这位1965年就是行政19级的离休干部，工资涨了，依然是一日两餐粗茶淡饭、一年四季布衣旧衫。他的家庭条件已明显落伍于周边居民，在他的家中，家电家具、家居摆设已经明显跟不上时代。一些学生见他生活寒酸，偷偷为他装了一台空调，可这台空调安装了3年多，李维正才使用过几次。甚至在他80岁生日前，得知亲友要给他办酒席祝寿时，他故意避开亲友“外逃生日”。

2007年，村里修路缺乏资金，他到处奔波筹得了5万多元。他的牙齿脱落了多年，家人朋友都劝他去配一副假牙，可李维正走了几家牙科诊所一问，听说要花几千元，他头摇得像拨浪鼓一样：“我这个岁数了，就是可以报销也没有这个必要了。”由于年龄增大，近两年他病情复发，需要住院治疗，可他从来都不住大医院，每次住院都去县医院和安源区医院。人们劝他住大医院，条件好，也可以全部报销，他却说：“住县医院花钱少，能为国家节约一分钱也好。”

于助学这么大方，于自己这么抠门，对比反差是如此强烈。当人们问他为什么要对自己这么“抠”时，他总是笑着说：“节俭一点，我就能多省出一些，帮助贫困学生渡

/ 李维正询问受资助学生学习、生活情况

过难关。看到他们不再因贫上不了学，能长大成才，我感到很欣慰。”“节俭自己，帮助他人渡过难关，成就事业，改变人生，我自己苦点儿值得。”

他用自己的实际行动诠释了共产党员的高尚品德和为民情怀。他的精神感召着下一代，他曾经资助、现已学业有成的学生，已有多人效仿他的品行和作为，主动接下爱心接力棒，走爱心奉献之路。李维正高尚的品德，赢得了组织的认同和群众的赞誉，他珍藏着自 1984 年以来尚不完整的 30 余个奖状和荣誉证书，他先后获得全县最美乡村共产党员、萍乡市先进个人、萍乡市第一届十件新人新事之一、萍乡好人、最美萍乡人、市龚全珍式好党员好干部、全省离退休干部先进个人、江西好人、全国关心下一代工作先进个人，并入围中国好人榜等。这是他一生工作和思想道德的最美见证。

（供稿、照片提供：江西省上栗县扶贫办　修编：张梦欣）

杨惠妍，碧桂园控股有限公司董事局联席主席。多年来，她和碧桂园集团孜孜不倦投身扶贫公益事业，特别是近年来，领导碧桂园集团将扶贫上升为集团主业之一，在各级党委政府的指导下，坚持精准方略，发挥集团自身优势，立足贫困地区实际，结对帮扶全国9省14县。作为企业的领导者之一，她始终重视产业扶贫的关键作用，为贫困地区发展特色产业提供资金、技术、市场、渠道等资源，把乡村宝贵的自然生态资源、文化资源、农产品资源等转化为商品并推向市场。她捐赠1亿元支持国家“光明扶贫行动·白内障复明”项目，帮助5万多名贫困群众重见光明。

探索民企可造血、可复制、可持续的扶贫机制

小时候，杨惠妍的志向是当一名教师。这么多年来，教师没有当成，可她对教育事业心有独钟的情结始终未变。2018年，杨惠妍回到自己的母校——广东省佛山市顺德区北滘镇广教小学，以个人名义捐赠1亿元设立惠妍教育助学基金。

碧桂园控股有限公司董事局联席主席杨惠妍

自脱贫攻坚号角吹响后，碧桂园控股有限公司董事局联席主席杨惠妍带领碧桂园集团积极行动，结对帮扶全国9省14县，在实践中探索出可造血、可复制、可持续的长效扶贫机制，为民营企业参与扶贫贡献了智慧和方案，产生了良好的社会影响。

扶贫扶智且扶志

在广东省佛山市顺德区北滘镇，一所现代化学校分外引人注目，校园建筑设计独特、布局精巧，欧陆风情中兼具南国韵致。在一间间宽敞的教室内，学子们或埋头苦读，或聚精会神听讲，或练习音乐、美术，个个朝气蓬勃、充满阳光。这是碧桂园兴办

/ 杨惠妍（中）为碧桂园精准扶贫乡村振兴行动授旗

学校、帮助贫困学子追寻梦想的起笔之地。

2002 年，杨惠妍的父亲杨国强拿出当时的一半身家——2.6 亿元，创办了这所全国唯一全免费的慈善高中——国华纪念中学，专门招收出身贫寒但品学兼优的初中毕业生。据杨国强回忆，在办校的过程中，杨惠妍起到了重要的推动作用。截至 2019 年 9 月，国华纪念中学已培养 3 096 名学生，毕业 2 405 人。

国华纪念中学仅是一个起点。为帮助更多群体寻找梦想，编织人才“摇篮”，2014 年，国强公益基金会出资 4.5 亿元开办广东碧桂园职业学院，为贫困家庭高中毕业生提供全免费职业教育。

来自湖南省平江县的李珍珍觉得自己特别幸运。她家境贫困，全家六口人仅父亲一个壮劳力，经济压力很大。后来，碧桂园职业学院在平江县增设考点，这让李珍珍开心不已。她适时抓住了机会，顺利进入碧桂园职业学院，在这里她享受了免费上学的政策。

回味过往，一所学校、一个“摇篮”，每一次创办学校都是碧桂园参与教育扶贫的铿锵印迹；着眼未来，兴办学校助力扶贫的模式将不断书写教育扶贫的时代经典，帮助越来越多的家庭阻断贫困的代际传递。

2019 年 8 月，在深度贫困的甘肃省临夏州东乡族自治县，国强公益基金会捐赠 3 亿元建设能容纳 2 500 多名学生就读的甘肃国强职业技术学校。学校建成后将坚持公益属性，对贫困学子免除一切费用，帮助其掌握就业技能，实现“一人成才，全家脱贫”。

教育扶贫不仅需要营造优越的育人氛围，还需要重视孩子们的心理健康。2019 年，杨惠妍联合共青团中央聚焦农村留守儿童，计划资助共青团中央在全国 12 个省 43 个县建设、管理、运行 113 个“童心港湾”，在村级层面常态化关爱留守儿童。通过基层各类阵地、资源整合，选配“童伴妈妈”和组织家访校访，以及日常陪护、主题活动、志愿服务等，对农村留守儿童进行亲情陪伴、情感关怀、自护教育，促进他们健康成长。

优势产业为贫困县赋能造血

作为企业的领导者之一，杨惠妍始终重视产业扶贫的关键作用，指导碧桂园人立足贫困地区资源禀赋，为贫困地区发展特色产业提供资金、技术、市场、渠道等资源，把乡村宝贵的自然生态资源、文化资源、农产品资源等转化为商品并推向市场。

2010 年，集团选定了交通闭塞、坡陡沟深、污水横流、条件恶劣的英德市树山村作为帮扶的第一个点。碧桂园以“五星级园林”驰名，在园林绿化上具有巨大优势和大量需求。于是，“借本你种，卖了还本，赚了归你，再借再还，勤劳致富”的先进产业扶贫理念应运而生，“一年保、两年带、三年推”的承诺让村民的心活了……

如今，树山村的苗木产业已经逐步形成市场机制，得到社会各界的广泛认可，产值超过 2 300 万元，村民实际获益 1 200 多万元，农户户均年增收 7 万元。绿色产业扶贫让树山村完全变了模样，别墅成群、山清水秀，村民过上了“生活在农村，却享受着城市美好”的生活。

之后，碧桂园将苗木产业从贫复制推广到 12 个结对帮扶县，种植面积达 2 000 亩，不到一年产值近 500 万元，带动 1 万多户贫困户增收，不仅得到当地政府的高度赞扬，也成为其产业扶贫的主桌。

在河北省新河县白神首乡菜园村——碧桂园投资建设的花木小镇里，一辆载满苗木的大卡车缓缓驶出，一天之后，它们将被运到山西太原的碧桂园小区。“我们基地的苗木卖得好，像这样拉货的卡车，隔几天就有一辆。”正在基地里为苗木修剪花枝的贫困户杨丙义满脸笑容地说。

碧桂园在贫困地区发展的不仅有绿色产业，还有红色产业。依托党建资源，挖掘 14 个县的红色资源，开展“星火计划”扶贫系列旅游，辐射帮扶县建档立卡贫困户，助力当地经济发展。截至 2019 年 9 月，已完成江西兴国县、广西田东县、广东英德市、陕西铜川耀州区、甘肃东乡族自治县等首批 8 地扶贫旅游线路开发，带动当地增收超过 323 万元，让贫困户在家门口吃上了“旅游饭”。

要想让产业可持续发展，就必须为农业现代化插上科技的翅膀。目前，碧桂园已布局机器人、现代农业、新零售等板块业务，杨惠妍要求集团产业项目优先在贫困县落地。2019 年，投资 5.2 亿元建设江西兴国县智能建造产业基地，首批带动 300 多名贫困群众就业。集团下属现代农业公司在贫困地区规划建设现代农业产业园区，引导和扶持贫困村创办合作社，强化技术指导，提升产品品质。在部分帮扶县探索落地产业项目包括广东英德黑米种植产业基地、江西兴国富硒水稻项目、陕西耀州贝贝南瓜项目，共带动 700 余名贫困村民增收。

同时，杨惠妍坚持以市场为导向，通过深入调研挖掘当地农特产品，充分发挥帮扶县资源禀赋，推动“一村一品”“一县一业”。2018 年 11 月 11 日，碧桂园、国强公益基金会针对声名在外的东乡贡羊举办了慈善晚宴。通过对接当地养殖合作社，收购贫困户饲养的肉羊，发动企业员工、子公司及合作企业，秉持“以购代捐”的消费扶贫思路，利用有效的线上、线下销售渠道，减少销售中间环节，打造东乡贡羊特色品牌，将东乡特色产品销向全国，帮扶东乡养殖贫困户增加收入。短短 3 天时间，就完成 1 万只东乡羊的销售计划，销售额达上千万元，惠及 3 000 多名建档立卡贫困群众。

重视人才培养

人才是发展的关键，杨惠妍深谙于此。多年来，她带领碧桂园集团始终重视人才建设，着力培养三支队伍。

第一支队伍是老村长队伍。杨惠妍十分重视思想扶贫，要求集团抓好非公党建，以党建引领扶贫，做好思想扶贫，激发贫困户的内生动力。在她的带领下，碧桂园集团坚持将支部建在扶贫项目上，扶贫推进到哪里，支部就建到哪里。在 14 个帮扶县均与基层党组织建立了“一线扶贫党支部”，并创新性地寻找一批德高望重的老村长，组织开展入户调研、入户宣讲、入户慰问帮扶、宣传引导和推进扶贫项目等，累计帮扶贫困人口 11 362 人次。

2019 年春节刚过，碧桂园就业扶贫招聘会开进了江西兴国县隆坪乡。接到通知的当天下午，龙下村老村长黄丕福就手抄了一份公告，贴到了平时村民聚集最多的地方。担心有乡亲错过招聘会消息，他又将提前打印好的招聘会条幅挂在了距离乡政府不远处的铁栏杆上。黄丕福这股干事热情，带动了当地贫困户思想观念的转变。

第二支队伍是返乡扎根创业带头人队伍。杨惠妍主张在结对帮扶县选择“懂农业、爱农村、爱农民”的返乡扎根创业带头人，由集团提供“立基金、建工厂、造品牌、送技术、拓市场、设平台”等全方位服务，以期带动更多贫困户脱贫奔小康。

经过对陕西蓝田县土壤、气候等农业要素的全面考察分析，结合发展实际，碧桂园决定将贝贝南瓜这种价值高、产量大、种植又相对容易的特色蔬菜在蓝田县进行帮扶推广。他们将众泰种植合作社负责人屈希京作为返乡扎根创业带头人来培养，由碧桂园集团提供种苗和技术指导，同时与合作社达成回购协议，通过旗下碧乡、凤凰优选等渠道将产品推向市场。

2019年9月，凝聚了大伙儿半年多心血的6万余斤贝贝南瓜上市了，按照与碧桂园集团约定的每公斤5元的收购价，合作社仅南瓜一项就能增收15万元。“经过今年这么一试，种南瓜可比我过去种麦子收入多得多，这事儿明年还能搞！”屈家村贫困户张建凯兴奋地说。

截至2019年9月，碧桂园已支持2 500多名创业带头人，带动3万名贫困群众增收。

第二支队伍是贫困户自身。“家有良田万顷，不如薄技在身。”杨惠妍十分重视就业对脱贫的重要作用，部署集团以农村需要、市场需求及实现就业为导向，有针对性地开展各项免费技能培训；利用自身庞大的产业链优势，为贫困户提供就业岗位，实现培训、就业一站式服务，帮助其掌握致富门路和技术。

莫原群是广东省佛冈县丰联村贫困户，家有五口人，她原本和年迈的婆婆一起在家照顾两个年幼的孩子，一家的开销全靠丈夫在外开货车每月挣3 000元的收入维持。她报名参加了碧桂园举办的月嫂培训班，不但不用交报名费、培训费，还领取了补贴，甚至连培训期间她从县城往返丰联村的路费都给报销了，真是“天上掉馅饼了”。培训结束之后，莫原群顺利考取了育婴师职业资格证书，在碧桂园集团和技能培训学校的帮助

/ 碧桂园举办的粤菜师傅培训班学员

全国脱贫攻坚奖奉献奖

/ 碧桂园结对帮扶的广西田东县贫困户在绿色苗木基地上班

下，很快就找到了工作。靠着认真细致和工作经验的不断积累，莫原群成了周围小有名气的“金牌月嫂”，工资也涨了不少。现在，她接一单活儿平均能收入1.2万元，“干一单活儿平均是26天，不到1个月就能挣1万多元”。

针对有劳动力缺技术的贫困户，碧桂园采取集中培训、远程培训或送教下乡等形式，培训合格发放相关职业资格证书，并联动下属物业公司、酒店管理公司、建筑公司、零售公司以及合作伙伴，提供就业岗位。针对不愿外出或只能就近就业的贫困劳动力，结合当地农业生产的重要环节开展新技术推广和生产技能培训。

自启动全国9省14县结对帮扶以来，碧桂园举办各类培训班403期，培训21 039名农村劳动力，其中建档立卡贫困户7 156人；举办招聘会101次，已推荐11 064名农村劳动力就业，其中建档立卡贫困户4 647人，就业后每人每月收入3 000 ~ 8 000元。

除了专注教育扶贫、产业扶贫、就业扶贫外，杨惠妍还多方面助力脱贫攻坚。她捐赠1亿元支持国家“光明扶贫行动 · 白内障复明”项目，帮助5万多名贫困群众重见光明；将扶贫和乡村振兴结合起来，探索美丽乡村建设之路，已建成14个美丽乡村……

（供稿、照片提供：广东省扶贫办　修编：周艳）

吴少勋，劲牌有限公司董事长、总裁兼党委书记。曾获全国五一劳动奖章、改革开放40周年百名杰出民营企业家等荣誉。2000年创办“劲牌阳光班”，资助2万余名贫困学子顺利完成高中学业。捐资近7亿元建设湖北大冶市王英水库引水工程，约96万名城乡居民受益。捐资1亿元支持广西少数民族地区脱贫攻坚，在罗城仫佬族自治县创建1 200亩红心猕猴桃产业示范园，带动1 200户贫困户脱贫致富。探索“合资公司+农户”运营模式，在全国14个偏远地区建立1万多亩的原料直供基地。多年来，累计投入扶贫和公益慈善事业20多亿元。

扶贫，够劲儿

每年胡润慈善榜发布时，一个名字总会出现在湖北地区排名的首位。久而久之，熟悉这个名字的人，都知道这是一位温暖的有着赤诚之心的企业家、慈善家。

的确，30多年来，他不仅将一个濒临倒闭的县级小酒厂发展成为一家年销售额过百亿的专业化健康食品企业，还秉承“国家兴亡，我的责任”的办企理念，心系家国，情系社会，主动履行企业社会责任，投身脱贫攻坚，帮助需要帮助的社会群体。

他就是劲牌有限公司董事长、总裁兼党委书记吴少勋。他让企业扶贫工作如同企业名字一般，够劲儿。

让“阳光”照耀贫困孩子

2019年8月26日，阳光明媚，226名来自山西、江西、贵州、云南、新疆、西藏等全国各地“阳光班”的老师和学生，汇聚到湖北大冶，参加劲牌第二届“阳光夏令营”活动。

/ 劲牌第二届“阳光夏令营”活动

来自西藏日喀则市江孜高级中学“阳光班”的达娃罗杰，家在喜马拉雅山北麓康马县涅如麦乡，17岁的他求学之路曾充满坎坷。“我的爸爸妈妈都是农民，家里经济收入全靠种青稞和小麦，贫困的家庭勉强支撑我上学，我不知道家里能供我到什么时候。”在得到劲牌公司每年 4 000 元的公益助学金资助后，达娃罗杰没了后顾之忧，倍加珍惜这来之不易的学习机会，发奋读书，连年成绩排名年级第一。

达娃罗杰是幸运的。他的幸运，源于吴少勋曾经的“不幸”——少年时，吴少勋曾有过因贫辍学的经历。因而，当有能力回报国家、回报社会时，吴少勋首先想到的是教育，他希望通过教育扶贫，让更多的下一代能够走出贫困代际传递的困境。

2000 年起，吴少勋决定出资设立支教助学基金，开始对家乡黄石二中、大冶一中、阳新一中等学校优秀贫困学子进行奖励或援助。2004 年，劲牌公司在湖北革命老区黄冈中学开设了第一个“阳光班”。

据劲牌慈善基金会理事长董艳介绍，“阳光班”是劲牌公司进一步贯彻落实科教兴国战略，为国内“特困、特优”的初中应届毕业生提供继续学习机会、帮助他们完成高中学业的“阳光助学工程”。自 2004 年至今，已在全国 31 个省（区、市）的 89 所高中设立了 417 个劲牌“阳光班”，累计投入资金 2 亿余元，共计帮助 2 万余名贫困学生顺利完成高中学业。

“‘阳光班’的孩子都来自贫困家庭，他们思想品德好、学习成绩好。劲牌公司创建‘阳光班’，为孩子们提供公益助学金，很大程度上解决了学生的学费和生活费问题，因家庭困难而辍学的学生少了。”云南怒江福贡一中“阳光班”班主任董兴勇介绍。

不仅如此，劲牌公司还通过改善基础教育设施、设立劲牌助学金等方式，帮助贫困家庭学子求学圆梦，助力国家教育事业的发展。

为改善贫困地区学校基础设施落后、校园环境脏乱差的局面，劲牌公司累计出资近千万元用于贫困地区教学危房改建及添置教学设备等，帮助 30 多所学校改善了学习环境，还出资捐建了 5 所希望小学。

此外，劲牌公司还设立多项助学奖励基金，助力贫困地区发展教育事业。设立“贫困大学生助学金”，每年一次性资助贫困学子生活费 4 000 元，至今已累计发放 3 800 万元，帮助近万个困难家庭的子弟圆了大学梦；专为高职学生而设立的“劲牌阳光奖学金”，鼓励西部地区特别是少数民族地区、边疆地区、革命老区、连片特困地区家庭的高职学生朝知识型、技能型、创新型劳动者方向发展；设立“劲牌大冶教育发展基金”，每年出资 1 000 万元奖励优秀教育工作者和优秀教师，支持地方教育事业发展。

劲牌公司用自身的光和热温暖着莘莘学子，被温暖的学生也都以感恩之心准备回馈社会。来自云南怒江福贡一中的 15 岁学生关婷婷说：“我一定要努力学习，以后成为一名人民教师，帮助更多的学生。”

为乡亲们引来干净水

“一年总要停几次水，最让人恼火的是都集中在夏季。天气热，用水量也大，一停水可真不好受呢。”以前，湖北大冶城区常常遭遇停水的烦恼，10 万余名城区居民更是深受其苦。比这更严重的，是大冶很多农村干旱，且不能安装自来水，用水经常成为问题。

这是因为长期以来大冶市在长江没有取水口，也没有直接生产自来水。如果情况不改观，预计到 2030 年，大冶城乡用水将有三分之一的巨大缺口。

饮水安全作为脱贫的重要内容之一，直接关系着群众的现实需求。面对大冶的饮水现状，身为大冶人，作为大冶的企业，吴少勋和劲牌公司深感忧虑。

2015 年初，吴少勋召开公司新年专题会议，决定捐建大冶市王英水库引水工程。工程总规模为每天 30 万立方米，一期实施每天 20 万立方米，二期实施每天 10 万立方米。工程从阳新县王英镇王英水库（仙岛湖）通过自流的形式引水至阳新县三溪镇，沿大冶市殷祖镇红军路至殷祖镇区，经殷祖镇七冲村加压泵站加压，泵送至洪山村净化水厂，经过净化后的净水自流输送至大冶的城区供水管网。

2015 年 4 月 12 日，王英水库引水工程正式开工。2017 年 2 月 8 日，与大冶城区管网并网，并正式开始供水。2018 年 4 月 4 日，大冶王英水库引水工程全部完工，总投资近 7 亿元。

王英水库引水工程及附属配套城乡供水一体化工程具有重要的作用，它既保障了大冶城区（含金湖街道）及殷祖、刘仁八、陈贵、灵乡、大箕铺、金山店、茗山、金牛、保安、还地桥等乡镇饮水安全，所有城乡居民受益，又解决了黄石应急备用水源问题，进一步保证了黄石城区供水的稳定性。

看到百万大冶群众告别了为饮水犯愁的日子，并喝上了水质更为良好的仙岛湖水，吴少勋感到无比欣慰。“饮水要思源，劲牌公司是在大冶成长起来的企业，就应该为大冶做点事。”吴少勋用一句简单而深刻的话概括了这一扶贫项目的初心。

/ 吴少勋（右二）在引水工程通水暨捐赠仪式现场

在建设大冶引水工程的同时，公司还积极筹建阳新引水工程。2016 年 4 月 10 日，阳新引水工程管道工程开工；2017 年 11 月 20 日，管道工程全线完工；2017 年 11 月 29 日，举行阳新引水工程全线原水管道通水仪式，原水已输送至阳新二水厂，并正式开始使用。该管道的投入使用，解决了阳新县冬季用水困难问题，也极大地改善了阳新人民饮水安全问题。

2018 年 1 月，阳新引水工程沿镇水厂土建工程正式开工，截至 2018 年 12 月，进水泵房等 14 个单体建筑全部开工建设，其中综合楼等 7 个单体建筑主体结构已完成，土建工程约完成总工程量的 75%。据劲牌公司工程中心公益工程项目部经理陶全军介绍，阳新引水工程预计 2019 年底整体完工。届时，将为阳新百万城乡居民每天提供优质的饮用干净水 10 万立方米。

党的十八大以来，习近平总书记多次强调“绿水青山就是金山银山”，党的十九大报告提出“必须树立和践行绿水青山就是金山银山的理念”。《“十三五”脱贫攻坚规划》指出，生态保护扶贫也是精准扶贫重要举措之一。黄石市是一个工业城市，生态环境欠债较多。作为当地企业，吴少勋认为，帮助家乡恢复生态，让“绿水青山”成为脱贫致富的“金山银山”十分必要。

2016 年，劲牌公司出资 1.75 亿元，捐建黄石柯尔山白马山公园。工程完工后，直接交给驻地政府管理，免费提供给市民使用。2017 年，为改善生态环境，劲牌公司建设了石头咀矿坑片区的“城市公园”、吴公旦片区的“平湖生态园”及马四路片区的“美丽乡村”，捐资建设大冶市金湖生态示范区劲牌生态园，占地 18.2 平方公里，以大地景观绿地公园为主，现已基本建成。

为贫困地区拔掉穷根

/ 吴少勋（左）代表劲牌公司参加帮扶海西州座谈暨捐赠仪式

藜麦富含的维生素、多酚、类黄酮类、皂苷和植物甾醇类物质具有多种健康功效，正是劲牌公司需要的最好原料之一。

2018 年 10 月 12 日，在青海海西州一个藜麦种植基地，吴少勋与当地政府负责人和藜麦种植户一起畅想未来藜麦种植基地的发展蓝图。当天，吴少勋与当地政府签订产业扶贫项目协议，现场为海西州捐赠 5 000 万元，分期到位，已拨付 1 000 万元，用于支持海西州扶贫项目开发。依托海西州丰富的藜麦等特色生物资源，劲牌公司将进一步深化双方交流合作，找到更多的切入点、结合点，共创合作硕果。

广西罗城仫佬族自治县千亩猕猴桃种植基地

“脱贫就要拔穷根”，吴少勋深知，利用公司业务不断延伸产业链，从根源上支持贫困地区产业发展，不仅能改变当地农村面貌，而且能让更多农民脱贫致富，带动地方经济发展，这才是帮扶的长远之策。

劲牌公司的扶贫足迹不仅留在青海海西州，还远涉广西。近年来，在广西党委政府的牵线下，公司结对帮扶广西河池市。从 2015 年 9 月起，劲牌公司成立劲牌专项扶贫基金，主要用于河池市定点贫困村建设、产业扶贫项目及贫困地区的教育事业等，覆盖河池市金城江、罗城、环江、天峨、东兰、巴马、凤山、都安、大化 9 个县（区），计划实施项目共 149 个。

2016 年，吴少勋将产业扶贫的目光投到广西罗城仫佬族自治县，在罗城投入专项扶贫基金 2 070 万元，在县城集中安置点周边的东门镇平洛村火烧窝等地，创建 1 200 亩红心猕猴桃产业示范园，带动 1 200 户贫困户发展脱贫。目前，示范园已初见规模，并已实现部分挂果，贫困户户均增收在 1 万元以上。

2017 年底，劲牌专项扶贫基金 1 亿元全部到位，其中 5 000 万元用于罗城仫佬族自治县，5 000 万元用于其他 8 个贫困县（区），计划建设的 149 个项目已竣工 142 个，已完成核桃、桑蚕、油茶种植 2.7 万亩，香猪、黑山羊等养殖 1.1 万头，道路建设 83 条 126 公里，人饮工程、排污工程、立面改造等项目 48 个，项目覆盖 62 个村，其中贫困村 55 个，受益群众 7 537 户 32 257 人，其中贫困户 4 261 户 18 028 人。

在家乡，劲牌公司先后在大冶市刘仁八镇、阳新县枫林镇投资建设了三座原酒基地，安置当地农民在家门口就业。自幼生活在阳新县枫林镇樟树桥村的柯海艳，高中毕业后就在沿海地区打工谋生。2011 年底，她回到家乡，进入劲牌公司毛铺酒厂三分厂原枫林酒厂，和丈夫一起成为酿造车间的工人。如今，一家人住进了镇上宽敞明亮的大三间房，还买了小车，生育了一儿一女，过上了其乐融融的幸福生活。像柯海艳这样，因劲牌公司在家门口投资建厂而脱贫致富的农民有 1 000 余人。

在四川大凉山地区建立苦荞麦直供基地、在宁夏中宁建立枸杞直供基地……目前，劲牌公司已在全国 14 个偏远地区建立了 1 万余亩的原料直供基地，以“合资公司 + 农户”的运营模式，带动当地农民脱贫致富。

同时，吴少勋带领劲牌公司积极响应“三万”活动，参与“光彩事业”，助推老区经济发展，累计捐建项目资金 2 000 多万元。大力开展“村企帮扶”，结对帮扶英山县方家咀乡石龙头村，定点帮扶阳新县大王镇枫树村，并在多地出资修建水渠、拓宽公路、安装路灯、修建护栏等基础设施。

近年来，随着劲牌公司的发展，帮扶覆盖内容也越来越多：2014 年 10 月，捐资曲松县教育局 50 万元，用于资助 100 个藏族农牧民贫困生上大学；2015 年，出资 610 万元援建西藏山南曲松县妇幼保健院，以解决牧区人民看病难的问题；捐赠 80 万元帮助西藏山南及曲松县改善贫困山区生活环境……

2017 年 10 月 10 日，劲牌公司荣获全国“万企帮万村”精准扶贫行动先进民营企业奖。

30 多年来，吴少勋怀揣一颗赤诚之心，以“国家兴亡，我的责任”为办企理念，积极履行企业社会责任。他不忘初心，通过设立劲牌“阳光班”及各类助学助教基金，大力开展教育扶贫，让下一代走出贫困代际传递困境；他保持本心，致力于推进生态持久性建设，改善人居环境，投入 7 亿余元建设引水工程，为家乡百万城乡居民引来干净水，造福一方百姓；他捧出真心，情系革命老区、偏远地区困难群众，结合当地实际情况，大力发展产业经济，为贫困地区拔掉穷根。他始终带领劲牌公司积极参与脱贫攻坚，让扶贫够劲儿。

（供稿：劲牌有限公司　修编：周艳　照片提供：刘赞）

/ 劲牌公司结对帮扶英山县方家咀乡石龙头村新农村建设项目

何享健，中共党员，美的控股有限公司董事长、广东省和的慈善基金会荣誉主席。曾获改革先锋、全国劳动模范等荣誉。先期以回馈桑梓为主，在广东佛山、顺德开展扶贫济困、养老、文化艺术、教育、青年创新等公益慈善项目资助。2017 年，捐赠 1 亿股美的集团股权和 20 亿元现金，构成一个立体、可持续的慈善捐赠体系。注册成立韶关市乡村振兴公益基金会，完成韶关精准扶贫和乡村振兴 9 个项目，通过广东省和的慈善基金会捐赠 3 000 万元用于凉山精准扶贫工作。自 1990 年至今，他本人及和的慈善基金会为慈善事业捐赠金额累计近 70 亿元。

扶出“美的”生活

1968 年，一位 26 岁的年轻人，带领 23 名顺德村民，集资 5 000 元创办了一家生产塑料瓶盖的街道工厂；今天，他已成为一家世界 500 强企业、全球化科技集团的董事长。他就是美的控股有限公司董事长、广东省和的慈善基金会荣誉主席何享健。在创造企业卓越业绩的同时，何享健热心慈善事业，自 20 世纪 90 年代至今，他奉献于慈善事业的捐赠累计近 70 亿元，其中精准扶贫、乡村振兴是捐赠的重要方向。

打造永续慈善机制

在商场上，何享健始终秉承“唯一的不变就是变”的创新变革理念，敢闯敢试、勇于挑战，大力推行企业内部股份制改革，使美的成为我国一家由乡镇企业改组而成的上市公司。他积极实行股东、董事会、经营团队分设的经营模式，开创了民营企业股权改制、股权激励、职业经理人和现代化企业改革等先河。

何享健热心慈善事业，他也有自己的想法。“我自己的财富，除了自己、美的人的拼搏努力，离不开改革开放的机遇，得益于国家发展，更得益于政府的支持，为我们营造了良好的创业发展环境。我跟家人都非常感恩，更要多做好事，回馈社会、国家以及地方，要有社会责任感，要帮助别人。”

2013 年 12 月，何享健发起成立广东省和的慈善基金会。基金会原始注册资金 5 000 万元，由美的控股有限公司捐赠，运作资金统一来源于何享健先生家族，并通过

/ 何享健（左四）参加和的慈善基金会捐赠仪式

和的慈善信托（计划）进行可持续捐赠，聘请专业团队管理。基金会定位于资助型、支持性的慈善组织，基于家族低调务实、回馈桑梓的理念，基金会先期（2014—2017年）在佛山、顺德开展了扶贫济困、养老、文化艺术、教育、青年创新等公益慈善项目资助，资助逾 20 亿元慈善资金。

大爱在继续。2017 年 7 月 25 日，在广东省和的慈善基金会捐赠仪式上，何享健先生家族发布 60 亿元捐赠计划，其中包括 1 亿股美的集团股权和 20 亿元现金捐赠，构成了一个立体、可持续的慈善捐赠体系。1 亿股美的集团股票捐赠设立一个永续的慈善信托"和的慈善信托"。慈善信托财产及收益全部用于支持公益事业的发展。20 亿元现金捐赠，以慈善信托、专项基金等方式，支持以广东为主体的慈善组织和慈善项目，领域涵盖精准扶贫、乡村振兴、社区发展、养老、创新创业、文化艺术及支持公益事业等慈善事业发展。

谈及这个举动，何享健的初衷是希望家族在这个过程中形成一种文化价值观，并作为一种家族文化，一代一代传下去。他希望家族后代都是负责任的、有爱心的、对社会有贡献的、能够彼此关爱的人。

"我们的慈善事业经历了从简单到规范的发展过程，从企业、个人捐赠，到建立专业化平台，到系统、可持续的家族慈善基金会运营。我父亲捐出总额 60 亿元，以慈善信托作为载体，就是希望建立起一个持续传承的慈善机制。"何享健的大儿子何剑锋说。

探索乡村振兴之路

距美的总部不到1公里的顺德北滘黄龙村，随着公共服务的日渐完善，岭南水乡特色与工业气息交融的美丽乡村正在焕发勃勃生机。一系列医疗卫生机构与教育设施陆续安营，为精准扶贫续写新篇章……

在黄龙村的温情故事里，有美的人的身影。美的一次性向顺德北滘慈善会捐赠慈善公益资金 1 000 万元，用于当地扶贫助困、建设美丽乡村。

不仅是顺德，在韶关也有何享健的身影。从 2017 年起，何享健通过和的慈善基金会累计捐赠 2 亿元用于支持韶关精准扶贫和乡村振兴公益事业，并在韶关市政府的支持下，启动了韶关精准扶贫和乡村振兴项目。该项目以“慈善筑底、跨界合作、产业驱动”为思路，通过慈善和商业资源的结合，助力完成韶关市精准扶贫和新农村建设的任务目标，并全面打造和孵化韶关公益生态体系，可持续回应韶关在教育、医疗、民生保障方面的社会需求，促进韶关经济社会可持续良性发展。

2018 年 6 月 20 日，由美的出资，在韶关民政部门注册成立了韶关市乡村振兴公益基金会，并组建专职团队，全面启动韶关精准扶贫和乡村振兴项目，涉及领域包括韶关市仁化县和南雄市 9 个村（其中 5 个为广东省定贫困村）新农村建设项目，计划每个村投入 1 000 万元用于村居环境和基础设施建设；民生类公共基础设施建设；社区发展与新型扶贫产业发展、公益慈善生态孵化。

截至 2018 年 12 月，韶关精准扶贫和乡村振兴项目已完成 9 个项目村人居环境整治规划方案和 5 个贫困村提升规划方案，完成村民公共活动空间、村居景观打造等节点性工程并交付使用。项目同时整合外部跨领域的专业资源，营造乡村振兴工作的支持系统，与清华大学合作建立社会创新与乡村振兴研究中心，引入智库资源，以行动研究为基础梳理总结乡村振兴的经验和案例。

/ 何享健（左一）到韶关市仁化县董塘镇考察坪岗村的省定贫困村建设项目

为了关注和回应韶关市在教育、医疗、养老等方面的公共服务需求，提升相关服务基础设施和配套建设，韶关精准扶贫和乡村振兴项目还启动了韶关市浈江区 2 个贫困村——群丰村、下坡村的饮水

全国脱贫攻坚奖奉献奖

/ 韶关市乡村振兴公益基金会项目——安全饮用水提升工程施工现场

/ 何享健（中）与韶关市委、韶关市农业农村局干部一同考察仁化中学改造及扩建项目

工程建设项目，预计投入资金 1 500 万元；启动韶关市仁化县仁化中学改扩建项目，预计投入资金 3 000 万元。

自 2018 年以来，何享健将家族慈善事业聚焦在精准扶贫与乡村振兴、医疗健康等领域，继续推动公益慈善事业的发展。2018 年 10 月 19 日，在美的集团战略发布会上，集团在发布企业全新愿景、使命、价值观的同时，宣布捐赠 1 670 万元用于美的黄龙村结对共建项目，推动顺德基层治理和乡村振兴；捐赠 1 亿元人民币用于支持脱贫攻坚事业，通过健康扶贫、教育扶贫、产业扶贫等模式相结合，助力实现 2020 年全面建成小康社会目标。

两大公益举措标志着美的向政企结对的精准扶贫模式展开新的探索。这不仅是对国家精准扶贫战略的积极响应，也与美的理念息息相关——在追求产品与服务更上一层楼的同时，通过承担社会责任，尽己所能帮助更多群体与地区改善生活。

但扶贫项目的落地并不是企业的独角戏，只有协同政府与社会多方力量的共同参与，才能保证项目的科学规划与切实的跟踪执行。美的集团副总裁王金亮说："公益事业的社会氛围离不开政府的引导，公益资源的持续动员离不开政府的政策支持，公益项目的业务运作离不开政府的有效监管。"与政府积极联动的同时，美的作为龙头企业，大力发挥自身的资源、渠道优势，让公共利益最大化。

正因为如此，无论是美的对顺德北滘地区的慈善公益扶持，还是已连续参与 9 年的"广东扶贫济困日"项目，或是最新的扶贫共建项目，美的一直主张通过政、企、社联动，以长线投入带动受帮扶地区的改造与发展，探索精准扶贫和建设美丽乡村之路，让贫困群众奔向美的生活。

助力东西部扶贫协作

为落实《佛山市人民政府、凉山州人民政府东西部扶贫协作框架协议》要求，助力完成佛山对口帮扶凉山脱贫任务，何享健通过和的慈善基金会向佛山市慈善会捐赠1亿元慈善款项，设立和的专项基金，并与佛山市慈善会商定，从和的专项慈善基金中定向捐赠3 000万元用于社会力量参与凉山精准扶贫工作。

鉴于凉山贫困状况的普遍性、贫困原因的复杂性以及脱贫任务的艰巨性，和的专项凉山扶贫基金会以“精准聚焦、软硬结合、持续协作”的思路来设计项目，项目精准定位于以降低艾滋病传播为着力点，减少艾滋病感染风险，从而减少因“艾”致贫人群。项目精准聚焦，选择美姑县、布拖县、金阳县（脱贫攻坚和艾滋病防治重点县）为项目点，深入彻底地进行艾滋病干预和扶贫帮扶；软硬结合，以硬件投入先行，满足最迫切、紧急的需求，通过硬件的投入挖掘深度需求，同时配套开展“软性”项目，如基层医务人员能力建设、人才对接、青少年性健康教育等；持续运作，通过2～3年的运作，打造出一批有影响力的扶贫项目，并通过佛山市慈善会这个平台为凉山链接更广、更多可持续性的资源，真正做到东西部互动、资源互补。

为了保证投入的资金能因地制宜发挥效益，和的专项凉山扶贫基金会在开展凉山扶贫项目之初摸索出一套项目管理机制。和的慈善基金会在项目调研和实施初期，充分与凉山州委州政府及有关部门沟通，确保基金会投入资金能和政府扶贫战略方向一致，并起到补充协同的作用。由于参与凉山扶贫项目涉及领域广、对接部门多，为了精准挖掘

凉山精准扶贫项目——美姑县彝族孩子足球运动

需求、高效实施项目，和的慈善基金会从项目设计、启动、实施、评估各阶段，与广东（佛山）对口凉山扶贫协作工作组密切沟通和合作，做到扶贫工作目标一致、信息共享一致、资源统筹一致。

截至2018年12月，和的慈善基金会实际使用支出为1 369万元，直接受益人群39 658人，其中妇女20 359人、儿童5 208人，覆盖西昌市、美姑县47个乡镇和7所学校、3家医院、1家养老院、1家福利院。实施项目包括：凉山州妇幼保健院、美姑县妇幼保健院儿保妇保设备捐赠项目，凉山州中心血站采血车、送血车捐赠项目，美姑县养老院修建资金配套项目，凉山州儿童福利院运动场所修建项目，美姑县大桥中学、洪溪中学运动场修建项目，美姑县4所学校暖冬物资捐赠项目，凉山州基层医生能力建设项目，美姑县中小学健康培训项目，凉山州教育系统教师培训项目，凉山州彝族青年职业培训项目，凉山州青年创新创业支持项目等。

早期，美的在顺德改革开放沃土之上获得茁壮成长。如今，已成长为全球500强企业的美的，积极履行企业社会责任。何享健为人低调、性情温和，他经常以自己普通话讲不好为由婉拒媒体采访，拒绝在公众场合发言。

何享健说，他的初衷来自最简单朴实的逻辑——得到之后要有所回报。“没有国家的发展，就没有美的的发展，更没有我今天的成绩。”他希望，“在顺德带头创造这样的社会氛围，从一个企业家的角度，做一些有利于社会、有利于民生的实实在在的事情。”

（供稿、照片提供：广东省和的慈善基金会　修编：周艳）

/ 韶关市乡村振兴公益基金会项目——村居环境和基础设施改造

沈小平，江苏通鼎集团董事局主席、中国慈善联合会副会长。曾获全国优秀企业家、中华慈善突出贡献个人等荣誉，连续6次获中华慈善奖。把脱贫攻坚视为自己人生的第二份事业，重点帮扶中西部地区国家扶贫开发工作重点县，重点关注贫困地区教育发展。投资建设2家子公司落户新疆霍尔果斯等地，解决群众就业200余人。累计捐赠605万元，用于家乡联星村基础设施建设。多年来，累计投入扶贫资金超过5亿元，为贫困人口提供就业岗位2万多个。

做扶贫路上的急先锋

1963年，沈小平出生在苏州市吴江区一个普通的农民家庭，1981年由于考场发挥失误，向来成绩优异的沈小平高考落榜了。虽不甘心，但是看到为了学费而发愁的父母，他还是决定放弃复读的机会，转身步入军营，练就了一身过硬的驾驶技术，也锤炼出“肯吃苦、不服输、善团结”的军人品格。从此，“艰苦锻炼，保家卫国”就成了沈小平扛起的责任。

几年之后，沈小平退役了。这之后，他做过驾驶员，当过销售员，创造过单人电缆销售额超过2亿元的惊人业绩，成了远近闻名的“百万元户”。“跑销售可富一人，办企业可富一批人。”1999年，沐浴在改革开放的春风中，沈小平办起了企业，带着56位乡亲，凭借“四千四万”的创业精神，把一个注册资金50万元的小电缆厂打造成为国内知名通信产业链全业务集成商、服务商，多年上榜中国企业500强。

沈小平发了家，但是吃过大苦的他，太了解穷人的难。在做大做强企业的同时，他将脱贫攻坚视为自己人生的第二份事业。20多年来，他用有温度的产品改变了人们的生活，用更多扶贫实践传播和延续社会正能量，用实际行动响应了国家“脱贫攻坚”的号召，彰显出一位优秀企业家兴业报国的家国情怀和富而思进的责任担当。

扶贫要像经营企业一样认真

1998年，当时的吴江市出了一件轰动全城的大新闻：有人给一所学校捐了30台

/ 沈小平（左）深入车间一线

电脑。在那个年代，一台电脑就是一笔不菲的花销，而捐这 30 台电脑的人正是沈小平。“那时候国家一直在提电教化，我们那个地方不富裕，但不能让我们的孩子落了后。”沈小平如是说。

从那时起，沈小平便将承担社会责任作为自己“乐享之责”，利用企业分公司遍布全国的优势，不断提升慈善事业的覆盖面。他成立了通鼎集团社会责任和可持续发展委员会，亲自担任委员会主任，明确“一把手”抓公益、做扶贫，集团各个分公司的总经理同时负责所在区域的扶贫攻坚工作，由此建起扶贫帮困的“前沿哨所”，将扶贫的触角延伸至全国各地。

在通鼎集团，沈小平给管理层下了一个死规定：所有管理层，既要跑市场，也要访贫困，还要深入现场寻找扶贫信息源。

在这方面，通鼎集团海南代表处总经理李荣荣深有体会。有一次，李荣荣到白沙黎族自治县岭尾村查看光缆敷设工程时，发现当地不少村庄基础设施落后，村中普遍没有产业，村民们发展没有门路，便向沈小平做了汇报。了解情况后，沈小平立即安排公司高层去蹲点调研，与白沙县荣邦乡开展结对扶贫，首先捐资改造岭尾村的路灯设施，进行村民技能培训。同时，启动 5 年行动计划，累计投入 205 万元资金，推进岭尾村百香果产业发展、村级医疗卫生所改造、水渠改造等强村富民工程，惠及岭尾村 1 100 余名贫困人口。

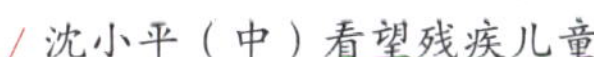
/ 沈小平（中）看望残疾儿童

/ 沈小平（左一）关注少数民族儿童健康

帮扶岭尾村只是沈小平及通鼎集团积极响应脱贫攻坚的一个缩影。针对中西部地区扶贫任务艰巨的情况，沈小平将通鼎集团的脱贫攻坚主战场锁定到中西部国家重点扶贫县，制定扶贫规划，探寻扶贫重点。从“天涯海角”到西部边陲，通鼎集团的扶贫足迹遍布中西部 7 省 11 个扶贫县，通过全方位开展扶贫救急项目，助力各贫困县脱贫摘帽。

在云南，沈小平和通鼎集团支持绥江“托起希望”农业扶贫活动，认购绥江果蔬产品；支持勐海民族学校发展，捐资 600 万元用于国内名校与山区教育联盟，缩短中西部教育差距。

在重庆，沈小平和通鼎集团耗资 68 万元助力丰都暨龙镇乌羊坝的通信建设，把公司的光缆拉到悬崖上的学校，为闭塞的山区儿童打开一扇看到世界的窗户。捐赠 60 万元助力合川区留守儿童精准扶智，倾情农民工子女教育。

在新疆，助力洛浦县、叶城县、疏勒县、阿克陶县等贫困县村所建设、安居房建设等，大力推进乡村振兴。将 2 家子公司落户于霍尔果斯等地，通过产业转移安置新疆籍各族就业人员 200 余人。

熟悉沈小平的人都知道，他是一个认死理的人。投身脱贫攻坚，沈小平抱定一个信念，那就是“办慈善、搞扶贫，要像经营一个企业一样认真”。

在这样的信念支撑下，沈小平不仅拿出了对待企业经营一般的认真劲儿，也展现了一个优秀企业家的开阔眼界和远大胸怀，还有闻风而动的果断与坚决。

2008 年 5 月，汶川发生地震后，他组织抢修光缆，把电送到地震灾区；2010 年 4 月，青海玉树发生地震后，他捐赠 386 万元善款；2010 年 8 月，他捐赠百万元救灾物资应对甘肃舟曲泥石流灾害；2013 年 4 月，他拿出 500 万元产品用于四川雅安抗震救灾；2014 年 8 月，云南鲁甸抗震救灾，他支持 200 万元光缆产品；2017 年湘赣洪灾、九寨沟地震，他把光缆和善款送到灾区……每次遇到自然灾害，沈小平都第一时间要求工作人员与灾区取得联系，捐赠光缆产品和善款抗震救灾。

扶贫与救灾，沈小平凭着这股认真劲儿，将自己的大爱洒在中国大地。

扶贫，不是任务而是责任

曾有人问沈小平："数十年如一日地做公益、助脱贫，耗物资、耗时间、耗精力，你是怎么坚持下来的呢？面对一笔笔投出去的巨额捐款，你不会'肉痛'吗？""企业家回馈社会，要真心实意去做，不是'被捐赠'，而是形成一种常态化的机制，变成一种责任，那就不会感到麻烦了。有了制度保证，才能达到责任的良性循环。"沈小平的回答充满了对扶贫事业的理解与思考。

扶贫事业要实现制度化，说起来容易，做起来很难。但即便再难，沈小平和通鼎集团也将自己的扶贫之路走得稳当而坚定。

2008 年，沈小平在苏州注资 1 000 万元成立"沈小平爱心基金"，并决定每年拿出公司利润的 5% ~ 10% 作为专项基金，常态化开展各类扶贫帮困、助学赈灾等社会公益活动；建立"三不让基金"用于员工关爱：不让一位员工看不起病、不让一位员工子女上不起学、不让一位员工生活在贫困线之下；成立联星村爱心基金，主要用于对口帮扶经济薄弱村助学、助老、助医、助困工作的开展；2018 年，通鼎集团社会工作发展基金会成立，建立起社会工作服务平台，聚焦各类社会问题，开展公益类项目和活动以及关注外来务工人员增值减压等。

/ 沈小平在办公室

十年磨一剑。目前，通鼎集团已经探索出"1+3+X"扶贫机制，即 1 个基金会、3 个专项基金、系列精准慈善项目的助贫慈善新模式，从"授人以鱼"的给予式扶贫，升级到通过企业内部社会责任管理机制"授人以渔 "长效运作。

在通鼎集团探索扶贫机制的过程中，也发生了一个个"扶贫故事"。通鼎集团人力资源部经理沈红梅有一根特殊的登山杖，被公司的同事戏称为"打狗棒"。说起它的来历，背后的故事令人捧腹大笑，却又令人肃然起敬。

沈小平把重点安置贫困地区人口就业作为公司人力资源招聘的重点，为了帮助贫困地区切实脱贫，公司与宿迁、宝应等地多个村委会建立长期联系，并详细了解每位贫困人员的实际困难，建立困难档案，加强有针对性的培训和安置。为了摸清真实情况，沈小平要求工作人员一个村一个村去跑，走村入户查看实情。沈红梅说：“大部分村民养狗，生人进村的时候不小心就会被狗咬伤，沈主席听说了这件事，就给大家每人买了根登山杖，用来赶狗。”从沈小平的这个举动中，让沈红梅等工作人员体会到了沈小平扶贫的决心和苦心，从此更加认真地把事情办好。

通鼎集团先后在苏北地区吸纳近万人就业，并实现富余劳动力转移就业和“一年脱贫、三年买车、五年买房”的脱贫攻坚承诺。

扶贫帮困，沈小平不仅重视内拓，还注重外联。各级慈善组织是扶贫攻坚的重要力量，沈小平连续 6 年投入 600 万元支持江苏省慈善总会“情暖江苏”活动，慰问范围集中在全省经济薄弱地区和省内重点贫困人口。2019 年春节前后，向苏州市慈善基金会捐资 660 万元用于帮扶弱势群体，累计向吴江区慈善总会捐资 3 792 万元实施精准帮扶。为了广泛凝聚起更多的社会力量参与到扶贫攻坚中来，他出资助力“中国社会扶贫网”平台建设，促进扶贫工作“线上 + 线下”的协同共进，构建起一张更大范围的全国“扶贫网”。

将慈善作为自己的第二份事业

不管企业做得多大，不管工作有多忙，沈小平始终一如既往牵挂着扶贫事业。20 多年来不计回报的付出，沈小平自己到底是怎么想的呢？“唯有厚德，方能载物！”沈小平认为，“道德 + 舍得”，方为人德。企业家的价值在于创造财富，而财富的价值在于回报社会。做好慈善有助于缩小贫富差距，维护社会稳定，和谐健康的社会环境才能让企业和个人得到更好的发展。

“考大学是我的梦想，当年高考落榜一直是我毕生的遗憾。”身为农家子弟的沈小平深知，促进贫困劳动力学知识、学技能是早脱贫的关键。他把视线锁定到各类技工学校，支持徐州技师学院成立“通鼎教室”，提升学校教学能力；为江苏省吴江中等专业学校捐赠 5 条光缆生产线，先后支持南京大学 1 600 万元、支持中国人民大学 1 000 万元、支持重庆邮电大学 1 000 万元；在北京师范大学、东南大学、南京邮电大学、河南机电专科学校、云南昆明技工学校等国内 19 所院校开展校企合作，设立通鼎学院、通鼎奖学金等，累计资助 1 300 多名贫困学生完成学业。不仅如此，通鼎集团还向这些贫困学子敞开怀抱，帮助其就业。

“在我的人生成长历程中，通鼎集团始终是个大靠山。”毕业于重庆邮电大学的李月康在通鼎集团的资助下顺利完成学业，并顺利进入企业工作，如今已成为通鼎集团山东省代表处销售经理，事业干得有声有色。如今共有 212 位受助贫困学生选择与通鼎集团共命运、同发展，活跃在公司生产经营一线。

/ 沈小平（中）看望老人

一名优秀的民营企业家不仅是经济发展的主力军，更是勇扛社会责任的脊梁骨。沈小平深知，无论走得再远，心中始终不能忘了来时的路。家乡是沈小平时时牵挂的地方，他一直致力为父老乡亲做一些实实在在的事。

2019 年元月，吴江震泽镇联星村的 632 名 60 岁以上老年人每人领到了 1 400 元“过年钱”，这是由“沈小平爱心基金”连续第四年发放的助老敬老金，并且每人每年递增 100 元。每次到村里，沈小平都会带着慰问品和慰问金上门看望村中高龄老人，把关爱送到老人们的心坎上。如今沈小平已累计发放联星村助老敬老资金 360 万元。同时，沈小平还捐赠 500 万元精准扶贫资金用于联星村困难帮扶、公共事业发展，支持 105 万元先后开展“村村通”道路建设、自来水改造、老年活动中心建设等，支持联星村发展，实现强村富民目标。

“我要把慈善作为自己的第二份事业！”这是沈小平经常说的一句话。他不仅是这么说的，也是这样做的。他用责任和大爱，书写着时代的担当，诠释着企业家的价值。

（供稿、照片提供：江苏省扶贫办　修编：张津津）

张秀燕，天津渤海世茂投资有限公司董事长。天津市第十二届、十三届政协常委，天津市工商联第十四届副主席，天津市光彩事业促进会第二届副会长，天津阳光义工爱心社社长。曾获全国三八红旗手、全国政协“善行天下·政协委员慈善公益”奖、京津冀优秀女企业家、天津市十大杰出青年等荣誉。全力打造天津阳光义工爱心社，结对资助孤儿837名，帮扶孤寡老人742人，帮助特别困难单亲母亲6 580人，关爱农民工4 800多人，累计捐赠帮扶款1.15亿余元。“让今天受帮扶的人，成为明天帮扶别人的人”，传承人间大爱。

在扶贫路上绽放幸福的人生

一位受人帮助过的人，放弃公职，尽其所能帮助困难群众，张秀燕一路走来，让温情四溢，爱有余香。

下海经商初衷，帮扶困难学生

20世纪60年代末，张秀燕出生在浙江绍兴。刚上小学时，她被寄养在小学老师家里，和老师一起生活了3年。老师的善良和敬业影响了张秀燕的一生。那时农村的生活条件都不好，很多孩子因为交不起学费或要帮家里干农活而辍学。老师除了每天上课，剩下的大部分时间都会到没来上学的孩子家里做工作，还主动用自己微薄的工资贴补那些孩子的学费，虽然老师付出了大量的心血和爱心，但还是没能让那些辍学的孩子回到课堂上。看到老师无奈又痛心的神情，年幼的张秀燕就有了个梦想：一定要努力学习长本领，有能力了就去帮助那些失学的孩子，让他们有学上。

大学毕业后，张秀燕成为一名公务员。1994年，在一次工商联组织的公益活动上，她了解到河北省张家口农村有许多孩子因家里贫困而面临辍学。于是，她通过工商联结对子帮助了两个孩子，每年拿出两个月的工资，来资助他们上学。然而，那时的张秀燕只是一名普通的公务员，每月收入不过几百元，既要维持家庭日常生活，又要养育自己幼小的孩子，再加上这笔额外资助，她明显感觉到经济上的压力。但一想起那两个孩子无助的眼神，张秀燕就会默默为自己鼓劲：“我不能放弃，我得想办法挣钱来帮助他们。”

20 世纪 90 年代初，在市场经济体制的大潮下，张秀燕的好几个同学、朋友办起了企业，收获了人生的第一桶金。一天晚上，张秀燕在逛滨江道的时候，看见路边有很多人在摆地摊，有卖衣服的，有卖皮带的，有卖生活用品的，买的人还不少，这个场景深深地触动了她。天津因其特殊的区位优势，成了很多年轻人创业的乐园。而当时的滨江道更是华北地区小商品交易极其活跃的地段，给无数“草根”提供了挑战自己的机会。天时、地利俱在，张秀燕对自己说：“我也能行！”但从一个国家公务员到摆地摊的小商贩，又谈何容易！但为了履行自己对困难学生的承诺，她还是义无反顾地加入其中。从那以后，张秀燕白天当公务员上班忙工作，下班后就骑着破旧的自行车赶回家取货，然后又马不停蹄地赶到滨江道，抢位置、摆地摊。虽然辛苦，但她的收入有了明显的增长。那时候，张秀燕唯一觉得亏欠的就是她的儿子。在孩子很小时，脖子上就挂着钥匙，每天自己上下学，自己照顾自己，有时也会被寄托在朋友家里，代为照看。后来，有朋友开玩笑地说：“张秀燕的儿子是吃百家饭长大的。”虽然是句玩笑话，但听在张秀燕的耳朵里，扎心哪！“哪个当妈的不想给自己的孩子全部的爱，但是我却不能，因为我得把我的爱分给更多的孩子。”

地摊一摆就是好几年。到了 1997 年，张秀燕已经能同时资助 10 个孩子。后来，单位知道她摆地摊的情况后对她提出要求：公职人员不能兼职赚外快。当时的张秀燕有两条路可以选择：一条路是放弃资助孩子，继续当公务员；另一条路是辞职下海经商。为了帮助这些孩子，她毫不犹豫地选择了第二条路，提出了辞职请求。有领导劝说：“秀燕啊，公务员既体面，生活又有保障。再说，你再干一年就可以享受福利分房了，为了那么几个没有血缘关系的孩子舍弃这么好的工作，你不觉得可惜吗？”但张秀燕却说：“我有我的梦想，我要帮助这些孩子完成学业，让他们能够学好成才，成为对社会有用的人，我愿意为他们付出！”

/ 张秀燕（右）在天津大学参加所帮扶的困难大学生的毕业典礼

1998 年 9 月 12 日，张秀燕创办的第一家企业正式开业了，从事服装、服饰的生产、加工、销售。不久，她注意到保暖内衣成为当时新的消费热点，于是拿出了所有积蓄，还把唯一一套住房抵押给银行贷了款，总共凑了 150 万元，做起了保暖内衣的生意。正当张秀燕准备大展身手时，火爆一时的保暖内衣生意却让她遭遇了“滑铁卢”。那时的保暖内衣市场刚被消费者接受，但市场不规范，鱼龙混杂，市场竞争激烈，再加上媒体对保暖内衣质量问题曝光不断以及突如其来的暖冬，使天津保暖内衣的销售跌入谷底，张秀燕的保暖内衣严重滞销。望着仓库里堆积如山的衣物，她感到了彻骨的寒冷，投进去的150万元全都赔光了。因为贷款还不上，银行把她的住房拍卖了，她搬到每月用120元租来的15平方米的平房里住。那时，张秀燕压力巨大，心灰意冷，甚至想到了放弃。但她说："想到那些孩子们还等着我的帮助，更需要我为他们树立榜样……是孩子们给了我战胜困难的信心和决心！从哪里跌倒，就从哪里站起来，我还要接着干！"她把所有滞销的保暖内衣通过民政部门捐给了困难群体，彻底丢掉过去失败的包袱，从头再来。在朋友们的支持下，她又创办了一家生产和销售丝绸服饰的服装厂，并在随后的几年间陆续创办了多家公司，事业开始红火起来了。

不忘创业初心，深化帮扶工作

为了让更多需要帮扶的人得到帮扶，张秀燕把大部分时间和精力渐渐转移到帮扶事业上。2007年，她发起并出资成立了天津阳光义工爱心社。爱心社是为爱心人士与困难群体间搭建"一对一结对子帮扶"的公益平台，力求把帮扶工作落到实处。爱心社有7名工作人员，专门负责帮扶过程中的组织、协调、联络等工作，而爱心社的全部运营费用都是由张秀燕个人出资。在张秀燕看来，她就是要做纯粹的公益，不掺杂任何利益的公益。

被张秀燕这股执着的"傻劲儿"所感动，她的身边聚集了越来越多志同道合的爱心人士共同参与到帮扶队伍中。他们从最初的单一困难对象帮扶，逐步扩展到多个受助领域帮扶，受益群体万余人。

从2009年起，在张秀燕的倡导下，天津阳光义工爱心社联合多个部门连续11年举办了"用爱送你进学堂"助学公益活动。通过爱心社的帮扶平台，爱心人士与自强学子结成了一对一助学帮扶对子。截至2019年8月，已经有1 800多名家庭贫困、品学兼优的困难学子通过活动得到帮助，圆了他们的大学梦。

在助学路上，张秀燕为孩子们倾注了大量的时间和心血。在孩子们遇到失学困境时，她送去了学费和生活费；在孩子们取得成绩时，她和孩子们一起分享；在孩子们迷茫时，她成了孩子们的心灵导师，给予孩子们鼓励和继续前行的力量。在孩子们成长的道路上，她以榜样的力量，引导孩子们树立了正确的人生观和价值观，让孩子们对未来充满了信心和希望。

在这些受助困难学子中，已有860多名学子以优异的成绩大学毕业，走向了工作岗位，他们不仅自己脱了贫，还成了各行各业的主力军；还有一部分学子走上了创业之路，在为社会创造财富的同时，还提供了很多就业岗位。

特困单亲母亲也是天津阳光义工爱心社重点帮扶的困难群体。从2007年起，张秀

/ 张秀燕（左）到所帮扶的特困单亲母亲创业果园调研

燕带领众多爱心人士与 6 000 多位特困单亲母亲结成帮扶对子，根据每个家庭的实际情况，帮助她们走出困境，寻求发展。连续 9 年为 5 000 名特困单亲母亲购买健康保单，帮助她们解决看病就医的实际困难；设立特困单亲母亲创业基金，为有志创业的母亲们提供资金上的支持和创业指导。在特困单亲母亲创业基金的扶持下，来自天津蓟州、大港、汉沽等地的五十几位特困单亲母亲开起了烧饼店、馒头房，开了家政公司、养鸡场，还有的人做起了工艺品网店……她们不仅实现了自己的创业梦想，给家里脱了贫，还为 400 多人提供了就业岗位。在爱的感召下，受助特困单亲母亲们心怀感恩，正在用不同的方式传递着爱心，回馈着社会。

教育扶贫援疆，收获别样亲情

为深入贯彻习近平总书记关于新疆工作的重要论述，认真贯彻新时代党的治疆方略，进一步推动对口援疆工作，同时按照天津市委市政府对口支援工作要求，多年来，张秀燕花费了大量的精力与财力，投入到帮扶新疆学子的工作中。

张秀燕和她的爱心团队与 11 所学校的新疆班学子结成帮扶对子，连续 13 年开展了“手拉手关爱新疆学子”系列公益活动，设立了在津新疆班特困生帮扶基金，用于帮扶在天津读书期间家里遇到特殊困难的孩子们；还设立了优秀自强学子奖学金，来鼓励新疆学子们积极向上、努力奋斗的拼搏精神，每年有 300 多名学子获奖。这一奖项的设立，体现了扶贫与扶志相结合的帮扶理念。每逢春节、中秋节、古尔邦节，张秀燕都会组织爱心人士走进学校看望孩子们，给他们送去礼物和祝福，与他们共度佳节，让在天津学习生活的新疆学子，感受来自第二故乡的亲情与温暖。

帮扶新疆学子脱贫并立志成才，不单单是钱的问题，还需要更多的时间和精力去关爱孩子们，让他们转变思想，让他们懂得感恩，有奋斗精神。

2013 年 6 月，在高考前一天，张秀燕特意从外地赶回天津为崇化中学高三年级的新疆孩子们加油鼓劲。一周后，她收到了一封来自崇化中学的维吾尔族女孩迪丽胡玛尔 · 阿卜杜外力（以下简称迪丽）写来的求助信。迪丽是生长在新疆巴州沙漠边的一个农牧民家庭的孩子。父母没有文化，却千方百计为女儿创造学习机会，从小懂事的迪丽也不负所望地考上了内高班，来到天津学习，还通过努力获得了全额奖学金去德国交

/ 张秀燕（中）看望紫云中学新疆学子，并和他们分享自己的收获

流学习的机会。正当她为回新疆办护照的往返路费犯愁时，家里又传来了妈妈患上肺结核病需要住院的消息，迪丽陷入了深深的无助和苦恼之中：德国求学梦破碎了，今后的大学梦更是连想都不敢想了。张秀燕那天去学校给高三的孩子们加油鼓劲时，迪丽作为学校的小记者也在现场。“孩子们，无论你们走到哪里，我都会牵挂着你们，愿意和你们交流、谈心，有困难我也一定会帮助你们。”张秀燕的一番话让迪丽看到了希望，所以就有了这封求助信。和学校老师核实情况后，张秀燕决定帮助这个女孩渡过难关。张秀燕请她到爱心社来，并安慰她说：“孩子，别难过，困难都是暂时的，只要努力，一切都会改变。你家里的困难我可以帮忙，你将来的大学费用由我来负责，你只管好好学习。”迪丽激动的泪水夺眶而出，她一下子扑到张秀燕的怀里，搂着张秀燕放声大哭。

还有一个回族女孩叫刘安平，在她 4 岁时，父亲意外身亡，母亲也因为父亲的去世，精神出了问题。在她 15 岁那年，母亲也因病去世了，她成了孤儿。是党和国家好的民族政策，让刘安平考上了内高班，来到了天津读书。张秀燕从学校了解到这个孩子的情况后，从高一开始，就和刘安平结成了帮扶对子，不仅在经济上资助她，还担负起“母亲”的角色。刘安平由于心里有阴影，从来不笑，每当有人提到她父母时，她就会伤心地哭个不停。张秀燕经常接她到家里吃住，与她谈心交流，还带着她到老年公寓看望孤寡老人、到福利院做义工陪伴残疾孩子，让她感受到社会的美好和温暖。寒来暑往，刘安平脸上终于有了笑容，性格也变得开朗多了。2019 年，她以优异的成绩大学本科毕业，在北京找到了一份理想的工作。她用自己工作后发的第一个月工资，给张秀燕买了一台颈椎按摩仪，周末到天津来看张秀燕时，她眼含泪水激动地说：“是您用母

/ 张秀燕（中）与紫云中学新疆学子共度中秋佳节

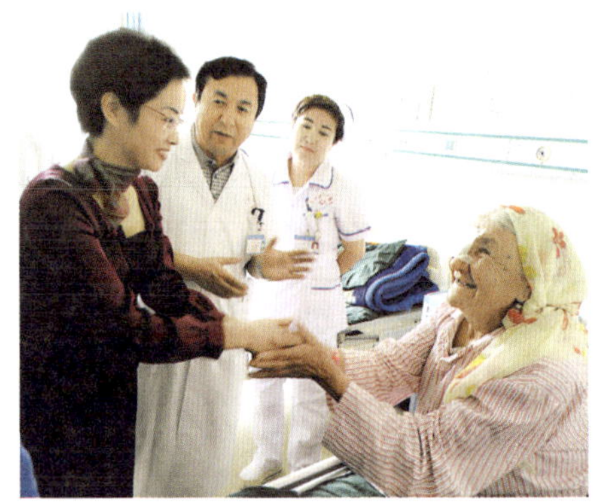

/ 张秀燕（左一）到新疆于田县看望受捐助进行白内障手术的老人

亲一般的爱改变了我的人生！我今后一定会把您给我的这份爱传递下去，明年我也要结对子帮扶一个困难学子！”

到张秀燕家里住过的新疆孩子有 150 多个，有的住上两三天，有的住上一个暑假，孩子来得多的时候家里还打起了地铺。新疆孩子们都亲切地称呼张秀燕为“张妈妈”。张秀燕很自豪地说：“我现在已经是 8 000 多个新疆孩子的妈妈了。曾经还有孩子跟我说，等我老了，请我到新疆去养老，我觉得我是这世界上最幸福的妈妈了。”

张秀燕和她的爱心团队帮扶新疆学子的善举，也得到了众多新疆孩子家长的感激，许多家长还纷纷打来电话、写来书信，表达他们的感激之情。如今，她帮扶过的新疆学子中，已经有 1 000 多名学子顺利完成大学学业，走上了工作岗位，他们不仅自己脱了贫，还成了新疆建设和祖国建设的生力军。

截至 2019 年 8 月，爱心社共结对子帮扶孤儿 877 名，帮扶困难大学生 1 800 多名，帮扶孤寡老人 742 位，帮扶新疆学子 8 000 多人，帮扶农民工 4 800 多人，帮扶特困单亲母亲 6 580 多位，累计捐赠帮扶款超过 1.15 亿元。

“赠人玫瑰，手有余香。”在扶贫济困的路上，张秀燕付出了大量的心血。张秀燕感慨地说：“我感恩这个时代，感恩党和国家的好政策，让我有机会创办企业做帮扶，实现自己的梦想。在今后的日子里，我将始终如一地怀着感恩之心，不忘初心，砥砺前行，在打赢脱贫攻坚战的路上，我和我的爱心团队定会努力前行！绝不停息！”

（供稿、照片提供：天津市人民政府合作交流办　修编：张正宇　张奕）

陈立群，贵州省黔东南苗族侗族自治州台江县民族中学校长。2016年，他婉拒百万年薪聘请来到贵州贫困山区，践行“扶贫先扶智”的理想信念，担任台江县民族中学校长，使民族中学的教育质量从全州中下游水平提高到全州第一。他为黔东南州16个县市中学义务做报告开讲座50余场次，接受培训的校长、教师达到上万人次。他不拿一分钱工资奖金，却向贫困学生家庭捐款累计10多万元。他用自己获得的国务院特殊津贴和杭州市杰出人才奖励20万元设立“台江县民族中学陈立群奖教金”，奖励在台江县民族中学扎根基础教育、民族教育并做出突出贡献的教师。

花甲进苗乡　烛照学子路

他头顶“全国名校校长”的光环从任上退休，婉拒百万年薪聘请，离开繁华的杭州和陪伴的亲人到偏远的贵州山区无偿支教，担任当地唯一一所民族中学校长，践行“扶贫先扶智”的理想信念；他以朝乾夕惕、抓铁有痕的精神，在极短时间内改变了学校懒散怠惰的风气，彻底扭转优秀生源外流、高考成绩暗淡无光的局面；他深入村寨访贫问苦，为民族地区基础教育注入新的时代精神，鼓励年轻人立志进取、回报家乡，书写民族团结进步佳话……。他，就是陈立群，一个一心想让贫困地区的孩子们接受良好教育的人。

不为名利，只为初心

这两年开学前，贵州省台江县有了一道独特的风景：不少村寨锣鼓喧天，鞭炮齐鸣，为考上大学的孩子们开欢送会。孩子的脸上充满自信，家长眼含热泪，街头巷尾都在议论谁家孩子考取大学了，每个人都感受着这份以前少有的荣耀，而感谢陈校长是他们口中经常说起的话。

/ 陈立群在办公室

台江县是中央组织部和杭州市对口帮扶的国家级深度贫困山区县。全县 2016 年财政收入 2.7 亿元，财政支出 15 亿元，主要靠中央财政转移支付。台江县民族中学 3 000 多名学生中，属于建档立卡贫困户家庭的就有 1 200 多人，他们的父母大都在外省打工。作为全县唯一一所公办高中，民族中学的教育质量让人堪忧：每年仅有 100 多人能上二本，2008 年和 2011 年只有一名学生考上一本。

2016 年，年届六十的陈立群从杭州学军中学校长岗位上退下来。不少学校听说他退休了，立刻投来了橄榄枝。他婉拒了这些学校开出的高达两百万元的年薪，独自背起行囊，走进贵州省的连绵群山，担任起黔东南州台江县民族中学校长，开出的唯一条件就是“分文不取”。

“我是从农村出来的，我只有一个想法，我要竭尽所能去帮助那些和我当时所处环境差不多的孩子。”陈立群的支教初衷就是这样简单、真诚——不为名利，只为初心。

抱着这样的心愿，陈立群迅速投入到民族中学的工作中。可没想到，上任第一天，当他走进民族中学食堂，着实被吓了一跳：偌大一所学校，只有一个食堂一口锅，师生排着长队半天打不上饭；苍蝇乱飞，卫生状况不堪入目，学生的营养根本无法保障。陈立群的眼光与众不同，他先从改善师生生活条件抓起，着手改善食堂环境。不到两个月时间，全校实现了 3 个年级分 3 个食堂用餐，并单独开设了教工食堂。

除了简陋的食堂，更让陈立群感到诧异的是，校园本是安静之地，可是民族中学晚自习时间吵吵嚷嚷，老师不管，学生不学，完全不是一所学校应该有的样子。

“非宁静无以致远，不静下来，怎么能够想得深远呢？”陈立群暗自下定决心，必须要改变这种状况。

陈立群立即实行全封闭管理，所有学生全部住校，手机全部上交，只在周六发还手机并限当天使用。学生自习时间不允许在教室里大声喧哗，每个班每天检查评比，早中晚挨个教室督察。没多久，3 000 多人、55 间闹哄哄的教室，一下子变得有序起来。

/ 陈立群在全校师生大会上讲话

/ 陈立群在班级里查看学生学习状况

浮躁止于宁静。新校长的这根缰绳一拉，这些四处撒欢的学生们立刻进入了紧绷状态，一盘散沙式的学习氛围逐渐改变。

“这个校长不一般”

学生的问题解决了，可当陈立群走进教室时，又被教师的“不在状态”吓了一跳。

“一位高三语文老师讲了20多分钟课，才发现自己讲错了。这不是误人子弟嘛！”陈立群当机立断，直接让这位老师“下课”。没过多久，他又将另一名上课没有教案、跟着感觉走的数学老师调离了岗位。不到一个月时间，两位老师接连被调岗，在台江县教育界迅速传开，大家都被这位铁腕校长雷霆般的整顿力度震惊了，纷纷表示“这个校长不一般”。

“老师们的精神一下子都绷紧了。”副校长粟高胜表示，老师们都开始反思自身的教学态度和教学方式，深刻理解陈立群口中的“教学质量是学校生命线”的含义，“大家备课、上课都很积极，教学上变得认真严格，教学质量有了长足进步。”

短短两个月，陈立群制定了16项管理制度，整顿校风教风，创新教学方法，民族中学经历了让人耳目一新的巨变，这所原本涣散的学校终于回到了正常轨道。

“一个好校长就是一所好学校。”陈立群认为，校长对管理的理解和实践，直接决定着学校的办学质量。学校管理有权力管理、制度管理和人格管理三个层面，每一种管理方式的权重选择，要依据所面临的现实情况进行调整。

针对教师在工作中的懒散局面和学生迟到现象较为严重的情况，陈立群利用学校校务会议、行政会议、国旗下讲话、每周教职员工大会、学生大会等机会，传递教育新理念，推行年级组扁平化管理，强调坚守教育常规的重要性。

在依法治校的过程中，每一项制度的出台，都要通过校务会议、行政会议、班主任会议、全校教工大会、全校学生大会等逐级凝聚共识和统一认识，一经修订成文，就要在执行中强势推进。开学以来，学校相继修订出台了《台江县民族中学教师课堂常规》《台江县民族中学中青年教师培养行动计划》等10多项管理制度。

在民族中学的教学楼上，两幅巨大的红色条幅格外醒目，文字是陈立群亲自撰写的。

上联：一生诚做基，不装不作不混，励志笃行出大山；

下联：万代勤为本，用力用脑用心，真才实学报家国。

“我来支教，时间总是有数的。我要培养一支不走的骨干教师队伍，他们才是学校持续发展的血脉。”就任不久，在陈立群指导推动下，民族中学出台并启动了“青年教师培养行动计划”。计划主要包括3项工程：小荷工程、青蓝工程、名师工程。

小荷工程：针对刚走上工作岗位3年以内的青年教师，主要培训课堂常规，教师基本功。

/ 陈立群在青年教师课堂比武大赛上讲话

青蓝工程：针对工作3～8年的教师，旨在提升其业务素质，站稳课堂，成为骨干。

名师工程：针对工作8年以上的教师，旨在开阔视野，形成特色，树立风范。

针对民族中学教师大都毕业于本省院校的实际，陈立群利用自己的资源，为教师们尽量创造走出去学习的机会。如今学校已经送出去6批教师，每次20名左右，到杭州的名校进行为期一周的交流学习，让教师队伍如源头活水般流动起来。

自陈立群担任台江民族中学校长以来，学校悄然蜕变，让人刮目相看：此前，全县中考前100名学生，留在本地读高中的只有十来个人。而近两年，民族中学招生录取分数线提高了近200分。考上本科的学生，按照进出口增量计算，已经从全州垫底冲到了全州第一。辍学的学生从以往的每年100多个，到近两年的净流入。

除了有目共睹刷新历史纪录的升学率，更让人欣慰的是师生精神面貌的巨大变化。2017年，台江县中考前100名学生，留在本地读书的有95人；2018年，全县中考状元也第一次留在了台江县民族中学。陈立群用自己日复一日的爱心奉献，改变了学校教育的生态，也通过学生的进取有成，改变了若干贫困家庭的命运。

“人类道德的基点是爱心与责任感。”这是陈立群常对师生们说的一句话。作为教育工作者，他认为这是最基本的职业素养和要求，要把这句话刻在心里、形成习惯。

在台江县民族中学全校教师大会上，他说：“人生而平等。每个人来到世界上的机会只有一次，每个人都应该享有平等发展的机会。一个人的成功，就是父母赋予的天资能够得到最大化的发挥，在此过程中，教师有帮助他们走向成功的义务与责任。”

“他是我们心中的指路明灯”

台江县民族中学的学生家长，有一半以上在外打工，父母常年不在身边，很多学生缺乏完整的家庭关爱，还有的因为重男轻女陋俗从小被遗弃，或者父母离异。由于学生家庭普遍收入不高，一旦遭遇大病或者意外，常常直接影响学生学业。作为一校之长的陈立群，更像是一个大家长，时时为孩子们操心。

和过去在浙江关心、资助“宏志生”一样，到贵州工作之后，陈立群继续出钱资助了多个贫困学生。只要听说有师生生病住院，他再忙也要挤出时间去探望。一天晚上，他去医院看望高烧住院的学生田美。田美是个单亲家庭的孩子，妈妈远在广州打工。尽管病得较重，田美执意要求第二天回校读书。陈立群问她：“生命重要，还是学业重要？”田美回答：“一样重要。”陈校长俯下身子，亲切地对田美说：“傻孩子，学业拉下了，还可以补，而生命只有一次。”田美含泪表示：“我不想将来重复妈妈现在过的日子！”多么朴实又迫切的愿望！简短的交流让陈立群揪心不已。离开医院，他就对田美回校后的补课做了周密安排。

2017 年底的一天，陈立群打开办公室的门，发现门缝下有人塞了一封信和 1 000 元钱。写信的是高三学生王世珍。当时，她因母亲得了尿毒症而提出退学，陈立群去医院探望她母亲并极力挽留她，临走时留下 1 000 元钱。没想到第二天钱被如数退回并附信一封：“您就像是一盏灯，照亮了我的心灵。您的心意我领了，每个人都有困难的时候，但我明白，人如果不是到了绝境，绝对不能靠别人来改变处境，而是要有所作为。”

欣慰之余，陈立群退还了王世珍的学费，并帮忙联系医院。“之后，在学校每一次碰面，陈校长的第一句话都是‘生活费还有没有？如果没有的话一定要说’。”王世珍说。

2018 年 6 月，王世珍参加高考并顺利考上贵州民族大学人文科技学院，专业是学前教育。她说：“我希望以后能回到家乡，成为一名教师，像陈校长一样，有爱心、有责任心，去帮助贫困家庭的孩子通过接受教育改变自己和家庭的命运。”

如今，陈立群的家访足迹已遍布全县各乡镇的许多苗寨，看到处在暂时困难中的贫困家庭，他总是忍不住出钱帮扶，累计已有 10 多万元。

行动是最有力的语言。陈立群的到来，让师生们从他身上展现的爱心和责任感中看到了几乎已经暗淡消沉的希望。

陈立群曾说：“所有的帮扶总是暂时的，所有的支教总是要结束的，关键在于增强贫困

/ 陈立群和贫困学生在一起

地区教育可持续发展的造血功能。”来贵州支教，致力于兴办教育，这与他长久以来的办学理念和办学思想一脉相承，与他创办“宏志班”的原因相通。陈立群唤醒的不只是深山中孩子们的宏图大志，更是用爱唤醒了他们那份感恩的心。而今，当年用心呵护的幼苗已经长大，陈立群一个人的支教，已经变成了一群人的勠力同心——一批批“宏志生”把“宏志精神”传递到了更多的地方。

一直以来，陈立群为人低调，始终保持着知识分子的傲骨清风，全身心投入自己所钟情的教育事业。他认真读书、潜心教书、静心著书，已撰写和主编了《我的教育主张》《教育的真爱、假爱与错爱》等教育图书 16 种。

来到台江，他不拿一分钱的工资奖金，至今滴酒不沾，基本不出席饭局，别人宴请时总是以“对不起，我是来支教的”进行谢绝。与此同时，他把自己获得国务院特殊津贴和杭州市杰出人才奖的 20 多万元钱拿出来，设立“台江县民族中学陈立群奖教金”，奖励在台江县民族中学扎根基础教育、民族教育并做出突出贡献的教师。该奖教金已先后发放了三次。陈立群还表示，要想方设法将这个奖教项目一直延续下去。

赤心为民，青山做证。做了大半辈子基础教育的陈立群，本着“一生只做好一件事”的信念，仍然只争朝夕地奔走在“人民教育”这条通往未来的大道上。

（供稿、照片提供：贵州省扶贫办　修编：张津津）

郁亮，万科集团党委书记、董事会主席，深圳市第六届政协常委，全国工商联执行委员。曾获中央电视台主办的中国年度经济人物等荣誉。2016年、2017年蝉联《哈佛商业评论》“全球 & 中国百佳 CEO”前十。他不忘初心，采取“企业捐助＋政府主导＋贫困户受益”的方式，率领团队坚持助学、援建，联合中国光彩事业基金会设立专项基金等扶贫济困。其领导下的万科已形成教育扶贫、易地搬迁、文化扶贫、产业支持、乡村振兴五套脱贫攻坚组合拳，累计投入超过10.6亿元，惠及23万名贫困群众。

存公益初心　行专业扶贫　担社会责任

党的十八大以来，以习近平同志为核心的党中央把脱贫攻坚工作纳入“五位一体”总体布局和“四个全面”战略布局，做出一系列重大部署和安排。党的十九大进一步提出了“到 2020 年农村贫困人口全部脱贫”的战略目标。习近平总书记一再强调“坚决打赢脱贫攻坚战，在全面建成小康社会的征程上不断创造新的业绩”。作为改革开放浪潮下成长起来、致力于服务城乡经济发展与人民美好生活的万科集团，在集团党委书记、董事会主席郁亮的带领下，多年来坚持不忘初心，在全国工商联和广东省、深圳市的领导下，切实承担企业社会责任，积极参与精准扶贫和乡村振兴等各项工作，尽己所能回馈社会、回报国家。

“得益于改革开放的历史机遇和深圳特区这片发展沃土，万科成长为世界 500 强企业，但绝不会忘记自己的初心，创造价值必将回馈社会。”郁亮始终认为，作为一名企业家应当带领企业尽自己所能承担社会责任，以人民美好生活为己任，做伟大时代的好企业。

万科已成立 35 年，郁亮是近年来万科扶贫的“掌舵人”。在郁亮的带领下，万科扶贫团队在传统的捐资、助学、援建等形式的基础上，探索出教育扶贫、易地搬迁、文化扶贫、产业支持、乡村振兴五套脱贫攻坚组合拳，进一步构建起以专业能力、资源转化助力脱贫致富奔小康的万科解决方案。

为更好地加强对国家精准扶贫战略的支持，在中央统战部、全国工商联的指导下，郁亮带领万科与中国光彩事业基金会合作，联合发起“光彩 · 万科精准扶贫与乡村振兴”专项基金，加大对“三区三州”深度贫困地区的帮扶力度，并根据国家精准扶贫需要逐步投入，持续为国家脱贫攻坚贡献力量。

发挥专业优势，帮扶教育影响一代人

在郁亮的带领下，万科的扶贫工作不仅充满情怀，而且更加专业、高效。用郁亮的话说，经过 35 年的经营发展，万科在好产品、好服务的打造中积累了丰富的规划、设计、建造能力，这些能力都会被万科用于帮扶项目的建设上。

2015 年，在深圳援疆工作的统一部署下，郁亮带领的万科团队开始援建新疆塔合曼寄宿制学校。在前期的项目考察中，郁亮发现，学校原本陈旧的校舍仅能容纳一年级至三年级，而且缺少体育设施，还存在用水困难的问题。“我们不仅要解决这些问题，而且还要将各种配套补齐。”

为确保 2016 年 9 月开学时孩子们能在新校舍上课，郁亮亲自部署，并率领团队克服寒冷干燥、材料缺乏、高原缺氧、工期紧张等重重困难，在 188 天内完成幼儿园与完整制小学的援建工作。2016 年教师节，新疆塔合曼寄宿制学校正式交付并开学了。如今，一栋 2 697 平方米的综合教学楼、一个 680 平方米的风雨操场、一个 200 平方米的标准室外塑胶运动场在校园内铺开，校门、围墙、教具、办公用品等学校教学配套设施一应俱全。

除了完善的建筑设施外，塔合曼寄宿制学校在建造过程中还运用了 9 度抗震设防烈度技术，并且设置了 31 个隔震垫。2017 年 5 月 11 日，新疆喀什地区塔县发生 5.5 级

/ 万科在新疆塔县援建的塔合曼寄宿制学校

地震，震源距离塔合曼寄宿制学校约50公里，因距离震源近、震源深度低，此次地震为塔县近20年来震感最强、破坏面最大的地震，但是这所学校的建筑安然无损，全校没有出现伤亡。

/ 郁亮走访帮扶的乡村学校

“专业的事情要交给专业的人来做，万科要做的就是发挥自身优势，做无愧于伟大时代的好企业。”郁亮说。

此外，2018年以来，郁亮还带领万科出资支持了更多贫困地区的基础教育设施建设。在贵州、甘肃，万科出资7 500万元改进当地贫困农村幼儿园、小学基础办学条件；在福建寿宁县万科正投入1.2亿元援建东区中学，包括翻新和建设教学楼、综合楼、实验楼、科学楼、宿舍楼和足球场、篮球场、300米塑胶跑道等基础配套设施，建成后可容纳2 000名学生，为寿宁县的贫困学子提供优良的学习环境。

配齐公共设施，解搬迁群众后顾之忧

很多万科人都知道，郁亮不仅去过万科所有的帮扶项目，有的项目他还会去许多次。这是郁亮对扶贫的初心，对公益的热忱。

但郁亮也深知，当把扶贫和公益作为公司的一项事业时，就不能“任性而为”，必须“遵章办事”。因此，他提出了万科公益的三点原则：“发挥万科优势做专业的事”“坚持公益的纯粹性”“在党和政府的领导下做扶贫”。

其中，“发挥万科优势做专业的事”上文有所提及，万科一直以来充分发挥自身在规划、设计、建造和资金方面的优势，打造独具匠心的扶贫项目。“坚持公益的纯粹性”是郁亮给万科公益和扶贫工作的定位，他认为万科的帮扶项目必须要体现作为企业回馈社会的初心与坚持。而“在党和政府的领导下做扶贫”，则是万科身为中国企业的自觉。“扶贫工作是党和国家的战略任务，万科必须在党中央和各级政府的领导下开展，要承担相应的社会责任。”事实上，从教育扶贫、易地搬迁、文化扶贫、产业支持、乡村振兴……万科的扶贫工作始终紧跟国家的大政方针，按照国家提出的脱贫手段和攻坚需求，开展帮扶和振兴。

2018 年 3 月，国家发改委印发《中国的易地扶贫搬迁政策》白皮书，其中提出，根据精准扶贫识别结果，中国有约 1 000 万名农村贫困群众仍生活在“一方水土养不起一方人”地区。基于此，中国政府将“易地搬迁脱贫一批”作为新时期脱贫攻坚“五个一批”精准扶贫工程之一。

在中央统战部、全国工商联和深圳市政府的领导下，郁亮带领万科团队深入深度贫困地区，在云南怒江、新疆塔县和广西百色等地支持易地搬迁，为贫困户建设新家园。

“如果不是党的好政策，也许我们这一代人都住不了这么好的房子，也享受不了这么好的基础设施。”现年 41 岁的搬迁群众张忠剑是万科云南怒江易地搬迁项目的受益农户之一，怒江州分水岭易地扶贫搬迁安置点建成后，张忠剑一家告别了“竹篱为墙、柴扉为门、茅草为顶、千脚落地、上楼下圈”的简陋房屋，从山顶搬到了山脚大平房。

搬到新房后，张忠剑惊喜地发现，屋子里已经安置了沙发、床、小凳子、茶几、餐桌等家具。他特地去打听，才知道这些东西是万科为怒江易地扶贫搬迁安置群众购买的。“说实在的，为人父母，我们也不一定能为孩子做到这个份儿上，万科为陌生的我们如此付出，我们发自内心的感恩。”

这正是郁亮的决定。在云南怒江州，郁亮带领扶贫团队实地考察时意识到，当地搬迁群众入住安置点后只有一间空房子，连基础的生活设施都没有。“这怎么能行，一时间怎么生活?”所以郁亮决定联合中国光彩事业基金会，为当地 97 339 名贫困户配齐常用家具和各种生活设施，让搬迁群众无后顾之忧。

而在深圳市对口帮扶的广西百色，为了让搬迁群众获得更好的公共配套，万科出资 1 亿元帮助“深圳小镇”建设社区幼儿园、社区医院、日间照料中心、党群服务中心、文化活动中心、垃圾转运站等公共服务设施配套，并为“深圳小镇”九年一贯制学校提供全套教学设备设施。

“我们要把‘深圳小镇’项目打造成样板，要补齐公共服务、教育、医疗等短板，要让青少年享优质教育，让老人有所养、有所乐。”郁亮说，项目完成后，“深圳小镇”项目可以惠及当地 3 万名贫困群众。

坚持因地制宜，保护好传统文化特色

扶贫不仅要扶物质，也要扶精神、扶智力、扶文化。郁亮带领万科将匠心带给了西藏。2016 年，在深圳市委市政府关于深圳对口援藏的工作号召下，郁亮决定，万科要跟随深圳市政府共同出资援建西藏非物质文化遗产博物馆。如今，这间博物馆已经成为拉萨乃至西藏文化旅游的一个新地标。

博物馆项目处于喜马拉雅山脉地震带，空气稀薄干燥，极端对流天气频繁，日间温差最大可达 30 摄氏度，加之参建人员高原反应强烈、许多建筑材料需要外运等，项目建设面临巨大挑战。

但郁亮带领的万科团队却做到了 2016 年 9 月开工，2018 年 6 月正式交付，除去 11 月至 3 月冬歇期，实际施工期仅有 349 天。而且为确保主场馆达到 8 级抗震设防，项目首次在西藏使用劲性混凝土技术，并从重庆加工约 567 吨钢结构运至现场。

在郁亮看来，牢固是最基础的标准，但这一扶贫援建绝不仅仅是到当地建一个坚固的房子那么简单。因此，在西藏非物质文化遗产博物馆规划设计之初，就决定采用传统的藏式工艺，保留了藏族神韵；廊道两侧墙体同时利用当地藏式石材，聘请藏族工匠砌筑；立面设计充分尊重当地的材料和建造逻辑，色彩运用上遵循藏族色彩使用习俗，以白色为基调，点缀红、蓝、黄、绿等色彩。

郁亮要求，不仅是西藏非物质文化遗产博物馆，万科所有帮扶项目必须秉持因地制宜的原则，根据当地的自然、人文、历史资源禀赋来制定最适合当地的方案。

2017 年，习近平总书记在党的十九大报告中提出乡村振兴战略。在现行的国家级贫困地区认定的标准外，我国有许多地区处于“相对贫困”的状态。为积极响应国家战略，响应“万企帮万村”计划的号召，郁亮带领团队在广东河源、汕尾等相对贫困地区，根据各地不同历史文化特色，因地制宜助力乡村振兴。

2018 年 7 月，郁亮率考察团来到金厢镇考察，参观了下埔村周恩来同志活动居所和洲渚村周恩来同志渡海处，听取了金厢镇打造“红色引领、绿色发展”特色小镇的整体发展规划。最终，他决定把重点放在弘扬红色文化、打造红色旅游基础上。在郁亮的带领下，万科团队最终形成以下埔村周恩来居所、洲渚村周恩来渡海处为纵轴，以金厢海滩为横轴的 T 形新旅游空间格局，以点串线、以线带面打造红色旅游示范区。

/ 郁亮（中）考察广东河源仙坑村客家古建筑

/ 郁亮（中）率队调研广东汕尾金厢镇乡村振兴项目

/ 万科在拉萨援建的西藏非物质文化遗产博物馆

在金厢镇项目进行规划的同一时间，郁亮还参与了在河源市东源县仙坑村项目的调研。仙坑村最大的特点是有美丽的乡村自然景观和历史悠久的客家文化，项目组以文物修缮保护为切入点，以“修旧如旧”为原则再现建筑传统风貌。与此同时，万科还打造了村中基础设施和景观体系，挖掘文化价值，给仙坑村注入文化内涵。

如今，金厢镇和仙坑村两个乡村振兴项目均已获得当地政府和村民的高度认可，预计 2019 年内全部完工交付，届时将切实有效地帮助当地完善基础设施，提升乡村环境，带动更多的村民返乡创业和脱贫致富。

30 年来风雨兼程。据不完全统计，郁亮领导的万科集团已累计投入超过 10.6 亿元助力脱贫攻坚。30 年来不忘初心，郁亮率领万科扶贫团队的身影已遍及西藏拉萨、新疆喀什、云南怒江、广西百色、河北张北、福建寿宁、广东河源和汕尾等地区，已有约 23 万名贫困人口获益。

如今，正值 2020 年打赢全国脱贫攻坚战的紧要关口，郁亮说：“万科将继续在各级政府领导下进一步积极参与到扶贫攻坚工作中，认真践行社会责任，牢记使命任务，推动贫困地区经济社会发展，帮助贫困群众脱贫致富，以更好地服务党和国家需要，以人民美好生活为己任，做伟大时代的好企业。”

（供稿、照片提供：万科集团　修编：张梦欣）

郁瑞芬，上海来伊份股份有限公司总裁。多年来，她一直致力于产业扶贫，帮助贫困地区将农作物销往城市。她结合来伊份企业属性与资源优势，创新性地构建起“乡村作物城市落户”的新型产业链关系，不断赋能以“农业、农村、农民”为主体的乡村建设。她发起成立来伊份公益基金会，将帮助贫困地区培育有创新理念的高素质人才、帮助当地摆脱贫困作为根本目标，为新疆、云南的20余个区县累计培训1 200人，间接受益12 000人次。她每年组织贫困地区致富带头人到世界各地学习考察，帮助他们走稳、走好脱贫之路。

把乡村作物带进城市的公司掌门人

1993 年，郁瑞芬兜里揣着借来的 3 000 元，只身来到上海，开始了创业征程。

经过 6 年艰苦打拼，郁瑞芬创立了来伊份休闲食品连锁经营平台。来伊份创建于上海，带着时尚高端的标签，但骨子里却与中国广大农村血脉相连，品牌基因里散发着独特的乡村气息。

创业以后，郁瑞芬经常和同事一起上山下乡，去寻找农村食品产业的合作机会，每次农民兄弟都会拿出他们最好的农产品，告诉她这里面的故事，那真挚的语气、渴望的眼神，时常让她思绪万千。

一方面，在我国有五六十万个行政村和一百多万个自然村，其中有很多山高路远、交通不便，但却山好水好，乡村中还有很多令人难以忘怀的农副产品。可是，因为道路不通、销路不畅，这些藏在乡野的美味走不出去，也卖不出好价钱，甚至最后只能烂在大山深处。另一方面，有购买力的城市消费者，却吃不到天然优质的农副产品。

于是，郁瑞芬开始思考，怎样才能帮助到农民兄弟？怎样才能把好山好水的自然果实带到城市消费者的身边呢？作为一家上市公司的掌门人，郁瑞芬把来伊份积累的商业经验与当地特色农副产品结合起来，在“乡村作物城市落户”的产业扶贫道路上一走便是 24 年。

打通农副产品上行通路

来伊份的产业扶贫之路，还要从一颗小核桃说起。

浙江临安气候优越、环境适宜，自古以来盛产品质上乘的小核桃。1998 年，一个偶然的机会，郁瑞芬接触到浙江临安的小核桃，被它独有的味道和口感所打动。她带领团队跋山涉水，一头“钻”进天目山，这一“钻”竟钻出了产业扶贫的好项目。

在天目山中，郁瑞芬结识了种植户章南平。章南平是当地的小核桃种植大户，他勤劳、能干、肯吃苦，种的小核桃品质是当地最好的。为了带动周边的种植户一起发展，他还在村里开了一间核桃加工手工作坊。可是，由于技术落后，加上没有销路，他决定关停小作坊，到大城市里打工。

村民们得知老章要关停小作坊的消息后都非常着急，纷纷表示：“老章，咱们要不再想想办法，没了你这作坊，乡亲们的小核桃就更卖不出去了。”听了乡亲们的话，再看看屋里堆得像小山一样的核桃，老章心里五味杂陈。“作坊一直在赔钱，不出去打工，我怕是要喝西北风了。”

郁瑞芬的到来成了乡亲们的“救命稻草”。那天，“从上海来了个‘大老板’，专门收购咱们的农产品”的消息在村子里传开了，家家户户拿出自己的小核桃，希望这个“大老板”能收走。“只要她要，多少钱我们都卖！”

看着乡亲们渴望的眼神，郁瑞芬心里很不是滋味，打定主意“一定要想办法帮帮他们”。于是，郁瑞芬决定与种植大户章南平合作，委托他收购当地农民的小核桃。

对于这个决定，用郁瑞芬自己的话说，是“咬着牙”做出的。那时的来伊份刚刚起步，企业底子很薄。从天目山中收购小核桃交通不便，运费要比平原地区贵上许多。辛辛苦苦将小核桃运到上海，即便顺利卖出去，利润也所剩无几。对于这个赔本买卖，公司有不少人反对：“小核桃到处都是，为啥非要从大山沟里进货？这样成本升高太多了，费力不讨好。”对于同事们的议论，郁瑞芬可以理解，但是她实在无法看着老百姓们受苦。郁瑞芬对同事们说：“大家的担忧我都理解。我是村里出来的孩子，我知道乡亲们的日子有多难。咱们现在再难，能难得过这些土里刨食的乡亲们吗？”

2000 年，来伊份在临安成立小核桃生产基地，拉开了小核桃专业化生产的序幕。2011 年，生产基地面积已从最初的 150 平方米发展到 13 000 平方米。2015 年，新厂房包装线升级为全自动生产线，确保了产品品质安全稳定，产能提升了 50% 以上，销售额也从最初的 70 万元上升到 2 亿元。工厂的发展还大大地推动了周边地区的产业发展。

在回顾这份际遇时，章南平激动地说：“十几年来与来伊份的合作，不只是单纯的商务合作，其中有太多的家人、兄弟似的信任情感，是超越商务合作的亲情。”

/ 来伊份百年核桃林基地

如今，临安小核桃的价格在市场上已经翻了 10 多倍。百年核桃林在来伊份的市场开拓下，焕发了新的活力，当地 大批农民脱贫致富、持续增收。

乡村作物城市落户

小核桃的故事，只是郁瑞芬通过建立新型产业链实现精准扶贫的一个缩影。

郁瑞芬认为，把来伊份积累的商业经验与当地特色农副产品结合起来，通过发展产业来扶贫脱贫，这才是企业的社会化扶贫之路。她说，只有这样，才能给贫困群众一个脱贫的出路，给他们一个脱贫的工具，给他们一个改善家庭现状的就业机会。

多年前的一天，一家山东沂蒙山区的食品企业老板找到郁瑞芬。“郁总，请您帮帮我们，要是厂子倒闭了，周边老百姓的农产品就卖不出去了，我们这个穷山沟就更留不住年轻人了。”郁瑞芬被这些话深深触动，她回想起自己当初创业时的艰辛。经过考察，郁瑞芬发现，这家企业不但产品质量好，老板还是十里八乡出了名的好心肠。他曾在开张第一天向外界宣布，优先收购困难家庭的农产品，优先聘用困难家庭的人到企业务工。十几年来，这家企业一直遵守着这样的约定，即便在最艰难的时刻，这个约定也未被打破。

郁瑞芬决定要帮一下这个企业，只是她与企业老板约定：“我们可以长时间达成合作，但你必须要答应我，今后要继续承担企业的社会责任，尽最大努力帮助贫困群众，带领他们过上好日子。”

/ 郁瑞芬（右）下乡扶贫助农，传授经验

资金一经注入，这家企业活了。在合作期间，郁瑞芬多次带团队深入企业传授先进的管理理念，指导加工设备的升级换代。如今，这家企业已经从原来的小企业发展成为当地的龙头企业，并帮扶带动建档立卡贫困人口 1 226 人。

类似这样的合作伙伴，来伊份在全国各地还有很多，他们都是来伊份产业链扎根乡村的践行者，而来伊份则是全渠道产业平台的开拓者，将最好的产品提供给城市的千家万户，真正实现“乡村作物城市落户”是来伊份的责任与追求。经过实践，郁瑞芬发现这是一条能够顺畅实现农作物在城市落户的新途径，便开始向全国复制推广。她带领团队向贫困地区进发。他们来到了贵州遵义革命老区、云南西双版纳、新疆墨玉县、安徽岳西县、湖南平江县等地，与当地企业签订产业扶贫合作协议，开发扶贫产品 25 个，并与当地企业联合带动约 1 200 户贫困户增收，供应商累计向农户收购 5 800 万元的农副产品。

授人以鱼不如授人以渔

创业 26 年来，郁瑞芬到过许多贫困村。每当看到那些在扶贫一线的干部们竭尽全力、勤勤恳恳为脱贫而奋战时，她都备受鼓舞。

新疆喀什曾被媒体称为扶贫攻坚中最难啃的硬骨头，所辖 12 个县市有 10 个为深度贫困县，贫困让几代人陷入深深的无奈。2018 年 5 月，一支特殊的助农脱贫小分队来到新疆喀什，进行为期一周的实地深度调研。在这支队伍中，有上海市经济和信息化委

/ 郁瑞芬组织战略供应商赴日本先进企业学习交流

员会领导干部，还有农业专家、供应链管理专家、营销专家、品控专家。小分队的组织者是来伊份公益基金会。

“扶贫工作不仅要让贫困户摆脱物质上的贫困，更要让他们摆脱精神上的贫困。”郁瑞芬在 2017 年成立来伊份公益基金会之初，就为基金会定下了“精神与物质双重脱贫”的基调，并将帮助当地培育有创新理念的高素质人才、帮助他们充分就业和创业、帮助他们从根本上拔除“穷根”作为奋斗目标。两年来，基金会累计培训 1 200 人，培训时长 14 000 分钟，覆盖新疆、云南的 20 余个区县。

同时，来伊份还推出“县域品牌打造计划”，联合阿里巴巴“一县一业”、农村淘宝，用自身严格的产品标准、品牌营销资源和产业运营能力，计划通过“互联网 + 品牌农业”的模式扶助多个贫困县，塑造多个县域品牌，发掘多个县域品牌人物，形成一个系统化、可复制、可持续的扶贫模式。

/ 郁瑞芬（右二）带领战略供应商现场考察学习

这些年来，郁瑞芬每年都会组织贫困地区致富带头人到世界各地学习考察，并组织了第十四届供应商发展论坛，让致富带头人与行业专家学者进行深度交

/ 郁瑞芬（前排右二）在人民网颁奖现场

流。“中国农民聪明、勤劳，只要看到就能学会，就能实践、落实。农民兄弟们用自己的双手托起了勤劳致富的尊严。”郁瑞芬说。

作为中国主板零食第一股的上市公司当家人，郁瑞芬将自己 2 800 家连锁专卖店、2 800 万名会员当作助力脱贫攻坚的巨大动力和强大资源，为脱贫攻坚奉献力量。在郁瑞芬看来，来伊份从无到有、从小到大，直到成长为千千万万贫困农民可以依靠的大树，并不是她自己有多么了不起，而是因为党和政府的一路扶持以及农民兄弟的无限信任。

郁瑞芬常常想，幸福到底是什么？人生的价值又是什么？经过这么多年的实践，她终于知道，幸福就是始终把农民兄弟装在心里，奉献自己的力量去帮助更多的人。

在微信的朋友圈里，郁瑞芬曾写下了这样的话：在精准扶贫的道路上，来伊份必将坚持“扶志、扶技、扶资源”的发展之路，让贫困农户的脱贫之路走得更稳、更精准。

思农、帮农、扶农是来伊份的宗旨，也是郁瑞芬的信仰。在她心中，扶贫，来伊份只有起点，没有终点！

（供稿、照片提供：上海市人民政府合作交流办　修编：张津津）

胡业勇，河南省豫东牧业开发有限公司董事长。河南省第十三届人大代表。多年来，他将助民致富的大爱情怀融入脱贫攻坚的奉献之中，成功探索出五包一跟踪、集中托管、吸纳务工就业、扶智扶技、循环产业和土地流转等“五包六大”扶贫模式，带领豫东地区及周边贫困人口通过养殖走上致富路。直接带动帮扶 13 600 多户 38 800 余人致富，其中贫困户 4 800 户 14 460 人，户均年收入近万元。

矢志追梦的“放羊倌”

细目隆鼻，皮肤白净，笑的时候眼睛眯成一条缝，这是河南省人大代表、河南省豫东牧业开发有限公司董事长胡业勇，也是他自己口中的“放羊倌”。作为豫东最大的畜牧山羊养殖基地，豫东牧业带动宁陵及周边县区 13 600 多户农民走上了一条脱贫致富之路。

传承家风勇创业

在胡业勇的办公室里，有一张 1964 年拍的老照片，照片被镶嵌在长长的镜框里。前排坐的都是当时党和国家的重要领导人。只要有人到他办公室，他都会指着后排中间一位英姿飒爽的年轻军人说，“这是我爷爷”，语气中充满自豪。

1972 年，胡业勇出生在河南省宁陵县胡庄村一个贫寒的军人家庭，他的爷爷是抗美援朝战斗英雄。从记事起，爷爷就告诉他：“要努力干事创业、守信节俭、乐于助人、行善报恩，做一个有益于社会的人。”多年的耳濡目染，让他继承了一个英雄军人家庭的良好家风。从小他就在心中立下“要干出一番事业，改变家乡落后面貌，带领乡亲共同富裕”的志向。

1989 年胡业勇高中毕业，为了减轻家庭负担，他只身一人前往广东东莞打工。由于人生地不熟，又加上身材瘦小，一直找不到合适的工作，只能做些零散小工，低廉的务工收入勉强能维持个人生计。

/ 豫东牧业扶贫基地一角

1996年，一次偶然的机会，胡业勇遇到一家养羊企业在招聘饲养员。“我本来就是个农村娃，城里的高科技工作我干不了，可这种农活我还是在行，况且我还能学到不少养殖技术。”没有丝毫犹豫，他立即报名入职专职养羊，并系统学习了波尔山羊的养殖技术和管理经验。

这段经历开阔了胡业勇的眼界，更坚定了他回乡创业、带领乡亲们一起过上好日子的决心。1998年，胡业勇怀着创业激情回到家乡宁陵县华堡镇胡庄村，迈出了创业第一步。

可要创业本钱是摆在胡业勇面前的第一座大山。这时善良的乡亲们伸出了援助之手。听说村头的小胡想养羊没有本钱，大家你出一百我出五十，硬是给他凑了好几万元。看着手里那些皱巴巴的钱，胡业勇觉得有千斤重。

拿着东拼西凑的钱，再加上向亲戚借的钱，胡业勇购买了50只母山羊。为了把羊养好，胡业勇四处向别人学习养殖技术，一有时间就看书看报“充电”：别人在睡觉休息的时候，他在学习养殖知识；别人在休闲娱乐的时候，他在研究怎样扩大养殖规模。那段时间，他既是技术员又是销售员，没有销路，他就自己牵着山羊走十几里山路去县里的集市上售卖。

凭借顽强的拼搏精神、坚韧不拔的毅力，胡业勇一步一个脚印，踏踏实实，打造出发挥自身优势的事业平台。2000年，他注册成立了河南省豫东牧业开发有限公司。正当胡业勇的豫东牧业逐步走向正规、发展壮大之际，2003年一场突如其来的非典疫情，打了他个措手不及：培育的3 000多只优良种羊无人购买，还要一天两次进行饲料喂养，每天的开支就得3 000多元。

为了维持下去，胡业勇想尽了办法。在苦苦坚持了半年之后，因资金短缺，他只好把大部分优良种羊作为商品羊出售，一下就把他创业以来的所有积蓄赔个精光。但胡业勇不信邪，他下定决心从哪里跌倒，就从哪里爬起来。

就这样，通过近 20 年的摸爬滚打、艰苦创业，胡业勇的养羊养牛业从无到有、由小变大，到党的十八大召开之时，他已成功创立了“豫东马头山羊”品牌，下辖 21 个分公司，拥有 400 多家合作加盟销售推广基地、现代化种羊场 6 个、种牛场 2 个、养殖基地与合作社 40 个，年存栏基础母羊 65 100 只、基础母牛 5 000 头，年可提供能繁母羊 8.5 万余只、能繁母牛 1 000 余头，销往河南、山东、河北、湖南、湖北、山西、陕西、新疆、甘肃、四川等 16 个省区，豫东牧业已成为业内领军企业。

无私奉献挑重担

胡业勇靠养殖挣上了大钱，但每每回想刚创业时那些乡亲们凑的钱，他就觉得带着乡亲们通过养殖走上致富路，是他必须要承担的责任。用他自己的话说：“在自己的创业路上，如果能够带动乡亲们致富奔小康，将是我最大的幸福！”

为了实现这个夙愿，胡业勇风雨二十年，从未放弃过。为了不辜负从外地来学习技术的贫困群众的信任，他边输液边给大家讲解养羊致富经，亲自下羊舍为贫困群众精心挑选种羊。贫困群众家中的羊生病了，他连夜赶到他们家中查看情况……一个个感人至深的扶贫济困事迹，印证了深藏在他内心深处的扶贫济困情怀。胡业勇对贫困群众的点点滴滴，深深感动着他们。一个夏天的晚上，突降暴雨，这下急坏了胡业勇。可当他急匆匆赶到羊舍时，发现全村的男女老少全都自发赶过来帮他抢救被困的牛羊。那次胡业勇流下了眼泪，他觉得他做的一切都值了！

铁俊岭，现在是宁陵县华堡镇有名的养殖大户，在胡业勇的帮助下，他家依靠养殖业实现了脱贫致富。当初，铁俊岭致富无门，生活拮据。胡业勇来到他家中动员说：“老铁，你跟着我干，一年保你收入十来万元！”他向铁俊岭承诺，“先给你 10 只种羊，如果你赔了，就算我的；如果你赚了，就还我本钱。”胡业勇朴实的话语，打动了铁俊岭的心。现在，铁俊岭通过搞养殖，盖了楼房买了汽车，日子过得红红火火。

一天，华堡镇宋庄村贫困户李景启找到了胡业勇。“老胡，我也想跟你搞养殖，但是我家的情况你也知道，你看这本钱……”“老李，这你放心，羊你尽管领回去养着，本钱等你挣了钱再给。”那天，李景启领着胡业勇的 200 只优质种羊，乐呵呵地回了家。

可养羊看似是个简单的活，但里面的门道却很多。由于养殖技术不熟悉，管理手段不到位，李景启饲养的种羊突然出现胃胀、发烧、拉稀等症状。眼看这些羊一天天地“蔫”了，李景启慌了神，没办法只能给胡业勇打电话。得知消息的胡业勇，连夜带领技术人员赶到宋庄村进行现场救治，迅速控制了种羊病情。如今李景启的养殖场办得很成功。

在胡业勇带领大家脱贫致富精神的感染下，豫东地区被带动起来的饲养规模在 200 只以上的养羊户已有 5 000 多户，每户每年能增收 1 万元，每年累计增收 5 000 万元。

扶贫路上攀高峰

在与养殖户打交道时，细心的胡业勇发现，很多贫困户因为缺乏资金，养殖规模难以扩大，还有一些贫困户想从事种羊养殖，却无力购买种羊和饲料。鉴于此，胡业勇开始思考如何带领乡亲们共同致富，一个个大胆的想法在他的脑海里酝酿并迅速付诸实践。自 2016 年以来，他成功探索出了“五包六大”扶贫模式，实现了由“输血式”扶贫到“造血式”扶贫的转变。

“五包一跟踪”扶贫模式是最早实施的一种“解忧”模式，对建档立卡贫困群众养殖能繁母羊实行无款包送、无病包防、有病包治、养死包换、养成包收、跟踪服务，彻底解除养殖户的后顾之忧。无款包送，对贫困户购置的能繁母羊，不收取贫困户任何运费，免费送到贫困户家中；无病包防，公司免费提供疫苗，技术人员登门亲自做好疫病防疫，解决了贫困户养羊防疫的要求；有病包治，对公司提供的能繁母羊，免费进行治疗，不收取任何医药费、治疗费；养死包换，对贫困户购置的母羊，只要不是因为人为因素造成的死亡，在 7 日内公司包换，解决了贫困户养羊怕死的顾虑；养成包收，贫困户饲养的母羊、繁殖的后代羔羊和商品育肥羊由公司包收，价格每公斤高于市场价 0.3 ~ 0.4 元，让利于贫困户；跟踪服务，公司实行全方位技术跟踪服务，提供养殖技

/ 胡业勇（中）讲授山羊养殖技术

术资料和技术手册，开通免费咨询电话，做到贫困户有求必应，真正解决了贫困户养殖没技术的难题。

通过“五包一跟踪”扶贫模式，胡业勇直接带动农户13 600多户，每户年收入近万元。

不仅如此，胡业勇还率先探索出“政府+龙头企业+合作社+基地+贫困户”的能繁母羊集中托管产业扶贫模式。自2018年起对宁陵县非贫困村800户建档立卡贫困户每户集中托管代养4只能繁母羊，连续5年保底增收。贫困户集中托养的能繁母羊由合作社给予全权托管代养，贫困户不承担任何风险，每年贫困户分红1 000元，6个月分红一次。在托管期间，无论能繁母羊出现何种意外情况，如疫病死亡等损失，全部由公司承担，让贫困户真正实现零风险。5年托管合同期满后，贫困户如有意愿想自主家庭养殖的，可以领走4只能繁母羊持续发展；不想自主家庭养殖的，可与合作社续签协议继续托管养殖，合作社将每年纯利润的70%以上继续给贫困户返利增收。

对于那些因为要照顾家庭老人或者年幼的孩子上学而不能外出务工的贫困户，胡业勇都会热情地招呼他们来公司务工，根据贫困户的家庭情况合理安排工作时间。如今已有400多户贫困户加入公司，3 200多户贫困户加入基地，每个贫困户务工人员月收入2 500～4 000元，基本上可实现一人就业、全家脱贫的目的。在公司贫困户不仅可以

/ 胡业勇（中）和专家团队进行技术交流

全国脱贫攻坚奖奉献奖

/ 胡业勇（中）带领畜牧专家团队到养殖基地实地传授能繁山羊饲养管理技术

按月领取劳动收入，而且可以参与种植、养殖或管理，在此过程中，学习、掌握先进的种养技术，每人每年可增收 4 万元左右。

在胡业勇看来，自己之前带动贫困群众的方法治标不治本，他认为最重要的还是要让群众掌握技术。为此，豫东牧业大力实施扶智扶技兴业工程，注重抓好贫困群众的技术培训工作，创建了豫东牧业实用技术培训基地，定期邀请养殖专家进村入户进行技术指导，不断提高贫困群众技能水平，实现了由“输血式”扶贫向“造血式”扶贫的转变、由体力型增收向技能型增收的转变。

为了解决户养山羊规模小、产仔率低、出栏率低、经济效益低的状况，提高养殖技术水平和管理能力，胡业勇先后拿出 500 多万元，每年都组织养殖户多次到外地参观考察，开阔养殖户的视野，提高他们的实际养殖能力。还聘请农科院校专家教授开展技术培训，现场指导，让养殖户掌握系统的科学养殖方法，并建立起了 100 多人的专业养殖技术队伍。

近年来，胡业勇还积极承担社会责任、服务贫困群众、助力脱贫攻坚，踊跃参加省内“金秋助学”“百企帮百村”结对帮扶等公益慈善活动，努力回报社会，使自己成为有良知、担道义、讲奉献的企业家。

胡业勇对贫困群众的帮扶绝不会仅止于此，他决心把所有的时间和精力投放到企业发展和脱贫工作中，在有限的脱贫攻坚战时间里发展壮大企业，不忘初心，继续奋斗，做出更大的贡献。他承诺 2020 年前在全国发展能繁母羊扶贫推广基地 600 个，通过产业扶贫吸纳贫困群众就业 2 000 人以上。当打赢脱贫攻坚战之后，他还会继续咬定青山不放松，把巩固脱贫成果和乡村振兴战略结合起来，要在全国建立 10 家屠宰加工冷链物流产业，继续为群众致富努力拼搏。

（供稿、照片提供：河南省扶贫办　修编：张津津）

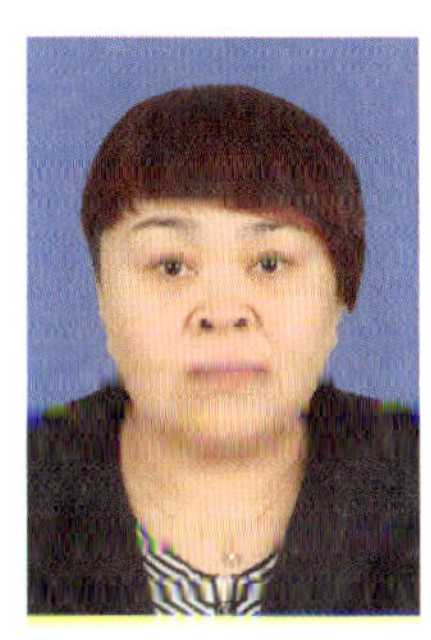

贾茹，河北省石家庄市行唐县昊腾残疾人双创园园长，行唐县昊腾服饰有限公司、河北如军科技有限公司总经理。她于创办了残疾人双创园，为161人提供了就业岗位，108名残疾人中建档立卡贫困残疾人达87人，解决了他们的生活和就业难题。双创园还在全县搭建了70个扶贫助残“巧手坊”，并派技术人员到村区进行培训，辐射带动全县共2917人实现居家就业。在2019年5月16日召开的第六次全国自强模范暨助残先进表彰大会上，双创园获得“全国残疾人之家”荣誉称号。

大爱无言　扶残助残永远在路上

在行唐县，贾茹也算是个小有名气的企业家。她从小就富有经商头脑，八九岁时就开始帮助父母打理自家经营的小卖铺。“记得爹娘总跟我开玩笑，说只要我在小卖部，家里的东西就会莫名其妙变少了。还说只要我在，小卖部附近的残疾人和讨饭吃的就忽然多了起来。”贾茹笑着说。

富有爱心的企业家

2007年，贾茹借钱在行唐县办起了新天地商场。商场装修好后，她所做的第一件事竟是优先雇用有残疾的妇女。她说，希望她们通过就业挣钱贴补家用，更希望她们通过劳动找到自身的价值。

行唐县东安太庄村一个两岁半的宝宝患上了噬血症，生命垂危。家人为了给孩子看病，不仅把所有的积蓄都花光了，还借遍了亲戚朋友。贾茹得知此事后，马上送去1万多元现金，还从自己的工厂里拿出价值数万元的商品义卖，帮助孩子家里筹集医疗费用。

在义卖活动启动现场，看到一位穿着朴素的农村大姐率先把200元放到捐款箱里时；看到一个八九岁穿着校服的小男孩，拽着妈妈的手，央求妈妈让他回家拿压岁钱时；看到县委宣传部、妇联、残联的干部职工及街上过往的行人纷纷解囊时；看到孩子的父母眼含热泪，一直站在那里，毕恭毕敬地给每一位捐款者鞠躬时，在场的每一个人眼里都饱含泪花！

这一刻，大家才理解了贾茹为什么痴心公益，也明白了善举虽小，但却是一粒粒爱的种子！

与残疾人的不解之缘

20 多年来，贾茹从摆摊卖菜到创办自己的服装公司，再到建立双创园，走过的每一步都与残疾人帮扶事业息息相关。

经常有人问她：“贾茹，你这样贴着钱帮助残疾人，图啥?”她在回答这个问题前都会给大家讲一个真实的故事。

付学净是一个因先天性脊柱裂导致双足内翻，在家爬行了 20 年的农家女孩。但 20 年来，家境贫寒的她从未自暴自弃。她学会了洗衣、做饭、收麦子、掰玉米等各种家务活、农活，农忙时节还会爬到房上帮着父母晒谷子。只上过一天学的她，甚至还通过电视、广播，学会了读书识字、上网和使用微信。

2018 年 5 月 19 日，她加入双创园，从事图文标注工作。经过一天的培训后，第二天她上机标注了近千张图片，当天收入了 50 元。

这 50 元钱，是付学净第一次靠自己的努力得到的收入呀！从那天起，原本不太爱说话的付学净开朗了很多，工作地点、宿舍、各种活动场地……总能听到她爽朗开心的笑声。

入园一个月后，付学净又收获了另一份惊喜。在行唐县委县政府的支持下，贾茹多次与石家庄肢残协会等社会各界联系，寻求帮助，最终把付学净送进了石家庄市第三医院进行手术治疗。如今，在家爬行了 20 年的付学净，不但能够站立行走，还当上了工区的小组长。带着妈妈去三亚看海的梦想，离这位女孩又进了一步。

/ 贾茹为付学净讲解图文标注

付学净重拾自信的笑容，就是贾茹坚持扶残助残的动力所在。

贾茹是何时踏

上扶贫助残这条道路的呢？这还要从20多年前她在菜市场卖菜时说起。那个时候，她对残疾人的帮助仅仅源自内心深处对弱者的同情。看到他们来买菜，她会额外多给一些，或者有时候干脆免费送给他们一些。直到有一天，一个坐着轮椅的残疾小伙子来买菜，他的一番话令贾茹至今记忆犹新，他说："我可以是一个残疾人，但不能是一个让别人瞧不起的废人。"

从那以后，她对残疾人这个群体有了新的认识。通过这个小伙子，她意识到这个群体真正需要的并不是施舍与怜悯，而是被认可、被尊重乃至被需要。当时她就在想，如果有一天她有能力了，一定要帮助他们实现自己的价值。

怀揣着这个梦想，她继续行走在创业之路上，从卖菜摆摊到开生活超市，再到经营商场，她总是会优先雇用一些残疾人。从2008年起，她开始带着有劳动能力的残疾人搞服装加工。那时，她的服装加工厂有70余名残疾技工和100余台设备，产品销往北京、山西等地，年销售额1 600万元，工人年人均收入15 000元。

有服装加工厂做基础，2013年她又成立了以服装生产为主的行唐县昊腾服饰有限公司，请第八届全国残运会轮椅羽毛球亚军宁文军霞做代言人，先后注册了"柯雨腾""冠军米娜"等独立服装品牌。同时，还成立了高新技术企业河北如军科技有限公司，雇用残疾人生产防护型褥疮垫、轮椅坐垫、冰箱除味盒、防雾霾口罩、抑菌防辐射内衣等高科技产品。

为了帮助那些无法离家、没有劳动技能、有创业意愿的残疾人，2014年她投入200余万元创办军霞工厂直营库房。在全省范围内设立18个直营库房，由当地库房负责人向有意向的残疾人家庭免费铺货，销售利润全部归残疾人家庭，公司只收回成本。此举为全省400多名残疾人提供了就业机会，每人每月增收1 500元左右。

搭建平台，扩大帮扶

在残疾人群体中，其实最难的是那些没有劳动技能、没有创业意愿、无依无靠、对生活失去信心的人。为了让更多不同年龄段、不同残疾类型的残疾人实现创业就业，贾茹萌生了创建残疾人双创园的想法，计划通过工疗、农疗、娱疗，让残疾人在就业之余享受生活的快乐，让他们从内心热爱生活、热爱社会，重新拾起对生活的信心。

2018年，在中残联领导的亲切关怀和省市残联领导的悉心帮助下，贾茹开始筹备开办残疾人双创园。行唐县委县政府全力支持，专门腾出县第二民政服务中心作为双创园用地。2018年5月19日，集贫困户、残疾人就业创业和残疾人康复服务于一体的双创园正式投入使用。园区共开设励志教育展区、互联网就业区＋红娘平台、康复锻炼卫生服务区、康养安居生活区、就业培训区、娱疗区、工疗区、农疗区、脱贫项目对接区9个功能区。

/ 贾茹（中）为残疾人讲解工作要领

/ 扶贫微工厂

现在园区通过“康养 + 扶贫”模式，为 161 人提供了就业岗位，108 名残疾人中建档立卡贫困残疾人达 87 人。双创园通过提供职业康复机会、免费吃住、免费康复诊疗、参与计价劳动等方式，帮助他们每月节支增收 600 余元。此外，双创园还通过“工疗 + 扶贫”的模式，一方面增进残疾人身心健康，培养劳动观念，激发他们内生动力；另一方面充分利用社会爱心企业及爱心人士提供的扶贫就业资源，引入图文标注、插花、拉花等项目，帮助他们实现稳定增收。

为进一步发挥双创园对全县基层行政村的辐射带动作用，通过残疾人自立自强的励志事迹，带动更多贫困的健全人也加入就业创业、脱贫奔小康的队伍中，贾茹创造性地提出了“以残带健、以弱带强，兼顾日间照料”的家庭手工业脱贫模式。如今，双创园已在全县搭建了 70 个扶贫助残“巧手坊”，派技术人员对村民进行相关技术操作培训，并以此辐射全县 330 个行政村。这些中心联络点的项目及相关培训已经全部落实到位，帮助超过 4 000 名建档立卡贫困残疾人、低保贫困户、一般贫困户、留守妇女就业，人均月收入 500 ~ 1 500 元。

双创园的首创精神和扶贫模式得到中残联、中联部等国家部委以及河北省委省政府、石家庄市委市政府的高度评价。

2018 年，国家、省、市三级残联系统推进贫困残疾人脱贫攻坚，均把双创园作为考察点参观学习。双创园扶贫助残的做法被列为万寿论坛主题会议的考察内容，并受到非洲国家考察代表的一致肯定。

中残联、中联部领导先后对双创园工作做出批示。河北省委领导夸赞双创园走出了一条“政府有形之手 + 市场无形之手 + 企业爱心之手 + 残疾人勤劳之手”的新路子，是一个最真实、最接地气、可持续、最受贫困户和残疾人欢迎的项目。

鲁迅先生曾说过，世上本没有路，走的人多了，也便成了路。只有勇于走别人没有

/ 非洲智库学者来双创园区考察

走过的路，才能收获别样的风景。

双创园的路子，是一条以创新创业推动贫困残疾人增收致富的新路子，一条企业和社会公益事业融合发展的新路子，一条残疾人职业康复的新路子，一条实现残疾群众个人价值与社会价值相得益彰的新路子，一条充分激发贫困群众内生动力、助力全县打好打赢精准脱贫攻坚战的新路子，为全国进一步做好残疾人工作提供了可借鉴可复制的行唐经验。

2019 年 5 月 16 日，第六次全国自强模范暨助残先进表彰大会在北京人民大会堂隆重举行，双创园获得“全国残疾人之家”荣誉称号。贾茹代表双创园，受到习近平等党和国家领导人的亲切接见。5 月 19 日，河北省委领导在百忙之中走进双创园，并在河北省自强模范暨助残先进表彰大会上给予双创园高度评价。5 月 19 日晚、5 月 20 日晚，中央电视台新闻频道《共同关注》栏目、综合频道《焦点访谈》栏目先后对双创园进行报道。

回望走过的路，虽然有很多坎坷，贾茹感受更多的却是充实与骄傲。她记得给大家发第一个月工资的时候，园里突然来了很多人。起初她很纳闷，后来才知道，那些不熟悉的面孔是工人们的家人。他们想通过这种方式告诉亲人们：我能行，看我多了不起，这是我自己挣来的！

/ 贾茹为参观者做讲解

在双创园的每一天，贾茹都被这些残疾人感动着，他们就是贾茹奋勇前进的动力。她说："这些弱势群体都能靠自己的双手拿到一份收入，那我们这些健全人还有什么过不去的呢?！"

目前，贾茹正在对接北京师范大学的专家、教授，谋划打造双创园全国励志研学基地。她真诚地欢迎全国各地的朋友们走进双创园，感受残疾人不信命不服输、努力成就人生的勇气。她认为，残疾人身上这种自强不息的精神，就是我们的民族精神和时代精神，也是社会主义核心价值观的应有之义！

（供稿、照片提供：河北省行唐县昊腾残疾人双创园）

曹德旺，福耀玻璃工业集团股份有限公司董事长，中国光彩事业促进会副会长。第十二届全国政协委员。入选“改革开放40周年杰出民营企业家”，两次获得“中国首善”，6次获得中华慈善奖。自2007年起，曹德旺与西北农林科技大学签约，连续15年每年捐资160万元设立“曹德旺励志助学金”，帮助贫困大学生完成学业；2010年，向中国扶贫基金会捐款2亿元，用于帮助西南五省干旱重灾区抗旱救灾；2011年，捐赠价值约35亿元的公司股权创办河仁慈善基金会，资助中西部贫困地区，涉及产业扶贫、健康扶贫、教育扶贫等多个领域。

企业家亦慈善家

他是企业家，亦是慈善家。现年73岁的他依然满怀激情，奋斗不息。

福耀玻璃工业集团股份有限公司成立于1987年。其前身是一个濒临倒闭的手工作坊式的乡村小水表玻璃厂。曹德旺始终坚持“为中国人做一块属于自己的玻璃”的目标，坚持职业操守，不为各种“短线操作”“赚大利”“捞快钱”所诱惑，凝心聚力，带领员工抓创新、增品种、提品质、创品牌，把“为中国人做一块属于自己的玻璃”的理想做到近乎极致，无论是产品功能、企业规模和效益，在国内外同行业福耀集团都名列前茅。2017年，福耀集团已跻身于全球规模最大、工艺技术最先进的汽车玻璃生产企业行列。在全国16个省市拥有生产基地，在美国、俄罗斯、德国、日本、韩国等9个国家和地区拥有生产基地或服务机构。所生产的汽车玻璃占中国市场份额65%，占全球市场份额25%。福耀集团是上交所和港交所两地挂牌A+H上市公司，是央视财经50指数股、沪深300指数股、上证红利指数股、香港恒生指数股、MSCI明晟中国指数股。福耀集团注重品质提升，2016年获国务院“中国质量奖”提名奖；2018年福耀集团智能制造新模式应用项目通过国家工信部验收，获国家发改委等五部委授予的国家级企业研发中心、国家技术创新示范企业，申请专利超过1 500项。福耀集团诚信经营、依法纳税，给予投资者可靠的分红回报：自1993年上市至2018年，福耀集团累计向国家贡献各种税收173.2亿元，累计向股东分配红利169.4亿元（分红占同期实现净利润267.1亿元的63.4%，分红是同期从A+H资本市场筹集资金总额74.2亿元的2.28倍）。公司在发展的同时践行公民责任，被民政部连续多届评为“中国最佳企业公民”。2009 年曹德旺荣获全球企业界的“奥斯卡”——安永企业家全球奖，是全球唯一荣获该奖项的华人企业家。2016 年获全球玻璃行业领袖集体评选的最高荣誉——凤凰奖，评委会对曹德旺做出极高评价：曹德旺带领福耀集团改变了世界汽车玻璃行业的格局。“玻璃大王”曹德旺创造了我国制造业的一大奇迹。

从第一笔 2 000 元捐款开始，到 2010 年曹德旺已捐出现金 20 亿元，用于扶贫济困。与此同时，他向国家和省、市有关部门申请，要捐出属于他个人所拥有的 3 亿股福耀集团股票成立基金会。历经两年多的努力，经国务院正式批准，于 2011 年 5 月成立了以他父亲命名的河仁慈善基金会。到 2018 年曹德旺已捐出近 50% 的个人资产共 110 亿元（其中现金 25 亿元）用于慈善事业。20 多年来，曹德旺捐出的 3 亿股票取得 15 亿多元股息，加上他已捐助的 25 亿元现金，共 40 亿元资金，资助了灾后重建，并开展了“慈善助农”“残疾人危房改造”“饮水卫生”“贫困生资助”“医疗救助”等 10 多个类别的 120 多个公益项目，遍及我国西藏、新疆、云南、贵州、四川、甘肃、山东、宁夏、重庆、福建、江西等 10 多个省（自治区、直辖市）。

身体力行，赈灾扶贫助学

当汶川、鲁甸、雅安、通辽、西藏等地遇到地震灾害，甘肃岷县、海南文昌和福建中北部遭遇山洪暴雨袭击时，曹德旺往往第一时间向基金会发出捐款赈灾的要求，他自己也会尽力赶往灾区。2010 年，在得知我国西南五省遭受旱灾后，曹德旺多次深入云贵川了解灾情，并捐款 2 亿元，帮助 10 万户受灾户。得知青海玉树遭遇严重地震灾情时，远在美国进行商务活动的曹德旺，连夜打电话要求儿子赶赴北京的专项赈灾现场，捐赈灾款 1 亿元。当听到我国台湾地区遇到台风袭击、受灾严重后，曹德旺当天从外地

/ 曹德旺在西南五省旱灾捐赠项目总结表彰大会上

/ 曹德旺（后排右二）参加“7·9洪灾”灾区安置房建设捐款仪式

赶回福州，亲自参加福建省有关部门组织的专场募款赈灾活动，资助 1 000 万元，表达两岸一家亲的深情。邻国遭受灾害，同样牵动曹德旺的慈悲之心。2015 年 4 月 25 日，尼泊尔发生大地震，曹德旺第一时间建议河仁慈善基金会通过尼泊尔驻华大使馆，向尼泊尔政府捐赠 1 000 万元用于灾后重建。这是灾后该大使馆收到的第一笔中国民间救助，尼泊尔政府非常感动，在发来的感谢信中写道："患难见真情！对于你们这种雪中送炭的支持，尼泊尔人民非常感激，永远不会忘记！"国侨办高度赞扬了基金会的捐赠在国际社会产生的积极影响，外交部也称赞此项慈善义举促进了民间外交。

曹德旺认为，资助贫困地区加强教育文化设施建设，帮助贫困学子读书识字，增加学识，提高技能是摆脱贫困、切断贫困代际传递的根本举措。他资助福州市 4 亿元、厦门大学 1 亿元用于图书馆建设；资助江西革命老区吉安职业技术学院 2 000 万元建设图文信息中心；给他的家乡福清高山中学捐资 2.2 亿元改建学校，另外捐资 5 000 万元设立奖教助学金；资助宁夏 1 000 万元修建西吉儿童福利院。为了帮助贫困生完成学业，他在福建医科大学、福建农林大学、厦门大学、南京大学设立了"曹德旺励志助学金"。在西北农林科技大学设立的"曹德旺励志助学金"已连续 15 年共捐赠 2 250 万元，共帮助贫困生 1 368 名，其中已毕业的 968 名受助学生全部顺利就业，这不仅改变了受助学生的命运，也为国家培养了一批人才。

/ 曹德旺（前排左二）参加福州市图书馆（德旺图书馆）新馆开馆仪式

中西部深度贫困地区的贫困人群是曹德旺慈善事业关注的重点。在他的身体力行下，资助中西部贫困地区的善款已超过 10 亿元。其中资助金额在 300 万元以上的项目就有 20 多个。他积极倡导资助边境、边疆地区文化卫生教育项目。他带病赶赴新疆和田地区资助 1 200 万元用于修建中学；资助南疆 1 700 万元用于 340 所农村学校购置饮水净化设备；资助四川、青海和西藏 1 800 万元，帮助藏族同胞购买“马背电视机”，丰富牧民精神文化生活。此外，他还资助 300 万元用于云南边境麻栗坡县和金平县人畜饮水项目。在云南省红河州，他资助 100 万元建设的麻栗坡县卫生院综合大楼，不仅缓解了当地群众看病难的问题，每逢赶集日，越南边民也常来看病，提升了我国边境的形象，提高了我国边民守卫边境的信心和积极性。

当 2015 年党中央提出 5 年完成扶贫攻坚任务的号召后，曹德旺亲自带队，到湖北、江西、福建等革命老区和贫困地区的乡村调研，积极开展“万企帮万村”活动。2016 年春节刚过，曹德旺就冒着料峭的春寒，踏雪到革命老区湖北省红安县等地走访考察，商定与贵州、湖北、福建三省 30 个贫困村（每省 10 个村）开展联村帮扶活动，每村每年资助 100 万元，3 省 3 年共资助 9 000 万元，主要用于“发展经济脱贫一批”项目。2018 年，曹德旺在听取西藏昌都市领导关于当地藏族同胞因病致贫、因病返贫的情况介绍后，随即带队到北京，向有关专家了解相关传染病、地方病防治的问题，建

/ 曹德旺（后排左三）参加助力“三区三州”开展健康扶贫三年攻坚签约仪式

议并大力支持基金会筹集 4 亿元资金资助“三区三州”深度贫困地区、特殊贫困人群的健康扶贫三年攻坚项目。曹德旺带着伤痛参加了在京举行的相关签约活动，并经常关心了解项目的进展情况。

知行合一，善念助推创业

曹德旺是个农家孩子，9 岁才上学，14 岁被迫辍学，在街上卖过烟丝，贩过水果，拉过板车，修过自行车，遍尝生活的艰辛。少年的坎坷，创业的艰难，形成了曹德旺特有的慈善理念。

他认为，办好企业，做大做强企业，就是最基本、最大的慈善。因为它能创造更多的就业岗位，能实现更多的税收。目前福耀集团有 21 000 多名员工，带动上下游 30 多万人就业。

他认为，员工创造社会财富和价值。因此，关心员工、善待员工是慈善应有之义，是首重之善。他为员工安排好各种社会保障，员工的工资水平也常年超出当地企业工资水平的 14%。当他得知员工要带脑瘫的孩子去市区看病时，他主动请这名员工住进自己家；当得知远在千里之外的员工患上白血病时，他花费近百万元为其治疗；他还每年为困难家庭的员工举办集体婚礼，送上新婚礼物。

他认为，作为上市公司，重视和保护中小股东和广大股民的利益，同样是做好事、行善举。公司上市以来向股东分配的红利为向资本市场募集资金的 2.28 倍。福耀集团自上市以来，始终是上海证券交易所的绩优蓝筹股和重要指标股。2009 年，福耀集团获得上海证券交易所评出的年度公司治理专项奖，其获奖理由是：福耀玻璃董事会秉持“发展自我、兼善天下”的理念，高度注重投资者回报和社会责任，已与世界发达国家的先进企业接轨，成功实现了公司利益和社会利益的共同增长。

敢为人先，探索慈善新路

人们称颂曹德旺是慈善家，不仅仅是指他慷慨捐出属于个人近 50% 的资产用于公益慈善，更在于他创建了迄今为止全国第一个也是唯一经由国务院审批的、以金融资产（股票）创办的非公募基金会。随着我国经济的快速发展，社会经济主体、经济成分的多元化，经济形态也呈现出多样性。人们不仅持有现金（原始货币），而且持有股票、债券（金融资产），还有不动产，而后者的规模更大。如何顺应民心、顺应经济发展规律，从观念、政策的支持上，从相关法律法规到相应的监管办法上，予以鼓励、支持和规范，已显迫切，而河仁慈善基金会的成立实现了零的突破，开启了中国慈善史上融资渠道的先河，为我国今后这一类型的慈善基金会的创建、发展和管理提供了一些可供借鉴的办法和经验。从这个意义上讲，曹德旺 10 多年前多方奔走成立的河仁慈善基金会，彰显了一个企业家浓烈的公益慈善情怀和远见卓识，为中国慈善事业的发展写下了浓墨重彩的一笔，其意义远超河仁慈善基金会成立本身。

（供稿、照片提供：河仁慈善基金会）

/德旺图书馆

潘和永，北京市商鲲教育控股集团有限公司党委书记、董事长。在发展壮大企业的同时，主动承担社会责任，积极参与脱贫攻坚。坚持“培养一个学生、提供一个岗位、改变一个家庭”的扶贫理念和教育宗旨，13年里安排16万名学生就业，帮助多个家庭摆脱贫困。为贫困地区、困难群众和贫困学生捐款物及免除费用价值1.7亿多元。2018年11月，一次性认购张家口市崇礼区100吨滞销土豆，帮助贫困群众渡过难关。商鲲教育集团获得全国就业与社会保障先进民营企业、北京市非公有制经济组织党建示范单位、北京民营企业社会责任百强第八名等荣誉。

家国情怀看担当

潘和永2006年创业至今，创造了“企业界神奇、教育界传奇”。从最初的两个人共用一台电脑，发展成今天在北京及周边地区拥有15个校区、在校生3万多人；全国联合办学突破2 000所；总部及校区、驻外机构专兼职员工5 000多人，全国在校学生突破15万人；13年里高薪安排16万名学生就业，帮助多个家庭摆脱贫困，被业内誉为“全国最富影响力的职业教育机构”；集团党团组织健全，内生活力日益递增，品牌价值68亿元。

担当，就要有拼搏的精神

商鲲教育集团的创立，正值中国社会发生广泛、深刻变革的重要时期，也是宏大而独特的实践创新应运而生的时期。商鲲教育集团的发展，犹如滚滚向前的历史长河中的一朵浪花，犹如充满生机的广袤田野里的一抹绿色，犹如日新月异的大好河山中的一园风景，印证了新时代变革，折射了新时代辉煌。

2004年，潘和永辞去了乡镇党委副书记职务，开始“北漂”创业。有的成功者一生下来就含着“金钥匙”，可他却是喝着“苞谷糁”成长，是一个地地道道的农民孩子。

豫东平原有个村庄叫张道营村，那里位于七朝古都开封东南50公里处，北依黄河，涡河固道横穿东西，潘和永祖祖辈辈都住在那里。

20世纪60年代，潘和永在豫东平原常见的泥砖结构的平房里出生后，父母又陆续

/ 潘和永在办公室

给他添了一个弟弟和两个妹妹。因为家大口阔、地少人多，为了养家糊口，潘和永的父亲垒起了小土窑，烧起了陶瓦盆，天天与泥巴、炉火打交道，还要到百里之外去销售，十分辛苦。虽然家里生活困难，但是潘和永好学上进，所以家里就支持他读书，他一直读到豫东一所农校毕业，成为全家学历最高的人。

北漂的日子不好过。初到京城，潘和永人生地不熟，又不会说普通话，就在一家职业介绍机构打工。后来，潘和永以“工商人才服务中心职介部”的名义干了起来，和同事两个人共用一台电脑，工作与生活状态十分艰苦，员工到开发区等地跑用工单位都是坐公交车，平时吃饭就是一碗快餐面。这期间，自小十分孝顺的潘和永将父母接到北京来，全家人挤在一个几十平方米的蜗居里。弟弟最初在内蒙古矿上打工，每月 1 000 多元，还要拿出几百元支援潘和永的事业。随着公司业务的快速发展，急需更大的办公空间。这时，大厦 4 楼有个 300 平方米的办公室出租，但租金与装修需要 8 万元。那时的 8 万元对潘和永来说，简直就是个天文数字，但他毅然决然地东拼西凑，硬是借钱租了下来。经过多年的打拼，潘和永创办的北京商鲲教育控股集团已发展成集校企合作、国内国际联合办学、自主办学、新 PPP 模式联合办学、运营学校、加盟连锁合作办学等多种形式于一体的职业教育、幼儿教育、基础教育、普通教育以及教育研究等多项业务并存的大型综合教育集团。

正是潘和永身上体现的这种拼搏精神，成就了他的事业，也为他更大的作为奠定了根基。

担当，就要有高度的责任

“企业做大了、变强了，社会责任也更重了。”潘和永说，“没有国家的恢复高考政策，我可能还在农村；没有国家的改革开放政策，就没有商鲲教育集团的今天，也没有我潘和永的成绩。”他认为办教育最大的价值，就是实现社会效益最大化，为政府解忧，为社会减负。为响应国家“动员一切社会力量，参与扶贫工作行动中”的号召，他把参与扶贫事业作为民营企业难得的机遇和平台，充分利用自身的优势承担社会责任，助力精准扶贫，为国家做一些有益的工作。

潘和永考虑商鲲教育集团要设一个单独的部门来抓好这件事，以减少扶贫工作的空间传递。虽然民营教育企业对人员和效益的考核是一个硬指标，但为了把职教扶贫抓实，潘和永决定选调 4 名优秀员工，成立了商鲲教育集团扶贫办公室，由集团党委副书记专职分管日常工作，作为党委书记、董事长的潘和永亲自抓重点推进，使得扶贫工作有了组织保障。潘和永紧接着按照《北京市工商联全面推进扶贫协作三年行动计划》的安排，提出了“扶贫职业教育，现身光彩事业”的口号，并做出系列扶贫行动计划，一步一步、一件一件抓落实。

在参加全国工商联对口扶贫的贵州省织金县教育扶贫对接活动时，潘和永看到住在贫困山区的老百姓没有路、没有水、没有电，家家户户都很贫穷，很多孩子想读书都很困难，即使初中、高中毕业了，考不上大学，在家也无所事事，依然重复着上一辈人的贫穷。改变他们的贫困状况只有让他们接受职业教育培训，掌握一技之长，由“输血”变“造血”，从根本上摘掉贫穷帽子，“实现 人就业，全家脱贫”。潘和永当即决定为贵州省织金县职业学校捐赠图书 1 万册并免费接纳西部贫困地区贫困生 200 名到商鲲教育集团旗下院校就读，为他们减免全部学费，并负责安排就业。

2018 年 5 月 30 日至 31 日，作为首都 12 家大型企业之一，潘和永代表商鲲教育集团参加了由北京市政协、市工商联领导带队的北京市工商联赴张家口市调研脱贫攻坚工作活动。通过这次活动，潘和永对扶贫攻坚的认识更加深刻了。在贫困户的家里，他看到了贫困人家的困难实情；在山区僻壤，他目睹了落后地区的艰难现状；在座谈会上，他了解了各级政府的忧心如焚；在整个过程，他感到了扶贫攻坚的迫在眉睫。同时，他在和同行的人们一路交流中，也渐渐对国家扶贫攻坚的政策更加熟悉。他一路在想，商鲲教育集团现在有能力为社会做一些事情，就要义不容辞承担起相应责任，积极投身到脱贫攻坚中来。

回到集团已近晚上 7 点，潘和永顾不上吃饭，一直在整理有关脱贫攻坚的资料。政策是什么？路径有哪些？具体怎样办？谁去抓落实？把这些问题基本理清后，他决定在第二天的干部会上当即部署，一天也不耽搁。

在会上，潘和永为大家传达了调研概况，随后就商鲲教育集团的职教扶贫工作一项一项做出部署，并且责任到人，同时对落实的时间要求也做出规定。并先后派员随北京市工商联领导到贵州织金、内蒙古阿尔山、河北张家口、湖北十堰、甘肃玉树等地进行职教扶贫调研，了解具体情况。商鲲教育集团与北京市对口扶贫的 90 个县市区中的 36 个县市区的职业学校开展了高铁、无人机、3D 打印、新能源汽车等新兴热门专业联合办学、专业共建。为给贫困户减轻负担，早日实现脱贫，商鲲教育集团出台了“双优先”政策，即优先安置建档立卡贫困户大学生父母到北京工作，优先录用建档立卡贫困户子女到集团上班并提供食宿。同时规定：对来自全国的建档立卡贫困户子女全部免学费和专业技能费；对来自贫困县的非建档立卡贫困户子女学费全免、专业技能费减免 30%。已累计为全国建档立卡贫困户子女 3 200 人免学费和专业技能费共计 640 万元，为 1.32 万户来自贫困县的非建档立卡贫困户子女减免专业技能费 792 万元。

针对北京地区养老服务、家政、安保、保洁人员紧缺的局面，商鲲教育集团利用农闲时间，对结对帮扶的 36 个县市区建档立卡贫困户进行养老、家政、安保、保洁等专业技能培训，并负责安置就业。每年每个县市区平均培训安置 200 人，全部安排在北京地区工作。

担当，就要有大爱的延伸

“志智双扶”是打赢扶贫攻坚战的根本之策。潘和永结合商鲲教育集团的特点，进行了一系列特色鲜明的智力扶贫活动，让扶贫内容成为商鲲教育集团的一项项具体实在的工作。为了燃起贫困地区青年学子的人生希望，他把励志教育、红色教育、感恩教育作为扶贫教育培训的重点，开展“自强奋发、自立做事、自信成长”大讲堂品牌授课，组织专业师资为贫困地区先行进行培训，为对口扶贫县平均每年开展 3 次立志教育、智力脱贫讲座。同时，针对贫困地区法律观念淡薄、法律知识缺乏的实际，协调运用其合作伙伴——法律方面的专业老师和自主研发的普法教育机器人，到贫困地区进行普法教育，每年到对口帮扶贫困县开展两次普法教育讲座，起到了撞击心灵、塑造价值的作用。

2018 年 11 月，北京市对口帮扶的贫困地区张家口崇礼区有 300 吨土豆滞销，农民兄弟忧心如焚，当地领导向北京市求助。潘和永知道后，立即发动集团员工，仅两天时间就认购爱心土豆 100 吨，不仅有效缓解了崇礼百姓的燃眉之急，让他们度过了一个温暖的冬天，也成功帮助北京东城区和崇礼之间打通了一条扶贫帮困的蔬菜通道，赢得了社会各界的一致好评。

/ 潘和永（左六）参加东城—崇礼“土豆接力”启动仪式

在扶贫攻坚的大事面前，潘和永态度明确，一点儿也不含糊。与此同时，他热心公益，多次参加商鲲教育集团所在地东花市街道组织的“问需于民、问计于民、服务于民”活动。先后出资 5 万元为南里社区修建了车棚，捐款 5 万元用于阿尔山党群服务中心建设，向东花市街道捐款 5 万元开展扶贫帮困活动，与社区王建生等 5 个困难户结对帮扶，先后向儿童福利院及失学儿童、困难职工捐款 100 余万元，出资 2 000 多万元为 43 名优秀员工在廊坊和海南支付了首付房款，出资 36 万元为身患白血病的教官景文浩治病，拿出 50 多万元救助了白化病患者郝白女、丹东女生张丽丽，又收养了杨敬港、杨敬澳、郑雷龙 3 名孤儿并分别给他们安排了工作。已累计为贫困地区、困难群众、贫困学生捐款捐物、减免学费价值 1.7 亿多元。

多年的付出，多年的奉献，潘和永获得了诸多荣誉：中国民办教育改革创新人物、中国品牌十大杰出人物等，2018 年 4 月他又被选为外交部亚洲经济发展协会副会长。北京商鲲教育控股集团也先后荣获全国就业与社会保障先进民营企业、北京市民营企业社会责任百强第八名、北京市非公有制经济组织党建示范单位、北京市非公有制企业履行社会责任参与区域化党建特殊贡献奖等诸多荣誉。

纵观潘和永的创业历程和社会担当可以看出，他是一名新时代的奋斗者。觉悟，是他奋斗的旗帜，这一旗帜以爱党爱国为标志，引领了商鲲教育集团的政治方向。正如潘和永作为党委书记在纪念建党 98 周年讲话中所说：“商鲲教育集团今天以实际行动纪念

/ 潘和永（右二）看望社区贫困户

党的生日，就是要坚决听党的话，对党忠诚，培养出更多的专业技能人才，为社会做出更大的贡献。”责任，是他奋斗的旋律，这一旋律以与时俱进为基调，打造了商鲲教育集团的企业文化。潘和永主动把“让企业强起来、给员工谋福利、为社会做贡献”作为自己的奋斗目标，昭示了他鲜明的担当精神，也凝结了一个单位的文化走向。向善，是他奋斗的情怀，这一情怀以育人、助人为重心，体现了商鲲教育集团的时代风貌。潘和永经常说：“一个人的价值不是他自己挣了多少钱、自己多富有，而是为社会、为他人做了多少事。”

潘和永用行动兑现了自己的许诺，实现了自己的梦想，坚守了自己的初心。他的足迹，留下了一个人和一个时代的对话；他的追求，映射着一颗心灵和一种信仰的对话；他的奉献，书写着一个个体和一个群体的对话！展望未来，在党和政府的支持下，潘和永领导的商鲲教育集团一定会在新时代为社会做出更多的贡献。

（供稿、照片提供：北京市扶贫支援办　修编：张燕）

全国脱贫攻坚奖创新奖

QUANGUO TUOPIN GONGJIANJIANG CHUANGXINJIANG

王正，四川省以工代赈办综合处副处长。全力组织制定易地扶贫搬迁规划，实施方案等一系列配套政策文件，为建立易地扶贫搬迁政策体系做出突出贡献。创新建立了政策执行引导机制，并同时建立省、市、县、乡分级分类易地扶贫搬迁常态化培训制度；推动建立资金使用保障机制，实现了资金管理规范化、使用便捷化、补助标准差异化；推动建立工作督查通报机制，探索建立标准化自查、制度化通报、动态化督查等机制。在她的推动下，四川省贫困人口已搬迁入住 115.2 万人，累计脱贫 107 万人。

“做让贫困群众真正受益的干部”

四川是多民族省份，是全国第二大藏族聚居区，最大的彝族聚居区和唯一的羌族聚居区，是有着“天府之国”美誉的宝地，却也是全国 6 个扶贫任务最重的省份之一，是全国脱贫攻坚战的重要战场。“十三五”期间，四川规划对 21 个市（州）、146 个县（市、区）136 万名农村建档立卡贫困人口实施易地扶贫搬迁，搬迁规模位居全国第二。

人口多、底子薄、不平衡、欠发达，贫困面宽、量大、程度深，贫困原因多重叠加，让四川省的易地扶贫搬迁工作困难重重。面对这些挑战，王正始终把人民群众利益放在第一位，以“贫困不除，愧对历史”的使命感，扑下身子钻业务、解民忧、帮民富，创新建立了政策执行引导、资金使用保障和工作督查通报三大常态化工作机制，助推四川百万搬迁群众走上一条稳定脱贫、共同致富之路。

用心描绘“蓝图”，打好搬迁脱贫第一枪

2015 年底，新一轮易地扶贫搬迁工程揭开了序幕。四川计划用 4 年时间全面完成搬迁任务，平均一年搬迁的贫困人口近 30 万人，时间紧、任务重，加之新时期易地扶贫搬迁从政策、补助标准等方面较以往发生了很大变化，各地对新政策、新情况还摸不着头脑，要开好局、起好步可谓难上加难。作为省级易地扶贫搬迁牵头部门的处室负责人，王正积极响应中央和省委的号召，准确把握易地扶贫搬迁在脱贫攻坚中的角色定位，坚持把脱贫攻坚作为最大的政治责任、最大的民生工程、最大的发展机遇，不遗余

力地推动贫困地区、贫困群众改善生产生活条件。

面对四年内搬迁安置136万名建档立卡贫困人口的易地扶贫搬迁任务，王正立足岗位，带领处内同志，夙兴夜寐、夜以继日，认真研究易地扶贫搬迁工作与相关专项规划、行业专项规划、区域规划的政策衔接和项目对接，积极将易地扶贫搬迁纳入相关规划之中，确保易地扶贫搬迁任务“项项有支撑，件件有落实”。

那段时间，熟悉王正的人都说她“疯了”。“她那段时间，没白天没黑夜地干，身体扛不住，晕倒了好几次，我们都劝她让她回家休息休息，可她硬是要留下来。”王正的同事说道。在全省易地扶贫搬迁工作全面铺开的关键时期，医院传来了消息，王正的父亲因为冠心病在医院抢救。她心里着急，但手里刚好有个文件要报，进退两难的时候王正接到了刚刚苏醒的父亲打来的电话：“你工作忙，不要来医院，我现在感觉很好。你安心工作，不要给单位拖后腿。”挂断父亲的电话，王正一把擦掉了脸上的泪水，埋头工作起来。

功夫不负有心人，在短短半年时间里，王正高质量起草完成了“十三五”易地扶贫搬迁规划、实施方案等一系列配套政策文件，用心用情把贫困群众的奔小康愿望和住房安全体现在规划方案及配套文件的字里行间，为全面推进搬迁工作描绘出了一幅“蓝图”。

但王正深知，没有调研就没有发言权，必须走进一线，实地了解基层的困难，才能更有效地推动工作开展。这些年来，她以革命老区、高原藏区、大小凉山彝区、秦巴山区、乌蒙山区为主要调研点，不畏艰险，不怕路远，经常上山下乡、走村入户，深入田间地头，认真听取贫困群众对易地扶贫搬迁项目实施的意见。她虚心向基层干部请教改进工作建议，不断优化细化项目推进机制，实地查看工程质量和项目实施效果，并在与贫困群众一块苦、一块过、一块干中汲取群众智慧，密切党群干群关系。

/ 王正（前排左一）在集中安置点现场调研

借着省内开展“大学习、大讨论、大调研”的契机，王正多次到贫困户家中，帮助他们分析致贫原因、梳理发展思路、谋划致富远景，帮助解决种植、养殖、就业等方面的实际困难，用心用情开展帮扶，以实际行动激发贫困群众内生动力，坚定脱贫志向。同时，她积极推动宣传交流各地易地扶贫搬迁好的经验和做法，深

/ 四川省广元市旺苍县嘉川镇五红村易地扶贫搬迁集中安置点

入基层加强实地指导，创新研究易地扶贫搬迁安置住房设计。其中，巴中市恩阳区、南江县安置区住房典型户型材料入选了《全国易地扶贫搬迁住房典型户型图集》。

营造政策“环境”，迈出脱贫奔小康新步伐

四川省易地扶贫搬迁项目实施面宽、量大，情况千差万别。建设初期，各地普遍反映政策执行起来难度大，搬迁群众对政策不理解。针对新时期易地扶贫搬迁政策严格、工程复杂、涉及人口多等实际情况，王正觉得，被动解决问题不如主动研究问题。

于是，王正理清思路，将工作重点放在了探索创新和建章立制上。她聚焦全方位组织动员和协调联动，把易地扶贫搬迁和农业农村发展、脱贫攻坚现状结合起来，细化实化形成阶段目标、重大任务、重大工程、重大计划、重大行动，及时把上级决策部署变为推动工作的行动指南，落实为任务书、路线图、时间表。她主动学习研究，积极加强与国家发改委汇报衔接，虚心借鉴兄弟省份经验做法，聚焦对象精准、实施精细、培训常态，推动建立政策执行引导机制，为推动全面完成规划目标任务提供支撑保障。

精准是脱贫攻坚工作的第一要务，为实现“精准识别、精准建档、精准标注”，王正带领团队在全国率先建立搬迁对象动态管理机制，对全省 136 万名易地扶贫搬迁人口进行严格核实和确认。在此基础上，进一步明确了搬迁对象、规模、进度调整的原则、条件、方法和程序，对搬迁对象实行动态管理，科学合理地及时进行调整，确保搬迁对象精准，应搬尽搬，实现政策、项目、资金等精准“滴灌”到需要搬迁的贫困户。

为了顺利完成全省的易地扶贫搬迁任务，王正带领团队在许多方面做出了创新。

/ 王正（左一）与同事一起研究政策

创新性地将易地扶贫搬迁纳入目标绩效考核，实行易地扶贫搬迁目标责任制管理。研究出台了《四川省支持易地扶贫搬迁的有关政策》，从资金筹措、偿还及差异化补助，以及资金整合、土地使用、产业发展、就业创业等方面对易地扶贫搬迁提供政策支持。针对市县反映强烈的问题整改无具体标准、追责无明确依据的情况，在全国率先出台了《关于进一步细化明确易地扶贫搬迁有关政策的通知》，对包括搬迁对象认定、结余资金使用、配套基础设施建设范围红线划定等 11 条政策进行了细化明确。

同时，在全国创新性地建立了省、市、县、乡四级分级分类的易地扶贫搬迁常态化培训机制，统一制发“十三五”易地扶贫搬迁政策要点、四川省“十三五”时期易地扶贫搬迁政策讲解提纲和全省易地扶贫搬迁工作常态化培训 PPT。切实加大新时期易地扶贫搬迁政策的培训和宣传力度，强化政策指引和业务指导，努力提高各地参与易地扶贫搬迁工作的有关领导和相关部门工作人员对政策的理解、把握能力。

四川新时期易地扶贫搬迁计划总投资 817 亿元，如何用好用活这笔钱，确保易地扶贫搬迁项目资金专款专用和及时支付到项目，使国家政策真正让贫困群众受益？从项目建设之初，王正就反复思索这个问题。

针对易地扶贫搬迁项目资金总量大、构成复杂、监管严格的特点，王正认真学习习近平总书记关于扶贫工作的重要论述，牢记习近平总书记讲的“扶贫资金是贫困群众的‘救命钱’，一分一厘都不能乱花，更容不得动手脚、玩猫腻”，深入研读国家关于易地扶贫搬迁资金管理有关要求，立足实际，反复研讨论证，推动建立了资金使用保障机制。

为了保证资金使用安全，王正将“资金跟着项目走，项目跟着脱贫需要走”当作工作中的第一原则。在全国率先出台《四川省易地扶贫搬迁项目资金使用规范》，优化用款程序，细化资金监管，明确各地在工程项目动工后，银行可预拨不高于项目投资总额 30% 的启动资金；简化有关手续，项目方只需提供用款申请和项目清单，即可拨付资金。推动建立易地扶贫搬迁项目审批快速通道，进一步优化审批程序，为加快项目规划选址、用地预审、环评审批等前期工作提供了优质服务。

同时，细化国家差异化补助要求，结合四川省贫困实际，实行差异化补助，对省内藏区和大小凉山彝区按不低于平均建房成本的 80% 给予支持；对秦巴山区、乌蒙山区按不低于平均建房成本的 70% 给予支持；其他地区按不低于平均建房成本的 60% 给予支持，分类推进住房建设。

构建监督“体系”，发扬求真务实新作风

三峡工程移民人数为 100 万人，四川大型水电工程移民也是 100 万人，耗时数十年，做了大量工作，相比较而言，四川易地扶贫搬迁任务为 136 万人，4 年内就要全部完成，涉及全省 48.6 万平方公里，更涉及成千上万的基层扶贫干部，涉及千千万万的贫困群众，情况千差万别。加之基层干部文化水平、综合素质能力方面也还存在一定的局限性。因此王正内心十分清楚，易地扶贫搬迁工作难度非常大，稍一懈怠就容易导致政策执行出现偏差，执行不到位，必须要有规范化的监督管理制度来保障这一浩大工程稳步推进。

针对地方主体责任履行不到位、项目推进不平衡等问题，王正不畏艰难，深入木里、昭觉、喜德等搬迁任务重、搬迁难度大的项目县蹲点调研，深挖问题根源，提出在全省范围内定期通报各地进展情况的建议，推动建立了考核督查通报机制。

授人以鱼不如授人以渔。王正在工作之余经常把自己钻研提炼的政策法规要点和工作方法经验记录下来，结合国家易地扶贫搬迁政策，在全国率先出台了《四川省易地扶贫搬迁自查标准》，从搬迁对象、住房建设、项目建设、补助标准、资金使用、脱贫措施、组织保障、档案整理和政策培训九大方面为各地提供可操作性标准，加强对各地易地扶贫搬迁政策执行情况的指导，便于各地在工作中对标政策自查自纠，让各地基层干部更有效率地学习，做到事半功倍。

/ 王正（中）与搬迁群众和基层干部交流

为进一步加快推进易地扶贫搬迁工作，强化工作责任，推动搬迁任务落实落地，切实提高工作效率，王正与同事们反复思索，在全省建立了问题通报制度，加强对各地易地扶贫搬迁推进情况的通报，重点加强对各地项目开工、投资完成、执行 25 平方米标准、资金到位等情况的跟踪稽查力度，进一步压紧压实责任，推动各项工作落地见效。

/ 王正（前排左二）与凉山州搬迁群众

易地扶贫搬迁是个庞大的工程，王正深知在项目推进中肯定会出现各种问题和矛盾，“凡事预则立，不预则废”，只有敢于正视问题，才能更好地解决问题。为帮助基层切实发现问题，整改问题，她带领处室同志深入研究，在全省建立了跟踪稽查制度，实行一月一稽查、一季一督查，对建设进度滞后的实行“一对一”督促检查，督导各地重视并切实抓好易地扶贫搬迁推进实施工作。组织开展专项暗访调研，尽早发现和整改项目组织实施中存在的问题。

在广袤的巴蜀大地上，一个个易地扶贫搬迁项目正有序实施，四川各地各部门、施工单位和群众正撸起袖子加油干，贫困群众的生产生活条件正发生着翻天覆地的变化，产业逐渐兴起、生活明显改善、社会和谐发展！

王正以优良的政治品质、扎实的专业素养、踏实的工作作风、忘我的奉献精神，抱着“做让贫困群众真正受益的干部”和让贫困群众尽早“住上好房子，过上好日子”的信念，恪尽职守，拼搏奋进，创新思路，充分体现了巾帼不让须眉的本色和风采！

（供稿：四川省发展和改革委员会　修编：张津津　照片提供：王正稿）

王安东，中共党员，山东省淄博市临淄区委办公室副主任、区扶贫办主任。作为国家扶贫改革试验区的探索者、实践者，他带领淄博市临淄区扶贫办，立足于新时代扶贫开发新形势新要求，顺应贫困群众对美好生活的向往和需要，突出扶贫、改革、试验主题，将扶贫开发政策与农村低保制度纳入统一的政策体系和服务平台，努力推进城乡统筹一体化的扶贫新思路，不断探索突破扶贫开发体制机制障碍的新途径，构建既有普惠性又有个性化的标准化扶贫体系，在全省乃至全国率先开展了三项重大课题试验示范，为扶贫改革试验提供了"临淄样本"。

种好扶贫改革"试验田"

脱贫攻坚，改革为先。

全国首创"双制融合"。以皇城镇为试点，将扶贫开发政策与农村低保制度纳入统一的政策体系和服务平台。

先行先试"城乡统筹"。实施城乡产业、教育、卫生等"十个统筹一体化"扶贫工程，初步形成了城乡统筹一体化扶贫体系，实现均衡扶贫，公平扶贫，让城乡贫困家庭共沐同一束阳光。

探索提升"幸福指数"。开展"八有八达标"扶贫建设，构建既有普惠性又有个性化的标准化扶贫体系。汲取春秋时期齐国"以工代赈"的改革精髓，创造性地推出互助式"扶贫＋养老＋助残"模式，贫困群众的满意度和幸福感连连攀升。

作为全国扶贫改革的试验区，这是淄博市临淄区交出的一份"改革清单"，而这份清单的获得离不开山东省淄博市临淄区扶贫工作的"掌门人"王安东。

王安东，淄博市临淄区委办公室副主任、区扶贫办主任。为了将临淄区的扶贫工作推向前进，王安东和他的团队以敢于变革、敢于探索的拓荒精神，在全省乃至全国率先开展了三项重大课题试验示范，为国家扶贫改革试验提供了鲜活而生动的"临淄样本"。

驱动着扶贫改革的"三驾马车"，王安东怀抱初心，勇毅前行。"临淄的扶贫改革，是高质量长效打好精准脱贫攻坚战的实践和探索。作为一名基层扶贫干部，我要种好临淄这片扶贫改革的'责任田'。"这是王安东的心愿，也是他行动的基准。

/ 王安东介绍国家扶贫改革试验课题开展情况

勠力“破冰”，重塑扶贫低保新体系

脱贫攻坚路上，需要破除一道道制度壁垒。

2016 年，国家“扶贫开发政策与农村最低生活保障制度融合”重大课题试验示范任务落户临淄。随着扶贫工作的逐步深入，在基本解决绝对贫困问题后，农村建档立卡贫困人口、享受最低生活保障制度人口开始出现高度重合。而现行的国家扶贫开发政策与农村最低生活保障制度重叠运行，弊端渐显。

作为这场创新实践的亲历者与推动者，王安东有着清醒认识：困难家庭“插花式”分布，开发式扶贫成本高，仅通过低保兜底，困难群众脱贫内生动力无法激发；脱贫后，困难群众还会存在精神、智能、技能等多维度贫困问题；政出多门，政策叠加高地、政策薄弱洼地现象并存；困难群众多重认定、部门多头管理，扶贫效能无法进一步提高。

低保与扶贫如同鸟之两翼，只有两只翅膀同频共振，扶贫工作才能飞得更高，飞得更远。

这是一场“刀刃向内”的自我革命和制度破冰。王安东笃定信念，披荆斩棘，通过一次次调研、一场场座谈协调，无数次深夜的推演、测算，两项制度衔接与融合改革的“路线图”由模糊到清晰：对此前双线运行的扶贫、低保工作的政策、制度“打碎核桃”

重塑，实施流程再造，形成同时具备扶贫和低保特征的全新制度设计、政策集成、操作规程，实现农村扶贫济困工作的一体化。

通过融合，34 个相关部门职责梳理整合形成 31 大类 49 项统一执行政策目录，政策“高地洼地”全部变成“一个龙头放水的水浇地”，双制融合改变了不同认定条件、不同调整周期、不同帮扶措施等，建立了统一标准、统一对象、统一认定、统一政策、统一管理、统一信息、统一受理的“七统一”扶贫低保新体系。

“以前干两遍的活儿现在可一次搞定，工作效能和服务速度都提高了一倍，每年可减少行政支出约 20 万元。”临淄区皇城镇民政扶贫办主任孙宁对融合试点深有体会。2018 年以来，王安东以皇城镇为试点，将镇民政办公室、扶贫办公室合二为一，组成融合工作平台——民政扶贫办。目前，皇城镇民政扶贫办已完成困难群体识别认定和信息录入工作，全镇共识别认定困难人口 235 户 340 人，并已同步实施分类精准帮扶。“由于民政扶贫办‘一口认定’，贫困、低保户认定时间从 47 天减少为 26 天，表格填报减少 40%，镇村工作人员减少 40%。”

“十个统筹”，筑起同一片蓝天

扶贫攻坚，快马加鞭。“城乡统筹一体化扶贫改革”重大课题是临淄区承担的又一项国家扶贫改革试验区试验示范任务。在我国，受城乡二元制结构影响，城乡之间在社会保障、救助标准、基础设施、公共服务等方面存在较大差异，特别是脱贫攻坚工作在农村推进，城镇贫困人口未能享受扶贫政策，双方交错式差距制约着扶贫工作深入开展。

在王安东的推动下，临淄区牵头实施了城乡统筹一体化扶贫改革，综合运用多种干预手段，积极推进“两个延伸”，即城市资源、城市公共服务向农村延伸，扶贫政策、扶贫措施向城市延伸，提高贫困人口共享发展成果、融入经济社会发展的参与机会、能力和水平。具体措施是整建制、全覆盖实施“十个统筹一体化”扶贫工程，即城乡贫困人口管理、产业发展帮扶、教育事业、交通路网、医疗卫生、住房保障、党群帮扶、生活配套、社会服务、保障服务“十个统筹一体化”。

如实施医疗卫生统筹一体化，打通健康扶贫最后一公里。将 8 处镇级卫生院进行提档升级、规范化建设，与区属医院建成三个医共体，区内专家轮流坐诊，将优质医疗资源下沉贫困群众身边。建成远程会诊中心、心电图会诊中心、医学检验中心、影像中心四大医疗资源中心，实现区、镇、村三级互联。

从 2018 年开始，王怀宝再也不用跑几十公里路到区里的医院检查身体了。现年 79 岁的王怀宝是临淄区皇城镇大蓬村贫困户。由于患有心脏病，王怀宝每隔几个月就要到医院检查心电图。“那时候来回跑折腾得很，但是没办法，村里根本没有这样的设备。”王怀宝说。

在医疗卫生统筹一体化实施后，村干部第一时间找到了王怀宝，对他说：“王叔，告诉你个好消息，咱们村来了做心电图的新设备，和城里的大医院一样先进，你以后再也不用跑几十公里，到城里去做检查了。”听了村干部的话，王怀宝将信将疑地来到村卫生室，心想：“要是真能在村里做检查，那就太好了。我这把年纪少折腾点，也少给孩子们添麻烦。”

随着医疗卫生统筹一体化的实施，优质医疗资源下沉最基层，给像王怀宝这样的老年病患者带来了极大便利：在村卫生室进行心电图检查，通过远程会诊将检查结果上传，10 分钟就能收到区人民医院专家开具的诊断证明和诊疗建议，足不出村就能享受上级医疗机构专业水平服务，没必要多跑路，报销比例还高。

2017 年，临淄区城乡统筹一体化扶贫的试点做法在全国扶贫改革试验区工作座谈会上做了典型发言。“目前临淄已经初步形成了城乡统筹一体化扶贫体系。下一步，将以此为抓手载体，推动脱贫攻坚与乡村振兴深度衔接，让城乡困难群众共享改革开放和社会发展的成果。”王安东说。

幸福有感，触摸贫困家庭的民生温度

“老爷子，政府给您修的这房子敞亮，这院子利索，您老保重身体，享福的日子还在后头呢！”盛夏傍晚，临淄区敬仲镇陈家村，89 岁高龄的贫困老人许春年家，邻居们凑到这个刚翻修一新的农家院内拉呱唠嗑。许春年老人是淄博国家扶贫改革试验区“特殊困难群体幸福指数提升”重大课题的受益者之一。在他的晚年迎来人生的多个第一次：第一次住进了砖瓦房，第一次坐上了沙发，第一次用上了水冲厕所……

/ 王安东在皇城镇田间地头调研扶贫工作

贫困群众共享幸福生活是脱贫攻坚的根本出发点和落脚点。在工作实践中，王安东发现有些贫困群众虽然实现了“两不愁三保障”，但生活环境、精神面貌并没有实质性改善，特别是失能、半失能的老弱病残群体，脱贫并没有带来实质性的获得感、幸福感。为此，王安东带领团队，探索提升贫

/ 王安东（右二）与贫困户交流

困群众幸福指数的路径，创新性地推行“扶贫 + 养老 + 助残”模式。他将春秋时期齐国“以工代赈”应用到孝善扶贫领域，提出互助式“扶贫 + 养老 + 助残”模式——护工岗位优先录用有劳动能力的贫困妇女，就近照顾其他失能、半失能贫困群众，实现了“扶贫、养老不离家，服务、岗位送上门”。政府一份钱花出了两份效果，实现了扶贫与服贫双赢。

两年多前，临淄区刘家终村贫困户顾会香的日子里并没有太多“阳光”：丧子之痛久久难以挥去，丈夫又患病基本丧失劳动能力，贫穷、无望，让她失去了生活下去的勇气，整日寡言少语，唉声叹气。

但这种情况在 2016 年出现了转机。那年元旦刚过，临淄众爱长者养护中心负责人王桂英便敲开了顾会香的家门，她是来给顾会香介绍工作的。

原来，临淄区采取互助式“扶贫 + 养老 + 助残”模式，以政府购买社会服务的方式，优先给贫困户提供工作岗位，给同村或者邻村的独居老人、残疾人提供护理服务。

“每月 500 元，虽然不多，但吃穿基本够用了”“工作不累，就在这家门口”“我们免费培训”……王桂英的一席话渐渐打动了顾会香。

2016 年 2 月，经过系统技能培训后，顾会香正式上岗成了一名养老助残护理员。她与村里另一贫困户一起，承担起同村及邻村共 12 户独居老人、残疾人的护理工作，为他们提供清理卫生、拆洗被褥、康复护理等多方面的服务。

/ 王安东（左）与齐都春雨慈光安养院贫困老人交流

现如今，每当顾会香敲开服务对象的门，往往伴随着亲人回家般的欢声笑语。对顾会香来说，这份工作带来的不仅是收入，还有生活的充实和自信。如今，除了照顾贫困老人，62 岁的顾会香还经常到村里文化广场上跳广场舞，也愿意照镜子了，“日子好了，人也精神了”。

贫困群众的生活有了变化，王安东很是欣喜地说：“对政府、企业、贫困户来说，这种模式实现了一举多赢，可以说是一个人上岗，多个家庭受益。”临淄区现已开发就业扶贫岗位 500 多个，包括老年、残疾贫困人口在内的 3 000 多名困难群众享受到起居照料服务。

同时，临淄区开展“八有八达标”建设，形成既有普惠性又具个性化的标准化扶贫体系。贫困家庭软件“八有”：有一本家庭收支台账，有一个帮扶项目，有一对结对帮扶干部，有一支医疗帮扶团队，有一套健康综合保障措施，有一名家政护理人员，有一份家庭商业补充保险，有一系列政府教育扶助政策；贫困家庭硬件“八达标”：户内道路硬化达标，生活饮水安全达标，住房安全达标，生活环境达标，个人卫生达标，基本生活必需品达标，贫困残疾人无障碍化改造达标，贫困老人“适老化改造”达标。2018 年，临淄区列支 1 000 万元，全覆盖实施“八有八达标”建设并进行了评估验收，并将 2019 年列为临淄区贫困家庭“八有八达标”水平提升年，贫困群众幸福指数将获得大幅提升。

扶贫改革，永不止步。面对未来，王安东信心满满：“我们将坚定走在前列的进取精神，狠下绣花功夫，密织扶贫底网，响鼓重槌，尽锐出战，继续破解扶贫改革中的难点和痛点，全面小康路上决不让一名困难群众掉队。”

（供稿：山东省淄博市临淄区扶贫办　修编：张津津　照片提供：韩小丽）

王思泽，中共党员，云南省扶贫办政策法规处处长。他提出县级脱贫攻坚项目库“六清六定”建管用模式，推动了脱贫攻坚政策精准落地。提出产业扶贫积分管理模式，强化正向激励，有效破解“政策养懒汉”的难题。提出全面开展“自强、诚信、感恩”主题实践活动，激发贫困群众内生动力。提出“一个民族一个行动计划、一个集团帮扶”攻坚模式，强化少数民族扶贫工作。一项项创新之举，成就了一项项丰硕成果，为云南省贫困人口实现脱贫，贫困县脱贫摘帽，提供了有力支撑。

矢志不渝谋创新

初见王思泽，他一脸严肃、不苟言笑，16 个扶贫春秋的坚守，使这位 48 岁的扶贫干部华发早生，两鬓已经染上岁月的风霜。“我这辈子和扶贫工作有着说不清、道不明的缘分。”在交谈中，王思泽坚毅地说道。

知我者，谓我心忧；不知我者，谓我何求？每当走进贫瘠落后的山村，每当看到生活贫困的乡亲，那份永远不会消退的初心、情怀和担当，始终激励着王思泽。

在办公室里，每天有着干不完的工作，每个人都在默默地奉献……王思泽只是其中的普通一员，他看似性格内向，可对于工作却是毫不含糊，他是同事口中的“工作狂”，加班熬夜是常态；对于同事，他在业务上指导、生活中关心，是大家眼中的“好大哥”；但对于家中的父母妻儿，他却满怀愧疚，因为他把时间都用在了工作上，奉献给了自己热爱的扶贫事业。

身在兵位，胸为帅谋。10 多年来，王思泽走遍了全省 88 个贫困县、300 多个贫困乡、1 800 多个贫困村，主持或参与脱贫攻坚重大课题研究 47 项，参与制定脱贫攻坚政策文件 200 余份，参与《云南省农村扶贫开发条例》的起草、制定和实施等。

特别是脱贫攻坚战打响以来，面对基层工作推进中存在的各种困惑，王思泽看在眼里、急在心里，深思熟虑后积极向领导说出了自己的想法，获得办党组的大力支持。从此以后，他团结带领同事一起深入基层，反复调研，多少个日日夜夜，多少次探讨研究，创新性地提出了多项破解脱贫攻坚工作堵点、痛点、难点的思路和举措。

“六清六定”促精准

脱贫攻坚贵在精准，重在精准，成败之举在于精准。如何将习近平总书记关于扶贫工作的重要论述，特别是“六个精准”“五个一批”要求落实到基层、落实到脱贫攻坚一线，切实改变过去农业农村工作“大呼隆”“漫灌式”的思维模式、工作方式，真正做到扶真贫、真扶贫、真脱贫？王思泽始终在思考、在探索。

在贫困对象精准的基础上，从 2017 年 10 月开始，云南省又以“六清六定”（贫困对象家底清、致贫原因清、帮扶措施清、投入产出清、帮扶责任清、脱贫时序清“六清”，扶贫资金定到项目、计划定到项目、审批一次定到项目、公示公告定到项目、责任定到项目、督查考核指向定到项目“六定”）为抓手，全面开展县级脱贫攻坚项目库建设，进一步夯实精准扶贫精准脱贫工作基础。目前，全省细化实化了 122 个县（市、区）、1 312 个乡（镇）、12 137 个村的实施方案，入库项目 56 695 个。通过县级脱贫攻坚项目库建设，盘清了目标账、任务账、资金账和责任账，项目规划资金比“十三五”规划减少了近一半，全省上下形成了精准规划“一张图”、精准实施“一本账”、精准推进“一盘棋”、精准考核“一张网”的精准扶贫工作格局。

当谈及创新县级脱贫攻坚项目库建设“六清六定”模式的初衷，王思泽表示，以前有的地方帮扶措施不精准、项目安排不精准、资金使用不精准、脱贫成效不精准，“资金等项目、项目等资金”等老问题一直没有得到较好解决。通过开展“户户清”“村村清”，坚持“六清六定”原则，科学建设管理县级脱贫攻坚项目库，对扶贫对象实行精准化管理，对扶贫资源实行精准化配置，对扶贫对象脱贫实行精准化扶持，是落实习近平总书记精准扶贫核心要义的重大举措。

/ 王思泽调研产业扶贫工作

“将群众主体贯穿于脱贫攻坚项目库建设、管理、使用的全过程，真正做到点对点协商到户、面对面沟通到人、实打实制定帮扶措施，讲清楚需要干什么、政策帮什么、自己做什么，与群众共同商定实施扶贫项目，不仅提高了群众的参与度、增强了认可度，还进一步激发了群众的内生动力。更重要的是，将习近平总书记提出的精准扶贫精准脱贫基本方略转化为实实在在的工作举措。”王思泽进一步解释道。

作为国家扶贫开发工作重点县的云

南文山壮族苗族自治州富宁县，紧扣“六清六定”算好脱贫攻坚“一本账”，精准规划入库项目507个，涉及资金31.4亿元。仅2018年，全县依据脱贫攻坚项目库入库项目，启动实施产业扶贫项目25个，投入2.3亿元，覆盖贫困人口15 187户61 233人，带动13 579户56 626人增收脱贫。正如该县县委书记陈家兴所言，县级脱贫攻坚项目库搭建起了资金整合使用平台、前期规划储备平台、项目组织实施平台、监督检查平台，真正形成了从项目安排到资金使用、从扶贫措施到脱贫成效、从县级部门到乡村责任落实的精准攻坚机制。

云南省脱贫攻坚项目库建设“六清六定”模式，得到国务院扶贫办的认可，国务院扶贫办将其作为脱贫攻坚创新实践的典型经验向全国推广。

“四好”模式树新风

“在脱贫攻坚工作中，有的地方买几只鸡、几头猪发给老百姓养，或者简单发放1 000 ~ 3 000元产业发展资金，只是一发了之，无法形成产业；有些地方组建合作社，贫困户通过扶贫小额贷款入股，年底按比例坐等分红，只是一股了之；有的地方把大量贫困人口作为兜底保障对象，唯一的帮扶措施就是按时足额发放农村最低生活保障，只是一兜了之……”王思泽说。

针对这些“政策养懒汉”的问题该如何解决？既确保贫困户稳定脱贫，又能实现可持续发展？王思泽通过深入基层调研，凝聚真知灼见，创新性地提出了实行脱贫攻坚积分管理推动形成“四好”扶贫模式的建议。即：鼓励贫困户积极参加扶贫产业发展，通过资金入股、流转土地、稳定就业等均可获得积分，促进人人过上“好日子”；鼓励贫困户参与“自强、诚信、感恩”主题教育、群众会议等，按照参与情况奖励不同分值的积分，增强贫困户的主人翁精神，促进人人形成“好风气”；鼓励贫困户积极参与农村生活环境整治评比活动，根据评比情况给予奖励不同分值的积分，着力改变脏、乱、差现状，促进人人养成“好习惯”；鼓励贫困户严格遵守村规民约，视情况给予奖励不同分值的积分，推动形成乡风文明的社会风尚，促进人人争做“好村民”。

/ 王思泽调研就业扶贫工作

云南省普洱市西盟佤族自治县大力实践脱贫攻坚“四好”模式，取得了不俗的成效。西盟县结合自身实际，将到户资金转化为扶贫资产，把扶贫资产汇集到村集体，由村集体采用入股方式获取资产收益分红，既培育发展了扶贫产业，增加了贫困群众收入，又带动了贫困村集体经济发展，改变了过去简单的发钱发物不可持续的扶贫方式。西盟县通过推行“四好”扶贫模式发展肉牛产业，带动农户 5 511 户 18 300 余人增收，其中建档立卡户 2 973 户 10 300 余人，实现户均增收 2 500 元以上。

同时，该县根据村庄治理和农户收入需求，村集体把农户资产收益分红资金转化为劳务薪酬资金，在村、组内设置劳务岗位，引导贫困户在村内实现就业，通过为村子打工，从事公益性劳动获取薪酬，唤醒了当地群众“幸福生活是自己的，要靠自己去努力争取”的思想自觉和行为自觉，确保边境村民在脱贫攻坚中不掉队，实现有尊严的脱贫。

主题实践增动力

扶贫先扶志，治贫先治愚！王思泽认为，脱贫攻坚的根本是要脱掉“精神贫困”，解决贫困群众内生动力不足的问题，让他们立起奋斗之志、补齐“精神短板”。

通过贫困群众内生动力不足的典型表现，王思泽有针对性地提出了在全省全面开展“自强、诚信、感恩”主题实践活动的建议，推动感党恩进村入户、扶智自强进村入户、扶志诚信进村入户、文化文明进村入户、脱贫成效进村入户“五个进村入户”，进一步激发贫困群众的内生动力。

特别是在开展“自强、诚信、感恩”主题实践活动中，王思泽认真总结了罗平县“爱心超市”（以小超市激发脱贫攻坚大动能、以小投入激起共奔小康大志向），昆明市“三讲三评”（驻村扶贫工作队队员讲帮扶措施、评帮扶成效，村组干部讲履职情况、评工作成效，建档立卡贫困户讲脱贫情况、评内生动力），西畴县“五分钱”工程（“村内事，村民定、村民建、村民管”模式）等一批创新做法，推动贫困群众转变思想观念、提升就业技能、养成健康文明生活方式，从思想上变“钱物送上门”为“劳动能挣钱”，探索出一条破解素质贫困、精神贫困的扶贫路子，让“幸福都是奋斗出来的”思想观念深深根植于贫困户心中。

在云南省曲靖市富源县德胜村委会小铺子村，流行着这样一句话：“德胜人，劳力多，守着集镇无吃喝；好女不嫁德胜男，好妹不找德胜哥。”就是这样一个集“老、弱、空、穷”于一体的自然村，通过实施老百姓认可的扶贫项目，大力开展“自强、诚信、感恩”主题实践活动，激发了群众的内生动力。当地以 10 户为一个单元，每个单元由群众选举一名网格管理员，每个网格管理员又从邻居、亲戚朋友中自由组合 9 户形成一个单元。然后带着大家清洁环境、发展产业和参与公共事务，每月由管理员对各家的工作情况进行打分并报村委会审核公示，发放积分券。群众拿着挣到的积分到爱心超市兑换物品，虽然只是小小的积分券，却大大激发了群众干事创业的热情。

如今的小铺子村，村美、民富、人和，个个都是主人翁，只要村里的三首歌一响起来，老百姓就会去做不同的事，就像部队里吹响了号角一样。比如，只要播放《学习雷锋好榜样》，村民就会带上工具去打扫责任区的环境卫生；播放《好日子》，村民就会主动到有红白喜事的邻居家帮忙；播放《三大纪律八项注意》，村民就会带着凳子来开会。当地的村干部都说：“我们的工作没有白干，说话有人听了，干事有人跟了，小铺子村真的变了。”

/ 王思泽调研易地扶贫搬迁工作

坚守初心勇担当

“问渠那得清如许？为有源头活水来。”一项项创新之举，成就了一项项丰硕成果。

王思泽自豪地说：“在省委省政府的坚强领导下，省扶贫办党组团结带领全省扶贫干部上下一心齐奋斗，云南脱贫攻坚取得了重大历史性成就。全省 707 万名贫困人口实现脱贫、8 068 个贫困村出列、48 个贫困县脱贫摘帽，贫困发生率从 2012 年底的 21.7% 下降到 5.39%，独龙族、基诺族、德昂族 3 个‘直过民族’和人口较少民族实现整族脱贫。云岭大地发生了巨大变化，经济健康稳定发展，群众获得感明显增强，民族更加团结、社会更加和谐、边疆更加稳定，各族人民心向党、听党话、跟党走、感党恩的信念更加坚定，广大干部群众决战脱贫攻坚、决胜全面建成小康社会的信心更加坚定。”

这些成就的取得，离不开像王思泽一样倾情付出的无数扶贫干部。王思泽动情地说：“比起在扶贫岗位上牺牲的同志，我所做的一切都不算什么。”

“他生在农村、长在农村，对农村农民有着深厚的感情。在办公室里，他的话不多，感觉每时每刻都在思考；但只要进村入户，就有说不完的话，就像看见亲人和朋友一样。看到农户有困难，他会盯着找原因想办法，看到农户过上好日子，他会高兴得像个孩子。工作起来就没完。”谈起王思泽，与他共事多年的同事这样说。正因为王思泽这种较真的作风，跟他出差的同事经常会“抱怨”：没有“铁打”的身体，真是熬不住。可大家就是认他这一点，也服他这一点。

/ 王思泽（前排右三）调研“直过民族”脱贫攻坚工作

曾经发生的一件事让同事们难以忘怀。在 2015 年 7 月的一次工作中，王思泽连续 48 个小时不眠不休地“作战”，突感身体不适被送进了医院，两次收到医院下达的病危通知书。病床上的他依然乐观地说：“我不会就这样死的，因为我是扶贫干部。”出院后，他又义无反顾地回到他热爱的工作岗位。

十几年初心不改，奋斗不止，在履职尽责的路上，王思泽深刻地体会到：精准扶贫精准脱贫不仅仅是一项工作，更是一种责任、一种情怀、一种担当，只有真正把贫困群众装在心里，把贫困群众当亲人、把扶贫工作当家事，用心用情用力做好本职工作，才能打赢脱贫攻坚这场输不起的硬战。

功成不必在我，功成必定有我！“能响应党中央的伟大号召，亲身参与到脱贫攻坚的伟大事业中，是我人生之大幸。”如今的云岭大地，脱贫攻坚擂鼓震天，扶贫铁军斗志昂扬。王思泽坚信，在以习近平同志为核心的党中央坚强领导下，云岭大地一定能够彻底撕掉千百年来绝对贫困的标签，如期实现全面小康的宏伟目标。

（供稿：云南省扶贫办政策法规处　照片提供：毛虹）

乌布力艾散·乌布力喀斯木，中共党员，新疆维吾尔自治区和田地区墨玉县和田霸丽穆商贸有限责任公司董事长。曾获全国五四青年奖章、全国农村致富带头人等荣誉。2010年，他辞去工作，创立墨玉县霸丽穆农民专业合作社，后发展为和田霸丽穆商贸有限责任公司，年产值8 000万余元，解决就业1 500人（其中贫困群众956人）。他依托兰干村，打造脱贫产业园，投资创建“扶贫产业一条街”，带动贫困群众实现脱贫致富。2016年，公司成立党支部，他担任党支部书记，开展民族团结教育，发挥了党支部的战斗堡垒作用。

不忘初心跟党走　巧手“缝出”脱贫路

乌布力艾散·乌布力喀斯木出生在新疆和田地区墨玉县扎瓦镇兰干村一个普通农民家庭。早在大学时期，他就有帮助家乡父老脱贫致富的想法。2010年，他创立了墨玉县霸丽穆农民专业合作社。两年后，墨玉县农民专业合作社发展成为和田霸丽穆商贸有限责任公司。又过了一年，他创立了和田霸丽穆职业技能培训学校。经过9年奋斗，他从一个农家大学生成长为和田霸丽穆商贸有限责任公司董事长。

“霸丽穆”一词，在维吾尔语中寓意为教育者、爱心传递者、民族团结与慈善事业的引领者。乌布力艾散·乌布力喀斯木用自己的创业行动带领乡亲脱贫致富，很好地诠释了品牌的意义。

矢志扶贫初心不改，打造创业扶贫之路

乌布力艾散·乌布力喀斯木的家乡墨玉县地处塔克拉玛干沙漠南缘，自然环境恶劣，是国家级深度贫困县。他出生的兰干村，地处偏僻，土地贫瘠，村里大部分家庭是贫困户，乡亲们常年为温饱不辞辛劳。乌布力艾散·乌布力喀斯木的爷爷是村里第一名共产党员。打他记事起，就看到作为村党支部书记的爷爷带领乡亲们为脱贫忙碌奔波，耳边经常听到的是爷爷的嘱托：“共产党是我们的领路人，党的政策好，你们要一心一意跟党走，与大家一起改变贫穷面貌。”乌布力艾散·乌布力喀斯木对家乡的热爱和关注，源于爷爷自幼的教育，从懂事起，带领老百姓脱贫致富的种子就深深埋进了心里。

1999 年大学毕业后，乌布力艾散 · 乌布力喀斯木选择回家乡当一名人民教师。2000 年，他实现了自己多年的夙愿，成为一名光荣的共产党员。那时他认为有了一份体面的工作和稳定的收入，一心一意资助几名贫困学生，就可以实现爷爷的期望，帮助老百姓脱贫。但在墨玉，因为贫穷没钱看病、没钱上学的家庭不在少数。乌布力艾散 · 乌布力喀斯木开始意识到，仅靠自己的工资，能帮助的贫困群众太少，无法帮助他们实现整体脱贫。

自己好不算好，大家好才是真的好。乌布力艾散 · 乌布力喀斯木觉得只有发展致富产业、增强“造血”功能，才能够让贫困群众通过就业获得稳定的收入来源，实现真正的脱贫。2001 年，乌布力艾散 · 乌布力喀斯木放弃了光荣的人民教师职业，踏上了一条创业扶贫之路。

创业需要资金，经营需要本钱。积累“第一桶金”是乌布力艾散 · 乌布力喀斯木急需解决的问题。创业之初，他先后到乌鲁木齐、广州、苏州等地，做起了玉石、干果、餐饮等生意，一干就是 9 年，收获了创业的本钱，积累了创业的经验。

2010 年，乌布力艾散 · 乌布力喀斯木决定回到家乡创业。但问题又来了，选择哪个产业才能有效帮助贫困群众脱贫致富呢？经过调研，他发现墨玉县农村富余劳动人口不少，很多家庭妇女都是缝纫能手，在家乡创建服装加工企业，可以增加群众收入，解决农村妇女就近就地就业问题。思路决定出路，行动决定未来。2010 年，乌布力艾

/ 乌布力艾散 · 乌布力喀斯木（二排右）在车间与员工一起劳动

散·乌布力喀斯木回乡创建了服装加工合作社，该合作社成了当时和田最早成立的服装加工企业。

得知他回乡创业，和田墨玉县委县政府和乡镇政府也积极主动帮助解决困难，协调办理了无息贷款，村里更是把会议室腾了出来，免费租借给合作社当厂房。拥有 20 台电动缝纫机和 20 多名职工的服装加工合作社很快开始生产，生产的产品迅速成为当地市场的畅销货，职工每月能拿到 800 元的工资，当地百姓看到了脱贫的希望。看到职工们脸上灿烂的笑容，乌布力艾散·乌布力喀斯木无比高兴。

民族团结凝心聚力，创新引领产业扶贫

以习近平同志为核心的党中央向全党、全社会发出打赢脱贫攻坚战的动员令后，中央、自治区出台了一系列支持南疆劳动密集型产业发展的优惠政策。这为南疆服装产业带来了前所未有的发展机遇，乌布力艾散·乌布力喀斯木的服装加工合作社也迎来了发展的春天。为了更好地带动乡亲们在家门口实现就业，乌布力艾散·乌布力喀斯木把车间建到了村头，村民出家门进厂门，持家挣钱两不误。通过近两年的努力，他带领合作社先后在墨玉县、和田县、洛浦县、民丰县等地打造扶贫就业基地，建设了 11 个车间，吸纳了近千名贫困户就业，合作社也发展成了有限责任公司。

企业要发展，关键在人才。南疆的少数民族企业要发展，最缺的就是人才。说到这里，就不得不感谢乌布力艾散·乌布力喀斯木的一位汉族好兄弟王恩明。王恩明是浙江人，以前在嘉兴一家服装厂担任技术主管，在服装加工方面有着丰富的经验。如果能把王大哥请到和田，企业发展肯定会有大进步。乌布力艾散·乌布力喀斯木坚信“精诚所至，金石为开”，几次主动上门邀请，王恩明终于被他的诚意打动，来到墨玉担任企业厂长。王恩明到来后，耐心指导工人，手把手传授技术，在他的引荐和指导下，企业先后到内地高薪聘请知名服装设计师和技术人员，并将内地先进的生产流水线引入公司。兄弟齐心，其利断金。在王恩明以及一批懂技术、会管理的人才帮助下，企业发展进入了“快车道”，并

乌布力艾散·乌布力喀斯木研究服装制作工艺

成为民族团结进步的典范。

要实现稳定脱贫，扶志与扶智就不能落下。早先外出创业的经历，让乌布力艾散·乌布力喀斯木体会到：南疆贫困群众的穷根，很多时候是吃了语言不通、没有技能的亏。2013 年，他积极响应当地政府号召，投资建成和田霸丽穆职业技能培训学校，让员工入校学汉语、学技能、学法律，并依托扶贫工厂进行实习锻炼，掌握脱贫致富的本领。这种“技能培训 + 就业脱贫”的运营模式在当地起到了带头示范作用。贫困群众掌握了语言和技能，脱贫信心更足了。公司有一位叫布再乃普·加帕尔的员工，5 岁时因发高烧没能及时治疗，导致双腿残疾。通过培训，她被吸纳进当地的扶贫车间工作，现在每月能挣到 2 500 元，家庭生活条件得到了根本改变。在公司的帮助和关爱下，她重新燃起了对生活的信心和希望。她对前来采访的记者说：“我是残疾人，我家是贫困户，但我现在能靠自己的双手脱贫……”扶贫攻坚既要帮助贫困群众改变生活环境，更要努力改变他们的心理环境。以前，公司有的员工受宗教极端主义影响，整天胡思乱想、得过且过，日子过得浑浑噩噩、一贫如洗，幻想“天上掉馅饼”，现在变成了产业工人，依靠勤劳和技能脱贫，摆脱了宗教极端思想控制，精神面貌焕然一新，他们发自内心感恩党的好政策，感恩伟大祖国。

作为墨玉县第一个成立党组织的民营企业，乌布力艾散·乌布力喀斯木十分重视企

/ 乌布力艾散·乌布力喀斯木（左）在仓库检查产品质量

/ 和田霸丽穆商贸有限责任公司员工合影

业党建工作，每名党员都与困难职工结成帮扶对子。针对困难职工家庭实际，公司不仅免费提供食宿，还为其子女专门建设了幼儿园，有效解除了员工的后顾之忧。公司每个月会为当月生日的员工举办一次生日会，遇到各种重大节日还会举办活动来共同庆祝。在活动会上，各民族的员工坐在一起喝茶聊天，增加了团队的凝聚力。乌布力艾散·乌布力喀斯木说：“一根麻绳拧得越紧才会越牢固，民族团结也是这样。”在党员的示范引领下，员工思想稳定，企业内部充满正能量，发展越来越好。公司先后被授予“自治区工人先锋号”“自治区级扶贫龙头企业”“开发新疆优秀单位”等荣誉称号。现如今，昔日的服装合作社已发展成为和田地区拥有 1 个总部、11 个微型工厂、1.3 万平方米厂房和先进生产线，年产值超过 8 000 万元的本土龙头企业。

不忘初衷回馈桑梓，携手共筑美好明天

共产党员为群众服务，只有起点，没有终点。2018 年，爷爷对他说：“乌布力艾散，你现在企业发展了，不能忘了咱兰干村的百姓啊。”这些年，虽然扶贫车间已经建到了村里，但毕竟吸纳的贫困乡亲有限。怎样才能带动不同年龄段、不同工种的村民一起就业脱贫呢？那段时间，乌布力艾散·乌布力喀斯木和乡村干部一道，深入每户家庭走

访调研、征求意见，确定了在兰干村发展三产，走多元化经营的思路。2018 年，他在兰干村投资 500 万元，建起了集商贸经营、旅游观光、文化娱乐、农家乐、风味美食、服装加工于一体的“扶贫产业一条街”，带动村里 150 多名贫困群众就业脱贫。2019 年，他又在村里建立了“爱心超市”“爱心理发店”，每月定期为贫困户和孤寡老人免费发放肉、菜等生活用品，为老人和学生们按季节发放服装，为贫困户们免费提供理发服务。如今的兰干村，公路通了，路灯亮了，喝上了放心的自来水，村里的核桃、红枣等农产品也在网上销售了，乡亲们的生活越来越有滋味。2018 年，兰干村人均收入达到 8 400 元，实现了脱贫摘帽。爷爷奋斗一生的梦想，终于在新时代实现了。

随着企业发展壮大，乌布力艾散 · 乌布力喀斯木有了更加宏大的扶贫理想。他积极响应“千企帮千户”号召，努力扩大富余劳动力就近就地就业范围。公司高薪聘请 11 名疆外技术人员指导职工的生产技术，他们的到来有力提高了公司生产技术水平。同时在墨玉县、和田县、和田市、洛浦县等地成立了 11 个生产基地。2018 年，公司还承担了墨玉县向民丰县异地扶贫搬迁户产业扶持项目，在民丰县建立了可供 500 人就业的服装加工基地，现已解决就业 300 人，使得当地部分贫困群众的生活水平得到了极大的提高。

在参加全国脱贫攻坚奖先进事迹报告会上，乌布力艾散 · 乌布力喀斯木这样说道：“我坚信，有党的好政策，各族人民会像石榴籽一样紧紧团结在一起，撸起袖子加油干，一定能够打赢脱贫攻坚战，家乡的明天一定会更加美好！”

（供稿、照片提供：牛斌　修编：顾勇华）

卢尧，重庆市巫山县委教育工委书记、县教委主任。他提出“闭环”资助法，实现无一名学生因贫失学的目标。提出“资助控辍、制度控辍、质量控辍、情感控辍”策略，通过“一生一案、一人一策”，使辖区内九年义务教育巩固率达99.49%。采取随班就读、集中就读、送教上门相结合的方式，实现县域内适龄特殊少儿教育“全覆盖”。敞开职教大门，实行零门槛入学，帮助部分超龄肄业生完成学业；通过短期职业技能培训，赋予部分超龄肄业人员生产生活“金钥匙”。根据群众入学需求，科学调整校点布局，实现无一名适龄儿童因居住偏远影响上学的目标。

巫山最美的教育人

“三峡最美是巫山”，巫山素有渝东门户之美誉。巫山到底美在哪里？有很多说法。

有的说，巫山之美，美在风景奇秀，闻名中外的长江三峡、雄奇险峻的“巫峡十二峰”等风景无不让人向往。

有的说，巫山之美，美在文化内涵，神秘古老的巫文化、巴楚文化、神女文化更添地域魅力。

但要问家里有孩子上学的巫山人，到底什么最美，他们会毫不犹豫地说，巫山最美的是教育，看那一座座漂亮的校园、一张张幸福的笑脸、一份份优异的成绩单，共同组成了巫山教育的动人画卷。

这份教育之美，离不开重庆市巫山县委教育工委书记、县教委主任卢尧，是他创造性落实习近平总书记关于扶贫工作的重要论述，让所有的贫寒学子都能入学，让特殊少儿完成学业，让教育改变命运的理念，深入巫山每一个家庭。

“闭环”资助，一个都不漏

“我家四个娃娃都在读书，要不是享受了教育资助政策，恐怕都读不起书了。”曲尺乡龙洞村四社陈嗣连家是建档立卡贫困户，全家共有六口人，家庭经济十分困难。陈嗣连感慨道，是教育扶贫政策帮助家里解决了孩子学费开支困难。

这个吃苦耐劳的母亲算了这样一笔账，大女儿享受到大学资助 5 000 元，二女儿、三女儿读高中享受到近 5 000 元的补助，四女儿享受到 750 元的教育补助。这些补助让陈嗣连两口子不用再为孩子上学的学费操心。

陈嗣连朴实的话，道出了巫山县几千几万家长的心声。她不知道的是，为了让家长们放心，县委教育工委书记、县教委主任卢尧有多少个日日夜夜没有回家，和同事一起研究政策，保证让每个贫困家庭孩子都能上得起学。

针对教育资助工作量大、面广、对象复杂、管理难度高等问题，卢尧多次召开专题会议，广泛查阅资料，外出考察学习，创新提出“闭环”资助法，即在资助过程中做到体系建立、政策宣传、对象识别、资金兑现、核查比对“五个精准”，确保教育资助不漏、不错。

精准建立资助体系。县教委会同财政、民政、扶贫等部门，根据实际相继印发《巫山县贫困大学生资助实施方案》《巫山县家庭经济困难学生资助实施方案》，统筹资助资源，健全从学前到大学全覆盖、不断档的资助体系。

精准宣传资助政策。利用《巫山报》和“巫山教育”微信公众平台等，并通过家长会、院坝会、田坎会、家访、电话、短信等途径宣传教育资助政策，确保教育资助政策户户知、人人晓。

精准识别资助对象。通过比对扶贫开发系统信息、学生户籍信息、学籍信息和实地走访，精准核查、建立家庭经济困难学生信息数据库，包括家庭经济困难学生资助、就读名册，并实行动态管理。

精准兑现资助资金。简化资助程序，对核定身份的资助对象，通过发放现金、银行代发等多渠道落实资助，确保教育资助及时精准落实到位。

精准核查比对。资助后，将资助名册与扶贫开发系统信息、家庭经济困难学生信息库进行精细比对，实行查漏补缺纠错，确保资助在“闭环”中实现精准。

/ 卢尧（左）走进学生家庭

/ 卢尧（中）走进基层

“杨老师，感谢党和政府的教育惠民政策，今年要是没有875元的住宿生生活补助和350元的非住宿生生活补助，我的女儿马德容和儿子马铭钦上学就会受苦了。”龙务小学花竹村校学生家长马先龙对教师杨书银这样说。

正是“闭环”资助，让马先龙这样的贫困家庭的孩子，和所有孩子站在了同一起跑线上。

马先龙是双龙镇龙务村建档立卡贫困户，全家五口人，父亲年老体衰，妻十五年前离家出走，自己体弱多病，需要常年吃药，女儿在马龙学校读初中二年级，儿子在龙务小学读四年级，全家的收入主要靠马先龙打临工。两个孩子分别享受了“免补、营改”政策，又享受了住宿生生活补助及非住宿生生活补助。

卢尧的付出是值得的。四年来，巫山县精准落实学前至大学阶段家庭经济困难学生各类政策性资助3.1万人次2.38亿元，切实减少贫困家庭教育支出，实现无一个学生因贫失学目标。

“没有政府的资助，我孙子就不会完成学业，也不会有今天的发展。”骡坪镇茶园村的黄亿秀难掩激动地说。老人的孙子叫梁令，9岁父母离异后，与年迈的奶奶相依为命。读大学时，因为享受了6 000元的助学贷款才完成学业。如今，顺利完成学业的梁令还带动周边乡镇800户村民参与中药材种植，实现了良好的效益。

送教上门，一个都不少

2017年9月1日，14岁的李刚重返校园，这是他最幸福快乐的一天。

李刚出生在庙宇镇。父母离婚，自幼跟着爷爷奶奶生活。爷爷张兴华现年72岁，奶奶邓忠英现年68岁。爸爸张宏永常年在外打工很少联系。因家庭贫困、厌学情绪等原因导致李刚12岁时辍学。

政府和学校在得知到李刚目前的困境之后，县发改委、庙宇镇领导、柏树村驻村干部、贫困户帮扶人多次下村到户了解情况，规劝李刚返校读书。2017年9月，辍学两年后的李刚重返校园就读庙宇镇永丰小学五年级。鉴于李刚的特殊情况，学校组织了“手牵手，一帮一”活动，对其学习和生活等方面给予关心和帮助。如今，他已经习惯了学校生活，并且过得非常快乐。

在巫山县有一群像李刚一样的孩子，他们有的父母离异成为留守孩子，有的因为身体智障成为特殊孩子，因为这些他们失去了正常的学习环境。

“控辍保学是硬任务，要拿出真功夫。”针对特殊适龄儿童教育，卢尧提出“资助控辍、制度控辍、质量控辍、情感控辍”策略，打好适龄辍学的劝返入学、重病重残的送教上门、超龄肄业的扶技提能“组合拳”：对辍学的孩子或智障孩子中有一定生活自理能力的通过积极引导和规劝，使其返校学习，给予特殊关爱；对于实在不能返校学习的

/ 卢尧（中）走进课堂

就采用爱心教师送教上门服务的方式，保证每一个孩子都享受到教育的关怀。最终实现县域内适龄特殊少儿受教育“全覆盖”。

家住双龙镇油坊村7组的赵培根，曾就读于双龙镇钱家小学。上完小学二年级后，由于学习基础不好，心里便产生了厌学情绪，三年级开始就休学回家和父母一起务农。现已年满16岁，在本该学习知识增长才干的年纪，他却因为对学习失去兴趣而选择远离校园生活，时间长达8年之久。学校在了解了该生的一些基本情况后，派专职教师免费送去书本和学习用品，用送教上门的方式让他重拾学习的乐趣。2017年9月8日，两名教师带上学习用品和新书籍到赵培根家中进行送教活动。通过定期的辅导和交流，现在赵培根对学习的兴趣越来越浓厚，尤其是对生物学方面的知识感兴趣。

骡坪镇茶园村1社的魏立铭、魏耀发两姐弟自小患有智障，从没进过学堂。魏立铭一家四口，母亲也是智障患者，三个人生活不能自理，全靠父亲一个人忙前忙后，既当爹又当妈，他们是骡坪镇的低保户。2017年9月新学期伊始，巫山特殊学校的教师走进了他们的家庭，把他们带进了学习的殿堂。兄妹俩很少走出家门，更别说进学堂，姐弟俩能上学，这让他们的父亲无比喜悦。

当老师初次进到这个家时，姐弟俩害怕陌生人，经过许久的劝说，才坐到老师身边准备好的用来读书写字的凳子上。现场三位老师给他们上了语文、数学、美术、康复四节课。弟弟9岁了，从没有进过学校门，教他读书，他一声不吭；教他写字，他连铅笔都不会拿。费了好半天时间，他终于写下一个歪歪斜斜的“1”字，如此反复，教了一个“1”字就用了两个小时。面对这一家，帮扶教师在日记中这样写道：“面对这一家，我们根本想不出一个好的词语用来对他们进行安慰。所有的语言在此时都是那样苍白无力。‘送教上门’作为学校教育的一种补充形式，我们要走的路还很远，我们要做的还很多……”

通过对特殊孩子进行特殊的关怀，巫山县规劝辍学孩子返校40人，智障孩子返校168人，确保了每一个孩子都有学习的机会。

孩子是最大的希望

清晨的阳光照射在巫山当阳小学漂亮的塑胶运动场上，只见孩子们精神抖擞，手握锣鼓，欢快流畅地展示着鼓艺，整个校园呈现出一派生机盎然的景象。

漂亮的校舍、完善的功能室、标准化的食堂，让这所巫山最北边陲的学校成为当地一道美丽的风景，让乡村孩子享受到了和城里孩子一样的教育。

从山沟沟到小洋楼，这样的改变来自卢尧的大力推动。

“精准扶贫，关键的关键是要把扶贫对象摸清搞准，把家底盘清。”卢尧带领县委教育工委、县教委班子成员进村入校，跑遍了全县26个乡镇（街道）330个村（居）286个校点，精准掌握了全县教育发展家底、人民群众的教育需求和呼声，为贯彻落实“精准方略”把好第一把脉。

精准摸底之后，他组织规划科室根据群众入学需求和意愿，调整校点布局，人口稀少、地处偏远、交通不便的地方校点优化为104个，包括村校6所、教学点98个，最大限度保障学生就近入学，实现无一个适龄儿童因居住远而未接受义务教育。同时，抢抓均衡发展机遇，统筹实施薄弱学校改造、标准化学校建设，新建学校4所，实施改扩建项目432个，完善设备设施配装60余万件（套），通过了国家义务教育发展基本均衡县创建的认定。

海拔1 380米的巫山县巫峡镇春泉村教学点，2019年暑假迎来了建成投用后的第一批20多名学生。为解决村里学生就近入学难题，2018年10月巫山县投入320万元资金建设了一座崭新的学校。在学校内，两栋三层楼高的校舍刚刚落成，操场内有篮球场、乒乓球台等设施，多功能教室内电子琴、鼓等设备一应俱全。

教育条件大幅改善，也让越来越多的农村学生“回流”。在巫峡镇春泉村六舍村民姜贤保的家里，5岁的孙子正准备到家门口的春泉村教学点上学。“以前他跟随打工的父母在外地上幼儿园，一个月学费要两千多元，回到村里读幼儿园后，一个月只收250元的保育费，还能享受每天4元的营养改善计划补贴，不但可以省下读书钱，父母在外打工也不操

/ 卢尧（中）走进学校

/ 2018 年巫峡镇春泉村建成并投入使用的教学点

心了。”姜贤保说，村里多名学生都是从外地转回来的。

“失之毫厘，差之千里。只有吃透了上级政策，落实工作才会不走样。”卢尧这样总结成功经验。他遵循习近平总书记“把贫困地区孩子培养出来，这才是根本的扶贫之策”的谆谆教诲，引领教育人分层办好学校，聚焦人人出彩，打开巫峡儿女成长成才的通道。

如今在巫山，随处可见崭新的现代化教学楼和花香树绿的校园，学校已经成为巫山最美丽的地方，孩子则成为巫山最大的希望。

如今在巫山，教育的事就是大事，全县上下齐心合力共谋教育发展。实现教育均衡，离不开真金白银的投入。数据显示，2015—2018 年，巫山共投入 5.81 亿元，新建学校 6 所，实施新建项目 70 个 107 837 平方米、改扩建和维修项目 455 个，增加学位 4 000 余个。升级教育装备，3 年累计投入 8 000 多万元，为学校采购 5 668 台计算机、2 228 套班班通多媒体设备、471 198 册图书及配套设备设施，装备六大功能室 535 间、实验室 106 间，为 107 个教学点配备了教学点数字资源设备、音体美综合活动包和科学数学教具柜。

身在教育，倾心脱贫；为者常成，行者常至。卢尧以创新精神和务实行动，引领全县师生奋斗在脱贫攻坚决战决胜的行程中，展现出一名共产党员的政治担当和先锋本色。

今天的巫山什么最美？教育最美。

（供稿、照片提供：重庆市巫山县教育委员会　修编：高永伟）

邬平川，安徽省淮南市寿县县委常委、副县长（挂职）。2015 年至今，他连续两任挂职安徽省寿县县委常委、副县长，扶贫是其分管工作之一。他探索精准扶贫战略，形成“适应四个转变、抓住四个机遇、推进四级精准”工作思路，建立起考核评估、高位推动、部门联动、规划引领等机制，创新工作方法，使寿县连续三年省级脱贫攻坚考核优秀，2018 年成功实现脱贫摘帽。他勤于思考，善于总结，为全县各级党政干部、扶贫专干、扶贫工作队做了 10 余次培训，撰写了 10 多篇总结文章。

我们的邬县长

这是一份交给时代的答卷，这是一份写在农村广阔土地上的答卷，这是一份用情怀、责任和担当写就的答卷。

邬平川在国家级贫困县寿县扎根四年，分管扶贫和教育。他创新落实精准扶贫、精准脱贫基本方略，寿县脱贫攻坚取得显著成效，连续三个在省对市县脱贫成效考核中位居第一方阵，并且位次逐年前移，2018 年进入全省前十。两次代表安徽省接受国家考核取得好成绩，为安徽脱贫攻坚做出了贡献。他在扶贫工作中的很多创新性做法被国家级和省级媒体多次报道，引起广泛关注。邬平川在这个国家级贫困县的扶贫一线战斗了四个春秋，经过不懈的努力终于使寿县在 2018 年实现了脱贫摘帽的目标。四年来，邬平川被寿县贫困户称为“我们的邬县长”，是扶贫干部眼中的“老邬”，更是寿县县委号召全县干部学习的标杆。

扎根一线，创新实践，决战决胜脱贫攻坚

寿县戴着国家历史文化名城的桂冠，同时，还戴着国家级贫困县的帽子。曾经四次为都的辉煌，掩盖不住灾害频发造成的贫穷与落后。刚到寿县挂职的邬平川，恰逢县域脱贫攻坚战全面打响，临危受命，自然是重任在肩，责无旁贷。他不退缩，不胆怯，迎难而上，积极担当，主动作为，大胆创新，面对艰巨任务和复杂难题，探索出一条贫困县域全面、精准落实习近平总书记关于扶贫工作的重要论述的有效路径。

如何让精准扶贫精准脱贫方略在国家级贫困县落地生根？这是邬平川到寿县之前就思考和探索的问题。到寿县后，他在全面把握中央扶贫开发工作会议精神和精准扶贫精髓的基础上，深入基层调研，在不到半年时间里，走遍了全县 25 个乡镇，到了近百个村，深入百余户贫困户家中，召开多种形式、多种层次的座谈会，初步了解了县情、扶贫工作的现状和存在的问题，逐步形成了“适应四个转变、抓住四个机遇、推进四级精准”的工作思路，积极向县委县政府建言献策。2016 年 4 月，寿县在全省率先出台了脱贫成效考核办法、扶贫对象退出机制等文件，初步形成了较为完善的制度体系，脱贫攻坚得以及时启动、快速推进、成效明显。

此后，邬平川一方面紧盯脱贫攻坚的新精神、新要求、新部署，另一方面紧盯基层出现的新情况、新问题，相继制定了脱贫攻坚问责办法、驻村工作队召回和撤换制度、加强“双包”工作等文件，不断完善制度体系。2018 年，为实现脱贫摘帽目标，邬平川牵头起草了以《关于巩固脱贫成效提高脱贫质量确保 2018 年摘帽的实施意见》为主体、5 个具体办法为支撑的文件，形成了独具特色的指导贫困县摘帽的“1+5”制度体系。

创新开展以“互动、互帮、互学、互比、互促”为主要内容的“五互”活动，有效激发贫困群众的脱贫内生动力，探索出新形势下加强基层党建、完善乡村治理体系的一条新路。《安徽新闻联播》《安徽日报》等进行了专题报道。板桥镇双门街道居委会李国俊、李国宁、李井卫 3 位贫困户通过“五互”活动学习，了解到贫困户发展产业可以申请补贴，同时学会了养鱼技术，共同承包了一口鱼塘，不仅拿到了产业发展补贴，还通过养殖增加了家庭收入。

/ 邬平川（右二）深入贫困户家中了解情况

寿县以家庭人均纯收入 4 000 元左右且未纳入建档立卡低保户、重病户、残疾户、危房户、独居老人户、无劳力户六类人群为重点确定边缘户，针对其家庭实际困难加大帮扶力度，在贫困户与非贫困户之间建立起了缓冲地带，提升了群众的获得感和满意度。家住茶庵镇堰桥村的杨凡涛，2018 年不幸患上了食管癌，治疗花费近 5 万元，经过新农合、大病保险、民政救助、财政兜病报销后，老杨自付部分仍达近3万元，医疗负担较重，有因病致贫风险。镇村得知情况后，及时将老杨纳入“重病边缘户”，县、镇、村三级共为老杨提供救助近1.5万元。如今，老杨正在积极治疗，慢慢康复中。

/ 邬平川（左）走访贫困户

为进一步夯实基层基础，提升脱贫攻坚质量和水平，他还认真谋划实施了以“大培训、大走访、大排查、大整改、大提升”为主要内容的五大专项行动，有效提高了广大扶贫干部的业务能力。在2018年度脱贫成效第三方评估中，错评、漏评均为零，满意度达到99.94%，再创历史最好成绩。

四年来，邬平川注意对扶贫工作实践中的做法和经验，及时进行总结提炼，他撰写的《绿色减贫的“寿县模式”》入选国务院扶贫办宣传教育中心和北师大扶贫研究院联合主编的《中国绿色减贫发展报告2017》；在省政府发展研究中心主办的《决策》杂志、北京师范大学主办的《社会治理》杂志上发表了多篇论文。这些成果都运用到了实际工作中，为推进寿县脱贫攻坚整体质量提升，起到了很好的指导作用。同时，结合自己的工作体会和学习心得，他自己备课，为寿县的扶贫专干、驻村工作队、各级干部培训授课10多次，为提升全县干部脱贫攻坚能力发挥了积极作用。

深化改革，破解难题，打造教育扶贫模式

教育，在县域经济社会发展中无疑具有基础性、先导性和全局性的作用，发展教育是落后地区彻底摆脱贫困的治本之策。然而受经济条件制约，寿县教育投入长期不足，历史欠账多，教育基础十分薄弱，无论是20世纪80年代的普及初等教育、90年代的普及九年义务教育，还是不久前的义务教育基本均衡县的创建，寿县都是全省最后一批。2015年前后，寿县教育仍然面临诸多问题和困难：学校布局不合理，办学效益低；教师结构性矛盾突出，初中教师富余、小学教师短缺，学科结构、年龄结构不合理；教师流动存在机制障碍，补充不及时；管理体制不顺，乡镇党委政府在教育方面的权责不清，管理和服务上没有抓手。

针对困扰寿县教育的体制和机制问题，邬平川在县委县政府主要领导的大力支持

/ 邬平川（右二）与帮扶单位及镇村干部讨论对口帮扶工作

下，组织人员，深入调研，大胆创新，实施了“坚持以县为主，推进县乡共管”的教育改革，弥补了义务教育实行以县为主管理体制后，乡镇义务教育管理上的空缺。

学区管理改革彻底到位。学区管理委员会成为独立法人单位，管理职能得到了进一步强化，同时，明确学区管委会作为县教育行政部门的派出机构，接受属地党委政府的管理，使乡镇党委政府履行管理教育的职能有了更好的抓手。加强对县直单位、乡镇党委政府和学校的督导考核，各个部门、乡镇的职能得到更好发挥，学校管理进一步加强。

中小学教师“无校籍管理”改革精准落地。在 2017 年选择 5 个乡镇成功试点的基础上，2018 年在全县所有乡镇全面推广。实行教师编制“有编即补、总量控制、动态调整”，职称岗位“按需设岗、按岗聘用、合同管理”，工作岗位“上岗必竞、双向选择、统筹使用”。建立校内竞岗、学区内竞岗、跨学区双向选择竞岗三级竞聘上岗机制，5 000 余名教师全部竞聘上岗。两年时间，408 名初中教师分流到农村小学。中小学教师在学区内实现了由“学校人”向“系统人”的转变，优化了教师结构，打破了流动障碍，提升了资源效益。

到 2018 年底，全县学前三年毛入园率 87.6%、九年义务教育巩固率 95.5%、高中阶段毛入学率 92.2%，让每一个孩子享有公平而有质量的教育正在寿县大地变为现实。

四年来，寿县教育城乡差距、校际差距大大缩小，教师结构性矛盾得到极大缓解，中小学校园面貌焕然一新，涌现出一大批花园式学校，进入了机制顺、管理严、质量升、群众赞的良性发展轨道。

心无旁骛，心怀感恩，真心真情坚守奉献

邬平川两年挂职期满，寿县县委县政府从全县 2018 年全面实现脱贫摘帽的大局考虑，诚恳挽留邬平川延挂两年，在得到省教育厅的支持同意后，本可以带着成绩、荣誉和收获回到省城的邬平川，义无反顾地服从安排，留在了他洒下无数汗水的寿县，继续着他的脱贫梦、小康梦。这是因为脱贫攻坚这项史无前例的伟大实践牢牢地抓住了他，

寿县广大干部群众昂扬的斗志和无私奉献的精神强烈地感染了他，寿县这片历史底蕴深厚、发展如火如荼的土地深深地吸引了他。挂职期间，他得到了身边绝大多数人的关心、支持，时常处于感动之中，始终心怀感恩之情，于是义无反顾地选择了继续留任。

他感动于他的家人。2016 年初，正逢邬平川牵头起草寿县脱贫攻坚“1+3+N”系列政策体系文件的关键期，在省城居住的老父亲得了严重的皮肤病，手和脚大面积溃烂，不得已住进了医院。邬平川得知消息后心急如焚，但事关全县脱贫大事的政策文件起草又离不开他。他只得请正在负责新幼儿园筹建工作的爱人请假到医院照顾老人。一周后的一天晚上，开完一个会议，无比牵挂父亲病情的邬平川，抽空去了一趟省城医院。看着躺在病床上的老父亲消瘦的面庞，看着爱人忙碌的身影，他为父亲削了个苹果，紧紧攥住父亲的手，无言地面对老父慈爱的目光。以往，每次他从合肥回寿县，都是父亲把洗好的水果，装进袋子，递到他手上，嘱咐他注意身体，父亲是最疼爱他这个儿子的呀。看着被病魔折磨得瘦骨嶙峋的慈父，他怎能不心如刀绞，泪如雨下？在邬平川撰写的《我的扶贫经历》中，有这样一句话：“我感动于我的家人，女儿中考我不能陪伴于左右，年迈的父母我不能服侍于床前，我的家人没有任何怨言，这是我能够全身心投入到脱贫攻坚第一线的强大保障。”

他感动于跟他一起并肩奋斗在脱贫攻坚一线的广大干群。他感动于领导和同事对他的支持和关心，感动于同事们在脱贫攻坚战中表现出的昂扬斗志，感动于贫困户对摆脱贫困、走向小康的强烈渴望。正因为他把感动之情转化为了感恩之心，他才会心无旁骛地一心战斗在脱贫攻坚战的战场上。

他在说到自己时很是漫不经心，似乎没有什么，但当他说到 2018 年盛夏行蓄洪区脱贫攻坚战中，丰庄镇镇长蔡祥在庄台一待就是 20 多天，庄台变了样，而蔡镇长却人瘦了，脸黑了，头骤然谢了顶；当他说到好多干部因为劳累过度，身体出现了不同情况的问题，他的口气中不仅仅只是赞许，更多的是心疼。

跟随邬县长两年多的政府办科长李智说，跟邬县长干事，身体累，心不累；看着他白天黑夜连轴转，我们有什么资格叫苦叫累呢？邬县长的家就在合肥蜀山区，他经常去开会、考察，如果回家一趟，不过十几分钟的车程，但为了多争取一点工作的时间，他不是“三过家门而不入”，而是“百过家门而不入”。在李科长的电脑硬盘里，保存着 2 000 多张邬平川一年四季下基层、春夏秋冬到一线的不同类型的照片，记录了他全力以赴攻脱贫、勤勤恳恳干事情的踏实足迹。

扶贫办干部方涛说，跟邬县长汇报工作，他从没说过没时间，更没见过他不耐烦；起草的文件，晚上 10 点传给他，12 点以前，他修改后排好版的材料，就又发了回来，没有错别字，连标点符号都不会错。特别是邬县长一句“辛苦了，早点休息”的留言，让你温暖、亲切，感动到泪奔。他是一个知冷知热、有血有肉的领导，跟他干，一个

/ 郐平川（右）与贫困户交流

字：服！

郐平川对口帮扶的是众兴镇李圩村，村里有个贫困户叫李明红，患病 20 多年，走路不利落，说话不利索，家里勒紧裤腰带供女儿上了大学，家庭重担都压在早年从苏北远嫁过来的妻子顾银珠身上。长期的生活重压，让好强的顾银珠灰心丧气，似乎看不到一丝希望。郐平川多次上门了解到顾银珠有基本的养殖技能，他亲自送去了 200 只鸡苗，又联系镇里在种苗、防疫、销售等方面给予扶持。两年过去了，顾银珠用小额贷款盖起了鸡舍、鹅舍、猪圈，养殖规模不断扩大，家庭面貌焕然一新。2017 年，他们一家成功实现了脱贫，久违的笑容又绽放在一家人的脸上。

“为什么我的眼里常含泪水，因为我对这土地爱得深沉！”

郐平川很喜欢诗人艾青的这一句诗。

“天上浮云如白衣，斯须改变如苍狗。”四年来，郐平川深深地爱着寿县这块土地，爱着这里的人民，他为寿县的脱贫攻坚付出了心血、汗水和智慧。寿县人也记住了他的名字，记住了他的奉献。当他挂职期满时，中共寿县县委给了他这样的鉴定：该同志在具备突出的工作能力和素质的基础上，切实履行职责，成为指导县域经济和社会发展的行家里手，得到全县干部的钦佩和认同，并成为学习的标杆。

（供稿：赵远银　修编：张梦欣　照片提供：戎梅　赵阳）

刘发英，湖北省宜昌市长阳土家族自治县龙舟坪镇花坪小学副校长。党的十八大代表，十三届全国人大代表。曾获全国五一劳动奖章、全国三八红旗手、全国先进工作者、全国教书育人楷模等荣誉。她牵头组建“英子姐姐网络助学团队工作室”，开展网络募资助学。她通过一条网络，凝聚了10多个国家和地区的1 994名爱心人士，募集2 117万元，资助武陵山区和大别山区贫困学生2.1万人次。她坚持“首献星期资助贫困学生”理念，创建“九步资助和一保护”流程，建立“一对一”闭环结对帮扶模式，与教育扶贫政策相衔接，形成错位接力助学格局。

互联四海情　共筑万家梦

湖北省长阳土家族自治县位于武陵山连片贫困地区东部，八百里清江穿境而过，这里是“巴人故里、土家摇篮”，是湘鄂边革命老区，是清江梯级开发形成“一坝两库”的特殊县份，是全国农村合作医疗的发源地，是扶贫开发工作重点县之一。随着新世纪的到来，长阳县委县政府启动“助学启智工程”，一场史无前例的教育扶贫攻坚战拉开了序幕。刘发英创建的“英子姐姐网络助学团队工作室”，通过创新嬗变走出了一条“互联网＋教育扶贫”的助学育人之路，成为长阳“助学启智工程”最亮丽的名片和全国最有公信力的网络助学平台。

与网结缘，帮扶贫困全覆盖

1991年，刘发英从师范毕业，主动请缨到长阳最边远、最贫困的黄柏山乡任教。隔江渡水、山高坡陡、沟壑纵横的黄柏山乡一片寂寥，学校就位于这里海拔1 400米的高处。而黄柏山的校园生活，远比山间夜晚更贫乏。

一间土垒小屋，两张板凳搁上几块木板，就成了宿舍。学校给每位老师分了一分地，要老师自己种菜自己生煤炉做饭。因为她生长在鱼米之乡，又是家中小女，尽管她付出的劳动不比别的老师少，但因不得要领，种的菜不是施肥过多，就是严重的营养不良，最后收获的只是一田的菜花。没有蔬菜吃，就只好将就着过日子：今天煮一碗面条，就着几片猪油吃下去；明天煮一锅饭，就着稀辣酱混一天。

/ 刘发英在课堂上悉心辅导学生

黄柏山的孩子却是有心人，回家后给父母讲了刘老师的种菜“成绩”，这使得她得到了不少帮助。邻近的家长每到季节就来帮工当师傅，手把手地教她种菜；远方的家长来学校都会给她带一点时令蔬菜。黄柏山乡的父老乡亲像清泉一样质朴，给了刘发英留下来的勇气和动力。

这一干就是18年，日日与大山里的孩子们为伴，与贫穷和寂寞为伴。当时最令她触动的就是山里娃对读书的渴望，但在贫穷和失学面前，他们却是那般的脆弱、那般的无助。

一次难忘的家访经历，让她扶贫助学的决心萌芽。一天上课时，她发现班上的学生艳丽已有两天没来上学了，她马上到艳丽家家访。在艳丽家中，刘发英看到的是几间破土房，家徒四壁，艳丽的爸爸还患有眼疾。问起艳丽为什么不想上学，艳丽的爸爸还没开口，眼泪就流下来了，他讲起了一件令他刻骨铭心的事。他说，有一次，他在广东的亲戚给他写了一封信，但他大字不识一个，请一位有文化的乡亲帮忙读信回信，条件是帮他开荒，结果整整挖了三天的阪田。艳丽爸爸边擦眼泪边说：“刘老师啊，没有文化的苦头我这辈子算是吃够了，就是砸锅卖铁，我也想让孩子们多读点儿书，但是家里太穷，实在是读不起呀。”老乡发自肺腑的哭诉，深深刺痛了刘发英的心。

独自走在返校的路上，刘发英的心情久久不能平静。她一直在思考如何让更多像艳丽这样的孩子上得起学，如何让代际贫穷不再传递。从此，刘发英竭尽所能去帮助这所学校的孩子，用自己微薄的工资，接济着一个又一个濒临失学的孩子，资助的孩子多达百人，没有让她任教的这所学校的一个孩子失学。

2003年，刘发英调到资丘镇白沙坪小学任校长。在白沙坪小学，学校里有部分贫困家庭的孩子交不起学费，有的孩子因交不起一天4块钱的生活费，只能靠一点儿辣酱下饭。作为校长，她看在眼里，急在心里。个人的力量始终是有限的，扶贫助学，也需要创新。如何发动社会力量来帮助这些孩子呢？

光靠刘发英个人工资已无法解决这些问题，满怀爱心的她开始向外界寻求帮助。2005年的一天，白沙坪小学来了几名武汉“心之旅”助学网站志愿者，他们走访了贫困生之后，将几个贫困孩子的情况发在了“心之旅”网站上，很快，孩子们都得到了好心人的资助。“网络真管用！”刘发英心中豁然一亮：利用网络助学，呼唤大山之外的爱心！于是，刘发英在“心之旅”注册了“英子姐姐”的网名，组建了“英子姐姐网络助学团队工作室”，成了“心之旅”在资丘镇的助学联络人，帮助网站收集贫困学生的资料。

2006年6月12日，刘发英收到了宜昌地矿所喻望奇来的600元爱心款，这是她参与网络助学后，收到的第一张爱心汇款单。从此，她利用节假日时间走访贫困学生家庭，在QQ空间发布求助信息，收款送款成了她业余生活的全部。在刘发英的帮助下，很多贫困孩子都得到了救助，在孩子们成长的人生里，欢颜代替了困窘，“不让一个贫困孩子失学”的愿望开始实现了。

以诚至信，开创助学新模式

网络助学，遇到的最大困难就是网友们的不信任。在开展网络助学之初，刘发英就碰到过这样一件事：一位网友以想资助学生为由要和她视频，当她好意地与对方视频时，对方传来的却是不堪入耳的脏话：“你就长这么个样儿，还想骗钱？不要拿助学当幌子来骗人……”

尖酸刻薄的话刀子般扎心，刘发英背着家人大哭了一场。

一些网友邮局汇款后，没有及时收到受助收据和感谢信，便尖锐地质问她：“你到底有没有把钱给学生？”“这个年代，怎么还会有你这样的老师？”……

有时候刘发英也在想，自己有一份稳定工作，凭啥要没事找事，让别人怀疑我是骗子呢？也曾经动摇过，但一想到山里孩子渴盼读书改变命运的眼神，她从头到脚又充满了力量。

为了赢得广大网友的信任，刘发英亲自走访贫困学生家庭。15年来，助学团队利用双休日和寒暑假走遍长阳的村村寨寨，寻贫问学。走过多少路刘发英已经记不清了，但2012年走访贫困学生小妮所经历的9个小时，至今还让她难以忘怀。

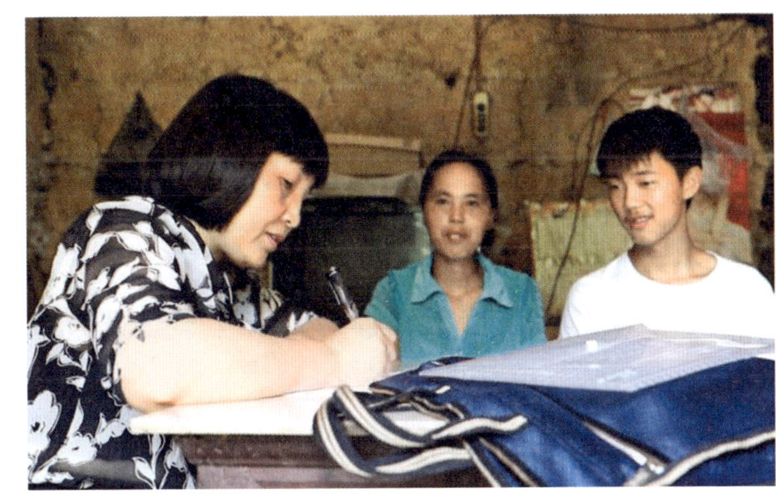

刘发英（左）与志愿者走访受助学生

早上7点坐船出发，4个小时后换乘面包车，再跑了2个小时的山路后，下车改乘摩托车，继续往深山里钻，上山的路蜿蜒崎岖，坡陡路窄，

/ 刘发英在工作室录入受助学生信息

有的地方就是悬崖上的挂壁公路，由于高度紧张，刘发英紧攥着摩托货架的一双手，硬生生地磨出了几个大血泡。直到下午 3 点多才到达小妮家。

走访是艰辛的，但正是通过一次次艰难的走访，掌握了贫困学生家庭的真实状况，也正是这一张张真实的走访图片，打动了无数网友，他们慷慨解囊，雪中送炭，点亮了一个又一个贫困家庭的希望。

在力求学生信息真实性的同时，刘发英还在网上留下自己的真实信息，包括姓名、工作单位、职务、生活照片、电话等。在与网友的交往中，她总是亮真心、讲实话、吐真言，推心置腹，她还邀请爱心人士实地考察加以验证。每一笔善款，她都要标注清捐赠方的姓名、地址及联系方式；善款惠及贫困学生的详细情况，她都要一一说明。就这样，在虚拟的网络世界里，她用真诚渐渐赢得了大家的信任。

她创造出“一对一”闭环结对帮扶模式，实行“透明慈善”，让爱心人士知晓资助全过程。她坚持只做爱心的摆渡者，与爱心人士确定资助对象和每笔资助金额后，她负责足额代收代送，坚持“不从善款中提取手续费，善款全额资助贫困学生”的理念，让爱心与善款不打折扣。每个孩子收到助学款以后，她会当场拨打资助人电话，让学生或家长向资助人告知他们所收到资金的准确数目。

诚信开启助学花，花香引来慈善家。2011 年 3 月，香港道德会会长霍宗杰不顾 80 岁高龄，来长阳考察资助的 25 名学生的家庭情况，得出“资助值得”结论。临别，霍老表示：再资助 10 名学生，并给花坪小学捐赠 700 套校服、47 台电脑，还留下了“求得金钱行道义，愿为贫困作呼声”书法作品共勉。

2010 年 7 月，广东惠州企业家王伟森来到长阳回访他资助的学生邓佳。当他亲眼见到邓佳家土起瓦盖的三厢房、因外出务工受伤致残丧失劳动能力的爸爸、80 多岁高龄的奶奶，与“英子姐姐”网上公布情况完全一致，他从此选择了无条件相信“英子姐姐”。那一年，王伟森不仅资助了邓佳，还资助了黄柏山乡、椰坪镇、资丘镇等地 28 名贫困学生。到 2019 年，他资助的学生覆盖长阳县和秭归县，累计资助 284 人次，捐助金额 142 万元。

江苏常州身患直肠癌的退休老人，毅然捐出 200 万元设立“英子姐姐”奖助学基金，还一次性捐助 23 万余元资助 12 名学生完成学业。老人说，我怕等不到孩子们毕业那一天，但我信任“英子姐姐”，请她替我完成最后的助学心愿。

在“英子姐姐网络助学团队工作室”的办公室里，保存着150本厚厚的爱心助学账本，这是分学期建立的助学登记册，详细记录着每一笔捐款的来源、捐款人地址、电话号码、QQ号、金额、受捐学生姓名、学校、年级等重要信息。全部汇款和转款也都有复印件存档。

在众多网友的支持下，2010年10月，刘发英建立了“英子姐姐助学网站”，“英子姐姐网络助学团队工作室”更加壮大了，进一步扩大了助学影响力，拓宽了网络助学渠道。她牵头组建了33人的志愿者团队，设立顾问组、走访组、联络组、技术支持组、宣传组、资料组等小组。团队成员有党政干部、民营企业家、网络从业人员、知识分子等社会各界代表，长阳县党政主要领导担任团队总顾问；团队以刘发英为核心，按照分工开展网络助学活动。

一路走来，刘发英利用网络结识了像王伟森一样的爱心人士1 994名，遍及中国、日本、新加坡、美国、澳大利亚、加拿大、韩国、南非等10多个国家和地区，开创了一条可复制的网络助学新模式。

助学扶志，斩断贫困代际延伸

2015年，党中央、国务院提出打赢脱贫攻坚战，贫困人口实现“两不愁三保障”脱贫目标。长阳县委县政府向社会公开承诺“不让一个孩子因贫困而失学”，统筹“两免一补”、职业教育、“雨露计划”和生源地贷款等国家助学政策，做到对号入座、不落一人；将“英子姐姐网络助学团队工作室”纳入教育扶贫体系，作为最后一道兜底保障线，与教育专项扶贫政策融合衔接成一体，共同实现教育扶贫目标。

刘发英及时调整了网络助学资助方向，重点资助政策资源有限、家庭支出较大的高中生和大学生，与教育扶贫政策形成错位资助格局。

知识改变命运，爱心成就未来。多年来的每一次家访，刘发英总习惯扮演“妈妈”和“大姐姐”，耐心给孩子们讲党的惠民政策，讲家乡的发展变化，讲身边的楷模榜样，鼓励他们不因贫穷自卑，要立志奋斗，改变命运。每一次家访，她总要跟家长唠叨好几遍，嘱咐一定要克服困难、发展生产，不能影响孩子读书，把助学与立志、感恩、诚信教育融为一体，鼓励孩子们长大成人成才，携手把扶贫济困的中华美德传承下去。

/ 刘发英查看受助学生档案

很多受助学生受到鼓舞，刻苦读书，考上大学，用知识的力量来改变自己和家庭的命运。

/“英子姐姐”向贫困学生发放助学款

有人因受到资助，命运得到改变。学生小艳，3 岁时就成了孤儿，随爷爷奶奶生活。刘发英给她找到资助人，4 年获得了 5 万多元资助。目前正在湖北大学读大四。小艳在写给刘发英的信中讲道：“英子姐姐，是您让我改变了命运，我一定以您为榜样，将爱心传递下去。”

有人因受到资助，爱心得到传承。学生小玲，在考上长阳一中时，父亲为筹学费，在借钱无门的情况下，悔恨得选择服毒，幸好抢救及时。刘发英及时找到资助人，解决了她上一中的费用。小玲带着感恩求学，后来考上了师范大学，“英子姐姐网络助学团队工作室”一直资助她至大学毕业。2017 年大学毕业后，小玲毅然返乡当了一名教师，成为助学团队的志愿者和爱心资助人。

有人因受到资助，精神得到升华。学生小成，6 岁就患了白血病，父母到处举债为他治病。刘发英在网站上发起了给小成捐款的倡议，一共为他募集资金 24 万元，现在他和正常孩子一样能够上学读书了。2018 年暑假他父亲到“英子姐姐网络助学团队工作室”告诉刘发英，他已经加入了党组织，还要竞选村干部，要一辈子心怀感恩，全心全意为村民服务，带领村民脱贫致富。

2015 年 8 月以来，“英子姐姐网络助学团队工作室”的足迹遍布全县 154 个行政村，资助贫困学生达到 5 740 人次，资助金额 1 100 万元。随着助学品牌的传播，邻县秭归和五峰、跨市的恩施州和黄冈市、湖南省衡南县同行也发来求助信息。她委托当地老师按照流程要求入户走访，获取准确的贫困学生资料，为贫困学生落实帮扶人。

随着教育扶贫事业的不断发展，“英子姐姐网络助学团队工作室”已拥有 33 名核心成员、235 名志愿者、1 994 名网络爱心人士，网络募集资金累计 2 117 万元；资助范围也从一个学校发展到辐射武陵山、大别山贫困片区和全国土家族聚集区，累计资助学生 2.1 万人次，这些数据随着时间的推移还在加速增长。而作为“英子姐姐网络助学团队工作室”的创始人的刘发英也将继续为教育扶贫贡献出自己的力量，为斩断代际贫困延伸链而不懈努力。

（供稿：白万里　刘拥军　修编：张梦欣　照片提供：刘拥军）

孙建设，民盟盟员，河北农业大学教授。他坚守太行山科技扶贫30余年，把苹果新品种、新技术和新观念带进贫困村，探索出一条产业扶贫新路径。2001年起，他先后走访13个国家和地区，走遍全国9省市苹果主产区，提出了适合中国自然环境、适度规模经营的苹果省力化矮砧密植高效栽培新模式，并建立了苹果现代化栽培模式示范园。2017年开始，他牵头创办依托山村的“太行山农业创新驿站”，计划建设驿站30个，其中20多个设在贫困县，涵盖苹果、蔬菜等10大类26个特色农业产业，100多项新科技、新成果在驿站得以转化、应用、推广，科技贡献率在80%以上，带动7万户农户增收。

告别贫困　从驿站再出发

“38年致力于苹果产业技术研究，用现代技术和理念推动产业发展，创新产业技术研究和产业培育机制，为产业助力脱贫进行有益探索。孙建设曾受聘两届原农业部水果专家指导工作组（苹果）专家、国家现代苹果产业技术体系‘十一五’和‘十二五’岗位专家。”如果说，孙建设创新扶贫是一部书，来自一份材料的上述这段简介，其实只叙述了书的“封面”部分。

20世纪80年代，河北农业大学服务太行山人民，走出一条享誉全国的科教兴农之路——“太行山道路”。随着这条道路逐渐成为“高速公路”，孙建设在以苹果业技术服务农民的过程中发现，如同高速公路不能没有服务区，“太行山道路”上也要有推广先进技术、集聚专门人才、定向解决难题的服务区。于是，他开始酝酿服务区式服务的新方法，并把第一个这样集聚技术、人才和定制方案的服务组合命名为“驿站”。

孙建设（左）陪同国外同行到驿站考察

“博士村长”名远扬

1982 年孙建设从河北农业大学果树专业毕业后，就投身到了太行山开发的实践中，成了走“太行山道路”首发战队中的一员。跟随他的前辈杨文衡教授、郗荣庭教授和马宝焜教授等走遍太行山，开始学着老先生的模样走进农村、了解农业、帮助农民。

他的一个大胆决定是自荐担任保定市顺平县苏家疃村村长。那是 1987 年春，他正带领学生在顺平县实习，两位风尘仆仆的庄稼人找来，说什么也要请他去村里看看苹果树。这两位是苏家疃村的支部书记和村会计。原来，他们村种了 400 亩苹果，但根本不知如何管理，听说从河北农大来了个专家，便迅速赶来了。

他们说：“孙老师，俺们请你去当科技村长，待遇跟俺一样，一天两毛六分钱。”孙建设提出三个条件：“一是你们村干部必须要带头学好技术；二是我讲技术只讲两遍，如果不落实，第三句话现在就告诉你们，‘不带你们玩了’；三是我当科技村长不是为了钱，我要让你们明白技术投资能赚回点什么！”

上任伊始，他把 400 亩果园进行了重新规划，明确了责任制。针对农民文化水平低，对科技认识程度差的情况，他创新讲授方法，由浅入深地向农民传授果树栽培和管理知识。不仅手把手地教、面对面地讲，还把果树管理的要求和方法，按日期分阶段印成材料，发到各家各户，使家家有“明白纸”，户户有明白人。

辛苦没有白白付出，1992 年苹果树开始挂果，村支书家 24 棵树卖果收入 9 800 元，全村一年共产果 2 万多公斤，收入 10 多万元。村民打心眼里相信科学了，学用技术的积极性一下子高涨起来。村民发现常与孙教授打交道并吃饭的干部家，果树长得好、结果多，纷纷向村委会提议，不允许他只在干部家吃饭，孙教授开始了轮户吃饭，这足以说明百姓对新技术的认可和欢迎。1995 年，该村苹果产量突破 50 万公斤。全村果品收入实现 200 万元，仅此一项人均收入就达 1 800 元。这在当时的贫困山区已经成为富裕村了，孙教授也被村民们封为“活财神”。孙建设在农村坚守 14 年，成为我国首个“博士村长”，他作为河北农业大学“太行山道路”模范教师群体中的优秀代表在人民大会堂和全国多个省市巡回报告河北农业大学太行山开发先进事迹，受到党和国家领导人的接见。

让太行苹果有世界身份

2001 年，随着我国苹果种植面积增加，果农综合收益不增反降，孙建设开始反思我们究竟与国外的差距在哪里。为了寻找答案，44 岁的孙建设毅然选择赴美交流，目的地是美国华盛顿州——一个宣称“地球上出产苹果最好”的地方。

当时，华盛顿州已全面推行苹果矮砧密植栽培，技术先进、产业链条完备。他深深感到管理技术上的差距。为了学到真本事，除了在实验室进行试验研究外，他利用周末和节假日，结交了一批果园农场主、果品包装销售以及从事协会管理的朋友，走访和调研了 30 多个果园和相关企业。参加了 10 多次行业年会或专题研讨会。历经 5 年在美学习和工作，他对现代苹果产业有了较为明确的思路，对中国苹果产业的未来也充满了信心。

2006 年，带着先进的理念和技术，带着满满的责任和使命，孙建设回到祖国，回到培育他成长的河北农业大学，回到他阔别 5 年的太行山，开始编织心中的苹果梦想。

回国后，利用半年多时间，走遍全国苹果主产区 9 省市，把脉我国苹果产业瓶颈问题，在国内首次发出“苹果栽培制度变革”的呼声。率先提出了适合中国国情、适度规模经营的苹果省力化矮砧密植高效栽培新模式。针对产业诉求，对苹果生产的无病毒大苗培育、高标准建园、幼树快速成形、水肥一体化及病虫害综合防治、果园装备及信息化、适度规模经营下土地流转和农民职业技术培训，以及建园成本核算与效益分析等关键环节进行了系统研究，组建了河北农业大学跨 5 个学院、40 多名不同学科专家参加的联合攻关团队。为了与世界先进栽培技术同步，他又先后走访了 13 个国家和地区，密切关注苹果产业最前沿动态。

幸运总是不断地眷顾追逐梦想的人。就在孙建设回国不久，国家现代农业产业技术体系调研启动，他有幸参与了前期论证及调研工作，并受聘两届原农业部水果专家指导工作组（苹果）专家。同时受聘“十一五”“十二五”国家苹果现代产业技术体系岗位专家，借助这个平台，他有机会与更多国内同行交流和相互学习，不断提升专业知识水平，尤其是提高了将国外先进技术本土化的自觉性。

我国苹果栽培制度的变革从呐喊到成为现实经历了 10 年，孙建设是倡导者，更是践行者。他坚持边研究、边示范、边推广的技术研发思路，研发了起苗机、断根机、弥雾机、割草机、开角器、整形剂、远程信息采集与服务平台等适用现代栽培模式的新型果园装备，为我国果园机械化发展提供了重要技术支撑；围绕资源节约、环境友好的创新目标，研发出

/ 孙建设在实验室研究果苗培育

/ 孙建设在果园

优质脱毒矮化中间砧苹果苗培育、三年快速成形、果树生长节律调控的水分管理、果树精准健康管理的施肥系统、肥药安全高效利用等关键技术，集成创新了矮砧密植高效栽培的技术体系；创建了一批高标准规模化的示范果园，在全国 7 省市建立苹果现代栽培模式示范园，在打造示范标杆的同时，受邀在全国做了 70 多场关于“苹果栽培制度变革”和新模式下“苹果产业技术重构”的专题报告，为多家社会资本和企业出谋划策，引导商业资本和工商企业进入苹果产业，一批生机勃勃的新型经营主体应运而生。

老兵新传

2016 年是“太行山道路”命名 30 周年，孙建设眨眼间在“太行山道路”上从一名小兵变成了一位老人。他亲历了 30 多年的变迁，如何让太行山区人民彻底摆脱贫困？如何更好地服务地方经济？如何培养锻炼一批未来依然能够健步走在“太行山道路”的专家？孙建设的答案是在“太行山道路”上布局驿站，革除研究追随项目的“游击战”做法弊端，在“太行山道路”上“安营扎寨”建立长期研究的根据地。

首个驿站在河北农业大学和顺平县委县政府共同支持下落户顺平县北大悲村，取名“河北农业大学太行山道路第一驿站”。经过 4 年的实践与摸索，实现了当初驿站的功能设想。它不是始发站，更不是终点站，它是深化和拓展“太行山道路”的“加油站”！

在那里，科技人员下得去、待得住、干得实。通过驿站，实现产业技术的重构，探索可复制的盈利模式，进而支撑产业健康发展。

这一做法得到保定市委市政府的认可，2017 年，在第一驿站诞生 4 周年时，市政府签约河北农业大学，在全市 19 个县（市、区）创建太行山农业创新驿站。该创建活动规范了每个驿站的创建规范及要求，明确了“六个一模式”。即：根据各县区实际情况，打造一个特色或主导产业，对接河北农业大学一个专家团队，依托一个诚信企业或农业园区，筹措一笔专项经费，建立一个产业技术研发中心，培养一批农业科技人才。太行山农业创新驿站要承载的使命是：为政府排忧，为农业解困，使产业兴旺，让农民受益。

短短几年，100 多项新成果在驿站得到孵化、重构、应用和推广。成功推出了“保定苹果”区域公共品牌，多个驿站相继注册了顺平“格悦思”苹果、涞源“桃木疙瘩”蛋鸡、阜平“老乡菇”食用菌等一批商标，产品畅销省内外市场。

270 多名驿站专家通过基地技术托管、远程专家会诊、高级研修、技术讲座和现场培训等各种途径，累计培训技术骨干 1 000 多名，从业农民超万人次，造就了一批“懂技术、善经营、会管理”的当地专业技术人才和脱贫致富带头人。

目前，保定市创建的 30 个太行山农业创新驿站，其中 20 多个设在贫困区县，建成面积 8.6 万亩，涵盖蔬菜、果品、杂粮、中药材、养殖等 10 大类 26 个特色产品，带动 7 万户农户增收，其中项目区建档立卡贫困户覆盖 70% 以上。

/ 孙建设（左一）在果园进行现场培训

河北省委省政府对“以创新驿站为抓手，全面提升农业现代化水平”的发展路径极其重视，2019 年 7 月 31 日，河北省在保定市阜平县召开科技扶贫现场会，与会人员观摩了太行山农业创新驿站，省委省政府决定在全省范围内，围绕产业扶贫中心工作，计划 2019 年全省创建 80 个太行山农业创新驿站，2020 年达到 160 个，实现省内县域全覆盖。

驿站的功能得到完整体现后，产业技术的重构与升级成为可能，这就意味着产业发展的技术支撑以及盈利模式得到印证。

然而，如何培育产业？如何让社会资本无后顾之忧地投资农业？尤其是像苹果这样培育周期较长、阶段收益差异较大的产业，探索产业培育机制迫在眉睫。就苹果产业而言，紧紧依循传统的企业“加”的模式存在诸多隐患，为了规避企业带农户暴露出的“前期带不动、中期带不住、后期带不起”的风险，孙建设带领团队创新了适于培育周期较长的产业培育机制和产业扶贫新路径。

其做法是“企业和农户责权利阶段划分，全产业链效益共享”。该模式的核心：一是由企业主导建立高标准生产基地；二是农户广泛参与前期的农事作业并接受职业培训；三是进入果树结果期后，果园分区片通过竞争性上岗交由农户管理，农民成为新型农场主和企业的长期合作伙伴，时刻准备着完成从打工者向企业合伙人、向新型农场主的华丽转身。企业则全力抓好采后仓储、市场营销及品牌打造，提高产业综合效益并与农户分享全产业链效益，承担应有的社会责任，构建稳定的农业新业态。

打造一个主导产业，培育一簇产业集群，缔造一批全新就业机会，让贫困农民拥有梯度就业和选择就业的机会，彻底改变他们固有的生活状态和生存方式，让农民永久告别贫困。这是孙建设的梦想，也是他为之奋斗的方向。在脱贫攻坚的主战场上，孙建设将继续心系“三农”，挥洒汗水，不断创新！

（供稿、照片提供：河北省扶贫办　修编：顾勇华）

李仁兵，贵州省毕节市威宁彝族回族苗族自治县迤那镇党委副书记、五星村党支部书记。曾获贵州省脱贫攻坚优秀党组织书记等荣誉。他创新精准识别方法，按照“农户自测—农户申请—民主评议—入户调查—回访统计—张榜公示—审核确认”的方式，形成了精准识别贫困户动态管理指标体系。因地制宜，借鉴“塘约经验”，采取“村党支部＋合作社＋农户”的发展模式，组建“村社一体”芦山马铃薯种植合作社，年产值500万元。争取产业扶贫资金25.5万元，帮助贫困户发展养殖等产业。带领村“两委”协调资源，解决群众饮水安全问题。五星村已全面实现脱贫目标。

“四看”识真贫　助推脱贫攻坚

贵州是全国脱贫攻坚主战场之一，威宁脱贫攻坚任务位居全省之首，迤那镇在威宁更是公认的难中之难、艰中之艰。

迤那镇五星村距离威宁县城 78 公里，平均海拔 2 200 米，全村七八百户人家，生活在十几平方公里的一块土地上，自然条件非常恶劣，属于喀斯特地貌。用村民的话来说就是“石漠化、风沙大，烈日悬空雨难下；七分种、三分收，苞谷洋芋度春秋”。这句流传在当地的顺口溜，曾是威宁自治县迤那镇五星村多年前的真实写照。“以前我们这里房屋没几户像样的，交通条件很差，全是黄泥巴路，一到雨天很多农田都被淹了，干完农活回来身上全是泥巴。”谈到以前的五星村，李仁兵心中充满酸楚。

2003 年，五星村进行新一届村干部选举，常年在外打拼、见多识广、作风正派的李仁兵得到村民的一致推荐。村民们的信任坚定了他“想带领大家闯出条路子来”的信心。2004 年，李仁兵加入了中国共产党。2005 年，李仁兵以优异成绩通过全县村干部招考，被任命为五星村计生办主任。当上村干部后，李仁兵便开始寻思着怎样带领乡亲们脱贫致富。

“五星坪子有千亩良田，但一到雨季就被水淹，导致庄稼收成极差。”李仁兵说，这个因自然条件导致的问题，他看在眼里急在心里。2010 年，李仁兵发动村干部和村民，修建了排水系统。同年，李仁兵当选为五星村党支部书记。“做得好不好，要群众说了算。既然甩开了膀子，就要做出个样子。”

/ 李仁兵向群众解读党的政策

走寨串户摸底数，解决“怎么看”的问题

李仁兵作为五星村摆脱贫困奔小康的第一责任人，也遇到了和全国各地一样的难处：谁是贫困户？这个问题回答不好，群众不满意，扶贫没方向。听到总书记讲“小康不小康，关键看老乡”，给了他极大的启发。“开展扶贫工作就得从摸清底数入手，只有摸清了底数才能明白哪家人是真穷，需要什么帮助，怎样才能脱贫。”李仁兵说。

怎么“看”老乡呢？李仁兵带着这个问题走寨串户，充分了解大家所思所想所求，在工作实践中不断思索，总结出了精准扶贫“四看法”，即“一看房，二看粮，三看劳动力强不强，四看家中有没有读书郎”，这样一来就一目了然了。

有了“四看法”，哪家属于建档立卡贫困户大家心服口服。谁该帮扶弄清楚了，怎么帮也就能跟着解决了，“调整产业结构”等就都有了落脚点。通过“四看法”，还能动态跟踪每个贫困户的脱贫进程，直到摘帽退出。

“四看法”好操作又管用。采用“四看法”打分识别之后，一些过去常常争论不休的事情，没有人再提出过质疑。这一做法得到了群众认可并在全国进行了推广。2015年6月18日，习近平总书记到贵州考察座谈时，“四看法”得到了总书记的肯定和点赞。

村民张开举家是李仁兵重点帮扶的贫困户之一。张开举年已古稀，体弱多病，无力支撑孩子读书，申请纳入建档立卡贫困户。村“两委”按照精准识别“四看法”，对他家的情况进行识别：他家住着两间破烂的小瓦房，家里粮食不够吃，大儿子读大学，二儿子上高中，家中无劳动力。精准识别量化打分，符合精准扶贫对象。

/ 李仁兵（左）访贫问苦

五星村把张开举家纳入精准扶贫对象后，李仁兵和村“两委”因地制宜，因户施策，帮助他家解决了危房改造款 50 000 元修建了安全住房，鼓励他家种植党参 2 亩，利用产业扶持资金 10 000 元养殖能繁母牛 2 头，生活上采取民政兜底，在外读大学的大儿子也得到了国家的教育扶持。经过帮扶，张开举家已经达到了“一达标两不愁三保障”，且能稳定脱贫。

此外，还有贫困户饶召会家。2018 年 3 月发生的一场火灾，夺去了饶召会丈夫王忠明的生命，并导致她家欠下了 3 万多元的债务。得知这一情况，李仁兵带领村“两委”及时走访，把饶召会家纳入精准扶贫对象，申请民政救助 3 000 元，申请产业扶持资金 10 000 元养殖能繁母牛 2 头，申请危房改造款 50 000 元修建安全住房，全家参合，两个孩子也都享受到了教育资助，同时，通过做思想动员工作，鼓励她家种植党参 3 亩。饶召会还被村“两委”安排在“村社一体”合作社基地务工，每天发给 100 元工资，参与合作社年底分红。

过去的五星村，基础设施薄弱，走的是泥巴路，晴天一身灰，雨天一身泥，经济收入低，贫困发生率高，老百姓的日子过得很艰辛。水、电、路、讯是老百姓生产生活中最迫切需要解决的问题。为此，2013 年，李仁兵带领五星村全面开展基础设施建设，为发展打下了坚实基础。现在，村里通了水泥路，串户路和院坝也都硬化了，出行条件有了翻天覆地的变化。年年被洪水淹没的勺峨着坪子，也得到了防洪排涝工程项目的支持，修建了大小蓄水池 25 个，蓄水总量可达 10 800 立方米，4 条排洪沟总长 5 770 米，总排洪隧道 1 条长 551 米。灌溉和保护耕地 2 000 亩，惠及人口 1 500 余人。

为进一步改善群众生产生活条件，李仁兵还带领村“两委”科学编制了两套安全饮水方案，修建光伏水站 2 座，200 立方米大水池 3 个，安装管网 60 公里，确保户户通自来水，彻底解决了饮水安全问题。

产业扶贫齐用力，突破“怎么扶”的问题

“发展产业才是群众致富的最好途径。”李仁兵说。

这些年，作为一名村党支部书记，李仁兵一心一意把时间和精力放在产业发展上，助农增收奔小康。他坚持从实际出发，大力发展经济作物烤烟和中药材，扶持畜牧业和煮酒业发展，带领群众增收致富。工作中，他坚持把党组织建在合作社、建在产业链上，加大五星村农业产业结构调整，让村党组织发展经济、凝聚群众、造福群众的能力进一步加强，完成了该村种植养殖业规模化升级。方法上，五星村采取“一户一策一措施”的办法，因户施策地制订帮扶计划和帮扶内容，落实帮扶措施。

2011 年以前，村里 9 000 亩耕地全部是传统种植，村民靠天吃饭，种植结构比较单一，农民人均可支配收入仅有 2 583 元。2011 年以来，村里积极调整种植结构，目前已种植 500 亩中草药、300 亩烤烟、1 500 亩商品薯、700 亩经果林、300 亩露天蔬菜、高产值单株玉米定向移栽 3 200 亩、退耕还林 2 500 亩。

2014 年争取 21 万元专项扶贫资金，支持 42 户脱贫对象每户 5 000 元，发展以饲

/ 李仁兵（右二）在利民合作社指导中药材发展

养能繁母牛为主的养殖业，实现户均增收 3 000 元以上。

同时，争取资金 4.5 万元，作为计划脱贫的贫困户贴息贷款利息和产业发展资金，解决了贫困“缺资金”的问题。

支持村民陈杰采取“党支部 + 公司 + 合作社 + 基地 + 农户”的运作模式，创办利民生态中药材种植专业合作社，种植中药材党参 4 200 亩，带动了五星村 134 户 438 人就地就业，解决了务工问题。

鼓励孙思琴创办忠昌养殖合作社，带领贫困户一边务工，一边学习养殖技术。目前，该合作社发展迅速，能繁母猪存栏 68 头，仔猪存栏 420 头，年出栏量 300 头，年利润 15.5 万元。

李仁兵还带领大家不断壮大村集体经济，探索精准扶贫新模式，引导村“两委”投入 80 万元入股兴办五星村民生砂石厂，投入 50 万元入股利民中药材合作社。探索“土地变股份、资金变股金、农民变股民”的发展模式，63 户农户将 508 亩土地入股合作社，发展产业。利用村集体经济对 28 户“两无”贫困户，每户落实 2 000 元入股合作社，合作社每年对每户“两无”贫困户给予 1 000 元的现金分红。

2018 年，贵州省委提出“来一场振兴农村经济深刻的产业革命”，五星村紧紧围绕农村产业革命“八要素”，逐步迈开了产业结构调整的步伐，在恒大集团的帮扶下，建成了 1 100 亩 994 个蔬菜大棚，把建档立卡贫困户安排在基地里面务工；成立了“村社一体”合作社，带领全村 60 户贫困户 196 人入社脱贫，通过发展产业解决了“怎么扶”的问题。2018 年底，全村人均可支配收入达到了 11 050 元。

在李仁兵的带领下，五星村的变化有目共睹，群众生活越来越好。

逐项梳理勇攻坚，破解“如何退”的问题

习近平总书记指出：“人民对美好生活的向往，就是我们的奋斗目标。”虽然五星村已经实现脱贫目标，但促进乡村振兴，建设美丽乡村，才是李仁兵作为一名共产党员矢志不渝的初心和使命。

五星村在破解“如何退”的问题上，紧紧围绕“一达标两不愁三保障”的要求，不断补齐短板，运用“四看法”查找脱贫攻坚中存在的问题，一项一项梳理，一项一项解决。

2010 年以前，五星村的森林覆盖率仅为 25%。挣扎在温饱线下的五星人没舍得离开这片故土，不言弃，不言败。在生态建设方面，李仁兵一直坚持把荒坡地利用起来，宜林则林，宜耕则耕，宜业则业，土地使用有序合理。特别是石漠化治理和退耕还林区域内，成片成林的核桃树已开始挂果。五年来，李仁兵集结各方力量，迅速组织群众开展植树造林。通过几年的时间，退耕还林 450 亩，石漠化治理 1 300 亩，完成坡耕地

/ 李仁兵（中）走访留守儿童

治理6 500亩。因地制宜种植经果林1 000亩，森林覆盖率已提高到45%。如今的五星村，巍巍麻窝山上，数十架银色的风车在云端舞动，数百户人家的村落静卧在大山脚下，处处一片祥和安宁、生机盎然。

李仁兵还是调解处理民事纠纷案的“高手”，是远近闻名、名副其实的“民间律师”，被县人民法院聘为“人民陪审员”。他在村里调解民事纠纷从不收钱，而且调解成功率高。李仁兵总以正直、无私的精神赢得村民的认同和肯定，做到了小事不出组，大事不出村，实现了村辖区范围内零上访目标。

五星村全面落实国家教育扶贫政策，全村已无义务教育阶段辍学学生，并且自2011年以来，村里累计考取本科及以上大学生42名，进一步阻断了贫困代际传递；修建村级标准化卫生室1所，面积180平方米，配备2名医务人员，新农合参合率达100%，村民看病就医无忧，实现“小病不出村”；全力实施农村危房改造，2014年以来改造危房206户，全体村民已均有安全住房，实现“居者有其屋”；五星村还持续开展农村人居环境卫生整治，转变生活陋习，培育农村生态文明新风。如今的五星村，人民生活水平稳步提升，到处是一片蒸蒸日上的景象。

李仁兵说：“要打赢脱贫攻坚战，转变群众思想最为关键，要不断激发其内生动力，主动参与到致富奔小康中来。”面对新征程，李仁兵已经立下铮铮誓言：“群众不富，绝不松懈；小康不达，绝不收兵。”

（供稿、照片提供：贵州省威宁县迤那镇党政办公室　修编：顾勇华）

李幸泽，甘肃蓝天马铃薯产业发展有限公司董事长。他始终坚持以服务“三农”为宗旨，围绕马铃薯产业发展，构建企业与农户利益共享、风险共担的利益共同体。按照股份合作方式，组建马铃薯产业农民专业合作社联合社，吸纳贫困户、专业合作社入股，帮助贫困群众脱贫致富。在乡村建设马铃薯储藏库，降低农户运输成本，提供就业岗位。与银行合作，创新担保模式，解决资金短缺问题。与农户签订种植、购销订单，增强贫困群众抵御市场风险的能力。几年来，蓝天马铃薯公司帮助定西市2.6万名贫困人口增收脱贫。

一位青年的马铃薯扶贫梦

“洋芋开花赛牡丹！”在甘肃定西，人们称马铃薯为“洋芋”（土豆），对它有着特殊的感情和偏爱。

定西是中国最贫困的地区之一，祖祖辈辈背负着“苦瘠甲天下”的沉重称号。这里是国家“三西”扶贫的主战场，也是中国脱贫攻坚、全面实现小康社会的标志性地区之一。

黄土高坡干旱瘠薄，只有马铃薯等为数不多的农作物在这里可以生长。每到盛夏时节，定西的农村地区层层梯田间，点缀着马铃薯苗开出的小白花，煞是喜人。

在定西，马铃薯就是人们的希望。一个年轻人的出现，将这份希望放大、变强，他就是李幸泽，甘肃蓝天马铃薯产业发展有限公司董事长。

近年来，李幸泽及蓝天公司一班人为实现“小土豆、大产业、管大用”的目标而不断努力，通过构建“蓝天模式”，走出了依托金融支持企业壮大、企业带动产业发展、产业助力贫困群众增收致富的扶贫之路，有力助推了脱贫攻坚步伐。

“只有抱团才能共同发展”

过去，定西的马铃薯种植户们最怕薯贩子“打白条”。有时卖掉万余斤马铃薯，拿到手的现金只有1 000多元，其余的都被打了“白条”，薯农利益受损却有苦说不出。几年前的一次亲身体会，让李幸泽受到了极大触动。

/ 李幸泽（左一）深入贫困户家中调研

金秋十月是定西马铃薯收获的季节。那年，为了了解当地马铃薯的品质，李幸泽带队到田间地头进行考察，在考察过程中，一个蒙着白头巾的老汉引起了他的注意。老汉的马铃薯获得了大丰收，但面对眼前“小山”似的马铃薯，他的脸上却没有半丝喜悦。李幸泽觉得奇怪，准备上前去问个清楚。可没等李幸泽开口，老汉一把拉住了他的手，“你是来收洋芋的，我家这洋芋品质好，你能不能少‘打白条’?”细问之下，李幸泽才了解到，老汉的儿子前段时间出了车祸，在医院里着急用钱，但是因为当地收马铃薯流行“打白条”，老汉家的马铃薯一整天都没敢出手。

“大叔，你这有多少斤洋芋，我全收了，不打‘白条’，全部现金。”李幸泽这辈子都忘不了老汉当时惊讶的表情。

“一定要想办法改变这种状况，不能让老百姓白白辛苦一整年。”李幸泽暗自下定决心。

“单打独斗解决不了问题，只有抱团才能共同发展。”为有效解决马铃薯种植户所面临的难题，切实帮助农户增收，2014 年，李幸泽按照股份合作方式，牵头组建了甘肃福景堂马铃薯产业农民专业合作社联合社，把马铃薯产业上下游的 267 个种植专业合作社、10 个农机专业合作社、10 万户农户联合起来。他探索建立了“龙头企业 + 联合社 + 合作社 + 农民”的订单种植模式，与农民专业合作社发展订单种植，合作社与农

/ 甘肃福景堂马铃薯产业农民专业合作社联合社第三届会员大会现场

户（贫困户）签订订单合同，带动大家发展马铃薯种植业，形成了完善的委托生产、订单农业、贷款担保、入股分红、利益返还合作机制，实现了工业生产与农业种植、小农户与大市场的利益链接，形成风险共担、利益共享的全产业链命运共同体。

为了保证这一命运共同体中的马铃薯种植户获得实实在在的收益，切实发挥产业链助农增收的长效机制，李幸泽也是“想破了脑袋”。那段时间，李幸泽每天晚上都睡不着觉，因为他想要带领老百姓过上好日子的愿望太强烈了。

一个学经济的朋友给李幸泽支招：“发展农业、带动农民，无非就是解决种什么、怎么种、卖给谁的问题。”朋友的一句话点醒了迷茫中的李幸泽。针对这三方面问题，他与集团管理层商量之后，决定采取“龙头企业 + 合作社 + 基地 + 贫困户”的帮扶带动机制，积极引导广大种植农户参与到马铃薯产业链中，用自己的双手勤劳致富。

在李幸泽看来，“龙头企业 + 合作社 + 基地 + 贫困户”的模式，既保证了企业的原料供应、降低了生产经营和服务成本，又保障了马铃薯种植农户和专业合作社等各方利益，提高了农民组织化程度，让农民在多环节受益，最大限度地增加农民收入，实现了产业发展、企业增效、农民增收的多重效应。如今公司生产的“福景堂”牌淀粉系列产品远销全国，与国内 70 多家大型食品加工企业建立了稳定的供货关系。公司还通过 B2B 形式实现了产品在电商领域的销售。

/ 李幸泽查看淀粉产品质量

同时，李幸泽探索建立了“企业＋联合社＋储藏库＋合作社＋基地＋贫困户”的马铃薯储藏带动产业发展模式，将马铃薯购销活动延伸到田间地头、村镇集市，减少中间流通环节，实现直产直销。为了实现马铃薯全产业链发展，李幸泽带领公司投资 6 000 多万元，先后在马铃薯不同集中产地修建储藏库 30 座，增加储藏能力 30 万吨以上，辐射 300 多个行政村，带动当地及周边 5 万多户农户（其中贫困户 6 000 多户）就近就地销售马铃薯，户均减少马铃薯运输成本 1 000 多元。

不仅如此，在马铃薯收购季节，李幸泽还要求公司优先吸纳当地贫困群众（仅定西就吸纳 300 多名）参与搬运、入库等劳务，人均增加务工收入 5 000 元。2016 年李幸泽对马铃薯储藏库进行股改，将储藏库的经营权下放给加入联合社的农民专业合作社，在收购期由合作社无偿使用。收购期结束，在储藏库开办农资超市，供应化肥、农药、种子、农机具及煤炭等，为农民提供多样化、综合性服务，让农民得到“家门口”的实惠、实现“家门口”的增收。

金融供应链让融资不再难

李幸泽深知，在定西光解决种的问题还远远不够，真正阻碍群众发展的问题还是在钱上。

在定西，即便是龙头企业，也存在自身发展能力不强、抵押物少的问题。好不容易组织农户建立起合作社，又会因合作社起步晚、资本累积不足及农户缺少抵押物而寸步难行。贷款难和贷款贵成了制约龙头企业、农民专业合作社和贫困群众发展的难题。

“还是要在资金上想办法、下功夫。”李幸泽以蓝天公司良好的信誉度为基础，推出了保购担保贷款业务和蓝天供应链金融信誉担保模式，有效解决了龙头企业、合作社和马铃薯种植农户“无抵押、无担保、融资难”的困难。

该模式为农民合作社提供保购担保贷款，蓝天公司、联合社及公司法人提供最高额贷款担保，蓝天公司再以存货作为抵押并提供马铃薯销售保购承诺，联合社将筹集的保证金作为质押，合作社和农户以马铃薯销售应收账款作为质押，联合社社员之间形成互保关系，最终形成“农户贷款合作社保、合作社贷款联合社保、联合社贷款龙头企业保”的联保服务模式。通过联合社的“中介”作用，将信贷效应放大到各个合作社和农户，担保贷款额度为 50 万元至 500 万元不等，破解了产业链上各经营主体生产经营活动中的融资难题，打通了马铃薯产业链条上的堵点，连接起产业各环节，贯穿起产业链上下游，让农户得到了普惠金融带来的实实在在的好处。

除了保购担保之外，李丰泽还推出了蓝天供应链金融信营担保。浦发银行围绕蓝天公司上下游全产业链，采取“线下+线上”齐步走的模式，将“蓝天模式”深化为“蓝天e贷”。工商银行以“核心企业+联合社+银行+合作社+农户+保险”六位一体和银行“对公与对私业务统筹、投行与商行业务统筹、线上与线下服务统筹、金融与非金融服务统筹”，创新推出以蓝天公司命名的“核心企业+N个农民专业合作社”的“蓝天贷”供应链融资模式。

2014 年至 2018 年，通过“蓝天贷”供应链金融模式，银行给合作社、农户累计发放贷款 6.8 亿元；2019 年，工商银行、浦发银行、定西农商银行、兰州银行等各大银行给蓝天供应链金融各链条总授信额度 6 亿元，向合作社、农户发放贷款 3.2 亿元以上，从根本上解决了龙头企业、新型经营主体、农户的融资难题。

保底收购解薯农后顾之忧

韩国清，定西市安定区杏园乡南川村的马铃薯种植大户，每年单靠种植马铃薯纯收入就能达到 15 万元。可就在几年前，种植大户韩国清选择扔下几辈人一直种的土地，外出打工去了。

“那时候俺也不想走，可是没办法，土里刨食挣不上钱，辛辛苦苦种上一年，不说挣多少钱，不赔钱就‘烧高香’了。”原来，那时马铃薯的价钱十分不稳定，大多时候每公斤 4 角钱左右就交给了马铃薯贩子，每年都赔钱。种马铃薯活不下去，不少村民只好选择外出打工。

2018 年，韩国清看到了转机。一次偶然的机会，他听到有企业愿意与村民签订保底收购合同，按照保底价收购马铃薯的消息。“真能有这样的好事？”虽然将信将疑，但在外打工的日子太难了，韩国清还是决定回家试一试。

当年，韩国清与蓝天公司签订了订单化保底收购协议，蓝天公司按照保底价每公斤 8 角钱的价格收购马铃薯。“当时就想，这是哪个傻瓜企业，这样干肯定要赔钱的。”虽然签了合同，但韩国清打心眼里不信有人会干这种傻事。秋天，韩国清家的马铃薯获得了丰收，但是当年马铃薯价格只有每公斤 6 角钱，觉得“今年又挣不上钱”的韩国清，看着眼前堆积如山的马铃薯，不住地摇头。这时，两个年轻人走到他面前，手里拿着之

/ 蓝天公司从薯农手中收购的马铃薯装满一辆辆大卡车

前签的保底收购合同，对他说："大叔，我们是蓝天公司的工作人员，根据签订的保底收购合同，我们将以每公斤 8 角钱的价格收购您家的马铃薯。"从那以后，韩国清种马铃薯的干劲更足了。"年初就能知道种什么、卖给谁、卖多少钱、挣多少钱，真正解除了俺们的后顾之忧。"韩国清高兴地说。

为保证马铃薯种植农户的收益，建立稳定的原料生产基地，蓝天公司积极推行订单农业模式，与安定区贫困乡镇的 80 多个农民专业合作社签订马铃薯种植订单，各个合作社与农户签订种植合同，马铃薯收获后公司以高于市场均价收购订单农户的马铃薯。近年来，蓝天公司订单收购的马铃薯每年达 12 万亩，实现了马铃薯产业链单元主体抱团发展，有效解决了农户产品销售难和"薯贱伤农"问题，使产业链上的农民专业合作社和广大薯农获得了实实在在的收益，带动 10 万多户农户（其中贫困户 26 813 户）户均年增收 8 300 元。

同时，李幸泽带领蓝天公司通过与农户签订合同，采取统一供种、代耕代收、流转土地、规模经营，建立了高淀粉加工型马铃薯生产基地，既保证公司有稳定的原料供应，又形成了农户稳定可靠的增收渠道，有效增强了农户抵御市场风险的能力。蓝天公司依托甘肃福景堂农机咨询服务农民专业合作社，购进马铃薯播种机、收获机、旋耕机等农机具 40 多台，由联合社有计划地为缺乏劳动力的农户无偿提供机械。蓝天公司每年拿出 100 万元资金，对基地、合作社、农户所需种子、化肥、地膜、农药等农资进行适当补贴，引导合作社和农户扩大马铃薯种植。

如今，一颗小小的"洋芋蛋"变成了"金疙瘩"，给贫困薯农们带去了脱贫致富的希望。

（供稿、照片提供：甘肃省扶贫办　修编：张津津）

李海波，中共党员，河北省衡水市饶阳县副县长（挂职），中国农业银行公司业务部处长。曾获2018年度河北省脱贫攻坚奖创新奖等荣誉。他创新政银合作模式，开发“政银贷”“政银保”“政融保”等金融扶贫产品，设立“金桥贷”转贷资金池，破解“担保难”等问题。创新“101111 000”金融扶贫机制，激发社会扶贫动力。创新开发政府增信网上系统，借鉴农业银行信贷网上审批模式，提高金融扶贫效率。创新金融扶贫融资渠道，累计推动16家扶贫企业实现多渠道融资。2018年，饶阳县实现脱贫摘帽。

金融创新助脱贫　产业振兴促小康

饶阳县是设施农业之乡，设施蔬菜、设施葡萄享誉全国。当地有句顺口溜生动体现了当地百姓依靠设施农业脱贫致富的真实情况：“种上一个棚，当年就脱穷；种上两棚瓜，小车开回家；种上三棚菜，小楼都能盖。”在扶贫工作当中，李海波感受最深的就是要想彻底摆脱贫困，根本上还是要依靠产业发展。所以，作为一名金融工作者，李海波思考最多的就是如何运用金融之水浇灌产业振兴之花。经过三年的努力，李海波与同志们一起通过金融创新支持当地特色产业发展，帮助了数千名贫困人口发展产业，成功实现了脱贫增收。

创新金融扶贫产品，不断丰富金融扶贫载体

滹沱河又称“葡萄河”，纵贯饶阳大地。滹沱河畔土壤疏松肥沃，富含锌、钼等元素，具有葡萄种植的天然优势。饶阳县种植葡萄具有悠久的历史，并且市场广阔、销售稳定。无论贫困群众想通过种植葡萄实现脱贫，还是老百姓想通过扩大葡萄种植规模致富，都需要更多的资金支持。但去银行贷款都面临着一个共同的瓶颈，那就是“担保难”，老百姓很难找到合适的抵押物或担保人。

为了破解“担保难”的问题，李海波针对建档立卡贫困户和扶贫龙头企业等不同群体的需求差异，组织金融机构和县乡村三级金融服务网络共同开发设计了“政银贷”“政银保”“政融保”等政府增信类金融扶贫产品，充分发挥扶贫小额信贷产品优

/ 金融支持设施农业

势，创建了“代种代养”等产业合作模式，牵头起草了《金融扶贫产业合作五方协议》，并利用“两权抵押”“小额保证保险”等新型担保创新模式，有效拓宽了饶阳县贫困群众和种养大户的融资担保渠道。

扶贫领域融资存在的另外一个难题就是“倒贷难”。银行农业贷款期限多为 1 年，但农业经营性现金流的回笼时间往往需要 2 ~ 3 年，每年都需要倒贷款。在自有资金不足的情况下，老百姓和扶贫企业只能通过民间借贷的方式一年一倒贷，倒贷成本也比较高。尤其是最近几年，经济形势有波动，民间借贷越来越难，老百姓倒贷款的难度也是越来越大。

李海波一直在思考怎样解决“倒贷难”的问题，他与同志们一起深入调研，广泛学习各地先进做法，借鉴成功经验，结合饶阳县实际情况，创新利用委托贷款和资金监管模式，牵头设计开发了饶阳县“金桥贷”业务，设立了饶阳县政府倒贷资金池，专门帮助扶贫龙头企业和老百姓倒贷款，“金桥贷”业务成本低、速度快、企业违约率低。

衡水忠大农业科技股份有限公司位于饶阳县王同岳镇张苑村，经营范围主要是种植，有温室大棚 64 个、冷棚 74 个，是饶阳县的扶贫龙头企业之一。忠大农业听说了饶阳县政府设立倒贷资金池的消息，喜出望外，因为该公司一时流动资金紧张，面临倒贷难的困境。饶阳县“金桥贷”业务实施平台第一时间受理了这笔业务。根据“金桥贷”业务管理办法规定，对公司进行了相关调查，仅仅用了不到一天时间就帮助该公司倒了贷款，该公司负责人激动地表示：“感谢政府实实在在地帮助我们解了燃眉之急！”饶阳县“金桥贷”业务以其低成本、高效率的优势，有效解决了扶贫企业倒贷难题，同时也在很大程度上避免了民间非法融资的发生。

创新网络金融平台，努力提高金融扶贫效果

在脱贫攻坚路上，李海波经常在村委会、贫困户家中、田间地头给群众开展金融扶贫培训，用通俗易懂的语言讲解政府金融扶贫政策、扶贫小额贷款业务。在饶阳县的田间地头、乡村小路上都留下了李海波的足迹和汗水。

在一次调研中，有贫困群众向李海波反映，政府增信的扶贫小额信贷帮助他们解决

了贷款问题，政府还贴息，确实是好，就是申请起来有点麻烦，需要跑乡里、跑县里，有的时候申请材料准备得不符合要求，还需跑两三次，但是家里没有车，需要骑车跑，再赶上农忙或是身体不好，时间和精力上的耗费就更大。李海波了解到这个情况后非常重视，与同志们一起深入调研，研究解决方法。李海波发现，政府增信贷款的县乡村三级金融网络的业务传递模式与银行的支行、分行、总行的业务审批模式非常类似。银行可以利用互联网的审批模式提高审批效率，县乡村政府增信是不是也可以利用互联网信息代替纸质资料？这样一来，老百姓是不是就可以少跑腿了？政府增信业务流程是不是就可以更快了？

/ 李海波在介绍饶阳县政府增信业务平台

想到就要做到。李海波把开发“饶阳金融扶贫政府增信业务系统”、推动“互联网 + 金融扶贫”的想法跟县主要领导汇报后，得到了县里大力支持，县里同时要求一定要简化流程，最大限度减少填报数据，切实为老百姓减轻负担，提高金融扶贫效率。就这样，为实现金融扶贫业务增质提效，李海波借鉴农业银行成熟的信贷业务网上审批模式（C3 系统），历经 3 个月的时间，组织开发了“饶阳县政府增信业务平台（RFPS）”，成功启动了“互联网 + 融资推荐 + 掌上办公”的推荐服务模式。这一模式的推广，实现了县乡村三级政府的贷前增信调查和贷后管理全流程网上办公，并且将政府增信网上审批与银行贷款网上审批进行对接，贫困户足不出村，就可以拿到产业发展所需贷款，大幅提高了金融扶贫的整体效率，受到广大群众的热烈欢迎。

创新扶贫链接机制，努力拓宽贫困户增收渠道

随着脱贫攻坚工作的扎实开展，饶阳县剩余的贫困人口越来越少，且剩余贫困人口多为老弱病残，可谓是“贫中之贫、艰中之艰”。他们大多没有技术、没有资金、没有产业发展能力，金融扶持已经很难在这些人群中直接发生作用。李海波一直在思考，如何用金融的方法激发社会力量参与扶贫工作的积极性，带动帮助这部分人群脱贫增收。他认为，要想激发社会力量参与扶贫，让社会扶贫可持续，就必须做到互利共赢，让帮

扶者在扶贫中同样得到收益。也就是说，要形成一种链接机制。

李海波与同志们共同研究，提出了普通农户与贫困户共同发展的思路。具体想法就是，政府通过三农金融中心用政府增信的方法帮助普通农户获得发展产业所需贷款，普通农户帮扶贫困户脱贫增收。这就是他们创新建立的“10+1+1 000”金融扶贫带动链接机制，即非贫困户获得每 10 万元政府增信需至少带动 1 名贫困人口实现年增收 1 000 元以上。普通农户帮扶贫困户的方法可以是雇工、流转土地、资金入股，对于确实没有劳动能力的贫困户，也可以采用捐赠的方式进行帮扶。这项链接机制的创新，既拓宽了金融扶贫对贫困户的帮扶渠道，又解决了扶贫龙头农业企业和种养大户的资金需求，而且进一步发挥了政府风险补偿金的作用。张大棍是饶阳县设施农业种植大户，也是全国劳动模范，自己通过种植大棚过上了好日子，初步尝到甜头后，计划进一步扩大种植规模，想贷款 100 万元再建设 10 个温室，他通过三农金融中心的增信服务很快拿到了贷款，同时通过雇用贫困户打工等方式每年带动村里的 10 户贫困户增收。

为保障扶贫成效，防范金融扶贫风险，李海波不断规范和完善贷前贷后管理。在他的努力下，有关方面出台了《饶阳县服务三农金融中心业务管理办法》，明确三级金融服务网络推荐流程，严把风险关；出台了《饶阳县防范金融风险实施意见》，用金融政策引领百姓不断优化农业结构；制定了《饶阳县政府增信贷款业务县乡村三级金融服务网络贷后管理办法》《饶阳县政府增信贷款业务到期提醒管理办法》，要求对政府增信所有贷款业务定期进行全覆盖贷后管理，确保家庭农场、合作社、扶贫龙头企业贷款落实“10+1+1 000”帮扶责任，带动贫困人口脱贫增收有实效。

创新政银合作模式，努力促进“党建 + 金融”建设

2019 年 2 月 19 日，农业银行有关领导到饶阳县调研指导扶贫工作，在对县乡村三级金融服务网络深入调研后，提出农业银行要在饶阳县探索“党建 + 金融”信用村信用户建设，把饶阳县建设成全行信用村信用户建设的示范县。信用村信用户建设是通过发挥乡村基层党建和银行专业职能为合格农户提供信用贷款的一种“党建 + 金融”的创新举措。这一举措不仅能够有效解决农民担保难的问题，还能解决农民融资贵的问题，而且还有利于提升农村信用环境。

饶阳县在开展金融扶贫政府增信过程中，打造了过硬的三级金融服务网络队伍，乡村干部积累了丰富的金融支农知识，为信用村信用户建设工作奠定了坚实基础。在此基础上，李海波充分发挥饶阳县与农业银行之间的桥梁纽带作用，大力推动饶阳“党建 + 金融”的信用村信用户试点建设工作，多次赴乡镇就信用村信用户建设工作开展调研，充分听取乡镇和村“两委”的建议。他认为做好信用户建设工作，关键要避免两个极端：一是避免过度推荐，把不符合条件的农户也推荐为信用户，进而获得信用贷款；二

/ 李海波（左一）向贫困户讲解金融扶贫政策

是避免怕担责任，不敢推荐。为此，李海波牵头制定了《饶阳县信用村信用户评定管理办法》，组织出台了《信用村信用户建设考核办法》，为了防范金融风险，还出台了《信用村信用户贷后管理办法》，并组织对各个乡镇村开展专题培训，为推动信用村信用户建设提供了制度保障。目前，饶阳县已评选出信用村 25 个，信用户 277 户，农业银行已完成授信金额近 3 000 万元，信用村信用户建设工作正在稳步推进当中。

饶阳县以县乡村三级党组织为骨架，以农村农业产业发展为肌体，以农业银行信用贷款为血脉，实现了金融服务“三农”信用村信用户模式创新，巩固了扶贫工作成果，缓解了农村地区“担保难、融资难、融资贵”的问题，推动了饶阳县脱贫攻坚向乡村振兴转型升级。该项工作不仅是金融的创新，更是党建的创新，得到了当地县委县政府的高度评价。在农业银行带动下，饶阳县多家银行也开始启动信用村信用户建设，有效提高了乡村百姓争当信用村信用户的积极性。

创新金融扶贫政策，努力推动资本市场建设

2016 年 9 月国家出台 IPO 扶贫政策，在一般人看来资本市场似乎与贫困县的企业离得很遥远，但李海波意识到，饶阳县必须抓住机会，要充分利用这项政策，大力引导农业企业走向“规范化、证券化、股份化”的发展道路。他第一时间编制了《饶阳县推动企业挂牌上市的实施方案》，决定分三步实施：第一步要建立拟挂牌企业后备库，做到有的放矢；第二步要对企业进行培训，即便没有挂牌成功，也可以让企业有收获、有进步；第三步就是借助券商机构大力推荐挂牌上市。

饶阳是农业县，比较优势也是农业，因此饶阳县重点围绕创新力强、绿色环保、成长性好、业绩优良的农业企业进行筛选，建立了饶阳县拟上市企业库。有了企业后备库，接下来就是推动专家学者、券商机构深入企业开展培训，讲解资本市场是什么，能够给企业带来什么好处，如何才能走上资本市场。经过一个阶段的培训，根据企业实际情况，李海波再次对后备库企业哪些企业适合 IPO，哪些企业适合新三板，哪些企业适合地方股权交易所进行了细分，分别给予引导培育。在大家三年的共同努力下，饶阳

/ 李海波（中）在宣传企业上市政策

县成功推动 16 家企业在石家庄股权交易所登陆资本市场，一家预 IPO 企业已经改制完成，正在省证监局备案当中，预计 2020 年能够上市。

李海波还充分利用国家 IPO 扶贫的“即报即审、即审即发”优惠政策，吸引预上市企业到贫困地区投资上市，创新举办“饶阳县 IPO 招商推介会”。成功促成预上市企业落户饶阳，项目采用“边租厂房、边生产、边建设”的创新方式，有效提高了企业运营效率。

（供稿、照片提供：李天佐　修编：张梦欣）

杨宁，中国农业大学动物科技学院教授。作为国家蛋鸡产业技术体系首席科学家，他注重科技创新和成果转化，开创养鸡产业扶贫新模式。培育节粮型蛋鸡，比普通蛋鸡节约15%以上饲料，2016年以来，在河南、河北、安徽等省贫困地区推广养殖节粮型蛋鸡501.35万只，帮助增收6 016.2万元。培育京红京粉系列高产蛋鸡和WOD168肉鸡，带动贫困户脱贫致富。针对大别山等集中连片特困地区自然资源特点和产业特色，带领团队为当地产业扶贫"开方抓药"，帮助金寨、霍邱等贫困县脱贫致富。创新线上线下一体化服务模式，保障"金鸡产业扶贫计划"顺利实施，带动5万名贫困人口增收。

攻坚凭创新　金鸡唱脱贫

2018年底，杨宁和他的团队该对一年来的奔忙拿出一份"答卷"了。与往年不同，这回是"答卷"还没有出手，"阅卷老师"的评语先来了——天南海北的来信，都在传递着通过养鸡脱贫摘帽的喜讯。

杨宁从事动物遗传育种研究30余年，为我国家禽育种和产业发展做出了突出贡献，先后获得国家科技进步二等奖3项、国家技术发明二等奖1项，并在国际家禽科技界发挥重要作用。但最令他自豪的是能在国家扶贫工作中贡献一份力量。

过去的几年里，杨宁作为国家蛋鸡产业技术体系首席科学家，带领和影响一批专家和站长走进贫困地区，和当地乡亲一道脱贫攻坚，从提供品种资源到开展技术服务，从引入企业到传授技能，为地方精准脱贫提供了全方位支持。

优秀国产品种的培育推广者

杨宁1985年开始研究生学习，这正是我国现代化养禽业增速发展阶段，每年从国外大规模引进商用品种，外国品种占领了我国养鸡产业的主体。杨宁工作后，立志要培育出中国自己的优质高产蛋鸡、肉鸡品种，实现我国养鸡品种自主化。这也成为他科学研究的主线。

杨宁和他的团队选育成功的家禽品种，包括节粮型蛋鸡、高产蛋鸡和肉鸡。养鸡产业具有周期短、成效快等特点，是农村劳动力转移、解决贫困人口脱贫问题的有效方式。

/ 杨宁（右）与养殖户交流

他们的每一个新品种落地，都带来明显的经济效益和社会效益，因此自然而然地被引入扶贫第一线。

节粮型蛋鸡瞄准的是我国人均土地少、饲料资源不足的问题，缓解资源对畜牧业发展、农民增收的制约。杨宁及其团队专家聚焦饲料高效转化利用的目标，经过多年不断的选育工作，培育出“农大 3 号”和“农大 5 号”节粮小型蛋鸡新品种。节粮型蛋鸡体型小，饲料转化率高，全期饲料成本投入少，每产一公斤鸡蛋比普通蛋鸡少耗料 0.3 ~ 0.5 公斤。要算经济账，养一只节粮型蛋鸡可多挣近 10 元。考虑节粮型蛋鸡非常适应广大贫困地区的气候和饲料资源特点，杨宁与北农大集团公司合作，在全国各地广泛推广节粮蛋鸡新品种，推广地区覆盖了 12 个省区 68 个国家级贫困县。

河南省固始县就是这 68 个县之一。固始位于豫东南，古称“蓼城”，又因方言词汇“俏巴”最具特色，有“俏巴县”之称，是河南第一人口大县、农业大县、劳务大县，被列入国家扶贫开发工作重点县、大别山连片特困地区重点县。在脱贫攻坚中，农大系列节粮型蛋鸡养殖已在当地由点到面，三年多时间在养殖户中推广了 139.65 万只蛋鸡，成为当地农业脱贫致富的支柱产业之一。

固始县汪棚镇的村民刘瑞华 1996 年就开始养鸡，但一直没有找到致富的门路。2015 年下半年，在专家指导下开始饲养农大节粮型蛋鸡，从 4 000 羽起步，逐渐扩大规模，他家 2018 年养殖 1.2 万羽、获利 30 多万元，成为富足的小康之家，他本人也成为脱贫致富的带头人。在他的影响带动下，农大节粮型蛋鸡在这个镇的饲养量就发展到 35 万羽。许多人与刘瑞华相同，通过养鸡脱贫脱困。养殖的规模大了，就有了形成现代农业产业的基础，当地干部群众心里有底了：再发展，乡村振兴就有了可持续、可延伸发展的产业项目了！

京红京粉系列高产蛋鸡和 WOD168 肉鸡，是杨宁与农业产业化国家级龙头企业北京市华都峪口禽业有限责任公司合作，多年不断选育的成果，先后获得国家新品种证书。其中，京红京粉系列蛋鸡是我国市场占有率最高的高产蛋鸡品种，生产性能达到国际先进水平；WOD168 肉鸡新品种优势突出，具有肉质好、生产成本低、成活率高、适合传统加工方式等特点，成为小型白羽肉鸡产业第一个国家审定品种。

在加快新品种成果转化推广中，杨宁与峪口禽业公司一起积极推动在贫困县建立以品种为核心的“五位一体”产业精准扶贫模式，即依托种鸡产业发展项目，聚合当地政府、银行、农民合作社、食品集团和商业龙头企业的多方优势资源，让贫困人口享受综合收益，实现扶贫“帮到点上、扶到根上”。

在国家级贫困县河北大名、行唐，这种探索相继开展：

大名小优鸡产业扶贫养殖示范项目，开建 100 万套 WOD168 肉种鸡示范园区，已投产 40 万套种鸡。园区建成后，每年可向社会提供优质肉鸡 2 亿羽，满足全国养殖户对高品质肉鸡的需求；而且拉动当地相关产业，带动当地 3 300 户贫困户脱贫。

行唐精准扶贫项目，已投产 24 万套蛋种鸡，达产 100 万羽后将成为世界单体最大的蛋种鸡项目，年提供商品代健母雏 8 000 万羽，提供就业岗位 1 000 个，带动 3 000 多个建档立卡贫困户脱贫，并促进当地及周边蛋鸡养殖产业方式转型升级，带动广大农民共同走上致富道路。

地方品种资源的开发利用者

我国是世界上畜禽遗传资源最丰富的国家之一，地方品种的开发与保护是杨宁一直积极努力开展的事业。他率领团队积极开展分子生物前沿科技攻关，从地方鸡品种中挖掘了控制绿壳蛋、匍匐体型、乌骨等重要特色性状的功能基因，并在新品种培育中加以有效应用。科技帮扶中，杨宁特别重视发掘、利用和保护当地资源优势，将资源优势转化为发展优势和特色，藏鸡就是其中典型的实例之一。

藏鸡是世界独特的高原品种资源，2000 年被列为《国家品种资源保护名录》，2006 年列入《国家畜禽遗传资源保护品种名录》。藏鸡生性野、羽色杂、善飞翔、喜抱群、耐高原、耐粗饲，具有优秀的遗传性能。藏鸡蛋富含粗蛋白，藏鸡肉富含鲜味氨基酸，美味并具有食补功效。但目前藏鸡的养殖粗放，生产性能低，纯种藏鸡濒临灭绝。因此，藏鸡品种特性的开发、利用和保护成为西藏自治区拉萨市净土工程和北京市援藏的重点开发项目。

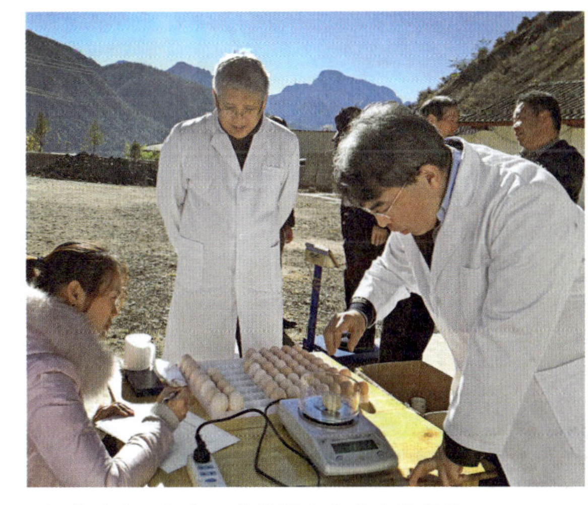
杨宁（右一）在云南考察地方鸡品种资源

杨宁积极投身藏鸡的开发利用工作，曾多次赴西藏尼木、达孜、林芝等地实地考察和开展具体工作。尽管有高原反应，每次到西藏都头疼、失眠，但他仍强忍身体的不适，兢兢业业，以扶贫攻关为己

全国脱贫攻坚奖创新奖

任，深入偏远山村实地考察和指导藏鸡开发工作。

拉萨市偏远区县之一的尼木县，自然地理环境恶劣，经济发展落后，是脱贫攻坚重点帮扶县。在杨宁等专家建议和指导下，尼木县制定了《尼木藏鸡产业扶贫三年行动计划（2018—2021年）》，采取“企业+养殖小区+贫困户”的产业扶贫模式，即以西藏德青源农业科技有限公司为龙头，以养殖小区为载体，按照政府、财政、金融、企业、贫困户“五位一体”扶贫联动的原则，实施精准的扶贫模式。

项目实施过程中，以杨宁为首的国家蛋鸡产业技术体系专家、站长经过多次考察、研讨和试验，确立了藏鸡开发利用的有效模式，显著提高藏鸡的产蛋性能。在他们的指导下，尼木县藏鸡原产地建设了藏鸡资源保种场，目前正在申报国家级资源保护场。地方政府和百姓说，有了专家团队，知道朝哪儿干，知道怎么干，解决了藏鸡产业发展中的大困难。西藏自治区尼木县党委为此发来感谢信，致谢杨宁首席及体系专家在藏鸡产业发展中做出的贡献，为藏鸡产业创新发展、升级转型、巩固提升脱贫成果提供的强有力科技支撑。

拉萨白鸡是西藏自治区农牧科学研究院从半个多世纪前开始利用藏鸡选育的高原新品种。该鸡既有西藏本地鸡适应高原气候的特点，又有成熟早、产蛋多的特点，但一直没有进行品种审定。在获悉当地科研人员遇到的困难后，杨宁带领团队积极指导他们进行性能测定和分子育种工作，规范拉萨白鸡品种审定申报材料，目前正在进行国家级新品种审定，有望在近期实现高原鸡新品种审定零的突破。

产业扶贫的带领者

杨宁作为国家蛋鸡产业技术体系首席科学家，带动、影响整个技术体系的专家和站长，为贫困地区特别是深度贫困地区提供了全方位的帮助、支持，汇聚众人智慧力量扩大（增强）支扶的覆盖面、深入度、影响力和持久性。

/ 杨宁和他推广的蛋鸡立体养殖

大别山区是蛋鸡体系产业精准扶贫的重点区域，那里曾是鄂豫皖红色根据地的摇篮，但因特殊地理环境等因素影响，深山区与库区叠加交错，交通闭塞、基础落后，被列入了国家连片特殊困难片区，成为全国脱贫攻坚的主战场之一。3年前，杨宁组织大别山区扶贫工作团队，将特色蛋鸡地方品种产业扶贫作为工作重点，主要在安徽、河南两省老区山区10多个国贫县开展帮扶，通过技术集成与体系推动，实现新品种及实用配套技术的快速推广应用，并在连片贫困地区脱贫致富中发挥出关键作用，体系培育的农大3号、京红京粉系列、豫粉1号、凤达1号、苏禽绿壳蛋鸡等蛋鸡品种示范推广到山里，养殖户选择合适的品种特色养殖，生产水平高了，产品品质好了，收入变化看得见。体系专家也不忘对地方鸡种金寨黑鸡进行遗传资源挖掘，以充分发挥地方鸡种的优势。几年间，杨宁带领体系专家，一次又一次开展技术指导，无论是鸡舍布局、生产模式与装备选择，还是采食活动指导、病虫害防治，需要哪方面就有哪方面。

为了精准脱贫，杨宁动员起全技术体系的力量。蛋鸡体系试验站依托单位有9家农业产业化国家重点龙头企业、4家省级龙头企业。技术体系以龙头企业为主体，以贫困户的资源为生产基地，群策群力，共创蛋鸡产业扶贫新模式，提高农民收入的同时促进产业转型升级。其中，技术体系延庆综合试验站依托北京德青源农业科技股份有限公司结合国家扶贫政策实施“金鸡产业扶贫计划”，通过近3年不断探索，开创了产业扶贫新模式。2016年11月，首个示范项目在河北威县投产，随后18个项目分别在西藏尼木、甘肃天祝、陕西山阳、山西石楼、内蒙古林西和卓资、河南洛宁、安徽岳西、湖北红安、重庆丰都、贵州威宁等地开枝散叶，帮助5万多名建档立卡贫困户脱贫。在龙头企业产业扶贫过程中，杨宁发挥蛋鸡体系的技术优势，带领团队分析研究贫困地区资源和特点，“把脉开方”，设计适合的饲养工艺，集成整合规模化养殖技术体系，使产业扶贫基地达到了国内先进的技术水平。

据不完全统计，2016年以来，杨宁和技术体系专家、站长深入贫困山区和养殖一

/ 杨宁（前排左三）主持国家蛋鸡产业技术体系金鸡扶贫项目推进会

线，开展技术讲座和培训 300 余次，内容覆盖蛋鸡育种和繁殖、蛋鸡常见疾病防控、蛋鸡饲料配制技术、蛋鸡舍选择与生产环境控制、鸡蛋品质与营养等方面，累计培训养殖企业技术员、养殖工人、养殖户超过 20 000 人。他们还为当地养殖企业、养殖户编著和赠送《蛋鸡标准化规模养殖图册》《优质鸡健康养殖图册》《图说果园林地养鸡》等图文并茂的书籍，将复杂的养殖技术用直观、简单的图例来表示，让山村养殖户一看就懂、一学就会。

新一代扶贫力量的引路者

/ 杨宁（中）在尼木藏鸡保种基地

作为大学教师，杨宁始终把“教书、育人、社会责任”作为自己的工作准则。他认为，大学老师既要利用科技创新成果服务产业，也要通过言传身教培育出富有社会责任感的青年科技人才。将近 30 年教书育人，他指导过 80 多名研究生，其中 40 人取得博士学位。毕业生们大部分从事着与畜牧产业技术相关的工作，其中不少人也积极投身到脱贫攻坚事业中，成为一线实践的新生代力量。

袁经纬是一个 90 后，在攻读博士学位期间到美国弗吉尼亚理工大学合作研究一年，成绩优秀。他在校期间参与了藏鸡的开发研究工作，深受导师杨宁工作精神感染。在扶贫崇高事业的召唤下，袁经纬 2017 年毕业后毅然选择到德青源公司西藏尼木基地工作，担任藏鸡研究院院长，从事藏鸡的保种和育种工作。看到自己的学生能利用专业知识为产业发展、为国家扶贫工作尽一份力，杨宁感到非常欣慰、非常自豪。

“雄关漫道真如铁，而今迈步从头越。”脱贫攻坚是一项伟大的事业，也是最大的发展机遇。一路走来，杨宁始终牢记在脱贫攻坚这项任务中的责任与使命。脱贫不仅是经济的脱贫、产业的脱贫，更是人才的脱贫、教育的脱贫。有像杨宁这样的优秀科学家不断技术创新和集成推广，有像袁经纬博士这样的年轻一代接力传承，脱贫攻坚必胜！

（供稿、照片提供：中国农业大学　修编：顾勇华）

杨曙光，河南省南阳市内乡县委副书记、县长。他坚持用脱贫攻坚统揽县域经济发展全局，创新设计“党委政府＋龙头企业＋金融机构＋合作社＋贫困户”的扶贫模式（也称“内乡5+”扶贫模式），即由政府主导，组织贫困户建立合作社，由金融机构发放扶贫贷款，合作社统一建设高标准猪舍，企业租赁猪舍养猪，贫困户每年获得稳定收入，并可在养猪场就业。“内乡5+”扶贫模式，带动1.6万户贫困户养殖生猪，帮助11 680名贫困人口就业，年人均工资性收入2万～5万元。2019年5月，内乡县成功实现脱贫摘帽。

把百姓装在心上　用创新成就梦想

“现在，俺们全家一年能收入好几万元，不用再担心返贫了！”河南省周口市扶沟县崔桥镇蒲庄村农民朱永勤、刘蒲丽夫妇面对记者的采访，脸上洋溢着踏实和自信的笑容。

朱永勤、刘蒲丽夫妇一家六口人，他们既要照顾一双年迈体弱的老人，又要供养两个中学生，不能外出打工，没有经济来源，欠了不少外债，成了贫困户。从2018年开始，他们加入了由贫困户组成的合作社，融入县里一个叫“5+”的资产收益扶贫模式之中，不但每年享受到3 000元的资产收益，而且还成为当地牧原12场和1场的养猪技术工人。

“现在，俺全家一年收入差不多在8万元。”朱永勤扳着手指头一项一项算着他们的年收入：“俺们两口子在企业里，光工资，每人每月都是三四千元。”他们说，自己“赶上了好时候”，“日子大有奔头”。

朱永勤、刘蒲丽夫妇一家享受到的“5+”资产收益扶贫模式，源于河南省内乡县，是内乡县县长杨曙光联合注册地在内乡的一家上市公司——农业产业化全国重点龙头企业牧原集团而创新设计、组织实施的。该模式在全国扶贫领域被广泛称为“内乡5+”，朱永勤、刘蒲丽夫妇所在的扶沟县，因为有了牧原集团在扶沟的下属公司，也就自然而然享受到了“内乡5+”扶贫模式的复制推广效果。

如今像朱永勤、刘蒲丽夫妇一家一样，享受到“5+”资产收益扶贫效益的不仅有扶沟县更多的贫困户，而且还有全国12个省（区）49个县的13万户贫困户36万人。

勇担责任“借蛋生鸡”,“内乡 5+”脱颖而出

内乡地处伏牛山腹地，是国家秦巴山片区特困县，有建档立卡贫困户 1.5 万多户，脱贫攻坚任务异常艰巨。

面对挑战，杨曙光没有瞻前顾后，而是积极寻找内乡深山特别贫困县的脱贫之路。他通过深入调研得知，全县有 70% 以上的贫困户是因缺劳力、缺资金、缺项目、缺技术、缺管理、缺市场这“六缺”而致贫。他认为，要想让这些贫困户如期脱贫，必须“借蛋生鸡”，利用国家扶贫贷款，让贫困户融入优势产业、优势企业，尽快实现“0—1”的增收突破，获得稳定的经济收入，奠定扎实的经济孵化基础。

杨曙光把目光盯在了国家的扶贫政策上，也盯在了县内的一家上市公司企业上。内乡有家在全国农牧行业影响很大的龙头企业——牧原集团，杨曙光深知这家企业信用好、效益好、产业链完整、带动能力强、发展有潜力，并且有责任有担当。于是，他就思考着该怎样让政府和企业有效合作，在共赢中共同担纲脱贫攻坚重任。

2016 年夏末，在与企业的再次探讨交流中，他提出了“内乡 5+”扶贫模式，即“党委政府 + 龙头企业 + 金融机构 + 合作社 + 贫困户”。此时此刻，杨曙光深知，他的这一担当才刚刚开始，他要组织贫困户组成合作社，他要加大宣传、不要让贫困户为贷款和还款发愁，他还要和企业一起去融通一家又一家金融机构，好让金融机构利用国家金融扶贫政策大胆放贷。

该模式由党委政府主导，组织全县各乡镇村贫困户建立聚爱合作社，由国开行河南分行等金融机构根据国家政策发放扶贫贷款，合作社整合流转土地、利用贫困户扶贫贷款，根据企业设计要求，统一建设高标准猪舍，企业租赁猪舍养猪，确保每户贫困户每年获得稳定的现金收入，并优先安排贫困劳动力就业和参加各类公益性岗位，通过劳动获得工资性收入，激发内生动力，使贫困户实现“0—1”的增收突破，进而再向“1—10”进发。

/ 杨曙光（左）与果农交流

“内乡 5+”扶贫模式，使政府的有形之手遵循市

/ 杨曙光（前排左一）和牧原集团负责人一起调研扶贫工作

场规律，实现了“五个方面”的有效链接，建立起“五方”利益共享机制：贫困户嵌入到优势企业、优势产业、优势行业之中，大大减少了投资风险，实现了“抱团发展”，获得了稳定增收；龙头企业发挥自身资源优势，充分利用抗风险能力，帮助贫困户抵御了风险，既推进了自身主业发展，又为贫困户创造了稳定收益；金融资源变成了资产，银行既不担心贷出去的款收不回来，又实现了责任担当，即使企业出现风险，有合作社的资产在，合作社还拥有资产处置权；合作社在组织农民脱贫致富中得到发展壮大，将发展成为一个有产业支撑的服务实体，在未来的乡村振兴中发挥更大作用；政府部门在组织服务中获得了脱贫攻坚的强大助推力量。

杨曙光坚持用脱贫攻坚统揽县域经济发展全局，创新设计的“内乡 5+”资产收益扶贫模式，在两年多时间内使全县贫困户直接增收 2 亿多元，实现“0—1”的增收突破，支撑全县脱贫攻坚旗开得胜、步步为营、走向深入。2019 年 5 月，内乡县成功实现脱贫摘帽。

“内乡 5+”全县覆盖，确保贫困户稳定增收

在启动“内乡 5+”养猪扶贫模式，使全县贫困户每年每户稳定收入不低于 3 200 元后，杨曙光又引导南阳金冠电气集团利用同样的办法，发挥其光伏产业优势，对全县贫困户实施光伏扶贫全覆盖，确保每年每户收入不低于 3 000 元。

这两个模式的最大特点是通过龙头企业的各种资源优势产生效益，不但确保贫困户获得稳定收益，而且通过企业就业和服务外包给合作社，让有劳动能力甚至不完全劳动能力的贫困户在扶贫产业链上获得较好的工资性收入：有完全劳动能力的贫困户每年可获得 5 万元的工资性收入，不完全劳动能力贫困户可获得 2 万元左右的公益性岗位工资性收入，显著激发了贫困户的内生动力。全县累计有 11 680 个贫困村劳动力实现稳定就业，并带动大批在外务工者返乡就业。

“内乡 5+”带动的养猪扶贫和光伏扶贫，目前已使贫困户累计收入超过 2 亿元。

内乡县湍东镇董堂村贫困户董景彦，腿部动过手术落下后遗症，不能干重活；母亲年迈，妻子残疾，女儿幼小，曾对生活失去信心。参加了“内乡 5+”后，每年可获得稳定收入 6 200 元。他还同时享受到了公益性劳动岗位，成为牧原集团内乡 20 分场的一名勤杂工，每月工资性收入 3 500 元。

如今的董景彦不但一心一意干工作，而且还主动帮扶一些贫困户做些力所能及的事情。眼下，他最大的心愿就是“把自己的女儿培养成大学生，为国家做贡献”。

内乡县余关镇黄楝村贫困户王廷会，妻子智障常年用药，女儿上小学，自己身体也有病，他参加了“内乡 5+”后，每年可获得稳定收益 6 200 元，而且通过合作社安排在附近的牧原 17 分场公益性岗位上就业，每月获得工资性收入 1 800 元。他还利用这些收入发展黑梨等鲜果生产，每年收入好几千元，加上土地流转获得的收入，每年收入已超过 3 万元。

如今已脱贫的王廷会，不但重新收拾了院落，而且还安装了空调，购置了冰箱、席梦思床、衣柜、高清电视机等，还经常买来鸡鸭鱼肉改善生活。王廷会说：“自家不可能再返贫了，将和大家一起奔小康。”

“内乡 5+”不仅带动了全县的脱贫攻坚工作，使该县成为河南省脱贫攻坚先进县，而且带动县域经济实现了高质量发展，2018 年、2019 年全县主要经济指标增幅名列全市、全省前列。

“内乡 5+”走向全国，探索出精准扶贫新模式

杨曙光创新推出的“内乡 5+”吸引着众多关注的目光，各地纷纷组团到内乡考察学习、复制推广。新华社、《人民日报》、人民网等大批媒体持续给予关注报道。

杨曙光致力让这一成果惠及更多的贫困地区。他和县内的牧原集团一起谋划，充分利用企业面向全国贫困地区布局建设养猪扶贫产业的优势，力推“内乡 5+”走向越来越多的贫困地区。截至目前，该模式已在河南、安徽、内蒙古、黑龙江等 12 省区 49 个贫困县落地，直接帮扶建档立卡贫困户 13 万户、36 万名贫困人口。

国务院扶贫办先后三次深入内乡县和牧原集团调研，中国社科院、新华社等也将

“内乡5+”作为课题研究。他们认为，该模式通过政府主导，能使贫困户联结到优势产业、优势企业、优势行业，形成优势资产，避免了贫困户缺乏养殖经验、技术和管理的弊端，实现了多方共赢，且持续周期比较长，是精准扶贫的创新模式；有形之手遵循市场规则办事，效果是多方共赢的，也可以说是共享经济理念在扶贫领域中的运用。所以在理论上，凡是有优势企业存在的地方，这种模式就可以复制。

/ 杨曙光（右一）在内乡中以园调研产业扶贫工作

由104家中央企业出资组成的央企扶贫基金看好“内乡5+”，牵手牧原集团，已于2018年7月13日在京签署协议，联合投资24亿元面向全国22个贫困县开展生猪养殖产业扶贫。

“内乡5+”不但在中华大地引起共鸣，而且还吸引着国际组织的目光。联合国开发计划署已于2019年1月在内乡县启动实施了为期3年的全国首个县域联合国减贫和可持续发展示范区项目建设。

“内乡5+”提档升级，集体经济实现“零”突破

杨曙光致力让“内乡5+”产生更广泛的社会效益和经济效益。

借鉴“内乡5+”资产收益机制，杨曙光和县委县政府一起引导全县97个贫困村成立集体股权经济合作社，支持县财政向每个合作社注入20万元启动资金，各合作社由牧原集团担保向银行贷款80万元，然后将这100万元入股牧原集团旗下的牧原建筑公司，作为优先股，按年化收益率10%分红，政府贴息及合作社还息后，每个村年收益8万元；县财政每年为各村安排20万元偿还贷款，分四年还清，最终每村资本金100万元、每年每村至少收益10万元，使“空壳化”的村集体经济实现了“0—1”的突破。截至2019年8月，这些村已累计获得收益1 320万元。

在贫困村集体经济增收实现全覆盖、获得新突破后，内乡县不断探索，让合作社实

/ 杨曙光（左一）在农村淘宝店调研

体化，为“空壳村”注入了发展的活力。他们采取“以上入下”的方法，让县聚爱合作社以资产出资入股15个乡镇社，确保每个乡镇社净资本达到1亿元；乡镇合作社以500万～1 000万元净资产出资入股村级社，致力使全县289个行政村都建立起合作社这一新兴的农村经济组织。利用牧原集团越来越强大的资源和产业优势，不断增强其参与市场化运营的能力，力争使示范合作社实现年收入5 000万元左右、利润500万元左右；一般合作社实现年收入2 000万元左右、利润100万元左右。

“内乡5+”还通过合作社的经营管理培养了更多的村级经济管理人才，探索出了基层治理管理经验，这些人才和经验必将在今后的乡村振兴过程中发挥出新的不可估量的作用。

“只要心中有百姓，就敢于创新，就不难创新。”“每个地方都不乏好的资源，敢于担当，认真研究、选择、整合、利用，就是创新，就能打好脱贫攻坚战，实现乡村振兴，就能成就百姓幸福的神圣梦想。”

把百姓装在心上，用创新成就梦想。这就是杨曙光，一位特困县县长挥写脱贫攻坚时代华章的心灵诠释和时代力量。

（供稿：河南省内乡县人民政府　修编：张梦欣　照片提供：樊迪）

冷菊贞，黑龙江省双鸭山市饶河县西林子乡小南河村第一书记、驻村工作队队长。2015 年 12 月，冷菊贞驻村后，深挖小南河村周边历史资源，依托影视公司筹建影视基地，拍摄赫哲族抗战题材电视剧《黑金部落》，提升小南河摄影景点知名度。推出东北婚俗表演，登山赏景等游玩项目，增加农家乐"六大盘"农家盛宴，帮助群众增加收入。争取扶贫资金 350 万元，建成暖棚、冷棚和花菇大棚 42 栋。推出"小南河村"牌辣椒酱，建成年生产能力 100 万瓶的生产线。小南河村已接待游客 3 万余人次，销售旅游产品、农产品累计收入 400 余万元，全村农民年人均增收 1 000 元。

大顶子山下的引路人

被原国家旅游局列入首批乡村旅游重点村、能人带户扶持项目，被住建部列为国家规划设计示范村，被省旅游局列入乡村民俗旅游示范村，从软弱涣散党组织成为全市优秀基层党组织……小南河，这个偏远得不能再偏远、普通得不能再普通的小山村，在沉寂了 80 年后，发生了翻天覆地的变化。这缘于一个人的到来，她就是双鸭山市委派驻小南河村的第一书记冷菊贞。

镜头叩开脱贫门

2015 年 12 月 6 日，是冷菊贞到村任职的日子。两年前，这个在饶河县颇有名气的"才女"刚刚调到市里上班。

从县城调到市区，按说是件高兴的事，可冷菊贞却高兴不起来，"离开了故土，才知道有多么热爱"。当得知单位要选派一个人到小南河村担任驻村第一书记时，冷菊贞别提有多兴奋了。"小南河坐落在《乌苏里船歌》中所唱诵的那座美丽的大顶子山下，也是我最爱端起相机取景的地方。我从心里由衷地想为这美丽的山村，为这朴实的乡亲们做点事情。"没有丝毫犹豫，冷菊贞便提交了申请书。

冷菊贞是这样说的，也是这样做的。带着满身心的激情和干劲，她一头扎进了村子里，开始走访调查，详细了解村子的历史和现状，认真研究工作思路和发展路径。

小南河村近 2 万亩地都是贫瘠的岗子地，满村的土坯房，收入来源也仅靠种植玉米大豆。“种地不打粮，一个商店两麻袋货，一个产业是豆腐坊”就是村子当时的真实写照。更要命的是，村穷人心散，全村 226 户村民，农闲时的全部生活就是打牌、喝酒，村子也成了全县有名的“泡在酒缸里”的贫困村。

如何振兴小南河村？2015 年末，农业供给侧结构调整最常用的做法是旱田改水稻种植，水稻价格高，能提高农田产出效益，增加农民收入。但是，旱改水工程耗资巨大，惠及农田面积太小，并不符合小南河村的实际情况。

那段日子，冷菊贞常常望着美丽的大顶子山发呆，脑海里不时出现村里的老豆腐坊、老牛马车、旧式爬犁、木刻楞房子……这些在当地村民眼里，古老破旧、无人问津的房屋院落，在喜欢摄影的冷菊贞来看却是“商机和财富”。

经过史料研究，冷菊贞发现，小南河村有《乌苏里船歌》中唱到的赫哲圣山——大顶子山，有中国版图上最东的一座寺院，有 20 世纪三四十年代关东风情的木刻楞老屋大院，周边有赫哲、乌苏里江、珍宝岛湿地等景区，这里能找到许多东北已经消失或即将消失的民俗，还曾是东北抗日联军第七军的重要活动地，并不缺少自然风光和历史文化。这让爱好摄影的冷菊贞眼前一亮：这样一个古朴原始的村落不正是民俗摄影的绝佳取景地吗？

“绿水青山是金山银山，冰天雪地也是金山银山”，习近平总书记的话语，更是给了冷菊贞巨大的启发。她决定立足小南河村的秀美景色、古朴风情，打造一个集观光、摄影、农家乐于一体的摄影旅游基地，发展特色乡村旅游。

村子要发展，利用现有资源发展旅游是很好的出路，冷菊贞暗自下定决心：“再苦再难也要把村子的旅游搞起来，一定要带领群众们脱贫致富。”

于是，在到任第一天的大会上，她就提出：“小南河要搞乡村旅游脱贫致富。”

/ 冷菊贞通过摄影作品将小南河村的旅游资源快速宣传出去

没想到，这个提议遭到很多人反对。种了一辈子地的农民，哪儿想过发展乡村旅游！有人说风凉话：“一个照相的，能干出啥名堂。”“村里人都不愿意看的东西，外人还能愿意来？”还有村民认为，冷菊贞是来“镀金”的，“瞎胡闹”。

面对质疑，倔强的冷菊贞不信邪。

当时已经是12月中旬了，如果想打开局面，时间一天都不能耽误。冷菊贞立刻着手建立了小南河村第一个微信群。当时村民们对微信群和她都很陌生，对开办农家乐的倡议并不理解和支持，说风凉话的、给下马威的大有人在。

冷菊贞在小南河村自种的百亩向日葵花海中

在农村，只有身体力行，用事实和结果说话，他们才会相信你。于是，冷菊贞一边给村民做思想工作，一边自己垫钱购置仿古花布、年画、窗花、红灯笼等物品，每天领着村“两委”干部和几名党员编苞米串、贴窗花、挂灯笼、装扮民俗老屋，晚上忙着将古老的关东味道、满村的大红灯笼拍成照片、做成视频，发到摄影群、朋友圈做宣传。

在冷菊贞的努力下，小南河村的旅游终于有了成效。党员李忠海带头建起第一个农家乐。慢慢地，有了第二家、第三家……

为了更好地展现小南河的美，寒冷的冬夜，冷菊贞冒着零下20多摄氏度的严寒，独自踏着没膝盖的积雪，穿过一个又一个坟茔地，登上山头，就为了拍摄一张小南河村红灯高挂的夜景照片。

刚到村里20天，冷菊贞便在全省摄影年会上播放了一个自己制作的2分钟的小南河宣传片，片子很短很简单，却将小南河的美展现得淋漓尽致。从那时起，有关小南河的视频和图片在微信平台上得到了广泛传播，吸引了更多人的目光。

2016年元旦刚过，“大顶子山关东情——小南河农家摄影旅游基地”迎来了首批游客——一个来自浙江萧山30来人的旅游团走进了小南河。看着这些拿着“长枪短炮”的游客，村民们眼睛亮了：“哎呀妈呀，真来人了？看来这旅游还真有门儿。”

也就在那个正月，陆续有140多个团、1 500多名游客来到小南河。沉寂了80年的小山村一下子就火了起来！冷菊贞也赶快趁热打铁，借农历“二月二龙抬头”打造了首届“开耕节”，还上了中央电视台的《中国新闻》。

初尝甜果后，冷菊贞带领村民乘势而上，推出了“五一三天乐”“端午一日游”“七七乞巧节”“中秋情”等重要节日要素旅游项目。随后，她又带领乡亲们种植了百亩向日葵和油菜花海，吸引了浙江卫视《我们十七岁》“明星陪你过大年”节目在小南河村拍摄，《黑金部落》影视基地和民俗外景地也相继落成；游客接待中心、旅游公厕等附属配套设施投入使用。小南河从零起步走上了乡村旅游的新路子！

抱团念好致富经

为了进一步规范小南河村乡村旅游，在冷菊贞的提议下，村里组建了小南河农家旅游协会，集中全村的骨干，下设餐饮、销售、文艺等 7 个部门，实行统一管理，逐步走上了正轨。

成果显而易见，但冷菊贞深知，小南河村从乡村旅游起步，但绝不能止步于乡村旅游，如果不继续延伸产业、做大做强，现在的成绩也保不住。于是，她将心思放在如何服务游客上。“要把小南河本地的宝贝，变成游客能带回去的产品。要以摄影旅游基地发展为基础，多元发展、多点开花，推动小南河由传统农业生产，向一二三产融合发展。”

依托大顶子山、妙音寺、赫哲，小南河村推出了 7 处古朴的关东民俗屋、老豆腐坊、知青点和能够接待游客的小型滑雪场、冰场，吃住在有大火炕的农家院，现在村内可以同时容纳 100 人住宿、200 人就餐。

在娱乐项目上，小南河村除了有马爬犁、冰爬犁、冰嘎等东北传统的娱乐项目，冷菊贞又把赫哲民族运动以及锯木头、跳大绳、搓苞米等也拉上了台面。同时，还将一些绣花鞋垫等老手工活作为旅游产品进行了还原。在旅游协会的带动下，村民还组建了秧歌队和文艺队。

在此基础上，为保证游客吃到原生态的食品并为生产加工企业提供原材料，小南河村建立种养基地，实现了一二三产业的链条融合发展，奠定了小南河产业发展的总基调。

为了实现小南河村旅游产业的规范化运行，冷菊贞找到了县政府和各相关部门，并得到了他们的大力帮助，如今小南河村成立了农业旅游开发有限公司、合作社，注册了“小南河村”“南河冷菊”等 4 件 37 类商标。

村里先后推出了农家辣椒酱，恢复了酒坊、油坊、豆腐坊、绿色种植养殖及加工等与旅游相关的特色产业，初步形成了集“吃、住、游、娱、购”于一体的一条龙服务链条，贫困户和低收入群体一个不落地纳入到了旅游产业建设中。

尽管对发展旅游产业还很陌生，尽管基础建设还很薄弱，尽管刚刚起步还很稚嫩，但村内的每一位老百姓都以一份老东北人的热情，积极投入，努力奉献。游客们也同样对一个小山村报以极大的包容，积极配合村民共同融入一种休闲娱乐向上的氛围。

可冷菊贞并不满足于此，她要带着小南河村的乡亲们走得更远。2018 年，她带领村民走出大山，参加全省扶贫年货大集。为了参加第一届全省第一书记年货大集，她带着村里几个带头人，在借用的院子里搬运打包到凌晨4点。一九天的东北，气温达到零下20多摄氏度，几个人冻得牙床直“打架”，但大家都没有丝毫退缩。那一次，村里的辣椒酱等农产品销售额达10万余元。

冷菊贞（右）携小南河辣椒酱在展会上宣传推销

不仅如此，随后小南河的辣椒酱和山泉水糍米入驻哈尔滨中央大街扶贫专柜、“小康龙江”销售平台。“小南河村”辣椒酱等系列标准化生产线在各级组织部门、妇联及企业家的帮扶下也已在开工建设。小南河民俗村基础建设项目也被列入省项目库。随着扶贫蔬菜园区、芍药试验基地等项目陆续对接，农科院的科研成果也已经转化到土地上，真正让村民得到了实惠，看到了希望。

物质富裕起来，精神也不能落后。几年间，冷菊贞还积极组织小南河村参与抗洪抢险后勤服务、参与全县各种文艺比赛表演，让小南河村村民走到舞台中央，展示他们的风采，与外界交流互动，开阔眼界。

真情换得群众心

一转眼，小南河的大红灯笼已经亮了四个冬天，小南河的“开耕节”做到了第四届，小南河的秧歌队第四次出现在巡演的街道上，小南河的辣椒酱也迎来了第四个火红的季节。四年来，小南河从一个默默无闻的小山村成为远近闻名的东北民俗旅游村，共接待游客3万余人，营业收入400余万元。

“小南河只有打造成一张原汁原味的东北古村落名片，才有可能真正地成为乡村旅游的亮点。”现在，冷菊贞一边在做小南河发展规划和招商开发，一边在帮助农民集约土地、发展绿色产业，走出一条全民参与、全村发展的乡村特色旅游之路。

旧貌变新颜，村里打麻将、喝大酒的人少了，过去每天都有10多场麻将局，现在想凑上一局都很难。

日子好过了的乡亲们越来越显年轻，而冷菊贞却长了很多白头发。她的一位同事感慨：“过去觉得冷姐是个‘女汉子’，现在快变成‘真汉子’了。”

为了小南河的事业，冷菊贞牺牲了家庭的温馨。驻村四年以来，冷菊贞几乎没有休过一个周末，家人的生活没有照顾过一天。“家里一天不管，村里的事儿看得比谁都重，我看你心里早已经没了这个家。”像这样的抱怨，冷菊贞可没少听。她对家人充满愧疚，但她从没后悔过，因为她的心，早已掏给了这个偏远的小山村。

/ 冷菊贞（右）带领村民打造东北传统婚礼旅游项目

以真情换真心，冷菊贞的付出换来了村民的支持和拥护。

为了打造干净整洁的环境，冷菊贞一呼百应，村民靠手和铁锹把垃圾清扫干净；为了打造绿水青山的景致，村民们顶着 30 多摄氏度的高温，搭起百米长的草棚；为了打造漂流项目，村民自己用油锯、斧头清河道；当村里没钱为大家换演出服时，村民自己出资统一了服饰……

现在，不管村里的大事小情，村民们都自发地响应号召，村民王凤萍说：“不管挣不挣钱，我们都跟着你走，哪怕前边是火坑，也心甘情愿一起跳！”2018 年，冷菊贞的驻村工作到期，村民们得知了这个消息，炸了锅。他们找到村主任，希望他能代表他们请“冷书记”留下来。

“乡亲们需要我，我就一定会留下来。”和申请担任第一书记时一样，冷菊贞又是没有丝毫犹豫地递交了延期申请书，她将继续与乡亲们携手，将小南河村建设得更加美好。

（供稿、照片提供：黑龙江省双鸭山市扶贫办　修编：张津津）

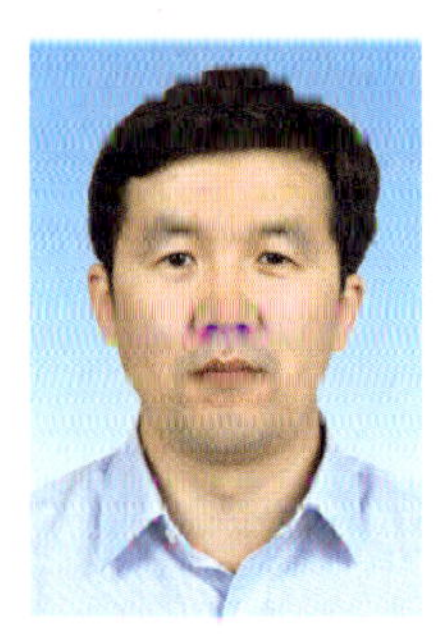

张永安，新疆生产建设兵团第三师图木舒克市五十一团四连“访惠聚”工作队队长、连队党支部第一书记。2018 年 2 月，他主动请缨参加驻连工作。驻连以来，他注重传帮带作用，加强连队党的领导。他主动担任“草根宣讲员”，让党的扶贫政策和惠民政策深入人心。动员几十名贫困人口到纺织企业、保安公司稳定就业，月收入 2 500～4 000 元。筹集资金 400 多万元，培养科技示范户近百户，建设早瓜秋菜示范冷棚 6 座，建立棉花、红枣示范基地近 2 000 亩，直接受益贫困户 57 户。2018 年底，五十一团四连贫困发生率从 2017 年的 11% 下降到 5.6%，2019 年全连贫困人口全部脱贫。

凝心聚力夯基础　科技创新助脱贫

新疆生产建设兵团第三师图木舒克市五十一团地处南疆三地州深度贫困地区，是兵团维护稳定的前沿阵地、脱贫攻坚的主战场。五十一团四连有户籍人口 733 户 2 706 人，全部都是维吾尔族，建档立卡贫困户 75 户 300 人。

2018 年 2 月，张永安主动请缨，经组织选派到五十一团四连，担任“访民情、惠民生、聚民心”工作队队长兼连队党支部第一书记。驻连以来，张永安注重把建强组织与脱贫攻坚相结合、把激发动力与扶贫扶志相结合、把注入活力与科技创新相结合，用尽“真性情”、下足“绣花功”，走出了一条“支部引领、党员带头、科技支撑、产业提升、实干苦干”的脱贫攻坚路。

强基固本，变“软弱涣散”为“战斗堡垒”

2016 年底，由于党建工作考核成绩排名靠后，四连党支部被兵团党委确定为“软弱涣散基层党组织”，这顶“帽子”就像一座大山，压得支部一班人特别是支部书记直不起腰、抬不起头，干啥都没底气。张永安刚到连队，支部书记霍树仓三番五次向他诉说苦闷、寻求帮助，入户走访时群众对支部的点点“微词”也让他彻夜难眠，更感到肩头沉甸甸的责任。打赢脱贫攻坚这场硬仗，首先要建强班子、带好队伍。张永安暗暗下定决心，一定要带领支部打个翻身仗，打造一支本领过硬、留得住、永不走的“工作队”。

张永安决定以整治“软弱涣散”为切入点，以“四个抓手”为突破口，把抓党建促脱贫作为第一位的政治任务。

一是抓班子治软。张永安和其他 4 名工作队队员与连队“两委”结成帮扶对子，让霍书记一日三餐吃在工作队的食堂，工作生活在一起，带着他商量对策，把“两委”分工、“三会一课”等基本动作和规定动作一项项完善落实到位。张永安带领“两委”一起入户走访，熟悉连队情况，了解群众困难诉求。慢慢地，一班人在实践中得到了锻炼提升，从以前想干不会干，变成主动想办法干。

二是抓队伍治弱。针对连队党员占比少、年龄老化问题，张永安指导支部在青年骨干中培养发展党员，努力把致富能手发展成党员、把党员培养成致富能手，以此增强党组织对农民群众的吸引力、凝聚力和号召力。一年多来，有 90 名致富能手、文化队员和维稳骨干递交了入党申请书，培养入党积极分子 15 人、发展党员 1 人。党员阿不都克力木 · 肉孜是个养羊能手，张永安争取科技部科技扶贫项目资金，在新疆农垦科学院专家指导下，购买 300 多只优良品种肉羊，支持他带领 21 户贫困户发展肉羊养殖，成了远近闻名的养羊大户。

三是抓阵地治散。按照兵团党委统一的标准规范，张永安带领支部用不到两个月的时间，改建扩建党群活动中心、扶贫工作站，组建连队群众文化队、体育队和志愿服务队，打造群众文化活动阵地，先后举办群众文化活动 20 多场次。通过先进文化“春风化雨、润物无声”的作用，增强了少数民族群众的国家意识和中华民族共同体意识。

四是抓制度治乱。张永安指导支部把落实“三会一课”制度作为党建工作的重中之重，他作为第一书记带头讲党课 3 次，指导召开支委会 23 次、党员大会 8 次。

2018 年党建工作考核，四连党支部一举摘掉了“软弱涣散”的帽子，被评为五十一团“先进党支部”，党支部书记霍树仓荣获师市党委和兵团党委“优秀党务工作者”称号。支部一班人心齐气顺，四连上下洋溢着浓浓的干事创业热情。这些变化，群众看在眼里、记在心里。“有事找党员，有困难找支部”成了群众的口头禅。2019 年，支部带领全连农民扎扎实实推进居住区综合整治，621 户农民很快将搬进干净舒适的抗震安居房，连队“五通七有”也将彻底解决，农民群众发自内心地感恩党和政府，感谢习近平总书记!

科技创新，变“单一低效”为“多元高效”

发展产业是实现脱贫和巩固脱贫成果的根本之策。围绕连队农业提质增效的发展需求，在派出单位兵团科技局党组这一强大后盾的支持下，张永安协调中国农科院棉花所、新疆农垦科学院、塔里木大学等科研院校，争取科技部科技扶贫、中国科协科技助力精准扶贫、兵团科技扶贫等项目 8 项，投入资金 500 余万元，在连队示范推广新品种新技术，使 230 多户农户直接受益、占全连的 34%，使 57 户贫困户直接受益、占贫困户的78%。开展科技培训和现场指导23场次，培训农民1 800多人次。发挥了科技助力精准扶贫精准脱贫的重要作用，夯实了“发展产业脱贫一批”的基础，实现了“做给农民看，领着农民学，激发农民干”的目标。

一是棉花产业量质齐升。棉花是四连的支柱产业，但由于长期粗放种植，产量低、效益差。张永安和“两委”一班人商量，先在棉花上做文章，真正把棉花种植做大做强。经过张永安多方联系，得到中国农科院棉花所的鼎力支持，愿意帮助连队攻克提高棉花效益的难关。专家找到了，土地却成了挡在大家面前的“拦路虎”。随着兵团团场综合配套改革逐步深化，2018年“五统一”全面取消，种什么、怎么种全由职工群众自己说了算，看不到实际效果农民绝不可能把自家的地拿来当“试验田”。为解决这问题，张永安想到了土地流转的办法，计划选择连队的1 200亩土地作为示范基地。但深入了解才知道，这1 200亩地牵扯了154户农民，有将近三分之一的群众不同意。张永安带领“两委”挨家挨户上门去做思想工作，给他们算经济账，一遍、两遍、三遍……他的诚心终于感动了大家，154户农民全部在协议上签了字、按了红手印。

春播开始了，几家合作单位却因为一些细节没谈妥，备耕工作迟迟不到位，甚至一度萌生了退出的想法，关键时刻张永安没有让步，要求他们必须按原计划执行。但由于比最佳播种期晚了半个月，土壤墒情不够，出苗率仅有60%多，看着地里稀稀拉拉的棉苗，张永安感受到了巨大的压力。如果由于自己决策失误，项目团队200多万元的

/ 张永安（左二）向连队“两委”介绍示范基地的棉花品种特点和优势

土地流转金和成本投入打了水漂，第一次科技“秀”就会成为群众的笑谈，今后再开展科技扶贫工作将难上加难。张永安一天往地里跑好几趟，向植棉专家电话求救，拉着项目团队研究对策。功夫不负有心人，由于采取了及时有效的技术措施，地里的苗越来越多了，也越来越壮了，群众个个都竖大拇指，人人都说“亚克西”。秋收季节，示范田棉花单产比周边群众增产 30% 以上，品质提高两个等级。154 户农民土地流转户均收入 5 400 多元，22 户务工群众户均增收万元以上。由于增产增收效果显著，2019 年新品种新技术推广面积已超过 10 000 亩。张永安带领大家创新的“土地流转 + 科技示范 + 科技扶贫”农业科技服务模式，也被中国农业科学院概括为“51 团模式”。

二是土鸡养殖增收显著。针对连队人多地少的实际，张永安争取中国科协科技助力精准扶贫项目资金，协调塔里木大学专家免费提供技术培训、技术指导和优良鸡苗，把两个青年农民培养成“土专家”，带领 50 多户贫困户发展土鸡养殖。2018 年养鸡 4 000 只，2019 年超过 15 000 只，养鸡增收作为脱贫致富的“短平快”项目，已被越来越多的农民群众所接受。

贫困户依马木 · 哈力克的妻子患有慢性病，家里 3 个孩子都在上学，但他作为家里的顶梁柱却一点儿也不着急，地里活干完了，外边有打零工的机会也很少去干，一家人靠 12 亩地苦哈哈地熬日子。在张永安看来，内生动力不足是依马木 · 哈力克这样的少数民族群众贫困的主要原因，但缺乏技术、语言不通却是致富的最大障碍。为了改变现状，2018 年初，张永安邀请塔里木大学科技特派员来连队举办土鸡科学养殖技术培训，给包括依马木 · 哈力克在内的 20 户贫困户免费发了 1 000 只鸡苗，户均增收近 2 000 元。眼看着养土鸡来钱快、收益高，依马木 · 哈力克大为振奋。2018 年自己养了 800 只，2019 年两批又养了 2 000 只，年收入超过 30 000 元。在张永安的鼓励帮助下，依马木 · 哈力克经历了从“等靠要”思想严重，到想挣钱没门路，再到主动想出路致富的变化过程，成为全团扶贫与扶志扶智相结合的典型代表。2019 年“七一”前夕，依马木 · 哈力克光荣地被评为五十一团的“脱贫之星”。

/ 张永安（左）和“脱贫之星”依马木 · 哈力克一起给鸡喂食

三是菜篮子鼓了“钱袋子”。针对连队种植结构单一

/ 张永安（左二）与蔬菜种植示范户一起查看大白菜长势

的实际，张永安争取中国科协科技助力精准扶贫项目资金，协调塔里木大学专家，举办种植技术培训、建设示范冷棚、免费赠送优良蔬菜和西甜瓜种子，支持连队种菜能手米尔阿里木 · 木沙牵头，带领群众发展设施农业，种植西甜瓜、西红柿、大白菜。2018 年修建 4 座示范冷棚，塔里木大学科技特派员全程进行技术指导服务，帮助米尔阿里木 · 木沙掌握了早瓜秋菜的种植模式，单棚收入 6 000 多元。米尔阿里木 · 木沙还聘用了两个贫困农民在大棚务工，不仅增加收入还能学习种植技术。在米尔阿里木 · 木沙的带动下，连队瓜菜种植面积从 2018 年的 100 多亩扩大到 2019 年的 300 多亩。

精准发力，变“单打独斗”为“综合施策”

一是教育脱贫稳根基。每逢中考、高考季，既孕育着新的希望，又让农民群众特别是贫困家庭倍感煎熬。一年多来，张永安先后帮助 7 名高考生填报志愿并如愿考入理想高校，帮助 4 名“两后生”进入技校、护校继续接受教育。张永安挂钩帮扶的贫困户早尔古 · 阿不拉米提的女儿尔孜古 · 艾尼，2018 年在他帮助下考入新疆大学，但开学在即却因家庭困难凑不齐学费而全家犯愁。张永安用自己从农村考上大学、“靠知识改变命运”的切身经历，鼓励他们一家放下思想包袱，增强与眼前困难做斗争的信心，并拿出 500 元作为尔孜古 · 艾尼去学校报到的路费，还为尔孜古 · 艾尼争取了贫困家庭子女就学补助资金。

二是转移就业稳脱贫。转移就业是最直接、最有效的脱贫措施。但农民群众天生有

/ 张永安（左）在暑期了解挂钩帮扶的贫困户子女在大学的学习情况

一种“故土难离、叶落归根”的思想，让他们外出就业的难度可想而知。为了改变这一现状，张永安一遍遍开会广泛宣传、一次次登门“苦口”动员，农民们慢慢转变了观念，先后有25名贫困人口到企业稳定就业。还通过生态护林员、保洁员岗位安置就业23人。张永安争取扶贫专项资金和订单来源，支持连队缝纫能手奴热曼姑·吾司曼组建“巧手美美”缝纫合作社，吸纳8名因家庭拖累无法外出就业的贫困妇女在家门口创业就业，半年多时间营业收入30多万元，8名贫困妇女人均增收5 000元以上，真正走上了一条稳定脱贫的幸福之路。

三是解难救急兜好底。张永安带领“访惠聚”工作队和连队党支部扎实落实党的惠民政策，累计为贫困户、受灾户申请发放生活补助、救灾补助、临时救助资金34万余元，符合条件的贫困户最低生活保障做到了“应保尽保”。张永安带领“访惠聚”工作队和连队党支部扎扎实实入户走访，了解农民群众的困难诉求，一年多来，以解决困难群体、特殊群体的生产生活问题为重点，工作队投入资金80余万元，为农民群众办实事好事40多件。由于连队农田地势较高，春、夏季节渠道引水非常困难，应农民群众和连队“两委”强烈要求，工作队投入资金4万多元，购置连队干渠闸口春灌提水水泵，确保了连队近8 000亩耕地的灌溉用水，为农民群众农业生产提供了坚实保障。

只要有信心，黄土变成金。通过精准发力、综合施策，确保了扶贫工作务实、脱贫过程扎实、脱贫结果真实，五十一团四连建档立卡贫困户75户300人已全部顺利脱贫。

脚下沾满泥土，心中沉淀真情。“不负众望、不辱使命”是张永安入驻连队时许下的誓言。驻连以来，张永安扑下身子扎下根，带领“访惠聚”工作队、连队“两委”和农民群众，在脱贫攻坚上访实情、谋实招、下真功、见真效，成为少数民族群众交口称赞的贴心人、脱贫致富的领路人。

（供稿、照片提供：新疆生产建设兵团扶贫办　修编：张奕）

陈志彪，九三学社社员，福建师范大学地理科学学院教授。世纪之交，福建省把长汀水土流失治理列入为民办实事项目。陈志彪积极响应，扎根革命老区20年，坚持水保科研与扶贫相结合。针对宁化县紫色土重度水土流失地植被恢复难问题，创建侵蚀劣地植被快速恢复技术、水土流失地经济林开发种植技术等。在重度水土流失地推广“竹节沟＋水保林”模式，在经济林流失地推广“隔坡水平梯田＋挖鱼鳞坑”模式。探索农户循环经济的水土流失治理模式，指导形成“草—牛—蚯蚓—鸡鸭龟鳖—沼气—五大家鱼—果蔬苗木”循环经济农业生产链条，成为“长汀经验”的重要科技贡献者之一。

科技助攻脱贫攻坚的闽西战场

闽西是长征出发地，这里曾留下许多可歌可泣的故事：长征前夕，红军就在离长汀县河田只有10多公里的松毛岭上，与国民党军队激战了七天七夜，战场上满目疮痍，焦土遍野。仅松毛岭一战，就有6 000多名闽西子弟献出了宝贵的生命；在长征途中的湘江战役中，全部由闽西子弟组成的后卫师，为掩护红军主力转移，全师官兵全部阵亡，血洒湘江。红军转移后，国民党军队进驻河田，为了修筑军事设施，又把河田一带山上的树砍了个精光。宁化也遭遇了相似的浩劫。可以说，闽西为新中国的诞生，不仅付出了巨大的生命代价，还付出了惨痛的生态代价和发展代价。

攻读博士学位期间，为了博士研究方向的选题，陈志彪第一次到长汀调研。长汀县河田等地的水土流失堪比黄土高原。这里一直流传着“长汀哪里苦，河田加策武”的民谣。“山光、水浊、田瘦、人穷”是这里生态恶化、人民生活贫困的真实写照。那一刻，陈志彪下定了决心——立志让青山赶走贫困，让绿装带来财富。

用脚写论文的博士，坚持用科技实现初心

“世界上没有无缘无故的爱，也没有无缘无故的恨。”

每当陈志彪追溯着那颗初心时，有几个画面总是浮现在他的脑海里：第一个画面是河北曲周县的北京农业大学实验站，那是由石元春等北农大老师在华北盐碱地上建起的一个野外实验站，那也是他做本科毕业论文的地方；第二个画面是黄土高原的榆林地区，

那是陈志彪硕士期间三次调研过的地方；第三个画面是他魂牵梦绕的地方——福建西部的革命老区核心区长汀县。

这三个地方有两个共同特征：一是生态环境恶劣，曲周是盐碱窝，一片白茫茫的土地，小麦弱不禁风地立在地上，产量极低；榆林地区和长汀都是水土流失极为严重的地区。二是当地群众生活困苦。20 世纪 80 年代初，陈志彪在曲周实验站住了 4 个多月，主要是观测与收集实验数据，老师和同学们吃的是玉米粥加窝窝头，生活比较清贫，但他们还是很满足，因为比起实验站周边农民的生活强多了，农民家里的玉米粥比他们站里的更稀，穿的也是补了又补的衣裳。

陈志彪的水土保持研究与扶贫相结合之路走得并不轻松。他还记得刚去长汀时的印象。那是个炎炎夏日，从福州到长汀 500 多公里的路程，整整花了 17 个小时。汽车破旧又没空调。到了闽西境内，尽是弯弯曲曲的盘山公路，许多乘客被晃得呕吐不止。那时的河田，随处可见红色的光山秃岭和被沟道切割得支离破碎的山体……眼前的一切让他震惊不已。长汀县水土保持局原局长钟炳林，他脸色黝黑，朴质憨厚，他有句话让陈志彪记忆犹新：这里严重的水土流失是“烧”出来的，贫困农民因为买不起肥料，铲草皮烧当肥料，砍树当柴火烧。土地也因不堪重负而退化，进而农民更加贫穷，形成了恶性循环。作为水土保持研究者，在陈志彪眼里，长汀的水土流失后果更甚于黄土高原，黄土高原几百米厚的土层，流失一些不会伤筋动骨，而长汀有养分的土壤仅有薄薄一层，一旦流失，就什么也长不起来了。

怀着对老区的敬仰、对曾经贫困生活的刻骨铭心和对自己所学专业的热爱，陈志彪在闽西扎下了根，满腔热情地投入到改变生态环境，进而改善群众生产生活的脱贫攻坚战之中。他往返于福州与闽西之间，不下 160 多趟。寒暑假本来是老师最轻松的日子，但却是陈志彪最繁忙的工作季，就在刚刚过去的 2019 年暑假，他还在闽西高温潮湿的野外环境下工作了 40 多天。暑假也是陈志彪最难熬的日子，他患有白癜风，太阳晒到白斑，就像开水烫过一样，火辣辣的，又痛又痒，严重时还会起水泡。

/ 陈志彪（前）在长汀野外调查现场

/ 陈志彪团队调查水土流失情况

所以，每次去野外，他总是全副武装，长衣长裤，戴上草帽和手套，但这又热又潮的天气，裹得严严实实，身上常捂出许多痱子，痒得难受。曾经有七八年时间，陈志彪患上眼部肌无力，眼睛的重影让他非常痛苦，走在崎岖不平的山路上，一不小心就会摔倒。野外调查时最怕遇到下雨，下雨时，只得背着沉重的仪器，在泥泞的小路上艰难行走。而最危险的是崩岗调查，站在10多米高的陡崖边测量，一不小心，就可能坠落。20多年来，陈志彪克服了重重困难，从未中断去闽西的行程。通过20多年的不懈探索，陈志彪终于找到了闽西地区脱贫攻坚的方向：坚持水土流失治理与扶贫工作相结合，才能实现绿一方水土，富一方百姓。

《中国环境报》的一篇报道这样描写陈志彪："人家的论文撰写多是用手，而他的论文却更多用脚……"

治穷必先治山，才能得到金山银山

经过长期的实践探索，陈志彪总结出了在闽西的脱贫攻坚工作思路：首先将治理水土流失与发展农户经济相结合，并以培育示范户为抓手，以科技为支撑，进而探索行之有效的方法与模式。

“草—牧—沼—果”循环种养模式，就是他们探索出的模式之一。种草能迅速覆盖地表，抑制水土流失，但如果没有经济效益，就无法调动农民种草的积极性。为解决这一矛盾，陈志彪把示范种草与发展畜牧业相结合，让草转化成钱，又用动物粪便生产沼气，沼渣和沼液又可为果园提供大量的有机肥，用以改良当地贫瘠的土壤。

示范户马雪梅就是通过这种模式实现脱贫致富的。刚开始，她承包了近 500 亩的荒山种板栗，还养了几百只鸡。而令她万万没想到的是，南方盛夏的地表温度高达 60 摄氏度，刚种的板栗苗还不能给鸡遮阴，结果她放养的鸡接二连三地死了。偏偏祸不单行，一场大雨后，刚种的板栗苗又被水流无情地冲走了。得知情况后，陈志彪带领专家团队传授她种植板栗技术：在坡地上修筑水平梯田和反坡梯田，在梯田的台地前沿筑起土埂，后沿挖竹节沟，以拦蓄雨水；在裸露的地面、梯壁、土埂上种草，以防止雨水冲刷。为解决果园的肥源问题，他们还鼓励她养猪，并配套建设沼气池，用沼气来煮饲料。现在，马雪梅农场的沼气池已扩建到 1 300 多立方米，还用沼气为鸡舍的电暖设备提供能源。同时，沼渣和沼液又可给果树当肥料。如今，板栗树长得枝繁叶茂，养鸡规模也达到了 6 万多只。放养的河田鸡在树荫下嬉戏觅食，既充当起了“割草机”，又节省了割草费用，鸡还会为板栗树消灭金龟子等害虫，鸡粪也成为板栗树的肥料，从而形成了良性循环。随着生态环境的一步步改善，马雪梅的农场慢慢实现盈利，她脸上的笑容也渐渐多了起来。看到这一切，陈志彪和他的团队成员的内心也充满了喜悦。

马雪梅又把赚来的钱不断用于扩大再生产，先后成立了 5 家公司和专业合作社，投入 1 000 多万元建设自动化养猪场和处理病死畜禽的无害化处理厂，果牧产业越做越大。随着规模的扩大，马雪梅的果园和养殖场对劳动力的需求也越来越多，她不断吸纳周边村民到农场工作，很多村民在家门口就能挣到钱，从而摆脱了贫困。2018 年，她支付给村民的工钱就达 120 多万元。

靠科技发家致富，在水土流失治理中实现精准扶贫。通过示范户的示范引领，广大村民看到了科技的力量，也理解了绿水青山就是金山银山的深刻内涵。农户李宝敏承包的土地，起初水土流失也很严重。2013 年，陈志彪专门为他的承包地绘制了开发蓝图，分区域设计不同的种养方案：在山坡上挖大穴、下足基肥，种植樱花、枫香、木荷、红叶石楠、红花檵木等；在山坡平缓地带规划鸡、鸭、牛等养殖用地；在山坡下设计百香果种植区，既集约利用土地，护坡固土，又增加短期收入，还能形成美丽的廊道；在谷地上种植杂交狼尾草和黑麦草，为畜牧养殖提供饲料，减少养殖成本；在低洼处挖一口约 3 亩的鱼塘，形成立体、循环、生态的经营模式。如今，李宝敏家经营的“礼庄家庭农场”已经成为福建省第一家工商注册的家庭农场和省级示范家庭农场，农场的产品通过电子商城，销往全国各地。

宁化县石壁和淮土两镇原来的生态环境也十分恶劣，传统的油茶种植较为粗放，产

/ 陈志彪（右）与示范点农场主合影

量低。为此，陈志彪与宁化县共建亚热带紫色土侵蚀退化区生态恢复野外观测站，并依托水土保持科技示范园，为宁化县的油茶产业发展提供人才培养与研究成果的孵化，进而为宁化的油茶产业扶贫助力。通过与水土保持部门共同研究油茶园改造技术，研发果园种植圆叶决明 + 黑麦草 + 生物有机肥等改造油茶园技术，促进油茶产量与品质的提高。在新种植和老的油茶园里，通过外埂、内沟的水平梯田、隔坡梯田或山边沟 + 鱼鳞坑等技术措施，并在梯埂、梯壁上种植多年生草本，做到“水不下山，土不出田”。

在宁化县政府的积极推动下，这种技术得到了大面积推广。在石壁镇，厚德生态农业有限公司向溪背、陂下等村民委员会流转了 5 000 亩荒地种植油茶，优先安排 28 户建档立卡贫困户参与施肥、锄草、修剪、采摘等工作，每人每天可增加 80 ~ 90 元的收入，仅 2018 年一年就带动 160 多名村民实现了就地就业。如极度贫困户张贤勇和张良辉家，在公司打工挣钱，年增收入就可达 2 万多元。此外，淮土镇油茶专业合作社采取“公司 + 基地 + 农户”模式，在梨树、赤岭、凤山等水土流失严重村建立了 5 000 多亩油茶基地，带动 2 000 多人从事油茶产业，20 多个贫困户实现了脱贫。

2013 年，陈志彪带领团队在凤山村刘先锋家承包的近 200 亩油茶园和杨梅园里，通过个性化的农业循环种养模式设计，在果园水土保持改造基础上，发展起养猪和养蛋鸡产业，办起了“宁化县先富生态家庭农场”，打造杨梅采摘节等农家乐项目。2016 年，“宁化县先富生态家庭农场”被三明市评为新型农业示范主体单位，2017 年又被福建省授予家庭示范农场称号。

科技托起“草根英雄”，点燃扶贫燎原星火

/ 陈志彪（右）在宁化县示范点

闽西是习近平总书记生态文明思想的重要孕育地与实践地之一，习近平总书记曾5次亲临长汀指导。“长汀经验”已经成为全国水土流失治理的一面旗帜。如今已由过去的光山秃岭，变成了“花果山”，处处可见成片的树林，村民的钱袋子也渐渐鼓了起来。

在各方的共同努力下，长汀的水土流失面积比21世纪初下降了73.75万亩，宁化县2018年水土流失面积也比2012年减少了16.5万亩，绿意盎然的百万亩青山见证了陈志彪和他的团队付出的辛勤汗水。长汀和宁化两县原建档立卡贫困户现在都已脱贫，两县都彻底甩掉了贫困县的帽子！

陈志彪探索的“水土流失治理＋脱贫致富模式”，真正将“精准扶贫”的国家战略落地生根。这些年来，陈志彪扶持过不同类型的农业循环种养示范户，有公司，有生产大户，有普通农户，他们都成了乡村扶贫攻坚的生力军。仅马雪梅和李宝敏两家示范户，就帮扶了75户（249人）建档立卡贫困户。这些年来，陈志彪作为科技特派员，指导一线技术人员及时总结成果，培养出了一批基层技术骨干。

这些示范户与基层技术骨干，都是闽西大地上脱贫攻坚的“草根英雄”，都是闪耀在脱贫攻坚路上的星星之火！

（供稿、照片提供：福建省扶贫办　修编：顾勇华）

陈启宇，上海复星高科技（集团）有限公司董事长，生物医药专家，上海市政协常委。2017年底，他率领复星集团启动了“健康暖心——乡村医生健康扶贫项目”，创造性地提出帮扶全国150万名乡村医生的“五个一”工程。通过模式、科技、平台创新，截至2019年4月底，该项目已覆盖中西部12个省（区、市）49个国家级贫困县，帮扶了1 083个行政村卫生室，守护了1万多名乡村医生，惠及近200万户贫困家庭，其中直接受益的建档立卡贫困户超过30万户，贫困人口逾111万人。

基层群众健康的守护者

一家根植上海、业务覆盖全球的民营企业，为什么倾注所有资源关注贫困地区的乡村医生？

一位打造数家市值千亿公司的知名企业家，为什么筚路蓝缕，带头下乡进行健康扶贫？

陈启宇，上海复星高科技（集团）有限公司董事长，曾长期担任上海复星医药（集团）有限公司董事长，复旦大学毕业的生物医药专家，带领复星集团致力于为全球家庭提供多样化的健康产品。

2017年12月起，他发起“健康暖心——乡村医生健康扶贫项目”，广泛发动社会资源，大胆进行改革创新，响应中央和地方政府号召，为正在开展的具有划时代意义的脱贫攻坚战役增添了浓墨重彩的一笔。

抓住健康扶贫薄弱环节，建立百万村医守护网

常年奋斗在健康医药事业一线的陈启宇，当党中央发出到2020年打赢脱贫攻坚战，使建档立卡贫困人口实现“两不愁三保障”的号召之后，陈启宇开始思考，在这场战役中，复星能在健康扶贫中做什么？自己如何承担起更大的社会责任？

陈启宇带领复星基金会团队，多次调研走访，针对健康扶贫痛点、难点，四处寻找“药方”。在这个过程中，陈启宇发现，健康扶贫获得的关注和资源投入较为不足，同时

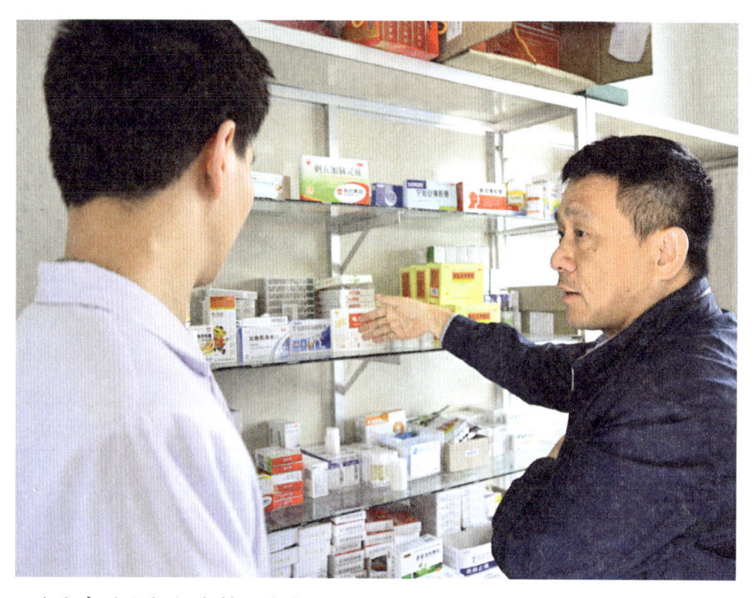

/ 陈启宇（右）与乡村医生交流

感到，已有健康扶贫集中在大病救助上，对农村基层医疗卫生服务保障的投入较少，而在我国现有基层医疗体制下，乡村医生承担着为农村人口提供基本医疗保障的重任，但他们普遍面临知识结构老化、工作能力不足、收入待遇不高、体制保障缺乏、人员流失严重等问题，导致基层健康缺少“守门人”。

结合这个实际情况，陈启宇带领复星，围绕精准扶贫的薄弱环节——贫困人口的基本医疗保障，创新性地提出：以帮扶全国 150 万名乡村医生能力提高为切入口，以派出全职企业员工进行接力驻点扶贫的方式，乡村医生健康扶贫项目构建起“零距离”守护乡村医生的网络。这样，不仅可以全年不间断地为乡村医生服务，而且可以第一时间收集需求，了解困难，解决问题。

除了复星产业基础做后盾外，项目的落地与实施同样离不开政府的支持。为了项目更好落地，2017 年 12 月 29 日，陈启宇推动复星和《健康报》签约，共同发起了“健康暖心——乡村医生健康扶贫项目”，聚焦为 6 亿农民提供基本医疗保障的 150 万名乡村医生，通过对他们的全方位帮扶，提升基层医疗卫生服务能力，阻断因病致贫、因病返贫渠道，扎扎实实助力 2020 年脱贫目标实现的同时，为更长远未来的健康农村和小康中国的建设提供支持。

坚持长期驻点结对帮扶，共建健康扶贫新机制

做一天好事不难，难的是一年 365 天、十年如一日地做好事。如何在模式、机制上创新，保证乡村医生健康扶贫项目可持续发展，是陈启宇从项目一开始就不断思考的问题。

首先在人力上，陈启宇从复星企业中选派优秀员工，以专职扶贫志愿者的身份赴贫困县派驻 1 年，逐年轮换。这些员工是复星的全职员工，薪资由复星发放，这样就保证

/ 乡村医生健康扶贫项目资助的“水上村医”

了乡村医生健康扶贫公益项目有源源不断的生力军加入，形成了一个长效机制。

其次，人多力量大，为了更好落实这一健康扶贫项目，陈启宇在复星内部，不管大会小会，都不遗余力地介绍和推广项目，充分调动 51 名复星全球合伙人的作用，发起“一人一县”结对帮扶，51 名合伙人每人对口一个项目县，并设定详细考核指标，包括结对帮扶的村医数量和建档立卡户数量等，将扶贫落到实处。

经陈启宇多方协调，乡村医生健康扶贫项目获得了国家卫健委扶贫办、团中央青年志愿者行动指导中心和中国光彩事业促进会的全程指导，由复星基金会和中国人口福利基金会、中国光彩事业基金会联合执行，实现“国家队”“地方队”“民企队”三方有机配合的健康扶贫新模式和社会力量广泛参与健康扶贫的新格局，建立了政府、企业、非政府组织多方协作模式，确保“乡村医生健康扶贫”项目长效发展。

深入一线掌握一手情况，努力强化“五个一”工程

需求来自一线，问题亦解决于一线。为了收集真正的问题与需求，陈启宇定期查看驻点队员的日记，随时查看周会、月会、季度的总结报告等，包括与各县长、卫生部门负责人沟通，收集乡村医生健康扶贫项目真正需要解决的问题。

陈启宇身先士卒，自己结对重庆石柱县并专程走访。2018 年 4 月 19 日，陈启宇第一次来到石柱县双坝村考察。双坝村下辖 6 个村民小组，全村有 881 户 3 292 人，村卫生室由马力医生夫妻共同负责，马力的父亲是一名老村医，已经退休了，但还经常在

村卫生室帮忙。

陈启宇一行进入卫生室时，发现不大的地方收拾得非常干净，他仔细了解了基本药物供应状况和当地村民的常见病，走到诊疗室时，发现输液的架子还是自制的，非常简陋。当问到马力医生夫妇有什么困难时，马医生有说不完的话，比如收入薄弱、退休以后没有保障、医疗能力有限等。马医生的父亲当了一辈子的村医，老了以后却没有任何的养老保障。陈启宇很认真地记录着，提出要针对存在的普遍问题，思考建立长效解决机制。

“还要调动好乡村医生与村民的积极性。”调研之后，陈启宇总结道。为此，一个“以奖代扶”的方案浮出水面：针对目前村民家庭医生签约率低、慢病服务水平不高的问题，复星为每个项目县提供一笔奖励基金，由卫生健康部门在对村医开展慢病签约管理和日常服务日常考核的基础上开展奖励。

同时，项目与健康报社、新浪网等媒体合作，开展年度“十大暖心乡村医生”和“十大暖心乡镇卫生院长”推选活动，充分调动乡村医生与乡镇卫生院长的积极性。为了进一步扩大社会效应，让更多人参与进来，2019 年，陈启宇特别选择在亚布力中国企业家论坛的年会上发布“乡村医生”奖项，积极推动郭广昌、陈东升、胡葆森等知名企业家与获奖乡村医生结对。

互联网时代要注重产品化思维，好的产品，不仅可以批量复制，还可以标准化、量化。陈启宇作为乡村医生健康扶贫项目的“产品经理”，他认为，如果健康扶贫也能产品化，不仅能提升效率，而且能解决标准、考核等一系列问题。

为此，陈启宇多次率团队赴京与国家卫健委有关部门进行深入探讨，达成共识：项目围绕守护、赋能和激励村医三个核心，进行以“五个一”工程为抓手的全方位立体帮扶。

“五个一”工程就相当于扶贫的五个产品，包括：一个村医保障工程（专业培训 + 保险赠送）、一个慢病签约管理奖励包、一批贫困大病患者救助、一批优秀乡村医生推选、一批智慧卫生室建设。项目为“五个一”工程制作了标准的执行手册，将此作为“标准动作”在 52 个项目县进行快速推广，基层农村健康守护网络由此逐步建立，乡村医生健康扶贫项目进入了一个良性发展轨道。

致力科技创新促进发展，探索服务智能化模式

陈启宇对基础医疗卫生体制和农村贫困人口健康问题有着深刻的认识。

在对双会村卫生室的走访中，陈启宇发现，乡村医生很难实现电脑处方，虽然有网络、有电脑，但是电脑非常老旧，也很难在线开处方、填报公共卫生数据等。对此，陈启宇打比方地说：“高速公路修好了，但路上还跑着拖拉机！”

他明确指出，随着中国城镇化进程的加快，人才从农村流向城市是大势所趋，因此仅设法留住村医、吸引青年人回归村医团队是不够的，还要用科技手段支持甚至代替部分村医，才能让最贫困地区的老百姓得到最新、最好的医疗服务。

为了解决这一问题，陈启宇积极调动复星旗下人工智能、大数据、远程诊疗等相关研发资源，推广四位一体的乡村“未来诊室”智能解决方案。这套方案包括：智能化便携检测、人工智能辅助诊断、大数据临床路径导航及健康管理服务培训，通过软硬件结合，村民健康检测数据实时上网，由一线城市三甲医院专家组成的团队在后台进行远程辅助诊疗，配合大数据 AI 诊疗助手，提高了村医的诊断和治疗能力。

目前，第一批 6 个乡村“未来诊室”已在云南省屏边县、江城县和甘肃省东乡族自治县试点，计划 2020 年至少推广到 30 个国家级贫困县。

经过陈启宇和 48 名复星一线驻点扶贫队员一年多的努力，乡村医生项目在提升试点贫困地区基层医疗卫生服务水平方面已经取得了显著成效，也为社会力量参与健康扶贫找到了一条有效的路径。

陈启宇还意识到，健康扶贫靠复星的力量是远远不够的，因此他强调要把乡村医生健康扶贫项目打造成一个开放共建的公益平台，随时欢迎其他社会力量加入，以形成全社会帮扶乡村医生的宏大合力。他充分利用在浙江商会和亚布力中国企业家论坛等组织

/ 陈启宇（中）在石柱县大歇镇双坝村调研

全国脱贫攻坚奖创新奖

中的个人影响力，发起了“乡村医生守护联盟”，成功影响了30余位民营企业家投身农村健康扶贫服务，并推动国家开发银行、中国工商银行、中远海运、建龙钢铁等企业为乡村医生健康扶贫项目捐款820万元，将“五个一”工程复制到这些企业的对口扶贫县，共同开展健康扶贫。

陈启宇还推动乡村医生健康扶贫项目与团中央“西部大学生志愿者计划”合作，每年招募一批具有医药和公共卫生背景的毕业生补充到乡村医生项目中来，与复星扶贫队员一起工作，共同探索大学生“西部新村医”的扶贫模式。

一年多来，陈启宇带领的乡村医生健康扶贫项目在各级政府的关心和支持下，通过多种创新，成绩斐然：

截至2019年4月30日，陈启宇带领复星51名全球合伙人和48名一线驻点扶贫队员，将乡村医生健康扶贫项目覆盖到了中西部12个省（区、市）49个国家级贫困县，其中包括“三区三州”深度贫困县8个，帮扶了4 083个行政村卫生室，守护了10 742名乡村医生，惠及近200万户贫困家庭，其中直接受益的建档立卡贫困户303 428户，贫困人口1114 480人。

按计划，到2020年，乡村医生健康扶贫项目将覆盖全国100个贫困县，3万名村医，惠及3 000万名村民，为脱贫攻坚和乡村振兴伟大事业做出一个民营企业应有的贡献。

［供稿、照片提供：上海复星高科技（集团）有限公司　修编：张梦欣］

/ 乡村医生健康扶贫项目县之一——甘肃省东乡族自治县

林杰，广西壮族自治区都安嘉豪实业有限公司董事长。曾获自治区民族团结进步模范个人等荣誉。2016年创新发展“贷牛还牛”扶贫产业项目，同时聘用300多名贫困群众发展“粮改饲”种植。创建养牛科研繁育基地和生态养殖科技示范园，以“微生物+”为核心，实施“养殖六化”科技创新模式，采用芯片跟踪管理，为贫困户提供日常技术指导及养殖防病治病服务。成立肉牛人工授精和胚胎移植科研中心，培育致富能手200多人。2018年，向贫困户发放了1.2万多头牛犊，“粮改饲”种植10.0万亩。都安县养牛产业发展已超过15万头，带动1.76万户贫困户脱贫。

“贷牛还牛” 脱贫致富领路人

都安瑶族自治县位于广西中部偏西、河池市南部，是广西成立较早、人口最多的瑶族自治县，也是中国布努瑶的主要聚居区。全县聚居着瑶、汉、壮、苗、毛南、仫佬、水等12个民族，2018年总人口72.96万人，其中少数民族人口69.8312万人。都安是全国县域石山面积最大的瑶族自治县，石山面积占总面积的89%，人均耕地不足0.7亩，素有“九分石头一分土”和“石山王国”之称。都安是全国扶贫开发重点县、全国深度贫困县、广西极度贫困县，“十三五”时期需要脱贫13.84万人、需要摘帽147个贫困村，其中深度贫困村106个，含48个贫困发生率在30%以上的深度贫困村，需要易地扶贫搬迁4.68万人，是广西贫困人口最多、人均耕地最少、贫困程度最深、贫困面最广、脱贫任务最重的县区。就是这样的一个贫困县，却吸引了林杰的目光，也成了林杰的扶贫阵地。

2016年12月，林杰注册资金2亿元，成立广西都安嘉豪实业有限公司，提出“贷牛还牛”扶贫产业发展模式，经过7年多的探索与发展，林杰逐步建立起“饲草种植—牛犊繁育—规模养殖—屠宰加工—冷链物流配送”的“贷牛还牛”全产业链发展格局。公司建设的“瑶山牛”扶贫产业示范区被认定为2018年广西唯一的以养殖业为主导产业的五星级核心示范区，2019年成功入选国家现代农业创建名单，公司先后被国家科技部办公厅授予国家级“星创天地”荣誉称号，自治区党委政府授予全区脱贫攻坚“先进集体”荣誉称号，自治区党委统战部2018年度“广西统一战线脱贫攻坚先进单位”荣誉称号等。

放弃繁华都市，走进贫困山区

林杰作为福建省宁德市华府房地产开发有限公司总经理，经过 5 年打拼，成为当地房地产行业领航者，享受到了成功的喜悦。但是，2012 年，有着一颗扶贫救困之心的他，毅然抉择南下，携带家人和伙伴闯入素有“石山王国”之称的广西壮族自治区极度贫困县——都安瑶族自治县，成立了广西都安融富种植养殖农民专业合作社。2015 年全国脱贫攻坚战打响，擅长养牛的他又响应都安县“决战贫困，同步小康”动员令，主动请缨参与精准脱贫大会战。为方便在都安开展工作，2015 年 10 月，作为跨省的汉家弟子，39 岁的林杰做出惊人选择，毅然将自己户口从福建省福清市迁入河池市都安县，他说自己要扎根瑶山，尽力服务都安的乡亲。

林杰面对没有森林资源又没有矿产开发，也不靠近沿海的石漠化山区贫困县，感受到了前所未有的压力。

在林杰的笔记本上记录着这样的内容：截至 2015 年底，都安县尚有建档立卡贫困人口 13.67 万人，是广西贫困人口最多、贫困程度最深的县份，致贫主要原因是缺钱、缺粮、缺土地、缺房、缺公路、缺带头人。靠山吃山，做无中生有的文章，如何在“一方水土养不起一方人”的贫瘠条件下布局产业、增加收入、斩断穷根？这是林杰不停思

/ 林杰考察贫困山区养殖条件

考的问题。经过多方走访，林杰发现都安县养牛历史非常悠久，家家户户都懂养牛，而且养牛需要的玉米秸秆、甘蔗渣、木薯渣、象草、构树和其他自然生长的草本植物等饲料非常丰富，只是因为没有政策、资金扶持和加工、销售保障，市场风险较大，农户一个家庭每两年只养一头牛，形成不了可持续发展的产业。而且农户饲养的本地土黄牛，也就 600 ~ 700 斤，销售的时候牛贩子直接估算，农户缺乏经验，往往是吃亏的，收益十分有限，解决不了一家老小的基本生活问题，被逼无奈，有点劳动能力的人只能外出务工，把老人和小孩留在家中。

面对这种情况，林杰对团队成员说："人要有担当精神，我决定带领贫困户发展肉牛产业，要通过'政府 + 经营主体（公司、企业）+ 基地 + 干部 + 农户'的经营方式，实现两年内养殖都安瑶山牛 20 万头的发展目标。"

了解山区贫苦，破解发展难题

2015 年 8 月，林杰走进都安县政府大院，敲门找到都安县主管扶贫工作的领导，提出实施"贷牛还牛"扶贫产业发展意见。林杰说："这半年我考察了 150 多个村屯，走访了 700 多位农户，对当地的民风民俗、气候和资源条件等有了较为深刻的了解，群众生活条件太艰苦了，都安尽管自然条件差，但这里群山万岭，牧草资源非常丰富，城区交通便利，发展养牛业是大有可为的。"他又说："但是养牛要形成产业，且做大做强，必须打破以前养牛自给自足的传统，肉牛产业发展一定要激发贫困户的内生动力，树立贫困户'勤劳致富'的观念。要形成'政府扶持、企业牵头、自养为主、联养为补、改粮种饲、种养结合、保险止损、保底收购、电商促销、冷链保障、滚动发展、持续脱贫'的'贷牛还牛'产业扶贫新模式。"林杰的这个产业发展思路，得到都安县领导高度重视。

2017 年，河池市委市政府把都安县扶贫产业"贷牛还牛"列入河池市"十大百万"重点扶贫产业。林杰投入资金 2.5 亿元创建广西首个万头种牛繁育养殖场，通过"财政、畜牧、金融、专合、企业"共保，把"公司 + 示范园 + 合作社 + 贫困户"有机结合，将"贷牛还牛"扶贫产业在都安县全面铺开。截至 2019 年 6 月，嘉豪公司已带动 19 个乡镇 248 个行政村 2.4 万户贫困户饲养肉牛 3.5 万头，培育发展肉牛养殖合作社 147 家，受益群众 8.7 万人。贫困户饲养一头牛每年可增收 5 000 ~ 8 000 元，通过滚动循环发展，有的养殖户现已养殖肉牛 12 头，年增收 4 万元。都安县肉牛养殖产业还安置就业 600 多人，这些人每年工资性收入超 3.6 万元。同时，吸收 50 个贫困村集体经济资金 2 500 万元入股肉牛养殖产业，每年为村集体经济增加收益 5 万元以上，贫困群众由村民变股民、从农民变工人，企业既壮大了资本，又解决了用工问题，规模越来越大。

保安乡元力村弄记屯贫困户周生峰和周生茂两兄弟，于 2017 年 3 月分别从嘉豪公

/ 林杰（前）在扶贫产业“贷牛还牛”项目牛犊首发仪式上讲话

司“贷牛还牛”贷回一头牛犊饲养，因为饲养经验丰富，管理到位，周生峰饲养的肉牛可达 1 200 斤，周生茂饲养的肉牛也达到了 1 100 多斤，嘉豪公司以高于市场价的价格回收，扣除牛犊钱，两兄弟分别赚了 9 000 多元。群众看到这一幕纷纷表示：“‘贷牛还牛’成了我们脱贫致富的重要产业，林老板引我们走对路啦。”

完善产业配套，提供科技支撑

说起“贷牛还牛”，林杰说：“我是‘软硬兼施’，这是我的第一大法宝。”“软硬兼施”的目的是要夯实都安县“贷牛还牛”产业的发展基础。林杰说：“我在都安县带领贫困户发展肉牛产业，不是为了名，也不是为了短期的利益，而是为了共同发展、绿色发展、长远发展；不是为了暂时脱贫，而是为了永久脱贫；脱贫不是最终目的，让都安县的贫困人口致富才是我发展产业的根本。”贷给牛犊是“软”措施，林杰采取“公司＋基地＋农户”的产业发展模式，与政府、保险、帮扶干部、贫困户签订五方协议，厘清权利和责任，由公司提供牛犊贷给贫困户，贫困户饲养出栏后由公司按市场价回购，如果市场价低于 20 元 / 公斤，公司照按 20 元 / 公斤回购，从根本上消除养殖户顾虑，保证贫困户积极性不断提高，公司养殖规模也不断壮大。建设达到国家标准的现代化牛场是“硬”措施，目前嘉豪公司建有可容纳 2 万头以上的暖棚牛舍 120 栋 14 万多平方米，引进西门塔尔牛、鲁西黄牛、德国黄牛、法国安格斯和本地蚍种黄牛等高质量品种牛 2.4 万多头，年存栏育种母牛 1.8 万头，自繁牛犊 1.5 万头以上。

三管齐下为“贷牛还牛”产业发展保驾护航是林杰的第二法宝。为解决“贷牛还牛”风险，林杰三管齐下。一是草企结合。政府大力发展“粮改饲”，林杰主动承担起饲草的收购、加工和销售，按保底价高秆玉米 320 元 / 吨、牧草 200 元 / 吨的标准收购并进行加工，除了企业自销外，还以成本价销给本地合作社和养牛散户，极大地激发群众种植热情，形成了“以养带种、以种促养、种养结合、又种又养”的良性循环，为都安县“贷牛还牛”产业提供饲草保障。二是消除后顾之忧。嘉豪公司与保险公司合作为牛犊投保，对出现牛犊意外死亡的情况，由保险公司理赔完毕后，贫困户可向公司再申请领养一头牛犊，降低贫困户养殖风险，帮贫困户系上“保险带”，消除后顾之忧。三是科技创新。林杰运用“微生物 +”生态养殖核心技术，实施“养殖六化”科技创新模式，采用芯片跟踪管理模式，加强养殖各环节监控，协助畜牧部门为贫困户提供日常技术指导及防病治病服务，保证肉牛长得快还长得好；建立信息追溯系统，每头肉牛都建立信息档案，每个环节都可查可追溯。坚持“农牧结合、生态养殖、综合利用、循环发展”的原则，发展现代生态养殖，成立肉牛人工授精和胚胎移植科研中心，建立肉牛养殖人才高地，为都安肉牛产业的发展提供强力的科技支撑。

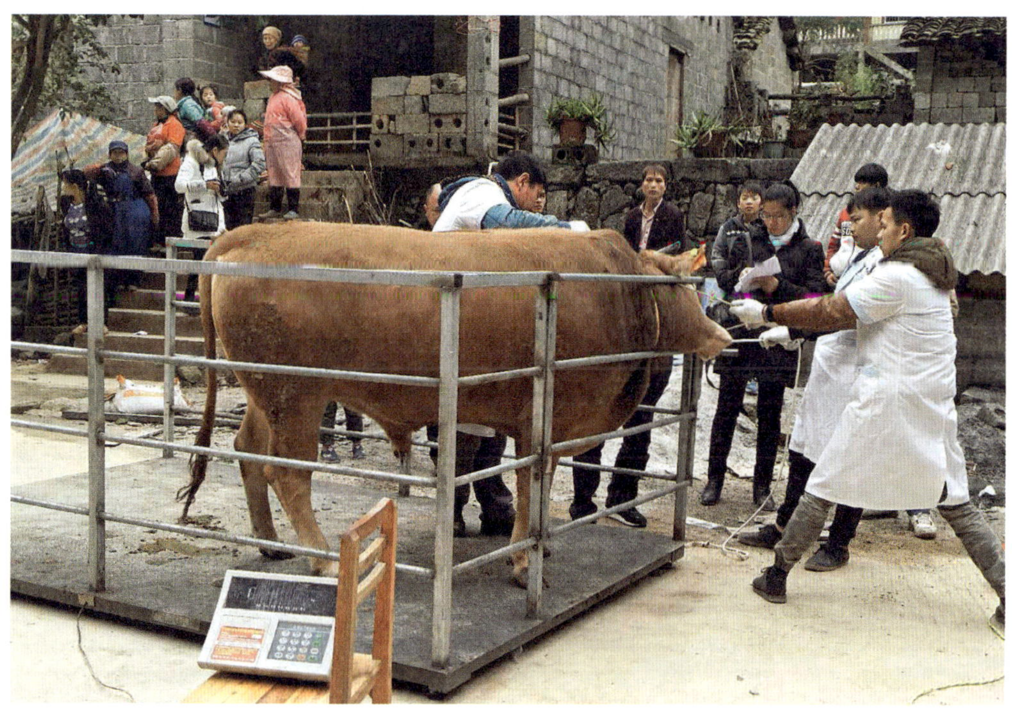

/ 回收贫困户饲养的肉牛

/ 大都华牛生态养殖科技示范园

延长产业链，促进“贷牛还牛”产业可持续发展是林杰的第三大法宝。林杰说：“当‘贷牛还牛’扶贫产业形成规模后，都安的肉牛供应量大大提高，将会超出都安本地的市场需求，所以就要上冷链，打造‘瑶山牛’品牌，向外打开销路。”为确保“贷牛还牛”产业长远发展，林杰着力打造一条完整的闭环产业链。2017 年 4 月，嘉豪公司投资 3 亿元开工建设广西都安西南冷链仓储物流中心，形成繁育养殖、屠宰加工和冷链仓储交易一体化，建成“全链条、网络化、严标准、可追溯、新模式、高效率”的现代冷链物流体系，将都安县专业冷藏运输、冷链终端销售网点纳入冷链物流储运销监控服务平台，实现冷链物流“供、储、展、运、销、配”全链条无缝衔接追溯和电子结算自动化覆盖率 100%，冻库年有效储藏总吨位达到 600 万吨，专业冷藏车保有量达 40 辆，冷藏运输率达到 80%；实现都安县生鲜农产品和易腐食品综合冷链流通率 70%，形成“生鲜电商 + 冷链专配”和“中央厨房 + 食材冷链配送”等物流模式，年产值可达 30 亿元以上。同时，利用东西部扶贫协作深圳宝安平台，与深圳市宝安区签订销售协议，将育牛基地、冷链仓储物流、销售市场三点连为一体，实现无缝对接，使“贷牛还牛”的养殖、深加工、运输、销售等环节有机衔接，从而延长“贷牛还牛”产业链。

倾力扶贫，彰显情怀。都安县“贷牛还牛”扶贫产业带动贫困户增产增收效果显著，得到自治区领导高度肯定，成为自治区脱贫攻坚的一面旗帜，并在全区进行推广。都安县县政府领导被林杰跨省做强“贷牛还牛”扶贫产业的精神所感动：“林杰全心融入都安新时代经济建设，给都安各族人民送来财富，将有力推动都安与全国同步进入小康社会，他是都安‘贷牛还牛’扶贫的领路人。”

（供稿、照片提供：广西壮族自治区扶贫办　修编：张梦欣）

罗新增，海南省五指山市委常委、副市长（挂职）。他挂职以来，力推全国首例橡胶收入保险落地五指山市，为全市 3 900 户建档立卡贫困户和畅好乡胶农的 3.94 万亩天然橡胶提供价格保险，2018 年获得橡胶价格保险理赔 274.6 万元，全市橡胶产量增长约 30%，该做法也成为海南省总结推广的试点经验。他深入全市 69 个行政村调研 100 余次，积极研究科技扶贫的长效机制，牵头制定并实施的五指山市《生态科技特派员制度实施意见》《知识产权扶贫鼓励办法》和《海南省科技特派员培训学院（五指山）建设方案》，为五指山科技扶贫做出突出贡献。

这个市长点子多

一捧山兰米和一处海上石油钻井平台，一块篮球场和一处“空中电站”，一个个专家院士工作站和一群群面朝黄土的农民……看似毫无关联的场景，近年来在五指山的黎村苗寨互动频繁。这一切并非偶然，而是得益于五指山市委常委、副市长罗新增的牵线搭桥。

2017 年，罗新增受中海油集团委派至五指山担任挂职帮扶干部。罗新增带来了新思想、新观念。受益的群众说，这个市长点子真多。

凭借一系列创新帮扶举措，罗新增获得了 2019 年全国脱贫攻坚奖创新奖。

橡胶有了“保护价”

戴着头灯，蹬着胶鞋，2018 年 9 月 25 日凌晨 3 点，五指山市畅好乡草办村胶农杨海平和往常一样，出现在自家胶林里，一次次弯腰、出刀，胶水随之一滴滴落入胶杯。“割了半辈子胶，一家老小就指望这些树糊口了。”可事实上，他也曾因橡胶价格持续低迷，萌生过弃割、弃管的念头。

直到 2017 年，五指山率先落地实施全国首例“橡胶价格保险”，这才让杨海平吃下了定心丸。“每吨保价 1.6 万元，第二年我就收到了保险公司赔付的 7 500 元预赔款。”

杨海平不知道的是，这一切是挂职副市长罗新增经过反复调研论证、推翻五六版方

/ 罗新增（左）在应示村向割胶农民了解橡胶保险金发放情况

案，耐心摸索的结果。

海南是我国天然橡胶种植的摇篮和起源地，也是我国最大的天然橡胶种植基地。位于海南中部山区的五指山市，天然橡胶也是该市最重要的农业产业支柱之一，被誉为农民收入的“绿色银行”。然而，近年来由于干胶市场价格波动剧烈，低迷的橡胶价格严重影响了胶农割胶的积极性，不少胶农出现弃割现象，也影响了五指山的脱贫攻坚进程。

面对胶农短期内找不到新的收入渠道，橡胶价格回升的节点又迟迟不来，罗新增看在眼里急在心里。2017 年 4 月，罗新增在与华农保险有关领导的一次交流中了解到，可借力保险金融工具的杠杆作用和补偿功能，在橡胶市场价格波动的情况下最大限度地保障胶农利益，调动胶农生产积极性，进而推动五指山橡胶产业发展。几经思虑，一套保障胶农收益的解决方案在罗新增脑海中初步形成。

说干就干。罗新增马上邀请华农保险工作人员多次到五指山开展橡胶收入保险的相关调研，他带队冒着酷暑、顶着烈日，强忍胃痛，跑遍全市 7 个乡镇、上百家农户了解胶农的真实需求。起初不少胶农对保险知之甚少，甚至有胶农质疑保险的“兜底”作用。来自福建的罗新增费劲口舌，克服方言等障碍，耐心地向胶农讲解橡胶价格保险。橡胶投保后，一旦胶价低于约定的 15 元 / 公斤标准，就会触发保险理赔机制，让胶农获得保底收入。为确保胶农尽快享受到保险红利，他一方面组织召开了 6 次专题会议，亲自参与修改保险实施方案并四易其稿，使方案具备了可操作性；另一方面，他辗转多次到省里沟通，向省财政厅申请到了 150 万元用于补贴贫困胶农的保险费支出，减轻了胶农的交费压力。

功夫不负有心人。2017 年 6 月，全国首例橡胶收入保险正式落地五指山，五指山市投入 379 万元为全市 3 909 户建档立卡贫困户和畅好乡胶农的 3.94 万亩天然橡胶购买橡胶价格保险，当年其中的 1 858 户胶农即获得橡胶价格保险理赔 274.6 万元，极大地增强了贫困群众管胶割胶积极性，有效地稳定了传统产业发展和胶农预期收入。橡胶价格保险让畅好乡胶农尝到了甜头，很快调动起了胶农的割胶积极性，畅好乡番贺村2017 年开割橡胶产量不足 1 万斤，但 2018 年仅至 10 月产量就达到 2.34 万斤。保险让番贺村胶农的观念从原来“开割就亏”转变为“多割多赚”，全村胶农增收致富和贫困户脱贫的信心很快就树立起来。目前，橡胶价格保险的保障功能、激励效果已经凸显出来，2018 年五指山市橡胶产量增长约 30%，该做法也已成为海南省总结推广橡胶价格保险的试点经验。

空中装了“生金板”

每天傍晚时分，五指山市通什镇应示村村民都会到位于村委会办公室门口的篮球场上锻炼身体。与其他地方不同的是，这处篮球场的正上方建有一处 7 米高的“空中电站”，不仅能遮阴挡雨，更可以源源不断地“生金”。

“这是中海油集团援建的光伏发电站，年收入可达 15.6 万元，持续收益 20 年以上。”驻村第一书记符亚娜介绍，这一项目的落地让该村村集体经济实现了零的突破，他们借此收入为村里 30 户贫困户、五保户每年分红 3 000 元。

如何让农民富起来成为罗新增的一块心病。绿水青山就是金山银山，作为能源企业干部，罗新增深知新能源对经济发展的促进作用，如何在保护中发展，这是罗新增经常

/ 罗新增（右）在应迈村光伏发电太阳能板安装现场

思考的问题。五指山市通什镇福利村是“十三五”贫困村，人均年纯收入低，村无集体经济发展收入，是名副其实的“空壳村”，脱贫攻坚任务艰巨。而像福利村这样的贫困村，在五指山市不在少数，罗新增深思熟虑后向市委市政府提出，用好用足国家能源局赋予的五指山光伏扶贫重点县政策，是全市精准扶贫一条行之有效的好路子。

罗新增组织人手多方调研，充分考虑山区用地困难和保护生态环境，巧妙利用村级篮球场立体空间和文化室屋顶建设“空中电站”。在选定福利村 13 户贫困户作为光伏扶贫的试点参与对象后，他成功引进海南省光彩事业促进会捐助的 40 万元进行项目建设。为了保障项目顺利完成，他往返奔波于项目地与五指山市各部门间，仅用 30 天就完成项目建设，建立起五指山首个村级光伏扶贫电站并实现并网发电，为五指山市规划建设和带动全市建档立卡贫困村脱贫起到了积极示范作用。

不仅如此，罗新增还推动出台全市光伏扶贫整体规划方案，在全市 7 个乡镇 43 个建档立卡贫困村建设 63 个光伏扶贫村级电站，预计发电规模 8 000 多千瓦，将惠及建档立卡贫困户 2 000 多户，每年将为当地建档立卡贫困户户均增收超过 3 000 元，持续收益在 20 年以上。部分村集体经济收入“空壳”的问题即将成为历史。

光伏的收益怎么用？罗新增有他自己的想法。初到五指山挂职不久，罗新增在一线走访调研中发现，近年来，五指山市各乡镇农民因病致贫、因病返贫的情况时有发生。光伏收益不能养懒汉，怎么帮助到困难户，罗新增动起了脑筋。

水满乡五指山腹地里的贫困户经常因为交通不便耽误病情诊治。脱贫攻坚就要敢啃硬骨头，他选定水满乡作为试点，积极尝试“互联网 + 医疗”破解老百姓看病难题。除了光伏收益外，他不怕遭人冷落，几上海口，寻求社会资源支持，最终促成中国城投建设集团（海南）捐款 120 万元，在水满乡高起点搭建了“互联网 + 健康管理远程平台”，并首创“四机并作、五方联动”的管理体系。水满乡“互联网 + 健康管理远程平台”让当地村民在家门口就可进行血压、血糖等 8 项体征检测，在预防农民因糖尿病、高血压等疾病致贫、返贫方面做了积极有效的探索。

这空中的“生金板”，给篮球场遮了凉，还给贫困群众带来了健康。

山里特产“出了海”

“这可是稀罕物，你们还没见过这红米饭吧？”2018 年 9 月 18 日，在我国南海某石油钻井平台生活区，中海油集团的一名员工手里拿着一包山兰米，向其他员工介绍。

金秋时节，五谷丰登。在五指山市水满乡新村，村民们正忙着把山兰米称斤、打包。打包好的山兰米将通过飞机运往全国各地，包括南海之中的石油钻井平台。

如何帮助农民打通农产品上行通道？罗新增决定带上五指山的特色农产品，全面对接中海油集团的消费平台和渠道。几乎是一拍即合，双方很快建立起稳定的产销合作机制，开启“走亲戚”般的紧密合作。

目前，中海油集团通过集中定点采购，购买了特色山兰米及五指山野生蜂蜜等当地特色农产品，总采购量超过 5 000 斤，总采购金额超 40 万元，直接惠及当地农户 50 多户。

2018 年 7 月 10 日，五指山市电子商务公共服务中心正式挂牌成立。服务中心一头牵着市场，一头连着田间，有力带动着五指山市绿色产品消费。仅 2018 年 8 月 24 日至 9 月 21 日，五指山电商平台销出蜂蜜、辣椒酱、忧遁草、茶叶等农产品共计 43 万元，其中中海油扶贫采购金额达 12.5 万元。

五指山市绿色产品丰富，五脚猪、野山鸡、红茶、忧遁草质量优、产量高，此前受制于交通物流、品牌营销等因素，一直是“叫好不叫座”。

这可难不倒点子多的市长。罗新增化身推销急先锋，联系中海油公益基金会，为五指山市农副产品进入中海油 10 家扶贫产品体验中心牵线搭桥。

五指山市在做强电商平台的同时，还在海南省外建立农产品供应站，多渠道销售农副产品。如今，五指山市每年都会派人参加中海油举办的电商扶贫培训项目，懂电商、用电商的人越来越多。

/ 罗新增（中）在五指山电商中心调研电商扶贫工作

全国脱贫攻坚奖创新奖

村村来了“特派员”

这个市长的点子不只限于脱贫攻坚，他还琢磨着如何为乡村振兴创造条件。

推进生态科技特派员全覆盖，争创全省首个台湾农民创业园，规范科技成果管理和转化……在罗新增的推动下，五指山市陆续出台了17项符合该市实际的创新制度和激励方案，走在了海南省各县市前列。

为推动规划落地，罗新增赴福建省考察学习福建生态文明先行示范区建设和创建台湾农民创业园先进经验，立足五指山实际，深入全市59个行政村调研100余次，磨破10余双运动鞋，因地制宜进行长远谋划，以突出制度创新、促进全面打赢精准脱贫攻坚战为重点，为五指山市建设国家重点生态功能示范区以及实现产业绿色融合发展进行了全面的规划，完成《五指山创新型县建设方案（2018—2020）》，该方案经申报，促成五指山市成为海南省唯一被科技部列入“全国首批创新型县（市）建设名单”的县（市）。

/ 罗新增在南圣村委会了解科技特派员部署情况

按照规划，海南省台湾农民创业园将推动五指山市旅游业发展，带动住宿、餐饮、娱乐、农产品等一系列产业发展，有效拉动内需，并创造5 000个以上就业岗位，有效解决五指山市农村剩余劳动力多的问题，非常契合脱贫攻坚、乡村振兴等战略目标。

五指山市已与福建农林大学合作对第一批24名生态科技特派员进行培训，与中山大学就五指山特色农产品忧遁草的养生、药用等方面价值进行研发拓展，为五指山发展提供强有力的科技支撑。

给橡胶买保险，篮球场上装光伏，海上钻井平台卖山货，村村派驻科技特派员……这个分管扶贫的副市长，点子可真多啊！

（供稿：罗顺　修编：高永伟　照片提供：吕光强）

金黎平，中国农业科学院蔬菜花卉研究所研究员，博士生导师。曾获全国农业科研杰出人才、全国农业先进工作者、全国巾帼建功标兵等荣誉。率领团队从事马铃薯科研工作30多年，常年带领团队奔波在科技扶贫第一线，足迹遍布马铃薯主产县。协助有关部门制定了《全国马铃薯优势区域布局规划和产业发展意见》，帮助多个扶贫重点地区制定马铃薯产业发展规划，引导产业发展，助力产业扶贫，开辟了科技扶贫和产业扶贫相结合的新路子。在科技扶贫过程中，先后培养“西部之光”学者、西藏和新疆特培学员[illegible]博士。

誓把“土蛋蛋”变成“金豆豆”

马铃薯，俗称土豆、洋芋、山药蛋等，在我国广泛栽培。我国是世界上最大的马铃薯生产国和消费国，种植区域与连片特困区域高度重合，长期作为重要扶贫作物，在国家脱贫攻坚和乡村振兴战略中发挥重要作用，同时在满足国人健康营养食物需求和发展区域经济等方面具有其他作物不可替代的作用。金黎平研究员带领团队长期致力于马铃薯产业技术研究，常年奔波于全国马铃薯产区，服务于连片特困地区，取得了显著成绩。

投身马铃薯科研，忘我奋斗争朝夕

金黎平1980年考入浙江农业大学，1984年到中国农业科学院研究生院攻读马铃薯遗传育种方向硕士学位，从此与马铃薯科研工作结下了不解之缘。她总是以满腔热情投入到科研事业中，经常加班加点，夜以继日地工作。率领团队在全国各地设立了10多个育种基地，一年到头多一半时间马不停蹄地穿梭在全国各地不同季节的育种基地、体系试验地和主产区，一年里要经历好几个春夏秋冬，风雨兼程成了家常便饭。她曾被评价为“脸晒得比农民还黑，在田间难以分清谁是农民、谁是博士”。

有一次，在收获河北坝上基地育种材料时突降大雨，为了防止雨水浸泡育种材料，抢收入库返程路上已经天黑，对向车道大货车违章越线，造成团队多人受伤，其中金黎平受伤最重，头上缝了10针，额头上永远留下了疤痕。她还多次担任联合国FAO和UNDP项目专家，前往战火纷飞的阿富汗进行技术指导和服务。

/ 金黎平在贫困地区指导马铃薯新品种种植

经历了生死，更懂得事业的坚守，科研成果是对她最好的回报。30多年来，金黎平主持完成了国家“863”“948”“国家科技支撑计划”重大项目和农业行业科研专项等20多个项目。经过长期研究，积累了一大批遗传群体、品系和品种等种质资源，保存了国内外各类马铃薯种质资源2 200余份，系统鉴定评价了近1 000份资源的表观性状和遗传多样性，定位和克隆了一批抗病耐逆、熟性和块茎品质等重要性状的基因，建立了主要性状分子标记辅助育种体系，并与倍性操作技术和常规技术结合，建立了马铃薯综合高效的育种技术，创制了一批突破性育种材料，育成了22个国审、3个省审鲜食和加工用新品种，并在全国范围内推广应用，仅育成的早熟品种就累计推广了7 800多万亩。2017年，金黎平作为第一完成人的“早熟优质多抗马铃薯新品种选育与应用”成果获得国家科技进步二等奖。

金黎平2008年起担任国家马铃薯产业技术体系首席科学家，2011年起担任农业农村部薯类学科群综合性重点实验室主任，2012年起担任农业农村部薯类生产专家组组长，长期组织协调全国马铃薯研究工作。在上级部门的领导下，通过资源整合、联合攻关和体系文化建设，打造了一支精诚合作的国家马铃薯产业技术体系科研团队，出色地完成了农业农村部薯类学科群和产业技术体系的建设及研发任务，解决了产业链各环节的一些瓶颈问题，提升了全产业链技术水平，为马铃薯产业健康可持续发展提供了有力科技支撑。2017年，金黎平被授予“全国农业先进工作者”称号。

产业扶贫结硕果，农民鼓起钱袋子

我国马铃薯主产区大部分分布于特困连片区域，发展马铃薯产业，不仅可以解决贫困地区人们的温饱，更有助于增加贫困地区农民收入，助力脱贫攻坚和乡村振兴。金黎平深感肩上重任，积极参与国家层面马铃薯产业顶层设计，担任了多个贫困县的扶贫专家组专家，常年带领团队人员奔波在产业扶贫第一线，足迹遍布乌蒙山区、六盘山区、吕梁山区、武陵山区和燕山—太行山区等集中连片特困地区，通过马铃薯产业调研、制

/ 金黎平（右一）在种薯质量认证示范田间检查

定发展规划、建立工作站和育种基地以及培养马铃薯领域专门人才等多种形式进行科技扶贫、产业扶贫，誓把“土蛋蛋”变成“金豆豆”。仅在 2016—2018 年三年里，金黎平就组织和带领马铃薯产业技术体系专家在连片特困区开展了 200 多项试验示范，累计示范推广新品种、新技术 500 多万亩，技术培训和指导 1 982 次，发放技术资料 174 590 份。据初步统计，新品种、新技术和新装备的应用使得贫困区域马铃薯种植平均增产 22.50%，平均增收 542.80 元 / 亩。

马铃薯作为乌蒙山区传统作物，栽培历史悠久。从 1997 年开始，金黎平所在的团队配合国务院扶贫办，帮助贵州省发展马铃薯脱毒种薯，在乌蒙山区腹地毕节市建立了马铃薯原种快繁中心，开展马铃薯产业扶贫，开辟了科技扶贫和产业扶贫相结合的新路子。2012 年，金黎平受聘毕节市政府农业科技顾问，与当地农科所联合建立了马铃薯专家工作站，开展适合当地的新品种培育和配套栽培技术的研发工作。

每当 3 月末的播种季节，金黎平就会出现在威宁的田间地头。民谚云“天无三日晴，地无三尺平”，大家既要克服土地条块散落和不平整的困难，又要抢在雨季来临之前完成播种。同时，为了防止播种时材料混淆，需要加强和百姓沟通，而民族地区方言难懂又为交流增加了障碍。夏天马铃薯花开季节，金黎平也会出现在威宁育种基地的田里，调查记录试验材料的生长情况。威宁的平均海拔超过 2 200 米，这里的紫外线非常强烈，田里工作一天后，皮肤就被灼伤褪掉一层皮。秋天马铃薯收获正处多雨季节，金黎平常常冒着小雨收获，经常浑身湿透，为了抢收，起早贪黑更是家常便饭。

经过金黎平团队和当地部门多年共同努力，培育抗病、高产、优质的优良品系 94

份，合作审定了一个新品种中薯 20 号；在威宁县建立马铃薯脱毒种薯扩繁示范区 3 万多亩，示范推广马铃薯新品种和新技术 30 万亩，并为当地留下了一大批品种选育后备材料和马铃薯种植专业人才，为毕节地区马铃薯产业扶贫提供了坚实的科技支撑，极大地提高了贫困户的种植效益。2016 年，威宁县农民通过马铃薯产业实现人均纯收入 1 690 元左右，占全县农民人均纯收入 22% 以上，马铃薯实实在在地成为当地农民脱贫致富的“金豆豆”。

宁夏、甘肃和内蒙古是我国马铃薯主产区，也是我国国家级贫困县集中地区。金黎平率领团队先后在宁夏、甘肃和内蒙古建立马铃薯专家工作站，为当地马铃薯产业发展献计献策，提供马铃薯资源、技术和人才支持。早在 2003 年和 2005 年，中国农科院蔬菜花卉研究所分别与宁夏、甘肃农业科研和推广部门建立了马铃薯试验基地。在工作期间，为了节省时间，金黎平带领团队在宁夏固原山里常是风餐露宿带着干粮下田，中午在田间地头简单吃几口，铺个蛇皮袋子坐在地上休息一会儿就接着干，这一干就干到晚上八九点，回到住地也顾不上休息，而是连夜整理资料。

经过多年努力，他们在宁夏和甘肃选育出一批优良品系和品种，其中晚熟鲜食品种中薯 21 号通过了甘肃省审定，丰富了当地的品种。宁夏的马铃薯产业结束了多年徘徊的局面，由 2004 年的 107 万亩发展到 2017 年的 250 多万亩，价格也由几分钱涨到几毛钱，马铃薯已由温饱作物变成了创收致富作物，成为宁夏西海固地区脱贫致富的四大支柱产业之一，撑鼓了农民的钱袋子。

2017 年，在金黎平的倡议下，中国农科院蔬菜花卉研究所联合内蒙古当地农业研究机构建立了马铃薯专家工作站。他们共同建设了 100 多亩地的品种选育和绿色高效栽培技术试验基地，提供了 3 万多个基因型育种材料和高代新品系，建立了 100 多个新品种的展示区和绿色提质增效种植技术示范基地，并以乌兰察布为中心辐射内蒙古马铃薯种植区，面向广大种植户和企业进行新品种和新技术推广工作。

/ 金黎平（右二）在内蒙古乌兰察布现场指导种植技术

河北坝上地区集中了 4 个国家级贫困县，是国家重点扶持发展的贫困地区。1998 年开始，在金黎平的努力下，在当地农科所的支持下，中国农科院蔬菜花卉研究所建立了相对独立的坝上马铃薯育种基地，进行新品种选育和配套栽培技术研发，服务当地和全国马铃薯产业。每年4月末5月初，坝上地区还是春寒料峭，金黎平就开始带领团队整理材料和播种了。播种时室外温度很低，尤其遇上寒流时温度骤降，在地里披着军大衣还被冻得瑟瑟发抖。而到9月收获时北京还是一片秋色，坝上却已进入初冬，碰到下雪和冰雹更是司空见惯。有时候为了抢收，会忙到晚上八九点钟，回到住处，金黎平又要赶写项目材料，很晚才能休息。功夫不负有心人，经过多年努力，金黎平在这里先后选育出了中薯18号、中薯20号等6个马铃薯新品种，丰富了我国马铃薯品种结构，提高了种植户的收益。

同时，为进一步发展当地马铃薯产业，提高农民收益，2010年以来，金黎平带领团队协助张家口市政府规划马铃薯产业发展，连续5年组织业内专家在张家口市召开了河北省马铃薯种业发展研讨会、马铃薯产业论坛、中国马铃薯大会、全国马铃薯绿色科技创新与种业发展研讨会等，为坝上地区马铃薯产业发展出谋划策和推广宣传。经过多年发展，坝上地区已成为我国重要的马铃薯新品种选育基地和种薯繁育基地，马铃薯已成为当地农民发家致富的重要作物。

授人以渔育人才，助学帮困寄深情

宁夏固原市马铃薯专家郭志乾曾深情地写道："土豆花，西海固旱塬上最普通最不起眼的花朵，却在花凋零之后结出养育数万人生命的果实；金博士，一位站立在我国马铃薯科研高端的专家，却心系千里之外那些至今还未解决温饱对知识深深渴求的孩子们，让人感佩更让人敬重。"

2007年的一天，风雪弥漫，宁夏固原市农科所几位同志驾车疾行，车里拉着一车厢的文具和图书，此行的目的地是西吉县小坡小学。当几个人把精美的文具和图书放在讲台上的时候，孩子们纯真而清澈的眼睛里流露出热烈的目光，脸上绽开花一样的笑容。这些书和文具就是金黎平用平时积攒下的钱买来的。金黎平用这种方式资助孩子们已经有5个年头了。从2012年开始至今，金黎平先后7次捐款资助6名贫困学生完成初中和高中学业，其中有2名学生成功考上大学。

2017年6月，一则新闻在全国马铃薯圈里刷屏了：2017年中国马铃薯大会开幕式上，金黎平博士捐赠50万元，毕节市人民政府配套50万元，共同成立了"金黎平·毕节助学基金"，资助毕节地区农村贫困家庭学生，帮助更多的孩子上学。

2002年，金黎平初次来到毕节，沿着崎岖道路考察毕节一区四县的马铃薯生产情况，看到路边光着脚丫赶着上学的孩子们，心里很不是滋味。2007年深冬，她再次来到毕节调研马铃薯产业，路上背着书包的孩子们衣着单薄，脸上冻得红扑扑，她看在眼里，疼在心里。2017年，金黎平捐款成立毕节助学基金算是完成了萦绕在她心头多年

/“金黎平·毕节助学基金”在毕节市赫章县发放助学金

/金黎平（中）在乌蒙山区培训农技人员

的夙愿，这一助学基金 5 年内将每年资助毕节市农村贫困家庭的在校优秀学生 150 名。

其实，自 1998 年开始，金黎平就开始多年不辍地捐资捐物，助学帮困。她先后在江西九江、四川北川、广西大化和宁夏西吉等地向学校捐书和定向资助贫困学生，给贫困学生带去了一个马铃薯专家的爱心。

在助学帮困的同时，金黎平非常注重马铃薯农技人员培训和当地马铃薯研究人才培养，她知道，只有扎根当地的农技人员和科研人员才是永远不走的脱贫攻坚主力军。她率领团队常年为各贫困区开展科研和农技人员技术培训，多次参加中央人才工作协调小组和地方政府等组织的各类科技咨询与服务活动，先后在宁夏举办 5 次培训班，培养了 500 余名农技人员。在毕节地区开展了 3 次技术培训，培训总量 1 000 多人次，并培养了第一个马铃薯博士，实现了毕节地区中青年一线马铃薯科技成员全部拥有研究生学历。为内蒙古、河北坝上、湖北恩施等地区培训农技人员数千名，为内蒙古、青海、新疆和西藏等地培养了 20 多名“西部之光”学者、西藏和新疆特培学员以及推广硕士。如今，金黎平培养的博士生、硕士生、农技人员全部扎根服务于马铃薯产业发展，活跃在马铃薯科技扶贫和产业扶贫的第一线。

（供稿、照片提供：张志刚　修编：张奕）

姚建民，山西省农村专业技术协会理事长，曾获山西省劳动模范称号。他长期致力于脱贫攻坚科技创新，研发出渗水地膜和全生物降解渗水地膜，建立了一套高效利用小雨资源的旱作高产省工环保新技术模式，为长城沿线冷凉半干旱贫困区农业增产开辟了新途径。2016年以来，他带领团队服务了太行山和吕梁山贫困地区40多个县市和500多个乡村，创造了多个旱作谷子高产典型，助力多个贫困县实现了脱贫摘帽和20多万人脱贫。他带领团队研发的系列产品和技术推广至陕西、宁夏、河北、内蒙古等地，累计推广300余万亩，新增经济效益10.8亿元。

扎根长城沿线扶贫　打造旱田丰产粮仓

山西省是小杂粮王国，谷子是当地重要的栽培作物，它喜光喜温、耐旱耐瘠，比较适于在高寒冷凉、干旱少雨、土地瘠薄、山地丘陵地区生长。但在干旱地区种植谷子，所需水分主要来自自然降水，产量偏低。

姚建民研究发现，黄土高原半干旱地区小雨发生频率高达72%，小雨绝大多数白白蒸发，没有在农业生产上发挥作用，如果能提高小雨的利用率，对旱作农业发展的开发潜力巨大。经过多年潜心研究，姚建民发明了高效利用小雨资源的渗水地膜，在给作物增加有效天然降水的同时，解决了普通地膜由于不透气夏季容易产生高温危害和厌氧有害菌等弊端，使谷子等作物根系更发达，生长更旺盛。他还开发出配套高产技术，在燕山太行山、吕梁山、六盘山贫困片区进行推广，在300余万亩旱田农业产业扶贫工程中得到应用，实现增产50%以上，大大促进了贫困地区增产增收，脱贫致富。

学农爱农，走上科技扶贫攻坚路

姚建民高中毕业后，当过三年半地地道道的农民。1982年，他从山西农大农学专业毕业后，开始了不断探索旱作农业发展的科技征途。

姚建民独辟蹊径，研发旱作农业新技术。他常年奔波在农业第一线，15年间走遍了山西省118个县市区的山山水水，形成了自己独特的见解。他发现：在半干旱区的小雨量降水发生频率高达72%，而小雨资源的增产潜力相当于两次以上的灌溉水！他清楚地意识到其蕴含的珍贵意义。如果能将分散的小雨资源集中起来，转化为灌溉用水，农业大增产、农民大增收的盛景指日可待啊！他沉下心来，潜心钻研，终于发明出了可以高效利用小雨资源的渗水地膜，并亲自设计了配套的播种机和一套波浪形覆盖旱作高产技术模式。

他边示范，边总结，生产技术在实践中不断完善。在之后的 15 年时间里，姚建民和他的团队带着两个产品和一套技术模式到山旱地区寻找和建立试验示范点。到 2015 年，在山西省吕梁山和太行山贫困片区成功地建立了多个旱作高产示范点。

2015 年 5 月 10 日，山阴县山区的吴马营乡试验示范区气温骤然下降，发生了零下 4 摄氏度重霜冻，4 月出土的谷苗全部冻死！5 月 10 日深夜，姚建民接到该县农委主任来电反映情况，着实吓了一跳，顾不得休息，于次日凌晨 4 点出发，驱车三个半小时赶到试验示范地，看到许多农民都蹲在田间地头，盯着死去的谷苗发愁。这时，农民们听说专家来了，都一窝蜂地涌了过来，七嘴八舌地问起来："我们的苗子是不是没救了?""姚专家，我们是不是该重新播种？再种，种啥呀?"还有的人在埋怨是因为这技术不成熟，应该赔偿他们！场面一时乱了起来，闹闹哄哄。姚建民稳了稳情绪，亲自巡查了数十亩农田，又挨个剖开苗孔细细查看，发现每穴下种的 10 多粒种子中，仅有浅种在地表的少量种子出苗，土壤中还有大量种子正在发芽未遭受冻害。因此，他根据专业知识得出影响不大的结论。他把这调查结论告诉大家，农户们将信将疑，暂时化解了内心的担忧。果然，重霜冻过后不久，深埋的种子便陆续出苗，农户们这才把心放进肚子里。更令他们没有想到的是，在当年就获得了丰产丰收的好结果！秋后测产中，亩产谷子达到 900 斤，比使用传统种植技术的谷子地增产了整整一倍！姚建民及时吸取经验教训，总结出了一套旱地实时早播保全苗增产技术，并且成为渗水地膜穴播旱作高产技术在冷凉半干旱区保全苗的一项关键性技术。

/ 姚建民（右二）在山西省寿阳县景尚村旱地蔬菜基地介绍生物降解渗水地膜技术

渗水地膜旱作生产示范取得了成功，入选省内脱贫攻坚关键技术。2016 年 3 月，参加十二届全国人大第四次会议期间，姚建民就渗水地膜旱作增产技术促进产业扶贫进行了专题汇报发言，得到了山西省政府领导的高度关注。之后，在山西省政府领导的倡导和推动下，开启了“渗水地膜旱作高产技术示范”发展山西特色杂粮助力脱贫攻坚项目工程。姚建民担任该项目的技术负责人，他带领团队成员，深入田间地头，与农户面对面交流、手把手指导，最终，3.5 万亩渗水地膜谷子扶贫示范推广工作大获成功。而这一年，已经是花甲之年的姚建民作为技术原创人，响应政府号召，从此义无反顾地走上了科技扶贫攻坚之路。

潜心钻研，创建旱作扶贫新模式

传统种植中，谷子种植在高温高湿、土地肥沃、郁闭度高的低海拔地区，易发生严重的病虫害，产量低而品质差。渗水地膜旱作技术可以帮助其克服短板，高效利用小雨量无效降水资源，达到空气干燥而根部湿润的效果，同时可以利用光热资源提高地温、提高肥料利用率，将物质特点变成优势资源，从而大幅度提高产量，形成良好的技术扶贫模式。

渗水地膜旱作高产技术是一项多学科、高集成的创新成果，涵盖了农业新品种、新技术、新工艺，不仅实现了良种良法配套，还形成了农机与农艺的有效结合，铺膜播种一次完成，作业效率大幅提高，但在技术推广的过程中需要专业的指导、示范。

首先，姚建民扎根贫困山区，将新技术手把手地传授给农户。试验地点选定在省内贫困山区——神池县长畛乡红崖子村。红崖子村海拔 1 400 米，距县城 70 余公里，气候干旱冷凉，人均耕地多达 15 亩。除去外出人口，农户实际经营耕地面积在 50 亩左右，多数耕地实行休闲轮荒耕作制，非常利于他们开展试验研究。在这里，姚建民与当地的农机户密切对接，进行试验的同时也解决了许多技术难题，对样机结构的改造部分就达三十几个部件，占部件总量的三分之一。同时，姚建民将授权的国家发明专利“小粒子种子分种器”作为公益性专利，在培训讲课中传授给农户，并教给农户如何就地取材制作分种器等。

2012 年后，红崖子村示范面积超过 1 000 亩，2013 年红崖子村渗水地膜谷子亩产 1 200 斤，谷子市场价格 3.2 元 / 斤，亩纯收入超过 3 000 元，1 000 多亩谷子收入超过 300 万元，户均存款超过 10 万元，实现了全村脱贫，走向了富裕的道路。2015 年大旱，4 月至 8 月降水仅 120 毫米，比往年同期减少了一半以上。红崖子村周边村的谷子亩产仅 400 多斤，但示范区中的渗水地膜谷子丰收，经省内外专家联合测定，亩产超过 1 200 斤。

2014 年，山阴县组织种粮大户分三批赴神池县红崖子村参观学习，引进渗水地膜谷子穴播技术。2014 年底冬季开始培训，2015 年便成功示范渗水地膜穴播优质谷晋谷 21 号 1.1 万亩，取得平均亩产 800 斤，部分亩产达到千斤的亮眼成绩。由此，山阴县大力推广渗水地膜谷子穴播技术，耕种面积不断增大，由 2016 年 2 万亩、2017 年 4

万亩到 2018 年 6 万亩、2019 年 8 万亩，发展出了雁门香、塞外火山土富硒小米等知名山西小米品牌，为 2018 年山阴县脱贫摘帽做出了贡献，得到了农业部门和广大农户的普遍认可。

其次，姚建民由点到面，全力投入到全省脱贫工作中。2017 年，由山西省农业厅牵头，省扶贫办、省农机局和省农科院共同组织实施渗水地膜谷子高产扶贫工程，覆盖范围涉及 20 多个县 50 万亩。姚建民作为项目技术负责人，带领团队，服务于各个示范县。他从北到南，跑遍了示范区的村村寨寨，对接每个农机手，进行技术指导，工作非常繁忙。每天要跑 1 ~ 2 个县的数个村庄，一日行程就常常数百公里。有时，还会一日千里地跑两省三县，连夜行路赶培训。3 年里，姚建民带领团队深入生产一线努力工作，累计行程 12 万公里。这期间，他们经历过山地道路泥泞滞车、车辆被撞、雪地下山刹车失灵、山区深夜迷路、山地陡坡急弯困车、调试机器滑坡等各种风险。行程虽然艰苦，晒黑了皮肤，碰伤过手脚，但都抵不过亲眼见证一处处丰产丰收的喜悦。

在不辞辛苦、亲力亲为向农户传授技术的同时，姚建民也在着力创建技术服务组织模式，培养了大批技术能手。一是创建农机技术服务组织模式。他与播种机企业对接，以传帮带的方式，为农机企业培训了一大批能够在田间实战的技术能手，在每年秋冬春三季，这些技术能手就会服务于每台播种机的购买户。播种机厂为此还专门租赁了土

/ 姚建民在神池县坝口村渗水地膜穴播谷子扶贫基地查看谷子长势

训，让每个购机者在工厂门口先实际操作培训，在春季播种季节再派技术人员分片巡回指导。二是创建科研技术团队服务地方扶贫工程。以谷子为主的特色杂粮发展，是长城沿线三大贫困片区的主要农业扶贫项目。姚建民依托山西省农业科学院农业资源与经济研究所和中国科学院长春应用化学研究所，选择科研骨干，组建了“渗水地膜旱作高产技术创新团队”。在国家项目的资助下，该团队在渗水地膜、专用播种机以及配套的旱作栽培技术等方面进行持续攻关研究的同时，对接各地各级政府的杂粮扶贫项目，进行种植方案设计、技术培训、技术指导等方面的技术服务。

脚踏实地，取得科技扶贫真实效

科技扶贫、成果转化，就是要把科技成果落地实施，让更多人受益。2017—2019年三年间，姚建民勤勤恳恳，一步一步将技术落在实处，在燕山太行山、吕梁山、六盘山三大贫困片区的长城沿线上撰写科技扶贫的新篇章，渗水地膜旱作高产技术在其他省份半干旱地区也得到了广泛应用。

2017 年，受科技部驻吕梁山贫困片区陕西省佳县的领导之邀，姚建民在佳县金明寺镇袁岔村、方塌镇杨塌村开展了千亩渗水地膜谷子示范。秋后测产达到千斤，比当地谷子产量翻了一倍以上。2017 年 11 月，科技部相关领导亲自到杨塌村的田间地头进行实地调研，给予高度评价，认为这项技术是科技扶贫的典范，并指示在陕西北部和宁夏南部示范推广与加快开展环保型全生物降解渗水地膜研究。

2018 年春，姚建民率领团队在陕西北部榆林市佳县、米脂、榆阳、神木、府谷、定边、靖边、吴堡共 8 个县区进行了大面积示范推广。在延安市子长县、安塞区等地推广 2 万亩。在六盘山贫困片区的固原市西吉县和中卫市海原县示范推广 3 000 亩。同年秋，从陕北到宁南再到甘肃平凉市，从晋北到内蒙古呼和浩特市、河北张家口市和承德市长城沿线近 10 万亩的示范田获得全面丰收！

/ 姚建民在陕西省佳县通镇村扶贫基地调查了解生物降解渗水地膜降解情况

全国脱贫攻坚奖创新奖

/ 宁夏西吉县水岔村渗水地膜谷子扶贫基地播种现场

2019 年，渗水地膜谷子在长城沿线半干旱区继续推进，种植面积不断扩大。在此过程中，姚建民的工作强度也在不断加大。2019 年 6 月 23 日凌晨，姚建民带领团队赶往 350 公里以外的佳县山区通镇村生物降解渗水地膜示范点。由于道路崎岖，下午 2 点 40 分才抵达山顶。在田间取样时，姚建民头晕目眩，一个踉跄杵在了铁锹把上，差点栽倒在地。他知道自己血糖低的老毛病又犯了。在原地静静缓了一会儿，等眼前不再发黑后，他硬是靠着生吃酸枣树叶缓解了过来，又返身继续投入了工作。

姚建民在伏身科技扶贫工作的同时，在新技术研究方面也从未停下脚步。2018 年，他与中国科学院长春应用化学研究所合作开展了“PPC 树脂合成示范生产与生物降解渗水地膜产品研发”，并纳入国家重点研发计划项目。姚建民主持“全生物降解渗水地膜研制”子课题研究，经过刻苦钻研，攻克了薄型生物降解材料地膜力学方面的缺陷难题，取得重大研究进展，生产出力学性能达标的薄型全生物降解渗水地膜产品。该产品亩投资成本 110 元左右，比市场上的生物降解地膜亩投资成本降低了一半以上。2019 年，该产品在山西、陕西、宁夏、天津、辽宁、吉林等地进行了 7 000 多亩试验示范，效果理想。目前，姚建民依然在生物降解渗水地膜的耐候性和降低成本方面持续攻关，力争在 3 年内将亩投资成本从 110 元降低到 80 元左右，为大面积推广提供核心技术支撑。“做好渗水地膜旱作高产新技术的示范推广工作，扩大应用规模，提高应用成效，大幅度提高社会、经济和生态效益，助力脱贫攻坚。”这是姚建民的理想，也是他奋斗的方向。

（供稿、照片提供：山西省扶贫办　修编：张奕　张正宇）

黄国庆，陕西省安康市宁陕县扶贫开发局党组书记、局长。他从事扶贫开发工作25年，担任扶贫局长18年。他积极创新产业扶贫模式，打造出社区性开发的“皇冠模式”、“协会＋农户”的“元潭模式”、股份制开发的“漫沟模式”和景区依托型的“八亩模式”，生态旅游产业带动584户1 806名贫困人口脱贫。2017年，他提出打造“一个中心、两条战线、五个平台、百家网点”消费扶贫体系。2018年宁陕县完成电子商务综合交易总额1.5亿元，带动2 675名贫困人口脱贫。全县累计脱贫4 423户14 836人，贫困发生率由34.11%下降到9.13%

秦岭深处的扶贫引路人

宁陕县是地处秦巴山集中连片特困地区的国家级贫困县，县内山大沟深、交通不便、生产落后，群众观念保守，贫困程度较深，全县建档立卡贫困人口7 218户20 256人，贫困发生率达34.11%。作为扶贫局长，黄国庆深感责任重大，他常说，扶贫扶长远，长远看产业。宁陕拥有得天独厚的生态优势，如何扬长避短、深挖潜力是宁陕打赢脱贫攻坚战的关键所在。

创新产业扶贫模式，拓宽群众增收致富渠道

脱贫攻坚战打响以后，本可以退居二线的黄国庆，凭着对扶贫工作的执着追求，怀着对贫困群众的真情实意，迎难而上、勇挑重担，被任命为县脱贫攻坚指挥部办公室常务副主任，全面负责全县脱贫攻坚各项日常工作。黄国庆长期生活在宁陕，凭着多年基层一线的扶贫工作经验提出了“认真践行‘两山’理论，大力发展生态产业”的产业扶贫思路。

“生态＋旅游”，把绿水青山变成老百姓的金山银山。宁陕坚持以全域旅游引领县域经济发展，黄国庆提出了旅游脱贫要创出示范样板，他牵头制定了用地保障、金融信贷、对口帮扶、奖励支持四项政策，总结了建设核心景区带动就业脱贫、发展乡村旅游带动创业脱贫、资源入股和投工投劳实现创收脱贫、开发旅游商品带动造血脱贫四条路径，打造出社区性开发的“皇冠模式”、“协会＋农户”的“元潭模式”、股份制开发的“漫沟

模式”和景区依托型的“八亩模式”四个模式。有 2 752 名群众参与到生态旅游产业发展当中，带动了 584 户 1 806 名贫困人口脱贫。其中，股份制开发的“漫沟模式”被原国家旅游局确定为全国 61 个“协会 + 农户”旅游扶贫示范项目之一，被国务院扶贫办评为全国乡村旅游扶贫典型案例。宁陕“坚持以全域旅游发展为引领，创新秦巴山区旅游脱贫模式”被原国家旅游局、国务院扶贫办作为旅游扶贫典型案例向全国推广。

“生态 + 产业”，通过生态产业促进农民稳定增收。脱贫攻坚战打响以来，黄国庆大力推动生态农业、特色农业，全县建成了高标准核桃园 13 万亩、板栗园 22 万亩；林麝、梅花鹿养殖存栏量 1 000 余头，中华蜜蜂养殖 2 万余箱；发展林下天麻、猪苓 10 万余亩，获得国家地理标志产品认证，入选“陕西十大秦药”；年发展食用菌 1 000 万余袋，“天华山”香菇获得省级名牌。坚持“一村一业、一业一社”，68 个行政村实现村级集体经济组织全覆盖，培育市场主体 336 个，实现了全县 6 080 户贫困户中长线产业和市场主体带动两个全覆盖。2017 年，他提出打造“一个中心、两条战线、五个平台、百家网点”消费扶贫体系，宁陕被列为省级电商扶贫县、国家电子商务进农村示范县，2018 年完成电子商务综合交易总额 1.5 亿元，带动 2 675 名贫困人口脱贫。

“生态 + 改革”，让贫困群众在生态保护中享受红利。宁陕处处山清水秀，抓扶贫就是要让贫困群众把资源优势变成真金白银。宁陕的生态改革始终走在陕西省的前列。2016 年率先在全省实施贫困户就地转化生态护林员的扶贫举措，构建了林业、国土、水利和环保“四位一体”生态环境网格化监管体系。全县聘任 837 名贫困劳动力为生态护林员，使他们户均年增收 7 000 元。推进林业产业改革，全县 306.2 万亩集体林地产权全部确权落实到村到户，流转林地 85 万亩，开展林权抵押 3.17 万亩，发放林权抵押贷款 6 337 万元。2016 年在全国贫困县中率先完善公益林补偿投入标准，将 65 万亩省级公益林补偿标准由每亩 5 元提高到 15 元，3 344 户贫困户享受生态公益林补偿政策，户均补偿资金达到 1 400 元。641 户 2 004 名贫困户享受退耕还林补助政策，户均增收 3 200 元。组建森林经营管理合作社 29 家，带动 595 户贫困户人均增收 3 600 元。

/ 黄国庆（左）在宁陕县北沟村查看产业发展状况

推行精准扶智扶志，激发群众脱贫内生动力

面对部分群众滋生的“等靠要”思想和内生动力不足问题，黄国庆组织制定了“一教二奖三评四罚”措施，以提振贫困群众的脱贫志气。

“一教”，注重教育培训，增长致富本领。及时组建脱贫攻坚宣讲团，开展“专家讲理论、干部讲政策、群众讲故事”宣讲活动，通过面对面解答群众关于扶贫政策的疑问，加大对贫困群众思想道德教育力度，激发群众脱贫内生动力，引导贫困群众树立“只有努力才能脱贫”的信心和决心。在全县开展宣讲活动 200 余次，参与群众 2 万余人次；开展“脱贫攻坚 · 文化同行”文化下乡活动 298 场次，受教育群众 3 万余人次。

“二奖”，注重奖扶带动，激励奋进斗志。教育引导广大干部和贫困群众，广泛开展“脱贫标兵”“自强标兵”“致富带头人”“交友帮扶先进个人”“优秀驻村干部”等先进典型评选活动，举办县级脱贫攻坚先进评选颁奖晚会 3 次，选树各类先进人物 200 余人次。同时，他还亲自组织制定了《宁陕县礼遇帮扶道德模范实施办法》，给予扶贫扶智扶志先进典型在节日慰问、庆典活动、参观游览、医疗保健、子女就学等 7 个方面的高礼遇，让他们更好地发挥榜样作用。

“三评”，注重道德评议，催生好民风。在帮教过程中，对不思进取，脱贫主动性不强，“等靠要”思想严重的贫困户，引导他们学习先进典型，帮教和转化后进，形成“好坏大家评，落后大家帮”的氛围。全县开展道德评议 200 余场次，树立表彰“自强标兵”230 名，有力地激发了贫困群众脱贫内生动力。同时，积极开展以“脱贫攻坚、产业发展、美丽乡村、乡风文明、基层党建”为主要内容的“五星村”竞赛活动，对每获得一颗星的村支部书记、村主任每月奖励 200 元，对监委会主任、文书每月奖励 150 元，连续发放 6 个月；对于荣获 5 颗星的村，县里一次性奖励资金 50 万元。

黄国庆（右一）为脱贫攻坚自强标兵颁奖

“四罚”，注重罚处约束，弘扬清风正气。对后进典型批评教育、公开曝光，对有劳动能力不劳动、不发展产业、不赡养老人等行为且屡教不改的，除教育、医疗、住房等

/ 黄国庆（右）看望五保贫困户

基本生活保障政策外，暂停其他帮扶措施，并指定帮教人员，制定具体帮教措施，引导督促直至其转化为止。同时，对因好逸恶劳、年老体弱、大病慢病、身有残疾、无配偶、酗酒赌博、上当受骗、无生产技能、家庭出现重大变故等 9 种情况导致内生动力不足的贫困家庭，黄国庆提出了“精准扶智扶志”这一理念，对各种情况分类施教，引导贫困群众树立“脱贫攻坚是干出来的”“幸福生活是奋斗出来的”意识，营造文明新风，摒弃“等靠要”思想。全县帮教转化后进典型 90 人，实现贫困村“爱心超市”全覆盖。

宁陕县江口回族镇江河村贫困户赵春财，房子旧了不愿意维修，地里荒了也懒得种庄稼，村里谁家有红白喜事也不愿意帮忙，日子就这样将就过着。黄国庆知道情况后，多次上门与老赵谈心交流，联系介绍老赵到西安建筑工地打工，拿到了每月 3 000 元的收入，想方设法激发老赵的脱贫内生动力。现在，挣了钱的老赵把房屋改造一新，土地也流转出去有了收入，家里还种植了 100 多窝猪苓。

探索财政扶贫机制，实现扶贫效益永续发展

为了提升财政扶贫资金绩效成果，打造环环相扣的财政资金扶贫链条，黄国庆牵头建立了“财政出资、扶持到村、配股到户、金融委托、主体联动”的“1+4”财政扶贫

资金新机制，构建了村集体经济不断壮大、农民按股分红、经营主体保底分利、金融部门保障服务四方共融共赢的财政扶贫资金绿色通道，实现了财政扶贫资金精准投放、精准管理，发挥了财政扶贫资金的最大效应。“1+4”财政扶贫资金机制创新做法得到了财政部的认可，在全省推广。

扶持到村，为集体经济组织“输血”。针对集体经济薄弱、带贫益贫不强的问题，他牵头制定了《宁陕县财政扶持村集体股份经济合作社资金管理办法（暂行）》等改革政策，采取“县统筹、镇监管、村使用”资金管理模式，按照贫困户每户 6 000 元的标准注入村集体股份经济合作社，壮大村集体经济。目前已成功为 68 个村、3 个农村社区集体股份经济合作社投入财政扶贫资金 3 648 万元，解决了村集体股份经济合作社资金不足、难以运转的实际困难，“救活”了一批集体经济组织。

/ 黄国庆在办公室批阅文件

配股到户，让贫困农民变股民。脱贫攻坚期间，村集体股份经济合作社以户为单位，将财政扶持资金折股分配给贫困户。脱贫攻坚期后，贫困户持有的股份由村集体股份经济合作社重新分配给全体村民或作为集体股由村集体持有。扶持资金重点用于县内企业和经营主体投资合作经营，建设脱贫产业园区、产业基地和经营实体，实行保值增效保底分红。目前，全县除稳定脱贫不享受政策对象和五保户外，有 6 080 户贫困人口从农民变成“股民”，实现了增收脱贫。

金融委托，提升资金安全和效能。村集体股份经济合作社在完成贫困户配股、主体对接后，县政府委托县农村商业银行向经营主体以一般贷款形式投放财政扶贫配股资金，作为市场主体新增授信额度进行管理，为脱贫攻坚提供免费金融服务。通过金融委托模式的运用，一方面保障了财政扶贫资金的安全性，倒逼承接主体强化经营、守信践约，给政府、村集体和群众吃下了定心丸，消除了发展集体经济“血本无归”的思想顾虑；另一方面解决了镇、村财政扶贫资金“趴窝”问题，解决了基层“不会用”“不敢用”等难题，确保了财政扶贫资金使用效能最大化。目前，全县共整合财政涉农资金 6.1 亿元，发放“脱贫贷”1.5 亿元、“企业贷”3 450 万元，投放村级扶贫互助资金 5 000 万元。

主体联动，为集体经济组织“造血”。村集体经济股份合作社按照政策规定选定合作、投资的承接经营主体，达成收益分配等一系列意向，签订正式投资合作协议。经营主体按照投资合作资金 6% 的标准对村集体股份经济合作社进行保底分红，其中 1% 留村集体，5% 分配给贫困户。经营主体每年 8 月底前将分红资金汇入村集体股份经济合作社账户，村集体股份经济合作社于 9 月底前分配到户。这种模式有效解决了市场主体融资难、产业发展资金不足问题，让市场主体做大做强，增强带贫益贫成效。目前，全县有收益的市场经营主体 23 个，建设市级农业园区 9 个、县级农业园区 20 个，带动贫困户 1 621 户 6 646 人稳定增收脱贫。

“咱们基层干部要做到守土有责、守土尽责。”这是黄国庆经常对年轻干部说的话，他也用自己在脱贫攻坚工作中的实际行动，对这句话做了最好的诠释。2016 年 5 月，因为连续加班熬夜，黄国庆血压升高，在办公室晕倒了，医生要求他住院十天，但两天后，他还是出现在了办公室继续加班。2018 年 12 月，黄国庆的肩周炎加重，晚上常常睡不着觉，医生建议他住院治疗，这一次，他还是没有谨遵医嘱，每周挤出来半天时间到医院治疗，然后继续赶回脱贫一线奋战。

一条路走到头，黄国庆是倔强的，他咬着牙坚持的态度也深深影响了身边人，让许多干部群众树立了信心，激发了动力，一起咬着牙走完最后的攻坚路。在他的统筹、协调、组织下，宁陕脱贫攻坚工作取得了明显成效，全县累计脱贫 4 423 户 14 836 人，贫困发生率由 34.11% 下降到 9.13%。2019 年，宁陕要实现整县脱贫摘帽，黄国庆的扶贫梦就要实现了。

“老骥伏枥，壮心不已。”黄国庆始终以满腔热情和赤诚情怀，把全部汗水洒向了扶贫开发事业，把爱心全部给予了脚下的这片热土，用工作诠释“为人民服务”，用奉献解读忠诚，用不懈地努力，为打赢脱贫攻坚战、全面建成小康社会默默贡献着自己的力量！

（供稿、照片提供：陕西省安康市宁陕县脱贫攻坚指挥部办公室　修编：张梦欣）

董高，湖北省恩施土家族苗族自治州恩施市委常委、恩施市人民武装部部长。曾两次荣立三等功，两次被省军区表彰为“优秀人武部主官”。2007年起，连续7年担任军分区驻村扶贫工作队队长，帮扶4个深度贫困村脱贫；2014年以来，他带领恩施市人武部又先后承担了3个村的定点帮扶任务。2017年，他再次主动请战，担任恩施市条件最差、距离最远、任务最重的红土乡脱贫攻坚前线指挥部指挥长，在扶贫实践中创造性提出“131”扶贫新模式。

创新“131”扶贫模式　汇聚军地脱贫合力

在湖北恩施苗寨，他被当地老百姓称为“贴心部长”，贫困地区群众称其为“扶贫部长”，他就是湖北省恩施市人民武装部部长董高。他扎根土家苗寨十三载，带领部队官兵、职工和专武干部、民兵预备役人员倾心竭力、情系群众扶真贫、真扶贫，创新“131”扶贫新模式，帮助上千个家庭脱离贫困。

探索定点帮扶新思路　军队扶贫焕发新活力

湖北省恩施土家族苗族自治州位于鄂、湘、渝交汇处的武陵山区，是国家重点贫困地区之一。董高所在的恩施军分区，20世纪80年代末率先在全国开创了“1个专武干部带领3个民兵帮扶1个特困户”的“131”扶贫模式，被国务院扶贫办和原农业部、原总参动员部誉为“将党的富民政策落实到千家万户的成功创举”。

2007年至2014年，董高先后担任军分区驻双河岭、曾家湾、吉心、长岭4个贫困村的“131”扶贫工作队队长。在长期的扶贫实践中，他感到传统的“131”扶贫模式已不适应新形势下精准扶贫任务要求。为此，他认真学习习近平总书记关于扶贫工作的重要论述，结合自己多年参与扶贫工作的实践体会，深入武陵山革命老区调研，多次召开军地领导和扶贫工作人员参加的座谈会，最终形成了借助人武部的职能作用，协调地方资源，组织发动专武干部和广大民兵，汇聚军地合力开展扶贫工作的思路，创新提出了“1个人武部牵头3个地方单位组成扶贫工作队，定点帮扶1个贫困村；1位民兵干部带领 3 名民兵组成扶贫小分队，重点攻坚 1 个贫困户”的“131”扶贫新模式。“131”扶贫新模式，将帮扶对象由单个特困户拓展为整个贫困村、帮扶力量由人武部孤军作战拓展为军地联合作战、帮扶内容由给钱给物升级为扶志扶智，充分融汇了军地资源优势，开创了定点帮扶、联合帮扶的新思路，使“131”扶贫模式在新时代又焕发了新活力。

2018 年 7 月，恩施军分区依托恩施市人武部扶贫点召开了精准扶贫工作推进会，将新的“131”扶贫模式在全区进行推广。目前，恩施州共有 13 个“131”扶贫工作队、2 627 个“131”扶贫小分队、1 万多名民兵奋战在扶贫一线，承担着 13 个贫困村、1 085 户 4 235 名贫困人口的脱贫任务。这一做法得到中央军委国防动员部的充分肯定，并在军委政治工作部召开的全军脱贫攻坚工作推进会上进行了经验介绍，受到一致好评。

践行协作帮扶新机制　精准扶贫出实效

新的“131”扶贫模式创建后，董高主动向恩施市委请缨，由人武部牵头市运管局、公路局、市场监管局组成“131”扶贫工作队，定点帮扶距离城区最远、脱贫任务最重的红土乡天落水村。

天落水村在海拔 400 ~ 1 200 米高程范围内，村民居住分散，大都在半山腰，汽车上不去，只能靠徒步。当地有句俗语叫“看到屋、走得哭”，真实反映了天落水村的山高路远、道路难行。为了把每一户贫困群众致贫的真实情况摸准摸透，做到帮扶工作精准施策，董高和工作队队员晴天一身土，雨天一身泥，不知摔了多少跤、走了多少夜路，完成了对 322 户村民的走访，收集到水、电、路、网、住房、教育、医疗、产业等方面意见建议 735 条，找到了导致天落水村贫穷的根本原因。然后，董高第一时间组织工作队成员单位负责人、村“两委”成员和村民代表召开“诸葛会”，集体出谋划策，规划发展蓝图，明确了修一条通畅公路、建一座跨河大桥、建一家茶叶加工厂、办一所农民夜校、设一个便民服务点、办一个便民超市、建一批安全饮水工程、帮扶一个专业合作社、推进马弓坝古村落保护、整治好全村卫生环境“十件实事”。

/ 董高（中）走访慰问贫困户

天落水村有一条水流湍急的董家河，隔断了周边 9 个村民小

/ 董高（中）带领扶贫工作队勘察董家河大桥修建地址

组 2 700 多人的出行路。山里的农特产品拉不出去，外面的物资运不进来，董家河成为影响村民脱贫致富的“拦路虎”。“先架桥!”扶贫工作队一致决定从这件老百姓最关心的事情上入手。为了尽快让项目落地实施，董高充分发挥“131”扶贫新模式在保障经费、便利审批、提高效率方面的优势，亲自到发改局跑项目，到财政局要资金，分工运管局负责立项和质量监管、公路局负责桥梁设计和施工、市场监管局负责施工队伍的生活保障。不到一年，董家河大桥就竣工投入使用。通车那天，周边群众自发来到桥边，锣鼓喧天、鞭炮齐鸣，孩子们手舞足蹈，老人们流下激动的泪水。

桥通了，不仅打通了天落水村发展的“中梗阻”，也把牵头单位、帮扶单位、村组干部和当地群众拧成了一股绳。两年多来，在工作队的不懈努力下，“十件实事”已完成 9 件，茶厂也已在建设之中。同时，工作队还先后协调争取了 25 个发展项目，3 300 余万元资金，硬化公路 22.5 公里，危房改造 76 户，改厕 200 户，种植茶叶 3 000 亩、天目雷竹 700 亩、小水果 300 亩等。累计帮助脱贫 99 户 321 人，贫困发生率由 21% 下降到 6%，村容村貌和老百姓精神面貌焕然一新。

开创攻坚帮扶新局面　不留死角攻堡垒

在“131”扶贫新模式中，民兵与贫困群众朝夕相处，了解贫困群众致贫原因症结，熟悉贫困群众脾气性格和当地风土人情、自然环境等，同时，他们又具有很强的服从

/ 董高（中）现场培训果树种植技术

意识和组织能力，是脱贫攻坚战斗中不可忽视的一支重要力量。董高意识到，要想实现整体脱贫，“不落下一个贫困群众”，必须充分发挥“131”扶贫小分队的突击队作用。他组织全市17个乡镇武装部，对辖区内难脱贫、易返贫的贫困户进行集中梳理，在全市206个村（居）中梳理出了189个“贫困堡垒户”。由市人武部统一部署，乡镇武装部会同村“两委”，研究帮扶具体方案，指派1名民兵干部带领3个民兵组成“131”扶贫小分队与之结成帮扶对子，进行点对点攻坚帮扶，收到很好效果。

贫困户张岸锋，自幼父亲残疾，家庭经济来源少，妻子过门后因受不了清贫的生活而离家出走。张岸锋一度破罐子破摔，整天躺在床上睡大觉，靠政府救济混日子。董高先后8次找张岸锋谈心，讲明白“党的政策不养懒汉”的道理，鼓励他不等不靠勤劳致富。通过实地考察，董高发现张岸锋家紧邻优质水源，建议他搞石蛙养殖，并指派民兵连长董涛带领养殖大户周修林等3个民兵组成“131”扶贫小分队，与张岸锋结成帮扶对子，帮助他解决技术、资金和家庭困难。董高还专门为他买来书籍资料、聘请技术人员，帮助协调无息贷款10万元。经过帮扶，张岸锋已养殖石蛙1万多尾，年收入近20万元，逐渐重拾了生活信心，还通过股权分红为12个贫困家庭带来了收益。

天落水村地处崇山峻岭，有些住在高山上的群众只能靠天吃水，如果碰上旱季，只能到山谷的河沟挑水喝，来回一趟就得两三个小时，那些因病、因残致贫的特殊贫困户只能借水喝。为攻坚破解群众吃水难问题，董高带领天落水村“131”扶贫小分队穿越无人区，爬过海拔近2 000米的铁架山，三探地处绝壁的鹰嘴崖，终于在深山老林中找到了一眼清泉，又多方协调资金1 160万元，集中建水池、分户修水窖，铺设管线16公里，实现了“一管清水进农家”。老百姓交口称赞：“千难万难，董部长和民兵小分队来了就不难。”

健全制度保障新体系　构建扶贫格局新态势

为确保“131”扶贫新模式有效落实，董高努力在健全完善扶贫工作机制上下功夫。他充分发挥“武常委”作用，多次与市委市政府沟通协调，研究制定了《恩施市人武系施方案与脱贫攻坚实施细则》，把扶贫力量、扶贫对象、扶贫项目、扶贫政策等统一纳入地方扶贫工作的总体规划，严格驻村入户、项目推动、工作落实、检查验收等制度落实，使以往的自觉扶贫上升到有科学规划、有机制保障的扶贫，努力打造“党委抓，政府管，人武部门挑重担，齐打脱贫攻坚战”的工作格局。

恩施市人武部成立了由主官任组长，机关各科领导为成员的“131”扶贫领导小组，组建了驻村帮扶“尖刀班”；选派政治素质过硬、精于农村工作，事业心和责任感强的机关干部担任“尖刀班”班长；选出 200 多名专武干部和民兵骨干担任“尖刀班”成员；确定 600 多名民兵与贫困户结成帮扶对子；形成统一指挥、各司其职，统一行动、上下联动的指挥机制，确保了扶贫工作大事大抓的强劲态势。

为了保证脱贫攻坚任务按时间节点高标准、高质量完成，董高每季度组织一次由专武干部和军地领导参加的军地联系会，通报相关情况、讲评部署工作；每月组织扶贫工作队和帮扶乡村干部参加的扶贫调度会，及时沟通情况、分析发现问题、研究方法措施、现场解决问题；每周到村居和村民家里召开屋场会、座谈会，末端调研政策落实情况，听取群众意见，帮助解疑释惑，打通了脱贫攻坚最后一公里。同时，董高还坚持把抓扶贫工作的成效与评选先进挂钩，每年底，他带领工作专班对各乡级武装部精准扶贫工作进行检查考核，对成绩突出的公务员或事业编扶贫队员优先晋级调资，将成绩突出的民兵扶贫队员优先列入村级后备、在个人家庭产业扶持上给予政策优惠，有效激发了扶贫队员工作积极性，推动了帮扶工作常态落实。

催生村民脱贫新动力　脱贫思想有改变

董高在扶贫工作中注重“输血”与“造血”并举，坚持在崇尚民风、村风、家风和扶志与扶智上下功夫，增强贫困人口自我发展能力，巩固深化扶贫成果。

针对一些贫困群众“等靠要”思想严重，存在“干部干、群众看”“干部着急、群众不急”“靠着墙根晒太阳，等着别人送小康”等现象，他坚持思想先行，广泛开展“三大讲”活动。利用务工人员返乡等时机，召开群众会、火坑会，大讲老区的优良传统作风、大讲党的惠民富民政策、大讲实用的科技文化知识，引导群众自力更生，艰苦创业，靠自己的双手养活家庭，靠全家的勤劳跨入小康。在天落水村，他和村“两委”

/ 董高（中）在铁场坝组召开屋场会

全国脱贫攻坚奖创新奖

/ 董高（后排右三）带领扶贫工作队给山区儿童送温暖

一道，精心组织“新农村文明户”评选表彰，宣传推广孝老爱亲之星、勤劳致富之星、文明新风之星等先进典型，很好地营造了勤劳致富、光荣脱贫、和谐友爱的浓厚氛围。

为了让大山深处的孩子接受良好教育，彻底阻断贫困代际传递，董高把关心关爱祖国下一代作为扶贫工作重点，以“扶智”带动“扶贫”。董高和恩施市人武部党委班子，组织机关干部职工、专武干部和民兵骨干积极开展“一帮一”结对助学活动，累计帮扶困难学生 300 余人次；利用寒暑假，定期开办军事夏令营，组织贫困家庭学生过一次军事日、上一堂国防教育课；对高中以上学历青年，凡是有从军意愿的，优先纳入兵役征集对象，近年来累计有 80 余名贫困家庭子女实现了从军梦。

针对村“两委”班子能力不强的问题，他注重把夯实农村基层党组织同脱贫攻坚有机结合起来，树立“给钱给物不如建个好支部”的工作思路，广泛开展“组织共建、党员互助”活动，定期组织人武部机关党支部和村党支部共同开展“主题党日”活动，推荐优秀退伍军人进入村委会，规范村支部组织生活程序，健全完善议事制度，建设党员文化活动室，不断提高基层党组织的战斗力，成功摘掉了天落水村“后进党支部”的帽子，留下了一支永不撤回的工作队。

（供稿：湖北省恩施市人民武装部　修编：宋军伟　照片提供：尹京晶）

程国华，内蒙古自治区赤峰市宁城县小城子镇党委书记。他走遍全镇19个行政村1 145户贫困户，创新提出了“一线工作法”和“一亩果树脱贫一户”的脱贫思路。2016年以来，全镇累计发展果树经济林9 000亩，带动贫困户518户1 578人脱贫，人均增收4 000元，成为内蒙古“林果第一镇”。他还创新提出“一堂一群一场一训”的“四个一”文化引领扶贫模式，全镇共组织乡村文化讲堂90余场次，参与群众5 000余人次。截至2018年底，全镇1 145户建档立卡贫困户已脱贫986户2 752人，13个重点贫困村全部实现整村脱贫，贫困发生率下降至1.4%。

八素台河畔的领头雁

领头雁，背负青天，俯瞰大地，带领群雁变换阵型，引领有方；领头雁，凭借一双火眼金睛飞向美好，暖流碧水是方向，春华秋实是目标；领头雁，心里装的是身后的“人字”或是“一字”，唯独没有自己……

在内蒙古赤峰市宁城县八素台河畔的小城子镇，也有一只这样的“领头雁”：他叫程国华，小城子镇党委书记。

2015 年 12 月，程国华带着组织嘱托和群众希望，奔赴抗日英雄高桥烈士牺牲的地方即宁城县小城子镇任党委书记。面对急需加快的富民强镇脚步和老百姓渴望的目光，他暗下决心：一定不辜负组织希望和父老乡亲厚望，尽快带领群众踏上脱贫致富的康庄大道，让烈士鲜血染红的这片土地生金长银，百姓扬眉吐气。

上任伊始，程国华认真开展调研，足迹遍布小城子镇山山水水。在与镇党政班子成员认真研究镇情镇况、充分听取群众意见基础上，因地制宜制定并实施了一系列脱贫创新举措。七老图山下，八素台河畔，一幅脱贫攻坚民生画卷徐徐展开。至 2018 年底，全镇 1 145 户建档立卡贫困户，已脱贫 986 户 2 752 人，13 个重点贫困村全部实现整村脱贫，贫困发生率下降至 1.4%。

栽上三棵“摇钱树”

作为农业大镇，小城子镇脱贫攻坚底子薄、任务重。根据小城子镇地貌气候等特

/ 程国华查看苹果长势

点，程国华带领全镇干部群众大摆果树经济林、设施农业、乡村旅游业三个产业“龙门阵”，栽上三棵“摇钱树”，并确定了“打造红色旅游名镇、建设塞外林果之乡”的发展定位。

程国华亲手扶持百氏兴林果专业合作社不断做大做强，组织合作社的 27 名党员以“一对一”形式帮扶 96 个贫困户栽植果树，努力推进果树经济林发展。

2016 年以来，全镇累计发展果树经济林 9 000 亩，目前林果总面积达到 4 万亩，其中盛果期 1.5 万亩，年产果品 3 万吨，纯收入 1.2 亿元，带动全镇人均年增收 4 000 元。全镇涌现出林果专业村 6 个，千亩以上林果产业示范园 13 处，万亩以上林果产业示范区 1 处。全镇农民果树经济林收入占人均总收入的 40%，林果专业村占 80%，小城子镇一跃成为内蒙古自治区林果面积第一镇。

“一亩果树脱贫一户”是程国华提出的脱贫创新举措。栽植一亩地 56 棵果树，年产苹果 4 000 斤，能获纯收入近万元。因此，一亩果树就能使一户贫困户脱贫。以八家、长皋万亩林果扶贫产业示范园为例，该示范园发展果树经济林 9 800 亩，其中盛果期 5 500 亩，年产果品 1 100 万公斤，年产值 5 500 万元，纯收入 4 400 万元，受益农户 415 户 1 450 人，带动八家、长皋两村建档立卡贫困户 85 户 235 人脱贫，年均增收 3.2 万元，辐射带动周边邻村建档立卡贫困户 30 户 93 人实现脱贫，年增收 1.1 万元。

当一车车苹果换来一沓沓钞票时，惊喜万分的贫困群众纷纷向脱贫致富“领头雁”

程国华投去感激的目光。

果树经济林与乡村旅游融合发展，设施农业建设与移民搬迁工程结合进行，是程国华又一脱贫创新之举，是他栽种的另外两棵“摇钱树”。

/ 程国华（右一）到贫困户家中了解危房改造进展情况

“我们镇内有丰富的旅游资源，各村应千方百计发展乡村旅游业。”这是程国华挂在嘴边的一句话。为推进主导产业和旅游融合发展，他将全镇人文古迹与自然风光串联起来，实现农业与旅游融合发展，并探索出了“春季赏花、夏季踏青、秋季摘果、冬季养生”的农旅发展之路。三年来，程国华带领干部群众精心打造了八素台流域 30 里林果旅游采摘观光带，建起 10 多处苹果主题公园，布展并对外开放了清格尔泰旧居，亮出了葫芦峪红色旅游风景区、三百年陪嫁牡丹、普祥寺及古树群等独特旅游品牌，吸引外埠游客纷至沓来。应运而生的景区农家乐餐饮服务实体等如雨后春笋，不少贫困户靠旅游服务实现脱贫。乡村旅游这一新兴产业的兴起，为农民脱贫增收开辟了新的途径。

大力发展设施农业建设，让产业跟着园区走，让群众围着产业转，是程国华在认真调查研究基础上，为困难群体开辟的另一条增收渠道。三年来，程国华带领干部群众为打造移民园区，确保搬迁农户能增收，先后建成宁南村、长皋村、三家村三处移民产业园，安置贫困家庭 83 户 272 人。

“昨天的黄瓜卖到了每斤 1.8 元，移民园区真是生金长银啊！”在绿意葱茏的大棚里，贫困户吕显忠高兴得逢人就说。40 多天前，吕显忠和其他贫困户刚刚搬进移民新居，家里干净整洁、暖意融融。从原来没房没产业，到现在住进新房并有了温室大棚，对他来说真是走了“红运”。在小城子镇，像吕显忠这样走红运的共有 34 个贫困户。

为建设移民产业园，解决贫困户缺少资金技术等难题，程国华认真谋划并组织实施，从申报贫困户名单、规划选址到调整土地、整合资金，再到配套产业、后续销售等各个环节，他都亲自抓、经常问、紧盯不放。为解除贫困户缺少资金、技术、销售等后顾之忧，他提出并实施将党组织、合作社与贫困户捆绑起来，打造“党组织 + 合作社 + 贫困户”的扶贫托管模式，结果立竿见影，取得实效。仅以黄瓜产业为例，贫困户产出

/ 小城子镇易地搬迁新区与产业园区

的黄瓜由绿发小城合作社负责销售，其价格比市场价格高出 0.1 元以上，确保了移民搬迁户搬得出、稳得住、有产业、能致富。

全镇在公路沿线发展设施农业专业村 4 个，人均增收 1.2 万元。有 66 个贫困户迁入移民新居，投入设施农业经营，实现住有新居、干有产业、富有进项。

内生脱贫“冲天劲儿”

情况在一线掌握，决策在一线部署，问题在一线解决，成效在一线检验，是程国华扎实的脱贫攻坚“一线工作法”。他走遍全镇 19 个行政村的 1 145 户贫困户，详细了解每户贫困户的家庭基本情况、主要致贫原因、扶持项目选择等，掌握了第一手翔实资料。同时，根据每个行政村的实际情况，提出有针对性的脱贫举措，对贫困户如何脱贫、贫困村如何退出做到心中有数，从而确保全镇脱贫攻坚工作思路清晰、措施得力、有条不紊。小城子镇创造的“三到村三到户”项目验收、户档案“集中整理、分卷誊抄”模式，迅速在全县得到推广。

走村入户使程国华发现，头脑空空、求财无门、治家无道、处事无方，是不少贫困户的致贫原因，对他们进行修身明理等靶向治疗，实施扶贫与扶志扶智相结合刻不容缓。在他的带领下，旨在提高贫困群众综合素质的“三扶”工作，在全镇各村如火如荼地开展起来。乡村文化讲堂、“群书治要”学习群、健身广场 LED 电子显示屏、为贫困户送一幅家训等举措，使“三扶”工作效果凸显。“一堂一群一场一训”的“四个一”工程就像春风化雨，改变着贫困群众，“长志气、赶穷气、争口气”蔚然成风，内生脱贫"冲天劲儿"，实现了物质与精神双促进、双提升和双收获。

柳树营子村贫困户金丽梅，丈夫因患脑血栓和糖尿病丧失劳动能力，金丽梅一度对生活失去信心。"四个一"工程春风扑面而来，程国华亲手将一幅写有"天道酬勤"的四字家训挂到她家墙上，鼓励金丽梅坚定信心，战胜困难，脱贫致富。这使金丽梅看到了希望，鼓起了干劲，她在村里以及大伙儿帮助下，靠经营果树经济林一举脱贫致富。每当与人谈论起自己脱贫历程以及从绝望到乐观的转变，她总是对程国华送来的"天道酬勤"四字经赞不绝口。像金丽梅这样被"四个一"工程转变了思想观念、改变了家庭面貌的贫困群众，在全镇数不胜数，他们都说："是程国华书记把咱领上阳关道的。"

到 2018 年末，全镇共组织乡村文化讲堂 90 余场次，受益群众 5 000 余人次。2018 年 12 月，该镇乡村文化讲堂创新案例被自治区扶贫办选中，推荐到国务院扶贫办进行经验交流。

程国华倡导并实施的"四个一"扶贫与扶志扶智相结合工程，使贫困群众整体素质大为提升，思想观念不断更新。全镇每个贫困家庭都找到了适合对路的脱贫产业，学文化、学技术、学治家蔚然成风，不拖脱贫攻坚后腿信心十足。

舍去"小家"顾"大家"

在程国华的工作日记上，写的不仅仅是工作，还有对家人的愧疚。2018 年 11 月 6 日这一天，他在工作日记上写道："昨天，我 90 岁的老母亲走了，老人家走得很安详。父母在，人生尚有来处；父母去，人生只剩归途！想到这，我心底突然涌上了一股撕心裂肺的痛。这些日子，正是市里脱贫攻坚初检的关键时期。母亲病危时，我没顾得上在老人家床前尽孝，也没听到母亲最后留给我的只言片语，我亏欠母亲的太多了！今天，我要把悲伤埋在心底，继续努力工作，让镇里的百姓过上好日子，母亲在天之灵也会欣慰的！"他的泪水打湿了日记。

/ 程国华（右）到贫困户家中走访

得知程国华痛失母亲，干部群

众心情沉重。在 2018 年一年的时间里，程国华不仅失去母亲，还失去姐姐、岳父。由于脱贫工作任务繁重，每位亲人病重，他都没能在床前守候。老母亲去世的前一天，他还在督促检查危房改造工作，惊悉母亲去世噩耗，程国华匆匆赶回家中办完丧事，第二天就忍着悲痛返回工作岗位。

程国华不顾小家为大家，换来了脱贫攻坚的丰硕成果。从 2016 年开始，小城子镇年度脱贫攻坚工作考核连续三年在全县排名第一。近三年来，小城子镇代表宁城县迎接国家、自治区扶贫工作检查 4 次，其他脱贫攻坚工作参观考察 20 余次。程国华带领干部群众取得的扶贫创新成果和经验，引起了国务院扶贫办、自治区党委和政府主要领导的关注，并莅临小城子镇进行考察调研，他们对程国华带领干部群众扶贫创新所取得成绩给予了充分肯定和高度评价。

八素台河水奔流不息，河畔厚土印着程国华为群众脱贫日夜奔波的深深足迹；潺潺流水诉说着群众对程国华这只“领头雁”的感激之情；飞溅的浪花凝聚着程国华用真情和实干帮助群众脱贫的汗水……

（供稿：内蒙古自治区扶贫办　修编：张梦欣　照片提供：孝玲玲）

小城子镇万亩林果基地

廖杰远，微医集团董事长兼CEO。2010年他创建中国第一家互联网医院——乌镇互联网医院。9年来，他率领团队在“互联网+医疗健康”扶贫方面积极探索，累计为2亿多名中西部地区患者提供了全国2 800多家医院的网络挂号服务，为数万贫困户签约了家庭医生，让贫困群众足不出村就可以享受城市二级甲等医院的健康服务。通过捐助互联网医疗设备、建立远程诊疗系统、开展智慧乡村医生培训、建设智能卫生室等方式，提升了乡镇卫生院和村卫生室的专业能力，服务人口超过3 000万，其中贫困人口近百万。

做健康扶贫的探路先锋

2017年4月12日凌晨，云南省第一人民医院消化内科住院部响起了一阵急促的脚步声，一位从怒江傈僳族自治州福贡县人民医院转诊的病人打破了深夜的宁静。早已做好准备的消化内科当班医护人员立即安排病人到消化内科NICU，开展系列检查、治疗，一切忙中有序。

患者是一位来自云南怒江福贡县的傈僳族贫困群众，由于患有肠系膜上静脉血栓延续至肝脏门静脉，原本80公斤的壮汉如今只有42公斤。这位患者只会说本族语言，陪同患者就诊的两名家人只有一个人听得懂少许普通话，二人都不会写字，这样的情况下，去省里的大医院看病对他们来说，简直成了奢望。

县里的大夫为这位病患及家属送来了好消息。通过互联网医疗，他们顺利邀请到云南省第一人民医院消化内科宋正己主任、肝胆外科王峻峰主任医师参与了会诊，并给出会诊建议：须及时转诊。患者转诊请求通过微医医事服务中心对接，预留床位，为患者入院做好充分准备。

经过几个月的精心治疗，这位患者的身体逐渐恢复。“感谢微医的帮助！”患者家属用不太熟练的普通话连连表达感激之情。而患者家属口中的“微医”就是廖杰远创建的微医集团。

为天下人身心健康奋斗不止

廖杰远踏入互联网医疗行业的经历并不美好，甚至带着极大的遗憾。2010 年，他一岁半的小侄子腿部长包，为了给他看病，廖杰远开启了长达 10 个月的求医之路，辗转 3 个省、7 家医院，最后才在上海找到一家大医院为侄子进行了滑膜切除手术。但很不幸，最后发现这是误诊，他的小侄子一生都将无法进行体育运动，饱受运动机能受限之苦。

这 10 个月的经历，让廖杰远看到了人在健康和生命面前的渺小与无奈。于是，他立下一个志愿："成为健康召集人，为天下人的身心健康奋斗不止，不计荣辱，不惜生命。"

怀着这个信念，廖杰远放弃了当时蒸蒸日上的事业，宣布进入医疗行业。对于他转变赛道进入互联网医疗这个突如其来的决定，股东们觉得"这个人脑子有病"。为了说服大家支持他，他天南海北去游说。2010 年 11 月，他在海南做完一个股东的工作，听说最后一个没被说服的股东在宁夏，便马不停蹄买了最早一班飞机票到宁夏，结果到了机场发现宁夏已经是寒冬，零下 2 摄氏度的气温和海南差了二三十摄氏度，穿着短袖的他被冻得瑟瑟发抖，咬咬牙在机场买了人生中最"昂贵"的一件外套，股东看到他这个风尘仆仆的样子，知道他投身互联网医疗的决心，态度有所松动，愿意让他去尝试。

获得了股东们的认可，廖杰远带着团队一猛子扎进了医疗领域，他知道老百姓就医难首先是挂号难，于是他希望通过自己擅长的 IT 技术，让老百姓足不出户就能挂上号。

为了接通第一个医院号源，给其他团队成员也给其他医院信心，整整半年时间，他每天都提前 40 分钟到院长办公室门口站着等候。为了节省时间，他直接半蹲在院长旁边介绍新的模式和做法。功夫不负有心人，半年后，他的诚心感动了院长，医院最终决定尝试将 5% 的号源划拨给他。"这是个为老百姓服务的好事，一定要好好干啊。"院长嘱托廖志杰道。经过 3 年实践，廖杰远认为挂号是公共服务项目，不应该营利，于是正式提出"预约挂号永远免费"。

在带领团队解决老百姓挂号难的过程中，廖杰远逐渐深入到医疗行业，逐渐从城市扎根到农村，看得越多，扎得越深，他越是将贫困地区这些生活"苦难深重"的群众放在了心尖上。

中国有 70 余万个乡村，它们或"散落"在边远地区，或"藏"在大山深处。在这些地区，流传着两句顺口溜"救护车一响，一头猪白养""辛辛苦苦奔小康，得场大病全泡汤"。在那里，"病魔"与"穷根"是他们挥之不去的阴影。

2016 年，国务院扶贫办建档立卡数据显示，截至 2013 年，全国因病致贫、因病返贫的贫困户有 1 256 万户，占建档立卡贫困户总数的 42.4%。在各种致贫原因中，因病致贫在各地区都排在首位。因病致贫家庭的脱贫是脱贫攻坚的一大难点。2016 年 8 月，习近平总书记在全国卫生与健康大会上表示要深入实施健康扶贫工程，提高贫困地区医疗卫生服务能力，做到精确到户、精准到人、精准到病。

此时廖杰远的微医已经建立了国内第一所互联网医院，通过“互联网+医疗”的方式让更多的老百姓享受到了优质的医疗服务。为了响应总书记的号召，也为了切实满足贫困群众的需求，廖杰远考虑可以通过数字化创新助力健康扶贫，真正解决基层群众看病难、用药难和享受不到优质医疗资源服务的问题。

“再苦再难也要干下去！”

为了找准切入点，一年多时间，廖杰远带领团队走了几千个乡村，好几次徘徊在生死一线。2017 年夏天，为了深入了解河南光山县和平顶山市的基层医疗现状，廖杰远和团队深入到 30 多个乡村卫生室进行深入调研。长时间在高温环境下行驶，他们所乘坐车辆的承受力已经到了极限，6 月 21 日下午 3 点多，他们开车途经平顶山市郏县薛店镇静瑶村时，车子自燃了，大家立刻从车上逃了下来，并报了火警。火势太迅速，他们只能在路边守着，一边看着车被烧，一边查看路面交通情况，以免来往车辆被误伤，当天清理完现场，和老乡谈完赔偿，回到县里已经凌晨 3 点多。

2017 年 12 月 14 日，在从山西大宁前往长治的途中，廖杰远团队遇上了大雪，高速封路、加油站关停、因大雪造成的车祸导致行驶缓慢，经历了 8 个小时的艰苦车程，他们终于在凌晨时分到达目的地。

过程很艰辛，但廖杰远和团队中的每一位成员都抱定了“再苦再难也要干下去的决心”。

2018 年，廖杰远团队的努力有了成效，开始向村卫生室赠送健康一体机、安装远程会诊系统和电子大屏，希望通过教会村医使用一体机，让村医在卫生室完成简单的检查检验工作，通过远程会诊系统可以向上级医院发起远程问诊和会诊。这样的方式在一定程度上向偏远地区的村医和村民普及了新技术，让闭塞的贫困地区群众知道，原来科技赋能之后，医疗可以变得更加便捷。

/ 廖杰远（中）与光山县微医团队合影

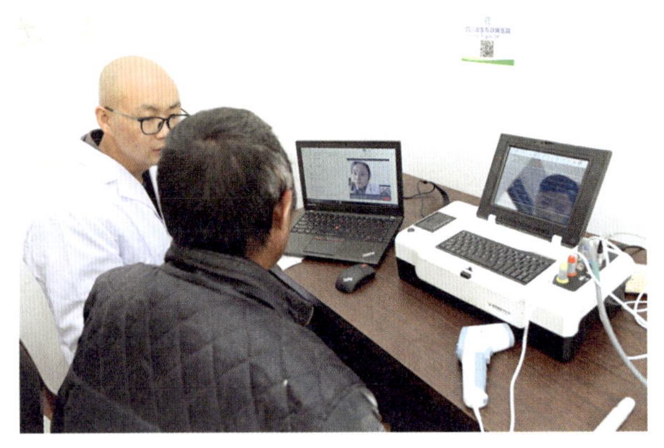

/ 村里卫生室的“电脑大夫”为村民进行远程诊疗

“村里卫生室来了个电脑大夫”的消息在很多村庄流传开来。这种新鲜的医疗方式也瞬间吸引了村民的注意力，不少贫困山区的老百姓在电视上看见县医院的大夫跟自己说话，总是问电脑对面的大夫：“大夫，你是真人吧？！”

在有条件的村卫生室，廖杰远还把人工智能辅助诊疗系统安装在村医的电脑上，村卫生室的村医学会使用后，都纷纷表示：“没想到机器还可以看片子。”2017 年 3 月，廖杰远向浙大捐赠 1 亿元，支持成立浙大睿医人工智能研究中心，该中心是国内首个开放式医学人工智能平台，已开发出 10 多种疾病辅助诊断系统。

这一路初探，廖杰远团队将先进的就医理念带到了贫困山村，从那时起，村卫生室的硬件得到了改善，村医能力也得到了一定的提升，村民们看病更加方便了。

但廖杰远很快就发现，如果不对这些村卫生室进行运营管理，老百姓依然没有办法持续享受到优质的医疗服务。为了让贫困群众实实在在享受互联网带来的便利，从根本上解决贫困群众因病致贫、因病返贫的问题，廖杰远找到了与贫困县政府搭班子，通过数字化创新帮助贫困县建立“数字化健共体”的新路子，具体做法就是建立“市—县—乡—村”四级医疗健康服务网络，通过“织好一张网、建好一平台、用好一根线、开好一台车”，提升基层医疗服务水平，拉近农村患者与县市医院、城市大医院之间的距离，真正实现让优质医疗资源高效率“上山下乡”，把医疗健康服务送到村民家门口，精准帮助贫困居民克服因病致贫、防止因病返贫。

誓把医生送到贫困区群众身边

地处偏远，交通不便，信息落后，这是所有贫困村庄的通病。

在一次到山西大宁县调研过程中，廖杰远发现，从临汾市出发，到达大宁县要坐 4 个小时客车，并且当时的大宁县大部分乡镇没有公共交通，不少生了大病、重病的村民往往在赶往县城的路上错过了最佳治疗时机。

这样的场景让廖杰远想到自己 2 岁时生病了，父亲要赶 4 个小时的山路，才能看到医生，当时医生说：“幸好送得及时，再晚一点，孩子就麻烦了。”看到这里的交通和医疗状况，他下定决心：“绝不能让这种‘再晚一点’的情况发生在任何一个孩子身上。”

在廖杰远看来，要解决这个问题，最根本的出路在于提升村医的诊疗能力上。为此，他带领团队与哈佛大学公共卫生学院合作，联合研发了覆盖 2 000 多个病种、5 000 多个症状，命中率达到 90% 的“21 世纪赤脚医生”程序，帮助村医成为一个专业的全科医生，完成至少 50 种常见病标准化诊疗。

巧妇难为无米之炊，为了让村医有更好的设备为村民服务，廖杰远带领团队把村医最普通的医药箱升级为云诊箱，除了把血常规、尿常规、心电、手持 B 超等 10 多项常规检查检验设备装入其中外，还配备了智能眼底筛查模块，支持 8 大类眼底病变筛查。

2017 年 5 月，河南段沟村村医王听杰就通过云诊箱的心电检查设备挽救了一位贫困村民的生命。一天凌晨，王听杰的卫生室里迎来了村里的一位建档立卡贫困户。“王大夫，你给看看，我这胸痛得厉害，头很晕。”王听杰听到后迅速为患者进行了检查，并通过村卫生室的远程心电系统，将采集到的心电数据上传到县级中医院，确诊为主动脉夹层。他立刻叫来救护车紧急将村民送到郑州大学第一附属医院。由于抢救及时，村民因此挽回了生命。至今讲起这件事，王听杰都很自豪地说：“要是没有这个好设备，单靠我们的‘望闻问切’，病人的病肯定得耽误。”

除了日常诊疗，乡镇卫生院还承担着公共卫生服务的职能。为了能提高效率，做到数据及时共享，廖杰远和团队提出了为乡镇配备“流动医院”的想法：那是一辆搭载了 7 大项 49 小项检查检验的云巡诊车，通过与政府数据系统连接，向上连接县级医院，向下连接管辖的村卫生室。每隔两周，乡镇卫生院就会把车开到村头田间，为贫困群众和其他村民进行家庭医生签约、预防筛查、疾病诊治和健康宣教等服务，同时车上还配备了冷藏药箱，把经过议价，低价优质的药品送到每个村卫生室，解决很多村卫生室用药落后的情况。

2018 年，云巡诊车开到位于大别山深处的河南省郸县安良乡的村子里给贫困户做体检。一位刚刚接受了体检的老大爷，红着眼圈激动地说：“我们山里人日子过得难，病了人多时候都是扛过去，哪还有闲钱做体检。你说现在的日子多好，人家找到家门口给俺们体检。共产党万岁！”简单质朴的话语，让廖杰远和当时在场的所有工作人员无不为之动容。“老百姓

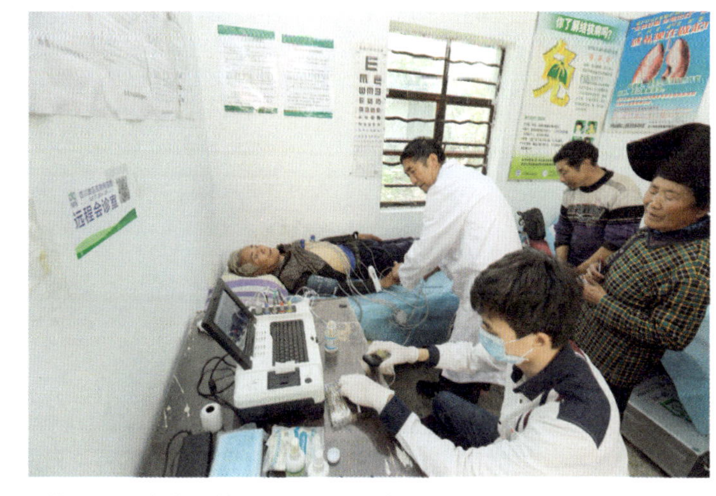

/ 村医用云诊箱为村民做心电图检查

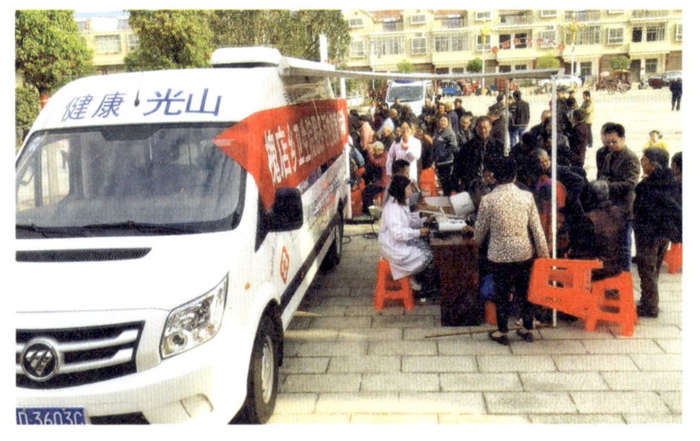

/ 云巡诊车开进村里为村民体检

的日子好过了，之前遭的所有的罪都值了！”

为了做到精准健康扶贫，“数字化健共体”会对建档立卡贫困患者进行精准化、标签化的全方位健康管理，为他们建立完整的病情档案，由乡镇卫生院的医生做长期、持续性随访。

县级医院比乡镇卫生院的诊疗水平要好，但是欠缺大病诊疗能力，为了做到让村民“小病不出村，大病不出县”，廖杰远积极推动微医和中国医疗保健与国际交流促进会合作，由 17 位院士级别的学科带头人制定出 17 种造成因病致贫、因病返贫的大病标准化诊疗方法，用数字医联体的方式帮助贫困县医院建立了 17 个大病诊治中心，让村民得了大病也能在县里面把病治好，这样报销比例高，而且交通和陪护成本也能极大降低，不至于出现“一个人患大病，全家都倒下”的状况。

廖杰远的付出，也得到了医生的认可。2018 年 5 月，廖杰远收到了一封来自陕西西安唐都医院一位医生的信，信上说：“感谢你们建立的平台，把我的能力放大了无数倍，让我能够帮助更多人。”

2020 年，中国将全面消除绝对贫困，扶贫工作将由扶贫向防贫转变，廖杰远感受到肩上责任更加重大。但他有信心，因为他不是一个人，他有平台连接的全国 2 800 家医院、29 万名医生的支持。未来，他将继续运用数字化创新助力健康扶贫，最终为实现广大群众就医不难、健康有道，做出更大的努力。

（供稿、照片提供：浙江省扶贫办　修编：张津津）

后　记

本书的编写得到以下单位和同志的支持和帮助，特致以由衷的感谢：

感谢全国脱贫攻坚模范、全国脱贫攻坚奖获得者和推荐单位为本书编写提供稿件，对获奖者事迹进一步总结提炼给予帮助。

感谢国务院扶贫办政策法规司、全国扶贫宣传教育中心、中国扶贫志愿服务促进会等单位，在本书编写出版过程中所做出的贡献。

感谢各位编审人员在修编、审核稿件中所付出的积极努力。

感谢中国人力资源和社会保障出版集团为本书最终编辑出版提供技术支持。

特别感谢长期以来在脱贫攻坚中埋头苦干，探索创新，切实把精准扶贫、精准脱贫落到实处，不断夺取脱贫攻坚战新胜利的广大干部群众，他们为本书奠定了思想和实践基础，注入了活力和动力。

编者

2019 年 12 月